合同编一本通

程啸　编著

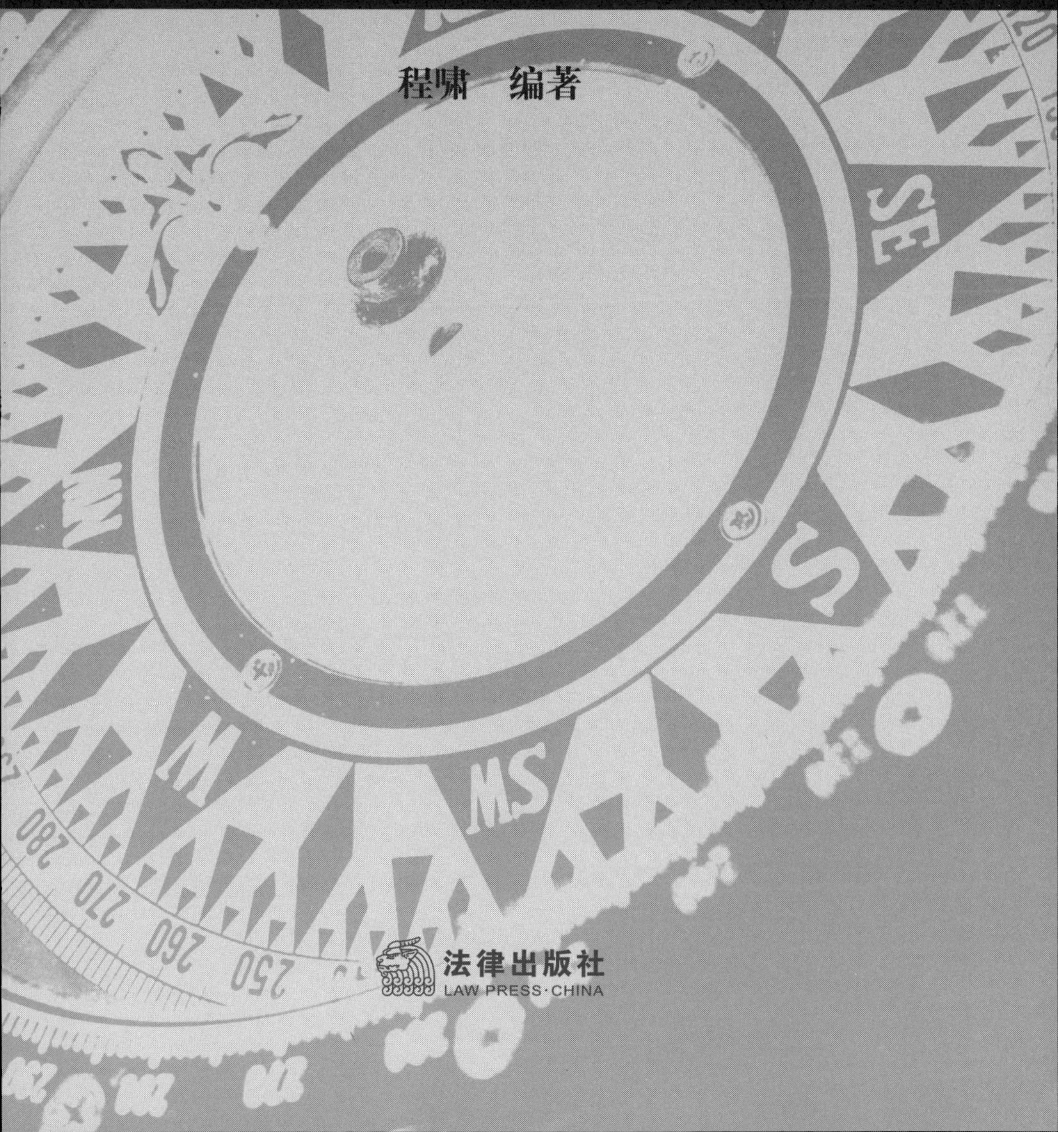

法律出版社
LAW PRESS·CHINA

图书在版编目(CIP)数据

民法典合同编一本通 / 程啸编著. -- 北京 : 法律出版社, 2021

ISBN 978-7-5197-4982-8

Ⅰ. ①民… Ⅱ. ①程… Ⅲ. ①合同法-汇编-中国 Ⅳ. ①D923.69

中国版本图书馆 CIP 数据核字(2020)第 182963 号

民法典合同编一本通
MINFADIAN HETONGBIAN YIBENTONG

程 啸 编著

策划编辑 黄倩倩
责任编辑 黄倩倩
装帧设计 李 瞻

出版发行 法律出版社
编辑统筹 学术·对外出版分社
责任校对 周合芝 周诗湄 李景美
责任印制 陶 松
经　　销 新华书店

开本 A5
印张 24.25　**字数** 740 千
版本 2021 年 7 月第 1 版
印次 2021 年 7 月第 1 次印刷
印刷 天津嘉恒印务有限公司

地址:北京市丰台区莲花池西里 7 号(100073)
网址:www.lawpress.com.cn
投稿邮箱:info@lawpress.com.cn
举报盗版邮箱:jbwq@lawpress.com.cn
销售电话:010-83938349
客服电话:010-83938350
咨询电话:010-63939796

书号:ISBN 978-7-5197-4982-8
定价:78.00 元

凡购买本社图书,如有印装错误,我社负责退换。电话:010-83938349

编者简介

程啸，男，法学博士，清华大学法学院副院长、教授、博士生导师，教育部长江学者青年学者，德国联邦总理奖学金获得者、洪堡学者；兼任最高人民法院执行特邀咨询专家、最高人民检察院民事行政诉讼监督案件专家委员会委员、云南省委法律顾问、中国婚姻法学研究会常务理事、中国消费者协会专家委员会专家、中国银行间市场交易商协会第三届法律专业委员会副主任委员、北京仲裁委员会/北京国际仲裁中心仲裁员、北京市不动产法研究会副会长等。

2008年5月至2009年9月，荣获德国联邦总理奖学金，在奥斯纳布吕克大学欧洲法研究所进行学术研究。2012年6月至9月，获德国洪堡基金会的资助，在柏林自由大学法学院进行学术研究。

先后出版《侵权责任法》《担保物权研究》《不动产登记法研究》等个人著作十余部，在《中国社会科学》《中国法学》《法学研究》等权威核心期刊发表论文一百余篇，参与民法典、物权法、侵权责任法、不动产登记法、个人信息保护法等重大立法和司法解释的起草论证工作，并主持国家社科基金重大项目、国家社科基金重点项目、最高人民法院司法研究重大课题等国家和省部级课题多项。

前　言

本书的前身是《合同法一本通》，自2016年6月在法律出版社印行第一版以来，深受读者欢迎，先后于2017年、2018年又推出了第二版和第三版。

2020年5月28日第十三届全国人民代表大会第三次会议审议通过了《中华人民共和国民法典》（以下简称《民法典》），这是我国民商事领域最重要、最基本的法律。整部法典共计7编、1260条，各编依次为总则、物权、合同、人格权、婚姻家庭、继承、侵权责任，以及附则。其中，《民法典》第三编"合同"正是在《中华人民共和国合同法》《中华人民共和国担保法》等法律以及最高人民法院关于合同法、买卖合同、融资租赁合同、城镇房屋租赁合同等司法解释的基础上，增删修改而成的。整个《民法典》合同编不仅内容庞大，共分"通则""典型合同""准合同"三个分编，共29章、526条，占据了《民法典》的半壁江山，也是我国民法典编纂中修改变化最大的部分。

在2021年1月1日《民法典》施行前，为贯彻实施《民法典》，最高人民法院还全面完成了司法解释的清理工作，并制定了与民法典配套的第一批共7件新的司法解释。其中清理的司法解释分为三类：一是与民法典规定一致的司法解释共364件，未作修改、继续适用；二是对标民法典，需要对名称和部分条款进行修改的共11件，经修改颁布后自2021年1月1日施行；三是决定废止的司法解释及相关规范性文件共116件，自2021年1月1日失效。此外，最高人民法院还对2011年以来发布的139件指导性案例进行了全面清理，决定2件案例（第9号、第20号）不再参照适用。

鉴于此，为了更好地满足广大法律实务工作者和研究者掌握我国合同法律规范体系的需要，以便实践中准确地适用相关合同法规范，笔者在《合同法一本通》（第三版）的基础上，依据《民法典》的规定，分析整理现行的法律、行政法规、司法解释和部门规章以及相关指导案例和最高人民法院公报刊登的案例，花费数月时间，重新编成本书，以期对广大读者有所帮助，也衷心希望广大读者不吝赐教，以使本书不断完善。

程　啸

2021 年 1 月 10 日于清华园

《合同法一本通》第三版前言

第三版主要有以下两点变化:其一,增加了《中华人民共和国电子商务法》对电子商务合同的相关规定,并补充了第二版出版至今《最高人民法院公报》新登的合同纠纷案例。其二,根据读者的建议,同时也考虑到我国当前正在编纂的民法典合同编新增的有名合同的类型,第三版增加了保证合同、物业服务合同与合伙合同这三类合同的相关法律法规和司法解释的规定,作为书后的三个附录。此外,为便于读者更快速地查阅合同法的条文,也是根据读者的建议,本书第三版将《中华人民共和国合同法》的条文作为附录四,放在全书最后。

本书出版以来承蒙读者厚爱,并提出不少修改完善的建议。在此,特别要感谢的是华东政法大学赵文杰博士、北京仲裁委员会杨雨菲女士以及读者范崇维先生提出的宝贵意见,使本书能不断改进完善。希望本书能对广大读者的学习和适用合同法有所帮助!

最后,对本书的意见和建议,可发至邮箱:rechtcx@ sina. com. cn。

程　啸

2018 年 11 月 15 日于清华园

《合同法一本通》第二版前言

本书自2016年6月出版至今深受广大读者欢迎，一年时间内数次加印，销售上万册。这充分印证了笔者在第一版前言中所指出的“广大读者对此类编撰良好的工具书的需求”。为使本书能够与时俱进，不断完善，更好地满足广大读者的需求，笔者在第一版的基础上进行了以下几方面的增修，推出了本书的第二版：

1. 补充了最近一年内新通过的法律和司法解释的相关规定，尤其是2017年3月15日通过的《中华人民共和国民法总则》以及2016年3月1日起施行的《最高人民法院关于适用〈中华人民共和国物权法〉若干问题的解释（一）》。同时，增删了最近一年内被修订的相关的法律、行政法规的条文及前一版中遗漏或关联条文不准确的法律、法规、规章及司法解释的相关内容。

2. 补充了新公布的相关指导案例以及《中华人民共和国最高人民法院公报》新刊登的或第一版遗漏的相关案例裁判摘要，并对原有的裁判摘要进行了调整和完善。

3. 全面修订了每一条的条文要旨，使之能够更加清晰准确地概括本条规范的内容。

4. 根据读者的建议，在书后增加了相关法律司法解释以及案例的附录。

希望本书第二版能够对广大读者有所帮助，也衷心希望广大读者不吝赐教，以使本书不断完善。对本书的意见和建议，可发至本人邮箱：rechtcx@sina.com.cn。

程　啸

2017年4月5日于清华园

《合同法一本通》第一版前言

2008年5月至2009年9月以及2012年6月至9月,笔者两度获得德国洪堡基金会的资助,赴德国进行学术研究。其间,无论是在从事研究的机构——奥斯纳布吕克大学欧洲法研究中心与柏林自由大学法学院,还是到访的一些著名大学(如图宾根大学、弗莱堡大学、柏林洪堡大学、慕尼黑大学、基尔大学)的法学院,都发现:法学院学生上民法课时,常常并不带着教科书,甚至不少人压根就不买教科书(因为德国大学法学院图书馆往往就同一种民法教科书购买多册,以供学生借阅),但是,几乎所有的学生都人手一本C. H. Beck公司出版的《德国民法典》(Buergerliches Gesetzbuch)小册子。该书不仅体积小巧,便于携带,且定价相当便宜,仅5欧元。一次闲聊时,笔者与在德合作导师、著名法学家克里斯蒂安·冯·巴尔教授说起了这个发现。对此,巴尔教授的评论简单而干脆。他说:如果一个学习德国民法的人,不了解民法典的规定就去讨论民法问题,纯属瞎扯!

诚哉斯言!我国和德国一样,都是成文法国家,因此,法律的适用基本上是一个三段论的演绎推理过程,即法律规范是大前提,案件事实为小前提,裁判结果就是结论。无论是法学院学生,还是律师、法官,处理任何一个案件或者法律问题的首要工作就是找法。只有准确地找到能够适用于该案件或该问题的一个或多个法律规范,才可能依循正确的逻辑与价值判断,最终妥当地解决该案件或该问题。因此,学习和研究法律的过程中,法律人须臾不可或缺的就是法律条文。倘若一个中国的法律人,不认真研读中国法的条文或完全不知道中国法的相关规定,而是张口德国法、美国法,闭口日本法、我国台湾地区"法",可以肯定的是,此人绝非一名合格的中国法律人!

随着数十年来社会主义法治建设事业的飞速发展,我国法律的数量已经越来越多。截至2014年年底,中国除宪法外制定的现行有效的法律共242件,行政法规737件,国务院部门规章2856件,地方政府规章8909件。这些为数众多的法律规范构建了一个庞大复杂的法律体系,相关法律规范之间的引致、转介,甚至交叉、冲突或修改,屡见不鲜。因此,在学习和研究任何一个法律部门时,人们都面临如何快速、有效地了解掌握该法律部门的核心规范以及关联法条的问题。不仅如此,随着近年来理论界与实务界对案例判决的高度重视,尤其是最高人民法院决定公开裁判文书并明确建立了指导性案例制度后,了解掌握裁判要旨这些"活的法律"(living law),更是当务之急。

为了能够有效地帮助法官、律师、教师、学生和其他法律工作者系统全面地掌握各法律部门的规范体系,一些出版社陆续推出了众多的法律汇编书籍。其中,尤以法律出版社推出的"一本通系列"最为驰名。而在一本通系列中,最受读者欢迎的就是《刑法一本通》。此书由中国人民大学法学院李立众教授主编,编者以《中华人民共和国刑法》的体系和法律条文为依归,将相关的最高人民法院和最高人民检察院的司法解释对应进去,全书规模适中,体系清晰、简明扼要,极为适用。故,自出版十余年来,每年一版,至今已出至第十一版。据笔者目力所及,无论是赵秉志、陈兴良、张明楷、黎宏这些刑法大家,还是初学刑法的法学院学生;无论是最高人民法院的资深刑事法官,还是笔者挂职的怀柔区人民法院新入职的刑庭书记员,几乎人手一本《刑法一本通》。由此可见,广大读者对于此类编撰良好的书籍的需求之强烈!

笔者至20世纪90年代初学习研究民法至今,已逾二十余载,无论是做学生的时代,还是滥竽教席的今天,都深感一本良好的部门法法律汇编资料之必要性。因此,在教学过程中,也曾试着编撰过侵权法、合同法方面的法律汇编资料分发给学生,以供课堂研讨和课后学习之用。此次,受法律出版社学术分社孙东育社长的盛情相邀编撰《合同法一本通》,既深感荣幸,也倍觉肩上责任之重大!毕竟,在市场经济中,合同法是最为活跃,也最为复杂的一个法律领域。不仅《中华人民共和国合同法》本身的条文及相关法律条文、行政法规、司法解释、部门规章、文件数量众多,且《最高人民法院公报》刊登的案例及指导性案例亦不在少数。为了能够编撰出一本真正对理论界和实务界

都有帮助的《合同法一本通》,笔者遵循了以下编撰思路:

1. 民法是一个有机联系的整体,民法典是成文法的最高形式。我国虽然尚无民法典,但在学习民法的任何部门时都应始终有高度的体系感。也就是说,不能就合同法研究合同法,在学习研究合同法时,不能脱离民法总则、物权法和侵权法等民法的其他部分以及特别法规范,否则就是盲人摸象,只知其一不知其二。故此,笔者以《中华人民共和国合同法》的体系和条文为依归,将相关的法律、行政法规和司法解释中关联度最高、联系最为密切的条文一一对应其中。这样,读者在阅读合同法的某一条文时,就能够一目了然地掌握相关法律,如《民法通则》《物权法》等的规定以及《合同法解释(一)》等司法解释的规定。

2. 由于我国法律、行政法规的规定往往比较原则抽象,而对具体问题的规定多出现在国务院部委的相关规章及最高人民法院各种批复、复函、通知当中。因此,笔者将这些内容紧接着法律、行政法规和司法解释之后,也对应入相应的条文。

3. 尽管我国尚未承认判例法,但案例和判决对法学研究与实务工作的重要性毋庸置疑。故,笔者将最高人民法院颁布的相关指导性案例以及《最高人民法院公报》刊登的判决的裁判摘要,附录在相应条文的最后,以期读者更清晰地了解法律规则的实际运用。至于其他最高人民法院的裁判文书,因其并无一定的拘束力或指导作用,加之这些判决也常常互相冲突,所以此次并未编入。

4. 笔者在列出相关法律条文、行政法规、司法解释、相关文件以及裁判要旨之前,会用简单的几句话点出它们规范或解决的问题,从而有利于读者更好地理解这些条文和裁判要旨的意思。

记得很久前曾看过一本讲英文写作方法的经典著作,名叫 *The Reader over Your Shoulder*。因该书名极为形象生动地说明了作者对他(她)的读者所肩负的责任,至今仍记忆犹新。我想,只有当每一位作者在写作时都始终以读者为念,以读者为怀,才能真正写出或编出令读者满意的作品。虽然笔者此前并未出版过此类书籍,但抱定服务读者之初衷后,仍勉力为之。当然,因个人能力所限,书中的不足之处定然难免。衷心希望广大读者不吝赐教,以使本书能够不断完善,更好地满足读者的要求。相关意见和建议,可发至本人的邮箱:rechtcx@ sina. com。

笔者在编撰本书的过程中，曾得到中央财经大学法学院尹飞教授、上海申浩律师事务所杨松林律师的大力帮助，清华大学法学院民法硕士研究生阮神裕同学协助校对了本书，在此表示衷心的感谢！

程　啸

2016年3月25日于清华园

目　　录

民法典合同编

第一分编　通　　则

第二分编　典 型 合 同

第三分编 准 合 同

民法典合同编

（《中华人民共和国民法典》于2020年5月28日由第十三届全国人民代表大会第三次会议通过；自2021年1月1日起施行）

目　录

第一分编　通　　则

第一章　一般规定

第四百六十三条　【调整范围】本编调整因合同产生的民事关系。

第四百六十四条　【合同定义与本编的调整范围】合同是民事主体之间设立、变更、终止民事法律关系的协议。

婚姻、收养、监护等有关身份关系的协议,适用有关该身份关系的法律规定;没有规定的,可以根据其性质参照适用本编规定。

一、相关法律条文

《中华人民共和国民法典》(2021 年 1 月 1 日起施行)

第一百一十八条　民事主体依法享有债权。

债权是因合同、侵权行为、无因管理、不当得利以及法律的其他规定,权利人请求特定义务人为或者不为一定行为的权利。

第一百三十三条　民事法律行为是民事主体通过意思表示设立、变更、终止民事法律关系的行为。

第一百三十四条　民事法律行为可以基于双方或者多方的意思表示一致成立,也可以基于单方的意思表示成立。

法人、非法人组织依照法律或者章程规定的议事方式和表决程序作出决议的,该决议行为成立。

二、相关司法解释规定

《最高人民法院关于适用〈中华人民共和国公司法〉若干问题的规定(三)》(法释〔2011〕3 号)(2020 年 12 月 23 日修正)

第二条　发起人为设立公司以自己名义对外签订合同,合同相对人请求该发起人承担合同责任的,人民法院应予支持;公司成立后合同相对人请求公司承担合同责任的,人民法院应予支持。

第三条　发起人以设立中公司名义对外签订合同,公司成立后合同相对人请求公司承担合同责任的,人民法院应予支持。

公司成立后有证据证明发起人利用设立中公司的名义为自己的利益与相对人签订合同,公司以此为由主张不承担合同责任的,人民法院应予支持,但相对人为善意的除外。

第四百六十五条 【合同的拘束力与合同的相对性】 依法成立的合同,受法律保护。

依法成立的合同,仅对当事人具有法律约束力,但是法律另有规定的除外。

一、相关法律条文

《中华人民共和国民法典》(2021年1月1日起施行)

第一百一十九条 依法成立的合同,对当事人具有法律约束力。

第一百三十六条 民事法律行为自成立时生效,但是法律另有规定或者当事人另有约定的除外。

行为人非依法律规定或者未经对方同意,不得擅自变更或者解除民事法律行为。

二、相关裁判摘要

● **2011年第8期《中华人民共和国最高人民法院公报》**刊登的"**俞财新与福建华辰房地产有限公司、魏传瑞商品房买卖(预约)合同纠纷案**"中,最高人民法院(2010)民一终字第13号民事判决书认为,根据合同的相对性原则,涉案合同一方当事人以案外人违约为由,主张在涉案合同履行中行使不安抗辩权的,人民法院不予支持。相关裁判摘要如下:

俞财新主张不安抗辩权的理由是华辰公司丧失商业信誉,依据是其与福州华辰公司签订另一购房合同后,福州华辰公司将合同约定的房屋设定抵押。然而,福州华辰公司与华辰公司是两个不同的法人,以案外人违约为由在本案合同履行中行使不安抗辩权,不符合合同相对性原则。根据《合同法》第六十八条的规定,俞财新关于其行使不安抗辩权的主张,依据不足。《合同法》第六十九条规定了行使不安抗辩权的要件,即使俞财新有权行使不安抗辩权,也应当及时通知对方。但无证据证明俞财新履行过通知义务。因此,俞财新关于其行使不安抗辩权的主张,缺乏事实和法律依据,本院不予支持。

第四百六十六条 【合同的解释规则】当事人对合同条款的理解有争议的，应当依据本法第一百四十二条第一款的规定，确定争议条款的含义。

合同文本采用两种以上文字订立并约定具有同等效力的，对各文本使用的词句推定具有相同含义。各文本使用的词句不一致的，应当根据合同的相关条款、性质、目的以及诚信原则等予以解释。

一、相关法律条文

《中华人民共和国民法典》(2021 年 1 月 1 日起施行)

第一百四十二条 有相对人的意思表示的解释，应当按照所使用的词句，结合相关条款、行为的性质和目的、习惯以及诚信原则，确定意思表示的含义。

无相对人的意思表示的解释，不能完全拘泥于所使用的词句，而应当结合相关条款、行为的性质和目的、习惯以及诚信原则，确定行为人的真实意思。

二、相关文件规定

《最高人民法院关于 Salzgitter Mannesmann International GmbH 与江苏省对外经贸股份有限公司之间仲裁协议效力的复函》(〔2011〕民四他字第 32 号)

本案系当事人请求人民法院确认涉外仲裁条款无效的案件。本案中，双方当事人在所涉合同第 16 条约定了仲裁条款，该条款同时用中文、英文两种文字书写。根据合同第 17 条的约定，该两种文字的条款具有同等效力。合同第 16 条中文条款和英文条款的含义并不相同，而无论中文条款还是英文条款，根据法释〔2006〕7 号《最高人民法院关于适用〈中华人民共和国仲裁法〉若干问题的解释》第十六条的规定，本案都应当根据我国法律认定所涉仲裁条款的效力。

根据你院报送的卷宗材料，合同一方 Salzgitter Mannesmann International GmbH 系以合同中的仲裁条款未明确约定仲裁机构为由请求确认仲裁条款无效的，而合同另一方江苏省对外经贸股份有限公司并未对该仲裁条款未明确约定仲裁机构提出异议。在受理本案的江苏省南京市中级人民法院要求双方当事人明确选定仲裁机构的情况下，双方当事人不能就仲裁机构达成一致。因此，应当依照《中华人民共和国仲裁法》第十六条、第十八条的规定，认定本案所涉仲裁条款无效。

同意你院第二种意见关于认定仲裁条款无效的处理结论，但此理由欠妥，在此予以指出。

三、相关裁判摘要

• **2019年第5期《中华人民共和国最高人民法院公报》**刊登的“**张宇、张霞诉上海亚绿实业投资有限公司商品房预售合同纠纷案**”判决对限制责任的格式条款的解释问题进行了分析。相关裁判摘要如下：

第一，关于系争责任限制条款中的概括描述是否影响其适用的问题。

系争责任限制条款所列举的事项中包括“煤气、道路公共配套设施”，但在对此类事项的概括性定义中使用了甲方（亚绿公司）“难以预计”、“无法预见”的表述。对此，法院认为，配套工程施工虽然不在被上诉人亚绿公司的受让地块范围之内，但作为一家专业的房地产开发企业，配套工程出现延误的理论可能性是其在建造之初就能够预见的，其制订系争责任限制条款的目的也正是在于防范此类风险。因此，“难以预计”、“无法预见”的表述是对列举事项所作的错误描述，此类事项不属于法定可免责的“不可抗力”范畴。但在列举事项已经具体明确的前提下，该表述并不影响双方就责任限制所达成的基础合意，不构成完全排除该条款适用的事由。上诉人张宇、张霞主张系争责任限制条款的性质表述存在错误，故应当整体排除其适用，缺乏事实依据，法院不予采纳。

……

第三，关于被上诉人亚绿公司的风险隐瞒行为是否导致排除系争责任限制条款适用的问题。

系争责任限制条款中并未明文记载免责事项的产生时间限制。上诉人张宇、张霞主张，在被上诉人亚绿公司隐瞒延误风险的情况下，约定的免责事项仅能适用于签约后新发生的情形，不应适用于本案，是对合同条款的限制解释；亚绿公司主张风险事项的产生时间不应对免责范围构成影响，系争责任限制条款应当适用于本案，是基于合同文义的基本理解。

双方当事人对该问题争议的本质是在被上诉人亚绿公司隐瞒已知风险的背景下，对合同条款的不同解释。《中华人民共和国合同法》（以下简称合同法）第四十一条规定，对格式条款的理解发生争议的，应当按照通常理解予以解释。对格式条款有两种以上解释的，应当作出不利于提供格式条款一方的解释。第一百二十五条第一款规定,当事人对合同条款的理解有争议的,应当按照合同所使用的词句、合同的有关条款、合同的目的、交易习惯以及诚实信用原则,确定该条款的真实意思。基于上述格式条款的解释规则,法院对该问题分析如下:

(一)商品房预售合同是在建商品房的销售合同,不同购房者的签约时间对应着不同的建设进度,购房者不知晓具体进度情况,不具备对交房期限可行性的判断能力。而交房期限条款也是由被上诉人亚绿公司单方拟定的格式条款,其可以根据实际建设进度在签约时调整交房期限。本案中,亚绿公司亦认可其在预售合同中设置的交房期限分为2015年9月与12月两种,说明其已经在后续销售中根据配套工程进度对交房期限进行了重新规划。因此,在没有被告知已存在现实风险的情况下,购房者与亚绿公司所达成的责任限制合意,是建立在购房者对交房期限具有现实合理性的信赖基础上。

(二)由于被上诉人亚绿公司单方隐瞒了现实延误风险,并且有能力重新规划交房期限,购房者有理由相信亚绿公司对交房期限的现实可行性做出了承诺:该期限充分吸收了亚绿公司已知的实际进度条件,原有的风险事项能够及时消除,如果没有在后续履行中出现新的免责事项,则在该期限内能够实现交房。因此,上诉人张宇、张霞主张双方约定的风险转移范围是针对后续履行中出现的风险事项,不应包括已纳入交房期限考量因素的现实条件,符合合同法第一百二十五条的诚实信用解释原则。

(三)双方当事人对于格式合同条款的理解存在冲突,根据合同法第四十一条所规定的有利于相对人的解释规则,法院认为,诚实信用原则下的购房者信赖利益价值高于格式条款提供者被上诉人亚绿公司的责任风险限定利益。交房期限条款与系争责任限制条款之间的互补逻辑关系应解释为:系争责任限制条款的适用范围限于签约后发生的不确定风险事项,不能适用于签约时被隐瞒的现实风险事项。亚绿公司主张其风险隐瞒行为不影响系争责任限制条款的适用,法院不予采纳。

(四)本案中,被上诉人亚绿公司在2015年3月27日就已明知配套工程受阻停滞,产生了现实的延误风险,但其在2015年8月15日签约时并未向上诉人张宇、张霞告知该风险事项,而是承诺于2015年12月31日交房。配套工程受阻停滞的现实风险产生于系争预售合同签订之前,在后续没有出现新的风险事项的情况下,原有的风险状态持续延展，最终导致系争房屋于2016年7月1日才完成交付。亚绿公司的上述行为违背了对交房期限具有现实可行性的承诺，无权就配套工程延误主张适用系争责任限制条款。

基于上述理由，被上诉人亚绿公司以配套工程延误为由，主张在本案中适用系争责任限制条款，抗辩上诉人张宇、张霞的逾期交房违约金请求权，无事实与法律依据，法院不予支持。张宇、张霞主张亚绿公司承担逾期交房违约金，符合合同约定，法院予以支持。

- **2016年第1期《中华人民共和国最高人民法院公报》**刊登的“**洪秀凤与昆明安钡佳房地产开发有限公司房屋买卖合同纠纷案**”中，最高人民法院(2015)民一终字第78号民事判决书就如何透过解释确定争议法律关系的性质、证明交易关系中的各种证据的性质及其效力以及交易习惯的确定等问题进行了详细的分析。相关裁判摘要如下：

民事法律关系是民事法律规范调整社会关系过程中形成的民事主体之间的民事权利义务关系。除基于法律特别规定，民事法律关系的产生、变更、消灭，需要通过法律关系参与主体的意思表示一致才能形成。判断民事主体根据法律规范建立一定法律关系时所形成的一致意思表示，目的在于明晰当事人权利义务的边界、内容。一项民事交易特别是类似本案重大交易的达成，往往存在复杂的背景，并非一蹴而就且一成不变。当事人的意思表示于此间历经某种变化并最终明确的情况并不鲜见。有些已经通过合同确立的交易行为，恰恰也经历过当事人对法律关系性质的转换过程。而基于各自诉讼利益考量，当事人交易形成过程中的细节并不都能获得有效诉讼证据的支撑。合同在性质上属于原始证据、直接证据。根据《最高人民法院关于民事诉讼证据的若干规定》第七十七条有关证据证明力认定原则的规定，其应作为确定当事人法律关系性质的逻辑起点和基本依据，应当重视其相对于传来证据、间接证据所具有的较高证明力。仅可在确有充分证据证明当事人实际履行行为与书面合同文件表现的效果意思出现显著差异时，才可依前者确定其间法律关系的性质。亦即，除在基于特定法政策考量，有必要在书面证据之外对相关事实予以进一步查证等情形，推翻书面证据之证明力应仅属例外。民事诉讼中的案件事实，应为能够被有效证据证明的案件事实。此外，透过解释确定争议法律关系的性质，应当秉持使争议法律关系项下之权利义务更加清楚，而不是更加模糊的基本价值取向。在没有充分证据佐证当事人之间存在隐藏法律关系且该隐藏法律关系真实并终局地对当事人产生约束力的场合,不宜简单否定既存外化法律关系对当事人真实意思的体现和反映,避免当事人一方不当摆脱既定权利义务约束的结果出现。此外,即便在两种解读结果具有同等合理性的场合,也应朝着有利于书面证据所代表法律关系成立的方向作出判定,藉此传达和树立重诺守信的价值导向。综上,若要否定书面证据所体现的法律关系,并确定当事人之间存在缺乏以书面证据为载体的其他民事法律关系,必须在证据审核方面给予更为审慎的分析研判。

根据《最高人民法院关于适用〈中华人民共和国合同法〉若干问题的解释(二)》第七条规定,"交易习惯"是指,不违反法律、行政法规强制性规定的,在交易行为当地或者某一领域、某一行业通常采用并为交易对方订立合同时所知道或者应当知道的做法,或者当事人双方经常使用的习惯做法。《中华人民共和国合同法》针对"交易习惯"问题作出相关规定,其意旨侧重于完善和补充当事人权利义务的内容,增强当事人合同权利义务的确定性。而本案并不涉及运用交易习惯弥补当事人合同约定不明确、不完整所导致的权利义务确定性不足的问题。在前述立法意旨之外,运用"交易习惯"认定当事人交易行为之"可疑性",应格外谨慎。首先,关于房屋交付时间问题。案涉房产存在违反规划超建楼层且尚未报批即行出售的事实,在此情况下,当事人约定在合同签订之日后近四个月时交付房产。而即便不考虑前述事实,在现房买卖情形中,如何约定交房期限方符合"交易习惯",有无必要乃至是否形成"交易习惯",同类一般交易判断是否已经形成普遍共识,尚存较大疑问。其次,关于房屋价格问题。抛开此节是否属于"交易习惯"的问题,对不合理低价的判断,亦须以当时当地房地产管理部门公布的同等房地产之价格信息为参考依据。虽安钡佳公司称对其法定代表人张晓霞与张琳婕是否为亲属关系不得而知,但其确认张琳婕同张传文(与张晓霞户籍迁移时间、原因,迁出及迁入地均相同)身份证号相同的事实。张琳婕与安钡佳公司《商品房购销合同》的备案登记,已于2014年4月22日(一审庭审时间为2014年9月23日)因退房原因被注销。一审法院未查明相关事实,亦未对安钡佳公司在一审庭审中所作陈述与前述合同约定单价出现明显差异的事实给予必要关注,径以双方当事人约定价格明显低于安钡佳公司与张琳婕在案涉合同签订之日近30个月前所订合同中约定价格为主要理由,否定本案双方当事人之间存在房屋买卖法律关系,理据不足。此外,至本案当事人签约时(2013年8月21日),昆明市进一步加强商品房预售管理实施意见已经在当地施行(2011年1月1日生效)。根据该意见的前述相关规定,可以认定洪秀凤所持本案交易价格符合合理区间的主张成立。再次,关于付款问题。案涉合同约定的购房款支付方式为分期支付,但在洪秀凤所为一次性支付及安钡佳公司受领给付的共同作用下,应当认定其属于合同履行之变更。将此种合同履行变更视作与正常买房人的付款习惯相悖,理据尚不充分。而洪秀凤向安钡佳公司法定代表人张晓霞付款1900万元,也符合该公司所出具付款委托书的要求。购房发票系当事人办理房地产变更登记过程中所必需,一审法院认定安钡佳公司此前先行开具购房款收据违背房屋买卖"交易习惯",并得出当事人之间不存在房屋买卖法律关系的结论,缺乏足够的事实和法律依据。对本案736万元款项性质,双方所述均无合同依据且无其他证据佐证。然据前所述及,也不宜基此通过解释和推断得出推翻书面证据所反映当事人法律关系存在的结论。最后,关于借贷法律关系问题。洪秀凤与安钡佳公司签订了房屋买卖合同且已经备案登记,在实际履行过程中,虽然有些事实可能引发不同认识和判断,但在没有任何直接证据证明洪秀凤与安钡佳公司之间存在民间借贷法律关系,且安钡佳公司对其所主张民间借贷法律关系诸多核心要素的陈述并不一致的情况下,认定双方当事人之间存在民间借贷法律关系,缺乏充分的事实依据。本案二审庭审时,当庭播放了沈汉卿与安钡佳公司法定代表人张晓霞于2014年11月10日(一审庭审之后)的通话录音。其时,安钡佳公司一审所持抗辩意见已经固定,但安钡佳公司法定代表人张晓霞在通话中对洪秀凤之购房人身份却是认可的。至于安钡佳公司主张支付吴基协的1840万元系其所归还的借款本金问题,因其未提供任何证据支持,本院难予采信。如有争议,当事人可另循法律途径解决。

证明标准是负担证明责任的人提供证据证明其所主张法律事实所要达到的证明程度。本案中,洪秀凤已经完成双方当事人之间存在房屋买卖法律关系的举证证明责任,安钡佳公司主张其与洪秀凤之间存在民间借贷法律关系。按照《最高人民法院关于适用〈中华人民共和国民事诉讼法〉的解释》第一百零八条规定,安钡佳公司之举证应当在证明力上足以使人民法院确信该待证事实的存在具有高度可能性。而基于前述,安钡佳公司为反驳洪秀凤所主张事实所作举证,没有达到高度可能性之证明标准。较之高度可能性这一一般证明标准而言，合理怀疑排除属于特殊证明标准。《最高人民法院关于适用〈中华人民共和国民事诉讼法〉的解释》第一百零九条对排除合理怀疑原则适用的特殊类型民事案件范围有明确规定。一审法院认定双方当事人一系列行为明显不符合房屋买卖的"交易习惯"，进而基于合理怀疑得出其间系名为房屋买卖实为借贷民事法律关系的认定结论，没有充分的事实及法律依据，也不符合前述司法解释的规定精神，本院予以纠正。

• **2015年第9期《中华人民共和国最高人民法院公报》**刊登的"**李占江、朱丽敏与贝洪峰、沈阳东昊地产有限公司民间借贷纠纷案**"中，最高人民法院(2014)民一终字第38号民事判决书对合同解释中的目的解释的适用进行了分析。相关裁判摘要如下：

通过一、二审审理已经查明，贝洪峰自收到借款起至李占江、朱丽敏起诉时止，确实未向李占江、朱丽敏提供过任何资料和报表。双方在合同中也从未就提供资料和报表的时间、方式和条件作出具体约定。正因为如此，当事人双方对合同相关内容的理解产生了分歧。本院认为，一审法院认定贝洪峰不提供相关报表和资料的行为构成违约，李占江、朱丽敏因此有权要求贝洪峰提前还款有合同依据，是正确的。而贝洪峰辩称，合同只是将贝洪峰、东昊公司提供情况包括但不限于报表和各项材料等不真实约定为构成违约，不提供上述材料则没有明确规定为违约的理由是不能成立的。《合同法》第一百二十五条规定："当事人对合同条款的理解有争议的，应当按照合同所使用的词句、合同的有关条款、合同的目的、交易习惯以及诚实信用原则，确定该条款的真实意思。"双方当事人签订的合同为《担保借款合同》，具体到该合同第四条第一款约定的目的，是为了保证款项的出借方李占江、朱丽敏对款项使用情况的知情权、监督权，以便在发现贝洪峰擅自改变款项用途或发生其他可能影响出借人权利的情况时，及时采取措施、收回款项及利息。用目的解释的原理可以得知，提供不真实的材料和报表固然会影响出借方对借款人使用款项的监督，而不提供相关材料和报表却会使得出借人无从了解案涉款项的使用情况，不利于其及时行使自己的权利。因此，贝洪峰在借款的两年多的时间里，从未向李占江、朱丽敏提供相关材料和报表，属于违约。根据合同约定，在贝洪峰违约的情况下，李占江、朱丽敏有权要求其提前还款并支付利息。

• 2014年第10期《中华人民共和国最高人民法院公报》刊登的**“广州珠江铜厂有限公司与佛山市南海区中兴五金冶炼厂、李烈芬加工合同纠纷案”**中，最高人民法院(2012)民提字第153号民事判决书对综合运用多种解释方式对争议合同条款进行解释，从而探求当事人的真实意思表示进行了分析。相关裁判摘要如下：

关于中兴冶炼厂、李烈芬是否应当偿还珠铜公司紫杂铜锭(含铜84%)共943.52吨(折算金属铜792.56吨)。这涉及合同条款的理解问题，即中兴冶炼厂的943.52吨欠铜债务“只能在长白长顺有色金属冶炼厂和朝鲜惠山青年铜矿合作项目成功投产盈利后在乙方股份盈利中偿还”的约定如何理解。本院认为，对于合同的解释，应当严格按照合同法的规定和当事人的约定。广东省高级人民法院二审判决将“只能在长白长顺有色金属冶炼厂和朝鲜惠山青年铜矿合作项目成功投产盈利后在乙方股份盈利中偿还”理解为双方对返还欠铜方式的约定，其理由在于认为双方没有约定该项目未能成功投产和盈利时中兴冶炼厂应否偿还欠铜属于约定不明确。该认定并不符合合同解释的规则。因为，本案合同双方只是对合同条款内容的理解产生了争议，并不属于合同没有约定或者约定不明的情形。当事人对合同条款的理解有争议的，应当按照合同所使用的词句、合同的有关条款、合同的目的、交易习惯以及诚实信用原则，确定该条款的真实意思。在2003年5月19日《补充协议》中，“只能在长白长顺有色金属冶炼厂和朝鲜惠山青年铜矿合作项目成功投产盈利后在乙方股份盈利中偿还”所要表达的意思是明确的。即使把“在长白长顺有色金属冶炼厂和朝鲜惠山青年铜矿合作项目成功投产盈利后在乙方股份盈利中偿还”理解为返还方式的约定，也仅限于“只能以这种方式”，而没有约定其他的替代方式。从合同文义来看，“只能”的约定，具体限定了欠铜债务履行的条件和范围，该条件就是中兴冶炼厂、李烈芬履行其认可的欠铜债务的前提条件。就本案而言，有关补充协议履行中的风险双方都应当能够预见。当事人基于其实际的交易需要而签订合同，在特定的条件会根据其需要作出特定的意思表示，只要其意思表示是真实的、不违背法律的禁止性规定，不存在欺诈与胁迫的情况，即应当予以尊重和保护。

• 2010年第6期《中华人民共和国最高人民法院公报》刊登的**“枣庄矿业(集团)有限公司柴里煤矿与华夏银行股份有限公司青岛分行、青岛保税区华东国际贸易有限公司联营合同纠纷案”**中，最高人

民法院(2009)民提字第137号民事判决书就合同解释中的目的解释进行了分析。相关裁判摘要如下:

本院认为,对合同约定不明而当事人有争议的合同条款,可以根据合同目的等多种解释方法,综合探究当事人的缔约真意。但就目的解释而言,并非只按一方当事人期待实现的合同目的进行解释,而应按照与合同无利害关系的理性第三人通常理解的当事人共同的合同目的进行解释,且目的解释不应导致对他人合法权益的侵犯或与法律法规相冲突。本案中,柴里煤矿确曾对其出资的安全存有隐忧,而且还专门为此与华东公司、华夏银行订立合同条款。但在三方对柴里煤矿出资何时监管、如何监管已有明确约定和安排的情况下,仅根据柴里煤矿一方的效果意思和缔约目的,即推定合同相对人华夏银行和华东公司须另行承担约定义务之外的义务,则难谓符合当事人共同的合同目的。从实践上分析,该1000万元存在华东公司一般结算账户上,与账户上的其他资金相混同,华夏银行事实上也无法将其区分出来单独实施全面监管。如果根据目的解释推定华夏银行负有此项义务,只能导致华夏银行对华东公司一般结算账户内所有混同资金均予限制使用,这无疑会侵犯华东公司对其一般结算账户上所存资金的自主支配权。这是与法律法规相违背的。因此,本院认为,华夏银行对华东公司非以开证用途而从其一般结算账户上支取该笔资金并无监管义务。

• **2006年第4期《中华人民共和国最高人民法院公报》**刊登的“**厦门东方设计装修工程有限公司与福建省实华房地产开发有限公司商品房包销合同纠纷案**”中,最高人民法院(2005)民一终字第51号民事判决书认为,不能简单、片面地对合同的词语进行解释。相关裁判摘要如下:

东方公司与实华公司关于合同终止条件是否已经成就的争议,缘起于双方对“《商品房预售许可证》颁发之日”的不同理解。根据《房产包销合同》第四条的约定,东方公司应当在《商品房预售许可证》颁发之日起的一个月内支付第二笔包销保证金,逾期三个工作日内未交足第二笔保证金,实华公司有权没收第一笔保证金,并终止该合同。这里强调“颁发之日”的《商品房预售许可证》是指整个楼盘的《商品房预售许可证》,还是指单个楼体的《商品房预售许可证》,仅凭该条款中的文字表述尚难以准确判定。在《房产包销合同》中,当事人双方曾多次使用“签发”、“颁发”、“下达”和“办妥”来表述《商品房预售许可证》的办理情况,双方除对“办妥”是指“整个楼盘”的《商品房预售许可证》不存异议外,对其他

“签发”、“颁发”和“下达”因约定不明而存在分歧。从《房产包销合同》第九条、第十条关于“包销进度”和“违约事项”的约定来看,合同约定本身存在一定的矛盾。因此,如何理解“颁发之日”的真实意思表示,即成为判断实华公司终止合同的条件是否已经成就的重要标准。

本院认为,对《房产包销合同》第四条关于“《商品房预售许可证》颁发之日”的约定应当结合该合同的全文、尊重当事人在订立合同时的意思表示以及诚实信用的原则予以解释。首先,从《房产包销合同》第三条关于包销期限的约定来看,双方一致确认包销期限自《商品房预售许可证》签发之日起30个月内,其中车位包销期限延长一年即车位包销期限为42个月。因此,《商品房预售许可证》签发之日也就是开始计算东方公司包销期限之日,办妥整个楼盘的《商品房预售许可证》是东方公司在包销期限内履行全部包销义务的必要条件。其次,从《房产包销合同》中关于违约事项的约定来看,双方一致确认“甲方(实华公司)应在2003年11月30日前办妥该楼盘的《商品房预售许可证》”,这一条明确约定了实华公司办妥整个楼盘的《商品房预售许可证》的具体期限,而这一期限应当成为解释合同中关于《商品房预售许可证》“签发”、“颁发”、“下达”等不同用语的逻辑基础,也是当事人双方计算包销期限、确定包销保证金支付条件以及判断一方是否违约的时间界限。由于实华公司在2003年11月30日之前不仅未能办妥整个楼盘的《商品房预售许可证》,而且在此之前也未能办妥该楼盘中任何一份单个楼体的《商品房预售许可证》,故实华公司率先违约已成为本案中不争的事实,在此基础上探究“颁发之日”的真实意思表示已失去意义。再次,从东方公司于2004年2月19日给实华公司的回函中可以看出,东方公司对双方在《房产包销合同》第四条中所约定的“颁发之日”,一直主张是指整个楼盘《商品房预售许可证》的办妥之日。东方公司于2004年2月19日接到实华公司“关于‘实华·蓝湾雅境’《商品房预售许可证》已批准发出的通知”,后当日即提出了异议,明确表示了该《商品房预售许可证》仅为部分而非全部,由于该异议的提出是在双方诉讼发生之前,所以应当成为判断当事人真实意思表示的重要证据。一审认定东方公司对实华公司未按合同约定在2003年11月30日前办妥“实华公寓”楼盘的《商品房预售许可证》的事实未曾提出异议,属于认定事实错误。故此,一审判决仅凭《房产包销合同》中个别用语的不同,将“签发”、“颁发”解释为“单份”《商品房预售许可证》的签发或颁发,而将“办妥”解释为整个楼盘《商品房预售许可证》的办妥,无充分的证据支持。

第四百六十七条　【非典型合同与涉外合同的法律适用】本法或者其他法律没有明文规定的合同，适用本编通则的规定，并可以参照适用本编或者其他法律最相类似合同的规定。

在中华人民共和国境内履行的中外合资经营企业合同、中外合作经营企业合同、中外合作勘探开发自然资源合同，适用中华人民共和国法律。

一、相关法律条文

1.《中华人民共和国涉外民事关系法律适用法》（2011年4月1日起施行）

第四十一条　当事人可以协议选择合同适用的法律。当事人没有选择的，适用履行义务最能体现该合同特征的一方当事人经常居所地法律或者其他与该合同有最密切联系的法律。

第四十二条　消费者合同，适用消费者经常居所地法律；消费者选择适用商品、服务提供地法律或者经营者在消费者经常居所地没有从事相关经营活动的，适用商品、服务提供地法律。

2.《中华人民共和国民事诉讼法》（2017年6月27日修正）

第二百六十六条　因在中华人民共和国履行中外合资经营企业合同、中外合作经营企业合同、中外合作勘探开发自然资源合同发生纠纷提起的诉讼，由中华人民共和国人民法院管辖。

二、相关司法解释规定

《最高人民法院关于审理买卖合同纠纷案件适用法律问题的解释》（法释〔2012〕8号）（2020年12月23日修正）

第三十二条　法律或者行政法规对债权转让、股权转让等权利转让合同有规定的，依照其规定；没有规定的，人民法院可以根据民法典第四百六十七条和第六百四十六条的规定，参照适用买卖合同的有关规定。

权利转让或者其他有偿合同参照适用买卖合同的有关规定的，人民法院应当首先引用民法典第六百四十六条的规定，再引用买卖合同的有关规定。

三、相关文件规定

1.《最高人民法院关于确认仲裁协议效力请示的复函》(〔2006〕民四他字第1号)

本案双方当事人在合资合同中约定:“凡因解释或执行本合同所发生争议,双方应首先通过友好协商予以解决。如果双方在协商开始后的六十天内无法达成和解,任何一方可以将该争议按照《国际商会调解和仲裁规则》提交仲裁。仲裁应在瑞士苏黎世进行。仲裁员应使用本合同的英文版。任何这样的仲裁的全部程序应用英文进行,有关仲裁情况应每天用英文记录。仲裁应由三名仲裁员来进行,仲裁员应使用流利的英语,双方可各委派一位仲裁员,第三位仲裁员由仲裁院委派,该仲裁员为该仲裁庭主席。仲裁裁决是终局的,对双方均有约束力,双方同意遵守并执行。仲裁费用应由败诉方承担,除非在仲裁裁决中另有规定。”根据多年的司法实践以及本院《第二次全国涉外商事海事审判工作会议纪要》所确定的原则,当事人在合同中约定的适用于解决合同争议的准据法,不能用来确定涉外仲裁条款的效力。当事人在合同中明确约定了仲裁条款效力的准据法的,应当适用当事人明确约定的法律;未约定仲裁条款效力的准据法但约定了仲裁地的,应当适用仲裁地国家或者地区的法律。只有在当事人未约定仲裁条款效力的准据法亦未约定仲裁地或者仲裁地约定不明的情况下,才能适用法院地法即我国法律作为确认仲裁条款效力的准据法。本案当事人双方虽然在合同中约定“合同的订立、生效、解释和执行受中国现行和公布的有关法律的管辖”,但该约定是当事人对解决合同争议的准据法作出的选择,而不是对认定合同中仲裁条款效力的准据法作出的选择。《中华人民共和国合同法》第一百二十六条第二款规定的“在中华人民共和国境内履行的中外合资经营企业合同、中外合作经营企业合同、中外合作勘探开发自然资源合同,适用中华人民共和国法律”,是对解决合同实体争议的准据法作出的规定,而并非对认定合同中仲裁条款效力的准据法作出的规定。我国法律并未强制规定在确认中外合资经营合同中仲裁条款效力时必须适用我国的法律作为准据法。由于本案当事人未明确约定仲裁条款效力的准据法,故应适用当事人约定的仲裁地瑞士的法律,对仲裁条款的效力作出认定。你院关于确定本案仲裁条款的效力应当适用我国法律的意见缺乏根据。根据瑞士的相关法律规定,本案仲裁条款有效。依照《中华人民共和国民事诉讼法》第二百五十七条第一款、《中华人民共和国仲裁法》第五条的规定,本案纠纷应根据当事人的约定,通过仲裁方式解决,人民法院对该纠纷无管辖权。苏州市中级人民法院〔2004〕苏中民三初字第064号民事裁定对本案的处理意见是正确的。

2.《最高人民法院关于审理和执行涉外民商事案件应当注意的几个问题的通知》(法〔2000〕51号)

二、严格依照冲突规范适用处理案件的民商事法律,切实做到依法公开、公正、及时、平等地保护国内外当事人的合法权益。各级人民法院审理涉外民商事案件时,要坚持国家主权原则和依法独立审判原则,保证案件处理的程序公正和实体公正。涉外民商事案件除法律另有规定的以外一律公开审理,允许新闻媒体自负其责地进行报道。审理案件必须做到认定事实客观、全面,适用法律准确、适当,实体处理公正、合法,除《中华人民共和国合同法》第一百二十六条第二款规定的三类合同必须适用中国法律外,均应依照有关规定或者当事人约定,准确选用准据法;对我国参加的国际公约,除我国声明保留的条款外,应予优先适用,同时可以参照国际惯例。制作涉外法律文书应文字通畅,逻辑严密,格式规范,说理透彻。

第四百六十八条 【非合同之债的法律适用】非因合同产生的债权债务关系,适用有关该债权债务关系的法律规定;没有规定的,适用本编通则的有关规定,但是根据其性质不能适用的除外。

相关法律条文

《中华人民共和国民法典》(2021年1月1日起施行)

第一百一十八条 民事主体依法享有债权。

债权是因合同、侵权行为、无因管理、不当得利以及法律的其他规定,权利人请求特定义务人为或者不为一定行为的权利。

第一百一十九条 依法成立的合同,对当事人具有法律约束力。

第一百二十条 民事权益受到侵害的,被侵权人有权请求侵权人承担侵权责任。

第一百二十一条 没有法定的或者约定的义务,为避免他人利益受损失而进行管理的人,有权请求受益人偿还由此支出的必要费用。

第一百二十二条 因他人没有法律根据,取得不当利益,受损失的人有权请求其返还不当利益。

第二章　合同的订立

第四百六十九条　【合同的形式】当事人订立合同，可以采用书面形式、口头形式或者其他形式。

书面形式是合同书、信件、电报、电传、传真等可以有形地表现所载内容的形式。

以电子数据交换、电子邮件等方式能够有形地表现所载内容，并可以随时调取查用的数据电文，视为书面形式。

一、相关法律条文

1.《中华人民共和国民法典》(2021 年 1 月 1 日起施行)

第一百三十五条　民事法律行为可以采用书面形式、口头形式或者其他形式；法律、行政法规规定或者当事人约定采用特定形式的，应当采用特定形式。

第三百四十八条　通过招标、拍卖、协议等出让方式设立建设用地使用权的，当事人应当采用书面形式订立建设用地使用权出让合同。

建设用地使用权出让合同一般包括下列条款：

(一)当事人的名称和住所；

(二)土地界址、面积等；

(三)建筑物、构筑物及其附属设施占用的空间；

(四)土地用途、规划条件；

(五)建设用地使用权期限；

(六)出让金等费用及其支付方式；

(七)解决争议的方法。

第三百五十四条　建设用地使用权转让、互换、出资、赠与或者抵押的，当事人应当采用书面形式订立相应的合同。使用期限由当事人约定，但是不得超过建设用地使用权的剩余期限。

第三百六十七条　设立居住权，当事人应当采用书面形式订立居住权合同。

居住权合同一般包括下列条款：

(一)当事人的姓名或者名称和住所；

(二)住宅的位置；

(三)居住的条件和要求;

(四)居住权期限;

(五)解决争议的方法。

第三百七十三条 设立地役权,当事人应当采用书面形式订立地役权合同。

地役权合同一般包括下列条款:

(一)当事人的姓名或者名称和住所;

(二)供役地和需役地的位置;

(三)利用目的和方法;

(四)地役权期限;

(五)费用及其支付方式;

(六)解决争议的方法。

第四百条 设立抵押权,当事人应当采用书面形式订立抵押合同。

抵押合同一般包括下列条款:

(一)被担保债权的种类和数额;

(二)债务人履行债务的期限;

(三)抵押财产的名称、数量等情况;

(四)担保的范围。

第四百二十七条 设立质权,当事人应当采用书面形式订立质押合同。

质押合同一般包括下列条款:

(一)被担保债权的种类和数额;

(二)债务人履行债务的期限;

(三)质押财产的名称、数量等情况;

(四)担保的范围;

(五)质押财产交付的时间、方式。

第六百六十八条 借款合同应当采用书面形式,但是自然人之间借款另有约定的除外。

第六百八十五条 保证合同可以是单独订立的书面合同,也可以是主债权债务合同中的保证条款。

第三人单方以书面形式向债权人作出保证,债权人接收且未提出异议的,保证合同成立。

第七百零七条　租赁期限六个月以上的，应当采用书面形式。当事人未采用书面形式，无法确定租赁期限的，视为不定期租赁。

第七百三十六条　融资租赁合同的内容一般包括租赁物的名称、数量、规格、技术性能、检验方法，租赁期限，租金构成及其支付期限和方式、币种，租赁期限届满租赁物的归属等条款。

融资租赁合同应当采用书面形式。

第七百六十二条　保理合同的内容一般包括业务类型、服务范围、服务期限、基础交易合同情况、应收账款信息、保理融资款或者服务报酬及其支付方式等条款。

保理合同应当采用书面形式。

第七百八十九条　建设工程合同应当采用书面形式。

第八百五十一条　技术开发合同是当事人之间就新技术、新产品、新工艺、新品种或者新材料及其系统的研究开发所订立的合同。

技术开发合同包括委托开发合同和合作开发合同。

技术开发合同应当采用书面形式。

第八百六十三条　技术转让合同包括专利权转让、专利申请权转让、技术秘密转让等合同。

技术许可合同包括专利实施许可、技术秘密使用许可等合同。

技术转让合同和技术许可合同应当采用书面形式。

第九百三十八条　物业服务合同的内容一般包括服务事项、服务质量、服务费用的标准和收取办法、维修资金的使用、服务用房的管理和使用、服务期限、服务交接等条款。

物业服务人公开作出的有利于业主的服务承诺，为物业服务合同的组成部分。

物业服务合同应当采用书面形式。

2.《中华人民共和国电子签名法》（2019 年 4 月 23 日修正）

第二条　本法所称电子签名，是指数据电文中以电子形式所含、所附用于识别签名人身份并表明签名人认可其中内容的数据。

本法所称数据电文，是指以电子、光学、磁或者类似手段生成、发送、接收或者储存的信息。

第三条　民事活动中的合同或者其他文件、单证等文书，当事人可以约定使用或者不使用电子签名、数据电文。

当事人约定使用电子签名、数据电文的文书，不得仅因为其采用电子签名、数据电文的形式而否定其法律效力。

前款规定不适用下列文书：

（一）涉及婚姻、收养、继承等人身关系的；

（二）涉及停止供水、供热、供气等公用事业服务的；

（三）法律、行政法规规定的不适用电子文书的其他情形。

第四条 能够有形地表现所载内容，并可以随时调取查用的数据电文，视为符合法律、法规要求的书面形式。

第五条 符合下列条件的数据电文，视为满足法律、法规规定的原件形式要求：

（一）能够有效地表现所载内容并可供随时调取查用；

（二）能够可靠地保证自最终形成时起，内容保持完整、未被更改。但是，在数据电文上增加背书以及数据交换、储存和显示过程中发生的形式变化不影响数据电文的完整性。

第六条 符合下列条件的数据电文，视为满足法律、法规规定的文件保存要求：

（一）能够有效地表现所载内容并可供随时调取查用；

（二）数据电文的格式与其生成、发送或者接收时的格式相同，或者格式不相同但是能够准确表现原来生成、发送或者接收的内容；

（三）能够识别数据电文的发件人、收件人以及发送、接收的时间。

第七条 数据电文不得仅因为其是以电子、光学、磁或者类似手段生成、发送、接收或者储存的而被拒绝作为证据使用。

二、相关司法解释规定

《最高人民法院关于适用〈中华人民共和国仲裁法〉若干问题的解释》（法释〔2006〕7号）

第一条 仲裁法第十六条规定的“其他书面形式”的仲裁协议，包括以合同书、信件和数据电文（包括电报、电传、传真、电子数据交换和电子邮件）等形式达成的请求仲裁的协议。

三、相关裁判摘要

- **2002年第6期《中华人民共和国最高人民法院公报》**刊登的“**来云鹏诉北京四通利方信息技术有限公司服务合同纠纷案**”判决，对以电子数据文本形式订立的信息服务合同作出了分析。相关裁判摘要如下：

《中华人民共和国合同法》第十条第一款规定:"当事人订立合同,有书面形式、口头形式和其他形式。"第十一条规定:"书面形式是指合同书、信件和数据电文(包括电报、电传、传真、电子数据交换和电子邮件)等可以有形地表现所载内容的形式。"《新浪网》是以《新浪网北京站服务条款》为承诺,向会员提供信息服务的。该服务条款确定了网站向用户提供信息服务的权利和义务,实际上是一种电子数据文本形式的信息服务合同。根据网站的程序设计,服务条款的具体内容在网站的页面中已经向用户作了全面展示。会员申请注册时,对条款的具体权利和义务内容可以表示同意,并继续进行申请注册的下一个步骤;也可以表示不同意,并放弃申请注册的操作。按照会员申请注册步骤,申请人只有在点击"我同意"即表示确认服务条款的内容后,方可能最终完成会员的注册登记。原告来云鹏是按照这样的程序完成会员注册的,应认定他在注册登记过程中注意到了网站的特别提示,并对网站服务条款的全部内容有所了解。他在注册登记时自愿点击了"我同意"的标识,是表示确认网站服务条款内容的行为,即对遵守被告四通利方公司《新浪网》服务条款的要约表示同意。双方的信息服务合同关系,在原告来云鹏完成注册申请后即告成立。

第四百七十条　【合同的内容】合同的内容由当事人约定,一般包括下列条款:

(一)当事人的姓名或者名称和住所;

(二)标的;

(三)数量;

(四)质量;

(五)价款或者报酬;

(六)履行期限、地点和方式;

(七)违约责任;

(八)解决争议的方法。

当事人可以参照各类合同的示范文本订立合同。

第四百七十一条　【合同的订立方式】当事人订立合同,可以采取要约、承诺方式或者其他方式。

相关裁判摘要

● **2015年第7期《中华人民共和国最高人民法院公报》**刊登的“**李德勇与中国农业银行股份有限公司重庆云阳支行储蓄存款合同纠纷案**”中，最高人民法院(2013)民提字第95号民事判决书对合同的成立问题进行了详细的分析。相关裁判摘要如下：

《中华人民共和国合同法》第十三条规定：“当事人订立合同，采取要约、承诺方式。”第二十五条规定：“承诺生效时合同成立。”依照上述法律规定，储蓄人主张与银行成立储蓄存款合同，应当证明其与银行分别作出要约和承诺，符合合同成立要件。当储蓄人依据犯罪分子伪造的存单主张与银行成立储蓄合同，人民法院应判定储蓄人与银行是否就储蓄事宜分别作出要约、承诺。在不能认定双方成立储蓄合同情形下，储蓄人依据伪造存单提起的诉讼，应依照最高人民法院《关于审理存单纠纷案件的若干规定》，作为一般存单纠纷处理。

第四百七十二条 【要约】要约是希望与他人订立合同的意思表示，该意思表示应当符合下列条件：

(一)内容具体确定；

(二)表明经受要约人承诺，要约人即受该意思表示约束。

相关国际公约

《联合国国际货物销售合同公约》(1980年4月11日订于维也纳)①

第十四条 (1)向一个或一个以上特定的人提出的订立合同的建议，如果十分确定并且表明发价人在得到接受时承受约束的意旨，即构成发价。一个建议如果写明货物并且明示或暗示地规定数量和价格或规定如何确定数量和价格，即为十分确定。

(2)非向一个或一个以上特定的人提出的建议，仅应视为邀请做出发价，除非提出建议的人明确地表示相反的意向。

第四百七十三条 【要约邀请】要约邀请是希望他人向自己发出

① 我国政府于1986年12月11日正式核准该公约。

要约的表示。拍卖公告、招标公告、招股说明书、债券募集办法、基金招募说明书、商业广告和宣传、寄送的价目表等为要约邀请。

商业广告和宣传的内容符合要约条件的，构成要约。

一、相关国际公约

《联合国国际货物销售合同公约》（1980年4月11日订于维也纳）

第十四条　（1）向一个或一个以上特定的人提出的订立合同的建议，如果十分确定并且表明发价人在得到接受时承受约束的意旨，即构成发价。一个建议如果写明货物并且明示或暗示地规定数量和价格或规定如何确定数量和价格，即为十分确定。

（2）非向一个或一个以上特定的人提出的建议，仅应视为邀请做出发价，除非提出建议的人明确地表示相反的意向。

二、相关法律条文

1.《中华人民共和国拍卖法》（2015年4月24日修正）

第四十五条　拍卖人应当于拍卖日七日前发布拍卖公告。

第四十六条　拍卖公告应当载明下列事项：

（一）拍卖的时间、地点；

（二）拍卖标的；

（三）拍卖标的展示时间、地点；

（四）参与竞买应当办理的手续；

（五）需要公告的其他事项。

第四十七条　拍卖公告应当通过报纸或者其他新闻媒介发布。

2.《中华人民共和国招标投标法》（2017年12月27日修正）

第十条　招标分为公开招标和邀请招标。

公开招标，是指招标人以招标公告的方式邀请不特定的法人或者其他组织投标。

邀请招标，是指招标人以投标邀请书的方式邀请特定的法人或者其他组织投标。

第十一条　国务院发展计划部门确定的国家重点项目和省、自治区、直辖市人民政府确定的地方重点项目不适宜公开招标的，经国务院发展计划部门或者省、自治区、直辖市人民政府批准，可以进行邀请招标。

第十六条 招标人采用公开招标方式的，应当发布招标公告。依法必须进行招标的项目的招标公告，应当通过国家指定的报刊、信息网络或者其他媒介发布。

招标公告应当载明招标人的名称和地址、招标项目的性质、数量、实施地点和时间以及获取招标文件的办法等事项。

第十七条 招标人采用邀请招标方式的，应当向三个以上具备承担招标项目的能力、资信良好的特定的法人或者其他组织发出投标邀请书。

投标邀请书应当载明本法第十六条第二款规定的事项。

3.《中华人民共和国公司法》(2018年10月26日修正)

第八十五条 发起人向社会公开募集股份，必须公告招股说明书，并制作认股书。认股书应当载明本法第八十六条所列事项，由认股人填写认购股数、金额、住所，并签名、盖章。认股人按照所认购股数缴纳股款。

第八十六条 招股说明书应当附有发起人制订的公司章程，并载明下列事项：

(一)发起人认购的股份数；

(二)每股的票面金额和发行价格；

(三)无记名股票的发行总数；

(四)募集资金的用途；

(五)认股人的权利、义务；

(六)本次募股的起止期限及逾期未募足时认股人可以撤回所认股份的说明。

第一百五十四条 发行公司债券的申请经国务院授权的部门核准后，应当公告公司债券募集办法。

公司债券募集办法中应当载明下列主要事项：

(一)公司名称；

(二)债券募集资金的用途；

(三)债券总额和债券的票面金额；

(四)债券利率的确定方式；

(五)还本付息的期限和方式；

(六)债券担保情况；

(七)债券的发行价格、发行的起止日期；

（八）公司净资产额；

（九）已发行的尚未到期的公司债券总额；

（十）公司债券的承销机构。

4.《中华人民共和国证券投资基金法》（2015年4月24日修正）

第五十三条　公开募集基金的基金招募说明书应当包括下列内容：

（一）基金募集申请的准予注册文件名称和注册日期；

（二）基金管理人、基金托管人的基本情况；

（三）基金合同和基金托管协议的内容摘要；

（四）基金份额的发售日期、价格、费用和期限；

（五）基金份额的发售方式、发售机构及登记机构名称；

（六）出具法律意见书的律师事务所和审计基金财产的会计师事务所的名称和住所；

（七）基金管理人、基金托管人报酬及其他有关费用的提取、支付方式与比例；

（八）风险警示内容；

（九）国务院证券监督管理机构规定的其他内容。

5.《中华人民共和国广告法》（2021年4月29日修订）

第八条　广告中对商品的性能、功能、产地、用途、质量、成分、价格、生产者、有效期限、允诺等或者对服务的内容、提供者、形式、质量、价格、允诺等有表示的，应当准确、清楚、明白。

广告中表明推销的商品或者服务附带赠送的，应当明示所附带赠送商品或者服务的品种、规格、数量、期限和方式。

法律、行政法规规定广告中应当明示的内容，应当显著、清晰表示。

三、相关司法解释规定

《最高人民法院关于审理商品房买卖合同纠纷案件适用法律若干问题的解释》（法释〔2003〕7号）（2020年12月23日修正）

第三条　商品房的销售广告和宣传资料为要约邀请，但是出卖人就商品房开发规划范围内的房屋及相关设施所作的说明和允诺具体确定，并对商品房买卖合同的订立以及房屋价格的确定有重大影响的，构成要约。该说明和允诺即使未载入商品房买卖合同，亦应当为合同内容，当事人违反的，应当承担违约责任。

四、相关裁判摘要

● **2005年第5期《中华人民共和国最高人民法院公报》**刊登的“**时间房地产建设集团有限公司诉浙江省玉环县国土资源局土地使用权出让合同纠纷案**”中，最高人民法院(2003)民一终字第82号民事判决书对如何界定国有土地使用权出让中挂牌出让公告的性质以及要约邀请的撤回等问题作出了分析。相关裁判摘要如下：

关于挂牌出让公告的法律性质是要约邀请还是要约的问题，其区分标准应首先依照法律的规定。合同法第十五条载明拍卖公告和招标公告的法律性质为要约邀请，本案刊登于报纸上的挂牌出让公告与拍卖公告、招标公告相同，亦是向不特定主体发出的以吸引或邀请相对方发出要约为目的的意思表示，其实质是希望竞买人提出价格条款，其性质应认定为要约邀请。时间公司于2002年11月21日所作的报价应为本案要约。时间公司诉称挂牌出让公告即为要约的主张缺乏法律依据，不能成立。合同法对要约邀请的撤回未作条件限制，在发出要约邀请后，要约邀请人撤回要约邀请，只要没有给善意相对人造成信赖利益的损失，要约邀请人一般不承担法律责任。要约邀请不形成合同关系，撤回要约邀请亦不产生合同上的责任。

第四百七十四条 【要约生效的时间】要约生效的时间适用本法第一百三十七条的规定。

一、相关法律条文

1.《中华人民共和国民法典》(2021年1月1日起施行)

第一百三十七条 以对话方式作出的意思表示，相对人知道其内容时生效。

以非对话方式作出的意思表示，到达相对人时生效。以非对话方式作出的采用数据电文形式的意思表示，相对人指定特定系统接收数据电文的，该数据电文进入该特定系统时生效；未指定特定系统的，相对人知道或者应当知道该数据电文进入其系统时生效。当事人对采用数据电文形式的意思表示的生效时间另有约定的，按照其约定。

2.《中华人民共和国电子签名法》(2019 年 4 月 23 日修正)

第九条　数据电文有下列情形之一的,视为发件人发送:

(一)经发件人授权发送的;

(二)发件人的信息系统自动发送的;

(三)收件人按照发件人认可的方法对数据电文进行验证后结果相符的。

当事人对前款规定的事项另有约定的,从其约定。

第十条　法律、行政法规规定或者当事人约定数据电文需要确认收讫的,应当确认收讫。发件人收到收件人的收讫确认时,数据电文视为已经收到。

第十一条　数据电文进入发件人控制之外的某个信息系统的时间,视为该数据电文的发送时间。

收件人指定特定系统接收数据电文的,数据电文进入该特定系统的时间,视为该数据电文的接收时间;未指定特定系统的,数据电文进入收件人的任何系统的首次时间,视为该数据电文的接收时间。

当事人对数据电文的发送时间、接收时间另有约定的,从其约定。

第十二条　发件人的主营业地为数据电文的发送地点,收件人的主营业地为数据电文的接收地点。没有主营业地的,其经常居住地为发送或者接收地点。

当事人对数据电文的发送地点、接收地点另有约定的,从其约定。

二、相关国际公约

《联合国国际货物销售合同公约》(1980 年 4 月 11 日订于维也纳)

第十五条　(1)发价于送达被发价人时生效。

……

第四百七十五条　【要约的撤回】要约可以撤回。要约的撤回适用本法第一百四十一条的规定。

一、相关法律条文

《中华人民共和国民法典》(2021 年 1 月 1 日起施行)

第一百四十一条　行为人可以撤回意思表示。撤回意思表示的通知应当在意思表示到达相对人前或者与意思表示同时到达相对人。

二、相关国际公约

《联合国国际货物销售合同公约》(1980年4月11日订于维也纳)

第十五条

……

(2)一项发价,即使是不可撤销的,得予撤回,如果撤回通知于发价送达被发价人之前或同时,送达被发价人。

第四百七十六条 【要约的撤销】 要约可以撤销,但是有下列情形之一的除外:

(一)要约人以确定承诺期限或者其他形式明示要约不可撤销;

(二)受要约人有理由认为要约是不可撤销的,并已经为履行合同做了合理准备工作。

相关国际公约

《联合国国际货物销售合同公约》(1980年4月11日订于维也纳)

第十六条 (1)在未订立合同之前,发价得予撤销,如果撤销通知于被发价人发出接受通知之前送达被发价人。

(2)但在下列情况下,发价不得撤销:

(a)发价写明接受发价的期限或以其他方式表示发价是不可撤销的;或

(b)被发价人有理由信赖该项发价是不可撤销的,而且被发价人已本着对该项发价的信赖行事。

第四百七十七条 【撤销要约的条件】 撤销要约的意思表示以对话方式作出的,该意思表示的内容应当在受要约人作出承诺之前为受要约人所知道;撤销要约的意思表示以非对话方式作出的,应当在受要约人作出承诺之前到达受要约人。

相关法律条文

《中华人民共和国民法典》(2021年1月1日起施行)

第一百三十七条 以对话方式作出的意思表示,相对人知道其内容时生效。

以非对话方式作出的意思表示，到达相对人时生效。以非对话方式作出的采用数据电文形式的意思表示，相对人指定特定系统接收数据电文的，该数据电文进入该特定系统时生效；未指定特定系统的，相对人知道或者应当知道该数据电文进入其系统时生效。当事人对采用数据电文形式的意思表示的生效时间另有约定的，按照其约定。

第四百七十八条　【要约的失效】 有下列情形之一的，要约失效：

（一）要约被拒绝；

（二）要约被依法撤销；

（三）承诺期限届满，受要约人未作出承诺；

（四）受要约人对要约的内容作出实质性变更。

一、相关国际公约

《联合国国际货物销售合同公约》（1980年4月11日订于维也纳）

第十七条　一项发价，即使是不可撤销的，于拒绝通知送达发价人时终止。

二、相关文件规定

《最高人民法院关于对诗董橡胶股份有限公司与三角轮胎股份有限公司涉外仲裁一案不予执行的请示的复函》（〔2013〕民四他字第12号）

即使认可该合同复印件的真实性，从当事人确认的缔约过程来看，在三角公司将要约传真给诗董公司后，诗董公司对要约中载明的主体、货物数量以及价款等内容进行了实质性修改，构成新的要约。诗董公司亦未能提供证据证明三角公司对该新的要约进行了承诺，双方之间的合同并未成立。

第四百七十九条　【承诺的定义】 承诺是受要约人同意要约的意思表示。

一、相关国际公约

《联合国国际货物销售合同公约》（1980年4月11日订于维也纳）

第十八条　（1）被发价人声明或做出其他行为表示同意一项发价，

即是接受,缄默或不行动本身不等于接受。

……

二、相关裁判摘要

• **2006 年第 1 期《中华人民共和国最高人民法院公报》**刊登的"**曾意龙诉江西金马拍卖有限公司等拍卖纠纷案**"中,最高人民法院(2005)民一终字第 43 号民事判决书,对拍卖合同中的无效承诺进行了分析。相关裁判摘要如下:

合同依法成立,所谓依法,就是要约和承诺应当合法。法律对拍卖合同的要约和承诺有特殊规定,如果拍卖师在某一价位上落槌前,没有向全体竞买人公开报价,也没有进行三次报价,违反了拍卖活动的法定程序和拍卖法公开、公正的基本原则,其落槌行为属于无效承诺。因此,竞买人与拍卖公司之间的买卖合同并非依法成立。

第四百八十条 【承诺的方式】 承诺应当以通知的方式作出;但是,根据交易习惯或者要约表明可以通过行为作出承诺的除外。

一、相关法律条文

《中华人民共和国民法典》(2021 年 1 月 1 日起施行)

第一百四十条 行为人可以明示或者默示作出意思表示。

沉默只有在有法律规定、当事人约定或者符合当事人之间的交易习惯时,才可以视为意思表示。

二、相关国际公约

《联合国国际货物销售合同公约》(1980 年 4 月 11 日订于维也纳)

第十八条 (1)被发价人声明或做出其他行为表示同意一项发价,即是接受,缄默或不行动本身不等于接受。

(2)接受发价于表示同意的通知送达发价人时生效。如果表示同意的通知在发价人所规定的时间内,如未规定时间,在一段合理的时间内,未曾送达发价人,接受就成为无效,但须适当地考虑到交易的情况,包括发价人所使用的通讯方法的迅速程序。对口头发价必须立即接受,但情况有别者不在此限。

(3)但是,如果根据该项发价或依照当事人之间确立的习惯作法和惯例,被发价人可以做出某种行为,例如与发运货物或支付价款有关的行为,来表示同意,而无须向发价人发出通知,则接受于该项行为做出时生效,但该项行为必须在上一款所规定的期间内做出。

第四百八十一条　【承诺到达的时间】承诺应当在要约确定的期限内到达要约人。

要约没有确定承诺期限的,承诺应当依照下列规定到达:

(一)要约以对话方式作出的,应当即时作出承诺;

(二)要约以非对话方式作出的,承诺应当在合理期限内到达。

一、相关国际公约

《联合国国际货物销售合同公约》(1980年4月11日订于维也纳)

第十八条

……

(2)接受发价于表示同意的通知送达发价人时生效。如果表示同意的通知在发价人所规定的时间内,如未规定时间,在一段合理的时间内,未曾送达发价人,接受就成为无效,但须适当地考虑到交易的情况,包括发价人所使用的通讯方法的迅速程度。对口头发价必须立即接受,但情况有别者不在此限。

(3)但是,如果根据该项发价或依照当事人之间确立的习惯作法和惯例,被发价人可以做出某种行为,例如与发运货物或支付价款有关的行为,来表示同意,而无须向发价人发出通知,则接受于该项行为做出时生效,但该项行为必须在上一款所规定的期间内做出。

二、相关法律条文

《中华人民共和国民法典》(2021年1月1日起施行)

第一百三十七条　以对话方式作出的意思表示,相对人知道其内容时生效。

以非对话方式作出的意思表示,到达相对人时生效。以非对话方式作出的采用数据电文形式的意思表示,相对人指定特定系统接收数据电文的,该数据电文进入该特定系统时生效;未指定特定系统的,相对人知道或者应当知道该数据电文进入其系统时生效。当事人对采用数据电文形式的意思表示的生效时间另有约定的,按照其约定。

第四百八十二条 【承诺期限的起算点】要约以信件或者电报作出的，承诺期限自信件载明的日期或者电报交发之日开始计算。信件未载明日期的，自投寄该信件的邮戳日期开始计算。要约以电话、传真、电子邮件等快速通讯方式作出的，承诺期限自要约到达受要约人时开始计算。

相关国际公约

《联合国国际货物销售合同公约》(1980年4月11日订于维也纳)

第二十条 (1)发价人在电报或信件内规定的接受期间，从电报交发时刻或信上载明的发信日期起算，如信上未载明发信日期，则从信封上所载日期起算。发价人以电话、电传或其他快速通讯方法规定的接受期间，从发价送达被发价人时起算。

(2)在计算接受期间时，接受期间内的正式假日或非营业日应计算在内。但是，如果接受通知在接受期间的最后1天未能送到发价人地址，因为那天在发价人营业地是正式假日或非营业日，则接受期间应顺延至下一个营业日。

第四百八十三条 【合同的成立时间】承诺生效时合同成立，但是法律另有规定或者当事人另有约定的除外。

相关国际公约

《联合国国际货物销售合同公约》(1980年4月11日订于维也纳)

第二十三条 合同于按照本公约规定对发价的接受生效时订立。

第四百八十四条 【承诺的生效时间】以通知方式作出的承诺，生效的时间适用本法第一百三十七条的规定。

承诺不需要通知的，根据交易习惯或者要约的要求作出承诺的行为时生效。

相关法律条文

《中华人民共和国民法典》(2021年1月1日起施行)

第一百三十七条 以对话方式作出的意思表示，相对人知道其内容时生效。

以非对话方式作出的意思表示，到达相对人时生效。以非对话方式作出的采用数据电文形式的意思表示，相对人指定特定系统接收数据电文的，该数据电文进入该特定系统时生效；未指定特定系统的，相对人知道或者应当知道该数据电文进入其系统时生效。当事人对采用数据电文形式的意思表示的生效时间另有约定的，按照其约定。

第四百八十五条　【承诺的撤回】承诺可以撤回。承诺的撤回适用本法第一百四十一条的规定。

相关法律条文

《中华人民共和国民法典》(2021 年 1 月 1 日起施行)

第一百四十一条　行为人可以撤回意思表示。撤回意思表示的通知应当在意思表示到达相对人前或者与意思表示同时到达相对人。

第四百八十六条　【逾期的承诺】受要约人超过承诺期限发出承诺，或者在承诺期限内发出承诺，按照通常情形不能及时到达要约人的，为新要约；但是，要约人及时通知受要约人该承诺有效的除外。

相关国际公约

《联合国国际货物销售合同公约》(1980 年 4 月 11 日订于维也纳)

第二十一条　(1)逾期接受仍有接受的效力，如果发价人毫不迟延地用口头或书面将此种意见通知被发价人。

(2)如果载有逾期接受的信件或其他书面文件表明，它是在传递正常、能及时送达发价人的情况下寄发的，则该项逾期接受具有接受的效力，除非发价人毫不迟延地用口头或书面通知被发价人：他认为他的发价已经失效。

第四百八十七条　【迟到的承诺】受要约人在承诺期限内发出承诺，按照通常情形能够及时到达要约人，但是因其他原因致使承诺到达要约人时超过承诺期限的，除要约人及时通知受要约人因承诺超过期限不接受该承诺外，该承诺有效。

相关国际公约

《联合国国际货物销售合同公约》(1980年4月11日订于维也纳)

第二十一条

……

(2)如果载有逾期接受的信件或其他书面文件表明,它是在传递正常、能及时送达发价人的情况下寄发的,则该项逾期接受具有接受的效力,除非发价人毫不迟延地用口头或书面通知被发价人:他认为他的发价已经失效。

第四百八十八条 【承诺对要约内容的实质性变更】 承诺的内容应当与要约的内容一致。受要约人对要约的内容作出实质性变更的,为新要约。有关合同标的、数量、质量、价款或者报酬、履行期限、履行地点和方式、违约责任和解决争议方法等的变更,是对要约内容的实质性变更。

相关国际公约

《联合国国际货物销售合同公约》(1980年4月11日订于维也纳)

第十九条 (1)对发价表示接受但载有添加、限制或其他更改的答复,即为拒绝该项发价,并构成还价。

(2)但是,对发价表示接受但载有添加或不同条件的答复,如所载的添加或不同条件在实质上并不变更该项发价的条件,除发价人在不过分迟延的期间内以口头或书面通知反对其间的差异外,仍构成接受。如果发价人不做出这种反对,合同的条件就以该项发价的条件以及接受通知内所载的更改为准。

(3)有关货物价格、付款、货物质量和数量、交货地点和时间、一方当事人对另一方当事人的赔偿责任范围或解决争端等等的添加或不同条件,均视为在实质上变更发价的条件。

第四百八十九条 【承诺对要约内容的非实质性变更】 承诺对要约的内容作出非实质性变更的,除要约人及时表示反对或者要约表明承诺不得对要约的内容作出任何变更外,该承诺有效,合同的内容以承诺的内容为准。

相关国际公约

《联合国国际货物销售合同公约》(1980年4月11日订于维也纳)

第十九条　(1)对发价表示接受但载有添加、限制或其他更改的答复,即为拒绝该项发价,并构成还价。

(2)但是,对发价表示接受但载有添加或不同条件的答复,如所载的添加或不同条件在实质上并不变更该项发价的条件,除发价人在不过分迟延的期间内以口头或书面通知反对其间的差异外,仍构成接受。如果发价人不做出这种反对,合同的条件就以该项发价的条件以及接受通知内所载的更改为准。

……

第四百九十条　【书面形式订立合同的合同成立时间】当事人采用合同书形式订立合同的,自当事人均签名、盖章或者按指印时合同成立。在签名、盖章或者按指印之前,当事人一方已经履行主要义务,对方接受时,该合同成立。

法律、行政法规规定或者当事人约定合同应当采用书面形式订立,当事人未采用书面形式但是一方已经履行主要义务,对方接受时,该合同成立。

一、相关法律条文

《中华人民共和国电子签名法》(2019年4月23日修正)

第十三条　电子签名同时符合下列条件的,视为可靠的电子签名:

(一)电子签名制作数据用于电子签名时,属于电子签名人专有;

(二)签署时电子签名制作数据仅由电子签名人控制;

(三)签署后对电子签名的任何改动能够被发现;

(四)签署后对数据电文内容和形式的任何改动能够被发现。

当事人也可以选择使用符合其约定的可靠条件的电子签名。

第十四条　可靠的电子签名与手写签名或者盖章具有同等的法律效力。

二、相关司法解释规定

1.《最高人民法院关于审理著作权民事纠纷案件适用法律若干问题的解释》(法释〔2002〕31号)(2020年12月23日修正)

第二十二条 著作权转让合同未采取书面形式的,人民法院依据民法典第四百九十条的规定审查合同是否成立。

2.《最高人民法院关于审理买卖合同纠纷案件适用法律问题的解释》(法释〔2012〕8号)(2020年12月23日修正)

第一条 当事人之间没有书面合同,一方以送货单、收货单、结算单、发票等主张存在买卖合同关系的,人民法院应当结合当事人之间的交易方式、交易习惯以及其他相关证据,对买卖合同是否成立作出认定。

对账确认函、债权确认书等函件、凭证没有记载债权人名称,买卖合同当事人一方以此证明存在买卖合同关系的,人民法院应予支持,但有相反证据足以推翻的除外。

三、相关文件规定

《最高人民法院关于印发〈全国法院民商事审判工作会议纪要〉的通知》(法〔2019〕254号)

41.【盖章行为的法律效力】司法实践中,有些公司有意刻制两套甚至多套公章,有的法定代表人或者代理人甚至私刻公章,订立合同时恶意加盖非备案的公章或者假公章,发生纠纷后法人以加盖的是假公章为由否定合同效力的情形并不鲜见。人民法院在审理案件时,应当主要审查签约人于盖章之时有无代表权或者代理权,从而根据代表或者代理的相关规则来确定合同的效力。

法定代表人或者其授权之人在合同上加盖法人公章的行为,表明其是以法人名义签订合同,除《公司法》第16条等法律对其职权有特别规定的情形外,应当由法人承担相应的法律后果。法人以法定代表人事后已无代表权、加盖的是假章、所盖之章与备案公章不一致等为由否定合同效力的,人民法院不予支持。

代理人以被代理人名义签订合同,要取得合法授权。代理人取得合法授权后,以被代理人名义签订的合同,应当由被代理人承担责任。被代理人以代理人事后已无代理权、加盖的是假章、所盖之章与备案公章不一致等为由否定合同效力的,人民法院不予支持。

四、相关裁判摘要

● **2016 年第 3 期《中华人民共和国最高人民法院公报》**刊登的“**陈呈浴与内蒙古昌宇石业有限公司合同纠纷案**”中，最高人民法院(2007)民二终字第 35 号民事判决书认为，协议上当事人的印章是真实的并不等于协议本身就是真实的，法院在认定协议真实性时要综合考虑其他证据及事实。相关裁判摘要如下：

关于 5.3 补充协议真实性的认定问题。2011 年 9 月，陈呈浴以与昌宇公司存在 5.3 补充协议为据，向一审法院提起诉讼。2011 年，昌宇公司在本案管辖异议二审期间向福建高院对 5.3 补充协议上昌宇公司的真实性提出司法鉴定申请，经福建鼎立司法鉴定中心鉴定，鉴定意见为印章真实。本案一审期间，昌宇公司又于 2013 年 5 月 25 日，向一审法院提出《司法鉴定申请书》，除再次对 5.3 补充协议上加盖公章的真实性提出鉴定申请外，另提出对公章与文字形成的前后顺序、文字形成日期、纸张日期进行鉴定的申请，一审法院经审查对昌宇公司再行提出印章真实性的鉴定申请不予支持，并无不当；但因公章与文字的前后顺序、文字形成日期等对认定协议的真实性亦有重要影响，原审法院以公章与文字形成先后不影响协议真实性的判断为由，不予支持，确有不当。在 5.3 补充协议真实性的认定上，该协议加盖的印章虽为真实，但因协议形成行为与印章加盖行为具有相对独立性，协议形成行为是双方合意行为的反映形式，而印章加盖行为是双方确认双方合意即协议的行为，二者相互关联又相互独立，在证据意义上，印章真实一般即可推定合意形成行为真实，但在有证据否定或怀疑合意形成行为真实性的情况下，即不能根据印章的真实性直接推定协议的真实性，也就是说，印章在证明协议真实性上尚属初步证据，人民法院认定协议的真实性需综合考虑其他证据及事实。本院认为，本案 5.3 补充协议的真实性有如下不足：第一，5.3 补充协议对 5.1 协议的风险负担进行根本变更，不合常理，陈呈浴对此变更不能进行合理说明。根据 2004 年 9 月 26 日陈呈浴、刘景印与昌宇公司签订的《内部承包合同》，陈呈浴等在获得采石生产、定价、销售所属矿山产品权利的同时，对生产、销售活动中所需的资金、物力等均需自行解决，自行承担在生产经营中因自身原因引起的责任；同时，陈呈浴等还需一次性给付 50 万元开发补偿费，并据商品荒料的价格按比例向昌宇公司交纳补偿金。可见，合作合同的风险主要在陈呈浴一方。之后，双方签订 2005 年 5 月 1 日《补充协议》，决定终止上述《内部承包合同》，该《补充协议》虽有昌宇公司同意以优惠条件与陈呈浴签订新合同之内容，但同年5月1日签订的5.1协议仍有陈呈浴负责生产、销售活动的资金、人力、物力以及税金，承担生产经营活动中因自身原因引起的各项责任义务等内容；同时，5.1协议还对协议履行期间陈呈浴不合理开采、开采权转让、不按约给付补偿金等约定昌宇公司享有单方解除权，并约定因此造成的损失由陈呈浴自行承担。可见，陈呈浴与昌宇公司无论在前的《内部承包合同》还是在后根据昌宇公司给予陈呈浴优惠条件签订的5.1协议，合作风险几乎全部由陈呈浴承担。但5.3补充协议对双方合作合同期间的风险作了完全相反的约定，即合作合同风险完全转移到昌宇公司一方。根据该5.3补充协议内容，无论协议有效或无效、昌宇公司单方或法院判定协议解除或终止，昌宇公司均有义务对陈呈浴除经营损失外的全部投入予以退还。同时，该《补充协议》有关剥夺他方鉴定申请权及明确诉讼管辖地等内容，进一步将风险完全转移到昌宇公司一方。本院认为，在合同当事人的缔约地位并未改变，且依约昌宇公司全部矿山使用补偿费仅240万元的情况下，上述约定超出了合作协议的合理范围，不合常情、常理；陈呈浴对仅时隔一天后签订5.3补充协议根本变更5.1协议内容，虽解释是受到昌宇公司和他人所签合同的影响，但并未提供相关证据予以支持，其解释的可信性不足。第二，5.3补充协议的基本内容存在矛盾，陈呈浴不能合理说明。5.3补充协议第二条规定5.1协议第一条中陈呈浴承担的损失限定为“经营损失”，以与5.3补充协议第一条所涉“投资”相区分。实际上，所谓“经营损失”反映的是投资与收益的关系，而陈呈浴履行协议中所投入的生产经营成本性质上即为投资，5.3补充协议对此又明确约定为自行承担，从而其主张自相矛盾。再审庭审中，陈呈浴对协议正常履行条件下，生产经营成本与投资、生产经营风险不能作出合理说明；同时，其在法庭陈述中也表示主张投资是因为前期没有产品产出而其开挖的风化层对之后的生产带来了方便，如有产品产出，其投资和生产经营风险即自行承担。可见，其主张的生产经营成本与投资无法区分，经营成本是其自愿承担范围。第三，陈呈浴在相关诉讼中从未提及5.3补充协议及管辖问题，不合常理。内蒙古自治区相关人民法院在审理陈呈浴与昌宇公司互为原被告的多起相关诉讼中，陈呈浴均未提及双方曾签订有5.3补充协议，亦未就管辖法院提出异议，其虽解释该5.3补充协议当时无法找到，是多年后在清理个人物品时偶然发现，但其前后陈述发现地点不一，结合该补充协议相关内容对双方关系的重大影响，其解释不合情理。最后，5.3补充协议在形式上还存在甲方、乙方列法及明确协议份数的条款等与之前订约习惯明显差异的情况。综上，根据5.3补充协议的内容、形式及该补充协议的形成过程和再审庭审查明陈呈浴在原审中隐瞒重大事实信息的不诚信行为，同时考虑昌宇公司一直否认自行加盖印章且不持有该协议之抗辩意见，本院对5.3补充协议相关内容的真实性不予采信。

• **2009年第5期《中华人民共和国最高人民法院公报》**刊登的"**彭丽静与梁喜平、王保山、河北金海岸房地产开发有限公司股权转让侵权纠纷案**"中，最高人民法院(2007)民二终字第219号民事判决书就个案中如何认定当事人一方已经履行主要义务进行了分析。相关裁判摘要如下：

依照《合同法》第三十七条的规定，采用合同书形式订立合同，在签字或盖章之前，当事人一方已经履行了主要义务，对方接受的，该合同成立。股权转让合同书第13条的约定，相对于整个合同书来讲仅是一个形式要件，彭丽静、王军师也确实未在合同书上签字，合同书存在形式上的瑕疵。但梁喜平已在合同书上签字，被告王保山也已经履行了主要的合同义务，而且是善意的。而被告梁喜平作为原告彭丽静的丈夫，有权代表原告彭丽静在股权转让合同书、股东会议决议、公司章程修正案上签字。因此合同书生效并实际履行。

• **2008年第1期《中华人民共和国最高人民法院公报》**刊登的"**河北胜达永强新型建材有限公司与中信银行股份有限公司天津分行、河北宝硕股份有限公司银行承兑汇票协议纠纷案**"中，最高人民法院(2007)民二终字第35号民事判决书认为，签字盖章表明了合同内容为当事人的真实意思表示。相关裁判摘要如下：

根据《中华人民共和国合同法》第三十二条的规定："当事人采用合同书形式订立合同的，自双方当事人签字或者盖章时合同成立。"这里的签字盖章的效力是表明合同内容为签字或盖章当事人的意思表示，并据以享有合同权利、履行合同义务，尤其具有使合同相对人确信交易对方、从而确定合同当事人的作用。本案中，合作协议及有关银行承兑汇票的文件均加盖有胜达永强公司的公章或者法定代表人名章，应当认定均为胜达永强公司真实意思的表示。

• **2004年第7期《中华人民共和国最高人民法院公报》**刊登的"**建行浦东分行诉中基公司等借款合同纠纷案**"中,最高人民法院(2001)民二终字第155号民事判决书,对当事人签字或者盖章的含义进行了分析。相关裁判摘要如下:

《中华人民共和国合同法》第三十二条规定:"当事人采用合同书形式订立合同的,自双方当事人签字或者盖章时合同成立。"该条规定表明,当事人的签字或盖章都可以使合同成立。当事人的签字,包括自然人本人或其委托代理人签字,企业法人或者其他经济组织的法定代表人、负责人或其委托代理人签字。《中华人民共和国民法通则》第三十八条规定:"依照法律或者法人组织章程规定,代表法人行使职权的负责人,是法人的法定代表人。"第四十三条规定:"企业法人对它的法定代表人和其他工作人员的经营活动,承担民事责任。"企业的法定代表人签字的合同代表了企业的意思表示,可以产生合同成立的法律效果。本案讼争《不可撤销担保书》系法定代表人的签字,不存在委托代理人代理行为,但是对该法定代表人薛钊的签字系他人伪造,薛钊不应对不是由其签名的行为负责,也不能据此认定《不可撤销担保书》的内容反映了中基公司的意思。因此,伪造的签名不能使本案讼争的《不可撤销担保书》成立生效,中基公司不因伪造的法定代表人签字而产生民事责任。

盖章也可以产生合同成立的效果。合同书上盖章的意义在于证明该合同书的内容是印章记载当事人的意思表示,此时合同书上的印模具有证据的作用。加盖真实印章的合同,其权利义务由该当事人承受。本案讼争的《不可撤销担保书》,加盖的是以中基公司贸发部的印章变造后的中基公司印章,不是中基公司的正式印章,《不可撤销担保书》并不当然代表中基公司的意思,当然也不代表中基公司贸发部的意思。

第四百九十一条 【签订确认书的合同与电子合同的成立时间】 当事人采用信件、数据电文等形式订立合同要求签订确认书的,签订确认书时合同成立。

当事人一方通过互联网等信息网络发布的商品或者服务信息符合要约条件的,对方选择该商品或者服务并提交订单成功时合同成立,但是当事人另有约定的除外。

一、相关法律条文

1.《中华人民共和国电子商务法》(2019 年 1 月 1 日起施行)

第四十九条　电子商务经营者发布的商品或者服务信息符合要约条件的,用户选择该商品或者服务并提交订单成功,合同成立。当事人另有约定的,从其约定。

电子商务经营者不得以格式条款等方式约定消费者支付价款后合同不成立;格式条款等含有该内容的,其内容无效。

2.《中华人民共和国拍卖法》(2015 年 4 月 24 日修正)

第五十二条　拍卖成交后,买受人和拍卖人应当签署成交确认书。

二、相关司法解释规定

《最高人民法院关于审理买卖合同纠纷案件适用法律问题的解释》(法释〔2012〕8 号)(2020 年 12 月 23 日修正)

第一条　当事人之间没有书面合同,一方以送货单、收货单、结算单、发票等主张存在买卖合同关系的,人民法院应当结合当事人之间的交易方式、交易习惯以及其他相关证据,对买卖合同是否成立作出认定。

对账确认函、债权确认书等函件、凭证没有记载债权人名称,买卖合同当事人一方以此证明存在买卖合同关系的,人民法院应予支持,但有相反证据足以推翻的除外。

三、相关文件规定

《最高人民法院行政审判庭关于拍卖出让国有建设用地使用权的土地行政主管部门与竞得人签署成交确认书行为的性质问题请示的答复》(〔2010〕行他字第 191 号)

土地行政主管部门通过拍卖出让国有建设用地使用权,与竞得人签署成交确认书的行为,属于具体行政行为。当事人不服提起行政诉讼的,人民法院应当依法受理。

第四百九十二条　【合同成立的地点】承诺生效的地点为合同成立的地点。

采用数据电文形式订立合同的,收件人的主营业地为合同成立的地点;没有主营业地的,其住所地为合同成立的地点。当事人另有约定的,按照其约定。

第四百九十三条 【书面合同成立的地点】当事人采用合同书形式订立合同的,最后签名、盖章或者按指印的地点为合同成立的地点,但是当事人另有约定的除外。

第四百九十四条 【强制缔约义务】国家根据抢险救灾、疫情防控或者其他需要下达国家订货任务、指令性任务的,有关民事主体之间应当依照有关法律、行政法规规定的权利和义务订立合同。

依照法律、行政法规的规定负有发出要约义务的当事人,应当及时发出合理的要约。

依照法律、行政法规的规定负有作出承诺义务的当事人,不得拒绝对方合理的订立合同要求。

一、相关法律条文

1.《中华人民共和国民法典》(2021 年 1 月 1 日起施行)

第六百四十八条 供用电合同是供电人向用电人供电,用电人支付电费的合同。

向社会公众供电的供电人,不得拒绝用电人合理的订立合同要求。

第六百五十六条 供用水、供用气、供用热力合同,参照适用供用电合同的有关规定。

第八百一十条 从事公共运输的承运人不得拒绝旅客、托运人通常、合理的运输要求。

2.《中华人民共和国电力法》(2018 年 12 月 29 日修正)

第二十六条 供电营业区内的供电营业机构,对本营业区内的用户有按照国家规定供电的义务;不得违反国家规定对其营业区内申请用电的单位和个人拒绝供电。

申请新装用电、临时用电、增加用电容量、变更用电和终止用电,应当依照规定的程序办理手续。

供电企业应当在其营业场所公告用电的程序、制度和收费标准,并提供用户须知资料。

3.《中华人民共和国执业医师法》(2009 年 8 月 27 日修正)

第二十四条 对急危患者,医师应当采取紧急措施进行诊治;不得拒绝急救处置。

4.《中华人民共和国精神卫生法》(2018年4月27日修正)

第二十八条　除个人自行到医疗机构进行精神障碍诊断外,疑似精神障碍患者的近亲属可以将其送往医疗机构进行精神障碍诊断。对查找不到近亲属的流浪乞讨疑似精神障碍患者,由当地民政等有关部门按照职责分工,帮助送往医疗机构进行精神障碍诊断。

疑似精神障碍患者发生伤害自身、危害他人安全的行为,或者有伤害自身、危害他人安全的危险的,其近亲属、所在单位、当地公安机关应当立即采取措施予以制止,并将其送往医疗机构进行精神障碍诊断。

医疗机构接到送诊的疑似精神障碍患者,不得拒绝为其作出诊断。

5.《中华人民共和国突发事件应对法》(2007年11月1日起施行)

第五十二条　履行统一领导职责或者组织处置突发事件的人民政府,必要时可以向单位和个人征用应急救援所需设备、设施、场地、交通工具和其他物资,请求其他地方人民政府提供人力、物力、财力或者技术支援,要求生产、供应生活必需品和应急救援物资的企业组织生产、保证供给,要求提供医疗、交通等公共服务的组织提供相应的服务。

履行统一领导职责或者组织处置突发事件的人民政府,应当组织协调运输经营单位,优先运送处置突发事件所需物资、设备、工具、应急救援人员和受到突发事件危害的人员。

6.《中华人民共和国传染病防治法》(2013年6月29日修正)

第四十九条　传染病暴发、流行时,药品和医疗器械生产、供应单位应当及时生产、供应防治传染病的药品和医疗器械。铁路、交通、民用航空经营单位必须优先运送处理传染病疫情的人员以及防治传染病的药品和医疗器械。县级以上人民政府有关部门应当做好组织协调工作。

第五十二条　医疗机构应当对传染病病人或者疑似传染病病人提供医疗救护、现场救援和接诊治疗,书写病历记录以及其他有关资料,并妥善保管。

医疗机构应当实行传染病预检、分诊制度;对传染病病人、疑似传染病病人,应当引导至相对隔离的分诊点进行初诊。医疗机构不具备相应救治能力的,应当将患者及其病历记录复印件一并转至具备相应救治能力的医疗机构。具体办法由国务院卫生行政部门规定。

二、相关行政法规

1.《电力供应与使用条例》(2019年3月2日修订)

第二十三条 申请新装用电、临时用电、增加用电容量、变更用电和终止用电,均应当到当地供电企业办理手续,并按照国家有关规定交付费用;供电企业没有不予供电的合理理由的,应当供电。供电企业应当在其营业场所公告用电的程序、制度和收费标准。

第二十八条 除本条例另有规定外,在发电、供电系统正常运行的情况下,供电企业应当连续向用户供电;因故需要停止供电时,应当按照下列要求事先通知用户或者进行公告:

(一)因供电设施计划检修需要停电时,供电企业应当提前7天通知用户或者进行公告;

(二)因供电设施临时检修需要停止供电时,供电企业应当提前24小时通知重要用户;

(三)因发电、供电系统发生故障需要停电、限电时,供电企业应当按照事先确定的限电序位进行停电或者限电。引起停电或者限电的原因消除后,供电企业应当尽快恢复供电。

2.《中华人民共和国道路运输条例》(2019年3月2日修正)

第十八条 班线客运经营者取得道路运输经营许可证后,应当向公众连续提供运输服务,不得擅自暂停、终止或者转让班线运输。

第四百九十五条 【预约合同】 当事人约定在将来一定期限内订立合同的认购书、订购书、预订书等,构成预约合同。

当事人一方不履行预约合同约定的订立合同义务的,对方可以请求其承担预约合同的违约责任。

一、相关司法解释规定

《最高人民法院关于审理商品房买卖合同纠纷案件适用法律若干问题的解释》(法释〔2003〕7号)(2020年12月23日修正)

第五条 商品房的认购、订购、预订等协议具备《商品房销售管理办法》第十六条规定的商品房买卖合同的主要内容,并且出卖人已经按照约定收受购房款的,该协议应当认定为商品房买卖合同。

二、相关裁判摘要

● **2015年第1期《中华人民共和国最高人民法院公报》**刊登的“**成都讯捷通讯连锁有限公司与四川蜀都实业有限责任公司、四川友利投资控股股份有限公司房屋买卖合同纠纷案**”中，最高人民法院(2013)民提字第90号民事判决书对预约和本约的区分进行了分析。相关裁判摘要如下：

首先，仅就案涉《购房协议书》而言，其性质应为预约。预约是指将来订立一定契约的契约。预约的形态多种多样，有的预约条款非常简略，仅表达了当事人之间有将来订立本约的意思，至于本约规定什么内容留待以后磋商决定；有的预约条款则非常详尽，将未来本约应该规定的内容几乎都在预约中作了明确约定。而若仅从内容上看，后者在合同内容的确定性上几乎与本约无异，即使欠缺某些条款，往往也可以通过合同解释的方式加以补全。因此，仅根据当事人合意内容上是否全面，并不足以界分预约和本约。判断当事人之间订立的合同系本约还是预约的根本标准应当是当事人的意思表示，也就是说，当事人是否有意在将来订立一个新的合同，以最终明确在双方之间形成某种法律关系的具体内容。如果当事人存在明确的将来订立本约的意思，那么，即使预约的内容与本约已经十分接近，即便通过合同解释，从预约中可以推导出本约的全部内容，也应当尊重当事人的意思表示，排除这种客观解释的可能性。本案中，蜀都实业公司与讯捷公司在2006年9月20日签订的《购房协议书》中明确约定了双方拟进行买卖的房屋的位置、面积和价款，应当说具备了一份正式的房屋买卖合同的主要内容，可直接据此履行而无须另订本约。但是，双方当事人同时在该协议中约定：“……3. 甲、乙双方应就购房合同及付款方式等问题在本协议原则下进行具体磋商。……5. 甲乙双方就该宗房屋买卖合同签订时，本协议自动失效。”可见，双方当事人虽然约定了房屋的位置、面积及总价款，但仍一致认为在付款方式等问题上需要日后进一步磋商，双方的这一意思表示是明确的，而且，当事人在该协议第5条进一步明确要在将来订立一个新的合同，以最终明确双方之间的房屋买卖法律关系的具体内容。因此，本院认为，案涉《购房协议书》的性质为预约合同，一审、二审判决认定该《购房协议书》的性质为本约是错误的，应予纠正。

其次，结合双方当事人在订立《购房协议书》之后的履行事实，蜀都实业公司与讯捷公司之间已经成立了房屋买卖法律关系。本院认为，对于当事人之间存在预约还是本约关系,不能仅凭一份孤立的协议就简单地加以认定,而是应当综合审查相关协议的内容以及当事人嗣后为达成交易进行的磋商甚至具体的履行行为等事实,从中探寻当事人的真实意思,并据此对当事人之间法律关系的性质作出准确的界定。本案中,双方当事人在签订《购房协议书》时,作为买受人的迅捷公司已经实际交付了定金并约定在一定条件下自动转为购房款,作为出卖人的蜀都实业公司也接受了讯捷公司的交付。在签订《购房协议书》的三个多月后,蜀都实业公司将合同项下的房屋交付给了讯捷公司,讯捷公司接受了该交付。而根据《购房协议书》的预约性质,蜀都实业公司交付房屋的行为不应视为对该合同的履行,在当事人之间不存在租赁等其他有偿使用房屋的法律关系的情形下,蜀都实业公司的该行为应认定为系基于与讯捷公司之间的房屋买卖关系而为的交付。据此,由于蜀都实业公司在该房屋买卖法律关系中的主要义务就是交付案涉房屋,根据《合同法》第三十六条、第三十七条的规定,可以认定当事人之间达成了买卖房屋的合意,成立了房屋买卖法律关系。

• **2012年第11期《中华人民共和国最高人民法院公报》**刊登的**"张励与徐州市同力创展房地产有限公司商品房预售合同纠纷案"**的判决分析了预约合同和本约合同的区分。相关裁判摘要如下:

预约合同是一种约定将来订立一定合同的合同。当事人一方违反预约合同约定,不与对方签订本约合同或无法按照预约的内容与对方签订本约合同的,应当向对方承担违约责任。

判断商品房买卖中的认购、订购、预订等协议究竟是预约合同还是本约合同,最主要的是看此类协议是否具备《商品房销售管理办法》第十六条规定的商品房买卖合同的主要内容,即只要具备了双方当事人的姓名或名称,商品房的基本情况(包括房号、建筑面积)、总价或单价、付款时间、方式、交付条件及日期,同时出卖人已经按照约定收受购房款的,就可以认定此类协议已经具备了商品房买卖合同本约的条件;反之,则应认定为预约合同。如果双方当事人在协议中明确约定在具备商品房预售条件时还需重新签订商品房买卖合同的,该协议应认定为预约合同。

• **2008年第4期《中华人民共和国最高人民法院公报》**刊登的**"仲崇清诉上海市金轩大邸房地产项目开发有限公司合同纠纷案"**的判决就如何认定预约合同进行了分析。相关裁判摘要如下:

预约合同，一般指当事人双方为将来订立确定性本合同而达成的合意。根据本案查明的事实，金轩大邸公司与仲崇清签订的《金轩大邸商铺认购意向书》是双方当事人的真实意思表示，不违背法律、行政法规的强制性规定，其效力应予认定。在双方签订意向书之前，金轩大邸公司已经申请取得了有关政府部门的立项核准和建设用地规划许可证，该意向书签订的时间在金轩大邸公司办理有关项目的立项、规划等主要手续之后、取得"金轩大邸"房产预售许可证之前。双方在涉案意向书中所指向的商铺并非虚构，所约定的房屋买卖意向存在现实履行的基础。同时，该意向书明确了双方当事人的基本情况，对拟购商铺的面积、价款计算、认购时间等均作了较为清晰且适于操作的约定。这表明双方当事人经过磋商，就条件成就时实际进行商铺买卖的主要内容达成了合意，对将来正式签署房屋买卖合同进行了预先安排，并以书面形式明确将来商铺正式预售时金轩大邸公司优先同仲崇清订立正式的商品房预售合同。综上，涉案意向书是具有法律约束力的预约合同。

• **2006年第8期《中华人民共和国最高人民法院公报》**刊登的"**戴雪飞诉华新公司商品房订购协议定金纠纷案**"判决对商品预售中的订购协议属于预约合同及违反预约合同的违约责任等问题进行了分析。相关裁判摘要如下：

相对商品房预售合同来说，订购协议是本约订立之前先行订立的预约合同。订立预约合同的目的，是在本约订立前先行约明部分条款，将双方一致的意思表示以合同条款的形式固定下来，并约定后续谈判其他条款，直至本约订立。预约合同的意义，是为在公平、诚信原则下继续进行磋商，最终订立正式的、条款完备的本约创造条件。因此在继续进行的磋商中，如果一方违背公平、诚信原则，或者否认预约合同中的已决条款，或者提出令对方无法接受的不合理条件，或者拒绝继续进行磋商以订立本约，都构成对预约合同的违约，应当承担预约合同中约定的违约责任。反之，如果双方在公平、诚信原则下继续进行了磋商，只是基于各自利益考虑，无法就其他条款达成一致的意思表示，致使本约不能订立，则属于不可归责于双方的原因，不在预约合同所指的违约情形内。这种情况下，预约合同应当解除，已付定金应当返还。

……

无论是订购协议还是双方当事人拟订立的商品房预售合同，都是被上诉人华新公司提供的格式合同。当对格式条款有两种以上解释时，应当作出不利于华新公司的解释。预约合同的作用，只是为在公平、诚信原则下订立本约创造条件。从这一认识出发来理解订购协议中的"到期不签约"一语，显然不包括由于不可归责于双方的原因而到期不签约的情形。在买受方只见过出售方提供的样板房，尚未见过商品房预售合同文本的情形下，若将此语理解为无论出于何种原因，只要买受方到期不签本约均是违约，势必将买受方置于要么损失定金，要么被迫无条件全部接受出售方提供的商品房预售格式合同的不利境地，出售方则可以藉此获利。双方在订立本约时的地位极不平等，显然违背公平、诚信原则。

……

购买商品房乃一个家庭中的重大事件，理当由家庭成员共同协商确定。鉴于仅见过样板房、还不知商品房预售合同内容，戴雪飞提出等丈夫回来后签约，这个要求合情合理，不违反订立预约合同是为本约创造公平磋商条件的本意。

……

华新公司在以样板房获取购房者满意并与之订立预约合同后，却在商品房预售合同中以附件形式列入样板房仅供参考和合同解释权归华新公司的格式条款，这对购房者来说显失公平。戴雪飞对这样显失公平的格式条款提出异议，是合理的。

第四百九十六条 【格式条款的定义与提示说明义务】格式条款是当事人为了重复使用而预先拟定，并在订立合同时未与对方协商的条款。

采用格式条款订立合同的，提供格式条款的一方应当遵循公平原则确定当事人之间的权利和义务，并采取合理的方式提示对方注意免除或者减轻其责任等与对方有重大利害关系的条款，按照对方的要求，对该条款予以说明。提供格式条款的一方未履行提示或者说明义务，致使对方没有注意或者理解与其有重大利害关系的条款的，对方可以主张该条款不成为合同的内容。

一、相关法律条文

1.《中华人民共和国保险法》(2015年4月24日修正)

第十七条 订立保险合同，采用保险人提供的格式条款的，保险人向投保人提供的投保单应当附格式条款，保险人应当向投保人说明合同的内容。

对保险合同中免除保险人责任的条款，保险人在订立合同时应当在投保单、保险单或者其他保险凭证上作出足以引起投保人注意的提示，并对该条款的内容以书面或者口头形式向投保人作出明确说明；未作提示或者明确说明的，该条款不产生效力。

2.《中华人民共和国消费者权益保护法》(2013年10月25日修正)

第二十六条　经营者在经营活动中使用格式条款的，应当以显著方式提请消费者注意商品或者服务的数量和质量、价款或者费用、履行期限和方式、安全注意事项和风险警示、售后服务、民事责任等与消费者有重大利害关系的内容，并按照消费者的要求予以说明。

经营者不得以格式条款、通知、声明、店堂告示等方式，作出排除或者限制消费者权利、减轻或者免除经营者责任、加重消费者责任等对消费者不公平、不合理的规定，不得利用格式条款并借助技术手段强制交易。

格式条款、通知、声明、店堂告示等含有前款所列内容的，其内容无效。

3.《中华人民共和国邮政法》(2015年4月24日修正)

第二十二条　邮政企业采用其提供的格式条款确定与用户的权利义务的，该格式条款适用《中华人民共和国合同法》关于合同格式条款的规定。

二、相关司法解释规定

1.《最高人民法院关于适用〈中华人民共和国民法典〉时间效力的若干规定》(法释〔2020〕15号)

第九条　民法典施行前订立的合同，提供格式条款一方未履行提示或者说明义务，涉及格式条款效力认定的，适用民法典第四百九十六条的规定。

2.《最高人民法院关于适用〈中华人民共和国保险法〉若干问题的解释(二)》(法释〔2013〕14号)(2020年12月23日修正)

第十一条　保险合同订立时，保险人在投保单或者保险单等其他保险凭证上，对保险合同中免除保险人责任的条款，以足以引起投保人注意的文字、字体、符号或者其他明显标志作出提示的，人民法院应当认定其履行了保险法第十七条第二款规定的提示义务。

保险人对保险合同中有关免除保险人责任条款的概念、内容及其法律后果以书面或者口头形式向投保人作出常人能够理解的解释说明的，人民法院应当认定保险人履行了保险法第十七条第二款规定的明确说明义务。

第十二条 通过网络、电话等方式订立的保险合同，保险人以网页、音频、视频等形式对免除保险人责任条款予以提示和明确说明的，人民法院可以认定其履行了提示和明确说明义务。

第十三条 保险人对其履行了明确说明义务负举证责任。

投保人对保险人履行了符合本解释第十一条第二款要求的明确说明义务在相关文书上签字、盖章或者以其他形式予以确认的，应当认定保险人履行了该项义务。但另有证据证明保险人未履行明确说明义务的除外。

三、相关指导案例

- **第64号指导案例“刘超捷诉中国移动通信集团江苏有限公司徐州分公司电信服务合同纠纷案”**（最高人民法院审判委员会讨论通过；2016年6月30日发布）

依据《中华人民共和国合同法》第三十九条的规定，采用格式条款订立合同的，提供格式条款的一方应当遵循公平原则确定当事人之间的权利和义务，并采取合理的方式提请对方注意免除或者限制其责任的条款，按照对方的要求，对该条款予以说明。电信业务的经营者作为提供电信服务合同格式条款的一方，应当遵循公平原则确定与电信用户的权利义务内容，权利义务的内容必须符合维护电信用户和电信业务经营者的合法权益、促进电信业的健康发展的立法目的，并有效告知对方注意免除或者限制其责任的条款并向其释明。业务受理单、入网服务协议是电信服务合同的主要内容，确定了原被告双方的权利义务内容，入网服务协议第四项约定有权暂停或限制移动通信服务的情形，第五项约定有权解除协议、收回号码、终止提供服务的情形，均没有因有效期到期而中止、解除、终止合同的约定。而话费有效期限制直接影响到原告手机号码的正常使用，一旦有效期到期，将导致停机、号码被收回的后果，因此被告对此负有明确如实告知的义务，且在订立电信服务合同之前就应如实告知原告。如果在订立合同之前未告知，即使在缴费阶段告知，亦剥夺了当事人的选择权，有违公平和诚实信用原则。

被告主张“通过单联发票、宣传册和短信的方式向原告告知了有效期”，但未能提供有效的证据予以证明。综上，本案被告既未在电信服务合同中约定有效期内容，亦未提供有效证据证实已将有效期限制明确告知原告，被告暂停服务、收回号码的行为构成违约，应当承担继续履行等违约责任，故对原告主张“取消被告对原告的话费有效期的限制，继续履行合同”的诉讼请求依法予以支持。

- **第1号指导案例：上海中原物业顾问有限公司诉陶德华居间合同纠纷案**（最高人民法院审判委员会讨论通过；2011年12月20日发布）

中原公司与陶德华签订的《房地产求购确认书》属于居间合同性质，其中第2.4条的约定，属于房屋买卖居间合同中常有的禁止“跳单”格式条款，其本意是为防止买方利用中介公司提供的房源信息却“跳”过中介公司购买房屋，从而使中介公司无法得到应得的佣金，该约定并不存在免除一方责任、加重对方责任、排除对方主要权利的情形，应认定有效。

四、相关裁判摘要

- **2012年第10期《中华人民共和国最高人民法院公报》**刊登的“**刘超捷诉中国移动徐州分公司电信服务合同纠纷案**”中，法院对提供格式条款的电信企业的如实告知义务进行了分析。相关裁判摘要如下：

依据《合同法》第三十九条的规定，采用格式条款订立合同的，提供格式条款的一方应当遵循公平原则确定当事人之间的权利和义务，并采取合理的方式提请对方注意免除或者限制其责任的条款，按照对方的要求，对该条款予以说明。话费有效期限制直接影响到原告手机号码的正常使用，一旦有效期到期，将导致停机、号码被收回的后果，因此被告对此负有明确如实告知的义务，且在订立电信服务合同之前就应如实告知原告。如果在订立合同之前未告知，即使在缴费阶段告知，亦剥夺了当事人的选择权，有违公平、诚实信用原则，故对被告此辩称理由法院不予支持。

- **2007年第11期《中华人民共和国最高人民法院公报》**刊登的“**杨树岭诉中国平安财产保险股份有限公司天津市宝坻支公司保险合同纠纷案**”中，法院就提供格式条款的保险人如何履行明确说明义务进行了分析。相关裁判摘要如下：

根据2000年1月21日最高人民法院作出的《关于对〈保险法〉第十七条规定的“明确说明”应如何理解的问题的答复》(此处的保险法系指修订前的保险法,修订前《保险法》第十七条的规定与现行《保险法》第十八条的规定一致),所谓“明确说明”,是指保险人与投保人签订保险合同之前或者签订保险合同之时,对于保险合同所约定的免责条款,除了在保险单上提示投保人注意外,还应当对有关免责条款的概念、内容及其法律后果等以书面或者口头形式向投保人或其代理人作出解释,以使投保人明了该条款的真实含义和法律后果。保险合同系专业性较强的合同,涉及专业术语较多,投保人,特别是如本案原告杨树岭这样的农民,往往对此不甚了解,故保险人更有义务向投保人予以明确说明。平安保险宝坻支公司在涉案机动车辆第三者责任险保险合同文本中以黑体字提示免责条款的行为,仅仅是尽到了提醒投保人注意的义务,根据本案事实、证据,不能认定平安保险宝坻支公司已经履行了就免责条款的概念、内容及其法律后果等以书面或者口头形式向投保人或其代理人作出解释,以使投保人明了该条款的真实含义和法律后果的明确说明义务。故涉案机动车辆第三者责任险保险合同约定的免责条款应归于无效。

• **2005年第2期《中华人民共和国最高人民法院公报》**刊登的**“孟元诉中佳旅行社旅游合同纠纷案”**中,法院对格式条款的效力问题进行了分析。相关裁判摘要如下:

《合同法》第九十三条第一款的规定:“当事人协商一致,可以解除合同。”本案中,原告虽提出解除合同,但同时附加了全部退款的条件,原告与被告中佳旅行社并未就如何解除合同达成一致意见,应认定原告单方违约。

原告称已通知中佳旅行社中止合同,但原告提出中止合同时,中佳旅行社的代购机票和代订酒店行为已经发生,其法律后果应由原告承担。原告称双方签订的协议是中佳旅行社提供的格式合同,中佳旅行社在签订合同时没有告知其机票和房款不能退还,双方的协议显失公平,故合同无效,并由中佳旅行社承担一切责任。经查,双方协议中已载明“机票为团队折扣票,不得签转、退换、更改”,这说明双方在签订合同时,已就有关事宜作出了约定,该约定不属于合同法规定的格式合同禁止条件,原告根据协议享受的权利与中佳旅行社提供的服务相当,主张其显失公平没有法律依据。由于原告未向中佳旅行社提供登机人名单，亦没有委托其转让机票，造成中佳旅行社既无法拿到其他 5 人已支付票款的机票，又无法对机票予以转让，应承担由此产生的经济损失。原告以未享受旅行社提供的服务为由，要求中佳旅行社按协议退还 21,480 元，依法不予支持。

第四百九十七条　【格式条款无效的情形】 有下列情形之一的，该格式条款无效：

（一）具有本法第一编第六章第三节和本法第五百零六条规定的无效情形；

（二）提供格式条款一方不合理地免除或者减轻其责任、加重对方责任、限制对方主要权利；

（三）提供格式条款一方排除对方主要权利。

一、相关法律条文

1.《中华人民共和国民法典》（2021 年 1 月 1 日起施行）

第一百四十三条　具备下列条件的民事法律行为有效：

（一）行为人具有相应的民事行为能力；

（二）意思表示真实；

（三）不违反法律、行政法规的强制性规定，不违背公序良俗。

第一百四十四条　无民事行为能力人实施的民事法律行为无效。

第一百四十五条　限制民事行为能力人实施的纯获利益的民事法律行为或者与其年龄、智力、精神健康状况相适应的民事法律行为有效；实施的其他民事法律行为经法定代理人同意或者追认后有效。

相对人可以催告法定代理人自收到通知之日起三十日内予以追认。法定代理人未作表示的，视为拒绝追认。民事法律行为被追认前，善意相对人有撤销的权利。撤销应当以通知的方式作出。

第一百四十六条　行为人与相对人以虚假的意思表示实施的民事法律行为无效。

以虚假的意思表示隐藏的民事法律行为的效力，依照有关法律规定处理。

第一百四十七条　基于重大误解实施的民事法律行为，行为人有权请求人民法院或者仲裁机构予以撤销。

第一百四十八条 一方以欺诈手段，使对方在违背真实意思的情况下实施的民事法律行为，受欺诈方有权请求人民法院或者仲裁机构予以撤销。

第一百四十九条 第三人实施欺诈行为，使一方在违背真实意思的情况下实施的民事法律行为，对方知道或者应当知道该欺诈行为的，受欺诈方有权请求人民法院或者仲裁机构予以撤销。

第一百五十条 一方或者第三人以胁迫手段，使对方在违背真实意思的情况下实施的民事法律行为，受胁迫方有权请求人民法院或者仲裁机构予以撤销。

第一百五十一条 一方利用对方处于危困状态、缺乏判断能力等情形，致使民事法律行为成立时显失公平的，受损害方有权请求人民法院或者仲裁机构予以撤销。

第一百五十二条 有下列情形之一的，撤销权消灭：

（一）当事人自知道或者应当知道撤销事由之日起一年内、重大误解的当事人自知道或者应当知道撤销事由之日起九十日内没有行使撤销权；

（二）当事人受胁迫，自胁迫行为终止之日起一年内没有行使撤销权；

（三）当事人知道撤销事由后明确表示或者以自己的行为表明放弃撤销权。

当事人自民事法律行为发生之日起五年内没有行使撤销权的，撤销权消灭。

第一百五十三条 违反法律、行政法规的强制性规定的民事法律行为无效。但是，该强制性规定不导致该民事法律行为无效的除外。

违背公序良俗的民事法律行为无效。

第一百五十四条 行为人与相对人恶意串通，损害他人合法权益的民事法律行为无效。

第一百五十五条 无效的或者被撤销的民事法律行为自始没有法律约束力。

第一百五十六条 民事法律行为部分无效，不影响其他部分效力的，其他部分仍然有效。

第一百五十七条 民事法律行为无效、被撤销或者确定不发生效力后，行为人因该行为取得的财产，应当予以返还；不能返还或者没有必要返还的,应当折价补偿。有过错的一方应当赔偿对方由此所受到的损失;各方都有过错的,应当各自承担相应的责任。法律另有规定的,依照其规定。

第五百零六条 合同中的下列免责条款无效:

(一)造成对方人身损害的;

(二)因故意或者重大过失造成对方财产损失的。

2.《中华人民共和国保险法》(2015年4月24日修正)

第十九条 采用保险人提供的格式条款订立的保险合同中的下列条款无效:

(一)免除保险人依法应承担的义务或者加重投保人、被保险人责任的;

(二)排除投保人、被保险人或者受益人依法享有的权利的。

3.《中华人民共和国消费者权益保护法》(2013年10月25日修正)

第二十六条 经营者在经营活动中使用格式条款的,应当以显著方式提请消费者注意商品或者服务的数量和质量、价款或者费用、履行期限和方式、安全注意事项和风险警示、售后服务、民事责任等与消费者有重大利害关系的内容,并按照消费者的要求予以说明。

经营者不得以格式条款、通知、声明、店堂告示等方式,作出排除或者限制消费者权利、减轻或者免除经营者责任、加重消费者责任等对消费者不公平、不合理的规定,不得利用格式条款并借助技术手段强制交易。

格式条款、通知、声明、店堂告示等含有前款所列内容的,其内容无效。

第四十七条 对侵害众多消费者合法权益的行为,中国消费者协会以及在省、自治区、直辖市设立的消费者协会,可以向人民法院提起诉讼。

4.《中华人民共和国海商法》(1993年7月1日起施行)

第一百二十六条 海上旅客运输合同中含有下列内容之一的条款无效:

(一)免除承运人对旅客应当承担的法定责任;

(二)降低本章规定的承运人责任限额;

（三）对本章规定的举证责任作出相反的约定；

（四）限制旅客提出赔偿请求的权利。

前款规定的合同条款的无效，不影响合同其他条款的效力。

二、相关司法解释规定

1.《最高人民法院关于审理食品药品纠纷案件适用法律若干问题的规定》（法释〔2013〕28号）对食品、药品的生产者和销售者提供的格式合同无效的情形作出了如下规定：

第十六条 食品、药品的生产者与销售者以格式合同、通知、声明、告示等方式作出排除或者限制消费者权利，减轻或者免除经营者责任、加重消费者责任等对消费者不公平、不合理的规定，消费者依法请求认定该内容无效的，人民法院应予支持。

2.《最高人民法院关于适用〈中华人民共和国保险法〉若干问题的解释（二）》（法释〔2013〕14号）（2020年12月23日修正）

第九条 保险人提供的格式合同文本中的责任免除条款、免赔额、免赔率、比例赔付或者给付等免除或者减轻保险人责任的条款，可以认定为保险法第十七条第二款规定的"免除保险人责任的条款"。

保险人因投保人、被保险人违反法定或者约定义务，享有解除合同权利的条款，不属于保险法第十七条第二款规定的"免除保险人责任的条款"。

第十条 保险人将法律、行政法规中的禁止性规定情形作为保险合同免责条款的免责事由，保险人对该条款作出提示后，投保人、被保险人或者受益人以保险人未履行明确说明义务为由主张该条款不成为合同内容的，人民法院不予支持。

3.《最高人民法院关于适用〈中华人民共和国民事诉讼法〉的解释》（法释〔2015〕5号）（2020年12月23日修正）

第三十一条 经营者使用格式条款与消费者订立管辖协议，未采取合理方式提请消费者注意，消费者主张管辖协议无效的，人民法院应予支持。

4.《最高人民法院关于审理消费民事公益诉讼案件适用法律若干问题的解释》（法释〔2016〕10号）（2020年12月23日修正）

第二条 经营者提供的商品或者服务具有下列情形之一的，适用消费者权益保护法第四十七条规定：

(一)提供的商品或者服务存在缺陷,侵害众多不特定消费者合法权益的;

(二)提供的商品或者服务可能危及消费者人身、财产安全,未作出真实的说明和明确的警示,未标明正确使用商品或者接受服务的方法以及防止危害发生方法的;对提供的商品或者服务质量、性能、用途、有效期限等信息作虚假或引人误解宣传的;

(三)宾馆、商场、餐馆、银行、机场、车站、港口、影剧院、景区、体育场馆、娱乐场所等经营场所存在危及消费者人身、财产安全危险的;

(四)以格式条款、通知、声明、店堂告示等方式,作出排除或者限制消费者权利、减轻或者免除经营者责任、加重消费者责任等对消费者不公平、不合理规定的;

(五)其他侵害众多不特定消费者合法权益或者具有危及消费者人身、财产安全危险等损害社会公共利益的行为。

5.《最高人民法院关于互联网法院审理案件若干问题的规定》(法释〔2018〕16 号)

第三条　当事人可以在本规定第二条确定的合同及其他财产权益纠纷范围内,依法协议约定与争议有实际联系地点的互联网法院管辖。

电子商务经营者、网络服务提供商等采取格式条款形式与用户订立管辖协议的,应当符合法律及司法解释关于格式条款的规定。

三、相关裁判摘要

● **2019 年第 5 期《中华人民共和国最高人民法院公报》**刊登的“**张宇、张霞诉上海亚绿实业投资有限公司商品房预售合同纠纷案**”中,法院对格式条款的效力问题进行了分析。相关裁判摘要如下:

系争责任限制条款属于被上诉人亚绿公司事先拟定,并在房屋销售中重复使用的条款,属于格式条款的范畴。系争责任限制条款使用了小号字体,而且根据当事人陈述的签约过程分析,亚绿公司并未采取足以引起注意的方式对该条款予以说明。根据《最高人民法院关于适用〈中华人民共和国合同法〉若干问题的解释(二)》第九条规定,提供格式条款的一方当事人违反合同法第三十九条第一款关于提示和说明义务的规定,导致对方没有注意免除或者限制其责任的条款,对方当事人申请撤销该格式条款的,人民法院应当支持。系争责任限制条款虽然以列举免责事项的方式限制了逾期交房违约责任的范围,但并未绝对免除亚绿公司的违约责任。根据上述法律规定，系争责任限制条款属于可撤销的格式条款，而非绝对无效之格式条款，因张宇、张霞在法定的一年除斥期间内并未申请撤销该条款，故该条款仍属有效。张宇、张霞主张系争责任限制条款无效，无法律依据，法院不予采纳；亚绿公司主张系争责任限制条款有效，法院予以采纳。

• **2018年第11期《中华人民共和国最高人民法院公报》**刊登的“**邓美华诉上海永达鑫悦汽车销售服务有限公司买卖合同纠纷案**”中，法院对于相关格式条款无效的问题进行了分析。相关裁判摘要如下：

本案中，被上诉人永达公司就车辆瑕疵及维修事实应负有告知义务，但纵览全案真实情况，其并未履行该项义务，使上诉人邓美华陷入错误认识，构成故意隐瞒。对此具体分析如下：

第一，订立合同时，虽然被上诉人永达公司在《订单》上进行了概括性的格式告知，但是不能据此认定其履行了事前的说明义务而因之免责。因为，永达公司未以消费者能够接受和理解的方式特别提示PDI检测的性质、目的、范围和内容，以及车辆发生质量瑕疵后的修理行为亦包含在PDI检测范围内。同时，双方合同约定交付新车，但对于新车的标准，《订单》第4条注明：“卖方将车辆交予买方前，已根据厂方要求为该车辆做了交车前PDI检测，并根据PDI检测结果进行车辆检修、调校，确保该车辆符合厂方新车交付标准。”从该条内容的意思看，双方对车辆交付时符合厂方新车标准的检验标准和方法作了约定。虽然订单经上诉人邓美华签字确认，但该条款系格式条款。永达公司并未采取合理、显著的方式提请邓美华注意免除或者限制其责任的条款，或按照邓美华的要求，对该条款予以说明。该条款实际上排除了邓美华作为消费者的重要权利，即知情权、选择权。因此，该条款属于无效条款。

第二，维修行为发生后，被上诉人永达公司明知系争车辆存在瑕疵并作修理处理，却未在该车交付前向消费者主动披露相关维修信息，导致消费者在购买前并不知悉自己购买的新车存在瑕疵。永达公司却可基于前述《订单》中的格式条款，将实质上的维修行为隐藏在正常的检测和维护流程之中，造成消费者无法对商品情况有全面了解，限制其知情权的行使，导致消费者在选择是否进行消费时作出的意思表示不能充分体现其自由意志。

第三，上诉人邓美华基于被上诉人永达公司的行为陷入了错误认识。永达公司交付给邓美华的系争车辆在交付前就已经进行过维修，但仍作为新车销售和交付。从车辆销售价格看，邓美华支付对价的前提是永达公司向其交付新车，而非购买存在瑕疵或有维修记录的车辆。然而永达公司却是以当时同型号新车的正常售价将系争车辆销售给邓美华的。作为从事汽车销售的专门机构，永达公司明知系争车辆经过维修而未履行告知义务，且以概括性的格式条款告知为藉，误导和欺骗消费者，使消费者基于对知名汽车供应商的信任而陷入错误认识，误以为是新车从而订立买卖合同、受领车辆，其相关行为违反了民事活动中的诚实信用原则，限制了消费者知情权和选择权的行使，并使消费者因之蒙受损失，应当于法律上加以惩罚和制裁。

• **2016年第11期《中华人民共和国最高人民法院公报》**刊登的**“周显治、俞美芳与余姚众安房地产开发有限公司商品房销售合同纠纷案”**中，法院对商品房买卖合同中出卖人提供的格式条款之所以无效的理由进行了分析。相关裁判摘要如下：

附件八补充协议第6条第2款关于“若出卖人逾期交房并承担了逾期交房违约责任的，则本合同第十六条中出卖人承诺取得土地、房屋权属证书的时间相应顺延，顺延期限与商品房交付的逾期期限相同”的约定，根据《中华人民共和国合同法》第三十九条、第四十条规定：采用格式条款订立合同的，提供格式条款的一方应当遵循公平原则确定当事人之间的权利和义务，并采取合理的方式提请对方注意免除或者限制其责任的条款，按照对方的要求，对该条款予以说明；格式条款具有本法第五十二条和第五十三条规定情形的，或者提供格式条款一方免除其责任、加重对方责任、排除对方主要权利的，该条款无效。该补充协议的格式条款系上诉人提供，并没有采取合理的方式提请对方注意，而其内容显然对被上诉人利益不利，导致被上诉人权益处于不确定状态，免除了上诉人按时交付房地产权属证书的义务，应当为无效。

• **2002年第6期《中华人民共和国最高人民法院公报》**刊登的**“来云鹏诉北京四通利方信息技术有限公司服务合同纠纷案”**中，法院认为主张网站采取电子文本的格式条款无效的一方负有举证责任，如不能证明该格式条款存在法律规定的无效情形，应属有效。相关裁判摘要如下：

被告四通利方公司所属《新浪网》在网站页面上向用户展示的网站服务条款内容，符合预先拟定并可重复使用的特征，应属于格式条款的合同。在网络信息服务中,网站与用户都是通过网络联系沟通的。网站采用电子文本的格式条款合同方式,供用户选择并确定双方有关信息服务的权利义务关系,不违反法律的规定。对于当事人双方订立的格式条款,只要合同的约定内容不违反法律的禁止性规定,应视为有效。《新浪网北京站服务条款》作为双方确认的信息服务合同,对双方当事人的权利和义务作了具体的约定,该服务条款虽然属于格式条款,但上诉人在诉讼中不能说明其存在违反法律规定,侵害国家、集体或其他人的合法权益,损害社会公共利益或者免除义务人的法律责任,加重权利人的责任,排除权利人的主要权利等法律禁止的内容,服务条款对双方当事人应具有法律上的约束力。

第四百九十八条 【格式条款的解释】对格式条款的理解发生争议的,应当按照通常理解予以解释。对格式条款有两种以上解释的,应当作出不利于提供格式条款一方的解释。格式条款和非格式条款不一致的,应当采用非格式条款。

一、相关法律条文

《中华人民共和国保险法》(2015年4月24日修正)

第三十条 采用保险人提供的格式条款订立的保险合同,保险人与投保人、被保险人或者受益人对合同条款有争议的,应当按照通常理解予以解释。对合同条款有两种以上解释的,人民法院或者仲裁机构应当作出有利于被保险人和受益人的解释。

二、相关行政法规

《旅行社条例》(2020年11月29日修订)对旅游合同中格式条款的解释规则,作出了以下规定:

第二十九条 旅行社在与旅游者签订旅游合同时,应当对旅游合同的具体内容作出真实、准确、完整的说明。

旅行社和旅游者签订的旅游合同约定不明确或者对格式条款的理解发生争议的,应当按照通常理解予以解释;对格式条款有两种以上解释的,应当作出有利于旅游者的解释;格式条款和非格式条款不一致的,应当采用非格式条款。

三、相关文件规定

《最高人民法院关于中国人民保险公司青岛市分公司与巴拿马浮山航运有限公司船舶保险合同纠纷一案的复函》(〔2002〕民四他字第12号)就个案中船舶保险合同中格式条款的解释作出如下答复:

关于巴拿马浮山航运有限公司所属的“浮山”轮与“继承者”轮在青岛主航道发生的无接触碰撞是否属于船舶碰撞的问题,根据最高人民法院法发〔1995〕17 号《关于审理船舶碰撞和触碰案件财产损害赔偿的规定》第十六条的规定,船舶碰撞包括两艘或者两艘以上船舶之间发生接触或者无接触的碰撞。“浮山轮”投保了“一切险”,船舶保险条款属于格式条款,该条款第一条订明的碰撞责任包括因被保险船舶与其他船舶碰撞而引起被保险人应负的法律赔偿责任,订立船舶保险合同时保险人并未向被保险人明示船舶碰撞排除无接触碰撞。根据诚信原则和《中华人民共和国合同法》第四十一条的规定,对格式条款有两种以上解释的,应当作出不利于提供格式条款一方的解释。因此,本案船舶保险条款所指碰撞应当包括无接触碰撞。

四、相关裁判摘要

• **2017 年第 10 期《中华人民共和国最高人民法院公报》**刊登的**“顾善芳诉张小君、林兴钢、钟武军追偿权纠纷案”**的判决书对格式条款的解释规则进行了论述。相关裁判摘要如下:

涉案最高额保证合同属于泰隆余姚支行预先拟定的格式合同,该合同第 8 条约定,该合同自各方签名或盖章之日起生效。对此条款双方当事人有不同理解。根据《中华人民共和国合同法》第四十一条的规定,对格式条款的理解发生争议的,首先应当按照通常理解予以解释。因本案各保证人并非作为一个整体对泰隆余姚支行的债权提供担保,而是各保证人分别提供担保,故按通常理解,该合同第 8 条约定的内容应理解为合同自每个保证人分别签名或盖章后生效。因此,上诉人钟武军提出的此点上诉理由法院不予采纳。本案最高额保证合同对被上诉人顾善芳、一审被告林兴钢、钟武军均具有法律拘束力。

• **2006 年第 8 期《中华人民共和国最高人民法院公报》**刊登的**“戴雪飞诉华新公司商品房订购协议定金纠纷案”**的判决书对个案中作为格式合同的房屋订购协议的解释进行了分析。相关裁判摘要如下:

《合同法》第四十一条规定:“对格式条款的理解发生争议的,应当按照通常理解予以解释。对格式条款有两种以上解释的,应当作出不利于提供格式条款一方的解释。格式条款和非格式条款不一致的,应当采用非格式条款。”第一百二十五条第一款规定:“当事人对合同条款的理解有争议的,应当按照合同所使用的词句、合同的有关条款、合同的目的、交易习惯以及诚实信用原则,确定该条款的真实意思。”无论是订购协议还是双方当事人拟订立的商品房预售合同,都是被上诉人华新公司提供的格式合同。当对格式条款有两种以上解释时,应当作出不利于华新公司的解释。预约合同的作用,只是为在公平、诚信原则下订立本约创造条件。从这一认识出发来理解订购协议中的“到期不签约”一语,显然不包括由于不可归责于双方的原因而到期不签约的情形。在买受方只见过出售方提供的样板房,尚未见过商品房预售合同文本的情形下,若将此语理解为无论出于何种原因,只要买受方到期不签本约均是违约,势必将买受方置于要么损失定金,要么被迫无条件全部接受出售方提供的商品房预售格式合同的不利境地,出售方则可以藉此获利。双方在订立本约时的地位极不平等,显然违背公平、诚信原则。

• **2005年第9期《中华人民共和国最高人民法院公报》**刊登的“**徐蕾诉中汇房产公司财产所有权纠纷案**”的判决书,对房屋租赁合同中格式条款的解释作出了分析。相关裁判摘要如下:

本案所涉的北京市房屋租赁承租合同和终止协议,都是被上诉人中汇房产公司向上诉人徐蕾提供的格式合同。双方当事人除对终止协议中“双方再无任何房屋租赁关系及经济关系”这一条款的理解存在歧义外,对其他条款的理解一致,这两份合同的其他条款合法有效。《合同法》第三条规定:“合同当事人的法律地位平等,一方不得将自己的意志强加给另一方。”第四十一条规定:“对格式条款的理解发生争议的,应当按照通常理解予以解释。对格式条款有两种以上解释的,应当作出不利于提供格式条款一方的解释。格式条款和非格式条款不一致的,应当采用非格式条款。”在签署终止协议时,中汇房产公司明知其按照租赁合同约定收取的押金尚未退还,1600元的押金收据还在徐蕾手中。作为格式合同的提供者,中汇房产公司既然认为“双方再无任何房屋租赁关系及经济关系”这一格式条款中包含了不返还押金的意思,此时就有义务提醒徐蕾注意或在协议中注明:这一条款签署后,押金不再退还,押金收据废止。中汇房产公司并未履行这一义务。鉴于终止协议里对押金以及押金收据如何处理只字未提,从"双方再无任何房屋租赁关系及经济关系"这一格式条款的文字中,不能直接推导出徐蕾有自愿放弃押金权利的意思表示。因此在租赁合同终止并且应交纳的费用已交纳的前提下,中汇房产公司仅以徐蕾签署了终止协议为由拒不返还押金,于法无据,是侵犯徐蕾的财产所有权。

第四百九十九条　【悬赏广告】悬赏人以公开方式声明对完成特定行为的人支付报酬的,完成该行为的人可以请求其支付。

相关裁判摘要

• **2003 年第 1 期《中华人民共和国最高人民法院公报》**刊登的"**鲁瑞庚诉东港市公安局悬赏广告纠纷案**"中,法院对悬赏广告中的权利义务关系作出了详细的分析。相关裁判摘要如下:

发布悬赏广告是一种民事法律行为,即广告人以广告的方式发布声明,承诺对任何按照声明的条件完成指定事项的人给予约定的报酬。任何人按照广告公布的条件,完成了广告所指定的行为,即对广告人享有报酬请求权。发出悬赏广告的人,则应该按照所发布广告的约定,向完成广告指定行为的人支付承诺的报酬。本案中东港市公安局通过东港市电视台发布通告中的部分内容,属于悬赏广告。通告虽然是以东港市公安局的名义发布的,但由于悬赏给付的报酬,是由被害人家属提供的,通告中的悬赏行为,实际上是受被害人家属委托的行为。被害人家属的本意是以 50 万元人民币直接奖励能够提供破案线索的举报人,希望能够有助于公安机关迅速破案。被害人家属并没有表示可以区别举报人提供线索的不同情形,给予举报人不同数额的奖励,也没有表示可以将该报酬用于办案或奖励办案人员。东港市公安局在悬赏通告中规定了其他悬赏情形,并没有得到被害人家属的授权或者委托。鲁瑞庚按悬赏通告的要求,向东港市公安局提供了其知道的重要线索,致使公安机关根据该线索及时破获了"12·12"特大持枪杀人案,即完成了悬赏通告所指定的行为。据此,鲁瑞庚就获得了取得被害人家属支付悬赏报酬的权利。被害人家属对鲁瑞庚按悬赏通告要求所完成提供线索的行为未提出异议,并且已将用于奖励的 50 万元人民币交给东港市公安局,且在案件破获后亦同意将该款奖励给提供线索的举报人,东港市公安局应该按照被害人家属的委托和以其名义向社会发布的悬赏通告,及时履行义务,向鲁瑞庚全额给付50万元人民币的报酬。侦破刑事案件是公安机关的法定职责。公安机关在侦破刑事案件的过程中,应当保护和提倡公民举报和揭露犯罪的行为,积极地鼓励公民见义勇为,同违法行为做斗争的精神。东港市公安局以鲁瑞庚所提供的线索不符合悬赏通告所规定的条件为由,拒绝将被害人家属用于奖励的50万元全部给付鲁瑞庚,并将其予以占有,超出了被害人家属的委托权限,也不符合其在悬赏通告中的承诺,没有任何的法律依据。鲁瑞庚对其主张权利,应予支持。

● **1995年第2期《中华人民共和国最高人民法院公报》**刊登的"**李珉诉朱晋华、李绍华悬赏广告酬金纠纷上诉案**"的判决将悬赏广告界定为向社会不特定人发出的要约。相关裁判摘要如下:

悬赏广告,系广告人以广告的方法,对完成一定行为的人给付报酬的行为。只要行为人依法完成了所指定的行为,广告人即负有给付报酬的义务。朱晋华、李绍华先后在天津《今晚报》《天津日报》上刊登的"寻包启示",即为一种悬赏广告。李绍华还明确表示:"一周内有知情送还者酬谢15,000元",系向社会不特定人的要约。上诉人李珉,即悬赏广告中的行为人,在广告规定的"一周内"完成了广告指定的送还公文包的行为,则是对广告人的有效承诺。从而,在李珉与朱晋华、李绍华之间形成了民事法律关系,即债权债务关系。依照《民法通则》第五十七条关于"民事法律行为从成立时起具有法律约束力。行为人非依法律规定或者取得对方同意,不得擅自变更或解除"的规定,朱晋华、李绍货负有广告中许诺的给付报酬义务。其辩称"寻包启示"许诺给付报酬不是真实意思表示,事后翻悔,拒绝给付李珉酬金15,000元,有违《民法通则》第四条规定的诚实信用原则,是错误的。

第五百条 【缔约过失责任】 当事人在订立合同过程中有下列情形之一,造成对方损失的,应当承担赔偿责任:

(一)假借订立合同,恶意进行磋商;

(二)故意隐瞒与订立合同有关的重要事实或者提供虚假情况;

(三)有其他违背诚信原则的行为。

一、相关文件规定

1.《最高人民法院关于印发〈全国法院民商事审判工作会议纪要〉的通知》(法〔2019〕254号)

32.【合同不成立、无效或者被撤销的法律后果】《合同法》第58条就合同无效或者被撤销时的财产返还责任和损害赔偿责任作了规定,但未规定合同不成立的法律后果。考虑到合同不成立时也可能发生财产返还和损害赔偿责任问题,故应当参照适用该条的规定。

在确定合同不成立、无效或者被撤销后财产返还或者折价补偿范围时,要根据诚实信用原则的要求,在当事人之间合理分配,不能使不诚信的当事人因合同不成立、无效或者被撤销而获益。合同不成立、无效或者被撤销情况下,当事人所承担的缔约过失责任不应超过合同履行利益。比如,依据《最高人民法院关于审理建设工程施工合同纠纷案件适用法律问题的解释》第2条规定,建设工程施工合同无效,在建设工程经竣工验收合格情况下,可以参照合同约定支付工程款,但除非增加了合同约定之外新的工程项目,一般不应超出合同约定支付工程款。

2.《最高人民法院印发〈关于审理涉及金融不良债权转让案件工作座谈会纪要〉的通知》(法发〔2009〕19号)

(十一)存在其他损害国家利益或社会公共利益的转让情形的。

在金融资产管理公司转让不良债权后,国有企业债务人有证据证明不良债权根本不存在或者已经全部或部分归还而主张撤销不良债权转让合同的,人民法院应当撤销或者部分撤销不良债权转让合同;不良债权转让合同被撤销或者部分撤销后,受让人可以请求金融资产管理公司承担相应的缔约过失责任。

二、相关裁判摘要

- **2017年第12期《中华人民共和国最高人民法院公报》**刊登的**“深圳市标榜投资发展有限公司与鞍山市财政局股权转让纠纷案”**中,最高人民法院(2016)最高法民终802号民事判决书认为,合同约定生效要件为报批允准,承担报批义务方不履行报批义务的,应当承担缔约过失责任。详细裁判摘要如下:

(三)关于鞍山财政局应否赔偿标榜公司交易费、保证金利息及可得利益损失的问题。

《中华人民共和国民法通则》第四条规定,民事活动应当遵循自愿、公平、等价有偿、诚实信用的原则。《中华人民共和国合同法》第四十二条规定，当事人在订立合同过程中有下列情形之一，给对方造成损失的，应当承担损害赔偿责任：（一）假借订立合同，恶意进行磋商；（二）故意隐瞒与订立合同有关的重要事实或者提供虚假情况；（三）有其他违背诚实信用原则的行为。上述法律规定确立了缔约过失责任，即在合同缔约过程中，如一方当事人违背诚实信用原则，不履行相关先合同义务，其应对相对人因此所受损失承担赔偿责任。根据法律规定及本案事实，对本案合同解除后鞍山财政局所应承担的责任性质、赔偿范围及具体数额，分析如下：

1. 鞍山财政局未将涉案合同报送批准存在缔约过失。

首先，鞍山财政局未履行报批义务违反合同约定。《中华人民共和国合同法》第八条规定，依法成立的合同，对当事人具有法律约束力。当事人应当按照约定履行自己的义务，不得擅自变更或者解除合同。依法成立的合同，受法律保护。《最高人民法院关于适用〈中华人民共和国合同法〉若干问题的解释（二）》第八条规定，依照法律、行政法规的规定经批准或者登记才能生效的合同成立后，有义务办理申请批准或者申请登记等手续的一方当事人未按照法律规定或者合同约定办理申请批准或者未申请登记的，属于合同法第四十二条第（三）项规定的"其他违背诚实信用原则的行为"，人民法院可以根据案件的具体情况和相对人的请求，判决相对人自己办理有关手续；对方当事人对由此产生的费用和给相对人造成的实际损失，应当承担损害赔偿责任。根据上述法律和司法解释规定，如果合同已成立，合同中关于股权转让的相关约定虽然需经有权机关批准方产生法律效力，但合同中关于报批义务的约定自合同成立后即对当事人具有法律约束力。当事人应按约履行报批义务，积极促成合同生效。本案中，《股份转让合同书》第7.1条规定，本次转让依法应上报有权审批机关审批。甲、乙双方应履行或协助履行向审批机关申报的义务。并尽最大努力，配合处理任何审批机关提出的合理要求和质询，以获得审批机关对本合同及其项下股权交易的批准；第11.2条规定，标榜公司作为乙方保证向甲方及沈交所提交的各项证明文件及资料均真实、准确、完整。上述约定虽未明确涉案合同报批义务及协助报批义务具体由哪一方负担，但根据约定标榜公司的主要义务是提供相关证明文件、资料，主要是协助报批。据此，应认定涉案合同报批义务由鞍山财政局负担。但鞍山财政局违反合同约定，未履行报批义务，亦未按照有权机关要求补充报送相关材料，依据上述司法解释规定，其行为属于合同法第四十二条第（三）项规定的“其他违背诚实信用原则的行为”，应认定鞍山财政局存在缔约过失。鞍山银行并非涉案《股份转让合同书》的当事人，鞍山财政局上诉主张报批义务由鞍山银行承担，没有合同依据，不予支持。

其次，鞍山财政局不履行报批义务的抗辩理由不能成立。一方面，鞍山财政局关于标榜公司等四户企业存在关联关系导致其不具有受让涉案股权资格的证据不足。根据查明的事实，鞍山市××委于2013年3月25日作出鞍国资函〔2013〕13号《关于终止鞍山银行国有股权受让的函》，以标榜公司等四户企业存在关联交易为由终止涉案股权转让。但在标榜公司等企业提出异议后，鞍山市××委又于2013年5月2日发函对标榜公司等四户企业呈报资料进行审计，并按审计结果上报监管部门审定。由于审计报告的作出时间早于鞍山财政局终止涉案股权转让的时间，审计结论亦未明确否定标榜公司等企业不具有受让资格，因此，鞍山财政局关于标榜公司因存在关联关系等原因不具有涉案股权受让资格的上诉理由，证据不足，不能成立。另一方面，鞍山财政局拒不报送审批材料无合法依据。在鞍山财政局已与标榜公司签订涉案合同的情况下，应视为其认可标榜公司具有合同主体资格。涉案《股份转让合同书》是否批准，应由政府及金融行业监管部门决定，鞍山财政局作为合同一方当事人，不具有审批权力，不能以其自身判断而违反合同约定免除其报送审批的义务。鞍山财政局关于涉案合同因标榜公司等不具有受让资格而无需报批的上诉理由，无事实和法律依据，不能成立。

综上，鞍山财政局无正当理由不履行涉案合同报批义务，其行为已构成合同法第四十二条规定的“其他违反诚实信用原则的行为”，应认定其存在缔约过失。

2. 鞍山财政局对标榜公司的直接损失应予赔偿。

根据上述分析，鞍山财政局违反诚实信用原则，存在缔约过失。标榜公司在缔约过程中支付交易费及保证金利息，属于标榜公司的直接损失，应由鞍山财政局承担赔偿责任。具体分析如下：首先，关于交易费及利息问题。根据查明的事实，标榜公司于2012年3月30日向沈交所交付了涉案交易费用，鞍山财政局退还的保证金亦扣除了交易费，该费用系标榜公司在合同签订过程中实际财产的减损，该费用及相应利息均应由鞍山财政局予以赔偿。标榜公司已向沈交所保证无论交易成功与否均不退还交易费,故在交易不成功的情况下,该笔交易费已经构成其损失,且是因鞍山财政局不诚信行为导致。因此,鞍山财政局主张其不应赔偿的上诉理由不能成立。其次,关于保证金利息问题。鞍山财政局虽已将标榜公司支付的保证金返还,但标榜公司作为商事主体,无论是否以自有资金支付保证金,均因保证金的支付产生财务成本。因此,标榜公司所支付保证金的相应利息属于直接损失,应当由鞍山财政局予以赔偿。最后,关于利息计算标准问题。原审判决以人民银行同期贷款利率作为计算上述交易费及保证金利息的标准,符合通常的计算标准,并无不当。鞍山财政局主张应以同期银行存款利率为标准计算利息,没有法律依据,不予支持。鞍山财政局关于不付利息是行业惯例的上诉理由,无证据证明,应当不予采信。

3. 鞍山财政局对标榜公司所主张的可得利益损失应予适当赔偿。

(1)当事人客观合理的交易机会损失应属于缔约过失责任赔偿范围。缔约过失责任制度是实现诚实守信这一民法基本原则的具体保障。通过要求缔约过失责任人承担损害赔偿责任,填补善意相对人信赖利益损失,以敦促各类民事主体善良行事,恪守承诺。通常情况下,缔约过失责任人对善意相对人缔约过程中支出的直接费用等直接损失予以赔偿,即可使善意相对人利益得到恢复。但如果善意相对人确实因缔约过失责任人的行为遭受交易机会损失等间接损失,则缔约过失责任人也应当予以适当赔偿。一方面,免除缔约过失责任人对相对人间接损失的赔偿责任没有法律依据。合同法第四十二条规定的"损失"并未限定于直接损失。《最高人民法院关于适用〈中华人民共和国合同法〉若干问题的解释(二)》第八条规定在报批生效合同当事人未履行报批义务的,如合同尚有报批可能,且相对人选择自行办理批准手续的,可以由相对人自行办理报批手续,并由缔约过失责任人赔偿相对人的相关实际损失。上述规定均未排除缔约过失责任人对相对人交易机会损失等间接损失的赔偿责任。另一方面,缔约过失责任人对于相对人客观合理的间接损失承担赔偿责任也是贯彻诚实信用原则,保护无过错方利益的应有之义。虽然交易机会本身存在的不确定性对相应损害赔偿数额的认定存在影响,应当根据具体案情予以确定,但不应因此而一概免除缔约过失责任人的间接损失赔偿责任。

(2)关于鞍山财政局应否对标榜公司其他损失承担赔偿责任的问题。首先,鞍山财政局恶意阻止合同生效的过错明显。鞍山财政局作为政府部门,在国有产权交易过程中,既应践行诚实信用价值观念,有约必守;更要遵循政务诚信准则,取信于民,引领全社会建设诚信守信市场秩序。但在本案中,其在能够将涉案合同报送有权机关批准的情况下,拒不按照银监部门的要求提交相应材料,导致银监部门对相关行政许可事项不予以受理,致使合同不能生效。不仅如此,还将涉案股权在很短时间内另行高价出售。鞍山财政局恶意阻止涉案合同生效,其行为明显违反诚实信用原则,过错明显。

其次,标榜公司存在客观合理的交易机会损失。标榜公司主张的可得利益损失实际系丧失取得涉案股权的交易机会所带来的损失。所谓机会,是指特定利益形成或者特定损害避免的部分条件已经具备,但能否最终具备尚不确定的状态。而所谓机会损失,则是当事人获取特定利益或避免特定损害的可能性降低或者丧失。一般而言,在交易磋商阶段,合同是否能够订立以及合同订立所带来的交易机会能否最终实现均属未知,故此时交易机会尚不具有可能性。但如果双方已经达成合意并签订合同,在合同生效要件具备前,双方的相互信赖的程度已经达到更高程度,因信赖对方诚实守信的履行相关义务从而获取特定利益的机会也具有相当的可能性。此时,如一方当事人不诚实守信履行报批义务,其应当预见对方因此而遭受损失。就本案而言,涉案《股份转让合同书》订立后,虽须经有权机关批准方才生效,但双方已就标榜公司购买鞍山银行股权达成合意,在无证据证明该合同不能获得有权机关批准的情况下,标榜公司有合理理由信赖鞍山财政局恪守承诺,及时妥善的履行报批手续,从而使涉案合同的效力得到确定,进而通过合同的履行实际取得涉案股权,获取相关利益。因此,标榜公司获得涉案股权的可能性现实存在。但因鞍山财政局拒不将涉案合同报批,继而还将涉案股权另行高价出售,其不诚信行为直接导致标榜公司获得涉案股权的可能性完全丧失,导致标榜公司因此而获得相关利益的现实性完全丧失。综上,标榜公司因鞍山财政局的不诚信行为存在客观现实的交易机会损失。

最后,鞍山财政局对标榜公司交易机会损失承担赔偿责任是维护公平正义和市场交易秩序的需要。一方面,鞍山财政局对标榜公司交易机会损失承担赔偿责任符合公平原则。鞍山财政局所获得的股权出售价差利益，是以标榜公司丧失购买涉案股权的机会为代价。在鞍山财政局因其过错行为获得利益的情况下，如果不对标榜公司的交易机会损失予以赔偿，将导致双方利益严重失衡，不符合公平原则。另一方面，鞍山财政局在赔偿标榜公司直接损失的基础上，对标榜公司间接损失承担适当赔偿责任，以使其为不诚信行为付出相应代价，有利于敦促各类民事主体善良行事，恪守诚实信用，也有利于维护诚实守信的市场交易秩序。

(3)关于标榜公司交易机会损失的数额认定问题。结合本案事实，对标榜公司因合同未生效导致交易机会损失数额，应综合考虑以下因素予以确定：首先，鞍山财政局的获益情况。如前所述，鞍山财政局违反诚实信用，以2.5元/股的价格将涉案股权另行出售，其所获得的0.5元/股的价差，系其不诚信行为所得。标榜公司丧失涉案股权交易机会的损失数额，可以以此作为参考。其次，标榜公司的交易成本支出情况。因涉案合同未生效并已解除，标榜公司未实际支付对价，亦未实际取得涉案股权，其主张应当以鞍山财政局转售股权价差的全部作为标准进行赔偿不符合本案情况，不应支持。本案中，即使标榜公司实际取得涉案股权，因双方合同对股权再转让有期限限制的约定，故约定期限届满之后，涉案股权价值是涨是跌，尚不确定。另外，标榜公司虽丧失购买涉案股权的交易机会，但并不妨碍其之后将资金另行投资其他项目获得收益。综上，对标榜公司交易机会损失，本院酌定按鞍山财政局转售涉案股权价差的10%予以确定，以涉案股权转售价2.5元/股减去涉案股权转让合同价2元/股乘以22500万股再乘以10%计算，即1125万元。该损失应由鞍山财政局予以赔偿。

• **2010年第12期《中华人民共和国最高人民法院公报》**刊登的**“香港锦程投资有限公司与山西省心血管疾病医院、第三人山西寰能科贸有限公司中外合资经营企业合同纠纷案”**中，最高人民法院(2010)民四终字第3号民事判决书认为，补充协议不涉及报批事项，不得以未经审批为由认定合同无效。相关裁判摘要如下：

《中华人民共和国中外合资经营企业法实施条例》第十四条规定：“合营企业协议、合同和章程经审批机构批准后生效，其修改时同。”当事人在履行合营企业协议或合同的过程中达成的补充协议，虽然属于对原合同的修改，但其效力应当结合案情全面加以分析。如果补充协议内容不涉及必须报经审批机关审批的事项，对于已获批准的合营企业协议不构成实质性变更的，一方当事人仅以补充协议未经审批机关审批为由主张协议内容无效的，人民法院不予支持。

• **2010年第8期《中华人民共和国最高人民法院公报》**刊登的“**广州市仙源房地产股份有限公司与广东中大中鑫投资策划有限公司、广州远兴房产有限公司、中国投资集团国际理财有限公司股权转让纠纷案**”中，最高人民法院(2009)民申字第1068号民事裁定书对《中华人民共和国合同法》第42条中“给对方造成损失的”含义进行了分析。相关裁判摘要如下：

最高人民法院《关于适用〈中华人民共和国合同法〉若干问题的解释(二)》第八条规定：经批准才能生效的合同成立后，有义务办理申请批准手续的一方当事人未按照法律规定或者合同约定办理申请批准的，属于合同法第四十二条第(三)项规定的“其他违背诚实信用原则的行为”，人民法院可以判决相对人自己办理有关手续；对方当事人对由此产生的费用和给相对人造成的实际损失，应当承担损害赔偿责任。既然“相对人”可以自己办理有关手续，而“对方当事人”应对由此产生损失给予赔偿，那么，“相对人”自然也可以要求“对方当事人”办理申请批准手续。

• **2005年第9期《中华人民共和国最高人民法院公报》**刊登的“**吴卫明诉上海花旗银行储蓄合同纠纷案**”中，法院对缔约过失责任的构成要件进行了分析。相关裁判摘要如下：

缔约过失责任，是指在订立合同过程中，当事人因实施违反诚实信用原则的行为给对方造成损失后应承担的法律责任。上海花旗银行在对小额储户收取管理费前，已经通过众多媒体将该信息在社会上进行了广泛报道，尽到了必要和可能的公知义务。即使吴卫明事前不知道这一信息，订立合同的过程，也只能从吴卫明进入上海花旗银行营业场所并受到该行工作人员接待时开始，而不是从吴卫明因存款有息而动身前来缔结外币储蓄合同时开始。在订立合同的过程中，上海花旗银行工作人员向吴卫明介绍了小额存款业务的相关信息，吴卫明也对收费情况有了较详细的了解。没有证据证明一方当事人在订立合同的过程中有故意隐瞒或虚假陈述的行为，也没有证据证明另一方当事人在订立合同过程中因此遭受了损失，故在订立合同的过程中未发生缔约过失。吴卫明尽可在清楚其权利义务后，自主确定是否与上海花旗银行订立储蓄合同。吴卫明认为，上海花旗银行对小额储户收取管理费违反诚实信用原则,侵犯其合法权益,构成缔约过失的诉讼主张,缺乏事实根据和法律依据,不能支持。

• **2005年第5期《中华人民共和国最高人民法院公报》**刊登的“**时间房地产建设集团有限公司诉浙江省玉环县国土资源局土地使用权出让合同纠纷案**”中,最高人民法院(2003)民一终字第82号民事判决书对撤销要约邀请的缔约过失责任进行了分析。相关裁判摘要如下:

根据《合同法》第十五条第一款的规定,国有土地使用权出让公告属于要约邀请,竞买人在竞买申请中提出报价,并按要约邀请支付保证金的行为,属于要约,双方当事人尚未形成土地使用权出让合同关系。国有土地使用权出让方因出让公告违反法律的禁止性规定,撤销公告后,造成竞买人在缔约阶段发生信赖利益损失的,应对竞买人的实际损失承担缔约过失责任。

第五百零一条 【合同订立中的保密义务】当事人在订立合同过程中知悉的商业秘密或者其他应当保密的信息,无论合同是否成立,不得泄露或者不正当地使用;泄露、不正当地使用该商业秘密或者信息,造成对方损失的,应当承担赔偿责任。

一、相关法律条文

1.《中华人民共和国民法典》(2021年1月1日起施行)

第一百二十三条 民事主体依法享有知识产权。

知识产权是权利人依法就下列客体享有的专有的权利:

(一)作品;

(二)发明、实用新型、外观设计;

(三)商标;

(四)地理标志;

(五)商业秘密;

(六)集成电路布图设计;

(七)植物新品种;

(八)法律规定的其他客体。

2.《中华人民共和国反不正当竞争法》(2019 年 4 月 23 日修订)

第九条　经营者不得实施下列侵犯商业秘密的行为:

(一)以盗窃、贿赂、欺诈、胁迫、电子侵入或者其他不正当手段获取权利人的商业秘密;

(二)披露、使用或者允许他人使用以前项手段获取的权利人的商业秘密;

(三)违反保密义务或者违反权利人有关保守商业秘密的要求,披露、使用或者允许他人使用其所掌握的商业秘密;

(四)教唆、引诱、帮助他人违反保密义务或者违反权利人有关保守商业秘密的要求,获取、披露、使用或者允许他人使用权利人的商业秘密。

经营者以外的其他自然人、法人和非法人组织实施前款所列违法行为的,视为侵犯商业秘密。

第三人明知或者应知商业秘密权利人的员工、前员工或者其他单位、个人实施本条第一款所列违法行为,仍获取、披露、使用或者允许他人使用该商业秘密的,视为侵犯商业秘密。

本法所称的商业秘密,是指不为公众所知悉、具有商业价值并经权利人采取相应保密措施的技术信息、经营信息等商业信息。

第十七条　经营者违反本法规定,给他人造成损害的,应当依法承担民事责任。

经营者的合法权益受到不正当竞争行为损害的,可以向人民法院提起诉讼。

因不正当竞争行为受到损害的经营者的赔偿数额,按照其因被侵权所受到的实际损失确定;实际损失难以计算的,按照侵权人因侵权所获得的利益确定。经营者恶意实施侵犯商业秘密行为,情节严重的,可以在按照上述方法确定数额的一倍以上五倍以下确定赔偿数额。赔偿数额还应当包括经营者为制止侵权行为所支付的合理开支。

经营者违反本法第六条、第九条规定,权利人因被侵权所受到的实际损失、侵权人因侵权所获得的利益难以确定的,由人民法院根据侵权行为的情节判决给予权利人五百万元以下的赔偿。

第三十二条　在侵犯商业秘密的民事审判程序中,商业秘密权利人提供初步证据,证明其已经对所主张的商业秘密采取保密措施,且合理表明商业秘密被侵犯,涉嫌侵权人应当证明权利人所主张的商业秘密不属于本法规定的商业秘密。

商业秘密权利人提供初步证据合理表明商业秘密被侵犯，且提供以下证据之一的，涉嫌侵权人应当证明其不存在侵犯商业秘密的行为：

（一）有证据表明涉嫌侵权人有渠道或者机会获取商业秘密，且其使用的信息与该商业秘密实质上相同；

（二）有证据表明商业秘密已经被涉嫌侵权人披露、使用或者有被披露、使用的风险；

（三）有其他证据表明商业秘密被涉嫌侵权人侵犯。

二、相关司法解释规定

1.《最高人民法院关于审理侵犯商业秘密民事案件适用法律若干问题的规定》（法释〔2020〕7号）

为正确审理侵犯商业秘密民事案件，根据《中华人民共和国反不正当竞争法》《中华人民共和国民事诉讼法》等有关法律规定，结合审判实际，制定本规定。

第一条　与技术有关的结构、原料、组分、配方、材料、样品、样式、植物新品种繁殖材料、工艺、方法或其步骤、算法、数据、计算机程序及其有关文档等信息，人民法院可以认定构成反不正当竞争法第九条第四款所称的技术信息。

与经营活动有关的创意、管理、销售、财务、计划、样本、招投标材料、客户信息、数据等信息，人民法院可以认定构成反不正当竞争法第九条第四款所称的经营信息。

前款所称的客户信息，包括客户的名称、地址、联系方式以及交易习惯、意向、内容等信息。

第二条　当事人仅以与特定客户保持长期稳定交易关系为由，主张该特定客户属于商业秘密的，人民法院不予支持。

客户基于对员工个人的信赖而与该员工所在单位进行交易，该员工离职后，能够证明客户自愿选择与该员工或者该员工所在的新单位进行交易的，人民法院应当认定该员工没有采用不正当手段获取权利人的商业秘密。

第三条　权利人请求保护的信息在被诉侵权行为发生时不为所属领域的相关人员普遍知悉和容易获得的，人民法院应当认定为反不正当竞争法第九条第四款所称的不为公众所知悉。

第四条　具有下列情形之一的，人民法院可以认定有关信息为公众所知悉：

（一）该信息在所属领域属于一般常识或者行业惯例的；

（二）该信息仅涉及产品的尺寸、结构、材料、部件的简单组合等内容，所属领域的相关人员通过观察上市产品即可直接获得的；

（三）该信息已经在公开出版物或者其他媒体上公开披露的；

（四）该信息已通过公开的报告会、展览等方式公开的；

（五）所属领域的相关人员从其他公开渠道可以获得该信息的。

将为公众所知悉的信息进行整理、改进、加工后形成的新信息，符合本规定第三条规定的，应当认定该新信息不为公众所知悉。

第五条　权利人为防止商业秘密泄露，在被诉侵权行为发生以前所采取的合理保密措施，人民法院应当认定为反不正当竞争法第九条第四款所称的相应保密措施。

人民法院应当根据商业秘密及其载体的性质、商业秘密的商业价值、保密措施的可识别程度、保密措施与商业秘密的对应程度以及权利人的保密意愿等因素，认定权利人是否采取了相应保密措施。

第六条　具有下列情形之一，在正常情况下足以防止商业秘密泄露的，人民法院应当认定权利人采取了相应保密措施：

（一）签订保密协议或者在合同中约定保密义务的；

（二）通过章程、培训、规章制度、书面告知等方式，对能够接触、获取商业秘密的员工、前员工、供应商、客户、来访者等提出保密要求的；

（三）对涉密的厂房、车间等生产经营场所限制来访者或者进行区分管理的；

（四）以标记、分类、隔离、加密、封存、限制能够接触或者获取的人员范围等方式，对商业秘密及其载体进行区分和管理的；

（五）对能够接触、获取商业秘密的计算机设备、电子设备、网络设备、存储设备、软件等，采取禁止或者限制使用、访问、存储、复制等措施的；

（六）要求离职员工登记、返还、清除、销毁其接触或者获取的商业秘密及其载体，继续承担保密义务的；

（七）采取其他合理保密措施的。

第七条　权利人请求保护的信息因不为公众所知悉而具有现实的或者潜在的商业价值的，人民法院经审查可以认定为反不正当竞争法第九条第四款所称的具有商业价值。

生产经营活动中形成的阶段性成果符合前款规定的，人民法院经审查可以认定该成果具有商业价值。

第八条 被诉侵权人以违反法律规定或者公认的商业道德的方式获取权利人的商业秘密的，人民法院应当认定属于反不正当竞争法第九条第一款所称的以其他不正当手段获取权利人的商业秘密。

第九条 被诉侵权人在生产经营活动中直接使用商业秘密，或者对商业秘密进行修改、改进后使用，或者根据商业秘密调整、优化、改进有关生产经营活动的，人民法院应当认定属于反不正当竞争法第九条所称的使用商业秘密。

第十条 当事人根据法律规定或者合同约定所承担的保密义务，人民法院应当认定属于反不正当竞争法第九条第一款所称的保密义务。

当事人未在合同中约定保密义务，但根据诚信原则以及合同的性质、目的、缔约过程、交易习惯等，被诉侵权人知道或者应当知道其获取的信息属于权利人的商业秘密的，人民法院应当认定被诉侵权人对其获取的商业秘密承担保密义务。

第十一条 法人、非法人组织的经营、管理人员以及具有劳动关系的其他人员，人民法院可以认定为反不正当竞争法第九条第三款所称的员工、前员工。

第十二条 人民法院认定员工、前员工是否有渠道或者机会获取权利人的商业秘密，可以考虑与其有关的下列因素：

（一）职务、职责、权限；

（二）承担的本职工作或者单位分配的任务；

（三）参与和商业秘密有关的生产经营活动的具体情形；

（四）是否保管、使用、存储、复制、控制或者以其他方式接触、获取商业秘密及其载体；

（五）需要考虑的其他因素。

第十三条 被诉侵权信息与商业秘密不存在实质性区别的，人民法院可以认定被诉侵权信息与商业秘密构成反不正当竞争法第三十二条第二款所称的实质上相同。

人民法院认定是否构成前款所称的实质上相同，可以考虑下列因素：

（一）被诉侵权信息与商业秘密的异同程度；

（二）所属领域的相关人员在被诉侵权行为发生时是否容易想到被诉侵权信息与商业秘密的区别；

（三）被诉侵权信息与商业秘密的用途、使用方式、目的、效果等是否具有实质性差异；

（四）公有领域中与商业秘密相关信息的情况；

（五）需要考虑的其他因素。

第十四条　通过自行开发研制或者反向工程获得被诉侵权信息的，人民法院应当认定不属于反不正当竞争法第九条规定的侵犯商业秘密行为。

前款所称的反向工程，是指通过技术手段对从公开渠道取得的产品进行拆卸、测绘、分析等而获得该产品的有关技术信息。

被诉侵权人以不正当手段获取权利人的商业秘密后，又以反向工程为由主张未侵犯商业秘密的，人民法院不予支持。

第十五条　被申请人试图或者已经以不正当手段获取、披露、使用或者允许他人使用权利人所主张的商业秘密，不采取行为保全措施会使判决难以执行或者造成当事人其他损害，或者将会使权利人的合法权益受到难以弥补的损害的，人民法院可以依法裁定采取行为保全措施。

前款规定的情形属于民事诉讼法第一百条、第一百零一条所称情况紧急的，人民法院应当在四十八小时内作出裁定。

第十六条　经营者以外的其他自然人、法人和非法人组织侵犯商业秘密，权利人依据反不正当竞争法第十七条的规定主张侵权人应当承担的民事责任的，人民法院应予支持。

第十七条　人民法院对于侵犯商业秘密行为判决停止侵害的民事责任时，停止侵害的时间一般应当持续到该商业秘密已为公众所知悉时为止。

依照前款规定判决停止侵害的时间明显不合理的，人民法院可以在依法保护权利人的商业秘密竞争优势的情况下，判决侵权人在一定期限或者范围内停止使用该商业秘密。

第十八条　权利人请求判决侵权人返还或者销毁商业秘密载体，清除其控制的商业秘密信息的，人民法院一般应予支持。

第十九条　因侵权行为导致商业秘密为公众所知悉的，人民法院依法确定赔偿数额时，可以考虑商业秘密的商业价值。

人民法院认定前款所称的商业价值，应当考虑研究开发成本、实施该项商业秘密的收益、可得利益、可保持竞争优势的时间等因素。

第二十条 权利人请求参照商业秘密许可使用费确定因被侵权所受到的实际损失的,人民法院可以根据许可的性质、内容、实际履行情况以及侵权行为的性质、情节、后果等因素确定。

人民法院依照反不正当竞争法第十七条第四款确定赔偿数额的,可以考虑商业秘密的性质、商业价值、研究开发成本、创新程度、能带来的竞争优势以及侵权人的主观过错、侵权行为的性质、情节、后果等因素。

第二十一条 对于涉及当事人或者案外人的商业秘密的证据、材料,当事人或者案外人书面申请人民法院采取保密措施的,人民法院应当在保全、证据交换、质证、委托鉴定、询问、庭审等诉讼活动中采取必要的保密措施。

违反前款所称的保密措施的要求,擅自披露商业秘密或者在诉讼活动之外使用或者允许他人使用在诉讼中接触、获取的商业秘密的,应当依法承担民事责任。构成民事诉讼法第一百一十一条规定情形的,人民法院可以依法采取强制措施。构成犯罪的,依法追究刑事责任。

第二十二条 人民法院审理侵犯商业秘密民事案件时,对在侵犯商业秘密犯罪刑事诉讼程序中形成的证据,应当按照法定程序,全面、客观地审查。

由公安机关、检察机关或者人民法院保存的与被诉侵权行为具有关联性的证据,侵犯商业秘密民事案件的当事人及其诉讼代理人因客观原因不能自行收集,申请调查收集的,人民法院应当准许,但可能影响正在进行的刑事诉讼程序的除外。

第二十三条 当事人主张依据生效刑事裁判认定的实际损失或者违法所得确定涉及同一侵犯商业秘密行为的民事案件赔偿数额的,人民法院应予支持。

第二十四条 权利人已经提供侵权人因侵权所获得的利益的初步证据,但与侵犯商业秘密行为相关的账簿、资料由侵权人掌握的,人民法院可以根据权利人的申请,责令侵权人提供该账簿、资料。侵权人无正当理由拒不提供或者不如实提供的,人民法院可以根据权利人的主张和提供的证据认定侵权人因侵权所获得的利益。

第二十五条 当事人以涉及同一被诉侵犯商业秘密行为的刑事案件尚未审结为由,请求中止审理侵犯商业秘密民事案件,人民法院在听取当事人意见后认为必须以该刑事案件的审理结果为依据的,应予支持。

第二十六条 对于侵犯商业秘密行为，商业秘密独占使用许可合同的被许可人提起诉讼的，人民法院应当依法受理。

排他使用许可合同的被许可人和权利人共同提起诉讼，或者在权利人不起诉的情况下自行提起诉讼的，人民法院应当依法受理。

普通使用许可合同的被许可人和权利人共同提起诉讼，或者经权利人书面授权单独提起诉讼的，人民法院应当依法受理。

第二十七条 权利人应当在一审法庭辩论结束前明确所主张的商业秘密具体内容。仅能明确部分的，人民法院对该明确的部分进行审理。

权利人在第二审程序中另行主张其在一审中未明确的商业秘密具体内容的，第二审人民法院可以根据当事人自愿的原则就与该商业秘密具体内容有关的诉讼请求进行调解；调解不成的，告知当事人另行起诉。双方当事人均同意由第二审人民法院一并审理的，第二审人民法院可以一并裁判。

第二十八条 人民法院审理侵犯商业秘密民事案件，适用被诉侵权行为发生时的法律。被诉侵权行为在法律修改之前已经发生且持续到法律修改之后的，适用修改后的法律。

第二十九条 本规定自2020年9月12日起施行。最高人民法院以前发布的相关司法解释与本规定不一致的，以本规定为准。

本规定施行后，人民法院正在审理的一审、二审案件适用本规定；施行前已经作出生效裁判的案件，不适用本规定再审。

2.《最高人民法院关于审理不正当竞争民事案件应用法律若干问题的解释》(法释〔2007〕2号)(2020年12月23日修正)

第九条 有关信息不为其所属领域的相关人员普遍知悉和容易获得，应当认定为反不正当竞争法第十条第三款规定的“不为公众所知悉”。

具有下列情形之一的，可以认定有关信息不构成不为公众所知悉：

(一)该信息为其所属技术或者经济领域的人的一般常识或者行业惯例；

(二)该信息仅涉及产品的尺寸、结构、材料、部件的简单组合等内容，进入市场后相关公众通过观察产品即可直接获得；

(三)该信息已经在公开出版物或者其他媒体上公开披露；

(四)该信息已通过公开的报告会、展览等方式公开；

（五）该信息从其他公开渠道可以获得；

（六）该信息无需付出一定的代价而容易获得。

第十条 有关信息具有现实的或者潜在的商业价值，能为权利人带来竞争优势的，应当认定为反不正当竞争法第十条第三款规定的“能为权利人带来经济利益、具有实用性”。

第十一条 权利人为防止信息泄漏所采取的与其商业价值等具体情况相适应的合理保护措施，应当认定为反不正当竞争法第十条第三款规定的“保密措施”。

人民法院应当根据所涉信息载体的特性、权利人保密的意愿、保密措施的可识别程度、他人通过正当方式获得的难易程度等因素，认定权利人是否采取了保密措施。

具有下列情形之一，在正常情况下足以防止涉密信息泄漏的，应当认定权利人采取了保密措施：

（一）限定涉密信息的知悉范围，只对必须知悉的相关人员告知其内容；

（二）对于涉密信息载体采取加锁等防范措施；

（三）在涉密信息的载体上标有保密标志；

（四）对于涉密信息采用密码或者代码等；

（五）签订保密协议；

（六）对于涉密的机器、厂房、车间等场所限制来访者或者提出保密要求；

（七）确保信息秘密的其他合理措施。

第十二条 通过自行开发研制或者反向工程等方式获得的商业秘密，不认定为反不正当竞争法第十条第（一）、（二）项规定的侵犯商业秘密行为。

前款所称“反向工程”，是指通过技术手段对从公开渠道取得的产品进行拆卸、测绘、分析等而获得该产品的有关技术信息。当事人以不正当手段知悉了他人的商业秘密之后，又以反向工程为由主张获取行为合法的，不予支持。

第十三条 商业秘密中的客户名单，一般是指客户的名称、地址、联系方式以及交易的习惯、意向、内容等构成的区别于相关公知信息的特殊客户信息，包括汇集众多客户的客户名册，以及保持长期稳定交易关系的特定客户。

客户基于对职工个人的信赖而与职工所在单位进行市场交易，该职工离职后，能够证明客户自愿选择与自己或者其新单位进行市场交易的，应当认定没有采用不正当手段，但职工与原单位另有约定的除外。

第十四条　当事人指称他人侵犯其商业秘密的，应当对其拥有的商业秘密符合法定条件、对方当事人的信息与其商业秘密相同或者实质相同以及对方当事人采取不正当手段的事实负举证责任。其中，商业秘密符合法定条件的证据，包括商业秘密的载体、具体内容、商业价值和对该项商业秘密所采取的具体保密措施等。

第十五条　对于侵犯商业秘密行为，商业秘密独占使用许可合同的被许可人提起诉讼的，人民法院应当依法受理。

排他使用许可合同的被许可人和权利人共同提起诉讼，或者在权利人不起诉的情况下，自行提起诉讼，人民法院应当依法受理。

普通使用许可合同的被许可人和权利人共同提起诉讼，或者经权利人书面授权，单独提起诉讼的，人民法院应当依法受理。

第十六条　人民法院对于侵犯商业秘密行为判决停止侵害的民事责任时，停止侵害的时间一般持续到该项商业秘密已为公众知悉时为止。

依据前款规定判决停止侵害的时间如果明显不合理的，可以在依法保护权利人该项商业秘密竞争优势的情况下，判决侵权人在一定期限或者范围内停止使用该项商业秘密。

第十七条　确定反不正当竞争法第十条规定的侵犯商业秘密行为的损害赔偿额，可以参照确定侵犯专利权的损害赔偿额的方法进行；确定反不正当竞争法第五条、第九条、第十四条规定的不正当竞争行为的损害赔偿额，可以参照确定侵犯注册商标专用权的损害赔偿额的方法进行。

因侵权行为导致商业秘密已为公众所知悉的，应当根据该项商业秘密的商业价值确定损害赔偿额。商业秘密的商业价值，根据其研究开发成本、实施该项商业秘密的收益、可得利益、可保持竞争优势的时间等因素确定。

三、相关部门规章

1.《关于禁止侵犯商业秘密行为的若干规定》（1998年12月3日国家工商行政管理局令第86号修正）

第一条　为了制止侵犯商业秘密的行为，保护商业秘密权利人的合法权益,维护社会主义市场经济秩序,根据《中华人民共和国反不正当竞争法》(以下简称《反不正当竞争法》)的有关规定,制定本规定。

第二条 本规定所称商业秘密,是指不为公众所知悉、能为权利人带来经济利益、具有实用性并经权利人采取保密措施的技术信息和经营信息。

本规定所称不为公众所知悉,是指该信息是不能从公开渠道直接获取的。

本规定所称能为权利人带来经济利益、具有实用性,是指该信息具有确定的可应用性,能为权利人带来现实的或者潜在的经济利或者竞争优势。

本规定所称权利人采取保密措施,包括订立保密协议,建立保密制度及采取其他合理的保密措施。

本规定所称技术信息和经营信息,包括设计、程序、产品配方、制作工艺、制作方法、管理诀窍、客户名单、货源情报、产销策略、招投标中的标底及标书内容等信息。

本规定所称权利人,是指依法对商业秘密享有所有权或者使用权的公民、法人或者其他组织。

第三条 禁止下列侵犯商业秘密的行为:

(一)以盗窃、利诱、胁迫或者其他不正当手段获取的权利人的商业秘密;

(二)披露、使用或者允许他人使用以前项手段获取的权利人的商业秘密;

(三)与权利人有业务关系的单位和个人违反合同约定或者违反权利人保守商业秘密的要求,披露、使用或者允许他人使用其所掌握的权利人的商业秘密;

(四)权利人的职工违反合同约定或者违反权利人保守商业秘密的要求,披露、使用或者允许他人使用其所掌握的权利人的商业秘密。

第三人明知或者应知前款所列违法行为,获取、使用或者披露他人的商业秘密,视为侵犯商业秘密。

第四条 侵犯商业秘密行为由县级以上工商行政管理机关认定处理。

第五条 权利人(申请人)认为其商业秘密受到侵害,向工商行政管理机关申请查处侵权行为时,应当提供商业秘密及侵权行为存在的有关证据。

被检查的单位和个人(被申请人)及利害关系人、证明人,应当如实向工商行政管理机关提供有关证据。

权利人能证明被申请人所使用的信息与自己的商业秘密具有一致性或者相同性,同时能证明被申请人有获取其商业秘密的条件,而被申请人不能提供或者拒不提供其所使用的信息是合法获得或者使用的证据的,工商行政管理机关可以根据有关证据,认定被申请人有侵权行为。

第六条　对被申请人违法披露、使用、允许他人使用商业秘密将给权利人造成不可挽回的损失的,应权利人请求并由权利人出具自愿对强制措施后果承担责任的书面保证,工商行政管理机关可以责令被申请人停止销售使用权利人商业秘密生产的产品。

第七条　违反本规定第三条的,由工商行政管理机关依照《反不正当竞争法》第二十五条的规定,责令停止违法行为,并可以根据情节处以1万元以上20万元以下的罚款。

工商行政管理机关在依照前款规定予以处罚时,对侵权物品可以作如下处理:

(一)责令并监督侵权人将载有商业秘密的图纸、软件及其有关资料返还权利人。

(二)监督侵权人销毁使用权利人商业秘密生产的、流失市场将会造成商业秘密公开的产品。但权利人同意收购、销售等其他处理方式的除外。

第八条　对侵权人拒不执行处罚决定,继续实施本规定第三条所列行为的,视为新的违法行为,从重予以处罚。

第九条　权利人因损害赔偿问题向工商行政管理机关提出调解要求的,工商行政管理机关可以进行调解。

权利人也可以直接向人民法院起诉,请求损害赔偿。

第十条　国家机关及其公务人员在履行公务时,不得披露或者允许他人使用权利人的商业秘密。

工商行政管理机关的办案人员在监督检查侵犯商业秘密的不正当竞争行为时,应当对权利人的商业秘密予以保密。

2.《国家工商行政管理局关于商业秘密构成要件问题的答复》(工商公字〔1998〕第109号)

江苏省工商行政管理局:

你局《关于权利人提供的技术信息能否定为商业秘密的请示》(苏

工商〔1998〕41号)收悉。经研究,答复如下:

商业秘密的构成要件有三:一是该信息不为公众所知悉。即该信息是不能从公开渠道直接获取的;二是该信息能为权利人带来经济利益,具有实用性;三是权利人对该信息采取了保密措施。概括地说,不能从公开渠道直接获取的,能为权利人带来经济利益,具有实用性,并经权利人采取保密措施的信息,即为《反不正当竞争法》所保护的商业秘密。

权利人采取保密措施,包括口头或书面的保密协议、对商业秘密权利人的职工或与商业秘密权利人有业务关系的他人提出保密要求等合理措施。只要权利人提出了保密要求,商业秘密权利人的职工或与商业秘密权利人有业务关系的他人知道或应该知道存在商业秘密,即为权利人采取了合理的保密措施,职工或他人就对权利人承担保密义务。

第三章 合同的效力

第五百零二条 【合同的生效以及报批义务条款效力的独立性】 依法成立的合同,自成立时生效,但是法律另有规定或者当事人另有约定的除外。

依照法律、行政法规的规定,合同应当办理批准等手续的,依照其规定。未办理批准等手续影响合同生效的,不影响合同中履行报批等义务条款以及相关条款的效力。应当办理申请批准等手续的当事人未履行义务的,对方可以请求其承担违反该义务的责任。

依照法律、行政法规的规定,合同的变更、转让、解除等情形应当办理批准等手续的,适用前款规定。

一、相关法律条文

《中华人民共和国民法典》(2021年1月1日起施行)

第二百一十五条 当事人之间订立有关设立、变更、转让和消灭不动产物权的合同,除法律另有规定或者当事人另有约定外,自合同成立时生效;未办理物权登记的,不影响合同效力。

二、相关行政法规

1.《探矿权采矿权转让管理办法》(2014 年 7 月 29 日修订)

第十条　申请转让探矿权、采矿权的,审批管理机关应当自收到转让申请之日起 40 日内,作出准予转让或者不准转让的决定,并通知转让人和受让人。

准予转让的,转让人和受让人应当自收到批准转让通知之日起 60 日内,到原发证机关办理变更登记手续;受让人按照国家规定缴纳有关费用后,领取勘查许可证或者采矿许可证,成为探矿权人或者采矿权人。

批准转让的,转让合同自批准之日起生效。

不准转让的,审批管理机关应当说明理由。

2.《中华人民共和国技术进出口管理条例》(2020 年 11 月 29 日修订)

第十条　属于限制进口的技术,实行许可证管理;未经许可,不得进口。

第十一条　进口属于限制进口的技术,应当向国务院外经贸主管部门提出技术进口申请并附有关文件。

技术进口项目需经有关部门批准的,还应当提交有关部门的批准文件。

第十二条　国务院外经贸主管部门收到技术进口申请后,应当会同国务院有关部门对申请进行审查,并自收到申请之日起 30 个工作日内作出批准或者不批准的决定。

第十三条　技术进口申请经批准的,由国务院外经贸主管部门发给技术进口许可意向书。

进口经营者取得技术进口许可意向书后,可以对外签订技术进口合同。

第十四条　进口经营者签订技术进口合同后,应当向国务院外经贸主管部门提交技术进口合同副本及有关文件,申请技术进口许可证。

国务院外经贸主管部门对技术进口合同的真实性进行审查,并自收到前款规定的文件之日起 10 个工作日内,对技术进口作出许可或者不许可的决定。

第十五条 申请人依照本条例第十一条的规定向国务院外经贸主管部门提出技术进口申请时，可以一并提交已经签订的技术进口合同副本。

国务院外经贸主管部门应当依照本条例第十二条和第十四条的规定对申请及其技术进口合同的真实性一并进行审查，并自收到前款规定的文件之日起40个工作日内，对技术进口作出许可或者不许可的决定。

第十六条 技术进口经许可的，由国务院外经贸主管部门颁发技术进口许可证。技术进口合同自技术进口许可证颁发之日起生效。

第十七条 对属于自由进口的技术，实行合同登记管理。

进口属于自由进口的技术，合同自依法成立时生效，不以登记为合同生效的条件。

第三十条 属于限制出口的技术，实行许可证管理；未经许可，不得出口。

第三十一条 出口属于限制出口的技术，应当向国务院外经贸主管部门提出申请。

第三十二条 国务院外经贸主管部门收到技术出口申请后，应当会同国务院科技管理部门对申请出口的技术进行审查，并自收到申请之日起30个工作日内作出批准或者不批准的决定。

限制出口的技术需经有关部门进行保密审查的，按照国家有关规定执行。

第三十三条 技术出口申请经批准的，由国务院外经贸主管部门发给技术出口许可意向书。

申请人取得技术出口许可意向书后，方可对外进行实质性谈判，签订技术出口合同。

第三十四条 申请人签订技术出口合同后，应当向国务院外经贸主管部门提交下列文件，申请技术出口许可证：

（一）技术出口许可意向书；

（二）技术出口合同副本；

（三）技术资料出口清单；

（四）签约双方法律地位的证明文件。

国务院外经贸主管部门对技术出口合同的真实性进行审查，并自收到前款规定的文件之日起15个工作日内，对技术出口作出许可或者不许可的决定。

第三十五条 技术出口经许可的,由国务院外经贸主管部门颁发技术出口许可证。技术出口合同自技术出口许可证颁发之日起生效。

第三十六条 对属于自由出口的技术,实行合同登记管理。

出口属于自由出口的技术,合同自依法成立时生效,不以登记为合同生效的条件。

三、相关司法解释规定

1.《最高人民法院关于审理矿业权纠纷案件适用法律若干问题的解释》(法释〔2017〕12号)(2020年12月23日修正)

第六条 矿业权转让合同自依法成立之日起具有法律约束力。矿业权转让申请未经自然资源主管部门批准,受让人请求转让人办理矿业权变更登记手续的,人民法院不予支持。

当事人仅以矿业权转让申请未经自然资源主管部门批准为由请求确认转让合同无效的,人民法院不予支持。

第七条 矿业权转让合同依法成立后,在不具有法定无效情形下,受让人请求转让人履行报批义务或者转让人请求受让人履行协助报批义务的,人民法院应予支持,但法律上或者事实上不具备履行条件的除外。

人民法院可以依据案件事实和受让人的请求,判决受让人代为办理报批手续,转让人应当履行协助义务,并承担由此产生的费用。

第八条 矿业权转让合同依法成立后,转让人无正当理由拒不履行报批义务,受让人请求解除合同、返还已付转让款及利息,并由转让人承担违约责任的,人民法院应予支持。

第九条 矿业权转让合同约定受让人支付全部或者部分转让款后办理报批手续,转让人在办理报批手续前请求受让人先履行付款义务的,人民法院应予支持,但受让人有确切证据证明存在转让人将同一矿业权转让给第三人、矿业权人将被兼并重组等符合民法典第五百二十七条规定情形的除外。

2.《最高人民法院关于国有土地开荒后用于农耕的土地使用权转让合同纠纷案件如何适用法律问题的批复》(法释〔2012〕14号)

开荒后用于农耕而未交由农民集体使用的国有土地,不属于《中华人民共和国农村土地承包法》第二条规定的农村土地。此类土地使用权的转让,不适用《中华人民共和国农村土地承包法》的规定,应适用

《中华人民共和国民法典》和《中华人民共和国土地管理法》等相关法律规定加以规范。

对于国有土地开荒后用于农耕的土地使用权转让合同,不违反法律、行政法规的强制性规定的,当事人仅以转让方未取得土地使用权证书为由请求确认合同无效的,人民法院依法不予支持;当事人根据合同约定主张对方当事人履行办理土地使用权证书义务的,人民法院依法应予支持。

3.《最高人民法院关于审理外商投资企业纠纷案件若干问题的规定(一)》(法释〔2010〕9号)(2020年12月23日修正)

第一条　当事人在外商投资企业设立、变更等过程中订立的合同,依法律、行政法规的规定应当经外商投资企业审批机关批准后才生效的,自批准之日起生效;未经批准的,人民法院应当认定该合同未生效。当事人请求确认该合同无效的,人民法院不予支持。

前款所述合同因未经批准而被认定未生效的,不影响合同中当事人履行报批义务条款及因该报批义务而设定的相关条款的效力。

第二条　当事人就外商投资企业相关事项达成的补充协议对已获批准的合同不构成重大或实质性变更的,人民法院不应以未经外商投资企业审批机关批准为由认定该补充协议未生效。

前款规定的重大或实质性变更包括注册资本、公司类型、经营范围、营业期限、股东认缴的出资额、出资方式的变更以及公司合并、公司分立、股权转让等。

第十三条　外商投资企业股东与债权人订立的股权质押合同,除法律、行政法规另有规定或者合同另有约定外,自成立时生效。未办理质权登记的,不影响股权质押合同的效力。

当事人仅以股权质押合同未经外商投资企业审批机关批准为由主张合同无效或未生效的,人民法院不予支持。

股权质押合同依照民法典的相关规定办理了出质登记的,股权质权自登记时设立。

第十五条　合同约定一方实际投资、另一方作为外商投资企业名义股东,不具有法律、行政法规规定的无效情形的,人民法院应认定该合同有效。一方当事人仅以未经外商投资企业审批机关批准为由主张该合同无效或者未生效的,人民法院不予支持。

实际投资者请求外商投资企业名义股东依据双方约定履行相应义务的，人民法院应予支持。

双方未约定利益分配，实际投资者请求外商投资企业名义股东向其交付从外商投资企业获得的收益的，人民法院应予支持。外商投资企业名义股东向实际投资者请求支付必要报酬的，人民法院应酌情予以支持。

4.《最高人民法院关于审理涉及农村土地承包纠纷案件适用法律问题的解释》（法释〔2005〕6号）（2020年12月23日修正）

第十四条　承包方依法采取出租、入股或者其他方式流转土地经营权，发包方仅以该土地经营权流转合同未报其备案为由，请求确认合同无效的，不予支持。

5.《最高人民法院关于审理涉及国有土地使用权合同纠纷案件适用法律问题的解释》（法释〔2005〕5号）（2020年12月23日修正）

第八条　土地使用权人作为转让方与受让方订立土地使用权转让合同后，当事人一方以双方之间未办理土地使用权变更登记手续为由，请求确认合同无效的，不予支持。

6.《最高人民法院关于审理商品房买卖合同纠纷案件适用法律若干问题的解释》（法释〔2003〕7号）（2020年12月23日修正）

第六条　当事人以商品房预售合同未按照法律、行政法规规定办理登记备案手续为由，请求确认合同无效的，不予支持。

当事人约定以办理登记备案手续为商品房预售合同生效条件的，从其约定，但当事人一方已经履行主要义务，对方接受的除外。

7.《最高人民法院关于审理技术合同纠纷案件适用法律若干问题的解释》（法释〔2004〕20号）（2020年12月23日修正）

第八条　生产产品或者提供服务依法须经有关部门审批或者取得行政许可，而未经审批或者许可的，不影响当事人订立的相关技术合同的效力。

当事人对办理前款所称审批或者许可的义务没有约定或者约定不明确的，人民法院应当判令由实施技术的一方负责办理，但法律、行政法规另有规定的除外。

8.《最高人民法院关于审理与企业改制相关的民事纠纷案件若干问题的规定》（法释〔2003〕1号）（2020年12月23日修正）

第十七条　以协议转让形式出售企业，企业出售合同未经有审批权的地方人民政府或其授权的职能部门审批的，人民法院在审理相关的民事纠纷案件时，应当确认该企业出售合同不生效。

四、相关文件规定

1.《最高人民法院关于印发〈全国法院民商事审判工作会议纪要〉的通知》(法〔2019〕254号)

37.【未经批准合同的效力】法律、行政法规规定某类合同应当办理批准手续生效的，如商业银行法、证券法、保险法等法律规定购买商业银行、证券公司、保险公司5%以上股权须经相关主管部门批准，依据《合同法》第44条第2款的规定，批准是合同的法定生效条件，未经批准的合同因欠缺法律规定的特别生效条件而未生效。实践中的一个突出问题是，把未生效合同认定为无效合同，或者虽认定为未生效，却按无效合同处理。无效合同从本质上来说是欠缺合同的有效要件，或者具有合同无效的法定事由，自始不发生法律效力。而未生效合同已具备合同的有效要件，对双方具有一定的拘束力，任何一方不得擅自撤回、解除、变更，但因欠缺法律、行政法规规定或当事人约定的特别生效条件，在该生效条件成就前，不能产生请求对方履行合同主要权利义务的法律效力。

38.【报批义务及相关违约条款独立生效】须经行政机关批准生效的合同，对报批义务及未履行报批义务的违约责任等相关内容作出专门约定的，该约定独立生效。一方因另一方不履行报批义务，请求解除合同并请求其承担合同约定的相应违约责任的，人民法院依法予以支持。

39.【报批义务的释明】须经行政机关批准生效的合同，一方请求另一方履行合同主要权利义务的，人民法院应当向其释明，将诉讼请求变更为请求履行报批义务。一方变更诉讼请求的，人民法院依法予以支持；经释明后当事人拒绝变更的，应当驳回其诉讼请求，但不影响其另行提起诉讼。

40.【判决履行报批义务后的处理】人民法院判决一方履行报批义务后，该当事人拒绝履行，经人民法院强制执行仍未履行，对方请求其承担合同违约责任的，人民法院依法予以支持。一方依据判决履行报批义务，行政机关予以批准，合同发生完全的法律效力，其请求对方履行合同的，人民法院依法予以支持；行政机关没有批准，合同不具有法律上的可履行性，一方请求解除合同的，人民法院依法予以支持。

2.《最高人民法院关于印发全国法院知识产权审判工作会议关于审理技术合同纠纷案件若干问题的纪要的通知》(法〔2001〕84号)

22.法律、法规规定生产产品或者提供服务须经有关部门审批手续或者领取许可证,而实际尚未办理该审批手续或者领取许可证的,不影响当事人就有关产品的生产或者服务的提供所订立的技术合同的效力。

当事人对办理前款所称审批手续或者许可证的义务没有约定或者约定不明确,依照合同法第六十一条的规定不能达成补充协议的,除法律、法规另有规定的以外,由实施技术的一方负责办理。

3.《最高人民法院关于审理金融资产管理公司利用外资处置不良债权案件涉及对外担保合同效力问题的通知》(法发〔2010〕25号)

一、2005年1月1日之后金融资产管理公司利用外资处置不良债权,向外国投资者出售或转让不良资产,外国投资者受让债权之后向人民法院提起诉讼,要求债务人及担保人直接向其承担责任的案件,由于债权人变更为外国投资者,使得不良资产中含有的原国内性质的担保具有了对外担保的性质,该类担保有其自身的特性,国家有关主管部门对该类担保的审查采取较为宽松的政策。如果当事人提供证据证明依照《国家外汇管理局关于金融资产管理公司利用外资处置不良资产有关外汇管理问题的通知》①(汇发〔2004〕119号)第六条规定,金融资产管理公司通知了原债权债务合同的担保人,外国投资者或其代理人在办理不良资产转让备案登记时提交的材料中注明了担保的具体情况,并经国家外汇管理局分局、管理部审核后办理不良资产备案登记的,人民法院不应以转让未经担保人同意或者未经国家有关主管部门批准或者登记为由认定担保合同无效。

二、外国投资者或其代理人办理不良资产转让备案登记时,向国家外汇管理局分局、管理部提交的材料中应逐笔列明担保的情况,未列明的,视为担保未予登记。当事人在一审法庭辩论终结前向国家外汇管理局分局、管理部补交了注明担保具体情况的不良资产备案材料的,人民法院不应以未经国家有关主管部门批准或者登记为由认定担保合同无效。

① 该通知依据2013年4月28日《国家外汇管理局关于发布〈外债登记管理办法〉的通知》(汇发〔2013〕19号)已被废止。

三、对于因2005年1月1日之前金融资产管理公司利用外资处置不良债权而产生的纠纷案件,如果当事人能够提供证据证明依照当时的规定办理了相关批准、登记手续的,人民法院不应以未经国家有关主管部门批准或者登记为由认定担保合同无效。

4.《最高人民法院关于转发国土资源部〈关于国有划拨土地使用权抵押登记有关问题的通知〉的通知》(法发〔2004〕11号)

国土资源部于2004年1月15日发布了国土资发〔2004〕9号《关于国有划拨土地使用权抵押登记有关问题的通知》。现将该《通知》转发给你们,在《通知》发布之日起,人民法院尚未审结的涉及国有划拨土地使用权抵押经过有审批权限的土地行政管理部门依法办理抵押登记手续的案件,不以国有划拨土地使用权抵押未经批准而认定抵押无效。已经审结的案件不应该依据该《通知》提起再审。

五、相关裁判摘要

• **2017年第12期《中华人民共和国最高人民法院公报》**刊登的**"深圳市标榜投资发展有限公司与鞍山市财政局股权转让纠纷案"**中,最高人民法院(2016)最高法民终802号民事判决书认为对违反报批义务的赔偿责任进行了分析。详细裁判摘要如下:

(三)关于鞍山财政局应否赔偿标榜公司交易费、保证金利息及可得利益损失的问题。

《中华人民共和国民法通则》第四条规定,民事活动应当遵循自愿、公平、等价有偿、诚实信用的原则。《中华人民共和国合同法》第四十二条规定,当事人在订立合同过程中有下列情形之一,给对方造成损失的,应当承担损害赔偿责任:(一)假借订立合同,恶意进行磋商;(二)故意隐瞒与订立合同有关的重要事实或者提供虚假情况;(三)有其他违背诚实信用原则的行为。上述法律规定确立了缔约过失责任,即在合同缔约过程中,如一方当事人违背诚实信用原则,不履行相关先合同义务,其应对相对人因此所受损失承担赔偿责任。根据法律规定及本案事实,对本案合同解除后鞍山财政局所应承担的责任性质、赔偿范围及具体数额,分析如下:

1.鞍山财政局未将涉案合同报送批准存在缔约过失。

首先,鞍山财政局未履行报批义务违反合同约定。《中华人民共和国合同法》第八条规定,依法成立的合同,对当事人具有法律约束力。

当事人应当按照约定履行自己的义务,不得擅自变更或者解除合同。依法成立的合同,受法律保护。《最高人民法院关于适用〈中华人民共和国合同法〉若干问题的解释(二)》第八条规定,依照法律、行政法规的规定经批准或者登记才能生效的合同成立后,有义务办理申请批准或者申请登记等手续的一方当事人未按照法律规定或者合同约定办理申请批准或者未申请登记的,属于合同法第四十二条第(三)项规定的"其他违背诚实信用原则的行为",人民法院可以根据案件的具体情况和相对人的请求,判决相对人自己办理有关手续;对方当事人对由此产生的费用和给相对人造成的实际损失,应当承担损害赔偿责任。根据上述法律和司法解释规定,如果合同已成立,合同中关于股权转让的相关约定虽然需经有权机关批准方产生法律效力,但合同中关于报批义务的约定自合同成立后即对当事人具有法律约束力。当事人应按约履行报批义务,积极促成合同生效。本案中,《股份转让合同书》第7.1条规定,本次转让依法应上报有权审批机关审批。甲、乙双方应履行或协助履行向审批机关申报的义务。并尽最大努力,配合处理任何审批机关提出的合理要求和质询,以获得审批机关对本合同及其项下股权交易的批准;第11.2条规定,标榜公司作为乙方保证向甲方及沈交所提交的各项证明文件及资料均真实、准确、完整。上述约定虽未明确涉案合同报批义务及协助报批义务具体由哪一方负担,但根据约定标榜公司的主要义务是提供相关证明文件、资料,主要是协助报批。据此,应认定涉案合同报批义务由鞍山财政局负担。但鞍山财政局违反合同约定,未履行报批义务,亦未按照有权机关要求补充报送相关材料,依据上述司法解释规定,其行为属于合同法第四十二条第(三)项规定的"其他违背诚实信用原则的行为",应认定鞍山财政局存在缔约过失。鞍山银行并非涉案《股份转让合同书》的当事人,鞍山财政局上诉主张报批义务由鞍山银行承担,没有合同依据,不予支持。

其次,鞍山财政局不履行报批义务的抗辩理由不能成立。一方面,鞍山财政局关于标榜公司等四户企业存在关联关系导致其不具有受让涉案股权资格的证据不足。根据查明的事实,鞍山市××委于2013年3月25日作出鞍国资函〔2013〕13号《关于终止鞍山银行国有股权受让的函》,以标榜公司等四户企业存在关联交易为由终止涉案股权转让。但在标榜公司等企业提出异议后,鞍山市××委又于2013年5月2日发函对标榜公司等四户企业呈报资料进行审计,并按审计结果上报监管部门审定。由于审计报告的作出时间早于鞍山财政局终止涉案股权转让的时间，审计结论亦未明确否定标榜公司等企业不具有受让资格，因此，鞍山财政局关于标榜公司因存在关联关系等原因不具有涉案股权受让资格的上诉理由，证据不足，不能成立。另一方面，鞍山财政局拒不报送审批材料无合法依据。在鞍山财政局已与标榜公司签订涉案合同的情况下，应视为其认可标榜公司具有合同主体资格。涉案《股份转让合同书》是否批准，应由政府及金融行业监管部门决定，鞍山财政局作为合同一方当事人，不具有审批权力，不能以其自身判断而违反合同约定免除其报送审批的义务。鞍山财政局关于涉案合同因标榜公司等不具有受让资格而无需报批的上诉理由，无事实和法律依据，不能成立。

综上，鞍山财政局无正当理由不履行涉案合同报批义务，其行为已构成合同法第四十二条规定的“其他违反诚实信用原则的行为”，应认定其存在缔约过失。

2. 鞍山财政局对标榜公司的直接损失应予赔偿。

根据上述分析，鞍山财政局违反诚实信用原则，存在缔约过失。标榜公司在缔约过程中支付交易费及保证金利息，属于标榜公司的直接损失，应由鞍山财政局承担赔偿责任。具体分析如下：首先，关于交易费及利息问题。根据查明的事实，标榜公司于2012年3月30日向沈交所交付了涉案交易费用，鞍山财政局退还的保证金亦扣除了交易费，该费用系标榜公司在合同签订过程中实际财产的减损，该费用及相应利息均应由鞍山财政局予以赔偿。标榜公司已向沈交所保证无论交易成功与否均不退还交易费，故在交易不成功的情况下，该笔交易费已经构成其损失，且是因鞍山财政局不诚信行为导致。因此，鞍山财政局主张其不应赔偿的上诉理由不能成立。其次，关于保证金利息问题。鞍山财政局虽已将标榜公司支付的保证金返还，但标榜公司作为商事主体，无论是否以自有资金支付保证金，均因保证金的支付产生财务成本。因此，标榜公司所支付保证金的相应利息属于直接损失，应当由鞍山财政局予以赔偿。最后，关于利息计算标准问题。原审判决以人民银行同期贷款利率作为计算上述交易费及保证金利息的标准，符合通常的计算标准，并无不当。鞍山财政局主张应以同期银行存款利率为标准计算利息，没有法律依据，不予支持。鞍山财政局关于不付利息是行业惯例的上诉理由，无证据证明，应当不予采信。

3. 鞍山财政局对标榜公司所主张的可得利益损失应予适当赔偿。

(1)当事人客观合理的交易机会损失应属于缔约过失责任赔偿范围。缔约过失责任制度是实现诚实守信这一民法基本原则的具体保障。通过要求缔约过失责任人承担损害赔偿责任,填补善意相对人信赖利益损失,以敦促各类民事主体善良行事,恪守承诺。通常情况下,缔约过失责任人对善意相对人缔约过程中支出的直接费用等直接损失予以赔偿,即可使善意相对人利益得到恢复。但如果善意相对人确实因缔约过失责任人的行为遭受交易机会损失等间接损失,则缔约过失责任人也应当予以适当赔偿。一方面,免除缔约过失责任人对相对人间接损失的赔偿责任没有法律依据。合同法第四十二条规定的“损失”并未限定于直接损失。《最高人民法院关于适用〈中华人民共和国合同法〉若干问题的解释(二)》第八条规定在报批生效合同当事人未履行报批义务的,如合同尚有报批可能,且相对人选择自行办理批准手续的,可以由相对人自行办理报批手续,并由缔约过失责任人赔偿相对人的相关实际损失。上述规定均未排除缔约过失责任人对相对人交易机会损失等间接损失的赔偿责任。另一方面,缔约过失责任人对于相对人客观合理的间接损失承担赔偿责任也是贯彻诚实信用原则,保护无过错方利益的应有之义。虽然交易机会本身存在的不确定性对相应损害赔偿数额的认定存在影响,应当根据具体案情予以确定,但不应因此而一概免除缔约过失责任人的间接损失赔偿责任。

(2)关于鞍山财政局应否对标榜公司其他损失承担赔偿责任的问题。首先,鞍山财政局恶意阻止合同生效的过错明显。鞍山财政局作为政府部门,在国有产权交易过程中,既应践行诚实信用价值观念,有约必守;更要遵循政务诚信准则,取信于民,引领全社会建设诚信守信市场秩序。但在本案中,其在能够将涉案合同报送有权机关批准的情况下,拒不按照银监部门的要求提交相应材料,导致银监部门对相关行政许可事项不予以受理,致使合同不能生效。不仅如此,还将涉案股权在很短时间内另行高价出售。鞍山财政局恶意阻止涉案合同生效,其行为明显违反诚实信用原则,过错明显。

其次,标榜公司存在客观合理的交易机会损失。标榜公司主张的可得利益损失实际系丧失取得涉案股权的交易机会所带来的损失。所谓机会,是指特定利益形成或者特定损害避免的部分条件已经具备,但能否最终具备尚不确定的状态。而所谓机会损失,则是当事人获取特定利益或避免特定损害的可能性降低或者丧失。一般而言,在交易磋商阶段,合同是否能够订立以及合同订立所带来的交易机会能否最终实现均属未知,故此时交易机会尚不具有可能性。但如果双方已经达成合意并签订合同,在合同生效要件具备前,双方的相互信赖的程度已经达到更高程度,因信赖对方诚实守信的履行相关义务从而获取特定利益的机会也具有相当的可能性。此时,如一方当事人不诚实守信履行报批义务,其应当预见对方因此而遭受损失。就本案而言,涉案《股份转让合同书》订立后,虽须经有权机关批准方才生效,但双方已就标榜公司购买鞍山银行股权达成合意,在无证据证明该合同不能获得有权机关批准的情况下,标榜公司有合理理由信赖鞍山财政局恪守承诺,及时妥善的履行报批手续,从而使涉案合同的效力得到确定,进而通过合同的履行实际取得涉案股权,获取相关利益。因此,标榜公司获得涉案股权的可能性现实存在。但因鞍山财政局拒不将涉案合同报批,继而还将涉案股权另行高价出售,其不诚信行为直接导致标榜公司获得涉案股权的可能性完全丧失,导致标榜公司因此而获得相关利益的现实性完全丧失。综上,标榜公司因鞍山财政局的不诚信行为存在客观现实的交易机会损失。

最后,鞍山财政局对标榜公司交易机会损失承担赔偿责任是维护公平正义和市场交易秩序的需要。一方面,鞍山财政局对标榜公司交易机会损失承担赔偿责任符合公平原则。鞍山财政局所获得的股权出售价差利益,是以标榜公司丧失购买涉案股权的机会为代价。在鞍山财政局因其过错行为获得利益的情况下,如果不对标榜公司的交易机会损失予以赔偿,将导致双方利益严重失衡,不符合公平原则。另一方面,鞍山财政局在赔偿标榜公司直接损失的基础上,对标榜公司间接损失承担适当赔偿责任,以使其为不诚信行为付出相应代价,有利于敦促各类民事主体善良行事,恪守诚实信用,也有利于维护诚实守信的市场交易秩序。

(3)关于标榜公司交易机会损失的数额认定问题。结合本案事实,对标榜公司因合同未生效导致交易机会损失数额,应综合考虑以下因素予以确定:首先,鞍山财政局的获益情况。如前所述,鞍山财政局违反诚实信用,以2.5元/股的价格将涉案股权另行出售,其所获得的0.5元/股的价差,系其不诚信行为所得。标榜公司丧失涉案股权交易机会的损失数额,可以以此作为参考。其次,标榜公司的交易成本支出情况。

因涉案合同未生效并已解除，标榜公司未实际支付对价，亦未实际取得涉案股权，其主张应当以鞍山财政局转售股权价差的全部作为标准进行赔偿不符合本案情况，不应支持。本案中，即使标榜公司实际取得涉案股权，因双方合同对股权再转让有期限限制的约定，故约定期限届满之后，涉案股权价值是涨是跌，尚不确定。另外，标榜公司虽丧失购买涉案股权的交易机会，但并不妨碍其之后将资金另行投资其他项目获得收益。综上，对标榜公司交易机会损失，本院酌定按鞍山财政局转售涉案股权价差的10%予以确定，以涉案股权转售价2.5元/股减去涉案股权转让合同价2元/股乘以22500万股再乘以10%计算，即1125万元。该损失应由鞍山财政局予以赔偿。

• **2014年第6期《中华人民共和国最高人民法院公报》**刊登的“**香港上海汇丰银行有限公司上海分行与景轩大酒店（深圳）有限公司、万轩置业有限公司金融借款合同纠纷案**”中，最高人民法院（2010）民四终字第12号民事判决书认为，外商独资企业提供的对外担保，应当进行登记，未登记的，担保合同无效。相关裁判摘要如下：

本案所涉担保是景轩公司为万轩置业向汇丰上海分行的借款提供抵押担保，该担保属于《境内机构对外担保管理办法》第二条规定的对外担保。由于景轩公司系外商独资企业，根据国家外汇管理局颁布的《境内机构对外担保管理办法实施细则》第八条第二款规定，外商独资企业可以自行提供对外担保，无须得到外汇局逐笔批准。但《境内机构对外担保管理办法》第十四条第一款明确规定：“担保人提供对外担保后，应当到所在地的外汇局办理担保登记手续。”《最高人民法院关于适用〈中华人民共和国担保法〉若干问题的解释》第六条第一项明确规定，未经国家有关主管部门批准或者登记对外担保的，对外担保合同无效。按照上述规定，外商独资企业提供的对外担保虽然不需要逐笔审批，但仍然需要进行登记。未登记的，根据担保法司法解释的相关规定，担保合同仍应认定无效。故上海高院关于“对外担保合同是以批准为生效前提的，而是否办理登记不影响对外担保合同的效力”的观点缺乏法律依据。

• **2012年第3期《中华人民共和国最高人民法院公报》**刊登的“**陈允斗与宽甸满族自治县虎山镇老边墙村民委员会采矿权转让合同纠纷案**”的最高人民法院（2011）民提字第81号民事判决书认为，采矿权租赁合同虽然成立但未经批准,尚未生效,对双方当事人不具有约束力,不产生违约责任。一方请求负有报批义务的一方继续报批缺乏客观条件的,应当依法驳回其请求。相关裁判摘要如下:

采矿业属于特许行业,根据有关法律、行政法规的规定,取得涉案金矿的采矿权和租赁权都要经过辽宁省国土资源厅审批,其中任何一项权利未经批准,其采矿行为不受法律保护。1998年2月12日国务院《探矿权采矿权转让管理办法》第十条第三款规定:"批准转让的,转让合同自批准之日起生效。"2000年11月1日国土资源部《矿业权出让转让管理暂行规定》第三十六条第二款规定:"矿业权的出租、抵押,按照矿业权转让的条件和程序进行管理,由原发证机关审查批准。"据此,本院认定涉案租赁协议已合法成立,尚未生效,该协议条款对双方当事人没有约束力,也不产生违约责任。

……协议约定的办理金矿所有手续的义务人是陈允斗,手续办理不全的责任亦由陈允斗承担。签约当时,陈允斗明知村委会尚未从原承包人手中收回采矿许可证,租赁该金矿会冒巨大商业风险,却执意投标并签订上述协议,是一种甘冒风险的行为。协议签订后,村委会积极办理采矿权租赁审批手续,当地县、市政府有关主管部门已审核同意,只因程绍武拒不交出原采矿许可证并起诉村委会而未获辽宁省国土资源厅批准。村委会对此尽了协助义务,没有过错。据此,村委会对采矿权租赁手续不全并不构成违约,不应承担违约责任。

……

涉案租赁协议签订后,由于多种原因导致协议没有全部履行,致使陈允斗无法正常开矿,确实遭受了经济损失。但由于该协议未生效,对双方当事人不具有约束力,陈允斗遭受的损失不能依据该协议的违约条款获得救济,故对于陈允斗主张的协议无法履行的责任在村委会,村委会应承担违约责任的主张,不予支持。出租采矿权以拥有合法采矿权为前提,鉴于目前村委会已不是涉案金矿的采矿权主体,丧失了履约条件和能力,依约办理相关审批手续,继续履行涉案租赁协议已不可能,对于陈允斗关于涉案租赁协议应继续履行的主张,本院不予支持。

• **2010年第12期《中华人民共和国最高人民法院公报》**刊登的**"香港锦程投资有限公司与山西省心血管疾病医院、第三人山西寰能科贸有限公司中外合资经营企业合同纠纷案"**中,最高人民法院(2010)民四终字第3号民事判决书认为,补充协议不涉及报批事项,不得以未经审批为由认定合同无效。相关裁判摘要如下:

《中华人民共和国中外合资经营企业法实施条例》第十四条规定："合营企业协议、合同和章程经审批机构批准后生效,其修改时同。"当事人在履行合营企业协议或合同的过程中达成的补充协议,虽然属于对原合同的修改,但其效力应当结合案情全面加以分析。如果补充协议内容不涉及必须报经审批机关审批的事项,对于已获批准的合营企业协议不构成实质性变更的,一方当事人仅以补充协议未经审批机关审批为由主张协议内容无效的,人民法院不予支持。

• **2001年第4期《中华人民共和国最高人民法院公报》**刊登的"**于存库诉董成斌、董成珍房屋买卖纠纷案**"中,法院认为没有办理土地使用权的转移登记不影响房产买卖合同的效力。相关裁判摘要如下:

最高人民法院在《关于适用〈中华人民共和国合同法〉若干问题的解释(一)》第九条中规定:"依照合同法第四十四条第二款的规定,法律、行政法规规定合同应当办理批准手续,或者办理批准、登记等手续才生效,在一审法庭辩论终结前当事人仍未办理批准手续的,或者仍未办理批准、登记等手续的,人民法院应当认定该合同未生效;法律、行政法规规定合同应当办理登记手续,但未规定登记后生效的,当事人未办理登记手续不影响合同的效力,合同标的物所有权及其他物权不能转移。"参照这一规定,上诉人于存库在一审提起诉讼之前,早已分别办理了涉案房屋的产权证和土地使用权证,成为该房屋的合法产权人。于存库以合法产权人的身份与被上诉人董成斌、董成珍签订的房屋买卖协议,依法成立。根据"地随房走"的原则,于存库在出售自己的房产时,其以划拨方式取得的土地使用权,在依法补办相应手续后,也是可以转让的,故于存库的上诉理由不能成立,应予驳回。

第五百零三条　【对无权代理行为的默示追认】无权代理人以被代理人的名义订立合同,被代理人已经开始履行合同义务或者接受相对人履行的,视为对合同的追认。

一、相关法律条文

《中华人民共和国民法典》(2021年1月1日起施行)

第一百六十一条　民事主体可以通过代理人实施民事法律行为。

依照法律规定、当事人约定或者民事法律行为的性质，应当由本人亲自实施的民事法律行为，不得代理。

第一百六十二条 代理人在代理权限内，以被代理人名义实施的民事法律行为，对被代理人发生效力。

第一百六十三条 代理包括委托代理和法定代理。

委托代理人按照被代理人的委托行使代理权。法定代理人依照法律的规定行使代理权。

第一百六十四条 代理人不履行或者不完全履行职责，造成被代理人损害的，应当承担民事责任。

代理人和相对人恶意串通，损害被代理人合法权益的，代理人和相对人应当承担连带责任。

第一百六十五条 委托代理授权采用书面形式的，授权委托书应当载明代理人的姓名或者名称、代理事项、权限和期间，并由被代理人签名或者盖章。

第一百六十六条 数人为同一代理事项的代理人的，应当共同行使代理权，但是当事人另有约定的除外。

第一百六十七条 代理人知道或者应当知道代理事项违法仍然实施代理行为，或者被代理人知道或者应当知道代理人的代理行为违法未作反对表示的，被代理人和代理人应当承担连带责任。

第一百六十八条 代理人不得以被代理人的名义与自己实施民事法律行为，但是被代理人同意或者追认的除外。

代理人不得以被代理人的名义与自己同时代理的其他人实施民事法律行为，但是被代理的双方同意或者追认的除外。

第一百六十九条 代理人需要转委托第三人代理的，应当取得被代理人的同意或者追认。

转委托代理经被代理人同意或者追认的，被代理人可以就代理事务直接指示转委托的第三人，代理人仅就第三人的选任以及对第三人的指示承担责任。

转委托代理未经被代理人同意或者追认的，代理人应当对转委托的第三人的行为承担责任，但是在紧急情况下代理人为了维护被代理人的利益需要转委托第三人代理的除外。

第一百七十条 执行法人或者非法人组织工作任务的人员，就其职权范围内的事项，以法人或者非法人组织的名义实施民事法律行为，对法人或者非法人组织发生效力。

法人或者非法人组织对执行其工作任务的人员职权范围的限制，不得对抗善意相对人。

第一百七十一条 行为人没有代理权、超越代理权或者代理权终止后，仍然实施代理行为，未经被代理人追认的，对被代理人不发生效力。

相对人可以催告被代理人自收到通知之日起一个月内予以追认。被代理人未作表示的，视为拒绝追认。行为人实施的行为被追认前，善意相对人有撤销的权利。撤销应当以通知的方式作出。

行为人实施的行为未被追认的，善意相对人有权请求行为人履行债务或者就其受到的损害请求行为人赔偿，但是赔偿的范围不得超过被代理人追认时相对人所能获得的利益。

相对人知道或者应当知道行为人无权代理的，相对人和行为人按照各自的过错承担责任。

二、相关文件规定

《最高人民法院关于印发〈全国法院民商事审判工作会议纪要〉的通知》(法〔2019〕254号)

41.【盖章行为的法律效力】司法实践中，有些公司有意刻制两套甚至多套公章，有的法定代表人或者代理人甚至私刻公章，订立合同时恶意加盖非备案的公章或者假公章，发生纠纷后法人以加盖的是假公章为由否定合同效力的情形并不鲜见。人民法院在审理案件时，应当主要审查签约人于盖章之时有无代表权或者代理权，从而根据代表或者代理的相关规则来确定合同的效力。

法定代表人或者其授权之人在合同上加盖法人公章的行为，表明其是以法人名义签订合同，除《公司法》第16条等法律对其职权有特别规定的情形外，应当由法人承担相应的法律后果。法人以法定代表人事后已无代表权、加盖的是假章、所盖之章与备案公章不一致等为由否定合同效力的，人民法院不予支持。

代理人以被代理人名义签订合同，要取得合法授权。代理人取得合法授权后，以被代理人名义签订的合同，应当由被代理人承担责任。被代理人以代理人事后已无代理权、加盖的是假章、所盖之章与备案公章不一致等为由否定合同效力的，人民法院不予支持。

第五百零四条 【越权代表行为】法人的法定代表人或者非法人

组织的负责人超越权限订立的合同,除相对人知道或者应当知道其超越权限外,该代表行为有效,订立的合同对法人或者非法人组织发生效力。

一、相关法律条文

《中华人民共和国民法典》(2017年10月1日起施行)

第六十一条 依照法律或者法人章程的规定,代表法人从事民事活动的负责人,为法人的法定代表人。

法定代表人以法人名义从事的民事活动,其法律后果由法人承受。

法人章程或者法人权力机构对法定代表人代表权的限制,不得对抗善意相对人。

二、相关司法解释规定

《最高人民法院关于适用〈中华人民共和国民法典〉有关担保制度的解释》(法解〔2020〕28号)

第七条 公司的法定代表人违反公司法关于公司对外担保决议程序的规定,超越权限代表公司与相对人订立担保合同,人民法院应当依照民法典第六十一条和第五百零四条等规定处理:

(一)相对人善意的,担保合同对公司发生效力;相对人请求公司承担担保责任的,人民法院应予支持。

(二)相对人非善意的,担保合同对公司不发生效力;相对人请求公司承担赔偿责任的,参照适用本解释第十七条的有关规定。

法定代表人超越权限提供担保造成公司损失,公司请求法定代表人承担赔偿责任的,人民法院应予支持。

第一款所称善意,是指相对人在订立担保合同时不知道且不应当知道法定代表人超越权限。相对人有证据证明已对公司决议进行了合理审查,人民法院应当认定其构成善意,但是公司有证据证明相对人知道或者应当知道决议系伪造、变造的除外。

三、相关文件规定

《最高人民法院关于印发〈全国法院民商事审判工作会议纪要〉的通知》(法〔2019〕254号)

17.【违反《公司法》第16条构成越权代表】为防止法定代表人随意代表公司为他人提供担保给公司造成损失,损害中小股东利益,《公司法》

第16条对法定代表人的代表权进行了限制。根据该条规定,担保行为不是法定代表人所能单独决定的事项,而必须以公司股东(大)会、董事会等公司机关的决议作为授权的基础和来源。法定代表人未经授权擅自为他人提供担保的,构成越权代表,人民法院应当根据《合同法》第50条关于法定代表人越权代表的规定,区分订立合同时债权人是否善意分别认定合同效力:债权人善意的,合同有效;反之,合同无效。

18.【善意的认定】前条所称的善意,是指债权人不知道或者不应当知道法定代表人超越权限订立担保合同。《公司法》第16条对关联担保和非关联担保的决议机关作出了区别规定,相应地,在善意的判断标准上也应当有所区别。一种情形是,为公司股东或者实际控制人提供关联担保,《公司法》第16条明确规定必须由股东(大)会决议,未经股东(大)会决议,构成越权代表。在此情况下,债权人主张担保合同有效,应当提供证据证明其在订立合同时对股东(大)会决议进行了审查,决议的表决程序符合《公司法》第16条的规定,即在排除被担保股东表决权的情况下,该项表决由出席会议的其他股东所持表决权的过半数通过,签字人员也符合公司章程的规定。另一种情形是,公司为公司股东或者实际控制人以外的人提供非关联担保,根据《公司法》第16条的规定,此时由公司章程规定是由董事会决议还是股东(大)会决议。无论章程是否对决议机关作出规定,也无论章程规定决议机关为董事会还是股东(大)会,根据《民法总则》第61条第3款关于"法人章程或者法人权力机构对法定代表人代表权的限制,不得对抗善意相对人"的规定,只要债权人能够证明其在订立担保合同时对董事会决议或者股东(大)会决议进行了审查,同意决议的人数及签字人员符合公司章程的规定,就应当认定其构成善意,但公司能够证明债权人明知公司章程对决议机关有明确规定的除外。

债权人对公司机关决议内容的审查一般限于形式审查,只要求尽到必要的注意义务即可,标准不宜太过严苛。公司以机关决议系法定代表人伪造或者变造、决议程序违法、签章(名)不实、担保金额超过法定限额等事由抗辩债权人非善意的,人民法院一般不予支持。但是,公司有证据证明债权人明知决议系伪造或者变造的除外。

19.【无须机关决议的例外情况】存在下列情形的,即便债权人知道或者应当知道没有公司机关决议,也应当认定担保合同符合公司的真实意思表示,合同有效:

(1)公司是以为他人提供担保为主营业务的担保公司,或者是开展保函业务的银行或者非银行金融机构;

(2)公司为其直接或者间接控制的公司开展经营活动向债权人提供担保;

(3)公司与主债务人之间存在相互担保等商业合作关系;

(4)担保合同系由单独或者共同持有公司三分之二以上有表决权的股东签字同意。

20.【越权担保的民事责任】依据前述3条规定,担保合同有效,债权人请求公司承担担保责任的,人民法院依法予以支持;担保合同无效,债权人请求公司承担担保责任的,人民法院不予支持,但可以按照担保法及有关司法解释关于担保无效的规定处理。公司举证证明债权人明知法定代表人超越权限或者机关决议系伪造或者变造,债权人请求公司承担合同无效后的民事责任的,人民法院不予支持。

21.【权利救济】法定代表人的越权担保行为给公司造成损失,公司请求法定代表人承担赔偿责任的,人民法院依法予以支持。公司没有提起诉讼,股东依据《公司法》第151条的规定请求法定代表人承担赔偿责任的,人民法院依法予以支持。

22.【上市公司为他人提供担保】债权人根据上市公司公开披露的关于担保事项已经董事会或者股东大会决议通过的信息订立的担保合同,人民法院应当认定有效。

23.【债务加入准用担保规则】法定代表人以公司名义与债务人约定加入债务并通知债权人或者向债权人表示愿意加入债务,该约定的效力问题,参照本纪要关于公司为他人提供担保的有关规则处理。

四、相关裁判摘要

• **2015年第2期《中华人民共和国最高人民法院公报》**刊登的“**招商银行股份有限公司大连东港支行与大连振邦氟涂料股份有限公司、大连振邦集团有限公司借款合同纠纷案**”中,最高人民法院(2012)民提字第156号民事判决书,对公司法定代表人越权对外签订抵押权合同和不可撤销担保书是否构成表见代表进行了分析。相关裁判摘要如下:

在案事实和证据表明,案涉《股东会担保决议》确实存在部分股东印章虚假、使用变更前的公司印章等瑕疵,以及被担保股东振邦集团公司出现在《股东会担保决议》中等违背公司法规定的情形。振邦股份公司法定代表人周建良超越权限订立抵押合同及不可撤销担保书，是否构成表见代表，招行东港支行是否善意，亦是本案担保主体责任认定的关键。《合同法》第五十条规定："法人或者其他组织的法定代表人、负责人超越权限订立的合同，除相对人知道或者应当知道超越权限的以外，该代表行为有效。"本案再审期间，招行东港支行向本院提交的新证据表明，振邦股份公司提供给招行东港支行的股东会决议上的签字及印章与其为担保行为当时提供给招行东港支行的签字及印章样本一致。而振邦股份公司向招行东港支行提供担保时使用的公司印章真实，亦有其法人代表真实签名。且案涉抵押担保在经过行政机关审查后也已办理了登记。至此，招行东港支行在接受担保人担保行为过程中的审查义务已经完成，其有理由相信作为担保公司法定代表人的周建良本人代表行为的真实性。《股东会担保决议》中存在的相关瑕疵必须经过鉴定机关的鉴定方能识别，必须经过查询公司工商登记才能知晓、必须谙熟公司法相关规范才能避免因担保公司内部管理不善导致的风险，如若将此全部归属于担保债权人的审查义务范围，未免过于严苛，亦有违合同法、担保法等保护交易安全的立法初衷。担保债权人基于对担保人法定代表人身份、公司法人印章真实性的信赖，基于担保人提供的股东会担保决议盖有担保人公司真实印章的事实，完全有理由相信该《股东会担保决议》的真实性，无须也不可能进一步鉴别担保人提供的《股东会担保决议》的真伪。因此，招行东港支行在接受作为非上市公司的振邦股份公司为其股东提供担保过程中，已尽到合理的审查义务，主观上构成善意。本案周建良的行为构成表见代表，振邦股份公司对案涉保证合同应承担担保责任。

• **2011年第2期《中华人民共和国最高人民法院公报》**刊登的"**中建材集团进出口公司诉北京大地恒通经贸有限公司、北京天元盛唐投资有限公司、天宝盛世科技发展(北京)有限公司、江苏银大科技有限公司、四川宜宾俄欧工程发展有限公司进出口代理合同纠纷案**"的判决书认为，公司法定代表人违反公司章程对外提供的担保合法有效。相关裁判摘要如下：

根据《合同法》第五十条关于"法人或者其他组织的法定代表人、负责人超越权限订立的合同，除相对人知道或者应当知道其超越权限的以外，该代表行为有效"以及《最高人民法院关于适用〈中华人民共和国担保法〉若干问题的解释》第十一条关于“法人或者其他组织的法定代表人、负责人超越权限订立的担保合同，除相对人知道或者应当知道其超越权限的以外，该代表行为有效”的规定，公司的法定代表人违反公司章程的规定对外提供担保应认定为有效。

• **2010年第11期《中华人民共和国最高人民法院公报》**刊登的**“北京公达房地产有限责任公司诉北京市祥和三峡房地产开发公司房地产开发合同纠纷案”**的最高人民法院(2009)民提字第76号民事判决书认为，公司法定代表人发生变更，但未在工商管理部门办理变更登记的，不能以其公司内部工作人员职务变更为由，否认其对外代表行为的效力。相关裁判摘要如下：

1995年4月13日刘玉章作为三峡公司的法定代表人与公达公司签订了革新里项目转让协议，在该协议书上有三峡公司的公章及刘玉章的签字。此时，刘玉章虽然已被三峡公司上级单位停止了工作，但直至1995年4月22日，工商登记才将三峡公司的法定代表人刘玉章变更为张胜利。即刘玉章在与公达公司签订项目转让协议时，在三峡公司的工商登记上刘玉章仍为该公司的法定代表人。刘玉章以法定代表人的身份与公达公司签订协议符合企业法人对外进行民事活动的形式要件，并且该协议也加盖了三峡公司的公章，因此，双方签订的项目转让协议应当依法成立并生效。刘玉章在签订协议时虽已被其上级单位决定停止职务，但该决定属三峡公司内部工作调整，刘玉章代表三峡公司对外进行民事活动的身份仍应以工商登记的公示内容为依据。不能以其公司内部工作人员职务变更为由，否认其对外代表行为的效力。

• **2005年第7期《中华人民共和国最高人民法院公报》**刊登的**“中银香港公司诉宏业公司等担保合同纠纷案”**的最高人民法院(2002)民四终字第6号民事判决书认为，公司法定代表人越权对外担保，该公司未能提供证据证明相对人取得担保合同时知道或者应当知道该担保合同是其法定代表人越权订立的，该法定代表人的代表行为有效。相关裁判摘要如下：

宏业公司主张本案担保契约上的盖章是一种越权行为，且国华银行应当是知道的，因此担保契约对国华银行不发生法律效力。《最高人民法院关于适用〈中华人民共和国担保法〉若干问题的解释》第十一条规定：“法人或者其他组织的法定代表人、负责人超越权限订立的担保合同，除相对人知道或者应当知道其超越权限的以外，该代表行为有效。”而宏业公司未能提供证据证明国华银行取得担保契约时知道或者应当知道该担保契约是其法定代表人越权订立的。国华银行在取得宏业公司担保契约的同时，还取得了一份盖有宏业公司真实印章的该公司董事会决议，该决议表明宏业公司的担保行为是经过董事会同意的。虽然本院经过审理，最终对该份《董事会会议决议》所载内容的真实性不予确认，但宏业公司仅是在本案纠纷发生后，对《董事会会议决议》的真实性提出异议，其不能提供充分证据证明国华银行取得担保契约时，即知道或者应该知道该担保契约是越权签订的。相反，国华银行取得盖有宏业公司真实印章的董事会决议的事实，恰恰表明国华银行当时是有充分理由相信宏业公司出具的担保契约，是经过其董事会同意的，不存在越权行为。因此宏业公司主张本案担保契约上的盖章是一种越权行为，担保契约对国华银行不发生法律效力的上诉理由不能成立。

第五百零五条　【超越经营范围订立的合同的效力】 当事人超越经营范围订立的合同的效力，应当依照本法第一编第六章第三节和本编的有关规定确定，不得仅以超越经营范围确认合同无效。

一、相关法律条文

1.《中华人民共和国民法典》(2021 年 1 月 1 日起施行)

第一百四十三条　具备下列条件的民事法律行为有效：

(一)行为人具有相应的民事行为能力；

(二)意思表示真实；

(三)不违反法律、行政法规的强制性规定，不违背公序良俗。

第一百四十四条　无民事行为能力人实施的民事法律行为无效。

第一百四十五条　限制民事行为能力人实施的纯获利益的民事法律行为或者与其年龄、智力、精神健康状况相适应的民事法律行为有效；实施的其他民事法律行为经法定代理人同意或者追认后有效。

相对人可以催告法定代理人自收到通知之日起三十日内予以追认。法定代理人未作表示的，视为拒绝追认。民事法律行为被追认前，善意相对人有撤销的权利。撤销应当以通知的方式作出。

第一百四十六条　行为人与相对人以虚假的意思表示实施的民事法律行为无效。

以虚假的意思表示隐藏的民事法律行为的效力,依照有关法律规定处理。

第一百四十七条 基于重大误解实施的民事法律行为,行为人有权请求人民法院或者仲裁机构予以撤销。

第一百四十八条 一方以欺诈手段,使对方在违背真实意思的情况下实施的民事法律行为,受欺诈方有权请求人民法院或者仲裁机构予以撤销。

第一百四十九条 第三人实施欺诈行为,使一方在违背真实意思的情况下实施的民事法律行为,对方知道或者应当知道该欺诈行为的,受欺诈方有权请求人民法院或者仲裁机构予以撤销。

第一百五十条 一方或者第三人以胁迫手段,使对方在违背真实意思的情况下实施的民事法律行为,受胁迫方有权请求人民法院或者仲裁机构予以撤销。

第一百五十一条 一方利用对方处于危困状态、缺乏判断能力等情形,致使民事法律行为成立时显失公平的,受损害方有权请求人民法院或者仲裁机构予以撤销。

第一百五十二条 有下列情形之一的,撤销权消灭:

(一)当事人自知道或者应当知道撤销事由之日起一年内、重大误解的当事人自知道或者应当知道撤销事由之日起九十日内没有行使撤销权;

(二)当事人受胁迫,自胁迫行为终止之日起一年内没有行使撤销权;

(三)当事人知道撤销事由后明确表示或者以自己的行为表明放弃撤销权。

当事人自民事法律行为发生之日起五年内没有行使撤销权的,撤销权消灭。

第一百五十三条 违反法律、行政法规的强制性规定的民事法律行为无效。但是,该强制性规定不导致该民事法律行为无效的除外。

违背公序良俗的民事法律行为无效。

第一百五十四条 行为人与相对人恶意串通,损害他人合法权益的民事法律行为无效。

第一百五十五条 无效的或者被撤销的民事法律行为自始没有法律约束力。

第一百五十六条 民事法律行为部分无效,不影响其他部分效力的,其他部分仍然有效。

第一百五十七条　民事法律行为无效、被撤销或者确定不发生效力后，行为人因该行为取得的财产，应当予以返还；不能返还或者没有必要返还的，应当折价补偿。有过错的一方应当赔偿对方由此所受到的损失；各方都有过错的，应当各自承担相应的责任。法律另有规定的，依照其规定。

2.《中华人民共和国公司法》（2018年10月26日修正）

第十二条　公司的经营范围由公司章程规定，并依法登记。公司可以修改公司章程，改变经营范围，但是应当办理变更登记。

公司的经营范围中属于法律、行政法规规定须经批准的项目，应当依法经过批准。

二、相关司法解释规定

《最高人民法院关于审理期货纠纷案件若干问题的规定》（法释〔2003〕10号）（2020年12月23日修正）

第十二条　期货公司设立的取得营业执照和经营许可证的分公司、营业部等分支机构超出经营范围开展经营活动所产生的民事责任，该分支机构不能承担的，由期货公司承担。

客户有过错的，应当承担相应的民事责任。

三、相关部门规章

《企业经营范围登记管理规定》（2015年8月27日国家工商行政管理总局令第76号公布）

第一条　为了规范企业经营范围登记管理，规范企业经营行为，保障企业合法权益，依据有关企业登记管理法律、行政法规制定本规定。

第二条　本规定适用于在中华人民共和国境内登记的企业。

第三条　经营范围是企业从事经营活动的业务范围，应当依法经企业登记机关登记。

申请人应当参照《国民经济行业分类》选择一种或多种小类、中类或者大类自主提出经营范围登记申请。对《国民经济行业分类》中没有规范的新兴行业或者具体经营项目，可以参照政策文件、行业习惯或者专业文献等提出申请。

企业的经营范围应当与章程或者合伙协议规定相一致。经营范围发生变化的，企业应对章程或者合伙协议进行修订，并向企业登记机关申请变更登记。

第四条 企业申请登记的经营范围中属于法律、行政法规或者国务院决定规定在登记前须经批准的经营项目（以下称前置许可经营项目）的，应当在申请登记前报经有关部门批准后，凭审批机关的批准文件、证件向企业登记机关申请登记。

企业申请登记的经营范围中属于法律、行政法规或者国务院决定等规定在登记后须经批准的经营项目（以下称后置许可经营项目）的，依法经企业登记机关核准登记后，应当报经有关部门批准方可开展后置许可经营项目的经营活动。

第五条 企业登记机关依照审批机关的批准文件、证件登记前置许可经营项目。批准文件、证件对前置许可经营项目没有表述的，依照有关法律、行政法规或者国务院决定的规定和《国民经济行业分类》登记。

前置许可经营项目以外的经营项目，企业登记机关根据企业的章程、合伙协议或者申请，参照《国民经济行业分类》及有关政策文件、行业习惯或者专业文献登记。

企业登记机关应当在经营范围后标注"（依法须经批准的项目，经相关部门批准后方可开展经营活动）"。

第六条 企业经营范围中包含许可经营项目的，企业应当自取得审批机关的批准文件、证件之日起20个工作日内，将批准文件、证件的名称、审批机关、批准内容、有效期限等事项通过企业信用信息公示系统向社会公示。其中，企业设立时申请的经营范围中包含前置许可经营项目的，企业应当自成立之日起20个工作日内向社会公示。

审批机关的批准文件、证件发生变更的，企业应当自批准变更之日起20个工作日内，将有关变更事项通过企业信用信息公示系统向社会公示。

第七条 企业的经营范围应当包含或者体现企业名称中的行业或者经营特征。跨行业经营的企业，其经营范围中的第一项经营项目所属的行业为该企业的行业。

第八条 企业变更经营范围应当自企业作出变更决议或者决定之日起30日内向企业登记机关申请变更登记。其中，合伙企业、个人独资企业变更经营范围应当自作出变更决定之日起15日内向企业登记机关申请变更登记。

企业变更经营范围涉及前置许可经营项目，或者其批准文件、证件发生变更的，应当自审批机关批准之日起30日内凭批准文件、证件向企业登记机关申请变更登记。

企业变更经营范围涉及后置许可经营项目，其批准文件、证件记载的经营项目用语与原登记表述不一致或者发生变更的，可以凭批准文件、证件向企业登记机关申请变更登记。

第九条 因分立或者合并而新设立的企业申请从事前置许可经营项目的，应当凭审批机关的批准文件、证件向企业登记机关申请登记；因分立或者合并而存续的企业申请从事前置许可经营项目的，变更登记前已经审批机关批准的，不需重新办理审批手续。

第十条 企业改变类型的，改变类型前已经审批机关批准的前置许可经营项目，企业不需重新办理审批手续。法律、行政法规或者国务院决定另有规定的除外。

第十一条 企业变更出资人的，原已经审批机关批准的前置许可经营项目，变更出资人后不需重新办理审批手续。法律、行政法规或者国务院决定另有规定的除外。

企业的出资人由境内投资者变为境外投资者，或者企业的出资人由境外投资者变为境内投资者的，企业登记机关应当依照审批机关的批准文件、证件重新登记经营范围。

第十二条 不能独立承担民事责任的分支机构（以下简称分支机构），其经营范围不得超出所隶属企业的经营范围。法律、行政法规或者国务院决定另有规定的除外。

审批机关单独批准分支机构经营前置许可经营项目的，企业应当凭分支机构的前置许可经营项目的批准文件、证件申请增加相应经营范围，并在申请增加的经营范围后标注“（分支机构经营）”字样。

分支机构经营所隶属企业经营范围中前置许可经营项目的，应当报经审批机关批准。法律、行政法规或者国务院决定另有规定的除外。

第十三条 企业申请的经营范围中有下列情形的，企业登记机关不予登记：

（一）属于前置许可经营项目，不能提交审批机关的批准文件、证件的；

（二）法律、行政法规或者国务院决定规定特定行业的企业只能从事经过批准的项目而企业申请其他项目的；

（三）法律、行政法规或者国务院决定等规定禁止企业经营的。

第十四条 企业有下列情形的，应当停止有关项目的经营并及时向企业登记机关申请办理经营范围变更登记或者注销登记：

（一）经营范围中属于前置许可经营项目以外的经营项目，因法律、行政法规或者国务院决定规定调整为前置许可经营项目后，企业未按有关规定申请办理审批手续并获得批准的；

（二）经营范围中的前置许可经营项目，法律、行政法规或者国务院决定规定重新办理审批，企业未按有关规定申请办理审批手续并获得批准的；

（三）经营范围中的前置许可经营项目，审批机关批准的经营期限届满，企业未重新申请办理审批手续并获得批准的；

（四）经营范围中的前置许可经营项目被吊销、撤销许可证或者其他批准文件的。

第十五条 企业未经批准、登记从事经营活动的，依照有关法律、法规的规定予以查处。

第五百零六条 【无效的免责条款】 合同中的下列免责条款无效：

（一）造成对方人身损害的；

（二）因故意或者重大过失造成对方财产损失的。

第五百零七条 【合同解决争议条款效力的独立性】 合同不生效、无效、被撤销或者终止的，不影响合同中有关解决争议方法的条款的效力。

一、相关法律条文

《中华人民共和国仲裁法》（2017年9月1日修正）

第十九条 仲裁协议独立存在，合同的变更、解除、终止或者无效，不影响仲裁协议的效力。

仲裁庭有权确认合同的效力。

二、相关司法解释规定

《最高人民法院关于适用〈中华人民共和国仲裁法〉若干问题的解释》（法释〔2006〕7号）

第十条 合同成立后未生效或者被撤销的，仲裁协议效力的认定适用仲裁法第十九条第一款的规定。

当事人在订立合同时就争议达成仲裁协议的，合同未成立不影响仲裁协议的效力。

三、相关文件规定

《最高人民法院关于王国林申请撤销中国国际经济贸易仲裁委员会华南分会(2012)中国贸仲深裁字第3号仲裁裁决一案的请示的复函》(〔2013〕民四他字第8号)

本案系当事人申请撤销我国仲裁机构作出的涉台仲裁裁决案件，应当参照《中华人民共和国仲裁法》第七十条和《中华人民共和国民事诉讼法》(2012年修正)第二百七十四条第一款的规定进行审查。

关于仲裁条款的效力问题。本案当事人在案涉合同中约定了明确的仲裁条款。根据仲裁条款独立性原则，案涉合同的无效并不影响合同中仲裁条款的效力。同意你院关于案涉仲裁条款有效的意见。……

第五百零八条　【合同效力适用的指引性规范】本编对合同的效力没有规定的，适用本法第一编第六章的有关规定。

第四章　合同的履行

第五百零九条　【合同履行的原则】当事人应当按照约定全面履行自己的义务。

当事人应当遵循诚信原则，根据合同的性质、目的和交易习惯履行通知、协助、保密等义务。

当事人在履行合同过程中，应当避免浪费资源、污染环境和破坏生态。

一、相关法律条文

《中华人民共和国民法典》(2021年1月1日起施行)

第七条　民事主体从事民事活动，应当遵循诚信原则，秉持诚实，恪守承诺。

第九条　民事主体从事民事活动，应当有利于节约资源、保护生态环境。

二、相关指导案例

第67号指导案例“汤长龙诉周士海股权转让纠纷案”（最高人民法院审判委员会讨论通过；2016年9月19日发布）

从诚实信用的角度，《合同法》第六十条规定，“当事人应当按照约定全面履行自己的义务。当事人应当遵循诚实信用原则，根据合同的性质、目的和交易习惯履行通知、协助、保密等义务”。鉴于双方在股权转让合同上明确约定“此协议一式两份，双方签字生效，永不反悔”，因此周士海即使依据《合同法》第一百六十七条的规定，也应当首先选择要求汤长龙支付全部价款，而不是解除合同。

三、相关裁判摘要

● **2016年第1期《中华人民共和国最高人民法院公报》**刊登的“**洪秀凤与昆明安钡佳房地产开发有限公司房屋买卖合同纠纷案**”中，最高人民法院（2015）民一终字第78号民事判决书，对依法成立的房屋买卖合同中当事人应当按照约定全面履行义务的问题进行了分析。相关裁判摘要如下：

安钡佳公司与洪秀凤所签两份《商品房购销合同》，不违反法律、行政法规的效力性强制性规定，应认定有效。《中华人民共和国合同法》第八条、第六十条第一款规定，依法成立的合同，受法律保护，当事人应当按照约定全面履行自己的义务。在洪秀凤已经按约支付全部价款的情况下，安钡佳公司应当依法按约向洪秀凤交付房产并协助办理所有权变更登记。百富琪商业广场存在违规超建的事实，但该行政违法并不针对本案争议房产，安钡佳公司向洪秀凤交付房产并不存在法律上和事实上的障碍，对洪秀凤有关安钡佳公司交付案涉房产的诉请，本院予以支持。而因前述行政违法行为构成案涉房产所有权变更登记之法律障碍，于本案中直接判决安钡佳公司履行办理所有权变更登记义务并不妥当。安钡佳公司应在相关行政违法事项消除后，协助洪秀凤办理所有权变更登记。后续事项如因新的事实出现而再起争议，洪秀凤可另循法律途径解决。

● **2013年第1期《中华人民共和国最高人民法院公报》**刊登的“**陆永芳诉中国人寿保险股份有限公司太仓支公司保险合同纠纷案**”判决认为，保险公司单方改变交易习惯，违反诚信原则，致使投保人未能及时缴纳保费的，不应据此认定保单失效，保险公司无权中止合同效力并解除保险合同。相关裁判摘要如下：

《中华人民共和国合同法》第六十条规定，当事人应当按照约定全面履行自己的义务。当事人应当遵循诚实信用原则，根据合同的性质、目的和交易习惯履行通知、协助、保密等义务。根据现已查明的事实，在案涉保险合同履行的前两年系由上诉人太仓人寿保险公司业务员上门向被上诉人陆永芳收取保费，2000年开始太仓人寿保险公司委托邮政部门向陆永芳发缴费通知单，至2008年陆永芳每年按照缴费通知单的提示向太仓人寿保险公司指定的银行缴纳保费。由此可见，首先，双方已经就缴纳保费形成了一定的交易习惯，即由太仓人寿保险公司上门收取保费或由其通知投保人按其指定交纳保费；并且，太仓人寿保险公司在合同履行过程中亦曾要求投保人变更缴费方式（即前二年为上门收取保费，后变更为由投保人按缴费通知要求至相关指定银行进行缴费），在该种情形下，投保人是无法确认每年缴费方式是否相同，因此作为保险人的太仓人寿保险公司更应负有每年通知投保人缴费及告知缴费方式的义务。但是在案涉保险合同履行过程中，太仓人寿保险公司并无证据证明其于2009年向投保人陆永芳送达缴费通知书，2010年后更是未向陆永芳发送缴费通知书。据上述分析，显然造成投保人陆永芳二年未能缴费这一后果的主要责任在于保险人太仓人寿保险公司，在该种情况下其无权仅依《中华人民共和国保险法》的相关规定及合同的相关约定中止合同效力并主张解除合同。在特别法有明确规定的情形下应当优先适用特别法，而在特别法无明确规定的情况下应当适用一般法的相关规定。因此，原审法院在《中华人民共和国保险法》无明确规定的情况下适用《中华人民共和国合同法》的相关规定，合法有据。太仓人寿保险公司主张原审法院适用法律错误的上诉理由显然也不能成立。

• **2005年第4期《中华人民共和国最高人民法院公报》**刊登的“**顾骏诉上海交行储蓄合同纠纷案**”判决就商业银行通过设置ATM机提供交易场所和交易功能的过程中，负有保护交易安全和储户合法权益免受犯罪行为侵害的义务。相关裁判摘要如下：

提供交易场所功能的自助银行和提供交易功能的ATM机，都是商业银行利用先进技术向社会推出的金融工具。金融，由于其特性，历来易招致多种犯罪攻击。自助银行和ATM机的推出，既为储户带来了便利，更改善了银行的经营环境，为银行能更多地吸纳存款和增加盈利提供了机会与空间。然而自助银行与ATM机的推出，也会给金融交易安全带来新的风险。

相对储户来讲,推出自助银行和ATM机的商业银行,有条件了解自助银行和ATM机的构造和工作原理,有机会及时掌握通过自助银行和ATM机实施各种犯罪的情报,有能力改进和加强自助银行和ATM机的功能。《中华人民共和国商业银行法》第六条规定:“商业银行应当保障存款人的合法权益不受任何单位和个人的侵犯。”《中华人民共和国合同法》第六十条第二款规定:“当事人应当遵循诚实信用原则,根据合同的性质、目的和交易习惯履行通知、协助、保密等义务。”商业银行有条件、有机会、有能力防范犯罪分子利用自助银行和ATM机犯罪,有责任承担起这个防范犯罪的义务。商业银行应当根据自助银行和ATM机在被各种犯罪活动攻击后暴露出来的弱点,随时对其进行改进。在新的改进方法尚未出台时,商业银行还可以通过采取不断巡查、明示使用自助银行和ATM机时的注意事项、向储户通知犯罪手段、甚至是暂停使用等方法,来履行防范犯罪的义务,以确保金融管理秩序的正常运转,确保储户的存款安全,维护储户的合法权益。

原告顾骏是一个普通的借记卡持有人,对自助银行的设施不具有专业知识。顾骏在使用中国银行上海市南京东路支行所设的自助银行时,虽然注意到该自助银行的门禁处多了一个新装置,但在该自助银行没有操作规范、使用说明和风险提示的情况下,顾骏无法识别这个新装置究竟是银行对门禁系统的改进设施,还是犯罪分子的犯罪工具,以致其借记卡信息和密码被窃取。顾骏发现借记卡内的资金短少后马上报警,并及时采取了相关措施。顾骏的借记卡和密码未丢失,也未委托他人使用,故对借记卡信息和密码被泄露,顾骏没有过错,不应承担责任。显然,商业银行未能及时履行通知犯罪手段和保障交易场所安全的义务,是犯罪分子使用盗码器得逞的主要原因,商业银行应当承担责任。

被告上海交行因向原告顾骏发行了太平洋借记卡,而与顾骏存在储蓄合同关系。凡因涉案借记卡发生的每一笔交易,都应该是在上海交行与顾骏之间进行。犯罪分子利用窃取的借记卡信息和密码伪造成借记卡到ATM机上取款。由于商业银行在推出ATM机时,没有给ATM机赋予识别借记卡真伪的功能,以致ATM机向持伪卡的犯罪分子付款。此时,作为储蓄合同凭证的真借记卡没有用于交易。这是犯罪分子利用伪卡欺骗商业银行,不能视作商业银行与顾骏成就一笔交易。

由储户在借记卡上设立自己能掌握和控制的密码,是保障储户存款安全和防范犯罪的一个手段。但本案事实证明,尽管储户遵守保密义务,犯罪分子仍然能破解和利用储户设立的密码。在技术不断进步且犯罪手段也不断变化的今天,不具体分析失密的原因,不考虑储户是否存在过错,一概以“凡是通过交易密码发生的一切交易,均应视为持卡人亲自所为,银行不应承担责任”这一格式条款作为银行的免责理由进行抗辩,把一些本应由银行承担的责任也推向储户,无疑加重了储户责任,有违公平原则,被告的这一抗辩理由难以成立。

• **2004 年第 8 期《中华人民共和国最高人民法院公报》**刊登的“**郑雪峰、陈国青诉江苏省人民医院医疗服务合同纠纷案**”判决对医疗机构应当遵循诚实信用原则,履行医疗服务合同的义务进行了分析。相关裁判摘要如下:

我国《合同法》第六十条规定:“当事人应当按照约定全面履行自己的义务。当事人应当遵循诚实信用原则,根据合同的性质、目的和交易习惯履行通知、协助、保密等义务。”医疗服务合同以为患者治疗疾病为目的,医院一方应当以足够的勤勉和高度的注意谨慎行事,又由于医疗行为具有高度的专业性,因此医院在履约中具有较高的裁量权。但医院与患者在医疗服务合同关系中是平等的民事主体,且医疗行为的实施结果会对患者的身体造成直接影响,若完全不考虑患者的选择权明显有失公平。在医疗服务合同中,医院负有对医疗方案的说明义务,而患者享有对医疗方案一定的选择权。在实施医疗方案之前,除非在紧急情况下,医院有义务就该医疗方案向患者或其代理人进行充分的说明。患者有权充分了解医疗方案可能给自己带来的后果,有权对医疗方案进行选择。

对患者选择权的尊重应体现于存在两个以上治疗方案的场合,医院应该就几种不同治疗方案的利弊对患者进行充分说明,并以患者的决定为准选择治疗方案。本案中人工辅助生育存在 icsi、ivf 等多种治疗技术。原、被告已经约定采取 icsi 技术,如果医务人员在治疗过程中认为原告的状况更适合采取 ivf 技术,在条件允许的情况下,应当向原告予以说明,并就治疗技术方案的改动征求原告的意见。但被告的举证只能证明原告知悉治疗技术的改动,不能证明被告已经就该改动取得了原告的同意,故应当认定其行为构成违约,应当承担相应的责任。

• **2003 年第 6 期《中华人民共和国最高人民法院公报》**刊登的“**谢福星、赖美兰诉太阳城游泳池有限公司服务合同纠纷案**”判决认为,游泳池的开办者没有履行基于服务合同而产生的保障游泳者人身安全和提供安全游泳环境的附随义务造成游泳者死亡的,应当承担违约责任。相关裁判摘要如下:

《合同法》第六十条第一款规定:“当事人应当全面履行合同约定的义务。”第二款规定:“当事人应当遵循诚实信用原则,根据合同的性质、目的和交易习惯履行通知、协助、保密等义务。”死者谢卓超买票进入被告太阳城公司经营的游泳池后,双方之间的服务合同关系已依法成立并生效。虽然对服务质量、双方的权利与义务等服务合同内容,双方没有书面约定和口头约定,但根据订立合同的目的、行业要求和交易惯例,可以推定太阳城公司应承担提供安全游泳环境和保障游泳者人身安全的合同附随义务。为履行这一附随义务,太阳城公司应当按照要求安装并使用照明设备,配备足额并称职的救生人员、医务人员,建立安全管理制度,以便给游泳者提供安全的游泳环境;当发生溺水等事故时,救生人员应当及时发现、及时抢救,以便保障游泳者的人身安全。根据查明的事实,机械性窒息虽然能在很短时间内致人死亡,但死亡并非不可避免。如遇及时抢救,溺水者被救活的可能是存在的。由于太阳城公司提供的游泳环境不符合安全标准,事故发生时救生人员又未在高台观察游泳池动态,以致没有发现谢卓超溺水,使谢卓超丧失了获得及时救助的机会。谢卓超被拖上岸后,救生人员虽然打了求救电话并按医生的指示施救,但已于事无补。《合同法》第一百零七条规定:“当事人一方不履行合同或履行合同不符合约定的,应当承担继续履行,采取补救措施或赔偿损失等违约责任。”谢卓超是在接受太阳城公司有瑕疵的服务过程中死亡的,太阳城公司不能提供谢卓超是因自身过错致死的任何证据,因此可以推定谢卓超的死亡与太阳城公司的瑕疵服务具有因果关系。太阳城公司未尽保障游泳者人身安全的合同附随义务,应当承担赔偿损失的违约责任。

• **2003年第5期《中华人民共和国最高人民法院公报》**刊登的“**杨艳辉诉中国南方航空股份有限公司等客运合同纠纷案**”判决对客运合同中承运人的附随义务,作出了如下分析:

合同义务有给付义务和附随义务之分。给付义务是债务人根据合同应当履行的基本义务,附随义务是在给付义务以外,为保证债权人利益的实现而需债务人履行的其他义务。《合同法》第六十条第二款规定:“当事人应当遵循诚实信用原则,根据合同的性质、目的和交易习惯履行通知、协助、保密等义务。”这是《合同法》对附随义务作出的规定。在客运合同中，明白无误地向旅客通知运输事项，就是承运人应尽的附随义务。只有承运人正确履行了这一附随义务，旅客才能于约定的时间到约定的地点集合，等待乘坐约定的运输工具。承运人履行附随义务不当，应承担相应的责任。

• **2002年第2期《中华人民共和国最高人民法院公报》**刊登的**“李萍、龚念诉五月花公司人身伤害赔偿纠纷案”**判决对餐饮服务合同中的经营者保护消费者人身安全的附随义务进行了分析。相关裁判摘要如下：

五月花公司接受上诉人李萍、龚念一家在其餐厅就餐，双方之间形成了以消费与服务为主要内容的合同关系。《中华人民共和国合同法》第六十条第二款规定：“当事人应当遵循诚实信用原则，根据合同的性质、目的和交易习惯履行通知、协助、保密等义务。”五月花公司作为消费与服务合同中的经营者，除应该全面履行合同约定的义务外，还应当依照《合同法》第六十条的规定，履行保护消费者人身、财产不受非法侵害的附随义务。为了履行这一附随义务，经营者必须根据本行业的性质、特点和条件，随时、谨慎地注意保护消费者的人身、财产安全。但由于刑事犯罪的突发性、隐蔽性以及犯罪手段的智能化、多样化，即使经营者给予应有的注意和防范，也不可能完全避免刑事犯罪对顾客人身、财产的侵害。这种侵害一旦发生，只能从经营者是否尽到合理的谨慎注意义务来判断其是否违约。五月花餐厅接受顾客自带酒水到餐厅就餐，是行业习惯使然。对顾客带进餐厅的酒类产品，根据我国目前的社会环境，还没有必要也没有条件要求经营者采取像乘坐飞机一样严格的安全检查措施。由于这个爆炸物的外包装酷似真酒，一般人凭肉眼难以识别。携带这个爆炸物的顾客曾经将其放置在自己家中一段时间都未能发现危险，因此要求服务员在开启酒盒盖时必须作出存在危险的判断，是强人所难。五月花餐厅通过履行合理的谨慎注意义务，不可能识别伪装成酒的爆炸物，因此不存在违约行为。

• **2001年第2期《中华人民共和国最高人民法院公报》**刊登的**“王利毅、张丽霞诉上海银河宾馆赔偿纠纷案”**判决就住宿合同中宾馆的附随义务进行了分析。相关裁判摘要如下：

《合同法》第六十条规定：“当事人应当按照约定全面履行自己的义务。当事人应当遵循诚实信用原则，根据合同的性质、目的和交易习惯履行通知、协助、保密等义务。”任何旅客入住宾馆时，都不会希望自己的人身、财产在入住期间受到侵害；任何宾馆在接待旅客时，也不愿意出现旅客的人身、财产被侵害事件，以至影响自己宾馆的客流量。因此，根据住宿合同的性质、目的和行业习惯，避免旅客人身、财产受到侵害，就成为此类合同的附随义务。按照收费标准的不同，各个宾馆履行合同附随义务的方式也会有所不同，但必须是切实采取有效的安全防范措施，认真履行最谨慎之注意义务，在自己的能力所及范围内最大限度地保护旅客不受非法侵害。住宿合同一经成立，无论宾馆是否向旅客出具口头的或者书面的安全保护或承诺，合同的附随义务都随之产生并客观存在。本案中，上诉人银河宾馆向旅客承诺"24小时的保安巡视，确保您的人身安全"，是自愿将合同的附随义务上升为合同的主义务，更应当恪尽职守履行这一义务。

• **2000年第5期《中华人民共和国最高人民法院公报》**刊登的"**海林公司诉晓星公司购销合同纠纷案**"判决就当事人履行合同时应当履行附随义务进行了分析。相关裁判要旨如下：

本案双方当事人在签订和履行合同时，应当依照《中华人民共和国民法通则》第四条和《涉外经济合同法》第三条的规定，遵循"自愿、公平、等价有偿、诚实信用"和"平等互利、协商一致"的原则，根据合同的性质、目的和交易习惯，履行相互通知和相互协助等义务。在采取信用证付款的购销合同中，履行付款义务的一方是转让信用证还是直接申请开立信用证，由于两种方式造成收款的时间和环节不同，前者给收取货款一方带来的商业风险，肯定大于后者。上诉人晓星公司和被上诉人海林公司签订的购销合同中，没有约定是否可以通过转让信用证的方式付款，UCP500对此问题也无明文规定。在此情况下，晓星公司是与海林公司签订购销合同，不可能询问海林公司有无下家，是否准备用转让下家信用证的方式付款；海林公司既准备将下家交来的信用证转让给晓星公司，就有义务将这种增加对方风险的付款方式事先通知对方，以征得对方的同意。海林公司事先没有通知，在得知晓星公司反对采取这种付款方式后仍一意孤行，对纠纷的发生负有责任。

第五百一十条 【合同内容的补充】合同生效后，当事人就质量、价款或者报酬、履行地点等内容没有约定或者约定不明确的，可以协议补充；不能达成补充协议的，按照合同相关条款或者交易习惯确定。

一、相关司法解释规定

《最高人民法院关于审理民事案件适用诉讼时效制度若干问题的规定》(法释〔2008〕11号)(2020年12月23日修正)

第四条 未约定履行期限的合同,依照民法典第五百一十条、第五百一十一条的规定,可以确定履行期限的,诉讼时效期间从履行期限届满之日起计算;不能确定履行期限的,诉讼时效期间从债权人要求债务人履行义务的宽限期届满之日起计算,但债务人在债权人第一次向其主张权利之时明确表示不履行义务的,诉讼时效期间从债务人明确表示不履行义务之日起计算。

二、相关裁判摘要

• **2013年第4期《中华人民共和国最高人民法院公报》**刊登的**"吉林省东润房地产开发有限公司与吉林佳垒房地集团有限公司、第三人大商股份有限公司合资、合作开发房地产合同纠纷案"**的最高人民法院(2010)民一终字第109号民事判决书,就双方当事人在合同履行中签订多份补充协议修改原合同后的最终履行内容进行了分析。相关裁判摘要如下:

双方当事人在签订合同后、履行合同过程中,因情况变化,又签订多份补充协议修改原合同约定的,只要补充协议是当事人的真实意思表示,协议内容符合法律规定,均应认定为有效。当事人对多份补充协议的履行内容存在争议的,应根据协议之间的内在联系,以及协议中约定的权利义务分配的完整性,并结合补充协议签订和成立的时间顺序,根据民法的公平和诚实信用原则,确定协议的最终履行内容。

第五百一十一条 【约定不明时的履约规则】 当事人就有关合同内容约定不明确,依据前条规定仍不能确定的,适用下列规定:

(一)质量要求不明确的,按照强制性国家标准履行;没有强制性国家标准的,按照推荐性国家标准履行;没有推荐性国家标准的,按照行业标准履行;没有国家标准、行业标准的,按照通常标准或者符合合同目的的特定标准履行。

(二)价款或者报酬不明确的,按照订立合同时履行地的市场价格履行;依法应当执行政府定价或者政府指导价的,依照规定履行。

(三)履行地点不明确,给付货币的,在接受货币一方所在地履行;交付不动产的,在不动产所在地履行;其他标的,在履行义务一方所在地履行。

(四)履行期限不明确的,债务人可以随时履行,债权人也可以随时请求履行,但是应当给对方必要的准备时间。

(五)履行方式不明确的,按照有利于实现合同目的的方式履行。

(六)履行费用的负担不明确的,由履行义务一方负担;因债权人原因增加的履行费用,由债权人负担。

一、相关法律条文

1.《中华人民共和国标准化法》(2017年11月4日修订)

第二条　本法所称标准(含标准样品),是指农业、工业、服务业以及社会事业等领域需要统一的技术要求。

标准包括国家标准、行业标准、地方标准和团体标准、企业标准。国家标准分为强制性标准、推荐性标准,行业标准、地方标准是推荐性标准。

强制性标准必须执行。国家鼓励采用推荐性标准。

第十条　对保障人身健康和生命财产安全、国家安全、生态环境安全以及满足经济社会管理基本需要的技术要求,应当制定强制性国家标准。

国务院有关行政主管部门依据职责负责强制性国家标准的项目提出、组织起草、征求意见和技术审查。国务院标准化行政主管部门负责强制性国家标准的立项、编号和对外通报。国务院标准化行政主管部门应当对拟制定的强制性国家标准是否符合前款规定进行立项审查,对符合前款规定的予以立项。

省、自治区、直辖市人民政府标准化行政主管部门可以向国务院标准化行政主管部门提出强制性国家标准的立项建议,由国务院标准化行政主管部门会同国务院有关行政主管部门决定。社会团体、企业事业组织以及公民可以向国务院标准化行政主管部门提出强制性国家标准的立项建议,国务院标准化行政主管部门认为需要立项的,会同国务院有关行政主管部门决定。

强制性国家标准由国务院批准发布或者授权批准发布。

法律、行政法规和国务院决定对强制性标准的制定另有规定的,从其规定。

第十一条　对满足基础通用、与强制性国家标准配套、对各有关行业起引领作用等需要的技术要求,可以制定推荐性国家标准。

推荐性国家标准由国务院标准化行政主管部门制定。

第十二条　对没有推荐性国家标准、需要在全国某个行业范围内统一的技术要求，可以制定行业标准。

行业标准由国务院有关行政主管部门制定，报国务院标准化行政主管部门备案。

第二十一条　推荐性国家标准、行业标准、地方标准、团体标准、企业标准的技术要求不得低于强制性国家标准的相关技术要求。

国家鼓励社会团体、企业制定高于推荐性标准相关技术要求的团体标准、企业标准。

2.《中华人民共和国民事诉讼法》(2017年6月27日修正)

第二十三条　因合同纠纷提起的诉讼，由被告住所地或者合同履行地人民法院管辖。

第三十四条　合同或者其他财产权益纠纷的当事人可以书面协议选择被告住所地、合同履行地、合同签订地、原告住所地、标的物所在地等与争议有实际联系的地点的人民法院管辖，但不得违反本法对级别管辖和专属管辖的规定。

第二百六十五条　因合同纠纷或者其他财产权益纠纷，对在中华人民共和国领域内没有住所的被告提起的诉讼，如果合同在中华人民共和国领域内签订或者履行，或者诉讼标的物在中华人民共和国领域内，或者被告在中华人民共和国领域内有可供扣押的财产，或者被告在中华人民共和国领域内设有代表机构，可以由合同签订地、合同履行地、诉讼标的物所在地、可供扣押财产所在地、侵权行为地或者代表机构住所地人民法院管辖。

二、相关司法解释规定

1.《最高人民法院关于审理买卖合同纠纷案件适用法律问题的解释》(法释〔2012〕8号)(2020年12月23日修正)

第二条　标的物为无需以有形载体交付的电子信息产品，当事人对交付方式约定不明确，且依照民法典第五百一十条的规定仍不能确定的，买受人收到约定的电子信息产品或者权利凭证即为交付。

2.《最高人民法院关于审理民事案件适用诉讼时效制度若干问题的规定》(法释〔2008〕11号)(2020年12月23日修正)

第四条　未约定履行期限的合同，依照民法典第五百一十条、第五百一十一条的规定，可以确定履行期限的，诉讼时效期间从履行期限届满之日起计算；不能确定履行期限的，诉讼时效期间从债权人要求债务人履行义务的宽限期届满之日起计算，但债务人在债权人第一次向其主张权利之时明确表示不履行义务的，诉讼时效期间从债务人明确表示不履行义务之日起计算。

3.《最高人民法院关于适用〈中华人民共和国民事诉讼法〉的解释》（法释〔2015〕5号）（2020年12月23日修正）

第十八条　合同约定履行地点的，以约定的履行地点为合同履行地。

合同对履行地点没有约定或者约定不明确，争议标的为给付货币的，接收货币一方所在地为合同履行地；交付不动产的，不动产所在地为合同履行地；其他标的，履行义务一方所在地为合同履行地。即时结清的合同，交易行为地为合同履行地。

合同没有实际履行，当事人双方住所地都不在合同约定的履行地的，由被告住所地人民法院管辖。

第十九条　财产租赁合同、融资租赁合同以租赁物使用地为合同履行地。合同对履行地有约定的，从其约定。

第二十条　以信息网络方式订立的买卖合同，通过信息网络交付标的的，以买受人住所地为合同履行地；通过其他方式交付标的的，收货地为合同履行地。合同对履行地有约定的，从其约定。

4.《最高人民法院关于审理民间借贷案件适用法律若干问题的规定》（法释〔2020〕6号）（2020年12月23日修正）

第三条　借贷双方就合同履行地未约定或者约定不明确，事后未达成补充协议，按照合同相关条款或者交易习惯仍不能确定的，以接受货币一方所在地为合同履行地。

三、相关文件规定

1.《最高人民法院关于如何确定委托贷款合同履行地问题的答复》（法明传〔1998〕198号）

委托贷款合同以贷款方（即受托方）住所地为合同履行地，但合同中对履行地有约定的除外。

2.《最高人民法院关于如何确定证券回购合同履行地问题的批复》(法复〔1996〕9号)

鉴于我国证券回购业务事实上存在着场内和场外交易的两种情况,因此,确定证券回购合同履行地应区分不同情况予以处理:

一、凡在交易场所内进行的证券回购业务,交易场所所在地应为合同履行地。

二、在上述交易场所之外进行的证券回购业务,最初付款一方(返售方)所在地应为合同履行地。

3.《最高人民法院关于确定购销合同履行地问题的复函》(法经〔1994〕26号)对买卖合同当事人没有约定购销合同的履行地点时,如何确定履行地点,作出了如下答复:

关于合同履行地问题,我院《关于适用〈中华人民共和国民事诉讼法〉若干问题的意见》第19条作了具体解释。依据该条规定,购销合同的双方当事人在合同中对交货地点有约定的,不管采取何种交货方式,约定的交货地点即为合同履行地;合同中没有约定交货地点的,才依交货方式确定合同履行地:采用送货方式,即供方自备运输工具,将货物运至需方所在地或需方指定地点的,不论运费由谁承担,货物送达地为合同履行地;采用自提方式,即需方自备或租用运输工具到供方所在地或供方指定的地点提取货物的,不管运费由谁承担,提货地为合同履行地。

4.《最高人民法院关于如何确定借款合同履行地问题的批复》(法复〔1993〕10号)

合同履行地是指当事人履行合同约定义务的地点。借款合同是双务合同,标的物为货币。贷款方与借款方均应按照合同约定分别承担贷出款项与偿还贷款及利息的义务,贷款方与借款方所在地都是履行合同约定义务的地点。依照借款合同的约定,贷款方应先将借款划出,从而履行了贷款方所应承担的义务。因此,除当事人另有约定外,确定贷款方所在地为合同履行地。

5.《最高人民法院关于购销合同履行地的特殊约定问题的批复》[法(经)复〔1990〕11号]

一、我院法(经)复〔1985〕39号、〔1988〕20号批复中所称的供需双方特殊约定的合同履行地,是指当事人在购销合同中明确约定的交货地点,即在合同的交货地点或履行地点栏目中填写的地点,或者在合同的履行条款或其他条款中写明的交货地点(货物交接地、交付地点)。若当事人约定在某地安装调试或验收完毕才算交货的,该安装调试或验收地即为双方特殊约定的合同履行地。在合同的到货地(到达站、到达港、到站地)或验收地栏目中填写的地点,不应当视为当事人特殊约定的合同履行地。

二、当事人在合同中明确约定的交货地点与合同其他条款的规定不一致的,以合同明确约定的交货地点为合同履行地。在供需双方已实际交接货物的情况下,若实际交接地点与合同原约定的交货地点不一致的,人民法院在按合同履行地实施管辖时,以货物的实际交接地视为合同履行地,但不影响在交货地点上违约一方应承担的相应责任。

三、当事人在合同中没有明确约定交货地点的,仍按我院法(经)复〔1988〕20号批复的规定,区别不同的交货方式确定合同履行地。

6.《最高人民法院经济审判庭关于如何确定加工承揽合同履行地问题的电话答复》(1989年11月23日起施行)

合同履行地应为合同规定义务履行的地点。加工承揽合同主要是以承揽方按照定作方的特定要求完成加工生产任务为履约内容的,承揽方履约又是以使用自己的设备、技术、人力为前提条件的。因此,加工承揽方所在地通常应为合同规定义务履行的地点,即合同履行地。

四、相关裁判摘要

• **2015年第12期《中华人民共和国最高人民法院公报》**刊登的**"青海方升建筑安装工程有限责任公司与青海隆豪置业有限公司建设工程施工合同纠纷案"**中,最高人民法院(2014)民一终字第69号民事判决书对于履行合同应当依法执行政府指导价的问题进行了分析。相关裁判摘要如下:

政府部门发布的定额属于政府指导价,依据政府部门发布的定额计算已完工程价款亦符合《合同法》第六十二条第二项"价款或者报酬不明确的,按照订立合同时履行地的市场价格履行;依法应当执行政府定价或者政府指导价的,按照规定履行"以及《民法通则》第八十八条第四项"价格约定不明确,按照国家规定的价格履行;没有国家规定价格的,参照市场价格或者同类物品的价格或者同类劳务的报酬标准履行"等相关规定,审理此类案件,除应当综合考虑案件实际履行情况外,还特别应当注重双方当事人的过错和司法判决的价值取向等因素,以此确定已完工程的价款。

• **2009年第7期《中华人民共和国最高人民法院公报》**刊登的“**北京智扬伟博科技发展有限公司与创思生物技术工程(东莞)有限公司、河南省开封市城市管理局居间合同纠纷案**”中,最高人民法院(2008)民申字第1364号民事裁定书,对居间合同的履行地进行了分析。相关裁判摘要如下:

合同履行地是指合同主要义务的履行地,本案居间合同的主要义务履行地应为居间行为地。据原审认定的创思公司项目参与人赖志文给智扬公司董事长郭益群出具的感谢信中关于智扬公司在开封市接待创思公司高层,以及协助创思公司竞投开封项目等内容,开封市作为居间合同所指向项目的所在地,可以认定为本案居间合同履行地,开封市中级人民法院亦可据此行使管辖权。

• **2008年第1期《中华人民共和国最高人民法院公报》**刊登的“**中国恒基伟业集团有限公司、北京北大青鸟有限责任公司与广晟投资发展有限公司、香港青鸟科技发展有限公司借款担保合同纠纷案**”中,最高人民法院(2006)民四终字第28号民事裁定书对接受货币一方所在地进行了分析。相关裁判摘要如下:

《中华人民共和国合同法》第六十二条第(三)项规定:“履行地点不明确,给付货币的,在接受货币一方所在地履行……”从本案主合同当事人确认的事实看,接受货币的一方为恒基公司在北京的关联公司,即北京恒基伟业电子产品有限公司,住所地在北京,故本案合同履行地应认定为北京。原审法院认定广州为合同履行地之一,并依此认定广东省高级人民法院对本案享有管辖权,缺乏事实和法律依据,应予纠正。

第五百一十二条 【电子合同的履行规则】通过互联网等信息网络订立的电子合同的标的为交付商品并采用快递物流方式交付的,收货人的签收时间为交付时间。电子合同的标的为提供服务的,生成的电子凭证或者实物凭证中载明的时间为提供服务时间;前述凭证没有载明时间或者载明时间与实际提供服务时间不一致的,以实际提供服务的时间为准。

电子合同的标的物为采用在线传输方式交付的,合同标的物进入对方当事人指定的特定系统且能够检索识别的时间为交付时间。

电子合同当事人对交付商品或者提供服务的方式、时间另有约定的，按照其约定。

相关法律条文

《中华人民共和国电子商务法》(2019年1月1日起施行)

第五十一条 合同标的为交付商品并采用快递物流方式交付的，收货人签收时间为交付时间。合同标的为提供服务的，生成的电子凭证或者实物凭证中载明的时间为交付时间；前述凭证没有载明时间或者载明时间与实际提供服务时间不一致的，实际提供服务的时间为交付时间。

合同标的为采用在线传输方式交付的，合同标的进入对方当事人指定的特定系统并且能够检索识别的时间为交付时间。

合同当事人对交付方式、交付时间另有约定的，从其约定。

第五十二条 电子商务当事人可以约定采用快递物流方式交付商品。

快递物流服务提供者为电子商务提供快递物流服务，应当遵守法律、行政法规，并应当符合承诺的服务规范和时限。快递物流服务提供者在交付商品时，应当提示收货人当面查验；交由他人代收的，应当经收货人同意。

快递物流服务提供者应当按照规定使用环保包装材料，实现包装材料的减量化和再利用。

快递物流服务提供者在提供快递物流服务的同时，可以接受电子商务经营者的委托提供代收货款服务。

第五十三条 电子商务当事人可以约定采用电子支付方式支付价款。

电子支付服务提供者为电子商务提供电子支付服务，应当遵守国家规定，告知用户电子支付服务的功能、使用方法、注意事项、相关风险和收费标准等事项，不得附加不合理交易条件。电子支付服务提供者应当确保电子支付指令的完整性、一致性、可跟踪稽核和不可篡改。

电子支付服务提供者应当向用户免费提供对账服务以及最近三年的交易记录。

第五十四条 电子支付服务提供者提供电子支付服务不符合国家有关支付安全管理要求，造成用户损失的，应当承担赔偿责任。

第五十五条　用户在发出支付指令前，应当核对支付指令所包含的金额、收款人等完整信息。

支付指令发生错误的，电子支付服务提供者应当及时查找原因，并采取相关措施予以纠正。造成用户损失的，电子支付服务提供者应当承担赔偿责任，但能够证明支付错误非自身原因造成的除外。

第五十六条　电子支付服务提供者完成电子支付后，应当及时准确地向用户提供符合约定方式的确认支付的信息。

第五十七条　用户应当妥善保管交易密码、电子签名数据等安全工具。用户发现安全工具遗失、被盗用或者未经授权的支付的，应当及时通知电子支付服务提供者。

未经授权的支付造成的损失，由电子支付服务提供者承担；电子支付服务提供者能够证明未经授权的支付是因用户的过错造成的，不承担责任。

电子支付服务提供者发现支付指令未经授权，或者收到用户支付指令未经授权的通知时，应当立即采取措施防止损失扩大。电子支付服务提供者未及时采取措施导致损失扩大的，对损失扩大部分承担责任。

第五百一十三条　【执行政府定价或政府指导价的合同的履行规则】 执行政府定价或者政府指导价的，在合同约定的交付期限内政府价格调整时，按照交付时的价格计价。逾期交付标的物的，遇价格上涨时，按照原价格执行；价格下降时，按照新价格执行。逾期提取标的物或者逾期付款的，遇价格上涨时，按照新价格执行；价格下降时，按照原价格执行。

第五百一十四条　【金钱之债的履行】 以支付金钱为内容的债，除法律另有规定或者当事人另有约定外，债权人可以请求债务人以实际履行地的法定货币履行。

相关法律条文

《中华人民共和国中国人民银行法》(2003年12月27日修正)

第十六条　中华人民共和国的法定货币是人民币。以人民币支付中华人民共和国境内的一切公共的和私人的债务，任何单位和个人不得拒收。

> **第十七条** 人民币的单位为元,人民币辅币单位为角、分。
>
> **第十八条** 人民币由中国人民银行统一印制、发行。
>
> 中国人民银行发行新版人民币,应当将发行时间、面额、图案、式样、规格予以公告。

第五百一十五条 【选择之债中选择权的归属】标的有多项而债务人只需履行其中一项的,债务人享有选择权;但是,法律另有规定、当事人另有约定或者另有交易习惯的除外。

享有选择权的当事人在约定期限内或者履行期限届满未作选择,经催告后在合理期限内仍未选择的,选择权转移至对方。

第五百一十六条 【选择之债中选择权的行使】当事人行使选择权应当及时通知对方,通知到达对方时,标的确定。标的确定后不得变更,但是经对方同意的除外。

可选择的标的发生不能履行情形的,享有选择权的当事人不得选择不能履行的标的,但是该不能履行的情形是由对方造成的除外。

第五百一十七条 【按份之债】债权人为二人以上,标的可分,按照份额各自享有债权的,为按份债权;债务人为二人以上,标的可分,按照份额各自负担债务的,为按份债务。

按份债权人或者按份债务人的份额难以确定的,视为份额相同。

> **相关法律条文**
>
> **《中华人民共和国民法典》(2021年1月1日起施行)**
>
> **第一百七十七条** 二人以上依法承担按份责任,能够确定责任大小的,各自承担相应的责任;难以确定责任大小的,平均承担责任。

第五百一十八条 【连带之债】债权人为二人以上,部分或者全部债权人均可以请求债务人履行债务的,为连带债权;债务人为二人以上,债权人可以请求部分或者全部债务人履行全部债务的,为连带债务。

连带债权或者连带债务,由法律规定或者当事人约定。

相关法律条文

《中华人民共和国民法典》(2021年1月1日起施行)

第六十七条　法人合并的,其权利和义务由合并后的法人享有和承担。

法人分立的,其权利和义务由分立后的法人享有连带债权,承担连带债务,但是债权人和债务人另有约定的除外。

第七十五条　设立人为设立法人从事的民事活动,其法律后果由法人承受;法人未成立的,其法律后果由设立人承受,设立人为二人以上的,享有连带债权,承担连带债务。

设立人为设立法人以自己的名义从事民事活动产生的民事责任,第三人有权选择请求法人或者设立人承担。

第一百七十八条　二人以上依法承担连带责任的,权利人有权请求部分或者全部连带责任人承担责任。

连带责任人的责任份额根据各自责任大小确定;难以确定责任大小的,平均承担责任。实际承担责任超过自己责任份额的连带责任人,有权向其他连带责任人追偿。

连带责任,由法律规定或者当事人约定。

第三百零七条　因共有的不动产或者动产产生的债权债务,在对外关系上,共有人享有连带债权、承担连带债务,但是法律另有规定或者第三人知道共有人不具有连带债权债务关系的除外;在共有人内部关系上,除共有人另有约定外,按份共有人按照份额享有债权、承担债务,共同共有人共同享有债权、承担债务。偿还债务超过自己应当承担份额的按份共有人,有权向其他共有人追偿。

第五百一十九条　【连带债务人的份额与追偿权】连带债务人之间的份额难以确定的,视为份额相同。

实际承担债务超过自己份额的连带债务人,有权就超出部分在其他连带债务人未履行的份额范围内向其追偿,并相应地享有债权人的权利,但是不得损害债权人的利益。其他连带债务人对债权人的抗辩,可以向该债务人主张。

被追偿的连带债务人不能履行其应分担份额的,其他连带债务人应当在相应范围内按比例分担。

第五百二十条　【连带债务人内部发生绝对效力与相对效力的事项】部分连带债务人履行、抵销债务或者提存标的物的，其他债务人对债权人的债务在相应范围内消灭；该债务人可以依据前条规定向其他债务人追偿。

部分连带债务人的债务被债权人免除的，在该连带债务人应当承担的份额范围内，其他债务人对债权人的债务消灭。

部分连带债务人的债务与债权人的债权同归于一人的，在扣除该债务人应当承担的份额后，债权人对其他债务人的债权继续存在。

债权人对部分连带债务人的给付受领迟延的，对其他连带债务人发生效力。

相关司法解释规定

《最高人民法院关于审理民事案件适用诉讼时效制度若干问题的规定》（法释〔2008〕11号）（2020年12月23日修正）

第十五条　对于连带债权人中的一人发生诉讼时效中断效力的事由，应当认定对其他连带债权人也发生诉讼时效中断的效力。

对于连带债务人中的一人发生诉讼时效中断效力的事由，应当认定对其他连带债务人也发生诉讼时效中断的效力。

第五百二十一条　【连带债权人的份额的确定与返还】连带债权人之间的份额难以确定的，视为份额相同。

实际受领债权的连带债权人，应当按比例向其他连带债权人返还。

连带债权参照适用本章连带债务的有关规定。

第五百二十二条　【为第三人利益的合同】当事人约定由债务人向第三人履行债务，债务人未向第三人履行债务或者履行债务不符合约定的，应当向债权人承担违约责任。

法律规定或者当事人约定第三人可以直接请求债务人向其履行债务，第三人未在合理期限内明确拒绝，债务人未向第三人履行债务或者履行债务不符合约定的，第三人可以请求债务人承担违约责任；债务人对债权人的抗辩，可以向第三人主张。

一、相关法律条文

《中华人民共和国保险法》(2015年4月24日修正)

第二十二条　保险事故发生后,按照保险合同请求保险人赔偿或者给付保险金时,投保人、被保险人或者受益人应当向保险人提供其所能提供的与确认保险事故的性质、原因、损失程度等有关的证明和资料。

保险人按照合同的约定,认为有关的证明和资料不完整的,应当及时一次性通知投保人、被保险人或者受益人补充提供。

第二十三条　保险人收到被保险人或者受益人的赔偿或者给付保险金的请求后,应当及时作出核定;情形复杂的,应当在三十日内作出核定,但合同另有约定的除外。保险人应当将核定结果通知被保险人或者受益人;对属于保险责任的,在与被保险人或者受益人达成赔偿或者给付保险金的协议后十日内,履行赔偿或者给付保险金义务。保险合同对赔偿或者给付保险金的期限有约定的,保险人应当按照约定履行赔偿或者给付保险金义务。

保险人未及时履行前款规定义务的,除支付保险金外,应当赔偿被保险人或者受益人因此受到的损失。

任何单位和个人不得非法干预保险人履行赔偿或者给付保险金的义务,也不得限制被保险人或者受益人取得保险金的权利。

第二十四条　保险人依照本法第二十三条的规定作出核定后,对不属于保险责任的,应当自作出核定之日起三日内向被保险人或者受益人发出拒绝赔偿或者拒绝给付保险金通知书,并说明理由。

第六十五条　保险人对责任保险的被保险人给第三者造成的损害,可以依照法律的规定或者合同的约定,直接向该第三者赔偿保险金。

责任保险的被保险人给第三者造成损害,被保险人对第三者应负的赔偿责任确定的,根据被保险人的请求,保险人应当直接向该第三者赔偿保险金。被保险人怠于请求的,第三者有权就其应获赔偿部分直接向保险人请求赔偿保险金。

责任保险的被保险人给第三者造成损害,被保险人未向该第三者赔偿的,保险人不得向被保险人赔偿保险金。

责任保险是指以被保险人对第三者依法应负的赔偿责任为保险标的的保险。

二、相关行政法规

《机动车交通事故责任强制保险条例》(2019年3月2日修订)

第三十一条 保险公司可以向被保险人赔偿保险金,也可以直接向受害人赔偿保险金。但是,因抢救受伤人员需要保险公司支付或者垫付抢救费用的,保险公司在接到公安机关交通管理部门通知后,经核对应当及时向医疗机构支付或者垫付抢救费用。

因抢救受伤人员需要救助基金管理机构垫付抢救费用的,救助基金管理机构在接到公安机关交通管理部门通知后,经核对应当及时向医疗机构垫付抢救费用。

三、相关裁判摘要

● **2012年第8期《中华人民共和国最高人民法院公报》**刊登的"**中国太平洋财产保险股份有限公司与中远航运股份有限公司、第三人海南分公司海南一汽海马汽车销售有限公司水路货物运输合同货损赔偿纠纷案**"中,最高人民法院(2011)民提字第12号民事判决书认为,当事人明确约定了第三人针对债务人的索赔请求权时,不适用《合同法》第六十四条。相关裁判摘要如下:

海马销售公司与金盘物流公司于2006年12月31日签订《协议书》约定:海马销售公司将海马商品车的物流、仓储、运输等事项委托给金盘物流公司运营,金盘物流公司负责海马销售公司委托的海马商品车的物流、仓储、运输等工作。金盘物流公司与中远公司于2007年1月1日签订《车辆运输合作协议》第一条约定:金盘物流公司指定中远公司作为承运车从海口至上海水路运输的承运商,由中远公司利用其滚装船为金盘物流公司实施海口至上海的承运车水路运输。第十七条第8项约定:因不可免责原因,中远公司违反协议致使金盘物流公司(含金盘物流公司各关联公司、托运人)或承运车厂家遭受损失,金盘物流公司或承运车厂家有权提出索赔。本院认为,按照该协议的约定,中远公司在订立合同时,已经知道其所承运货物的托运人实际为"承运车厂家",并且在协议中明确约定"承运车厂家"因中远公司违反运输合同而遭受损失时,具有向中远公司提出索赔的权利。该约定系协议当事人一致的意思表示,约定第三人可以直接向中远公司提出索赔,对各方当事人均具有约束力。该约定不属于《中华人民共和国合同法》第六十四条规定的"当事人约定由债务人向第三人履行债务"的情形,中远公司主张海马销售公司无权依据《车辆运输合作协议》提起诉讼缺乏法律依据。《车辆运输合作协议》第二十二条第 1 项约定："承运车厂家"是指承运车的制造商或负责承运车销售管理的企业。根据《独家经销商协议》,海马销售公司为涉案车辆的销售管理企业和所有权人。故海马销售公司有权依据《车辆运输合作协议》向中远公司提出索赔。

第五百二十三条　【当事人约定的第三人代为履行债务】 当事人约定由第三人向债权人履行债务,第三人不履行债务或者履行债务不符合约定的,债务人应当向债权人承担违约责任。

相关法律条文

《中华人民共和国旅游法》(2018 年 10 月 26 日修正)

第七十一条　由于地接社、履行辅助人的原因导致违约的,由组团社承担责任;组团社承担责任后可以向地接社、履行辅助人追偿。

由于地接社、履行辅助人的原因造成旅游者人身损害、财产损失的,旅游者可以要求地接社、履行辅助人承担赔偿责任,也可以要求组团社承担赔偿责任;组团社承担责任后可以向地接社、履行辅助人追偿。但是,由于公共交通经营者的原因造成旅游者人身损害、财产损失的,由公共交通经营者依法承担赔偿责任,旅行社应当协助旅游者向公共交通经营者索赔。

第一百一十一条　本法下列用语的含义:

(一)旅游经营者,是指旅行社、景区以及为旅游者提供交通、住宿、餐饮、购物、娱乐等服务的经营者。

(二)景区,是指为旅游者提供游览服务、有明确的管理界限的场所或者区域。

(三)包价旅游合同,是指旅行社预先安排行程,提供或者通过履行辅助人提供交通、住宿、餐饮、游览、导游或者领队等两项以上旅游服务,旅游者以总价支付旅游费用的合同。

(四)组团社,是指与旅游者订立包价旅游合同的旅行社。

(五)地接社,是指接受组团社委托,在目的地接待旅游者的旅行社。

(六)履行辅助人,是指与旅行社存在合同关系,协助其履行包价旅游合同义务,实际提供相关服务的法人或者自然人。

第五百二十四条 【具有合法利益的第三人代为履行债务】 债务人不履行债务，第三人对履行该债务具有合法利益的，第三人有权向债权人代为履行；但是，根据债务性质、按照当事人约定或者依照法律规定只能由债务人履行的除外。

债权人接受第三人履行后，其对债务人的债权转让给第三人，但是债务人和第三人另有约定的除外。

一、相关法律条文

《中华人民共和国民法典》（2021年1月1日起施行）

第七百一十九条 承租人拖欠租金的，次承租人可以代承租人支付其欠付的租金和违约金，但是转租合同对出租人不具有法律约束力的除外。

次承租人代为支付的租金和违约金，可以充抵次承租人应当向承租人支付的租金；超出其应付的租金数额的，可以向承租人追偿。

二、相关司法解释规定

《最高人民法院关于人民法院办理执行异议和复议案件若干问题的规定》（法释〔2015〕10号）（2020年12月23日修正）

第十八条 执行过程中，第三人因书面承诺自愿代被执行人偿还债务而被追加为被执行人后，无正当理由反悔并提出异议的，人民法院不予支持。

第五百二十五条 【同时履行抗辩权】 当事人互负债务，没有先后履行顺序的，应当同时履行。一方在对方履行之前有权拒绝其履行请求。一方在对方履行债务不符合约定时，有权拒绝其相应的履行请求。

第五百二十六条 【后履行抗辩权】 当事人互负债务，有先后履行顺序，应当先履行债务一方未履行的，后履行一方有权拒绝其履行请求。先履行一方履行债务不符合约定的，后履行一方有权拒绝其相应的履行请求。

第五百二十七条 【不安履行抗辩权】 应当先履行债务的当事人，有确切证据证明对方有下列情形之一的，可以中止履行：

（一）经营状况严重恶化；
（二）转移财产、抽逃资金，以逃避债务；
（三）丧失商业信誉；
（四）有丧失或者可能丧失履行债务能力的其他情形。

当事人没有确切证据中止履行的，应当承担违约责任。

一、相关司法解释规定

《最高人民法院关于审理矿业权纠纷案件适用法律若干问题的解释》（法释〔2017〕12号）（2020年12月23日修正）

第九条 矿业权转让合同约定受让人支付全部或者部分转让款后办理报批手续，转让人在办理报批手续前请求受让人先履行付款义务的，人民法院应予支持，但受让人有确切证据证明存在转让人将同一矿业权转让给第三人、矿业权人将被兼并重组等符合民法典第五百二十七条规定情形的除外。

二、相关文件规定

《最高人民法院关于当前形势下审理民商事合同纠纷案件若干问题的指导意见》（法发〔2009〕40号）对人民法院合理适用不安抗辩权规则，维护权利人合法权益，作出了如下指导：

17. 在当前情势下，为敦促诚信的合同一方当事人及时保全证据、有效保护权利人的正当合法权益，对于一方当事人已经履行全部交付义务，虽然约定的价款期限尚未到期，但其诉请付款方支付未到期价款的，如果有确切证据证明付款方明确表示不履行给付价款义务，或者付款方被吊销营业执照、被注销、被有关部门撤销、处于歇业状态，或者付款方转移财产、抽逃资金以逃避债务，或者付款方丧失商业信誉，以及付款方以自己的行为表明不履行给付价款义务的其他情形的，除非付款方已经提供适当的担保，人民法院可以根据合同法第六十八条第一款、第六十九条、第九十四条第（二）项、第一百零八条、第一百六十七条等规定精神，判令付款期限已到期或者加速到期。

三、相关裁判摘要

• **2011年第8期《中华人民共和国最高人民法院公报》**刊登的**“俞财新与福建华辰房地产有限公司、魏传瑞商品房买卖（预约）合同纠纷案”**中，最高人民法院（2010）民一终字第13号民事判决书认为，根据合同的相对性原则,涉案合同一方当事人以案外人违约为由,主张在涉案合同履行中行使不安抗辩权的,人民法院不予支持。相关裁判摘要如下:

俞财新主张不安抗辩权的理由是华辰公司丧失商业信誉,依据是其与福州华辰公司签订另一购房合同后,福州华辰公司将合同约定的房屋设定抵押。然而,福州华辰公司与华辰公司是两个不同的法人,以案外人违约为由在本案合同履行中行使不安抗辩权,不符合合同相对性原则。根据《合同法》第六十八条的规定,俞财新关于其行使不安抗辩权的主张,依据不足。《合同法》第六十九条规定了行使不安抗辩权的要件,即使俞财新有权行使不安抗辩权,也应当及时通知对方。但无证据证明俞财新履行过通知义务。因此,俞财新关于其行使不安抗辩权的主张,缺乏事实和法律依据,本院不予支持。

● **2003年第4期《中华人民共和国最高人民法院公报》**刊登的“**沛时投资公司诉天津市金属工具公司中外合资合同纠纷上诉案**”中,最高人民法院(2002)民四终字第3号民事判决书对不安抗辩权的具体适用进行了分析。相关裁判摘要如下:

作为当时有效的我国涉外经济合同法并没有关于不安抗辩和预期违约的规定。最高人民法院《关于适用〈中华人民共和国合同法〉若干问题的解释(一)》第一条规定,“……合同法实施以前成立的合同发生纠纷起诉到人民法院的,除本解释另有规定的以外,适用当时的法律规定,当时没有法律规定的,可以适用合同法的有关规定”。据此本案可以适用我国合同法中有关不安抗辩和预期违约的规定。根据《合同法》第六十八条、第六十九条有关不安抗辩的规定,应当先履行债务的当事人行使不安抗辩权首先要有确切证据证明对方存在法定的几种有丧失或者可能丧失履行债务能力的情形,其次要尽及时通知对方的义务。而本案中投资公司与工具公司并不存在谁先履行债务的问题,投资公司也没有通知工具公司要中止履行合资合同,因此不符合合同法有关不安抗辩的规定。

第五百二十八条 【不安履行抗辩权的效力】当事人依据前条规定中止履行的,应当及时通知对方。对方提供适当担保的,应当恢复履行。中止履行后,对方在合理期限内未恢复履行能力且未提供适当担保的,视为以自己的行为表明不履行主要债务,中止履行的一方可以解除合同并可以请求对方承担违约责任。

第五百二十九条　【因债权人的原因导致履行债务困难时的中止履行】债权人分立、合并或者变更住所没有通知债务人,致使履行债务发生困难的,债务人可以中止履行或者将标的物提存。

第五百三十条　【提前履行债务】债权人可以拒绝债务人提前履行债务,但是提前履行不损害债权人利益的除外。

债务人提前履行债务给债权人增加的费用,由债务人负担。

第五百三十一条　【部分履行债务】债权人可以拒绝债务人部分履行债务,但是部分履行不损害债权人利益的除外。

债务人部分履行债务给债权人增加的费用,由债务人负担。

第五百三十二条　【当事人姓名等变化不影响合同义务的履行】合同生效后,当事人不得因姓名、名称的变更或者法定代表人、负责人、承办人的变动而不履行合同义务。

相关法律条文

《中华人民共和国民法典》(2021 年 1 月 1 日起施行)

第一千零一十六条　自然人决定、变更姓名,或者法人、非法人组织决定、变更、转让名称的,应当依法向有关机关办理登记手续,但是法律另有规定的除外。

民事主体变更姓名、名称的,变更前实施的民事法律行为对其具有法律约束力。

第五百三十三条　【情势变更】合同成立后,合同的基础条件发生了当事人在订立合同时无法预见的、不属于商业风险的重大变化,继续履行合同对于当事人一方明显不公平的,受不利影响的当事人可以与对方重新协商;在合理期限内协商不成的,当事人可以请求人民法院或者仲裁机构变更或者解除合同。

人民法院或者仲裁机构应当结合案件的实际情况,根据公平原则变更或者解除合同。

一、相关文件规定

1.《最高人民法院关于依法妥善审理涉新冠肺炎疫情民事案件若干问题的指导意见(一)》(法发〔2020〕12号)

三、依法妥善审理合同纠纷案件。受疫情或者疫情防控措施直接影响而产生的合同纠纷案件,除当事人另有约定外,在适用法律时,应当综合考量疫情对不同地区、不同行业、不同案件的影响,准确把握疫情或者疫情防控措施与合同不能履行之间的因果关系和原因力大小,按照以下规则处理:

(一)疫情或者疫情防控措施直接导致合同不能履行的,依法适用不可抗力的规定,根据疫情或者疫情防控措施的影响程度部分或者全部免除责任。当事人对于合同不能履行或者损失扩大有可归责事由的,应当依法承担相应责任。因疫情或者疫情防控措施不能履行合同义务,当事人主张其尽到及时通知义务的,应当承担相应举证责任。

(二)疫情或者疫情防控措施仅导致合同履行困难的,当事人可以重新协商;能够继续履行的,人民法院应当切实加强调解工作,积极引导当事人继续履行。当事人以合同履行困难为由请求解除合同的,人民法院不予支持。继续履行合同对于一方当事人明显不公平,其请求变更合同履行期限、履行方式、价款数额等的,人民法院应当结合案件实际情况决定是否予以支持。合同依法变更后,当事人仍然主张部分或者全部免除责任的,人民法院不予支持。因疫情或者疫情防控措施导致合同目的不能实现,当事人请求解除合同的,人民法院应予支持。

(三)当事人存在因疫情或者疫情防控措施得到政府部门补贴资助、税费减免或者他人资助、债务减免等情形的,人民法院可以作为认定合同能否继续履行等案件事实的参考因素。

2.《最高人民法院关于依法妥善审理涉新冠肺炎疫情民事案件若干问题的指导意见(二)》(法发〔2020〕17号)

1.疫情或者疫情防控措施导致当事人不能按照约定的期限履行买卖合同或者履行成本增加,继续履行不影响合同目的的实现,当事人请求解除合同的,人民法院不予支持。

疫情或者疫情防控措施导致出卖人不能按照约定的期限完成订单或者交付货物,继续履行不能实现买受人的合同目的,买受人请求解除合同,返还已经支付的预付款或者定金的,人民法院应予支持;买受人请求出卖人承担违约责任的,人民法院不予支持。

2. 买卖合同能够继续履行,但疫情或者疫情防控措施导致人工、原材料、物流等履约成本显著增加,或者导致产品大幅降价,继续履行合同对一方当事人明显不公平,受不利影响的当事人请求调整价款的,人民法院应当结合案件的实际情况,根据公平原则调整价款。疫情或者疫情防控措施导致出卖人不能按照约定的期限交货,或者导致买受人不能按照约定的期限付款,当事人请求变更履行期限的,人民法院应当结合案件的实际情况,根据公平原则变更履行期限。

已经通过调整价款、变更履行期限等方式变更合同,当事人请求对方承担违约责任的,人民法院不予支持。

3. 出卖人与买受人订立防疫物资买卖合同后,将防疫物资高价转卖他人致使合同不能履行,买受人请求将出卖人所得利润作为损失赔偿数额的,人民法院应予支持。因政府依法调用或者临时征用防疫物资,致使出卖人不能履行买卖合同,买受人请求出卖人承担违约责任的,人民法院不予支持。

4. 疫情或者疫情防控措施导致出卖人不能按照商品房买卖合同约定的期限交付房屋,或者导致买受人不能按照约定的期限支付购房款,当事人请求解除合同,由对方当事人承担违约责任的,人民法院不予支持。但是,当事人请求变更履行期限的,人民法院应当结合案件的实际情况,根据公平原则进行变更。

5. 承租房屋用于经营,疫情或者疫情防控措施导致承租人资金周转困难或者营业收入明显减少,出租人以承租人没有按照约定的期限支付租金为由请求解除租赁合同,由承租人承担违约责任的,人民法院不予支持。

为展览、会议、庙会等特定目的而预订的临时场地租赁合同,疫情或者疫情防控措施导致该活动取消,承租人请求解除租赁合同,返还预付款或者定金的,人民法院应予支持。

6. 承租国有企业房屋以及政府部门、高校、研究院所等行政事业单位房屋用于经营,受疫情或者疫情防控措施影响出现经营困难的服务业小微企业、个体工商户等承租人,请求出租人按照国家有关政策免除一定期限内的租金的,人民法院应予支持。

承租非国有房屋用于经营,疫情或者疫情防控措施导致承租人没有营业收入或者营业收入明显减少,继续按照原租赁合同支付租金对其明显不公平,承租人请求减免租金、延长租期或者延期支付租金的,人民法院可以引导当事人参照有关租金减免的政策进行调解;调解不成的,应当结合案件的实际情况,根据公平原则变更合同。

7. 疫情或者疫情防控措施导致承包方未能按照约定的工期完成施工,发包方请求承包方承担违约责任的,人民法院不予支持;承包方请求延长工期的,人民法院应当视疫情或者疫情防控措施对合同履行的影响程度酌情予以支持。

疫情或者疫情防控措施导致人工、建材等成本大幅上涨,或者使承包方遭受人工费、设备租赁费等损失,继续履行合同对承包方明显不公平,承包方请求调整价款的,人民法院应当结合案件的实际情况,根据公平原则进行调整。

8. 当事人订立的线下培训合同,受疫情或者疫情防控措施影响不能进行线下培训,能够通过线上培训、变更培训期限等方式实现合同目的,接受培训方请求解除的,人民法院不予支持;当事人请求通过线上培训、变更培训期限、调整培训费用等方式继续履行合同的,人民法院应当结合案件的实际情况,根据公平原则变更合同。

受疫情或者疫情防控措施影响不能进行线下培训,通过线上培训方式不能实现合同目的,或者案件实际情况表明不宜进行线上培训,接受培训方请求解除合同的,人民法院应予支持。具有时限性要求的培训合同,变更培训期限不能实现合同目的,接受培训方请求解除合同的,人民法院应予支持。培训合同解除后,已经预交的培训费,应当根据接受培训的课时等情况全部或者部分予以返还。

3.《最高人民法院关于当前形势下审理民商事合同纠纷案件若干问题的指导意见》(法发〔2009〕40号)

1. 当前市场主体之间的产品交易、资金流转因原料价格剧烈波动、市场需求关系的变化、流动资金不足等诸多因素的影响而产生大量纠纷,对于部分当事人在诉讼中提出适用情势变更原则变更或者解除合同的请求,人民法院应当依据公平原则和情势变更原则严格审查。

2. 人民法院在适用情势变更原则时,应当充分注意到全球性金融危机和国内宏观经济形势变化并非完全是一个令所有市场主体猝不及防的突变过程,而是一个逐步演变的过程。在演变过程中,市场主体应当对于市场风险存在一定程度的预见和判断。人民法院应当依法把握情势变更原则的适用条件,严格审查当事人提出的“无法预见”的主张,对于涉及石油、焦炭、有色金属等市场属性活泼、长期以来价格波动较大的大宗商品标的物以及股票、期货等风险投资型金融产品标的物的合同,更要慎重适用情势变更原则。

3.人民法院要合理区分情势变更与商业风险。商业风险属于从事商业活动的固有风险,诸如尚未达到异常变动程度的供求关系变化、价格涨跌等。情势变更是当事人在缔约时无法预见的非市场系统固有的风险。人民法院在判断某种重大客观变化是否属于情势变更时,应当注意衡量风险类型是否属于社会一般观念上的事先无法预见、风险程度是否远远超出正常人的合理预期、风险是否可以防范和控制、交易性质是否属于通常的"高风险高收益"范围等因素,并结合市场的具体情况,在个案中识别情势变更和商业风险。

4.在调整尺度的价值取向把握上,人民法院仍应遵循侧重于保护守约方的原则。适用情势变更原则并非简单地豁免债务人的义务而使债权人承受不利后果,而是要充分注意利益均衡,公平合理地调整双方利益关系。在诉讼过程中,人民法院要积极引导当事人重新协商,改订合同;重新协商不成的,争取调解解决。为防止情势变更原则被滥用而影响市场正常的交易秩序,人民法院决定适用情势变更原则作出判决的,应当按照最高人民法院《关于正确适用〈中华人民共和国合同法〉若干问题的解释(二)服务党和国家工作大局的通知》(法〔2009〕165号)的要求,严格履行适用情势变更的相关审核程序。

二、相关裁判摘要

• **2016年第11期《中华人民共和国最高人民法院公报》**刊登的**"交通运输部南海救助局与阿昌格罗斯投资公司、香港安达欧森有限公司上海代表处海难救助合同纠纷案"**中,最高人民法院(2016)最高法民再61号民事判决书对情势变更的认定进行了分析。相关裁判摘要如下:

投资公司还提出,本案救助方案由此前的拖带作业、探摸作业变更为过驳减载,符合情势变更的有关情形,此前约定的救助报酬费率应予调整。本院认为,《最高人民法院关于适用〈中华人民共和国合同法〉若干问题的解释(二)》第二十六条规定:"合同成立以后客观情况发生了当事人在订立合同时无法预见的、非不可抗力造成的不属于商业风险的重大变化,继续履行合同对于一方当事人明显不公平或者不能实现合同目的,当事人请求人民法院变更或者解除合同的,人民法院应当根据公平原则,并结合案件的实际情况确定是否变更或者解除。"本案救助方案的调整并非基于客观情况的重大变化,而是包括当事人在内的相关方协商讨论的结果,且合同的继续履行对于投资公司并非明显不公平或者不能实现合同目的,救助方案的调整并不属于法律意义上的情势变更。投资公司以此主张降低约定的费率和费用,缺乏事实和法律依据,本院不予支持。

● **2016年第6期《中华人民共和国最高人民法院公报》**刊登的"**大宗集团有限公司、宗锡晋与淮北圣火矿业有限公司、淮北圣火房地产开发有限责任公司、涡阳圣火房地产开发有限公司股权转让纠纷案**"中,最高人民法院(2015)民二终字第236号民事判决书就情势变更的认定进行了分析。相关裁判摘要如下:

最高人民法院《关于适用〈中华人民共和国合同法〉若干问题的解释(二)》第二十六条规定,"合同成立以后客观情况发生了当事人在订立合同时无法预见的、非不可抗力造成的不属于商业风险的重大变化,继续履行合同对于一方当事人明显不公平或者不能实现合同目的,当事人请求人民法院变更或者解除合同的,人民法院应当根据公平原则,并结合案件的实际情况确定是否变更或者解除"。是否属于所谓情势变更还是商业风险,需要参照合同约定,并从可预见性、归责性以及产生后果等方面进行分析。本案中,淮北宗圣公司成立于2007年,涉案三处煤炭资源一直申请办理采矿权手续或立项核准,直到2014年10月12日《指导意见》之前,也未获得批准,并且该意见规定,只是在今后一段时间内东部地区原则上不再新建煤矿项目,且安徽省是否属于该《指导意见》所确定的东部地区尚需进一步论证。因此,政策原因并非是造成合作开发项目得不到核准的唯一原因。

案涉《股权转让协议》第四条约定,无论与淮北宗圣公司、宿州宗圣公司拥有的三处煤炭资源相关的探矿许可证或采矿许可证是否作废、到期或失效,圣火矿业公司均无条件的履行本协议约定的所有条款;第二条约定,2014年7月31日前,圣火矿业公司向大宗公司支付第一笔股权转让款。圣火矿业公司对此并无异议,且在第一笔转让款期满不能支付的情况下向大宗公司出具了2000万元的违约金欠条并实际履行1000万元,而《指导意见》出台时间是在2014年10月12日,故对该笔股权转让款,一审判决认定不符合情势变更原则,有事实依据。圣火矿业公司以情势变更原则不应履行支付第一笔股权转让款的抗辩,本院不予采信。

• **2010年第4期《中华人民共和国最高人民法院公报》**刊登的“**成都鹏伟实业有限公司与江西省永修县人民政府、永修县鄱阳湖采砂管理工作领导小组办公室采矿权纠纷案**”中，最高人民法院(2008)民二终字第91号民事判决书认为人民法院可以根据公平原则支持一方当事人要求变更合同部分条款的请求。相关裁判摘要如下：

公平原则是当事人订立、履行民事合同所应遵循的基本原则。本院《关于适用〈中华人民共和国合同法〉若干问题的解释(二)》第二十六条规定：“合同成立以后客观情况发生了当事人在订立合同时无法预见的、非不可抗力造成的不属于商业风险的重大变化，继续履行合同对于一方当事人明显不公平或者不能实现合同目的，当事人请求人民法院变更或者解除合同的，人民法院应当根据公平原则，并结合案件的实际情况确定是否变更或者解除。”本案中，鹏伟公司所享有的鄱阳湖永修段采砂权虽然是通过竞拍方式取得的，但竞拍只是鹏伟公司与采砂办为订立《采砂权出让合同》所采取的具体方式，双方之间的合同行为仍应受《中华人民共和国合同法》的调整。鹏伟公司在履行本案《采砂权出让合同》过程中遭遇鄱阳湖36年未遇的罕见低水位，导致采砂船不能在采砂区域作业，采砂提前结束，未能达到《采砂权出让合同》约定的合同目的，形成巨额亏损。这一客观情况是鹏伟公司和采砂办在签订合同时不可能预见到的，鹏伟公司的损失也非商业风险所致。在此情况下，仍旧依照合同的约定履行，必然导致采砂办取得全部合同收益，而鹏伟公司承担全部投资损失，对鹏伟公司而言是不公平的，有悖于合同法的基本原则。鹏伟公司要求采砂办退还部分合同价款，实际是要求对《采砂权出让合同》的部分条款进行变更，符合《合同法》和本院上述司法解释的规定，本院予以支持。

• **1996年第2期《中华人民共和国最高人民法院公报》**刊登的“**武汉市煤气公司诉重庆检测仪表厂煤气装配线技术转让合同、煤气表散件购销合同纠纷案**”判决对合同履行应当遵循公平和诚实信用原则的问题进行了分析。相关裁判摘要如下：

关于煤气表散件供应合同，在合同履行过程中，由于发生了当事人无法预见和防止的情势变更，即生产煤气表散件的主要原材料铝锭的价格，由签订合同时国家定价为每吨4400元至4600元，上调到每吨1.6万元，铝外壳的售价亦相应由每套23.085元上调到41元，如要求仪表厂仍按原合同约定的价格供给煤气表散件，则显失公平。对于双方由此发生的纠纷，应依照《中华人民共和国民法通则》第四条规定的公平和诚实信用原则及《经济合同法》第二十七条第一款四项的规定，适用情势变更原则公平合理地予以处理。一审判决适用经济合同法和《工矿产品购销合同条例》中的有关违约责任条款，判令仪表厂承担违约责任显系不当。

第五百三十四条 【合同的监督管理】 对当事人利用合同实施危害国家利益、社会公共利益行为的，市场监督管理和其他有关行政主管部门依照法律、行政法规的规定负责监督处理。

相关部门规章

《合同违法行为监督处理办法》(2020年12月31日修正)

第一条 为了维护市场经济秩序，保护国家利益、社会公共利益和当事人合法权益，依据《中华人民共和国民法典》和有关法律法规的规定，制定本办法。

第二条 本办法所称合同违法行为，是指自然人、法人、其他组织利用合同，以牟取非法利益为目的，违反法律法规及本办法的行为。

第三条 当事人订立、履行合同，应当遵守法律、行政法规，尊重社会公德，不得扰乱社会经济秩序，损害国家利益、社会公共利益。

第四条 各级市场监督管理部门在职权范围内，依照有关法律法规及本办法的规定，负责监督处理合同违法行为。

第五条 各级市场监督管理部门依法监督处理合同违法行为，实行查处与引导相结合，处罚与教育相结合，推行行政指导，督促、引导当事人依法订立、履行合同，维护国家利益、社会公共利益。

第六条 当事人不得利用合同实施下列欺诈行为，危害国家利益、社会公共利益：

(一)伪造合同；

(二)虚构合同主体资格或者盗用、冒用他人名义订立合同；

(三)虚构合同标的或者虚构货源、销售渠道诱人订立、履行合同；

(四)发布或者利用虚假信息，诱人订立合同；

(五)隐瞒重要事实，诱骗对方当事人做出错误的意思表示订立合同，或者诱骗对方当事人履行合同；

(六)没有实际履行能力，以先履行小额合同或者部分履行合同的方法，诱骗对方当事人订立、履行合同；

（七）恶意设置事实上不能履行的条款，造成对方当事人无法履行合同；

（八）编造虚假理由中止（终止）合同，骗取财物；

（九）提供虚假担保；

（十）采用其他欺诈手段订立、履行合同。

第七条　当事人不得利用合同实施下列危害国家利益、社会公共利益的行为：

（一）以贿赂、胁迫等手段订立、履行合同，损害国家利益、社会公共利益；

（二）以恶意串通手段订立、履行合同，损害国家利益、社会公共利益；

（三）非法买卖国家禁止或者限制买卖的财物；

（四）没有正当理由，不履行国家指令性合同义务；

（五）其他危害国家利益、社会公共利益的合同违法行为。

第八条　任何单位和个人不得在知道或者应当知道的情况下，为他人实施本办法第六条、第七条规定的违法行为，提供证明、执照、印章、账户及其他便利条件。

第九条　经营者与消费者采用格式条款订立合同的，经营者不得在格式条款中免除自己的下列责任：

（一）造成消费者人身伤害的责任；

（二）因故意或者重大过失造成消费者财产损失的责任；

（三）对提供的商品或者服务依法应当承担的保证责任；

（四）因违约依法应当承担的违约责任；

（五）依法应当承担的其他责任。

第十条　经营者与消费者采用格式条款订立合同的，经营者不得在格式条款中加重消费者下列责任：

（一）违约金或者损害赔偿金超过法定数额或者合理数额；

（二）承担应当由格式条款提供方承担的经营风险责任；

（三）其他依照法律法规不应由消费者承担的责任。

第十一条　经营者与消费者采用格式条款订立合同的，经营者不得在格式条款中排除消费者下列权利：

（一）依法变更或者解除合同的权利；

（二）请求支付违约金的权利；

（三）请求损害赔偿的权利；

（四）解释格式条款的权利；

（五）就格式条款争议提起诉讼的权利；

（六）消费者依法应当享有的其他权利。

第十二条 当事人违反本办法第六条、第七条、第八条、第九条、第十条、第十一条规定，法律法规已有规定的，从其规定；法律法规没有规定的，市场监督管理部门视其情节轻重，分别给予警告，处以违法所得额三倍以下，但最高不超过三万元的罚款，没有违法所得的，处以一万元以下的罚款。

第十三条 当事人合同违法行为轻微并及时纠正，没有造成危害后果的，应当依法不予行政处罚；主动消除或者减轻危害后果的，应当依法从轻或者减轻行政处罚；经督促、引导，能够主动改正或者及时中止合同违法行为的，可以依法从轻行政处罚。

第十四条 违反本办法规定涉嫌犯罪的，市场监督管理部门应当按照有关规定，移交司法机关追究其刑事责任。

第十五条 本办法由国家市场监督管理总局负责解释。

第十六条 本办法自2010年11月13日起施行。

第五章 合同的保全

第五百三十五条 【代位权行使的要件】 因债务人怠于行使其债权或者与该债权有关的从权利，影响债权人的到期债权实现的，债权人可以向人民法院请求以自己的名义代位行使债务人对相对人的权利，但是该权利专属于债务人自身的除外。

代位权的行使范围以债权人的到期债权为限。债权人行使代位权的必要费用，由债务人负担。

相对人对债务人的抗辩，可以向债权人主张。

一、相关法律条文

1.《中华人民共和国民法典》（2021年1月1日起施行）

第九百七十五条 合伙人的债权人不得代位行使合伙人依照本章规定和合伙合同享有的权利，但是合伙人享有的利益分配请求权除外。

2.《中华人民共和国税收征收管理法》（2015年4月24日修正）

第五十条 欠缴税款的纳税人因怠于行使到期债权，或者放弃到期债权，或者无偿转让财产，或者以明显不合理的低价转让财产而受让人知道该情形，对国家税收造成损害的，税务机关可以依照合同法第七十三条、第七十四条的规定行使代位权、撤销权。

税务机关依照前款规定行使代位权、撤销权的，不免除欠缴税款的纳税人尚未履行的纳税义务和应承担的法律责任。

二、相关司法解释规定

1.《最高人民法院关于审理建设工程施工合同纠纷案件适用法律问题的解释（一）》（法释〔2020〕25号）

第四十四条　实际施工人依据民法典第五百三十五条规定，以转包人或者违法分包人怠于向发包人行使到期债权或者与该债权有关的从权利，影响其到期债权实现，提起代位权诉讼的，人民法院应予支持。

2.《最高人民法院关于审理民事案件适用诉讼时效制度若干问题的规定》（法释〔2008〕11号）（2020年12月23日修正）对代位权诉讼具有的时效中断的效力，作出了如下规定：

第十六条　债权人提起代位权诉讼的，应当认定对债权人的债权和债务人的债权均发生诉讼时效中断的效力。

三、相关文件规定

1.《最高人民法院关于认真贯彻实施民事诉讼法及相关司法解释有关规定的通知》（法〔2017〕369号）

在对到期债权的执行中，应当依法保护次债务人的利益，对于次债务人在法定期限内提出异议的，除到期债权系经生效法律文书确定的外，人民法院对提出的异议不予审查，即应停止对次债务人的执行，债权人可以另行提起代位权诉讼主张权利。对于其他利害关系人提出的异议符合民事诉讼法第二百二十七条规定的，人民法院应当按照相应程序予以处理。

2.《最高人民法院关于依法制裁规避执行行为的若干意见》（法〔2011〕195号）就完善对被执行人享有债权的保全和执行措施，运用代位权诉讼制裁规避执行行为，提出了如下意见：

12. 依法执行已经生效法律文书确认的被执行人的债权。对于被执行人已经生效法律文书确认的债权，执行法院可以书面通知被执行人在限期内向有管辖权的人民法院申请执行该生效法律文书。限期届满被执行人仍怠于申请执行的，执行法院可以依法强制执行该到期债权。

被执行人已经申请执行的,执行法院可以请求执行该债权的人民法院协助扣留相应的执行款物。

13.依法保全被执行人的未到期债权。对被执行人的未到期债权,执行法院可以依法冻结,待债权到期后参照到期债权予以执行。第三人仅以该债务未到期为由提出异议的,不影响对该债权的保全。

14.引导申请执行人依法诉讼。被执行人怠于行使债权对申请执行人造成损害的,执行法院可以告知申请执行人依照《中华人民共和国合同法》第七十三条的规定,向有管辖权的人民法院提起代位权诉讼。

被执行人放弃债权、无偿转让财产或者以明显不合理的低价转让财产,对申请执行人造成损害的,执行法院可以告知申请执行人依照《中华人民共和国合同法》第七十四条的规定向有管辖权的人民法院提起撤销权诉讼。

3.《最高人民法院关于深圳发展银行与赛格(香港)有限公司、深圳赛格集团财务公司代位权纠纷一案的请示的复函》(〔2005〕民四他字第31号)就代位权的客体,作出了如下答复:

根据目前的法律规定和司法解释,债权人仅可以向人民法院请求以自己名义代位行使债务人具有金钱给付内容的到期债权,且该债权不能是专属于债务人自身的,代位权的范畴不能从债权扩张到所有权。

四、相关裁判摘要

● **2012年第6期《中华人民共和国最高人民法院公报》**刊登的"**成都市国土资源局武侯分局与招商(蛇口)成都房地产开发有限责任公司、成都港招实业开发有限责任公司、海南民丰科技实业开发总公司债权人代位权纠纷案**"中,最高人民法院(2011)民提字第210号民事判决书认为,次债务人未实际履行代物清偿协议时债权人有权行使代位权。相关裁判摘要如下:

根据《中华人民共和国合同法》第七十三条的规定,因债务人怠于行使其到期债权,对债权人造成损害的,债权人可以向人民法院请求以自己的名义代位行使债务人的债权,但该债权专属于债务人自身的除外。债务人与次债务人约定以代物清偿方式清偿债务的,因代物清偿协议系实践性合同,故若次债务人未实际履行代物清偿协议,则次债务人与债务人之间的原金钱债务并未消灭,债权人仍有权代位行使债务人的债权。

• **2011 年第 11 期《中华人民共和国最高人民法院公报》**刊登的"**中国银行股份有限公司汕头分行与广东发展银行股份有限公司韶关分行、第三人珠海经济特区安然实业(集团)公司代位权纠纷案**"中,最高人民法院(2011)民提字第 7 号民事判决书对债权人提起代位权诉讼的条件进行了分析。相关裁判摘要如下:

最高人民法院《关于适用〈中华人民共和国合同法〉若干问题的解释(一)》第十一条规定:"债权人依照合同法第七十三条的规定提起代位权诉讼,应当符合下列条件:(一)债权人对债务人的债权合法;(二)债务人怠于行使其到期债权,对债权人造成损害;(三)债务人的债权已到期;(四)债务人的债权不是专属债务人自身的债权。"据此,债权人提起代位权诉讼,应以主债权和次债权的成立为条件。债权成立不仅指债权的内容不违反法律、法规的规定,而且要求债权的数额应当确定。债权数额的确定既可以表现为债务人、次债务人对债权的认可,也可以经人民法院判决或者仲裁机构裁决加以确认。

• **2007 年第 1 期《中华人民共和国最高人民法院公报》**刊登的"**湘财证券有限责任公司与中国光大银行长沙新华支行、第三人湖南省平安轻化科技实业有限公司借款合同代位权纠纷案**"中,最高人民法院(2006)民二终字第 90 号民事判决书对债权人代位权的成立进行了分析。相关裁判摘要如下:

光大新华支行对平安轻化享有债权,平安轻化对湘财证券享有债权,上述债权至本案诉前均已到期。平安轻化既不向光大新华支行履行到期债务,又怠于向湘财证券主张到期债权,对光大新华支行造成了损害。光大新华支行根据《中华人民共和国合同法》第七十三条,最高人民法院《关于适用〈中华人民共和国合同法〉若干问题的解释(一)》第十六条第一款的规定,向人民法院请求以自己的名义代位行使平安轻化的债权并无不当,且原审判决认定光大新华支行可向湘财证券主张的债权数额并未超过平安轻化对湘财证券的债权数额,平安轻化对于光大新华支行主张债权的方式及范围均无异议,故湘财证券关于光大新华支行代位权不能成立的上诉主张缺乏事实和法律依据,本院不予支持。

• **2004 年第 4 期《中华人民共和国最高人民法院公报》**刊登的"**中国农业银行汇金支行诉张家港涤纶长丝厂代位权纠纷案**"判决对代位权的成立和行使等问题进行了分析。相关裁判摘要如下:

一、关于汇金农行能否行使代位权的问题。

《解释》* 第十三条规定："合同法第七十三条规定的'债务人怠于行使其到期债权，对债权人造成损害的'，是指债务人不履行其对债权人的到期债务，又不以诉讼方式或者仲裁方式向其债务人主张其享有的具有金钱给付内容的到期债权，致使债权人的到期债权未能实现。次债务人(即债务人的债务人)不认为债务人有怠于行使其到期债权情况的，应当承担举证责任。"本案中，债务人工艺品公司既未积极向债权人汇金农行履行到期债务，又未通过诉讼或者仲裁方式主张其对次债务人涤纶厂的到期债权，而在其债权到期后，通过签订延期还款协议，将还款时间延长8年之久，明显损害了债权人汇金农行的合法权益。工艺品公司的上述行为，导致汇金农行的债权不能实现，属于《合同法》第七十三条规定的债务人怠于行使债权。因此，一审认定其怠于行使债权并无不当。

第二份还款计划明显损害债权人利益而应当认定无效，其所约定的还款期限亦无效。确定工艺品公司和涤纶厂的债务是否到期，应以双方签订的代理进口协议和第一份还款计划作为依据。根据该还款计划，应确定双方的债权债务已于2000年1月30日到期。债务人与次债务人之间的具体债务数额是否确定，并不影响债权人对代位权的行使。因为在诉讼中，作为次债务人的涤纶厂完全有权向债权人汇金农行行使抗辩，本案中工艺品公司也已作为第三人参加诉讼，涉及工艺品公司与涤纶厂之间的债权债务关系的事实可以在本案中一并查清并加以确认，并不损害涤纶厂的利益。

二、关于汇金农行代位行使工艺品公司对涤纶厂债权的具体数额。

《解释》第二十一条规定："在代位权诉讼中，债权人行使代位权的请求数额超过债务人所负债务额或者超过次债务人对债务人所负债务额的，对超出部分人民法院不予支持。"汇金农行对涤纶厂行使代位权，其范围应当以其对工艺品公司的债权为限，同时不应超出工艺品公司对涤纶厂的债权。汇金农行对工艺品公司的债权，是其为信用证项下的全部垫款减去申请开证人已付的保证金，数额为13,886,811.55元。工艺品公司对涤纶厂的债权，是其对外支付的货款和履行代理进口协议的代理费用，减去涤纶厂付出的保证金和1999年2月6日后偿还的

---

* 全称为《最高人民法院关于适用〈中华人民共和国合同法〉若干问题的解释(一)》。——编者注

110万元。1999年2月6日工艺品公司与涤纶厂签订的协议,并非是对双方之间全部债权数额的最终确认,只约定了涤纶厂应在2000年1月30日前付清余款。1999年6月21日,工艺品公司与涤纶厂签订的《关于抵押权变更协议》中,双方约定的债务数额为1400万元左右,这是双方的真实意思表示。汇金农行在上诉期间,只向涤纶厂主张12,786,811.55元的代位清偿权,并未超过工艺品公司对涤纶厂的债权范围,应当予以确认。一审法院以1999年2月6日的协议,认定工艺品公司对涤纶厂的明确债权为880万元,扣除涤纶厂所付的110万元,确认汇金农行只能在770万元范围内对涤纶厂行使代位权,认定不当。虽然工艺品公司在二审中承认违约,但是由于其在代位权诉讼中处于第三人地位,因此其是否违约,应当由法院认定。

涤纶厂以工艺品公司在履行代理进口协议时违约而使债务数额不确定为由进行抗辩不能成立。因为在代理进口协议履行过程中,涤纶厂从未主张工艺品公司违约或要求对方承担违约责任,从汇金农行对外付款和代理协议履行完毕后,双方认可的两次还款计划和《关于抵押权变更协议》约定的内容看,亦无确认工艺品公司违约的事实和责任,相反,涤纶厂确认其对工艺品公司的债务数额超出了工艺品公司垫付款的范围,达1400万元左右。从代理进口协议及其履行的具体过程看,涤纶厂与外方协议约定推迟付款,同时还约定必须将外方银行延期付款通知传递给开证行,收到银行通知后,双方才可能按补充协议修改信用证并推迟付款。涤纶厂至今未能提供外方银行的延期付款通知书或修改信用证的相关证据,因此,可以认定,汇金农行按原合同约定对外付款,不是工艺品公司的过错,而是由于涤纶厂未能及时提供推迟付款、修改信用证的相关资料,工艺品公司在协议履行过程中不构成违约。故涤纶厂有关工艺品公司在履行代理进口协议中构成违约、双方的债权债务不能确定的抗辩不能成立。对于涤纶厂第一次还款计划之后支付给工艺品公司的100万元,应当从涤纶厂对工艺品公司的债务范围中扣减,但2001年5月18日所付的10万元属于代位权诉讼中的履行行为,与我国合同法代位权行使后果直接归属债权人的规定不符,该行为无效。汇金农行要求涤纶厂的偿还数额为12,886,811.55元,应予支持。

三、涤纶厂与工艺品公司上诉期间达成的设备抵债协议的效力及其法律后果。

涤纶厂与工艺品公司在一审判决之后达成以资产抵债的协议无效,不能产生导致本案终结的法律后果。《解释》第二十条规定:"债权人向次债务人提起的代位权诉讼经人民法院审理后认定代位权成立的,由次债务人向债权人履行清偿义务,债权人与债务人、债务人与次债务人之间相应的债权债务关系即予消灭。"代位权制度的立法本意是鼓励债权人积极行使权利。本案中,进入代位权诉讼程序后,债务人即丧失了主动处分次债务人债权的权利。代位权行使的后果直接归属于债权人,次债务人如果履行义务,只能向代位权人履行,不能向债务人履行。工艺品公司在诉讼中主动清结债权债务,存在逃避诉讼,规避法律的故意。此外,工艺品公司与涤纶厂达成以资产抵债协议,对该设备的实际价值并未进行评估,其所提供的双方在1999年6月办理抵押变更登记时所作的评估,并不能反映目前抵债协议签订时设备的真实状况,且代位权人汇金农行对该抵债协议不予认可,故对涤纶厂提出的这项上诉理由不予支持。

此外,依据《解释》第十九条关于"在代位权诉讼中,债权人胜诉的,诉讼费由次债务人负担,从实现的债权中优先支付"的规定,汇金农行提出一审法院判其承担的诉讼费过多的上诉请求,应予支持。

第五百三十六条 【债权未到期时债权人的保存行为】债权人的债权到期前,债务人的债权或者与该债权有关的从权利存在诉讼时效期间即将届满或者未及时申报破产债权等情形,影响债权人的债权实现的,债权人可以代位向债务人的相对人请求其向债务人履行、向破产管理人申报或者作出其他必要的行为。

第五百三十七条 【代位权行使的法律效果】人民法院认定代位权成立的,由债务人的相对人向债权人履行义务,债权人接受履行后,债权人与债务人、债务人与相对人之间相应的权利义务终止。债务人对相对人的债权或者与该债权有关的从权利被采取保全、执行措施,或者债务人破产的,依照相关法律的规定处理。

相关法律条文

《中华人民共和国企业破产法》(2007年6月1日起施行)

第二条　企业法人不能清偿到期债务，并且资产不足以清偿全部债务或者明显缺乏清偿能力的，依照本法规定清理债务。

企业法人有前款规定情形，或者有明显丧失清偿能力可能的，可以依照本法规定进行重整。

第三十二条　人民法院受理破产申请前六个月内，债务人有本法第二条第一款规定的情形，仍对个别债权人进行清偿的，管理人有权请求人民法院予以撤销。但是，个别清偿使债务人财产受益的除外。

第五百三十八条　【债权人对债务人无偿行为的撤销权】债务人以放弃其债权、放弃债权担保、无偿转让财产等方式无偿处分财产权益，或者恶意延长其到期债权的履行期限，影响债权人的债权实现的，债权人可以请求人民法院撤销债务人的行为。

一、相关法律条文

1.《中华人民共和国税收征收管理法》(2015年4月24日修正)

第五十条　欠缴税款的纳税人因怠于行使到期债权，或者放弃到期债权，或者无偿转让财产，或者以明显不合理的低价转让财产而受让人知道该情形，对国家税收造成损害的，税务机关可以依照合同法第七十三条、第七十四条的规定行使代位权、撤销权。

税务机关依照前款规定行使代位权、撤销权的，不免除欠缴税款的纳税人尚未履行的纳税义务和应承担的法律责任。

2.《中华人民共和国信托法》(2001年10月1日起施行)

第十二条　委托人设立信托损害其债权人利益的，债权人有权申请人民法院撤销该信托。

人民法院依照前款规定撤销信托的，不影响善意受益人已经取得的信托利益。

本条第一款规定的申请权，自债权人知道或者应当知道撤销原因之日起一年内不行使的，归于消灭。

二、相关司法解释规定

《最高人民法院关于适用〈中华人民共和国企业破产法〉若干问题的规定(二)》(法释〔2013〕22号)(2020年12月23日修正)

第十三条 破产申请受理后,管理人未依据企业破产法第三十一条的规定请求撤销债务人无偿转让财产、以明显不合理价格交易、放弃债权行为的,债权人依据民法典第五百三十八条、第五百三十九条等规定提起诉讼,请求撤销债务人上述行为并将因此追回的财产归入债务人财产的,人民法院应予受理。

相对人以债权人行使撤销权的范围超出债权人的债权抗辩的,人民法院不予支持。

第五百三十九条 【债权人对债务人有偿行为的撤销权】 债务人以明显不合理的低价转让财产、以明显不合理的高价受让他人财产或者为他人的债务提供担保,影响债权人的债权实现,债务人的相对人知道或者应当知道该情形的,债权人可以请求人民法院撤销债务人的行为。

一、相关法律条文

《中华人民共和国税收征收管理法》(2015年4月24日修正)

第五十条 欠缴税款的纳税人因怠于行使到期债权,或者放弃到期债权,或者无偿转让财产,或者以明显不合理的低价转让财产而受让人知道该情形,对国家税收造成损害的,税务机关可以依照合同法第七十三条、第七十四条的规定行使代位权、撤销权。

税务机关依照前款规定行使代位权、撤销权的,不免除欠缴税款的纳税人尚未履行的纳税义务和应承担的法律责任。

二、相关司法解释规定

《最高人民法院关于适用〈中华人民共和国企业破产法〉若干问题的规定(二)》(法释〔2013〕22号)(2020年12月23日修正)

第十三条 破产申请受理后,管理人未依据企业破产法第三十一条的规定请求撤销债务人无偿转让财产、以明显不合理价格交易、放弃债权行为的,债权人依据民法典第五百三十八条、第五百三十九条等规定提起诉讼，请求撤销债务人上述行为并将因此追回的财产归入债务人财产的，人民法院应予受理。

相对人以债权人行使撤销权的范围超出债权人的债权抗辩的，人民法院不予支持。

三、相关文件规定

1.《最高人民法院关于依法制裁规避执行行为的若干意见》（法〔2011〕195号）

12.依法执行已经生效法律文书确认的被执行人的债权。对于被执行人已经生效法律文书确认的债权，执行法院可以书面通知被执行人在限期内向有管辖权的人民法院申请执行该生效法律文书。限期届满被执行人仍怠于申请执行的，执行法院可以依法强制执行该到期债权。

被执行人已经申请执行的，执行法院可以请求执行该债权的人民法院协助扣留相应的执行款物。

13.依法保全被执行人的未到期债权。对被执行人的未到期债权，执行法院可以依法冻结，待债权到期后参照到期债权予以执行。第三人仅以该债务未到期为由提出异议的，不影响对该债权的保全。

14.引导申请执行人依法诉讼。被执行人怠于行使债权对申请执行人造成损害的，执行法院可以告知申请执行人依照《中华人民共和国合同法》第七十三条的规定，向有管辖权的人民法院提起代位权诉讼。

被执行人放弃债权、无偿转让财产或者以明显不合理的低价转让财产，对申请执行人造成损害的，执行法院可以告知申请执行人依照《中华人民共和国合同法》第七十四条的规定向有管辖权的人民法院提起撤销权诉讼。

2.《最高人民法院关于印发〈全国法院民商事审判工作会议纪要〉的通知》（法〔2019〕254号）

120.【债权人能否提起第三人撤销之诉】第三人撤销之诉中的第三人仅局限于《民事诉讼法》第56条规定的有独立请求权及无独立请求权的第三人，而且一般不包括债权人。但是，设立第三人撤销之诉的目的在于，救济第三人享有的因不能归责于本人的事由未参加诉讼但因生效裁判文书内容错误受到损害的民事权益，因此，债权人在下列情况下可以提起第三人撤销之诉：

(1)该债权是法律明确给予特殊保护的债权,如《合同法》第286条规定的建设工程价款优先受偿权,《海商法》第22条规定的船舶优先权;

(2)因债务人与他人的权利义务被生效裁判文书确定,导致债权人本来可以对《合同法》第74条和《企业破产法》第31条规定的债务人的行为享有撤销权而不能行使的;

(3)债权人有证据证明,裁判文书主文确定的债权内容部分或者全部虚假的。

债权人提起第三人撤销之诉还要符合法律和司法解释规定的其他条件。对于除此之外的其他债权,债权人原则上不得提起第三人撤销之诉。

四、相关裁判摘要

● **2008年第12期《中华人民共和国最高人民法院公报》**刊登的**"国家开发银行与沈阳高压开关有限责任公司、新东北电气(沈阳)高压开关有限公司、新东北电气(沈阳)高压隔离开关有限公司、沈阳北富机械制造有限公司等借款合同、撤销权纠纷案"**中,最高人民法院(2008)民二终字第23号民事判决书对债权人的撤销权进行了分析。相关裁判摘要如下:

沈阳高开将其13,000万元的资产与东北电气价值约2787.88万元的资产相置换,且据东北电气公开的《东北电气发展股份有限公司2004年年度会计报表及审计报告》,东北电气明知自己与沈阳高开交易支付的十台汽轮发电机组价值仅为2787.88万元,还仍然与沈阳高开进行股权置换,该交易行为严重损害了沈阳高开债权人国开行的利益,根据《合同法》第七十四条关于"债务人以明显不合理的低价转让财产,对债权人造成损害,并且受让人知道该情形的,债权人也可以请求人民法院撤销债务人的行为"之规定,国开行关于沈阳高开与东北电气有关新泰高压的股权交易合同应当依法撤销的上诉请求本院予以支持。

第五百四十条　【撤销权的行使范围与费用的负担】撤销权的行使范围以债权人的债权为限。债权人行使撤销权的必要费用,由债务人负担。

第五百四十一条　【撤销权的行使期间】撤销权自债权人知道或

者应当知道撤销事由之日起一年内行使。自债务人的行为发生之日起五年内没有行使撤销权的,该撤销权消灭。

相关法律条文

《中华人民共和国民法典》(2021 年 1 月 1 日起施行)

第一百九十九条　法律规定或者当事人约定的撤销权、解除权等权利的存续期间,除法律另有规定外,自权利人知道或者应当知道权利产生之日起计算,不适用有关诉讼时效中止、中断和延长的规定。存续期间届满,撤销权、解除权等权利消灭。

第五百四十二条　【债务人行为被撤销的法律效果】债务人影响债权人的债权实现的行为被撤销的,自始没有法律约束力。

第六章　合同的变更和转让

第五百四十三条　【协议变更合同】当事人协商一致,可以变更合同。

一、相关法律条文

《中华人民共和国民法典》(2021 年 1 月 1 日起施行)

第五条　民事主体从事民事活动,应当遵循自愿原则,按照自己的意思设立、变更、终止民事法律关系。

第一百三十三条　民事法律行为是民事主体通过意思表示设立、变更、终止民事法律关系的行为。

第四百二十二条　最高额抵押担保的债权确定前,抵押权人与抵押人可以通过协议变更债权确定的期间、债权范围以及最高债权额。但是,变更的内容不得对其他抵押权人产生不利影响。

第六百九十五条　债权人和债务人未经保证人书面同意,协商变更主债权债务合同内容,减轻债务的,保证人仍对变更后的债务承担保证责任;加重债务的,保证人对加重的部分不承担保证责任。

债权人和债务人变更主债权债务合同的履行期限,未经保证人书面同意的,保证期间不受影响。

第七百六十五条 应收账款债务人接到应收账款转让通知后，应收账款债权人与债务人无正当理由协商变更或者终止基础交易合同，对保理人产生不利影响的，对保理人不发生效力。

二、相关裁判摘要

• **2004年第6期《中华人民共和国最高人民法院公报》**刊登的“**吉林冶金设备厂诉烟台冶金研究所加工承揽合同纠纷案**”中，最高人民法院(2002)民二提字第16号民事判决书认为，协议经双方当事人协商签订后，一方当事人在盖章时对部分条款作了修改，另一方当事人对此没有提出书面异议的，应认定同意修改后的协议。相关裁判摘要如下：

烟台冶金所与吉林设备厂签订的预氧化炉和沥清碳纤维碳化炉加工承揽合同以及1991年7月10日签订的预氧化炉、碳化炉调试及付款协议，是双方当事人的真实意思表示，合同内容不违反法律规定，原审认定有效是正确的。1988年12月2日，双方经协商签订的补充协议，吉林设备厂在盖章过程中将部分条款作了修改后，寄回了烟台冶金所，烟台冶金所接受了修改后的补充协议，没有提出书面异议，因此亦应认定该补充协议有效。再审判决作出的该协议在盖章过程中，吉林设备厂进行了单方修改，不是双方当事人的真实意思表示，因此无效，但在调整设备价格上无争议，应予支持的认定，将补充协议分成两部分，前半部分认定有效，后半部分认定无效，属认定事实不当，应予纠正。

第五百四十四条 【合同变更的内容约定不明】当事人对合同变更的内容约定不明确的，推定为未变更。

相关裁判摘要

• **2012年第5期《中华人民共和国最高人民法院公报》**刊登的“**重庆雨田房地产开发有限公司与中国农业银行股份有限公司重庆市分行房屋联建纠纷案**”中，最高人民法院(2011)民抗字第48号民事判决书就当事人之间订立的前后两份合同是否构成合同的变更进行了分析。相关裁判摘要如下：

《联合建房总协议书》及《联合建房协议》是双方当事人在平等自愿基础上达成的一致协议，符合法律规定，合法有效，上述两份协议所约定的内容均应对当事人产生约束力。当两份合同(协议)均属有效合同(协议)，除当事人有特别约定外，如果前后两份合同(协议)对同一内容有不同约定产生冲突时，基于意思表示最新最近，且不违反合同（协议）目的，可根据合同（协议）成立的时间先后，确定以后一合同（协议）确定的内容为准。如果前后两份合同（协议）所约定的内容并不冲突，只是对合同（协议）的内容进行了不同的约定，因此，不能简单地认定后一协议是前一协议的变更，或后一协议是对前一协议的补充和完善。通过对《联合建房总协议书》与《联合建房协议》之比较，可以看出《联合建房协议》增加约定了农行市分行是按照平方米计价分得大厦负一层1996.53平方米（其中商场1598平方米，按每平方米21,650元计算，大厦公摊398.53平方米，按每平方米4500元计算）；增加约定雨田公司应于1997年7月30日前将房屋交给农行市分行使用；没有再次约定"如农行市分行投资不能按时到位，所产生的利息由农行市分行承担"以及"为了保证联合建房顺利完成，农行市分行应多渠道协调贷款及引进项目建设，此贷款按当时国家规定的标准计息。协调贷款及引进额，不得低于第二部分投资额"等有关投资的内容。因此，《联合建房协议》内容的增加或没有重复约定《联合建房总协议书》的相关内容，只是对协议内容的调整，两者之间并不冲突。鉴于上述两份协议均有效，其所约定的内容均应对当事人产生约束力。农行市分行认为原判决认定雨田公司与农行市分行签订的《联合建房协议》是对《联合建房总协议书》的补充和完善，违背了当事人的真实意思表示的理由不能成立。

• **2004年第5期《中华人民共和国最高人民法院公报》**刊登的"**国际华侨公司诉长江影业公司影片发行权许可合同纠纷案**"中，最高人民法院（2001）民三终字第3号民事判决书认为，当事人变更合同时应当就变更的内容作出明确的约定，否则不能认为合同被变更。相关裁判摘要如下：

根据民法通则等法律的规定，合同的变更，应当在协商一致的基础上，由当事人对变更的内容作出明确约定。投资公司虽然曾数次致函长江公司及各市电影公司、影剧院，要求长江公司督促各电影放映单位如实填报票房收入，并提出对漏瞒报者处以10倍罚款，但仅凭这些函件并不能证明投资公司与长江公司已就《影片票房分帐发行放映合同》关于漏瞒报责任主体的变更达成了一致，故不能因此而认定漏瞒报责任主体发生了变更。长江公司的上述抗辩主张，事实和法律依据不足，本院不予支持。

• **2002年第1期《中华人民共和国最高人民法院公报》**刊登的“**新疆维吾尔自治区建筑木材加工总厂与中国民主同盟新疆实业发展总公司房屋租赁纠纷上诉案**”中，最高人民法院(2000)民终字第115号民事判决书对当事人就合同付款时间变更约定不明进行了分析。相关裁判摘要如下：

1993年3月，木材总厂与交流站签订的《协议书》将木材总厂为实业公司贷款提供担保与实业公司向木材总厂提前支付80万元联系起来，但未约定提前付款时间，参照《中华人民共和国合同法》第78条规定，当事人对合同变更的内容约定不明确的，推定为未变更，据此应推定原合同的履行方式未因签订该协议而变更。

第五百四十五条 【债权的转让】债权人可以将债权的全部或者部分转让给第三人，但是有下列情形之一的除外：

(一)根据债权性质不得转让；

(二)按照当事人约定不得转让；

(三)依照法律规定不得转让。

当事人约定非金钱债权不得转让的，不得对抗善意第三人。当事人约定金钱债权不得转让的，不得对抗第三人。

一、相关法律条文

1.《中华人民共和国民法典》(2021年1月1日起施行)

第六百九十六条 债权人转让全部或者部分债权，未通知保证人的，该转让对保证人不发生效力。

保证人与债权人约定禁止债权转让，债权人未经保证人书面同意转让债权的，保证人对受让人不再承担保证责任。

2.《中华人民共和国保险法》(2015年4月24日修正)

第三十四条 以死亡为给付保险金条件的合同，未经被保险人同意并认可保险金额的，合同无效。

按照以死亡为给付保险金条件的合同所签发的保险单，未经被保险人书面同意，不得转让或者质押。

父母为其未成年子女投保的人身保险，不受本条第一款规定限制。

3.《中华人民共和国信托法》(2001 年 10 月 1 日起施行)

第十一条　有下列情形之一的,信托无效:

(一)信托目的违反法律、行政法规或者损害社会公共利益;

(二)信托财产不能确定;

(三)委托人以非法财产或者本法规定不得设立信托的财产设立信托;

(四)专以诉讼或者讨债为目的设立信托;

(五)受益人或者受益人范围不能确定;

(六)法律、行政法规规定的其他情形。

二、相关司法解释规定

1.《最高人民法院关于审理买卖合同纠纷案件适用法律问题的解释》(法释〔2012〕8 号)(2020 年 12 月 23 日修正)

第三十二条　法律或者行政法规对债权转让、股权转让等权利转让合同有规定的,依照其规定;没有规定的,人民法院可以根据民法典第四百六十七条和第六百四十六条的规定,参照适用买卖合同的有关规定。

权利转让或者其他有偿合同参照适用买卖合同的有关规定的,人民法院应当首先引用民法典第六百四十六条的规定,再引用买卖合同的有关规定。

2.《最高人民法院关于判决生效后当事人将判决确认的债权转让债权受让人对该判决不服提出再审申请人民法院是否受理问题的批复》(法释〔2011〕2 号)

判决生效后当事人将判决确认的债权转让,债权受让人对该判决不服提出再审申请的,因其不具有申请再审人主体资格,人民法院应依法不予受理。

3.《最高人民法院关于审理民事案件适用诉讼时效制度若干问题的规定》(法释〔2008〕11 号)(2020 年 12 月 23 日修正)

第十七条　债权转让的,应当认定诉讼时效从债权转让通知到达债务人之日起中断。

债务承担情形下,构成原债务人对债务承认的,应当认定诉讼时效从债务承担意思表示到达债权人之日起中断。

三、相关文件规定

1.《最高人民法院印发〈关于审理涉及金融不良债权转让案件工作座谈会纪要〉的通知》(法发〔2009〕19号)

为了认真落实中央关于研究解决金融不良债权转让过程中国有资产流失问题的精神。统一思想,明确任务,依法妥善公正地审理涉及金融不良债权转让案件,防止国有资产流失,保障金融不良债权处置工作的顺利进行,维护和促进社会和谐稳定,最高人民法院邀请全国人大常委会法制工作委员会、中共中央政法委员会、国务院法制办公室、财政部、国务院国有资产监督管理委员会、中国银行业监督管理委员会、中国人民银行和审计署等单位,于2008年10月14日在海南省海口市召开了全国法院审理金融不良债权转让案件工作座谈会。各省、自治区、直辖市高级人民法院和解放军军事法院以及新疆维吾尔自治区高级人民法院生产建设兵团分院主管民商审判工作的副院长、相关审判庭的负责同志参加了座谈会。与会同志通过认真讨论,就关于审理涉及金融不良债权转让案件的主要问题取得了一致的看法。现纪要如下:

一、关于审理此类案件应遵循的原则

会议认为,此类案件事关金融不良资产处置工作的顺利进行,事关国有资产保护,事关职工利益保障和社会稳定。因此,人民法院必须高度重视此类案件,并在审理中注意坚持以下原则:

(一)坚持保障国家经济安全原则。民商事审判工作是国家维护经济秩序、防范和化解市场风险、维护国家经济安全的重要手段。全国法院必须服从和服务于国家对整个国民经济稳定和国有资产安全的监控,从中央政策精神的目的出发,以民商事法律、法规的基本精神为依托,本着规范金融市场、防范金融风险、维护金融稳定、保障经济安全的宗旨,依法公正妥善地审理此类纠纷案件,确保国家经济秩序稳定和国有资产安全。

(二)坚持维护企业和社会稳定原则。金融不良资产的处置,涉及企业重大经济利益。全国法院要进一步强化政治意识、大局意识、责任意识和保障意识,从维护国家改革、发展和稳定的大局出发,依法公正妥善地审理好此类纠纷案件,切实防止可能引发的群体性、突发性和恶性事件,切实做到"化解矛盾、理顺关系、安定人心、维护秩序"。

（三）坚持依法公正和妥善合理的原则。人民法院在审理此类案件中，要将法律条文规则的适用与中央政策精神的实现相结合，将坚持民商法的意思自治、平等保护等理念与国家经济政策、金融市场监管和社会影响等因素相结合，正确处理好保护国有资产、保障金融不良资产处置工作顺利进行、维护企业和社会稳定的关系，做到统筹兼顾、妥善合理，确保依法公正与妥善合理的统一，确保审判的法律效果和社会效果统一。

（四）坚持调解优先、调判结合的原则。为了避免矛盾激化，维护社会稳定，平衡各方利益，人民法院在诉讼中应当向当事人充分说明国家的政策精神，澄清当事人对法律和政策的模糊认识。坚持调解优先，积极引导各方当事人本着互谅互让的精神进行协商，尽最大可能采用调解的方式解决纠纷。如果当事人不能达成和解，人民法院要根据相关法律法规以及本座谈会纪要（以下简称《纪要》）进行妥善公正的审理。

二、关于案件的受理

会议认为，为确保此类案件得到公正妥善的处理，凡符合民事诉讼法规定的受理条件及《纪要》有关规定精神涉及的此类案件，人民法院应予受理。不良债权已经剥离至金融资产管理公司又被转让给受让人后，国有企业债务人知道或者应当知道不良债权已经转让而仍向原国有银行清偿的，不得对抗受让人对其提起的追索之诉，国有企业债务人在对受让人清偿后向原国有银行提起返还不当得利之诉的，人民法院应予受理；国有企业债务人不知道不良债权已经转让而向原国有银行清偿的，可以对抗受让人对其提起的追索之诉，受让人向国有银行提起返还不当得利之诉的，人民法院应予受理。

受让人在对国有企业债务人的追索诉讼中，主张追加原国有银行为第三人的，人民法院不予支持；在《纪要》发布前已经终审或者根据《纪要》做出终审的，当事人根据《纪要》认为生效裁判存在错误而申请再审的，人民法院不予支持。

案件存在下列情形之一的，人民法院不予受理：

（一）金融资产管理公司与国有银行就政策性金融资产转让协议发生纠纷起诉到人民法院的；

（二）债权人向国家政策性关闭破产的国有企业债务人主张清偿债务的；

（三）债权人向已列入经国务院批准的全国企业政策性关闭破产总体规划并拟实施关闭破产的国有企业债务人主张清偿债务的；

（四）《纪要》发布前，受让人与国有企业债务人之间的债权债务关系已经履行完毕，优先购买权人或国有企业债务人提起不良债权转让合同无效诉讼的；

（五）受让人自金融资产管理公司受让不良债权后，以不良债权存在瑕疵为由起诉原国有银行的；

（六）国有银行或金融资产管理公司转让享受天然林资源保护工程政策的国有森工企业不良债权而引发受让人向森工企业主张债权的（具体详见《天然林资源保护区森工企业金融机构债务免除申请表》名录）；

（七）在不良债权转让合同无效之诉中，国有企业债务人不能提供相应担保或者优先购买权人放弃优先购买权的。

三、关于债权转让生效条件的法律适用和自行约定的效力

会议认为，不良债权成立在合同法施行之前，转让于合同法施行之后的，该债权转让对债务人生效的条件应适用合同法第八十条第一款的规定。

金融资产管理公司受让不良债权后，自行与债务人约定或重新约定诉讼管辖的，如不违反法律规定，人民法院应当认定该约定有效。金融资产管理公司在不良债权转让合同中订有禁止转售、禁止向国有银行、各级人民政府、国家机构等追偿、禁止转让给特定第三人等要求受让人放弃部分权利条款的，人民法院应认定该条款有效。国有银行向金融资产管理公司转让不良债权，或者金融资产管理公司收购、处置不良债权的，担保债权同时转让，无须征得担保人的同意，担保人仍应在原担保范围内对受让人继续承担担保责任。担保合同中关于合同变更需经担保人同意或者禁止转让主债权的约定，对主债权和担保权利转让没有约束力。

四、关于地方政府等的优先购买权

会议认为，为了防止在通过债权转让方式处置不良债权过程中发生国有资产流失，相关地方人民政府或者代表本级人民政府履行出资人职责的机构、部门或者持有国有企业债务人国有资本的集团公司可以对不良债权行使优先购买权。

金融资产管理公司向非国有金融机构法人转让不良债权的处置方案、交易条件以及处置程序、方式确定后，单笔（单户）转让不良债权的，金融资产管理公司应当通知国有企业债务人注册登记地的优先购买权人。以整体"资产包"的形式转让不良债权的,如资产包中主要债务人注册登记地属同一辖区,应当通知该辖区的优先购买权人;如资产包中主要债务人注册登记地属不同辖区,应当通知主要债务人共同的上级行政区域的优先购买权人。

按照确定的处置方案、交易条件以及处置程序、方式,上述优先购买权人在同等条件下享有优先购买权。优先购买权人收到通知后明确表示不予购买或者在收到通知之日起三十日内未就是否行使优先购买权做出书面答复,或者未在公告确定的拍卖、招标日之前做出书面答复或者未按拍卖公告、招标公告的规定时间和条件参加竞拍、竞标的,视为放弃优先购买权。

金融资产管理公司在《纪要》发布之前已经完成不良债权转让,上述优先购买权人主张行使优先购买权的,人民法院不予支持。

债务人主张优先购买不良债权的,人民法院不予支持。

五、关于国有企业的诉权及相关诉讼程序

会议认为,为避免当事人滥用诉权,在受让人向国有企业债务人主张债权的诉讼中,国有企业债务人以不良债权转让行为损害国有资产等为由,提出不良债权转让合同无效抗辩的,人民法院应告知其向同一人民法院另行提起不良债权转让合同无效的诉讼;国有企业债务人不另行起诉的,人民法院对其抗辩不予支持。国有企业债务人另行提起不良债权转让合同无效诉讼的,人民法院应中止审理受让人向国有企业债务人主张债权的诉讼,在不良债权转让合同无效诉讼被受理后,两案合并审理。国有企业债务人在二审期间另行提起不良债权转让合同无效诉讼的,人民法院应中止审理受让人向国有企业债务人主张债权的诉讼,在不良债权转让合同无效诉讼被受理且做出一审裁判后再行审理。

国有企业债务人提出的不良债权转让合同无效诉讼被受理后,对于受让人的债权系直接从金融资产管理公司处受让的,人民法院应当将金融资产管理公司和受让人列为案件当事人;如果受让人的债权系金融资产管理公司转让给其他受让人后,因该受让人再次转让或多次转让而取得的,人民法院应当将金融资产管理公司和该转让人以及后手受让人列为案件当事人。

六、关于不良债权转让合同无效和可撤销事由的认定

会议认为,在审理不良债权转让合同效力的诉讼中,人民法院应当根据合同法和《金融资产管理公司条例》等法律法规,并参照国家相关政策规定，重点审查不良债权的可转让性、受让人的适格性以及转让程序的公正性和合法性。金融资产管理公司转让不良债权存在下列情形的，人民法院应当认定转让合同损害国家利益或社会公共利益或者违反法律、行政法规强制性规定而无效。

（一）债务人或者担保人为国家机关的；

（二）被有关国家机关依法认定为涉及国防、军工等国家安全和敏感信息的以及其他依法禁止转让或限制转让情形的；

（三）与受让人恶意串通转让不良债权的；

（四）转让不良债权公告违反《金融资产管理公司资产处置公告管理办法（修订）》规定，对依照公开、公平、公正和竞争、择优原则处置不良资产造成实质性影响的；

（五）实际转让的资产包与转让前公告的资产包内容严重不符，且不符合《金融资产管理公司资产处置公告管理办法（修订）》规定的；

（六）根据有关规定应经合法、独立的评估机构评估，但未经评估的；或者金融资产管理公司与评估机构、评估机构与债务人、金融资产管理公司和债务人以及三方之间恶意串通，低估、漏估不良债权的；

（七）根据有关规定应当采取公开招标、拍卖等方式处置，但未公开招标、拍卖的；或者公开招标中的投标人少于三家（不含三家）的；或者以拍卖方式转让不良债权时，未公开选择有资质的拍卖中介机构的；或者未依照《中华人民共和国拍卖法》的规定进行拍卖的；

（八）根据有关规定应当向行政主管部门办理相关报批或者备案、登记手续而未办理，且在一审法庭辩论终结前仍未能办理的；

（九）受让人为国家公务员、金融监管机构工作人员、政法干警、金融资产管理公司工作人员、国有企业债务人管理人员、参与资产处置工作的律师、会计师、评估师等中介机构等关联人或者上述关联人参与的非金融机构法人的；

（十）受让人与参与不良债权转让的金融资产管理公司工作人员、国有企业债务人或者受托资产评估机构负责人员等有直系亲属关系的；

（十一）存在其他损害国家利益或社会公共利益的转让情形的。

在金融资产管理公司转让不良债权后，国有企业债务人有证据证明不良债权根本不存在或者已经全部或部分归还而主张撤销不良债权转让合同的，人民法院应当撤销或者部分撤销不良债权转让合同；不良债权转让合同被撤销或者部分撤销后，受让人可以请求金融资产管理公司承担相应的缔约过失责任。

七、关于不良债权转让无效合同的处理

会议认为，人民法院认定金融不良债权转让合同无效后，对于受让人直接从金融资产管理公司受让不良债权的，人民法院应当判决金融资产管理公司与受让人之间的债权转让合同无效；受让人通过再次转让而取得债权的，人民法院应当判决金融资产管理公司与转让人、转让人与后手受让人之间的系列债权转让合同无效。债权转让合同被认定无效后，人民法院应当按照合同法的相关规定处理；受让人要求转让人赔偿损失，赔偿损失数额应以受让人实际支付的价金之利息损失为限。相关不良债权的诉讼时效自金融不良债权转让合同被认定无效之日起重新计算。

金融资产管理公司以整体"资产包"的形式转让不良债权中出现单笔或者数笔债权无效情形或者单笔或数笔不良债权的债务人为非国有企业，受让人请求认定合同全部无效的，人民法院应当判令金融资产管理公司与转让人之间的资产包债权转让合同无效；受让人请求认定已履行或已清结部分有效的，人民法院应当认定尚未履行或尚未清结部分无效，并判令受让人将尚未履行部分或尚未清结部分返还给金融资产管理公司，金融资产管理公司不再向受让人返还相应价金。

八、关于举证责任分配和相关证据的审查

会议认为，人民法院在审查不良债权转让合同效力时，要加强对不良债权转让合同、转让标的、转让程序以及相关证据的审查，尤其是对受让人权利范围、受让人身份合法性以及证据真实性的审查。不良债权转让合同中经常存在诸多限制受让人权利范围的条款，人民法院应当要求受让人向法庭披露不良债权转让合同以证明其权利合法性和权利范围。受让人不予提供的，人民法院应当责令其提供；受让人拒不提供的，应当承担举证不能的法律后果。人民法院在对受让人身份的合法性以及是否存在恶意串通等方面存在合理怀疑时，应当根据最高人民法院《关于民事诉讼证据的若干规定》及时合理地分配举证责任；但人民法院不得仅以不良债权出让价格与资产账面额之间的差额幅度作为引起怀疑的证据，而应当综合判断。对当事人伪造或变造借款合同、担保合同、借款借据、修改缔约时间和债务人还贷时间以及产生诉讼时效中断证据等情形的，人民法院应当严格依据相关法律规定予以制裁。

九、关于受让人收取利息的问题

会议认为，受让人向国有企业债务人主张利息的计算基数应以原借款合同本金为准；受让人向国有企业债务人主张不良债权受让日之后发生的利息的，人民法院不予支持。但不良债权转让合同被认定无效的，出让人在向受让人返还受让款本金的同时，应当按照中国人民银行规定的同期定期存款利率支付利息。

十、关于诉讼或执行主体的变更

会议认为，金融资产管理公司转让已经涉及诉讼、执行或者破产等程序的不良债权的，人民法院应当根据债权转让合同以及受让人或者转让人的申请，裁定变更诉讼主体或者执行主体。在不良债权转让合同被认定无效后，金融资产管理公司请求变更受让人为金融资产管理公司以通过诉讼继续追索国有企业债务人的，人民法院应予支持。人民法院裁判金融不良债权转让合同无效后当事人履行相互返还义务时，应从不良债权最终受让人开始逐一与前手相互返还，直至完成第一受让人与金融资产管理公司的相互返还。后手受让人直接对金融资产管理公司主张不良债权转让合同无效并请求赔偿的，人民法院不予支持。

十一、关于既有规定的适用

会议认为，国有银行向金融资产管理公司转让不良债权，或者金融资产管理公司受让不良债权后，通过债权转让方式处置不良资产的，可以适用最高人民法院《关于审理金融资产管理公司收购、管理、处置国有银行不良贷款形成的资产的案件适用法律若干问题的规定》、《关于贯彻执行最高人民法院“十二条”司法解释有关问题的函的答复》、《关于金融资产管理公司收购、管理、处置银行不良资产有关问题的补充通知》和《关于国有金融资产管理公司处置国有商业银行不良资产案件交纳诉讼费用的通知》。受让人受让不良债权后再行转让的，不适用上述规定，但受让人为相关地方人民政府或者代表本级人民政府履行出资人职责的机构、部门或者持有国有企业债务人国有资本的集团公司除外。

国有银行或者金融资产管理公司根据《关于贯彻执行最高人民法院“十二条”司法解释有关问题的函的答复》的规定，在全国或省级有影响的报纸上发布有催收内容的债权转让通知或公告的，该公告或通知之日应为诉讼时效的实际中断日，新的诉讼时效应自此起算。上述公告或者通知对保证合同诉讼时效发生同等效力。

十二、关于《纪要》的适用范围

会议认为，在《纪要》中，国有银行包括国有独资商业银行、国有控股商业银行以及国有政策性银行；金融资产管理公司包括华融、长城、东方和信达等金融资产管理公司和资产管理公司通过组建或参股等方式成立的资产处置联合体。国有企业债务人包括国有独资和国有控股的企业法人。受让人是指非金融资产管理公司法人、自然人。不良债权转让包括金融资产管理公司政策性和商业性不良债权的转让。政策性不良债权是指 1999 年至 2000 年上述四家金融资产管理公司在国家统一安排下通过再贷款或者财政担保的商业票据形式支付收购成本从中国银行、中国农业银行、中国建设银行、中国工商银行以及国家开发银行收购的不良债权；商业性不良债权是指 2004 年至 2005 年上述四家金融资产管理公司在政府主管部门主导下从交通银行、中国银行、中国建设银行和中国工商银行收购的不良债权。

《纪要》的内容和精神仅适用于在《纪要》发布之后尚在一审或者二审阶段的涉及最初转让方为国有银行、金融资产管理公司通过债权转让方式处置不良资产形成的相关案件。人民法院依照审判监督程序决定再审的案件，不适用《纪要》。

会议还认为，鉴于此类纠纷案件具有较强政策性，人民法院在案件审理过程中，遇到难度大、涉及面广或者涉及社会稳定的案件，要紧紧依靠党委领导，自觉接受人大监督，必要时也可以请示上级人民法院。在不良债权处置工作中发现违规现象的，要及时与财政、金融监管部门联系或者向金融监管部门提出司法建议；对存在经济犯罪嫌疑、发现犯罪线索的，要及时向有关侦查机关移送案件或者案件线索。上级人民法院要加强审理此类纠纷案件的监督指导，及时总结审判经验，发布案件指导，依法妥善公正地审理好此类案件。

2.《最高人民法院关于判断确定的金融不良债权多次转让人民法院能否裁定变更执行主体请示的答复》(〔2009〕执他字第 1 号)

《最高人民法院关于人民法院执行若干问题的规定(试行)》，已经对申请执行人的资格以明确。其中第 18 条第一款规定“人民法院受理执行案件应当符合下列条件：……(2)申请执行人是生效法律文书确定的权利人或继承人、权利承受人”。该条中的“权利承受人”，包含通过债权转让的方式承受债权的人。依法从金融资产管理公司受让债权的受让人将债权再行转让给其他普通受让人的，执行法院可以依据上述规定，依债权转让协议以及受让人或者转让人的申请，裁定变更申请执行主体。

《最高人民法院关于金融资产管理公司收购、处置银行不良资产有关问题的补充通知》第三条，虽只就金融资产管理公司转让金融不良债权环节可以变更申请执行主体作了专门规定，但并未排除普通受让人再行转让给其他普通受让人时变更申请执行主体。此种情况下裁定变更申请执行主体，也符合该通知及其他相关文件中关于支持金融不良债权处置工作的司法政策，但对普通受让人不能适用诉讼费用减半收取和公告通知债务人等专门适用金融资产管理公司处置不良债权的特殊政策规定。

3.《中国银行业监督管理委员会关于商业银行向社会投资者转让贷款债权法律效力有关问题的批复》(银监办发〔2009〕24号)

一、对商业银行向社会投资者转让贷款债权没有禁止性规定，转让合同具有合同法上的效力。

社会投资者是指金融机构以外的自然人、法人或者其他组织。

二、转让具体的贷款债权，属于债权人将合同的权利转让给第三人，并非向社会不特定对象发放贷款的经营性活动，不涉及从事贷款业务的资格问题，受让主体无须具备从事贷款业务的资格。

三、商业银行向社会投资者转让贷款债权，应当建立风险管理制度、内部控制制度等相应的制度和内部批准程序。

四、商业银行向社会投资者转让贷款债权，应当采取拍卖等公开形式，以形成公允的价格，接受社会监督。

五、商业银行向社会投资者转让贷款债权，应当向银监会或其派出机构报告，接受监管部门的监督检查。

4.《司法部关于经公证的具有强制执行效力的合同的债权依法转让后，受让人能否持原公证书向公证机构申请出具执行证书问题的批复》(司复〔2006〕13号)

债权人将经公证的具有强制执行效力的合同的债权依法转让给第三人的，受让人持原公证书、债权转让协议以及债权人同意转让申请人民法院强制执行的权利的证明材料，可以向公证机构申请出具执行证书。

5.《财政部关于进一步规范金融资产管理公司不良债权转让有关问题的通知》(财金〔2005〕74号)

一、资产公司应严格执行《金融资产管理公司条例》、《金融资产管理公司资产处置管理办法(修订)》(财金〔2004〕41号)、《财政部关于金融资产管理公司债权资产打包转让有关问题的通知》(财金〔2005〕12号)、《金融资产管理公司资产处置公告管理办法》(财金〔2005〕47号)等有关规定,充分论证采取转让方式处置资产的可行性和必要性,合理确定能够提升处置回收价值的有效方式,确保处置程序的规范性和处置信息的公开透明,并高度重视和积极防范不良债权转让中的国有资产流失问题。

二、下列资产不得对外公开转让:债务人或担保人为国家机关的不良债权;经国务院批准列入全国企业政策性关闭破产计划的国有企业债权;国防、军工等涉及国家安全和敏感信息的债权以及其他限制转让的债权。

三、下列人员不得购买或变相购买不良资产:国家公务员、金融监管机构工作人员、政法干警、资产公司工作人员、原债务企业管理层以及参与资产处置工作的律师、会计师等中介机构人员等关联人。

四、除上述限制转让的债权和限制参与购买的人员外,资产公司应采取公开招标、拍卖等市场化方式,吸引国内外各类合格投资者参与不良资产市场交易,引入市场竞争机制,提高处置回收率,并慎重确定债权买受人,防止借机炒作资产和逃废债务。

五、资产公司应进一步加强内部控制建设,全面梳理、修改和完善现有规章制度,规范债权转让程序和转让过程中评估、定价、处置信息公告、招标拍卖、中介机构选用等各个环节的操作,采取职责分离、岗位轮换、责任追究等措施,严格控制和防范债权转让中的道德风险和操作风险,防止国有资产流失。

6.《中国人民银行办公厅关于商业银行借款合同项下债权转让有关问题的批复》(银办函〔2001〕648号)

根据《合同法》第七十九条关于合同债权转让的规定,商业银行贷款合同项下的债权及其他权利一般原则上是可以转让的,但由于金融业是一种特许行业,金融债权的转让在受让对象上存在一定的限制。按照我国现行法律法规的规定,放贷收息(含罚息)是经营贷款业务的金融机构的一项特许权利。因此,由贷款而形成的债权及其他权利只能在具有贷款业务资格的金融机构之间转让。未经许可,商业银行不得将其债权转让给非金融企业。

四、相关裁判摘要

• **2010年第5期《中华人民共和国最高人民法院公报》**刊登的"**沈阳银胜天成投资管理有限公司与中国华融资产管理公司沈阳办事处债权转让合同纠纷案**"中,最高人民法院(2009)民提字第125号民事判决书对不良金融债权与一般民事主体之间的债权转让的不同之处进行了分析。相关裁判摘要如下:

金融资产管理公司收购和处置银行不良金融债权,事关国家金融安全,具有较强的政策性,本案所涉债权转让协议,不能完全等同于一般民事主体之间的债权让与行为,具有高风险,高收益,与等价交换的市场规律有较为明显区别;不良债权交易的实物资产,不是一般资产买卖关系,而主要是一种风险与收益的转移。本案不良金融债权总额26亿元,仅以不到3%的价格成交,体现了不良金融债权处置的特殊性,这在一般民事主体之间的债权让与中一般是不会出现的。本案所涉转债标的是以资产包形式整体出售的债权,资产包内各不良金融债权良莠不齐,可回收比例各不相同,依照财政部《关于金融资产管理公司债权资产打包转让有关问题的通知》第二条第(三)项规定,资产包应当科学合理组包,保证包内资产质量、形态、行业、地区分布等的合理性。所以,资产包一旦形成,即具有不可分割的性质,否则,上述合理性即被打破。故,本案合同所涉债权和实物资产,当属一个有机整体,不可分割。资产包整体买进,合同解除时也应当整体解除,资产整体返还。本案中,银盛天成公司将资产包中相对优质债权予以变卖,请求通过诉讼将其余部分予以解除,原审判由银盛天成公司返还资产包剩余的部分资产,对华融沈阳办显失公平。本院在庭审中询问银盛天成公司,是否能将资产包整体退还,银盛天成公司称由于其余部分已经处置,已经不可能实际退还。本案资产包整体债权总额26亿余元,其中实物资产1.3亿余元,实物资产额度仅占不良债权总额度的5%,且有大部分实物资产已经实际交付。虽然各单个资产标有价款,但那只是资产包整体作价的参考,无法预知每个单笔债权或实物资产是否能够回收。故华融沈阳办关于依照债权及实物资产转让合同第八条的约定,资产交付差额5%以内免责的抗辩可以成立。本案实物资产交付并非物权意义上的所有权转移,而是交付附属于不良债权对物的权利凭证,如法院的判决、裁定等。上述实物资产交付后,还需权利人通过自身操作,依法主张权利方有可能实现资产权益。原审确认华融沈阳办已将与实物资产相关的享有所有权和处分权的档案资料移交给银盛天成公司，银盛天成公司完全可以据此向实物占有人主张权利。当然，既然是属于不良债权，该实物资产是否能够清收存在不确定性风险，其中因企业破产分配及政策性破产不能主张权利的损失，依约应由不良资产买受者银盛天成公司承担。华融沈阳办未依约在实物资产所在地共同填写实物资产交接单，属一般违约行为，并不影响银盛天成公司清收债权，应属实物资产交付中的履约瑕疵，并非华融沈阳办迟延履行主要债务。华融沈阳办与银盛天成公司签订的债权及实物资产转让协议目的是公平合规的完成债权及实物资产的顺利转让，并无任何条款对银盛天成公司是否能够清收债权及对清收债权的比例作出承诺和规范。因此，华融沈阳办的行为不构成根本违约，转债合同目的已经基本达成。为保障交易公平和交易秩序，本案合同应予维持。银盛天成公司关于解除本案合同，返还剩余债权和实物资产并赔偿相关损失的诉讼请求缺乏事实和法律依据，应当予以驳回。原审引据《合同法》第九十四条第（三）、（四）款规定，认为华融沈阳办迟延履行合同主要义务，导致合同目的不能实现，并据此作出合同解除的判决，属于认定事实不清，适用法律不当，本院予以纠正。

• **2007年第12期《中华人民共和国最高人民法院公报》**刊登的**"陕西西岳山庄有限公司与中建三局建发工程有限公司、中建三局第三建设工程有限责任公司建设工程施工合同纠纷案"**中，最高人民法院(2007)民一终字第10号民事判决书就建设工程施工合同项下的债权的转让问题，作出了如下分析：

根据《中华人民共和国合同法》第七十九条的规定，债权人可以将合同的权利全部或者部分转让给第三人，但根据合同性质不得转让的、按照当事人约定不得转让的和依照法律规定不得转让的除外。法律、法规并不禁止建设工程施工合同项下的债权转让，只要建设工程施工合同的当事人没有约定合同项下的债权不得转让，债权人向第三人转让债权并通知债务人的，债权转让合法有效，债权人无须就债权转让事项征得债务人同意。

• **2006年第7期《中华人民共和国最高人民法院公报》**刊登的**"钱碧芳、华宁公司与祝长春、华宇公司、祝明安及汪贤琛股东权纠纷案"**中，最高人民法院(2005)民一终字第25号民事判决书就如何认定债权是否转让进行了分析。相关裁判摘要如下：

关于对江宁区建设局债权和对江宁区国土局债权应如何处理问题。

双方对该两项债权顺利实现后，彼此间如何分配问题，并无争议。即双方均认可对江宁区建设局的债权实现后，扣除碧水湾小区维修基金、紫薇花园物业维修基金、碧水湾小区前期拆迁费用及碧水湾小区修路等四项费用，余额归祝长春和华宇公司。对江宁区国土局的债权实现后，关于土地或者现金的分配比例，也都已经达成一致意见。但对债权尚未实现之前，在祝长春和华宇公司与钱碧芳和华宁公司之间，是否发生债权转让，即对现在应由谁以何方名义向债务人主张权利，双方认识不一。

根据一审法院和本院查明的事实，对江宁区建设局的债权，原系华宁公司名下，本案中双方当事人签署的多份协议及文件对该债权都有所提及。具体而言，《华宁华宇决议》约定该债权由祝长春负责追回，未体现有债权转让的意思，《债权转让及委托收款协议书》及向江宁区建设局出具的《债权转让通知》中，有关于债权转让、委托收款及部分转让等不同的意思表示。由此可见，双方当事人对该债权是否转让、是全部转让抑或部分转让，存在约定不明和意思表示不一致的问题。一审判决指出，发生纠纷后双方均同意按照《华宁华宇决议》履行，故应当根据《华宁华宇决议》约定的内容作出认定，并判令该债权归祝长春享有。不过，按照一审法院所阐述的理由，依据《华宁华宇决议》处理，该债权就仍应归于华宁公司名下，祝长春只是负责追回，而不应判令债权转让。华宁公司该项上诉理由成立，予以支持。一审处理结果有误，应予变更。

关于对江宁区国土局的债权即城北路460亩地块问题，根据《华宁华宇决议》和《关于城北路460亩地块的处理协议》的约定，该土地在华宁公司名下，祝长春和华宇公司同意由华宁公司收回，收回后对华宇公司予以补偿。由此可知，该债权对外应以华宁公司名义向债务人主张，并无债权转让的明确表示。一审认定《华宁华宇决议》的效力，又判令将该债权转让给祝长春和华宇公司，与当事人约定内容不符。钱碧芳和华宁公司请求对该项改判的理由成立，应予支持。

第五百四十六条 【债权转让的通知】 债权人转让债权，未通知债务人的，该转让对债务人不发生效力。

债权转让的通知不得撤销，但是经受让人同意的除外。

一、相关法律条文

《中华人民共和国民法典》(2021 年 1 月 1 日起施行)

第一百三十七条　以对话方式作出的意思表示，相对人知道其内容时生效。

以非对话方式作出的意思表示，到达相对人时生效。以非对话方式作出的采用数据电文形式的意思表示，相对人指定特定系统接收数据电文的，该数据电文进入该特定系统时生效；未指定特定系统的，相对人知道或者应当知道该数据电文进入其系统时生效。当事人对采用数据电文形式的意思表示的生效时间另有约定的，按照其约定。

第一百三十八条　无相对人的意思表示，表示完成时生效。法律另有规定的，依照其规定。

第一百三十九条　以公告方式作出的意思表示，公告发布时生效。

第一百四十条　行为人可以明示或者默示作出意思表示。

沉默只有在有法律规定、当事人约定或者符合当事人之间的交易习惯时，才可以视为意思表示。

第一百四十一条　行为人可以撤回意思表示。撤回意思表示的通知应当在意思表示到达相对人前或者与意思表示同时到达相对人。

第一百四十二条　有相对人的意思表示的解释，应当按照所使用的词句，结合相关条款、行为的性质和目的、习惯以及诚信原则，确定意思表示的含义。

无相对人的意思表示的解释，不能完全拘泥于所使用的词句，而应当结合相关条款、行为的性质和目的、习惯以及诚信原则，确定行为人的真实意思。

二、相关司法解释规定

《最高人民法院关于审理民事案件适用诉讼时效制度若干问题的规定》(法释〔2008〕11 号)(2020 年 12 月 23 日修正)

第十七条　债权转让的，应当认定诉讼时效从债权转让通知到达债务人之日起中断。

债务承担情形下，构成原债务人对债务承认的，应当认定诉讼时效从债务承担意思表示到达债权人之日起中断。

三、相关裁判摘要

• **2006年第12期《中华人民共和国最高人民法院公报》**刊登的**"大连远东房屋开发有限公司与辽宁金利房屋实业公司、辽宁澳金利房地产开发有限公司国有土地使用权转让合同纠纷案"**中,最高人民法院(2005)民一终字第95号民事裁定书,对债权转让无须征得债务人的同意以及转让后的法律效果,作出了如下分析:

依据已查明的案件事实,2002年,金利公司和澳金利公司向远东公司送达《催收欠款通知书》,明确表示债权主体只有澳金利公司且此通知可作为权利转让之用,说明金利公司已经将其基于《联合开发协议》享有的要求远东公司还本付息的权利转移给了澳金利公司。按照《中华人民共和国合同法》第七十九条、第八十条之规定,债权人可以将合同权利全部或者部分转让给第三人,转让只需通知到债务人即可而无需征得债务人的同意。根据前面所述双方履行《联合开发协议》的实际情况,金利公司依法享有向远东公司要求还本付息的权利且无需再履行其他义务,故其有权将该权利在不损害远东公司合法权益的前提下予以转让。本案中金利公司和澳金利公司就《催收欠款通知书》的内容及送达过程专门进行了公证,足以证明该转让行为系出于其真实意思表示,该转让内容不违反法律规定,应予认可。远东公司收到《催收欠款通知书》后未持异议,应视为当事人对《联合开发协议》中的权利主体变更已经达成共识。公证机关为此出具了正式的具有较强公示效力的《公证书》,此权利转让已经完成,权利主体已由金利公司变更为澳金利公司。金利公司此后已经丧失了以自己名义作为债权人向远东公司主张还本付息的主体资格。2004年4月6日,金利公司以自己名义向远东公司主张其已经转让了的权利,远东公司对此提出抗辩的理由成立,应予支持。

• **2006年第7期《中华人民共和国最高人民法院公报》**刊登的**"福州商贸大厦筹备处与福建佳盛投资发展有限公司借款纠纷案"**中,最高人民法院(2005)民二终字第147号民事判决书认为,作为法定孳息的利息原则上随同主债权的转让而转让。相关裁判摘要如下:

银行利息是主债权的收益,属法定孳息,除法律有特别规定或当事人有特别约定外,取得孳息的权利随着主物所有权转移而同时转移。本案债权虽经两次转让,但合同当事人均未明确表示放弃债权转让之后的利息,故原审判决判令债务人筹备处偿还债权人佳盛公司自2000

年6月21日起至给付之日止的利息并无不当，本院应予维持，但计息标准应按照中国人民银行同期逾期贷款利率分段计付。

• **2005年第12期《中华人民共和国最高人民法院公报》**刊登的**“佛山市顺德区太保投资管理有限公司与广东中鼎集团有限公司债权转让合同纠纷案”**中，最高人民法院(2004)民二终字第212号民事判决书就债权人转让权利未通知债务人不影响债权转让人与受让人之间债权转让协议的效力以及质押的债权的转让问题进行了分析。相关裁判摘要如下：

关于太保公司提出的中鼎公司签约时没有取得本案债权的上诉理由，本院认为，太保公司提出该项上诉理由的主要依据是中鼎公司与东方公司广州办事处未能依照双方签订的《债权转让协议》的约定，向借款人及担保人发出有关标的债权质押的通知函，未满足协议生效的条件。根据本案查明的事实，中鼎公司与东方公司广州办事处签订《债权转让协议》的当日，双方当事人又签订了先决条件约定的《管理服务商及资金账户监管协议》《债权质押合同》《连带责任保证合同》《服务及协助协议》《优先权及回购期权协议》。尔后，中鼎公司依约支付了首期转让价款165,683,698.8元。上述事实表明，双方当事人约定的主要生效条件已经满足。虽然中鼎公司与东方公司广州办事处未能及时向借款人和担保人发出有关标的债权质押的通知函，但是根据东方公司广州办事处事后发出的《债权转让及质押通知书》的内容看，标的债权质押的前提，是东方公司广州办事处将标的债权转让给中鼎公司，中鼎公司以标的债权作为质物向东方公司广州办事处提供质押担保。可以看出，中鼎公司与东方公司广州办事处在协议中约定的债权质押的通知义务，与债权转让的通知义务具有同等的法律意义。故原审法院认定，向债务人发出债权转让通知并非债权转让协议的生效要件，东方公司广州办事处没有及时向债务人和担保人发出债权转让通知并不影响其与中鼎公司签订的《债权转让协议》的效力，也不能因此认为中鼎公司未取得本案债权。原审判决上述认定正确，太保公司的该项上诉理由不能成立，本院不予采纳。

关于太保公司提出的东方公司广州办事处并未放弃质押权、标的债权不可转让的上诉理由，本院认为，太保公司提出该项上诉理由的主要依据是东方公司广州办事处2004年2月5日向借款人及担保人发出的通知函中，明示了标的债权已质押，而东方公司广州办事处也向借款人及担保人主张质押权。故东方公司广州办事处2004年4月30日的函件中所谓放弃质押权不符合事实。本案查明的事实表明,东方公司广州办事处向借款人及担保人发出的《债权转让及质押通知书》,仅仅是对借款人及担保人就债权质押予以通知,并不能得出其向借款人及担保人主张质押权的结论。中鼎公司与东方公司广州办事处在《债权转让协议》中约定了债权质押和债权再行转让的条款,其中对债权的再行转让东方公司广州办事处享有优先购买权。中鼎公司向太保公司转让的债权,仅是其从东方公司广州办事处受让的债权的一部分。中鼎公司向太保公司转让该部分债权之前,向东方公司广州办事处发出《优先购买通知》,东方公司广州办事处在约定的期限内未行使优先购买权,也未对中鼎公司将该部分债权转让给太保公司提出异议,该转让行为不违反当事人的约定,也不违反法律法规的强制性规定,且东方公司广州办事处在2004年4月30日的函件中对"在上述债权转让时即解除该等债权的质押担保,对该等债权不再享有质押权"的事实予以确认。故原审法院认定东方公司广州办事处对中鼎公司转让该部分债权已经放弃了质押权,中鼎公司有权转让本案债权,其与太保公司签订的《债权转让协议》的效力不因该债权的出质而受影响。原审判决上述认定正确,太保公司的该项上诉理由不能成立,本院不予采纳。

● **2004年第4期《中华人民共和国最高人民法院公报》**刊登的"**何荣兰诉海科公司等清偿债务纠纷案**"中,最高人民法院(2003)民一终字第46号民事判决书认为,债权人以登报的形式通知债务人的,债权转让有效。相关裁判摘要如下:

《合同法》第八十条第一款规定,债权人转让权利的,应当通知债务人。未经通知,该转让对债务人不发生法律效力。但法律法规对通知的具体方式没有规定。本案的实际情况是,中国长城资产管理公司济南办事处将其债权转让何荣兰后,双方共同就债权转让的事实在山东法制报上登报通知债务人及担保人。山东法制报是在山东省内公开广泛发行的报纸,一审法院认为债权人在该报纸上登报通知债务人及担保人债权转让的事实,不违反法律法规的强制性规定,应认定债权人已将债权转让的事实告知债务人及担保人,并无不妥。且本案中债权转让人、债权受让人、债务人及担保人均未对债权转让的事实及效力提出异议,债务人及担保人只是对债务款项利息的数额有异议,一审法院已作审查处理。海科公司在上诉请求中,没有涉及债权转让内容及效力问题的异议,即海科公司对双方债权债务存在的事实是认可的。海科公司通过参加本案的诉讼活动,已明知债权转让的事实,且知道履行债务的对象。本案中的债权转让并没有致使债务人错误履行债务、双重履行债务或加重债务人履行债务的负担,也没有损害海科公司的利益。双方债权债务关系明确,债务人及担保人应承担相应的法律责任。海科公司仅以债权人在报纸上登载债权转让通知不当为由,否认债权转让对其发生法律效力,理由不充分,本院不予支持。

第五百四十七条 【从权利随主债权转移】 债权人转让债权的,受让人取得与债权有关的从权利,但是该从权利专属于债权人自身的除外。

受让人取得从权利不因该从权利未办理转移登记手续或者未转移占有而受到影响。

一、相关法律条文

《中华人民共和国民法典》(2021年1月1日起施行)

第四百零七条 抵押权不得与债权分离而单独转让或者作为其他债权的担保。债权转让的,担保该债权的抵押权一并转让,但是法律另有规定或者当事人另有约定的除外。

第四百二十一条 最高额抵押担保的债权确定前,部分债权转让的,最高额抵押权不得转让,但是当事人另有约定的除外。

第六百九十六条 债权人转让全部或者部分债权,未通知保证人的,该转让对保证人不发生效力。

保证人与债权人约定禁止债权转让,债权人未经保证人书面同意转让债权的,保证人对受让人不再承担保证责任。

二、相关文件规定

1.《最高人民法院关于印发〈全国法院民商事审判工作会议纪要〉的通知》(法〔2019〕254号)

62.【抵押权随主债权转让】抵押权是从属于主合同的从权利,根据"从随主"规则,债权转让的,除法律另有规定或者当事人另有约定外,担保该债权的抵押权一并转让。受让人向抵押人主张行使抵押权,抵押人以受让人不是抵押合同的当事人、未办理变更登记等为由提出抗辩的,人民法院不予支持。

2.《最高人民法院关于香港盈伞财务公司诉广东华美集团有限公司担保合同纠纷案有关法律问题的请示的复函》(〔2010〕民四他字第5号)

《中华人民共和国合同法》第八十一条规定:"债权人转让权利的,受让人取得与债权有关的从权利,但该从权利专属于债权人自身的除外。"在担保人应当向原债权人承担赔偿责任且法律并未规定该种赔偿责任具有特定人身属性的情况下,如果原债权人依法将债权转让给了第三人,此时受让债权的第三人享有的权益,既应包括合同有效的情况下,依据合同要求对方履行义务的权利,也应包括在合同无效的情况下,要求存在过错的合同相对方承担赔偿责任的权利。因此未经审批的对外担保的债权人在未经担保人同意的情况下将债权转让给第三人,在债权转让依法有效的情况下,担保人仍应向受让债权的第三人承担相应的赔偿责任,而不应以债权转让未经担保人同意为由免除其赔偿责任。

第五百四十八条 【债权转让不影响债务人的抗辩】 债务人接到债权转让通知后,债务人对让与人的抗辩,可以向受让人主张。

第五百四十九条 【债权转让中债务人的抵销权】 有下列情形之一的,债务人可以向受让人主张抵销:

(一)债务人接到债权转让通知时,债务人对让与人享有债权,且债务人的债权先于转让的债权到期或者同时到期;

(二)债务人的债权与转让的债权是基于同一合同产生。

相关法律条文

《中华人民共和国民法典》(2021年1月1日起施行)

第五百六十八条 当事人互负债务,该债务的标的物种类、品质相同的,任何一方可以将自己的债务与对方的到期债务抵销;但是,根据债务性质、按照当事人约定或者依照法律规定不得抵销的除外。

当事人主张抵销的,应当通知对方。通知自到达对方时生效。抵销不得附条件或者附期限。

第五百六十九条 当事人互负债务,标的物种类、品质不相同的,经协商一致,也可以抵销。

第五百五十条 【债权转让增加的履行费用负担】因债权转让增加的履行费用，由让与人负担。

第五百五十一条 【债务承担】债务人将债务的全部或者部分转移给第三人的，应当经债权人同意。

债务人或者第三人可以催告债权人在合理期限内予以同意，债权人未作表示的，视为不同意。

一、相关法律条文

《中华人民共和国民法典》（2021年1月1日起施行）

第六百九十七条 债权人未经保证人书面同意，允许债务人转移全部或者部分债务，保证人对未经其同意转移的债务不再承担保证责任，但是债权人和保证人另有约定的除外。

第三人加入债务的，保证人的保证责任不受影响。

二、相关司法解释规定

《最高人民法院关于审理与企业改制相关的民事纠纷案件若干问题的规定》（法释〔2003〕1号）（2020年12月23日修正）

第六条 企业以其部分财产和相应债务与他人组建新公司，对所转移的债务债权人认可的，由新组建的公司承担民事责任；对所转移的债务未通知债权人或者虽通知债权人，而债权人不予认可的，由原企业承担民事责任。原企业无力偿还债务，债权人就此向新设公司主张债权的，新设公司在所接收的财产范围内与原企业承担连带民事责任。

三、相关裁判摘要

• **2012年第5期《中华人民共和国最高人民法院公报》**刊登的"**广东达宝物业管理有限公司与广东中岱企业集团有限公司、广东中岱电讯产业有限公司、广州市中珊实业有限公司股权转让合作纠纷案**"中，最高人民法院(2010)民提字第153号民事判决书对债务转移与债务加入之间的关系作出了区分。相关裁判摘要如下：

合同外的第三人向合同中的债权人承诺承担债务人义务的，如果没有充分的证据证明债权人同意债务转移给该第三人或者债务人退出合同关系，不宜轻易认定构成债务转移，一般应认定为债务加入。第三人向债权人表明债务加入的意思后，即使债权人未明确表示同意，但只要其未明确表示反对或未以行为表示反对,仍应当认定为债务加入成立,债权人可以依照债务加入关系向该第三人主张权利。

• **2008年第11期《中华人民共和国最高人民法院公报》**刊登的“**中国工商银行股份有限公司三门峡车站支行与三门峡天元铝业股份有限公司、三门峡天元铝业集团有限公司借款担保合同纠纷案**”中,最高人民法院(2008)民二终字第81号民事判决书对合同权利义务概括转让时,债权人的同意如何认定,作出了如下分析:

根据《中华人民共和国合同法》第八十四条的规定,债务人将合同的义务全部或者部分转移给第三人的,应当经债权人同意。因此,债务人向债权人出具承诺书,表示将所负债务全部或者部分转移给第三人,而债权人对此未予接受,亦未在债务人与第三人签订的债务转移协议书上加盖公章的,应当认定债权人不同意债务转让,债务人与第三人之间的债务转让协议对债权人不发生法律效力。

• **2006年第3期《中华人民共和国最高人民法院公报》**刊登的“**信达公司石家庄办事处与中阿公司等借款担保合同纠纷案**”中,最高人民法院(2005)民二终字第200号民事判决书就债务人变更、保证与债务加入之间的区别进行了分析。相关裁判摘要如下:

根据该《承诺书》的内容,河北中意愿意承担债务并无疑问,问题的关键在于:河北中意出具该承诺书的行为是被上诉人中阿公司主张的债务人变更,还是上诉人信达石办主张的增加保证人,抑或是新债务人的加入。根据《合同法》第八十四条的规定:“债务人将合同的义务全部或部分转移给第三人的,应当经债权人同意。”在本案中,河北中意表示愿意承担连带还款责任,债权人省建行在接受的同时,并无明确的意思表示同意债务人由冀州中意变更为河北中意,因而河北中意的承诺行为不能构成债务转移,即不能构成债务人的变更。对被上诉人中阿公司以债务转移未经其同意为由拒绝承担保证责任的抗辩理由,本院不予支持。至于河北中意的行为应当定性为上诉人信达石办所主张的保证人增加,还是定性为债务人的增加,本院认为,二者在案件的实质处理上并无不同,只是在性质上有所不同:保证系从合同,保证人是从债务人,是为他人债务负责;并存的债务承担系独立的合同,承担人是主债务人之一,是为自己的债务负责,也是单一债务人增加为二人以上的共同债务人。判断一个行为究竟是保证,还是并存的债务承担,应根据具体情况确定。如承担人承担债务的意思表示中有较为明显的保证含义,可以认定为保证;如果没有,则应当从保护债权人利益的立法目的出发,认定为并存的债务承担。因此本案中,根据承诺书的具体内容以及向河北中意的催收通知中的担保人身份的注明,对河北中意的保证人身份有较为明确的表示与认可,上诉人信达石办主张的此行为系保证人增加的上诉理由,于法有据,本院予以支持。

• **2004年第11期《中华人民共和国最高人民法院公报》**刊登的**"工商银行山东分行诉信诚公司等借款合同纠纷案"**中,最高人民法院(2003)民二终字第106号民事判决书对企业改制时通过转让部分财产和相应的债务与他人组建新公司的,新组建的公司如何对该债务承担责任的问题进行了分析。相关裁判摘要如下:

山东工行与化肥厂之间的借款法律关系及山东工行与鲁南公司之间的担保法律关系明确,均为当事人真实意思表示,且不违反法律、行政法规强制性规定,应为有效。对此,当事人各方均无异议。本案上诉争议的主要问题是债务人化肥厂改制成立的信诚公司对化肥厂改制前的债务是否承担民事责任。化肥厂1999年与该厂职工持股会及其他几家投资人共同出资设立信诚公司。化肥厂先行投入信诚公司实物资产7772万元,并同时转入负债4812万元,并以实物资产与负债相抵后的净资产2960万元作为其对信诚公司的出资,占信诚公司出资的74%。随后,其又与信诚公司签订协议,将价值96,531,146.46元的优良财产与等额债务一并转让给信诚公司。双方约定由信诚公司对上述连同实物财产转让的两笔债务共计144,651,146.46元负责偿还。因化肥厂与信诚公司关于上述债务转移的约定不违反法律强制性规定,系各方当事人的真实意思表示,符合意思自治原则,故只要被转让债务的债权人无异议,该约定对转让方、受让方和转让债务的债权人应是有效的。但是,由于企业的所有财产是对其经营中形成的全部债务的一般担保,任何人不得随意转移。法律赋予债权人在获得权利实现时以法人所有财产平等受偿的权利,除享有优先受偿权的债权人外,任何人不享有特权。即不能以牺牲某一债权人的利益为代价来保障其他债权人债权的实现。故尽管化肥厂与信诚公司和有关债权人达成的相关债务转让协议对合同各方当事人具有法律约束力,但因信诚公司用以作为接收上述债务对等条件的接收相应财产的行为,客观上造成了化肥厂对所有债权人的债权进行担保的法人财产减少,该财产转移行为侵犯了其他债权人的权利。化肥厂与信诚公司之间关于以接收相关财产作为承担等额债务前提的约定对其他债权人不发生法律效力。当未转让债务的债权人山东工行根据法人财产原则,要求信诚公司在接收化肥厂财产范围内对化肥厂改制前债务承担偿还责任时,信诚公司不得以其与化肥厂之间的约定对抗山东工行的诉讼请求。化肥厂采取转让财产和等额债务的方式与他人组建新公司,因其对该笔转让财产并不享有相应的股权,故该行为并不是真正意义上的投资行为,而是对法人财产的变相转移。

化肥厂改制成立新公司是否丧失偿债和进行生产的能力,不是认定信诚公司是否应当承担化肥厂改制前债务的依据。故信诚公司关于化肥厂并未丧失偿债和生产能力,其不应承担化肥厂债务的上诉理由,本院不予支持。化肥厂转移价值144,651,146.46元的法人财产给信诚公司的行为法律属性明确,故信诚公司关于两笔财产转让行为不属同一性质法律行为的上诉理由,本院不予支持。本院改制司法解释第六条关于"企业以其部分财产和相应债务与他人组建新公司,对所转移的债务,债权人认可的,由新组建的公司承担民事责任"等规定,是仅针对转移债务的债权人而言,不包括未转移债务的债权人。即改制企业将债务转移给新成立的公司,转移债务的行为经相关债权人同意的,发生债务有效转移的法律后果,由新成立的公司承担转移的债务。改制企业转移债务,未经转移债务债权人同意,不发生债务转移的法律后果,债务仍由改制企业承担。改制企业如将部分财产转移给新设公司的,按照法人财产原则,由新设公司在所接收财产范围内与改制企业承担连带民事责任。未转移债务的债权人仍有权按照合同相对性原则和法人财产原则,要求改制企业和接收改制企业财产的新公司承担相应的偿还责任。故信诚公司关于其已依法承担化肥厂有关债务,不应再承担山东工行该笔债务的上诉理由,本院亦不予支持。山东工行关于信诚公司应当在其接收化肥厂财产范围内承担本案争议债务的主张,于法有据,本院予以支持。原审法院判决信诚公司在接收化肥厂财产范围内对化肥厂改制前的债务承担连带清偿责任,本院予以维持。

> • **2002年第4期《中华人民共和国最高人民法院公报》**刊登的"**中远公司诉香港美通公司、天津美通公司拖欠海运费、港杂费纠纷案**"判决就如何区分免责的债务承担与并存的债务承担进行了分析。相关裁判摘要如下：
>
> 被上诉人天津美通公司只是在被上诉人香港美通公司出具的《还款计划》上签名确认，双方没有约定各自还款的比例。事实上，《还款计划》出具后，香港美通公司偿还了6笔债务，天津美通公司也偿还了6笔债务。所以，天津美通公司没有完全取代了香港美通公司的债务人地位。以上事实证明，天津美通公司只是以第三人身份加入到香港美通公司与原集装箱公司的债权债务关系中，与香港美通公司共同承担着债务。香港美通公司与天津美通公司之间形成的是连带关系，互为连带债务人。本案是并存的债务承担，不是免责的债务承担，香港美通公司不能因《还款计划》上刘彬的签名而脱离债务关系。虽然现在香港美通公司已经将其在天津美通公司中的股份全部转让给香港大鹏货运仓库有限公司，这也只是投资主体的变更，不影响天津美通公司作为独立的民事主体承担民事权利与义务。《民法通则》第五十七条规定："民事法律行为从成立时起具有法律约束力。行为人非依法律规定或者取得对方同意，不得擅自变更或者解除。"天津美通公司应当继续为香港美通公司所欠原集装箱公司的款项承担连带偿还的责任。天津美通公司为香港美通公司清偿债务后，有权向香港美通公司追偿。

第五百五十二条　【债务加入】第三人与债务人约定加入债务并通知债权人，或者第三人向债权人表示愿意加入债务，债权人未在合理期限内明确拒绝的，债权人可以请求第三人在其愿意承担的债务范围内和债务人承担连带债务。

> **一、相关法律条文**
>
> **《中华人民共和国民法典》(2021年1月1日起施行)**
>
> **第六百九十七条**　债权人未经保证人书面同意，允许债务人转移全部或者部分债务，保证人对未经其同意转移的债务不再承担保证责任，但是债权人和保证人另有约定的除外。
>
> 第三人加入债务的，保证人的保证责任不受影响。

二、相关司法解释规定

《最高人民法院关于适用〈中华人民共和国民法典〉有关担保制度的解释》(法释〔2020〕28号)

第十二条 法定代表人依照民法典第五百五十二条的规定以公司名义加入债务的,人民法院在认定该行为的效力时,可以参照本解释关于公司为他人提供担保的有关规则处理。

第三十六条 第三人向债权人提供差额补足、流动性支持等类似承诺文件作为增信措施,具有提供担保的意思表示,债权人请求第三人承担保证责任的,人民法院应当依照保证的有关规定处理。

第三人向债权人提供的承诺文件,具有加入债务或者与债务人共同承担债务等意思表示的,人民法院应当认定为民法典第五百五十二条规定的债务加入。

前两款中第三人提供的承诺文件难以确定是保证还是债务加入的,人民法院应当将其认定为保证。

第三人向债权人提供的承诺文件不符合前三款规定的情形,债权人请求第三人承担保证责任或者连带责任的,人民法院不予支持,但是不影响其依据承诺文件请求第三人履行约定的义务或者承担相应的民事责任。

三、相关裁判摘要

● **2012年第5期《中华人民共和国最高人民法院公报》**刊登的“**广东达宝物业管理有限公司与广东中岱企业集团有限公司、广东中岱电讯产业有限公司、广州市中珊实业有限公司股权转让合作纠纷案**”中,最高人民法院(2010)民提字第153号民事判决书对债务转移与债务加入之间的关系作出了区分。相关裁判摘要如下:

合同外的第三人向合同中的债权人承诺承担债务人义务的,如果没有充分的证据证明债权人同意债务转移给该第三人或者债务人退出合同关系,不宜轻易认定构成债务转移,一般应认定为债务加入。第三人向债权人表明债务加入的意思后,即使债权人未明确表示同意,但只要其未明确表示反对或未以行为表示反对,仍应当认定为债务加入成立,债权人可以依照债务加入关系向该第三人主张权利。

> • **2006年第3期《中华人民共和国最高人民法院公报》**刊登的“**信达公司石家庄办事处与中阿公司等借款担保合同纠纷案**”中，最高人民法院(2005)民二终字第200号民事判决书就债务人变更、保证与债务加入之间的区别进行了分析。相关裁判摘要如下：
>
> 根据该《承诺书》的内容，河北中意愿意承担债务并无疑问，问题的关键在于：河北中意出具该承诺书的行为是被上诉人中阿公司主张的债务人变更，还是上诉人信达石办主张的增加保证人，抑或是新债务人的加入。根据《合同法》第八十四条的规定：“债务人将合同的义务全部或部分转移给第三人的，应当经债权人同意。”在本案中，河北中意表示愿意承担连带还款责任，债权人省建行在接受的同时，并无明确的意思表示同意债务人由冀州中意变更为河北中意，因而河北中意的承诺行为不能构成债务转移，即不能构成债务人的变更。对被上诉人中阿公司以债务转移未经其同意为由拒绝承担保证责任的抗辩理由，本院不予支持。至于河北中意的行为应当定性为上诉人信达石办所主张的保证人增加，还是定性为债务人的增加，本院认为，二者在案件的实质处理上并无不同，只是在性质上有所不同：保证系从合同，保证人是从债务人，是为他人债务负责；并存的债务承担系独立的合同，承担人是主债务人之一，是为自己的债务负责，也是单一债务人增加为二人以上的共同债务人。判断一个行为究竟是保证，还是并存的债务承担，应根据具体情况确定。如承担人承担债务的意思表示中有较为明显的保证含义，可以认定为保证；如果没有，则应当从保护债权人利益的立法目的出发，认定为并存的债务承担。因此本案中，根据承诺书的具体内容以及向河北中意的催收通知中的担保人身份的注明，对河北中意的保证人身份有较为明确的表示与认可，上诉人信达石办主张的此行为系保证人增加的上诉理由，于法有据，本院予以支持。

第五百五十三条 【债务承担中新债务人的抗辩与抵销】债务人转移债务的，新债务人可以主张原债务人对债权人的抗辩；原债务人对债权人享有债权的，新债务人不得向债权人主张抵销。

相关司法解释规定

《最高人民法院关于审理民事案件适用诉讼时效制度若干问题的规定》(法释〔2008〕11号)(2020年12月23日修正)

第十七条 债权转让的,应当认定诉讼时效从债权转让通知到达债务人之日起中断。

债务承担情形下,构成原债务人对债务承认的,应当认定诉讼时效从债务承担意思表示到达债权人之日起中断。

第五百五十四条 【从债务随主债务转移】 债务人转移债务的,新债务人应当承担与主债务有关的从债务,但是该从债务专属于原债务人自身的除外。

一、相关法律条文

《中华人民共和国民法典》(2021年1月1日起施行)

第三百九十一条 第三人提供担保,未经其书面同意,债权人允许债务人转移全部或者部分债务的,担保人不再承担相应的担保责任。

第六百九十七条 债权人未经保证人书面同意,允许债务人转移全部或者部分债务,保证人对未经其同意转移的债务不再承担保证责任,但是债权人和保证人另有约定的除外。

第三人加入债务的,保证人的保证责任不受影响。

二、相关司法解释规定

《最高人民法院关于适用〈中华人民共和国民法典〉有关担保制度的解释》(法释〔2020〕28号)

第三十九条 主债权被分割或者部分转让,各债权人主张就其享有的债权份额行使担保物权的,人民法院应予支持,但是法律另有规定或者当事人另有约定的除外。

主债务被分割或者部分转移,债务人自己提供物的担保,债权人请求以该担保财产担保全部债务履行的,人民法院应予支持;第三人提供物的担保,主张对未经其书面同意转移的债务不再承担担保责任的,人民法院应予支持。

第五百五十五条 【债权债务的概括转让】 当事人一方经对方同

意，可以将自己在合同中的权利和义务一并转让给第三人。

相关司法解释规定

《最高人民法院关于审理旅游纠纷案件适用法律若干问题的规定》（法释〔2010〕13号）（2020年12月23日修正）

第十一条　除合同性质不宜转让或者合同另有约定之外，在旅游行程开始前的合理期间内，旅游者将其在旅游合同中的权利义务转让给第三人，请求确认转让合同效力的，人民法院应予支持。

因前款所述原因，旅游经营者请求旅游者、第三人给付增加的费用或者旅游者请求旅游经营者退还减少的费用的，人民法院应予支持。

第五百五十六条　【债权债务概括转让的法律适用】合同的权利和义务一并转让的，适用债权转让、债务转移的有关规定。

相关法律条文

《中华人民共和国民法典》（2021年1月1日施行）

第五百零二条　依法成立的合同，自成立时生效，但是法律另有规定或者当事人另有约定的除外。

依照法律、行政法规的规定，合同应当办理批准等手续的，依照其规定。未办理批准等手续影响合同生效的，不影响合同中履行报批等义务条款以及相关条款的效力。应当办理申请批准等手续的当事人未履行义务的，对方可以请求其承担违反该义务的责任。

依照法律、行政法规的规定，合同的变更、转让、解除等情形应当办理批准等手续的，适用前款规定。

第五百四十五条　债权人可以将债权的全部或者部分转让给第三人，但是有下列情形之一的除外：

（一）根据债权性质不得转让；

（二）按照当事人约定不得转让；

（三）依照法律规定不得转让。

当事人约定非金钱债权不得转让的，不得对抗善意第三人。当事人约定金钱债权不得转让的，不得对抗第三人。

第五百四十七条　债权人转让债权的，受让人取得与债权有关的从权利，但是该从权利专属于债权人自身的除外。

受让人取得从权利不因该从权利未办理转移登记手续或者未转移占有而受到影响。

第五百四十八条 债务人接到债权转让通知后,债务人对让与人的抗辩,可以向受让人主张。

第五百四十九条 有下列情形之一的,债务人可以向受让人主张抵销:

(一)债务人接到债权转让通知时,债务人对让与人享有债权,且债务人的债权先于转让的债权到期或者同时到期;

(二)债务人的债权与转让的债权是基于同一合同产生。

第五百五十条 因债权转让增加的履行费用,由让与人负担。

第五百五十三条 债务人转移债务的,新债务人可以主张原债务人对债权人的抗辩;原债务人对债权人享有债权的,新债务人不得向债权人主张抵销。

第五百五十四条 债务人转移债务的,新债务人应当承担与主债务有关的从债务,但是该从债务专属于原债务人自身的除外。

第七章 合同的权利义务终止

第五百五十七条 【债权债务终止的情形】 有下列情形之一的,债权债务终止:

(一)债务已经履行;

(二)债务相互抵销;

(三)债务人依法将标的物提存;

(四)债权人免除债务;

(五)债权债务同归于一人;

(六)法律规定或者当事人约定终止的其他情形。

合同解除的,该合同的权利义务关系终止。

相关法律条文

《中华人民共和国民法典》(2021年1月1日起施行)

第一百五十八条 民事法律行为可以附条件,但是根据其性质不得附条件的除外。附生效条件的民事法律行为,自条件成就时生效。

附解除条件的民事法律行为，自条件成就时失效。

第一百六十条　民事法律行为可以附期限，但是根据其性质不得附期限的除外。附生效期限的民事法律行为，自期限届至时生效。附终止期限的民事法律行为，自期限届满时失效。

第九百三十四条　委托人死亡、终止或者受托人死亡、丧失民事行为能力、终止的，委托合同终止；但是，当事人另有约定或者根据委托事务的性质不宜终止的除外。

第九百四十条　建设单位依法与物业服务人订立的前期物业服务合同约定的服务期限届满前，业主委员会或者业主与新物业服务人订立的物业服务合同生效的，前期物业服务合同终止。

第九百七十七条　合伙人死亡、丧失民事行为能力或者终止的，合伙合同终止；但是，合伙合同另有约定或者根据合伙事务的性质不宜终止的除外。

第五百五十八条　【债权债务终止后的义务】债权债务终止后，当事人应当遵循诚信等原则，根据交易习惯履行通知、协助、保密、旧物回收等义务。

一、相关法律条文

《中华人民共和国民法典》(2021年1月1日起施行)

第六百二十五条　依照法律、行政法规的规定或者按照当事人的约定，标的物在有效使用年限届满后应予回收的，出卖人负有自行或者委托第三人对标的物予以回收的义务。

二、相关司法解释规定

《最高人民法院关于审理物业服务纠纷案件具体应用法律若干问题的解释》(法释〔2009〕8号)(2020年12月23日修正)

第三条　物业服务合同的权利义务终止后，业主请求物业服务人退还已经预收，但尚未提供物业服务期间的物业费的，人民法院应予支持。

第五百五十九条　【债权债务终止时从权利随之消灭】债权债务终止时，债权的从权利同时消灭，但是法律另有规定或者当事人另有约定的除外。

相关法律条文

1.《中华人民共和国民法典》(2021年1月1日起施行)

第三百九十三条 有下列情形之一的,担保物权消灭:

(一)主债权消灭;

(二)担保物权实现;

(三)债权人放弃担保物权;

(四)法律规定担保物权消灭的其他情形。

第五百八十七条 债务人履行债务的,定金应当抵作价款或者收回。给付定金的一方不履行债务或者履行债务不符合约定,致使不能实现合同目的的,无权请求返还定金;收受定金的一方不履行债务或者履行债务不符合约定,致使不能实现合同目的的,应当双倍返还定金。

2.《中华人民共和国企业破产法》(2007年6月1日起施行)

第一百二十四条 破产人的保证人和其他连带债务人,在破产程序终结后,对债权人依照破产清算程序未受清偿的债权,依法继续承担清偿责任。

第五百六十条 【清偿抵充】 债务人对同一债权人负担的数项债务种类相同,债务人的给付不足以清偿全部债务的,除当事人另有约定外,由债务人在清偿时指定其履行的债务。

债务人未作指定的,应当优先履行已经到期的债务;数项债务均到期的,优先履行对债权人缺乏担保或者担保最少的债务;均无担保或者担保相等的,优先履行债务人负担较重的债务;负担相同的,按照债务到期的先后顺序履行;到期时间相同的,按照债务比例履行。

第五百六十一条 【利息和费用的清偿抵充顺序】 债务人在履行主债务外还应当支付利息和实现债权的有关费用,其给付不足以清偿全部债务的,除当事人另有约定外,应当按照下列顺序履行:

(一)实现债权的有关费用;

(二)利息;

(三)主债务。

第五百六十二条　【协商解除合同与约定的解除权】当事人协商一致，可以解除合同。

当事人可以约定一方解除合同的事由。解除合同的事由发生时，解除权人可以解除合同。

一、相关文件规定

《最高人民法院关于印发〈全国法院民商事审判工作会议纪要〉的通知》(法〔2019〕254 号)

47.【约定解除条件】合同约定的解除条件成就时，守约方以此为由请求解除合同的，人民法院应当审查违约方的违约程度是否显著轻微，是否影响守约方合同目的的实现，根据诚实信用原则，确定合同应否解除。违约方的违约程度显著轻微，不影响守约方合同目的的实现，守约方请求解除合同的，人民法院不予支持；反之，则依法予以支持。

二、相关裁判摘要

• **2015 年第 1 期《中华人民共和国最高人民法院公报》**刊登的"**成都讯捷通讯连锁有限公司与四川蜀都实业有限责任公司、四川友利投资控股股份有限公司房屋买卖合同纠纷案**"中，最高人民法院(2013)民提字第 90 号民事判决书对解除合同行为的性质及法律效果进行了分析。相关裁判摘要如下：

根据《物权法》第十五条规定之精神，处分行为有别于负担行为，解除合同并非对物进行处分的方式，合同的解除与否不涉及物之所有权的变动，而只与当事人是否继续承担合同所约定的义务有关。本案中，蜀都实业公司确实仍然对该房屋享有所有权，但这并不意味着其可在不符合当事人约定或者法律规定的情形下随意解除双方之间的合同关系。在双方房屋买卖法律关系成立并生效后，蜀都实业公司虽系该房屋的所有权人，但其应当依约全面、实际履行其在房屋买卖法律关系项下的义务。二审判决认为在买卖标的物转移之前，所有人对自己的标的物享有占有、使用、收益、处分的权利，进而认定蜀都实业公司有权选择处分财产的方式解除合同，并判决迅捷公司将房屋腾退给蜀都实业公司，违背了《合同法》保障交易安全的基本原则，系对《物权法》的错误理解与适用，本院对此予以纠正。

• **2012年第5期《中华人民共和国最高人民法院公报》**刊登的“**广东达宝物业管理有限公司与广东中岱企业集团有限公司、广东中岱电讯产业有限公司、广州市中珊实业有限公司股权转让合作纠纷案**”中，最高人民法院(2010)民提字第153号民事判决书认为，解除合同方没有向对方当事人提出解除合同的，不发生合同解除的效果。相关裁判摘要如下：

当事人订立合同后，一方要解除合同应当向对方当事人提出。解除合同方未向对方提出而是在其他合同中与他人约定解除前述合同的，不发生合同解除的效果。

• **2008年第5期《中华人民共和国最高人民法院公报》**刊登的“**青岛市国土资源和房屋管理局崂山国土资源分局与青岛乾坤木业有限公司土地使用权出让合同纠纷案**”中，最高人民法院(2007)民一终字第84号民事判决书认为，部分有效的合同也可以被解除。相关裁判摘要如下：

解除合同的前提是合同已经生效。涉案《国有土地使用权出让合同》第31条约定，受让人延期支付土地出让金超过6个月的，出让人有权解除合同。该合同未约定行使合同解除权的期限，也未约定出让方在解除合同前要进行催告。鉴于该合同部分有效，乾坤公司应在合同有效部分的范围内履行义务。涉案合同于2003年1月16日签订，截至2003年3月26日，乾坤公司向崂山国土资源分局交付土地出让金488万元，未达到84亩土地的出让金总额。因此，解除合同的条件已经成就。崂山国土资源分局根据《合同法》第九十三条第二款的规定，行使了合同解除权，且已经通知了乾坤公司。其未对乾坤公司进行催告，并不构成违约。对崂山国土资源分局关于乾坤公司没有按期付清合同项下全部土地出让金，其有权解除合同的主张，本院应予支持。对乾坤公司关于解除合同的条件未成就，崂山国土资源分局无权单方解除合同的主张，本院不予支持。

• **2005年第2期《中华人民共和国最高人民法院公报》**刊登的“**孟元诉中佳旅行社旅游合同纠纷案**”判决认为，合同一方当事人未与对方协商单方解除合同而造成的损失应自行承担。相关裁判摘要如下：

一方当事人提出解除合同时，有权要求对方当事人采取合理措施，尽可能减少因解除合同所造成的损失，但无权在未与对方协商一致的情况下，即单方面强行解除合同，并要求对方承担解除合同的全部损失。

本案中,上诉人提出解除合同和要求退款是可以理解的,但中佳旅行社亦有权提出异议。在双方没有达成一致时,仍应继续履行合同所规定的权利和义务,违反合同约定的一方,应承担合同违约的责任。上诉人在双方未对是否解除合同达成一致意见时,拒绝对方减少损失的建议,坚持要求对方承担解除合同全部损失,并放弃履行合同,致使损害结果发生,故应承担全部责任。

综上,合同生效后,双方当事人按照合同的约定认真履行义务。一方提出解除合同的,应积极与对方协商,而不能强行要求解除合同,并要求对方承担全部损失。上诉人未与对方协商一致即单方面终止合同,由此造成的经济损失,应自行负责。

第五百六十三条 【合同的法定解除事由】 有下列情形之一的,当事人可以解除合同:

(一)因不可抗力致使不能实现合同目的;

(二)在履行期限届满前,当事人一方明确表示或者以自己的行为表明不履行主要债务;

(三)当事人一方迟延履行主要债务,经催告后在合理期限内仍未履行;

(四)当事人一方迟延履行债务或者有其他违约行为致使不能实现合同目的;

(五)法律规定的其他情形。

以持续履行的债务为内容的不定期合同,当事人可以随时解除合同,但是应当在合理期限之前通知对方。

一、相关法律条文

1.《中华人民共和国民法典》(2021 年 1 月 1 日起施行)

第五百二十七条 应当先履行债务的当事人,有确切证据证明对方有下列情形之一的,可以中止履行:

(一)经营状况严重恶化;

(二)转移财产、抽逃资金,以逃避债务;

(三)丧失商业信誉;

(四)有丧失或者可能丧失履行债务能力的其他情形。

当事人没有确切证据中止履行的,应当承担违约责任。

第五百二十八条 当事人依据前条规定中止履行的,应当及时通知对方。对方提供适当担保的,应当恢复履行。中止履行后,对方在合理期限内未恢复履行能力且未提供适当担保的,视为以自己的行为表明不履行主要债务,中止履行的一方可以解除合同并可以请求对方承担违约责任。

第五百三十三条 合同成立后,合同的基础条件发生了当事人在订立合同时无法预见的、不属于商业风险的重大变化,继续履行合同对于当事人一方明显不公平的,受不利影响的当事人可以与对方重新协商;在合理期限内协商不成的,当事人可以请求人民法院或者仲裁机构变更或者解除合同。

人民法院或者仲裁机构应当结合案件的实际情况,根据公平原则变更或者解除合同。

第五百九十七条 因出卖人未取得处分权致使标的物所有权不能转移的,买受人可以解除合同并请求出卖人承担违约责任。

法律、行政法规禁止或者限制转让的标的物,依照其规定。

第六百一十条 因标的物不符合质量要求,致使不能实现合同目的的,买受人可以拒绝接受标的物或者解除合同。买受人拒绝接受标的物或者解除合同的,标的物毁损、灭失的风险由出卖人承担。

第六百三十三条 出卖人分批交付标的物的,出卖人对其中一批标的物不交付或者交付不符合约定,致使该批标的物不能实现合同目的的,买受人可以就该批标的物解除。

出卖人不交付其中一批标的物或者交付不符合约定,致使之后其他各批标的物的交付不能实现合同目的的,买受人可以就该批以及之后其他各批标的物解除。

买受人如果就其中一批标的物解除,该批标的物与其他各批标的物相互依存的,可以就已经交付和未交付的各批标的物解除。

第六百三十四条 分期付款的买受人未支付到期价款的数额达到全部价款的五分之一,经催告后在合理期限内仍未支付到期价款的,出卖人可以请求买受人支付全部价款或者解除合同。

出卖人解除合同的,可以向买受人请求支付该标的物的使用费。

第六百七十三条 借款人未按照约定的借款用途使用借款的,贷款人可以停止发放借款、提前收回借款或者解除合同。

第七百一十一条　承租人未按照约定的方法或者未根据租赁物的性质使用租赁物，致使租赁物受到损失的，出租人可以解除合同并请求赔偿损失。

第七百一十六条　承租人经出租人同意，可以将租赁物转租给第三人。承租人转租的，承租人与出租人之间的租赁合同继续有效；第三人造成租赁物损失的，承租人应当赔偿损失。

承租人未经出租人同意转租的，出租人可以解除合同。

第七百二十二条　承租人无正当理由未支付或者迟延支付租金的，出租人可以请求承租人在合理期限内支付；承租人逾期不支付的，出租人可以解除合同。

第七百二十四条　有下列情形之一，非因承租人原因致使租赁物无法使用的，承租人可以解除合同：

（一）租赁物被司法机关或者行政机关依法查封、扣押；

（二）租赁物权属有争议；

（三）租赁物具有违反法律、行政法规关于使用条件的强制性规定情形。

第七百二十九条　因不可归责于承租人的事由，致使租赁物部分或者全部毁损、灭失的，承租人可以请求减少租金或者不支付租金；因租赁物部分或者全部毁损、灭失，致使不能实现合同目的的，承租人可以解除合同。

第七百三十条　当事人对租赁期限没有约定或者约定不明确，依据本法第五百一十条的规定仍不能确定的，视为不定期租赁；当事人可以随时解除合同，但是应当在合理期限之前通知对方。

第七百三十一条　租赁物危及承租人的安全或者健康的，即使承租人订立合同时明知该租赁物质量不合格，承租人仍然可以随时解除合同。

第七百五十二条　承租人应当按照约定支付租金。承租人经催告后在合理期限内仍不支付租金的，出租人可以请求支付全部租金；也可以解除合同，收回租赁物。

第七百五十三条　承租人未经出租人同意，将租赁物转让、抵押、质押、投资入股或者以其他方式处分的，出租人可以解除融资租赁合同。

第七百五十四条　有下列情形之一的，出租人或者承租人可以解除融资租赁合同：

（一）出租人与出卖人订立的买卖合同解除、被确认无效或者被撤销，且未能重新订立买卖合同；

（二）租赁物因不可归责于当事人的原因毁损、灭失，且不能修复或者确定替代物；

（三）因出卖人的原因致使融资租赁合同的目的不能实现。

第七百七十二条　承揽人应当以自己的设备、技术和劳力，完成主要工作，但是当事人另有约定的除外。

承揽人将其承揽的主要工作交由第三人完成的，应当就该第三人完成的工作成果向定作人负责；未经定作人同意的，定作人也可以解除合同。

第七百七十八条　承揽工作需要定作人协助的，定作人有协助的义务。定作人不履行协助义务致使承揽工作不能完成的，承揽人可以催告定作人在合理期限内履行义务，并可以顺延履行期限；定作人逾期不履行的，承揽人可以解除合同。

第七百八十七条　定作人在承揽人完成工作前可以随时解除合同，造成承揽人损失的，应当赔偿损失。

第八百零六条　承包人将建设工程转包、违法分包的，发包人可以解除合同。

发包人提供的主要建筑材料、建筑构配件和设备不符合强制性标准或者不履行协助义务，致使承包人无法施工，经催告后在合理期限内仍未履行相应义务的，承包人可以解除合同。

合同解除后，已经完成的建设工程质量合格的，发包人应当按照约定支付相应的工程价款；已经完成的建设工程质量不合格的，参照本法第七百九十三条的规定处理。

第八百五十七条　作为技术开发合同标的的技术已经由他人公开，致使技术开发合同的履行没有意义的，当事人可以解除合同。

第九百三十三条　委托人或者受托人可以随时解除委托合同。因解除合同造成对方损失的，除不可归责于该当事人的事由外，无偿委托合同的解除方应当赔偿因解除时间不当造成的直接损失，有偿委托合同的解除方应当赔偿对方的直接损失和合同履行后可以获得的利益。

第九百四十六条　业主依照法定程序共同决定解聘物业服务人的，可以解除物业服务合同。决定解聘的，应当提前六十日书面通知物业服务人，但是合同对通知期限另有约定的除外。

依据前款规定解除合同造成物业服务人损失的，除不可归责于业主的事由外，业主应当赔偿损失。

第九百四十八条　物业服务期限届满后，业主没有依法作出续聘或者另聘物业服务人的决定，物业服务人继续提供物业服务的，原物业服务合同继续有效，但是服务期限为不定期。

当事人可以随时解除不定期物业服务合同，但是应当提前六十日书面通知对方。

第九百七十六条　合伙人对合伙期限没有约定或者约定不明确，依据本法第五百一十条的规定仍不能确定的，视为不定期合伙。

合伙期限届满，合伙人继续执行合伙事务，其他合伙人没有提出异议的，原合伙合同继续有效，但是合伙期限为不定期。

合伙人可以随时解除不定期合伙合同，但是应当在合理期限之前通知其他合伙人。

第一千零二十二条　当事人对肖像许可使用期限没有约定或者约定不明确的，任何一方当事人可以随时解除肖像许可使用合同，但是应当在合理期限之前通知对方。

当事人对肖像许可使用期限有明确约定，肖像权人有正当理由的，可以解除肖像许可使用合同，但是应当在合理期限之前通知对方。因解除合同造成对方损失的，除不可归责于肖像权人的事由外，应当赔偿损失。

2.《中华人民共和国保险法》(2015年4月24日修正)

第十五条　除本法另有规定或者保险合同另有约定外，保险合同成立后，投保人可以解除合同，保险人不得解除合同。

第十六条　订立保险合同，保险人就保险标的或者被保险人的有关情况提出询问的，投保人应当如实告知。

投保人故意或者因重大过失未履行前款规定的如实告知义务，足以影响保险人决定是否同意承保或者提高保险费率的，保险人有权解除合同。

前款规定的合同解除权，自保险人知道有解除事由之日起，超过三十日不行使而消灭。自合同成立之日起超过二年的，保险人不得解除合同；发生保险事故的，保险人应当承担赔偿或者给付保险金的责任。

投保人故意不履行如实告知义务的，保险人对于合同解除前发生的保险事故，不承担赔偿或者给付保险金的责任，并不退还保险费。

投保人因重大过失未履行如实告知义务，对保险事故的发生有严重影响的，保险人对于合同解除前发生的保险事故，不承担赔偿或者给付保险金的责任，但应当退还保险费。

保险人在合同订立时已经知道投保人未如实告知的情况的，保险人不得解除合同；发生保险事故的，保险人应当承担赔偿或者给付保险金的责任。

保险事故是指保险合同约定的保险责任范围内的事故。

第二十七条 未发生保险事故，被保险人或者受益人谎称发生了保险事故，向保险人提出赔偿或者给付保险金请求的，保险人有权解除合同，并不退还保险费。

投保人、被保险人故意制造保险事故的，保险人有权解除合同，不承担赔偿或者给付保险金的责任；除本法第四十三条规定外，不退还保险费。

保险事故发生后，投保人、被保险人或者受益人以伪造、变造的有关证明、资料或者其他证据，编造虚假的事故原因或者夸大损失程度的，保险人对其虚报的部分不承担赔偿或者给付保险金的责任。

投保人、被保险人或者受益人有前三款规定行为之一，致使保险人支付保险金或者支出费用的，应当退回或者赔偿。

第三十二条 投保人申报的被保险人年龄不真实，并且其真实年龄不符合合同约定的年龄限制的，保险人可以解除合同，并按照合同约定退还保险单的现金价值。保险人行使合同解除权，适用本法第十六条第三款、第六款的规定。

投保人申报的被保险人年龄不真实，致使投保人支付的保险费少于应付保险费的，保险人有权更正并要求投保人补交保险费，或者在给付保险金时按照实付保险费与应付保险费的比例支付。

投保人申报的被保险人年龄不真实，致使投保人支付的保险费多于应付保险费的，保险人应当将多收的保险费退还投保人。

第三十七条 合同效力依照本法第三十六条规定中止的，经保险人与投保人协商并达成协议，在投保人补交保险费后，合同效力恢复。但是，自合同效力中止之日起满二年双方未达成协议的，保险人有权解除合同。

保险人依照前款规定解除合同的，应当按照合同约定退还保险单的现金价值。

第四十九条 保险标的转让的，保险标的的受让人承继被保险人的权利和义务。

保险标的转让的，被保险人或者受让人应当及时通知保险人，但货物运输保险合同和另有约定的合同除外。

因保险标的转让导致危险程度显著增加的，保险人自收到前款规定的通知之日起三十日内，可以按照合同约定增加保险费或者解除合同。保险人解除合同的，应当将已收取的保险费，按照合同约定扣除自保险责任开始之日起至合同解除之日止应收的部分后，退还投保人。

被保险人、受让人未履行本条第二款规定的通知义务的，因转让导致保险标的危险程度显著增加而发生的保险事故，保险人不承担赔偿保险金的责任。

第五十条　货物运输保险合同和运输工具航程保险合同，保险责任开始后，合同当事人不得解除合同。

第五十一条　被保险人应当遵守国家有关消防、安全、生产操作、劳动保护等方面的规定，维护保险标的的安全。

保险人可以按照合同约定对保险标的的安全状况进行检查，及时向投保人、被保险人提出消除不安全因素和隐患的书面建议。

投保人、被保险人未按照约定履行其对保险标的的安全应尽责任的，保险人有权要求增加保险费或者解除合同。

保险人为维护保险标的的安全，经被保险人同意，可以采取安全预防措施。

第五十二条　在合同有效期内，保险标的的危险程度显著增加的，被保险人应当按照合同约定及时通知保险人，保险人可以按照合同约定增加保险费或者解除合同。保险人解除合同的，应当将已收取的保险费，按照合同约定扣除自保险责任开始之日起至合同解除之日止应收的部分后，退还投保人。

被保险人未履行前款规定的通知义务的，因保险标的的危险程度显著增加而发生的保险事故，保险人不承担赔偿保险金的责任。

第五十八条　保险标的发生部分损失的，自保险人赔偿之日起三十日内，投保人可以解除合同；除合同另有约定外，保险人也可以解除合同，但应当提前十五日通知投保人。

合同解除的，保险人应当将保险标的未受损失部分的保险费，按照合同约定扣除自保险责任开始之日起至合同解除之日止应收的部分后，退还投保人。

3.《中华人民共和国拍卖法》(2015年4月24日修正)

第四十三条　拍卖人认为需要对拍卖标的进行鉴定的，可以进行鉴定。

鉴定结论与委托拍卖合同载明的拍卖标的状况不相符的，拍卖人有权要求变更或者解除合同。

4.《中华人民共和国消费者权益保护法》(2013年10月25日修正)

第二十四条 经营者提供的商品或者服务不符合质量要求的，消费者可以依照国家规定、当事人约定退货，或者要求经营者履行更换、修理等义务。没有国家规定和当事人约定的，消费者可以自收到商品之日起七日内退货；七日后符合法定解除合同条件的，消费者可以及时退货，不符合法定解除合同条件的，可以要求经营者履行更换、修理等义务。

依照前款规定进行退货、更换、修理的，经营者应当承担运输等必要费用。

5.《中华人民共和国旅游法》(2018年10月26日修正)

第六十三条 旅行社招徕旅游者组团旅游，因未达到约定人数不能出团的，组团社可以解除合同。但是，境内旅游应当至少提前七日通知旅游者，出境旅游应当至少提前三十日通知旅游者。

因未达到约定人数不能出团的，组团社经征得旅游者书面同意，可以委托其他旅行社履行合同。组团社对旅游者承担责任，受委托的旅行社对组团社承担责任。旅游者不同意的，可以解除合同。

因未达到约定的成团人数解除合同的，组团社应当向旅游者退还已收取的全部费用。

第六十六条 旅游者有下列情形之一的，旅行社可以解除合同：

(一)患有传染病等疾病，可能危害其他旅游者健康和安全的；

(二)携带危害公共安全的物品且不同意交有关部门处理的；

(三)从事违法或者违反社会公德的活动的；

(四)从事严重影响其他旅游者权益的活动，且不听劝阻、不能制止的；

(五)法律规定的其他情形。

因前款规定情形解除合同的，组团社应当在扣除必要的费用后，将余款退还旅游者；给旅行社造成损失的，旅游者应当依法承担赔偿责任。

第六十七条 因不可抗力或者旅行社、履行辅助人已尽合理注意义务仍不能避免的事件，影响旅游行程的，按照下列情形处理：

(一)合同不能继续履行的，旅行社和旅游者均可以解除合同。合同不能完全履行的，旅行社经向旅游者作出说明，可以在合理范围内变更合同；旅游者不同意变更的，可以解除合同。

（二）合同解除的，组团社应当在扣除已向地接社或者履行辅助人支付且不可退还的费用后，将余款退还旅游者；合同变更的，因此增加的费用由旅游者承担，减少的费用退还旅游者。

（三）危及旅游者人身、财产安全的，旅行社应当采取相应的安全措施，因此支出的费用，由旅行社与旅游者分担。

（四）造成旅游者滞留的，旅行社应当采取相应的安置措施。因此增加的食宿费用，由旅游者承担；增加的返程费用，由旅行社与旅游者分担。

6.《中华人民共和国劳动合同法》（2012年12月28日修正）

第三十八条　用人单位有下列情形之一的，劳动者可以解除劳动合同：

（一）未按照劳动合同约定提供劳动保护或者劳动条件的；

（二）未及时足额支付劳动报酬的；

（三）未依法为劳动者缴纳社会保险费的；

（四）用人单位的规章制度违反法律、法规的规定，损害劳动者权益的；

（五）因本法第二十六条第一款规定的情形致使劳动合同无效的；

（六）法律、行政法规规定劳动者可以解除劳动合同的其他情形。

用人单位以暴力、威胁或者非法限制人身自由的手段强迫劳动者劳动的，或者用人单位违章指挥、强令冒险作业危及劳动者人身安全的，劳动者可以立即解除劳动合同，不需事先告知用人单位。

第三十九条　劳动者有下列情形之一的，用人单位可以解除劳动合同：

（一）在试用期间被证明不符合录用条件的；

（二）严重违反用人单位的规章制度的；

（三）严重失职，营私舞弊，给用人单位造成重大损害的；

（四）劳动者同时与其他用人单位建立劳动关系，对完成本单位的工作任务造成严重影响，或者经用人单位提出，拒不改正的；

（五）因本法第二十六条第一款第一项规定的情形致使劳动合同无效的；

（六）被依法追究刑事责任的。

7.《中华人民共和国城市房地产管理法》（2019年8月26日修正）

第十六条　土地使用者必须按照出让合同约定，支付土地使用权出让金；未按照出让合同约定支付土地使用权出让金的，土地管理部门有权解除合同，并可以请求违约赔偿。

第十七条 土地使用者按照出让合同约定支付土地使用权出让金的，市、县人民政府土地管理部门必须按照出让合同约定，提供出让的土地；未按照出让合同约定提供出让的土地的，土地使用者有权解除合同，由土地管理部门返还土地使用权出让金，土地使用者并可以请求违约赔偿。

8.《中华人民共和国企业破产法》(2007年6月1日起施行)

第十八条 人民法院受理破产申请后，管理人对破产申请受理前成立而债务人和对方当事人均未履行完毕的合同有权决定解除或者继续履行，并通知对方当事人。管理人自破产申请受理之日起二个月内未通知对方当事人，或者自收到对方当事人催告之日起三十日内未答复的，视为解除合同。

管理人决定继续履行合同的，对方当事人应当履行；但是，对方当事人有权要求管理人提供担保。管理人不提供担保的，视为解除合同。

二、相关国际公约

《联合国国际货物销售合同公约》(1980年4月11日订于维也纳)

第二十五条 一方当事人违反合同的结果，如使另一方当事人蒙受损害，以致于实际上剥夺了他根据合同规定有权期待得到的东西，即为根本违反合同，除非违反合同一方并不预知而且一个同等资格、通情达理的人处于相同情况中也没有理由预知会发生这种结果。

三、相关司法解释规定

1.《最高人民法院关于审理买卖合同纠纷案件适用法律问题的解释》(法释〔2012〕8号)(2020年12月23日修正)

第十九条 出卖人没有履行或者不当履行从给付义务，致使买受人不能实现合同目的，买受人主张解除合同的，人民法院应当根据民法典第五百六十三条第一款第四项的规定，予以支持。

第三十一条 出卖人履行交付义务后诉请买受人支付价款，买受人以出卖人违约在先为由提出异议的，人民法院应当按照下列情况分别处理：

（一）买受人拒绝支付违约金、拒绝赔偿损失或者主张出卖人应当采取减少价款等补救措施的，属于提出抗辩；

（二）买受人主张出卖人应支付违约金、赔偿损失或者要求解除合同的，应当提起反诉。

2.《最高人民法院关于审理商品房买卖合同纠纷案件适用法律若干问题的解释》(法释〔2003〕7号)(2020年12月23日修正)

第九条　因房屋主体结构质量不合格不能交付使用,或者房屋交付使用后,房屋主体结构质量经核验确属不合格,买受人请求解除合同和赔偿损失的,应予支持。

第十条　因房屋质量问题严重影响正常居住使用,买受人请求解除合同和赔偿损失的,应予支持。

交付使用的房屋存在质量问题,在保修期内,出卖人应当承担修复责任;出卖人拒绝修复或者在合理期限内拖延修复的,买受人可以自行或者委托他人修复。修复费用及修复期间造成的其他损失由出卖人承担。

第十一条　根据民法典第五百六十三条的规定,出卖人迟延交付房屋或者买受人迟延支付购房款,经催告后在三个月的合理期限内仍未履行,解除权人请求解除合同的,应予支持,但当事人另有约定的除外。

法律没有规定或者当事人没有约定,经对方当事人催告后,解除权行使的合理期限为三个月。对方当事人没有催告的,解除权人自知道或者应当知道解除事由之日起一年内行使。逾期不行使的,解除权消灭。

第十五条　商品房买卖合同约定或者城市房地产开发经营管理条例第三十二条规定的办理不动产登记的期限届满后超过一年,由于出卖人的原因,导致买受人无法办理不动产登记,买受人请求解除合同和赔偿损失的,应予支持。

第十九条　商品房买卖合同约定,买受人以担保贷款方式付款、因当事人一方原因未能订立商品房担保贷款合同并导致商品房买卖合同不能继续履行的,对方当事人可以请求解除合同和赔偿损失。因不可归责于当事人双方的事由未能订立商品房担保贷款合同并导致商品房买卖合同不能继续履行的,当事人可以请求解除合同,出卖人应当将收受的购房款本金及其利息或者定金返还买受人。

第二十条　因商品房买卖合同被确认无效或者被撤销、解除,致使商品房担保贷款合同的目的无法实现,当事人请求解除商品房担保贷款合同的,应予支持。

第二十一条 以担保贷款为付款方式的商品房买卖合同的当事人一方请求确认商品房买卖合同无效或者撤销、解除合同的，如果担保权人作为有独立请求权第三人提出诉讼请求，应当与商品房担保贷款合同纠纷合并审理；未提出诉讼请求的，仅处理商品房买卖合同纠纷。担保权人就商品房担保贷款合同纠纷另行起诉的，可以与商品房买卖合同纠纷合并审理。

商品房买卖合同被确认无效或者被撤销、解除后，商品房担保贷款合同也被解除的，出卖人应当将收受的购房贷款和购房款的本金及利息分别返还担保权人和买受人。

3.《最高人民法院关于审理城镇房屋租赁合同纠纷案件具体应用法律若干问题的解释》（法释〔2009〕11号）（2020年12月23日修正）

第五条 出租人就同一房屋订立数份租赁合同，在合同均有效的情况下，承租人均主张履行合同的，人民法院按照下列顺序确定履行合同的承租人：

（一）已经合法占有租赁房屋的；

（二）已经办理登记备案手续的；

（三）合同成立在先的。

不能取得租赁房屋的承租人请求解除合同、赔偿损失的，依照民法典的有关规定处理。

4.《最高人民法院关于审理融资租赁合同纠纷案件适用法律问题的解释》（法释〔2014〕3号）（2020年12月23日修正）

第五条 有下列情形之一，出租人请求解除融资租赁合同的，人民法院应予支持：

（一）承租人未按照合同约定的期限和数额支付租金，符合合同约定的解除条件，经出租人催告后在合理期限内仍不支付的；

（二）合同对于欠付租金解除合同的情形没有明确约定，但承租人欠付租金达到两期以上，或者数额达到全部租金百分之十五以上，经出租人催告后在合理期限内仍不支付的；

（三）承租人违反合同约定，致使合同目的不能实现的其他情形。

第六条 因出租人的原因致使承租人无法占有、使用租赁物，承租人请求解除融资租赁合同的，人民法院应予支持。

5.《最高人民法院关于审理技术合同纠纷案件适用法律若干问题的解释》(法释〔2004〕20号)(2020年12月23日修正)

第十五条 技术合同当事人一方迟延履行主要债务,经催告后在30日内仍未履行,另一方依据民法典第五百六十三条第一款第(三)项的规定主张解除合同的,人民法院应当予以支持。

当事人在催告通知中附有履行期限且该期限超过30日的,人民法院应当认定该履行期限为民法典第五百六十三条第一款第(三)项规定的合理期限。

6.《最高人民法院关于审理涉及国有土地使用权合同纠纷案件适用法律问题的解释》(法释〔2005〕5号)(2020年12月23日修正)

第三条 经市、县人民政府批准同意以协议方式出让的土地使用权,土地使用权出让金低于订立合同时当地政府按照国家规定确定的最低价的,应当认定土地使用权出让合同约定的价格条款无效。

当事人请求按照订立合同时的市场评估价格交纳土地使用权出让金的,应予支持;受让方不同意按照市场评估价格补足,请求解除合同的,应予支持。因此造成的损失,由当事人按照过错承担责任。

第四条 土地使用权出让合同的出让方因未办理土地使用权出让批准手续而不能交付土地,受让方请求解除合同的,应予支持。

第六条 受让方擅自改变土地使用权出让合同约定的土地用途,出让方请求解除合同的,应予支持。

第九条 土地使用权人作为转让方就同一出让土地使用权订立数个转让合同,在转让合同有效的情况下,受让方均要求履行合同的,按照以下情形分别处理:

(一)已经办理土地使用权变更登记手续的受让方,请求转让方履行交付土地等合同义务的,应予支持;

(二)均未办理土地使用权变更登记手续,已先行合法占有投资开发土地的受让方请求转让方履行土地使用权变更登记等合同义务的,应予支持;

(三)均未办理土地使用权变更登记手续,又未合法占有投资开发土地,先行支付土地转让款的受让方请求转让方履行交付土地和办理

土地使用权变更登记等合同义务的,应予支持;

(四)合同均未履行,依法成立在先的合同受让方请求履行合同的,应予支持。

未能取得土地使用权的受让方请求解除合同、赔偿损失的,依照民法典的有关规定处理。

7.《最高人民法院关于审理旅游纠纷案件适用法律若干问题的规定》(法释〔2010〕13号)(2020年12月23日修正)

第十条 旅游经营者将旅游业务转让给其他旅游经营者,旅游者不同意转让,请求解除旅游合同、追究旅游经营者违约责任的,人民法院应予支持。

旅游经营者擅自将其旅游业务转让给其他旅游经营者,旅游者在旅游过程中遭受损害,请求与其签订旅游合同的旅游经营者和实际提供旅游服务的旅游经营者承担连带责任的,人民法院应予支持。

8.《最高人民法院关于审理外商投资企业纠纷案件若干问题的规定(一)》(法释〔2010〕9号)(2020年12月23日修正)

第五条 外商投资企业股权转让合同成立后,转让方和外商投资企业不履行报批义务,经受让方催告后在合理的期限内仍未履行,受让方请求解除合同并由转让方返还其已支付的转让款、赔偿因未履行报批义务而造成的实际损失的,人民法院应予支持。

第六条 外商投资企业股权转让合同成立后,转让方和外商投资企业不履行报批义务,受让方以转让方为被告、以外商投资企业为第三人提起诉讼,请求转让方与外商投资企业在一定期限内共同履行报批义务的,人民法院应予支持。受让方同时请求在转让方和外商投资企业于生效判决确定的期限内不履行报批义务时自行报批的,人民法院应予支持。

转让方和外商投资企业拒不根据人民法院生效判决确定的期限履行报批义务,受让方另行起诉,请求解除合同并赔偿损失的,人民法院应予支持。赔偿损失的范围可以包括股权的差价损失、股权收益及其他合理损失。

第七条 转让方、外商投资企业或者受让方根据本规定第六条第一款的规定就外商投资企业股权转让合同报批，未获外商投资企业审批机关批准，受让方另行起诉，请求转让方返还其已支付的转让款的，人民法院应予支持。受让方请求转让方赔偿因此造成的损失的，人民法院应根据转让方是否存在过错以及过错大小认定其是否承担赔偿责任及具体赔偿数额。

第八条　外商投资企业股权转让合同约定受让方支付转让款后转让方才办理报批手续，受让方未支付股权转让款，经转让方催告后在合理的期限内仍未履行，转让方请求解除合同并赔偿因迟延履行而造成的实际损失的，人民法院应予支持。

第十六条　外商投资企业名义股东不履行与实际投资者之间的合同，致使实际投资者不能实现合同目的，实际投资者请求解除合同并由外商投资企业名义股东承担违约责任的，人民法院应予支持。

9.《最高人民法院关于适用〈中华人民共和国保险法〉若干问题的解释(二)》(法释〔2013〕14号)(2020年12月23日修正)

第七条　保险人在保险合同成立后知道或者应当知道投保人未履行如实告知义务，仍然收取保险费，又依照保险法第十六条第二款的规定主张解除合同的，人民法院不予支持。

10.《最高人民法院关于审理期货纠纷案件若干问题的规定》(法释〔2003〕10号)(2020年12月23日修正)

第四十四条　在交割日，卖方期货公司未向期货交易所交付标准仓单，或者买方期货公司未向期货交易所账户交付足额货款，构成交割违约。

构成交割违约的，违约方应当承担违约责任；具有民法典第五百六十三条第一款第四项规定情形的，对方有权要求终止交割或者要求违约方继续交割。

征购或者竞卖失败的，应当由违约方按照交易所有关赔偿办法的规定承担赔偿责任。

四、相关裁判摘要

• **2018年第2期《中华人民共和国最高人民法院公报》**刊登的“**汾州裕源土特产品有限公司与陕西天宝大豆食品技术研究所技术合同纠纷再审案**”中，最高人民法院(2016)最高法民再251号民事判决书对于如何理解因一方违约导致技术合同的目的不能实现进行了分析。相关裁判摘要如下：

合同法第九十四条确立了合同法定解除权制度。这一制度的首要之意固然是在于授予非违约方以合同解除权，使其能够获得以解除合同为补救方式的特殊救济；但法定解除权制度作为合同法项下的制度，必然须以维护意思自治、鼓励市场交易、稳定市场秩序、实现资源的有效配置的合同法立法宗旨和价值取向为依归，故对合同法定解除权的适用条件予以严格限定才是这一制度的主要方面和价值侧重。解除合同本就不是违约情形下唯一的救济手段，更不是当然的救济手段。若合同动辄可得解除，交易关系动辄可致流产，则必将引发市场秩序的混乱、交易成本的虚高和资源配置效率的低下。故尽管依据合同法第九十四条第四项之规定，如一方迟延履行债务或者有其他违约行为致使合同目的不能实现，则另一方有权解除合同；但仍须明确，仅当违约致使合同目的不能实现时，方存在适用解除合同这一救济方式的空间。换言之，该条款项下合同法定解除权的行使须以一方的违约行为致使合同目的的落空为标准。综上，为实现合同法定解除权制度的主要价值，必须对合同法第九十四条第四款予以严格适用，而要严格适用该条款，关键在于正确认定合同目的，避免对合同目的作出超越当事人真实合意的扩大解释。

技术合同领域，特别是在涉及技术工业化的合同中，尤应注意对合同法定解除权的适用予以严格规范。工业化是科学技术转变为生产力的关键阶段。从实验室到工厂，从试产到量产，通过反复的调试、不断的改进去克服已知和未知的困难，是技术工业化的必经之路。这一过程中，迫切需要投资方和技术方的精诚合作，以最终实现科技成果的转化和创新驱动发展。故对于这类合同履行中的违约行为是否构成根本违约的判断，尤应慎重：

首先，要明确是否致使合同目的的落空是能否行使合同法定解除权的判断标准。我国合同法中，法定解除的认定标准是违约后果是否足够严重而非所违反的条款本身是否重要。虽然上述二者之间可能存在逻辑关联，但强调以违约结果的严重性作为法定解除认定标准的落脚点，本身就是对合同法定解除权的限制。故在判断违约行为是否足以导致合同法定解除时，不能简单地由所违反条款的性质推断根本违约，而必须讨论这一违约是否会产生合同目的的落空的结果。

其次，要避免在没有明确约定的情况下，将产品商业化认定为技术合同的目的。产品商业化是不同于技术工业化的概念。技术工业化以技术的工业化运用为目标，其仅解决技术能否从实验室走向工厂，产出合格产品的问题；产品商业化则以盈利为目标，其所关心的是供给侧和需求侧在质和量上是否匹配的问题，亦即产品是否适销对路、有否利润空间的问题。诚然，技术工业化应以产品商业化为最终目标和导向，应当服务于产品商业化。技术工业化中技术指标的设置愈贴近市场要求，产品商业化获得成功的可能性就愈大。但技术工业化也只是产品商业化的必要条件，而非充分条件。产品商业化的达成，还需要满足诸如精准分析市场需求、巧妙设定营销策略、严格控制产销成本、切实保障资金流转等与技术无关的其他条件。更何况，以市场需求为导向，精准设定技术指标本就异常困难。实践中，技术工业化成功但产品商业化失败的实例并不罕见。故若在无明确约定的情况下将产品商业化，乃至盈利，认定为技术合同的合同目的，无疑是赋予技术其不可承受之重，最终必将阻滞技术向生产力的转化。故在技术合同领域，尤应避免对合同目的的扩大解释——能否产出符合合同约定的产品和该产品能否上市销售、是否适销对路、有否利润空间等，本就不是同一层面的问题。在无明确约定的情况下，不应将产品商业化认定为技术合同的合同目的。

本案中，关于天宝所与裕源公司所签订的合同是否可以依据合同法第九十四条第四项得以解除的问题，应从以下三个方面予以分析：一是天宝所是否违反了合同约定，二是合同目的是否不能实现，三是若天宝所确实构成违约，合同目的亦确已不能实现，则二者是否具有因果关系。故应首先考察关于天宝所是否违反了合同约定的问题。本案中，根据裕源公司的主张，关于天宝所是否违反了合同约定的认定，主要应从产品是否合格、设备是否合格以及技术传授是否完整三方面予以考察。

• **2017年第9期《中华人民共和国最高人民法院公报》**刊登的“**张俭华、徐海英诉启东市取生置业有限公司房屋买卖合同纠纷案**”判决对于如何认定“不能实现合同目的”的问题进行了分析。相关裁判摘要如下：

根据《中华人民共和国合同法》第九十四条第一款第四项规定，当事人一方迟延履行债务或者有其他违约行为致使不能实现合同目的，当事人可以解除合同。该条赋予合同目的不能实现时非违约方的法定解除权，案涉房屋内部布局左右相反导致上诉人张俭华、徐海英合同目的不能实现，其有权解除购房合同。

首先，合同目的包括客观目的和主观目的。客观目的即典型交易目的，当事人购房的客观目的在于取得房屋所有权并用于居住、孩子入学、投资等，影响合同客观目的的实现的因素有房屋位置、面积、楼层、采光、质量、小区配套设施等，客观目的可通过社会大众的普通认知标准予以判断。主观目的为某些特定情况下当事人的动机和本意。一般而言，《中华人民共和国合同法》第九十四条第一款第四项中的合同目的不包括主观目的，但当事人将特定的主观目的作为合同的条件或成交的基础，则该特定的主观目的客观化，属于《中华人民共和国合同法》第九十四条的规制范围。

其二，本案中，双方当事人对于房屋的内部左右布局约定明确。从现有证据来看，无论是被上诉人取生置业的宣传图片还是购房合同附件中的房屋平面图，均明确了房屋进门后的左右布局。取生置业在购房合同附件中的房屋平面图加盖合同专用章，该附件并未提醒购房者，实际交付房屋的内部左右布局可能与平面图相反。取生置业辩称其工作人员在销售房屋时曾明确告知，但并未提供证据予以证明，应承担举证不能的不利后果。且上诉人张俭华、徐海英所购房屋为期房，在购房时参观的样板房也与实际交付的房屋不一致，无法据此推断张俭华、徐海英明知所购房屋的内部左右布局与合同约定相反。

其三，上诉人张俭华、徐海英对于房屋内部左右布局明确约定并作为特定的合同目的，并不违反法律、行政法规的禁止性规定，亦未侵害第三人权益，属于当事人意思自治的范畴，法律尊重和保护个体通过自身价值判断自由选择合适房屋的合法权利。房屋并非普通商品，购房者对所购房屋的谨慎选择符合生活常理。由于被上诉人取生置业并未交付符合合同约定布局的房屋且无法调换，致使张俭华、徐海英购买符合购房合同附件中约定布局房屋的合同目的落空，张俭华、徐海英要求解除合同于法有据，法院予以确认。张俭华、徐海英于2015年7月16日向取生置业发出律师函，告知取生置业构成根本违约，要求其拿出解决方案，但未明确解除合同，故法院确认案涉购房合同的解除时间为一审期间起诉状副本送达取生置业之日即2015年8月1日。

- **2016年第11期《中华人民共和国最高人民法院公报》**刊登的**“北京长富投资基金与武汉中森华世纪房地产开发有限公司等委托贷款合同纠纷案”**中，最高人民法院（2016）民终字124号民事判决书认为，合同一方构成根本违约时，守约方有权解除合同。相关裁判摘要如下：

本院认为，首先，长富基金已经按照《委托贷款合同》第2.1.3.1（1）条的约定发放了4亿元贷款，因中森华房地产公司未将其拥有的位于湖北省武汉市洪山区徐东村K2地块、K3地块和K4地块及在建工程进行抵押登记，未达到《委托贷款合同》第2.1.3.1（1）条约定的发放第二期2.3亿元贷款的条件，长富基金和兴业银行武汉分行未发放第二期2.3亿元贷款并不构成违约。其次，《委托贷款合同》第2.1.5.1条约定，“借款按自然季结息，结息日为每季度末月的20日后的第一个工作日……借款人须于每一结息日当日付息”；第2.1.7.2条约定，“借款人未按合同约定的期限归还借款本金及利息的，委托人对逾期的借款从逾期之日起在约定的借款利率基础上上浮50%计收罚息，直至本息清偿为止”；《委托贷款合同》第4.1条约定借款人构成违约的行为包括：未履行本合同第一条所作的承诺；明确表示或者以行为表明不愿清偿其已到期或未到期债务；未履行或者未完全履行借款人与委托人签订的其他合同项下义务的；委托人宣布借款人构成违约的；借款人不履行或者不完全履行合同的其他情形。中森华房地产公司未按约定办理K2地块、K3地块和K4地块及在建工程的抵押登记，属于“未履行或者未完全履行借款人与委托人签订的其他合同项下义务”；中森华房地产公司支付2014年第一季度利息后，自2014年3月22日起未付利息，未按合同约定按季度支付利息，属于“明确表示或者以行为表明不愿清偿其已到期或未到期债务”；原审法院在实施本案诉讼保全时，中森华房地产公司已涉及多起诉讼，合同约定应向长富基金提供的抵押物已被其他债权人查封。因此，中森华房地产公司构成根本违约，长富基金请求终止合同履行、提前收回贷款符合《投资协议》《委托贷款合同》中“借款人或保证人违约，借款人或者保证人还款能力可能发生重大不利变化，抵押物、质押物可能遭受重大损害或者价值减损等，可以停止发放借款，提前收回已发放借款”的约定。综上，中森华房地产公司应当对案涉《委托贷款合同》的解除承担相应的违约责任，而长富基金没有责任。

• **2016年第1期《中华人民共和国最高人民法院公报》**刊登的"**海南海联工贸有限公司与海南天河旅业投资有限公司、三亚天阔置业有限公司等合作开发房地产合同纠纷案**"中，最高人民法院(2015)民提字第64号民事判决书对根本违约进行了分析。相关裁判摘要如下：

在天河公司未经海联公司同意即将所持天阔公司股权转让给丽源公司、丽源公司又很快再次将其受让的股权转让给爱地公司和富丽达公司后，以及天阔公司的后续股东不仅没有按照约定进行投资完成拆迁工作，而且也拒绝与海联公司进行协商等行为，充分表明天河公司已不再履行与海联公司所签订的《合作项目合同书》所约定的义务。从本案查明的事实看，由于天河公司迟延履行合同义务，后续股东也没有按约完成拆迁安置工作，天阔广场项目目前仍处于停滞状态，致使海联公司在《合作项目合同书》中的合同目的不能实现。天河公司不但明确表示，而且以其行为表明不再履行《合作项目合同书》约定的义务，其行为已构成根本违约。根据《合同法》第九十四条第(二)、(四)项、第九十七条的规定，海联公司请求解除《合作项目合同书》，返还"天阔广场"项目的开发权和土地使用权的诉讼请求，与法有据，应予支持。

• **2015年第12期《中华人民共和国最高人民法院公报》**刊登的"**青海方升建筑安装工程有限责任公司与青海隆豪置业有限公司建设工程施工合同纠纷案**"中，最高人民法院(2014)民一终字第69号民事判决书对协议解除和解除权的行使要件进行了分析。相关裁判摘要如下：

就隆豪公司履行合同过程中是否存在违约而言。本院认为，首先，隆豪公司与方升公司签订的《建设工程施工合同》第44.1条约定，发包人、承包人协商一致，可以解除合同，这是双方当事人对于协议解除合同事宜所作的安排。本案合同履行过程中，2012年6月25日，隆豪公司以工期严重拖延，部分工程存在质量安全隐患，方升公司不具备继续承建工程能力为由，事先未与方升公司协商的情况下单方解除了合同。因此，本案不适用于协议解除合同的相关规定。

其次，按照隆豪公司与方升公司签订的《建设工程施工合同》第44.4条约定，因不可抗力或者因一方违约致使合同无法履行，发包人、承包人可以解除合同。这是双方当事人对于约定解除权的行使事宜所作的安排。本案合同履行过程中，方升公司并未发生施工工期延误，经一审法院委托鉴定，本案工程也无质量安全隐患，因此，双方当事人尚不具备约定解除权的行使要件。

再次，隆豪公司单方解除合同也不符合《合同法》第九十四条规定的法定解除情形。法定解除的事由，主要是指因不可抗力或一方违约致使合同履行成为不必要、不可能，合同目的无法实现。本案中案涉工程主体于2012年6月13日已经完工交验，不存在合同目的无法实现的情形，因而不具备法定解除的事由。隆豪公司在此情形下单方解除合同构成违约。

最后，按照《建设工程施工合同》第26条有关工程款（进度款）支付方式和时间的约定，主体结构封顶后十日内支付至已完工程量的80%。2012年6月13日，双方当事人会同有关单位共同确认工程基础和主体质量合格，因此，隆豪公司应当于2012年6月24日前向方升公司支付工程款约54,670,000元（合同价款约68,345,700元×80%）。然而，自2011年8月10日至2012年6月13日完工交验，隆豪公司实际付款2860万元，远远低于双方约定的应支付工程款。隆豪公司构成违约。

综上，隆豪公司单方解除合同且未按照约定时间支付相应工程款，属于对合同义务的严重违反，构成了根本违约。一审判决认定隆豪公司没有违约显然于事实不符，应予纠正。

• **2015年第8期《中华人民共和国最高人民法院公报》**刊登的“**中化国际（新加坡）有限公司与蒂森克虏伯冶金产品有限责任公司国际货物买卖合同纠纷案**”中，最高人民法院（2013）民四终字第35号民事判决书就如何理解并适用《联合国国际货物销售合同公约》关于根本违约的规定进行了分析。相关裁判摘要如下：

双方当事人在《采购合同》中约定的石油焦HGI指数典型值在36－46之间，而德国克虏伯公司实际交付的石油焦HGI指数为32，低于双方约定的HGI指数典型值的最低值，不符合合同约定。江苏高院认定德国克虏伯公司构成违约是正确的。

本案争议的焦点问题在于德国克虏伯公司的上述违约行为是否构成根本违约。首先，从双方当事人在合同中对石油焦需符合的化学和物理特性规格约定的内容看，合同对石油焦的受潮率、硫含量、灰含量、挥发物含量、尺寸、热值、硬度（HGI值）等七个方面作出了约定。而从目前事实看，对于德国克虏伯公司交付的石油焦，中化新加坡公司仅认为HGI指数一项不符合合同约定，而对于其他六项指标，中化新加坡公司并未提出异议。结合当事人提交的证人证言以及证人出庭的陈述，HGI

指数表示石油焦的研磨指数,指数越低,石油焦的硬度越大,研磨难度越大。但正如江苏高院在一审判决中指出的即使是中化新加坡公司一方提交的上海大学材料科学与工程学院出具的说明,亦不否认HGI指数为32的石油焦可以使用,只是认为其用途有限。故可以认定虽然案涉石油焦HGI指数与合同约定不符,但该批石油焦仍然具有使用价值。其次,本案一审审理期间,中化新加坡公司为减少损失,经过积极的努力将案涉石油焦予以转售,且其在就将相关问题至德国克虏伯公司的函件中明确表示该批石油焦转售的价格"未低于市场合理价格"。这一事实说明案涉石油焦是可以以合理价格予以销售的。最后,综合考量其他国家裁判对《销售公约》中关于根本违约条款的理解,买方在不存在不合理的麻烦的情况下,能使用货物或转售货物,甚至打些折扣,质量不符依然不过是非根本违约。故本院认为德国克虏伯公司交付HGI指数为32的石油焦的行为,并不构成根本违约。江苏高院认定德国克虏伯公司构成根本违约并判决宣告《采购合同》无效,适用法律错误,本院应予纠正。德国克虏伯公司对其是否构成根本违约这一问题的上诉理由成立,本院予以支持。

鉴于德国克虏伯公司的行为不构成根本违约,中化新加坡公司无权据此宣告合同无效,则德国克虏伯公司上诉提出的中化新加坡公司是否以根本违约为由在合理时间内作出宣告合同无效通知的问题,已无进一步审查的必要,本院对此问题不再评判。

• **2011年第5期《中华人民共和国最高人民法院公报》**刊登的"**深圳富山宝实业有限公司与深圳市福星股份合作公司、深圳市宝安区福永物业发展总公司、深圳市金安城投资发展有限公司等合作开发房地产合同纠纷案**"中,最高人民法院(2010)民一终字第45号民事判决书认为,合同一方构成根本违约时,守约方享有法定解除权,不因解除通知送达时间的拖延而改变合同解除的后果。相关裁判摘要如下:

首先,福星公司委托律师发出了解除合同的律师函,虽然该函件未加盖福星公司的公章,但函件中明确载明受福星公司的委托所拟,且福星公司作为委托人对此予以认可,因此,该行为并未违反我国《合同法》的相关规定,不能以该函件未加盖福星公司的公章而认定无效。其次,尽管解除合同的律师函上签署日期是2004年4月25日,而送达富山宝公司的时间却在2004年年底,前后相差8个月之久,但是,合同解除的确定是以享有解除权一方的相关文书送达到相对方之时作为开始发生法律效力的依据,送达时间的拖延只能产生合同解除的起始时间相应后延的后果,而不能导致相关文书送达后不发生法律效力。富山宝公司提出的因送达长达8个月从而应当认定解除合同无效的理由没有法律依据,本院不予支持。再次,虽然在一审判决中认定,福星公司提出了解除其与富山宝公司签订的《合作投资兴建三星花园合同书》及《补充协议》的诉讼请求,但福星公司提出这一诉讼请求并不能否定解除合同的律师函已送达到富山宝公司这一法律事实的存在。最后,最高人民法院《关于适用〈中华人民共和国合同法〉若干问题的解释(二)》第二十四条规定:"当事人对合同法第九十六条、第九十九条规定的合同解除或者债务抵销虽有异议,但在约定的异议期限届满后才提出异议并向人民法院起诉的,人民法院不予支持;当事人没有约定异议期间,在解除合同或者债务抵销通知到达之日起三个月以后才向人民法院起诉的,人民法院不予支持。"本案中富山宝公司于2004年12月25日收到解除函件后,并未在规定的时间内行使异议权。因此,应当认定福星公司与富山宝公司签订的《合作投资兴建三星花园合同书》已经在合同解除函到达富山宝公司时解除。

• **2006年第11期《中华人民共和国最高人民法院公报》**刊登的**"新疆亚坤商贸有限公司与新疆精河县康瑞棉花加工有限公司买卖合同纠纷案"**中,最高人民法院(2006)民二终字第111号民事判决书就如何认定根本违约进行了分析。相关裁判摘要如下:

在本案的买卖合同中,因康瑞公司少交货及与合同约定质量不符部分货物的价值合计为1,504,870.8元,约占合同总金额19,393,348.4元的8%,不仅违约部分价值不高,而且并未因此实质剥夺亚坤公司再次转售从而获取利润的机会,并不影响亚坤公司合同目的的实现。亚坤公司主张其购买棉花的目的不是为了转售,而是用于加工,显与事实不符。亚坤公司共实际购得棉花1111.202吨,在收到货物长达五个月之后才将225.179吨棉花调运至新疆博州棉纺织有限公司用于纺纱加工,在此之前,亚坤公司已将大量棉花用于转售。鉴于亚坤公司未能提交其所购棉花将全部用于加工的相应证据,故其关于合同目的不能实现的上诉理由不能成立。对于棉花因质量减等所造成的违约损失,是可以依据双方签订合同时的棉花等级差价、通过康瑞公司以现金补偿的方式予以救济的。在康瑞公司与亚坤公司之间的买卖合同已经履行完毕,亚坤公司业已将棉花全部售出的事实基础上,本院认为康瑞公司不适当履行合同的行为仅构成一般违约，并不构成根本违约，并不影响亚坤公司合同目的的实现，不构成《合同法》第九十四条关于解除合同的法定条件。

• **2005年第3期《中华人民共和国最高人民法院公报》**刊登的“**万顺公司诉永新公司等合作开发协议纠纷案**”中，最高人民法院(2003)民一终字第47号民事判决书认为，违约方不享有基于催告对方仍不履行而产生的合同解除权。相关裁判摘要如下：

根据双方合作协议约定，永新公司有义务以其名义在义乌设立合作项目的房地产开发公司。在履行该协议时，永新公司虽设立了房地产开发公司，但没有向该公司缴付注册资本金，亦未按投资总额进行投资。根据《中华人民共和国外资企业法》第九条以及《中华人民共和国外资企业法实施细则》第十八条、第十九条、第二十条的规定，永新公司没有履行上述法律、行政法规规定的义务，其设立的公司不能视为对合作协议的全部履行。从合作协议项下己方义务的履行角度看，应当认定永新公司已经构成违约。由于合同解除制度之意旨在于将解除权赋予守约方，而永新公司发出“4.1”函时仍处于违约状态，故永新公司不能享有合同解除权。鉴于双方合作协议解除的法律事实尚未成就，一审判决关于合作协议已经解除的认定错误，应予纠正。

• **2002年第5期《中华人民共和国最高人民法院公报》**刊登的“**沈家和诉北京出版社出版合同纠纷及侵犯修改权、保护作品完整权纠纷案**”判决认为，违约方承担违约责任后能够实现合同目的的，不得解除合同。相关裁判摘要如下：

北京出版社违约出版发行的3本书中出现差错，《闺梦》一书的差错甚至超出《图书质量管理规定》允许的差错幅度，不仅造成严重质量问题，也由此侵害了作者的保护作品完整权。对此，北京出版社应承担违约责任。鉴于本案还不具有法律规定或者合同约定的解除合同情形，一审没有判令解除合同，而是根据本案具体情况，判决北京出版社停止出售、销毁库存和修改后重印《闺梦》一书，并向沈家和支付适当的稿酬，判决北京出版社在报刊上向沈家和公开赔礼道歉，判决北京出版社为《坤伶》《戏神》两书的差错印发勘误表，足以保证实现双方当初订立合同时要达到的目的。沈家和以纠纷发生后双方已互不信任，合同目的不能实现为由，请求解除本案的出版合同，没有道理，不予支持。

第五百六十四条　【解除权的行使期限】法律规定或者当事人约定解除权行使期限,期限届满当事人不行使的,该权利消灭。

法律没有规定或者当事人没有约定解除权行使期限,自解除权人知道或者应当知道解除事由之日起一年内不行使,或者经对方催告后在合理期限内不行使的,该权利消灭。

一、相关法律条文

1.《中华人民共和国民法典》(2021年1月1日起施行)

第一百九十九条　法律规定或者当事人约定的撤销权、解除权等权利的存续期间,除法律另有规定外,自权利人知道或者应当知道权利产生之日起计算,不适用有关诉讼时效中止、中断和延长的规定。存续期间届满,撤销权、解除权等权利消灭。

2.《中华人民共和国保险法》(2015年4月24日修正)

第十六条　订立保险合同,保险人就保险标的或者被保险人的有关情况提出询问的,投保人应当如实告知。

投保人故意或者因重大过失未履行前款规定的如实告知义务,足以影响保险人决定是否同意承保或者提高保险费率的,保险人有权解除合同。

前款规定的合同解除权,自保险人知道有解除事由之日起,超过三十日不行使而消灭。自合同成立之日起超过二年的,保险人不得解除合同;发生保险事故的,保险人应当承担赔偿或者给付保险金的责任。

投保人故意不履行如实告知义务的,保险人对于合同解除前发生的保险事故,不承担赔偿或者给付保险金的责任,并不退还保险费。

投保人因重大过失未履行如实告知义务,对保险事故的发生有严重影响的,保险人对于合同解除前发生的保险事故,不承担赔偿或者给付保险金的责任,但应当退还保险费。

保险人在合同订立时已经知道投保人未如实告知的情况的,保险人不得解除合同;发生保险事故的,保险人应当承担赔偿或者给付保险金的责任。

保险事故是指保险合同约定的保险责任范围内的事故。

二、相关司法解释规定

1.《最高人民法院关于适用〈中华人民共和国保险法〉若干问题的解释(一)》(法释〔2009〕12号)

第五条 保险法施行前成立的保险合同,下列情形下的期间自2009年10月1日起计算:

(一)保险法施行前,保险人收到赔偿或者给付保险金的请求,保险法施行后,适用保险法第二十三条规定的三十日的;

(二)保险法施行前,保险人知道解除事由,保险法施行后,按照保险法第十六条、第三十二条的规定行使解除权,适用保险法第十六条规定的三十日的;

(三)保险法施行后,保险人按照保险法第十六条第二款的规定请求解除合同,适用保险法第十六条规定的二年的;

(四)保险法施行前,保险人收到保险标的转让通知,保险法施行后,以保险标的转让导致危险程度显著增加为由请求按照合同约定增加保险费或者解除合同,适用保险法第四十九条规定的三十日的。

2.《最高人民法院关于审理商品房买卖合同纠纷案件适用法律若干问题的解释》(法释〔2003〕7号)(2020年12月29日修正)

第十一条 根据民法典第五百六十三条的规定,出卖人迟延交付房屋或者买受人迟延支付购房款,经催告后在三个月的合理期限内仍未履行,解除权人请求解除合同的,应予支持,但当事人另有约定的除外。

法律没有规定或者当事人没有约定,经对方当事人催告后,解除权行使的合理期限为三个月。对方当事人没有催告的,解除权人自知道或者应当知道解除事由之日起一年内行使。逾期不行使的,解除权消灭。

三、相关裁判摘要

● **2013年第10期《中华人民共和国最高人民法院公报》**刊登的**"天津市滨海商贸大世界有限公司与天津市天益工贸有限公司、王锡锋财产权属纠纷案"**中,最高人民法院(2012)民再申字第310号民事裁定书,就商品房买卖合同之外的房屋买卖合同中的解除权行使期限应当确定的问题进行了分析。相关裁判摘要如下:

首先,《商品房买卖合同司法解释》第一条明确规定:“本解释所称的商品房买卖合同,是指房地产开发企业将尚未建成或者已竣工的房屋向社会销售并转移房屋所有权于买受人,买受人支付价款的合同。”滨海公司并非房地产开发企业,其系向特定的对象天益公司及王锡锋出售房屋,而非向社会销售,故案涉协议并非该司法解释所称的商品房买卖合同,本案不适用上述司法解释。解除权行使期限属于除斥期间,超过权利行使期限,解除权消灭,故该期限的确定对当事人的权利义务具有重大影响,在法无明文规定的情况下,天益公司请求参照适用上述司法解释就商品房买卖合同所规定的解除权行使期限,缺乏事实与法律依据。其次,根据《中华人民共和国合同法》第九十五条的规定,法律没有规定或者当事人没有约定解除权行使期限,经对方催告后在合理期限内不行使的,该权利消灭。对房屋买卖合同的解除权行使期限,法律没有规定,本案当事人在合同中亦未约定,何为“合理期限”,应当由人民法院结合具体案情予以认定。

第五百六十五条 【合同解除的程序】 当事人一方依法主张解除合同的,应当通知对方。合同自通知到达对方时解除;通知载明债务人在一定期限内不履行债务则合同自动解除,债务人在该期限内未履行债务的,合同自通知载明的期限届满时解除。对方对解除合同有异议的,任何一方当事人均可以请求人民法院或者仲裁机构确认解除行为的效力。

当事人一方未通知对方,直接以提起诉讼或者申请仲裁的方式依法主张解除合同,人民法院或者仲裁机构确认该主张的,合同自起诉状副本或者仲裁申请书副本送达对方时解除。

一、相关法律条文

1.《中华人民共和国民法典》(2021年1月1日起施行)

第一百三十七条 以对话方式作出的意思表示,相对人知道其内容时生效。

以非对话方式作出的意思表示,到达相对人时生效。以非对话方式作出的采用数据电文形式的意思表示,相对人指定特定系统接收数据电文的,该数据电文进入该特定系统时生效;未指定特定系统的,相对人知道或者应当知道该数据电文进入其系统时生效。当事人对采用数据电文形式的意思表示的生效时间另有约定的,按照其约定。

2.《中华人民共和国企业破产法》(2007年6月1日起施行)

第十八条 人民法院受理破产申请后,管理人对破产申请受理前成立而债务人和对方当事人均未履行完毕的合同有权决定解除或者继续履行,并通知对方当事人。管理人自破产申请受理之日起二个月内未通知对方当事人,或者自收到对方当事人催告之日起三十日内未答复的,视为解除合同。

管理人决定继续履行合同的,对方当事人应当履行;但是,对方当事人有权要求管理人提供担保。管理人不提供担保的,视为解除合同。

二、相关司法解释规定

《最高人民法院关于适用〈中华人民共和国民法典〉时间效力的若干规定》(法释〔2020〕15号)

第十条 民法典施行前,当事人一方未通知对方而直接以提起诉讼方式依法主张解除合同的,适用民法典第五百六十五条第二款的规定。

三、相关文件规定

《最高人民法院关于印发〈全国法院民商事审判工作会议纪要〉的通知》(法〔2019〕254号)

46.【通知解除的条件】审判实践中,部分人民法院对合同法司法解释(二)第24条的理解存在偏差,认为不论发出解除通知的一方有无解除权,只要另一方未在异议期限内以起诉方式提出异议,就判令解除合同,这不符合合同法关于合同解除权行使的有关规定。对该条的准确理解是,只有享有法定或者约定解除权的当事人才能以通知方式解除合同。不享有解除权的一方向另一方发出解除通知,另一方即便未在异议期限内提起诉讼,也不发生合同解除的效果。人民法院在审理案件时,应当审查发出解除通知的一方是否享有约定或者法定的解除权来决定合同应否解除,不能仅以受通知一方在约定或者法定的异议期限届满内未起诉这一事实就认定合同已经解除。

四、相关裁判摘要

• **2015年第1期《中华人民共和国最高人民法院公报》**刊登的“**成都讯捷通讯连锁有限公司与四川蜀都实业有限责任公司、四川友利投资控股股份有限公司房屋买卖合同纠纷案**”中，最高人民法院(2013)民提字第90号民事判决书就合同解除的异议期间进行了分析。相关裁判摘要如下：

根据《合同法》第九十六条的规定，当事人单方解除合同的，应当通知对方。合同自通知到达对方时解除。对方有异议的，可以请求人民法院或者仲裁机构确认解除合同的效力。根据《合同法解释(二)》第二十四条的规定，对于该异议期间，当事人之间有约定的从约定，未约定的为解除合同通知到达之日起三个月。本案中，当事人没有就包括合同解除异议期间在内的合同解除事项进行任何约定，而蜀都实业公司于2010年3月3日向讯捷公司发出了解除《购房协议书》的通知函，该函件于2010年3月8日到达讯捷公司，讯捷公司向一审法院提起诉讼的时间为2010年5月12日。因此，无论蜀都实业公司是否有权单方解除《购房协议书》，因讯捷公司于收到解除函的三个月内通过起诉的方式提出了异议，故蜀都实业公司的解除函都不产生解除双方合同关系的效力。

• **2011年第5期《中华人民共和国最高人民法院公报》**刊登的“**深圳富山宝实业有限公司与深圳市福星股份合作公司、深圳市宝安区福永物业发展总公司、深圳市金安城投资发展有限公司等合作开发房地产合同纠纷案**”中，最高人民法院(2010)民一终字第45号民事判决书对合同解除权的行使以及合同解除的异议期间等问题进行了分析。相关裁判摘要如下：

福星公司已经解除其与富山宝公司之间的《合作投资兴建三星花园合同书》。首先，福星公司委托律师发出了解除合同的律师函，虽然该函件未加盖福星公司的公章，但函件中明确载明受福星公司的委托所拟，且福星公司作为委托人对此予以认可，因此，该行为并未违反我国合同法的相关规定，不能以该函件未加盖福星公司的公章而认定无效。其次，尽管解除合同的律师函上签署日期是2004年4月25日，而送达富山宝公司的时间却在2004年年底，前后相差8个月之久，但是，合同解除的确定是以享有解除权一方的相关文书送达到相对方之时作为开始发生法律效力的依据,送达时间的拖延只能产生合同解除的起始时间相应后延的后果,而不能导致相关文书送达后不发生法律效力。富山宝公司提出的因送达长达8个月从而应当认定解除合同无效的理由没有法律依据,本院不予支持。再次,虽然在一审判决中认定,福星公司提出了解除其与富山宝公司签订的《合作投资兴建三星花园合同书》及《补充协议》的诉讼请求,但福星公司提出这一诉讼请求并不能否定解除合同的律师函已送达到富山宝公司这一法律事实的存在。最后,最高人民法院《关于适用〈中华人民共和国合同法〉若干问题的解释(二)》第二十四条规定:"当事人对合同法第九十六条、第九十九条规定的合同解除或者债务抵销虽有异议,但在约定的异议期限届满后才提出异议并向人民法院起诉的,人民法院不予支持;当事人没有约定异议期间,在解除合同或者债务抵销通知到达之日起三个月以后才向人民法院起诉的,人民法院不予支持。"本案中富山宝公司于2004年12月25日收到解除函件后,并未在规定的时间内行使异议权。因此,应当认定福星公司与富山宝公司签订的《合作投资兴建三星花园合同书》已经在合同解除函到达富山宝公司时解除。

• **2007年第3期《中华人民共和国最高人民法院公报》**刊登的"**青岛市崂山区国土资源局与青岛南太置业有限公司土地使用权出让合同纠纷案**"中,最高人民法院(2004)民一终字第106号民事判决书认为法院不能依职权径行裁判解除合同。相关裁判摘要如下:

根据有关法律规定精神,解除权在实体方面属于形成权,在程序方面则表现为形成之诉,在没有当事人依法提出该诉讼请求的情况下,人民法院不能依职权径行裁判。该《国有土地使用权出让合同》的解除或者权利义务终止及其法律责任承担问题,需通过独立的诉讼请求予以保护。本案中,南太公司始终未就此问题提出诉讼请求。限于本案当事人的诉讼请求和二审案件的审理范围,最高人民法院在二审中对此问题不予审理。

第五百六十六条 【合同解除的法律后果】合同解除后,尚未履行的,终止履行;已经履行的,根据履行情况和合同性质,当事人可以请求恢复原状或者采取其他补救措施,并有权请求赔偿损失。

合同因违约解除的,解除权人可以请求违约方承担违约责任,但是当事人另有约定的除外。

主合同解除后，担保人对债务人应当承担的民事责任仍应当承担担保责任，但是担保合同另有约定的除外。

一、相关司法解释规定

1.《最高人民法院关于适用〈中华人民共和国保险法〉若干问题的解释（三）》（法释〔2015〕21号）（2020年12月23日修正）

第十六条 保险合同解除时，投保人与被保险人、受益人为不同主体，被保险人或者受益人要求退还保险单的现金价值的，人民法院不予支持，但保险合同另有约定的除外。

投保人故意造成被保险人死亡、伤残或者疾病，保险人依照保险法第四十三条规定退还保险单的现金价值的，其他权利人按照被保险人、被保险人的继承人的顺序确定。

2.《最高人民法院关于审理融资租赁合同纠纷案件适用法律问题的解释》（法释〔2014〕3号）（2020年12月23日修正）

第十七条 当事人在一审诉讼中仅请求解除融资租赁合同，未对租赁物的归属及损失赔偿提出主张的，人民法院可以向当事人进行释明。

3.《最高人民法院关于审理买卖合同纠纷案件适用法律问题的解释》（法释〔2012〕8号）（2020年12月23日修正）

第二十八条 分期付款买卖合同约定出卖人在解除合同时可以扣留已受领价金，出卖人扣留的金额超过标的物使用费以及标的物受损赔偿额，买受人请求返还超过部分的，人民法院应予支持。

当事人对标的物的使用费没有约定的，人民法院可以参照当地同类标的物的租金标准确定。

4.《最高人民法院关于审理旅游纠纷案件适用法律若干问题的规定》（法释〔2010〕13号）（2020年12月23日修正）

第十二条 旅游行程开始前或者进行中，因旅游者单方解除合同，旅游者请求旅游经营者退还尚未实际发生的费用，或者旅游经营者请求旅游者支付合理费用的，人民法院应予支持。

5.《最高人民法院关于审理外商投资企业纠纷案件若干问题的规定（一）》（法释〔2010〕9号）（2020年12月23日修正）

第六条 外商投资企业股权转让合同成立后，转让方和外商投资企业不履行报批义务,受让方以转让方为被告、以外商投资企业为第三人提起诉讼,请求转让方与外商投资企业在一定期限内共同履行报批义务的,人民法院应予支持。受让方同时请求在转让方和外商投资企业于生效判决确定的期限内不履行报批义务时自行报批的,人民法院应予支持。

转让方和外商投资企业拒不根据人民法院生效判决确定的期限履行报批义务,受让方另行起诉,请求解除合同并赔偿损失的,人民法院应予支持。赔偿损失的范围可以包括股权的差价损失、股权收益及其他合理损失。

第七条 转让方、外商投资企业或者受让方根据本规定第六条第一款的规定就外商投资企业股权转让合同报批,未获外商投资企业审批机关批准,受让方另行起诉,请求转让方返还其已支付的转让款的,人民法院应予支持。受让方请求转让方赔偿因此造成的损失的,人民法院应根据转让方是否存在过错以及过错大小认定其是否承担赔偿责任及具体赔偿数额。

6.《最高人民法院关于审理城镇房屋租赁合同纠纷案件具体应用法律若干问题的解释》(法释〔2009〕11号)(2020年12月23日修正)

第八条 承租人经出租人同意装饰装修,租赁期间届满或者合同解除时,除当事人另有约定外,未形成附合的装饰装修物,可由承租人拆除。因拆除造成房屋毁损的,承租人应当恢复原状。

第九条 承租人经出租人同意装饰装修,合同解除时,双方对已形成附合的装饰装修物的处理没有约定的,人民法院按照下列情形分别处理:

(一)因出租人违约导致合同解除,承租人请求出租人赔偿剩余租赁期内装饰装修残值损失的,应予支持;

(二)因承租人违约导致合同解除,承租人请求出租人赔偿剩余租赁期内装饰装修残值损失的,不予支持。但出租人同意利用的,应在利用价值范围内予以适当补偿;

(三)因双方违约导致合同解除,剩余租赁期内的装饰装修残值损失,由双方根据各自的过错承担相应的责任;

(四)因不可归责于双方的事由导致合同解除的,剩余租赁期内的装饰装修残值损失,由双方按照公平原则分担。法律另有规定的,适用其规定。

第十三条　房屋租赁合同无效、履行期限届满或者解除，出租人请求负有腾房义务的次承租人支付逾期腾房占有使用费的，人民法院应予支持。

7.《最高人民法院关于审理商品房买卖合同纠纷案件适用法律若干问题的解释》（法释〔2003〕7号）（2020年12月23日修正）

第十九条　商品房买卖合同约定，买受人以担保贷款方式付款、因当事人一方原因未能订立商品房担保贷款合同并导致商品房买卖合同不能继续履行的，对方当事人可以请求解除合同和赔偿损失。因不可归责于当事人双方的事由未能订立商品房担保贷款合同并导致商品房买卖合同不能继续履行的，当事人可以请求解除合同，出卖人应当将收受的购房款本金及其利息或者定金返还买受人。

第二十条　因商品房买卖合同被确认无效或者被撤销、解除，致使商品房担保贷款合同的目的无法实现，当事人请求解除商品房担保贷款合同的，应予支持。

第二十一条　以担保贷款为付款方式的商品房买卖合同的当事人一方请求确认商品房买卖合同无效或者撤销、解除合同的，如果担保权人作为有独立请求权第三人提出诉讼请求，应当与商品房担保贷款合同纠纷合并审理；未提出诉讼请求的，仅处理商品房买卖合同纠纷。担保权人就商品房担保贷款合同纠纷另行起诉的，可以与商品房买卖合同纠纷合并审理。

商品房买卖合同被确认无效或者被撤销、解除后，商品房担保贷款合同也被解除的、出卖人应当将收受的购房贷款和购房款的本金及利息分别返还担保权人和买受人。

二、相关文件规定

1.《最高人民法院关于印发〈全国法院民商事审判工作会议纪要〉的通知》（法〔2019〕254号）

49.【合同解除的法律后果】合同解除时，一方依据合同中有关违约金、约定损害赔偿的计算方法、定金责任等违约责任条款的约定，请求另一方承担违约责任的，人民法院依法予以支持。

双务合同解除时人民法院的释明问题，参照本纪要第36条的相关规定处理。

2.《国家税务总局关于个人取得解除商品房买卖合同违约金征收个人所得税问题的批复》(国税函〔2006〕865号)

商品房买卖过程中,有的房地产公司因未协调好与按揭银行的合作关系,造成购房人不能按合同约定办妥按揭贷款手续,从而无法缴纳后续房屋价款,致使房屋买卖合同难以继续履行,房地产公司因双方协商解除商品房买卖合同而向购房人支付违约金。

根据个人所得税法的有关规定,购房个人因上述原因从房地产公司取得的违约金收入,应按照"其他所得"应税项目缴纳个人所得税,税款由支付违约金的房地产公司代扣代缴。

三、相关裁判摘要

• **2020年第6期《中华人民共和国最高人民法院公报》**刊登的**"长春泰恒房屋开发有限公司与长春市规划和自然资源局国有土地使用权出让合同纠纷案"**中,最高人民法院(2019)最高法民再246号民事判决书对国有建设用地使用权出让合同被解除,但双方均无过错时的法律责任问题进行了分析。相关裁判摘要如下:

《中华人民共和国合同法》第九十七条规定,合同解除后,尚未履行的,终止履行;已经履行的,根据履行情况和合同性质,当事人可以要求恢复原状、采取其他补救措施,并有权要求赔偿损失。因此,合同解除后,包括了恢复原状、采取其他补救措施、赔偿损失的法律后果。而本案泰恒公司请求中包括了恢复原状和赔偿损失两项诉讼请求。对此,本院分析如下:

1. 关于土地出让金的返还问题。根据《中华人民共和国合同法》第九十七条的规定,合同解除后,已经履行的,根据履行情况和合同性质,当事人可以要求恢复原状。据此,泰恒公司在本院判决解除合同的情况下,请求长春自然资源局返还其已经支付的国有土地使用权土地出让金,符合上述法律规定,故长春自然资源局应向泰恒公司返还土地出让金以及占用资金期间的法定孳息。鉴于案涉土地使用权出让金2630万元系分两笔支付,支付时间分别为2010年11月26日和2010年12月25日,故长春自然资源局应向泰恒公司返还土地使用权出让金2630万元及相应法定孳息(其中600万元自2010年11月26日起至实际支付之日,2030万元自2010年12月25日起至实际支付之日,均按照中国人民银行同期同类活期存款利率计算)。

2. 关于赔偿损失的问题。案涉《国有建设用地使用权出让合同》第十六条约定，泰恒公司对于案涉土地的建设项目应于2011年11月25日之前开工，即从2010年12月25日双方签订合同至合同约定的开工日期2011年11月25日之间的期限，系泰恒公司对案涉土地进行拆迁整理的期限。而2011年1月21日国务院出台了《国有土地上房屋征收与补偿条例》，导致拆迁制度发生改变，泰恒公司在合同约定的拆迁期限内，因该拆迁制度变化而无法办理拆迁许可证，亦无法完成对案涉土地进行拆迁整理工作。据此，泰恒公司未能在合同约定的期限内对案涉土地进行拆迁整理工作非因泰恒公司的过错造成，原审判决认定泰恒公司怠于履行合同义务导致无法办理拆迁，与本案事实不符。同样，虽然《国土资源部、住房和城乡建设部关于进一步加强房地产用地和建设管理调控的通知》于2010年9月21日下发，规定不得以"毛地"方式出让土地，且2011年1月21日国务院出台《国有土地上房屋征收与补偿条例》规定市、县级人民政府负责本行政区域的房屋征收与补偿工作，但是《国有土地上房屋征收与补偿条例》第三十五条亦规定，该条例实施前已依法取得房屋拆迁许可证的项目，继续沿用原有的规定办理许可证。故如果泰恒公司在《国有土地上房屋征收与补偿条例》出台前即已取得拆迁许可证，其仍可自行继续对案涉土地进行拆迁整理；而泰恒公司在近两个月的时间内未申请拆迁许可证，进而导致其在上述条例施行后无法继续取得拆迁许可证，对此长春自然资源局亦无过错。在长春自然资源局与泰恒公司对于案涉合同不能履行及泰恒公司合同目的无法实现均无过错的情况下，泰恒公司请求长春自然资源局赔偿损失的诉讼请求，理据不足，本院不予支持。

至于泰恒公司为取得案涉国有土地使用权而支付的1315000元契税，在双方当事人对于案涉合同的解除均无过错的情况下，该部分契税可由双方当事人基于公平原则予以平均分担，长春资源局应补偿泰恒公司657500元。

综上，对由于国家法律、法规及政策出台导致当事人签订的合同不能履行，以致一方当事人缔约目的不能实现的，该方当事人请求法院判决解除合同的，本院予以支持；在此情况下，鉴于双方当事人对于合同不能履行及一方当事人缔约目的不能实现均无过错，故本院依据《中华人民共和国合同法》第九十七条关于合同解除后当事人可以要求恢复原状的规定，仅判决长春自然资源局返还泰恒公司所支付的土地出让金及法定孳息;对泰恒公司关于长春自然资源局赔偿损失的诉讼请求,本院不予支持。

• **2002年第2期《中华人民共和国最高人民法院公报》**刊登的“**名山电力有限责任公司诉威格尔国际合作发展公司等专利实施许可合同纠纷案**”判决对合同解除后的损害赔偿范围进行了分析。相关裁判摘要如下:

《合同法》第九十七条规定:“合同解除后,尚未履行的,终止履行;已经履行的,根据履行情况和合同性质,当事人可以要求恢复原状、采取其他补救措施,并有权要求赔偿损失。”被上诉人名山公司为履行合同,购置了必要的配置设备。合同不能继续履行,这些配套设备就成为名山公司的直接损失。名山公司应将配套设备交付给上诉人周鼎力、丽坤厂,周鼎力、丽坤厂应支付配套设备的相应价款。名山公司主张赔偿的“基建费用”,用于修建了车间、库房。车间、库房是不动产,且在不拆除的情况下能改为他用,仍然可以成为名山公司的资产,故不能算作该公司的损失。名山公司主张赔偿的“其他费用”中,主要用于支付水、电、差旅、接待、临时工工资等费用,这是公司经营中的常例支出,与设备不能正常、安全运行无直接关系,不属本案的直接经济损失。名山公司既然要引进技术和设备,就应当为试产投入资金。通过试产,名山公司得到了生产出的一定数量合格油品,说明试产费用物有所值。试产是名山公司在合同中提出的要求,该公司将试产费用列入请求赔偿的范围,因此项费用与设备不能正常、安全运行没有直接的关系,故不能准予。名山公司主张的赔偿范围部分成立,予以支持。

第五百六十七条 【结算和清理条款的独立效力】合同的权利义务关系终止,不影响合同中结算和清理条款的效力。

一、相关司法解释规定

《最高人民法院关于审理买卖合同纠纷案件适用法律问题的解释》(法释〔2012〕8号)(2020年12月23日修正)

第二十条 买卖合同因违约而解除后,守约方主张继续适用违约金条款的,人民法院应予支持;但约定的违约金过分高于造成的损失的,人民法院可以参照民法典第五百八十五条第二款的规定处理。

二、相关文件规定

《最高人民法院关于当前形势下审理民商事合同纠纷案件若干问题的指导意见》(法发〔2009〕40号)

8.……合同解除后,当事人主张违约金条款继续有效的,人民法院可以根据合同法第九十八条的规定进行处理。

三、相关裁判摘要

• **2010年第5期《中华人民共和国最高人民法院公报》**刊登的"**广西桂冠电力股份有限公司与广西泳臣房地产开发有限公司房屋买卖合同纠纷案**"中,最高人民法院(2009)民一终字第23号民事判决书认为,合同解除导致合同关系归于消灭,故合同解除的法律后果不表现为违约责任,而是返还不当得利、赔偿损失等形式的民事责任。相关裁判摘要如下:

对合同解除后的责任承担问题,桂冠公司诉请泳臣公司返还购房款、双倍返还定金、支付违约金并且赔偿购房款利息损失、办公楼重置费损失。本院认为,依照《中华人民共和国合同法》第九十七条的规定:"合同解除后,尚未履行的,终止履行,已经履行的,根据履行情况和合同性质,当事人可以请求恢复原状、采取其他补救措施,并有权要求赔偿损失。"因此,合同解除后,应由泳臣公司返还桂冠公司的购房款和利息。关于桂冠公司主张的双倍返还定金问题,《补充协议》第2.3.4条约定:"桂冠公司在2005年3月30日前支付的费用作为已付部分土地补偿费",因此,桂冠公司于2003年4月16日支付的具有履约定金性质的50万元因《补充协议》重新约定为预付土地款而不再具有定金性质。因此,不应予以返还。关于桂冠公司要求泳臣公司支付工期逾期违约金和泳臣公司擅自抵押土地的违约金的诉讼请求。本院认为,合同解除的法律效果是使合同关系归于消灭,解除合同的后果,违约方的责任承担方式也不表现为支付违约金。因此,对桂冠公司要求支付违约金的主张,本院亦不予支持。鉴于本案合同解除后桂冠公司另行购买办公楼等需要支付费用,而泳臣公司专门按照桂冠公司的要求定向建设的住宅楼和商品住宅小区,合同不履行后也会给泳臣公司造成一定损失。综合考虑本案的实际情况,本院酌定泳臣公司赔偿桂冠公司损失1000万元。

第五百六十八条　【法定抵销】当事人互负债务,该债务的标的物种类、品质相同的,任何一方可以将自己的债务与对方的到期债务抵销;但是,根据债务性质、按照当事人约定或者依照法律规定不得抵销的除外。

当事人主张抵销的,应当通知对方。通知自到达对方时生效。抵销不得附条件或者附期限。

一、相关法律条文

1.《中华人民共和国民法典》(2021年1月1日起施行)

第五百四十九条 有下列情形之一的,债务人可以向受让人主张抵销:

(一)债务人接到债权转让通知时,债务人对让与人享有债权,且债务人的债权先于转让的债权到期或者同时到期;

(二)债务人的债权与转让的债权是基于同一合同产生。

第五百五十三条 债务人转移债务的,新债务人可以主张原债务人对债权人的抗辩;原债务人对债权人享有债权的,新债务人不得向债权人主张抵销。

第七百一十九条 承租人拖欠租金的,次承租人可以代承租人支付其欠付的租金和违约金,但是转租合同对出租人不具有法律约束力的除外。

次承租人代为支付的租金和违约金,可以充抵次承租人应当向承租人支付的租金;超出其应付的租金数额的,可以向承租人追偿。

2.《中华人民共和国证券投资基金法》(2015年4月24日修正)

第六条 基金财产的债权,不得与基金管理人、基金托管人固有财产的债务相抵销;不同基金财产的债权债务,不得相互抵销。

3.《中华人民共和国合伙企业法》(2006年8月27日修订)

第四十一条 合伙人发生与合伙企业无关的债务,相关债权人不得以其债权抵销其对合伙企业的债务;也不得代位行使合伙人在合伙企业中的权利。

4.《中华人民共和国企业破产法》(2007年6月1日起施行)

第四十条 债权人在破产申请受理前对债务人负有债务的,可以向管理人主张抵销。但是,有下列情形之一的,不得抵销:

(一)债务人的债务人在破产申请受理后取得他人对债务人的债权的;

（二）债权人已知债务人有不能清偿到期债务或者破产申请的事实，对债务人负担债务的；但是，债权人因为法律规定或者有破产申请一年前所发生的原因而负担债务的除外；

（三）债务人的债务人已知债务人有不能清偿到期债务或者破产申请的事实，对债务人取得债权的；但是，债务人的债务人因为法律规定或者有破产申请一年前所发生的原因而取得债权的除外。

5.《中华人民共和国信托法》（2001年10月1日起施行）

第十八条 受托人管理运用、处分信托财产所产生的债权，不得与其固有财产产生的债务相抵销。

受托人管理运用、处分不同委托人的信托财产所产生的债权债务，不得相互抵销。

二、相关司法解释规定

1.《最高人民法院关于审理涉及农村土地承包纠纷案件适用法律问题的解释》（法释〔2005〕6号）（2020年12月23日修正）

第十七条 发包方或者其他组织、个人擅自截留、扣缴承包收益或者土地经营权流转收益，承包方请求返还的，应予支持。

发包方或者其他组织、个人主张抵销的，不予支持。

2.《最高人民法院关于人民法院办理执行异议和复议案件若干问题的规定》（法释〔2015〕10号）（2020年12月23日修正）

第十九条 当事人互负到期债务，被执行人请求抵销，请求抵销的债务符合下列情形的，除依照法律规定或者按照债务性质不得抵销的以外，人民法院应予支持：

（一）已经生效法律文书确定或者经申请执行人认可；

（二）与被执行人所负债务的标的物种类、品质相同。

3.《最高人民法院关于适用〈中华人民共和国企业破产法〉若干问题的规定（二）》（法释〔2013〕22号）（2020年12月23日修正）

第四十一条 债权人依据企业破产法第四十条的规定行使抵销权，应当向管理人提出抵销主张。

管理人不得主动抵销债务人与债权人的互负债务，但抵销使债务人财产受益的除外。

第四十二条 管理人收到债权人提出的主张债务抵销的通知后，经审查无异议的，抵销自管理人收到通知之日起生效。

管理人对抵销主张有异议的，应当在约定的异议期限内或者自收到主张债务抵销的通知之日起三个月内向人民法院提起诉讼。无正当理由逾期提起的，人民法院不予支持。

人民法院判决驳回管理人提起的抵销无效诉讼请求的，该抵销自管理人收到主张债务抵销的通知之日起生效。

第四十三条 债权人主张抵销，管理人以下列理由提出异议的，人民法院不予支持：

（一）破产申请受理时，债务人对债权人负有的债务尚未到期；

（二）破产申请受理时，债权人对债务人负有的债务尚未到期；

（三）双方互负债务标的物种类、品质不同。

第四十四条 破产申请受理前六个月内，债务人有企业破产法第二条第一款规定的情形，债务人与个别债权人以抵销方式对个别债权人清偿，其抵销的债权债务属于企业破产法第四十条第（二）、（三）项规定的情形之一，管理人在破产申请受理之日起三个月内向人民法院提起诉讼，主张该抵销无效的，人民法院应予支持。

第四十五条 企业破产法第四十条所列不得抵销情形的债权人，主张以其对债务人特定财产享有优先受偿权的债权，与债务人对其不享有优先受偿权的债权抵销，债务人管理人以抵销存在企业破产法第四十条规定的情形提出异议的，人民法院不予支持。但是，用以抵销的债权大于债权人享有优先受偿权财产价值的除外。

第四十六条 债务人的股东主张以下列债务与债务人对其负有的债务抵销，债务人管理人提出异议的，人民法院应予支持：

（一）债务人股东因欠缴债务人的出资或者抽逃出资对债务人所负的债务；

（二）债务人股东滥用股东权利或者关联关系损害公司利益对债务人所负的债务。

4.《最高人民法院关于审理民事案件适用诉讼时效制度若干问题的规定》（法释〔2008〕11号）

第十一条 下列事项之一，人民法院应当认定与提起诉讼具有同等诉讼时效中断的效力：

（一）申请支付令；

（二）申请破产、申报破产债权；

（三）为主张权利而申请宣告义务人失踪或死亡；

（四）申请诉前财产保全、诉前临时禁令等诉前措施；

（五）申请强制执行；

（六）申请追加当事人或者被通知参加诉讼；

（七）在诉讼中主张抵销；

（八）其他与提起诉讼具有同等诉讼时效中断效力的事项。

三、相关文件规定

1.《最高人民法院关于印发〈全国法院民商事审判工作会议纪要〉的通知》（法〔2019〕254号）

43.【抵销】抵销权既可以通知的方式行使，也可以提出抗辩或者提起反诉的方式行使。抵销的意思表示自到达对方时生效，抵销一经生效，其效力溯及自抵销条件成就之时，双方互负的债务在同等数额内消灭。双方互负的债务数额，是截至抵销条件成就之时各自负有的包括主债务、利息、违约金、赔偿金等在内的全部债务数额。行使抵销权一方享有的债权不足以抵销全部债务数额，当事人对抵销顺序又没有特别约定的，应当根据实现债权的费用、利息、主债务的顺序进行抵销。

2.《国务院关于印发〈基本养老保险基金投资管理办法〉的通知》（国发〔2015〕48号）

第九条　养老基金资产的债权，不得与委托人、受托机构、托管机构、投资管理机构和其他为养老基金投资管理提供服务的自然人、法人或者其他组织固有财产的债务相互抵销；养老基金不同投资组合基金资产的债权债务，不得相互抵销。

3.《最高人民法院关于破产债权能否与未到位的注册资金抵销问题的复函》（法函〔1995〕32号）

中国外运武汉公司（下称武汉公司）与香港德仓运输股份有限公司（下称香港公司）合资成立的武汉货柜有限公司（下称货柜公司），于1989年3月7日至8日曾召开董事会议，决定将注册资金由原来的110万美元增加到180万美元。1993年1月4日又以董事会议对合资双方同意将注册资金增加到240万美元的《合议书》予以认可。事后，货柜公司均依规定向有关审批机构和国家工商行政管理局办理了批准、变更手续。因此，应当确认货柜公司的注册资金已变更为240万美元，尚未到位的资金应由出资人予以补足。货柜公司被申请破产后，武汉公司作为货柜公司的债权人同货柜公司的其他债权人享有平等的权利。

为保护其他债权人的合法权益,武汉公司对货柜公司享有的破产债权不能与该公司对货柜公司未出足的注册资金相抵销。

四、相关裁判摘要

• **2011年第11期《中华人民共和国最高人民法院公报》**刊登的**"长治市达洋电器有限公司诉博西家用电器(中国)有限公司买卖合同纠纷案"**判决认为,持票人在丧失票据权利后,依然有权依据作为票据基础关系的合同行使抵销权。相关裁判摘要如下:

人民法院就票据作出的除权判决系对权利的重新确认,票据自除权判决公告之日起即丧失效力,持票人即丧失票据权利,使原来结合于票据中的权利人从票据中分离出来,公示催告申请人即有权依据除权判决请求票据付款人付款。但是,持票人丧失票据权利,并不意味着基础民事权利丧失,其仍有权依据基础合同主张民事权利,行使基础合同履行中的债务抵销权,并不损害基础合同相对方的合法权益。

• **2010年第5期《中华人民共和国最高人民法院公报》**刊登的**"无锡市春江花园业主委员会诉上海陆家嘴物业管理有限公司等物业管理纠纷案"**判决认为,双方债权债务主体不同时,不符合法定抵销的要件。相关裁判摘要如下:

被告物业公司能否对部分业主结欠的物业管理费行使抵销权的问题。物业公司提出有部分业主尚结欠2008年6月30日以前的物业管理费131万元,并未提交充分证据予以证明,更重要的是,《中华人民共和国合同法》第九十九条第一款规定:"当事人互负到期债务,该债务的标的物种类、品质相同的,任何一方可以将自己的债务与对方的债务抵销,但依照法律规定或者按照合同性质不得抵销的除外。"根据该规定,要进行债务抵销,当事人之间应当互负债务,互享债权。本案中诉讼的双方当事人为原告业委会和物业公司、被告无锡分公司,而结欠物业管理费的为部分业主,为单个的主体。业委会系代表小区全体业主提起诉讼,虽然包括了该部分欠费业主,但两者有本质的区别。因此,双方债权债务主体不同,不符合法定抵销的规定,因此,对物业公司行使抵销权的主张不予支持。

第五百六十九条 【约定抵销】当事人互负债务,标的物种类、品质不相同的,经协商一致,也可以抵销。

相关文件规定

《最高人民法院执行工作办公室关于上市公司发起人股份质押合同及红利抵债协议效力问题请示案的复函》(〔2002〕执他字第22号)

一、关于本案发起人股份质押合同效力的问题,基本同意你院的第二种意见。《公司法》第147条规定对发起人股份转让的期间限制,应当理解为是对股权实际转让的时间的限制,而不是对达成股权转让协议的时间的限制。本案质押的股份不得转让期截止到2002年3月3日,而质押权行使期至2005年9月25日才可开始,在质押权人有权行使质押权时,该质押的股份已经没有转让期间的限制,因此不应以该股份在设定质押时依法尚不得转让为由确认质押合同无效。

二、关于本案中三方当事人达成的以股份所产生的红利抵债的协议(简称三方抵债协议),我们认为:首先,该协议性质上属于三方当事人之间的连环债务的协议抵消关系。在协议抵消的情况下,抵消的条件、标的物、范围,均由当事人自主约定。《合同法》第100条关于双方当事人协议抵消的规定,并不排除本案中三方当事人协议抵消的做法。其次,该协议属于预定抵消合同。根据这种合同,当事人之间将来发生可以抵消的债务时,无须另行作出抵消的意思表示,而当然发生抵消债务的效果。这种协议并不违反法律的强制性规定,应予以认可。本案中吴江工艺织造厂(以下简称织造厂)在中国服装股份有限公司(以下简称服装公司)中的预期红利收益处于不确定状态,符合这种预定抵消合同的特点。

三、关于股份质押协议与三方抵债协议的关系问题,因本案股份质押权的行使附有期限,故质押的效力只能及于质押权行使期到来(即2005年9月25日)之后该股份产生的红利,质押权人中国银行吴江支行(以下简称吴江支行)不能对此前的红利行使质押权。因此,对于织造厂于2001年6月9日从服装公司分得的该期红利,吴江支行不能以股份质押合同有效而对抗服装公司依据三方抵债协议所为的抵消。

四、织造厂在服装公司的红利一旦产生,按照三方抵债协议的约定,服装公司给付织造厂的红利即时自动抵消面料厂对服装公司的债务,不需要实际支付。因此,在宜兴市人民法院向服装公司送达协助执行通知时,被执行人织造厂在服装公司的红利债权已经消灭,不再有可供执行的债权。宜兴市人民法院从服装公司划拨红利的执行是错误的,应予纠正。

第五百七十条 【可以提存的情形】 有下列情形之一,难以履行债务的,债务人可以将标的物提存:

(一)债权人无正当理由拒绝受领;

（二）债权人下落不明；

（三）债权人死亡未确定继承人、遗产管理人，或者丧失民事行为能力未确定监护人；

（四）法律规定的其他情形。

标的物不适于提存或者提存费用过高的，债务人依法可以拍卖或者变卖标的物，提存所得的价款。

一、相关法律条文

1.《中华人民共和国民法典》（2021年1月1日起施行）

第八百三十七条 收货人不明或者收货人无正当理由拒绝受领货物的，承运人依法可以提存货物。

第九百一十六条 储存期限届满，存货人或者仓单持有人不提取仓储物的，保管人可以催告其在合理期限内提取；逾期不提取的，保管人可以提存仓储物。

第九百五十七条 行纪人按照约定买入委托物，委托人应当及时受领。经行纪人催告，委托人无正当理由拒绝受领的，行纪人依法可以提存委托物。

委托物不能卖出或者委托人撤回出卖，经行纪人催告，委托人不取回或者不处分该物的，行纪人依法可以提存委托物。

2.《中华人民共和国公证法》（2017年9月1日修正）

第十二条 根据自然人、法人或者其他组织的申请，公证机构可以办理下列事务：

（一）法律、行政法规规定由公证机构登记的事务；

（二）提存；

（三）保管遗嘱、遗产或者其他与公证事项有关的财产、物品、文书；

（四）代写与公证事项有关的法律事务文书；

（五）提供公证法律咨询。

3.《中华人民共和国企业破产法》（2007年6月1日起施行）

第一百一十七条 对于附生效条件或者解除条件的债权，管理人应当将其分配额提存。

管理人依照前款规定提存的分配额，在最后分配公告日，生效条件未成就或者解除条件成就的，应当分配给其他债权人；在最后分配公告日，生效条件成就或者解除条件未成就的，应当交付给债权人。

第一百一十八条　债权人未受领的破产财产分配额，管理人应当提存。债权人自最后分配公告之日起满二个月仍不领取的，视为放弃受领分配的权利，管理人或者人民法院应当将提存的分配额分配给其他债权人。

第一百一十九条　破产财产分配时，对于诉讼或者仲裁未决的债权，管理人应当将其分配额提存。自破产程序终结之日起满二年仍不能受领分配的，人民法院应当将提存的分配额分配给其他债权人。

二、相关司法解释规定

《最高人民法院关于执行和解若干问题的规定》（法释〔2018〕3号）（2020年12月23日修正）

第七条　执行和解协议履行过程中，符合民法典第五百七十条规定情形的，债务人可以依法向有关机构申请提存；执行和解协议约定给付金钱的，债务人也可以向执行法院申请提存。

三、相关部门规章

《提存公证规则》（1995年6月2日起施行）

第一条　为维护经济流转秩序，预防和减少债务纠纷，保证提存公证质量，根据《中华人民共和国民法通则》、《中华人民共和国公证暂行条例》及有关规定，制订本规则。

第二条　提存公证是公证处依照法定条件和程序，对债务人或担保人为债权人的利益而交付的债之标的物或担保物（含担保物的替代物）进行寄托、保管，并在条件成就时交付债权人的活动。为履行清偿义务或担保义务而向公证处申请提存的人为提存人。提存之债的债权人为提存受领人。

第三条　以清偿为目的的提存公证具有债的消灭和债之标的物风险责任转移的法律效力。

以担保为目的的提存公证具有保证债务履行和替代其他担保形式的法律效力。

不符合法定条件的提存或提存人取回提存标的的，不具有提存公证的法律效力。

第四条　提存公证由债务履行地的公证处管辖。

以担保为目的的提存公证或在债务履行地申办提存公证有困难的，可由担保人住所地或债务人住所地的公证处管辖。

第五条 债务清偿期限届至,有下列情况之一使债务人无法按时给付的,公证处可以根据债务人申请依法办理提存:

(一)债权人无正当理由拒绝或延迟受领债之标的的;

(二)债权人不在债务履行地又不能到履行地受领的;

(三)债权人不清、地址不详,或失踪、死亡(消灭)其继承人不清,或无行为能力其法定代理人不清的。

第六条 有下列情况之一的,公证处可以根据当事人申请办理提存公证:

(一)债的双方在合同(协议)中约定以提存方式给付的;

(二)为了保护债权人利益,保证人、抵押人或质权人请求将担保物(金)或其替代物提存的。

当事人申办前款所列提存公证,必须列明提存物给付条件,公证处应按提存人所附条件给付提存标的物。

第七条 下列标的物可以提存:

(一)货币;

(二)有价证券、票据、提单、权利证书;

(三)贵重物品;

(四)担保物(金)或其替代物;

(五)其他适宜提存的标的物。

第八条 公证处应当在指定银行设立提存帐户,并置备保管有价证券、贵重物品的专用设备或租用银行的保险箱。

第九条 提存申请人应当填写公证申请表,并提交下列材料:

(一)申请人的身份证明;法人应提交法人资格证明和法定代表人身份证明,法定代理人应提交与被代理人关系的证明,委托代理人应提交授权委托书;

(二)合同(协议)、担保书、赠与书、司法文书、行政决定等据以履行义务的依据;

(三)存在本规则第五条或第六条规定情况的有关证明材料;

(四)提存受领人姓名(名称)、地址、邮编、联系电话等;

(五)提存标的物种类、质量、数量、价值的明细表;

(六)公证员认为应当提交的其他材料。

第十条 符合下列条件的申请,公证处应当受理:

(一)申请人对提存受领人负有清偿或担保义务;

（二）具有本规则第五条或第六条规定的情况；

（三）申请事项属于本公证处管辖；

（四）本规则第九条规定的材料基本齐全。

公证处应在收到申请之日起三日内作为受理或不予受理的决定。不予受理的，公证处应当告知申请人对不予受理不服的复议程序。

第十一条　公证人员应按《公证程序规则（试行）》第二十四条规定制作谈话笔录，记录下列内容：

（一）提存理由和相关事实（如无法给付债的标的物的事由和经过）；

（二）有关提存受领人的详细情况；

（三）提存标的物的详细情况；

（四）提存人所作的特别说明等。

第十二条　公证员应当按《公证程序规则（试行）》第二十三条规定，审查下列内容：

（一）本规则第九条所列材料是否齐全，内容是否属实；

（二）提存人的行为能力和清偿依据；

（三）申请提存之债的真实性、合法性；

（四）请求提存的原因和事实是否属实；

（五）提存标的物与债的标的是否相符，是否适宜提存；

（六）提存标的物是否需要采取特殊的处理或保管措施。

第十三条　符合下列条件的，公证处应当予以提存：

（一）提存人具有行为能力，意思表示真实；

（二）提存之债真实、合法；

（三）符合本规则第五条或第六条以及第七条规定条件；

（四）提存标的与债的标的相符。

提存标的与债的标的不符或在提存时难以判明两者是否相符的，公证处应告知提存人如提存受领人因此原因拒绝受领提存物则不能产生提存的效力。提存人仍要求提存的，公证处可以办理提存公证，并记载上述条件。

不符合前两款规定的，公证处应当拒绝办理提存公证，并告知申请人对拒绝公证不服的复议程序。

第十四条　公证处应当验收提存标的物并登记存档。对不能提交公证处的提存物，公证处应当派公证员到现场实地验收。验收时，提存申请人（或其代理人）应当在场，公证员应制作验收笔录。

验收笔录应当记录验收的时间、地点、方式、参加人员、物品的数量、种类、规格、价值以及存放地点、保管环境等内容。验收笔录应交提存人核对。公证员、提存人及其他参与人员应当在验收笔录上签名。

对难以验收的提存标的物,公证处可予以证据保全,并在公证笔录和公证书中注明。

经验收的提存标的物,公证处应当采用封存、委托代管等必要的保管措施。

对易腐易烂易燃易爆等物品,公证处应当在保全证据后,由债务人拍卖或变卖,提存其价款。

第十五条 对提存的贵重物品、有价证券、不动产或其他物品的价值难以确定的,公证处可以聘请专业机构或人员进行估价。

第十六条 提存货币的,以现金、支票交付公证处的日期或提存款划入公证处提存帐户的日期为提存日期。

提存的物品需要验收的,以公证处验收合格的日期为提存日期。

提存的有价证券、提单、权利证书或无需验收的物品,以实际交付公证处的日期为提存日期。

第十七条 公证处应当从提存之日起三日内出具提存公证书。提存之债从提存之日即告清偿。

第十八条 提存人应将提存事实及时通知提存受领人。

以清偿为目的的提存或提存人通知有困难的,公证处应自提存之日起七日内,以书面形式通知提存受领人,告知其领取提存物的时间、期限、地点、方法。

提存受领人不清或下落不明、地址不详无法送达通知的,公证处应自提存之日起六十日内,以公告方式通知。公告应刊登在国家或债权人在国内住所地的法制报刊上,公告应在一个月内在同一报刊刊登三次。

第十九条 公证处有保管提存标的物的权利和义务。公证处应当采取适当的方法妥善保管提存标的,以防毁损、变质或灭失。

对不宜保存的、提存受领人到期不领取或超过保管期限的提存物品,公证处可以拍卖,保存其价款。

第二十条 下列物品的保管期限为六个月:

(一)不适于长期保管或长期保管将损害其价值的;

(二)六个月的保管费用超过物品价值5%的。

第二十一条 从提存之日起，超过二十年无人领取的提存标的物，视为无主财产；公证处应在扣除提存费用后将其余额上缴国库。

第二十二条 提存物在提存期间所产生的孳息归提存受领人所有。提存人取回提存物的，孳息归提存人所有。

提存的存款单、有价证券、奖券需要领息、承兑、领奖的，公证处应当代为承兑或领取，所获得的本金和孳息在不改变用途的前提下，按不损害提存受领人利益的原则处理。无法按原用途使用的，应以货币形式存入提存帐户。

定期存款到期的，原则上按原来期限将本金和利息一并转存。股息红利除用于支付有关的费用外，剩余部分应当存入提存专用帐户。

提存的不动产或其他物品的收益，除用于维护费用外剩余部分应当存入提存帐户。

第二十三条 公证处应当按照当事人约定或法定的条件给付提存标的。本规则第六条第一项规定的以对待给付为条件的提存，在提存受领人未为对待给付之前，公证处不得给付提存标的物。

提存受领人领取提存标的物时，应提供身份证明、提存通知书或公告，以及有关债权的证明，并承担因提存所支出的费用。提存受领人负有对待给付义务的，应提供履行对待给付义务的证明。委托他人代领的，还应提供有效的授权委托书。由其继承人领取的，应当提交继承公证书或其他有效的法律文书。

第二十四条 因债权的转让、抵销等原因需要由第三人领取提存标的物的，该第三人应当提供已取得提存之债债权的有效法律文书。

第二十五条 除当事人另有约定外，提存费用由提存受领人承担。

提存费用包括：提存公证费、公告费、邮电费、保管费、评估鉴定费、代管费、拍卖变卖费、保险费，以及为保管、处理、运输提存标的物所支出的其他费用。

提存受领人未支付提存费用前，公证处有权留置价值相当的提存标的物。

第二十六条 提存人可以凭人民法院生效的判决、裁定或提存之债已经清偿的公证证明取回提存物。

提存受领人以书面形式向公证处表示抛弃提存受领权的，提存人得取回提存物。

提存人取回提存物的,视为未提存。因此产生的费用由提存人承担。提存人未支付提存费用前,公证处有权留置价值相当的提存标的。

第二十七条 公证处不得挪用提存标的。公证处或公证人员挪用提存标的的,除应负相应的赔偿责任外,对直接责任人员要追究行政或刑事责任。

提存期间,提存物毁损灭失的风险责任由提存受领人负担;但因公证处过错造成毁损、灭失的,公证处负有赔偿责任。

公民、法人以不正当手段骗取提存标的的,负有赔偿责任;构成犯罪的,依法追究刑事责任。

公证处未按法定或当事人约定条件给付提存标的给当事人造成损失的,公证处负有连带赔偿责任。

第二十八条 符合法定或当事人约定的给付条件,公证处拒绝给付的,由其主管的司法行政机关责令限期给付;给当事人造成损失的,公证处负有赔偿责任。

根据人民法院、仲裁机构的裁决或司法行政机关决定给付的,由此产生的法律后果由作出决定的机构承担。

第二十九条 司法机关或行政机关因执行公务而申办提存公证的,参照本规则办理。

监护人、遗产管理人为保护被监护人、继承人利益,请求将所监护或管理的财产提存的,参照本规则办理。

遗嘱人或赠与人为保护遗嘱受益人或未成年的受赠人利益,请求将遗嘱所处分的财产或赠与财产提存的,参照本规则办理。

第三十条 外国人、无国籍人在中国境内申办提存公证,适用本规则。

第三十一条 本规则自发布之日起施行。由司法部负责解释。

第五百七十一条 【提存的成立及效力】债务人将标的物或者将标的物依法拍卖、变卖所得价款交付提存部门时,提存成立。

提存成立的,视为债务人在其提存范围内已经交付标的物。

第五百七十二条 【提存后债务人的通知义务】标的物提存后,债务人应当及时通知债权人或者债权人的继承人、遗产管理人、监护人、财产代管人。

相关部门规章

《提存公证规则》(1995年6月2日起施行)

第十八条 提存人应将提存事实及时通知提存受领人。

以清偿为目的的提存或提存人通知有困难的,公证处应自提存之日起七日内,以书面形式通知提存受领人,告知其领取提存物的时间、期限、地点、方法。

提存受领人不清或下落不明、地址不详无法送达通知的,公证处应自提存之日起六十日内,以公告方式通知。公告应刊登在国家或债权人在国内住所地的法制报刊上,公告应在一个月内在同一报刊刊登三次。

第五百七十三条 【提存后标的物的风险、费用的负担与孳息的归属】 标的物提存后,毁损、灭失的风险由债权人承担。提存期间,标的物的孳息归债权人所有。提存费用由债权人负担。

相关部门规章

《提存公证规则》(1995年6月2日起施行)

第二十五条 除当事人另有约定外,提存费用由提存受领人承担。

提存费用包括:提存公证费、公告费、邮电费、保管费、评估鉴定费、代管费、拍卖变卖费、保险费,以及为保管、处理、运输提存标的物所支出的其他费用。

提存受领人未支付提存费用前,公证处有权留置价值相当的提存标的物。

第二十七条 公证处不得挪用提存标的。公证处或公证人员挪用提存标的的,除应负相应的赔偿责任外,对直接责任人员要追究行政或刑事责任。

提存期间,提存物毁损灭失的风险责任由提存受领人负担;但因公证处过错造成毁损、灭失的,公证处负有赔偿责任。

公民、法人以不正当手段骗取提存标的的,负有赔偿责任;构成犯罪的,依法追究刑事责任。

公证处未按法定或当事人约定条件给付提存标的给当事人造成损失的,公证处负有连带赔偿责任。

第五百七十四条 【提存物的领取及领取权的消灭】债权人可以随时领取提存物。但是,债权人对债务人负有到期债务的,在债权人未履行债务或者提供担保之前,提存部门根据债务人的要求应当拒绝其领取提存物。

债权人领取提存物的权利,自提存之日起五年内不行使而消灭,提存物扣除提存费用后归国家所有。但是,债权人未履行对债务人的到期债务,或者债权人向提存部门书面表示放弃领取提存物权利的,债务人负担提存费用后有权取回提存物。

相关部门规章

《提存公证规则》(1995年6月2日起施行)

第十九条 公证处有保管提存标的物的权利和义务。公证处应当采取适当的方法妥善保管提存标的,以防毁损、变质或灭失。

对不宜保存的、提存受领人到期不领取或超过保管期限的提存物品,公证处可以拍卖,保存其价款。

第二十条 下列物品的保管期限为六个月:

(一)不适于长期保管或长期保管将损害其价值的;

(二)六个月的保管费用超过物品价值5%的。

第二十一条 从提存之日起,超过二十年无人领取的提存标的物,视为无主财产;公证处应在扣除提存费用后将其余额上缴国库。

第五百七十五条 【债务的免除】债权人免除债务人部分或者全部债务的,债权债务部分或者全部终止,但是债务人在合理期限内拒绝的除外。

第五百七十六条 【债权债务的混同】债权和债务同归于一人的,债权债务终止,但是损害第三人利益的除外。

第八章 违约责任

第五百七十七条 【违约责任的一般规定】当事人一方不履行合同义务或者履行合同义务不符合约定的,应当承担继续履行、采取补救措施或者赔偿损失等违约责任。

一、相关法律条文

《中华人民共和国民法典》(2021年1月1日起施行)

第一百七十六条　民事主体依照法律规定和当事人约定,履行民事义务,承担民事责任。

第一百七十七条　二人以上依法承担按份责任,能够确定责任大小的,各自承担相应的责任;难以确定责任大小的,平均承担责任。

第一百七十八条　二人以上依法承担连带责任的,权利人有权请求部分或者全部连带责任人承担责任。

连带责任人的责任份额根据各自责任大小确定;难以确定责任大小的,平均承担责任。实际承担责任超过自己责任份额的连带责任人,有权向其他连带责任人追偿。

连带责任,由法律规定或者当事人约定。

第一百七十九条　承担民事责任的方式主要有:

(一)停止侵害;

(二)排除妨碍;

(三)消除危险;

(四)返还财产;

(五)恢复原状;

(六)修理、重作、更换;

(七)继续履行;

(八)赔偿损失;

(九)支付违约金;

(十)消除影响、恢复名誉;

(十一)赔礼道歉。

法律规定惩罚性赔偿的,依照其规定。

本条规定的承担民事责任的方式,可以单独适用,也可以合并适用。

二、相关司法解释规定

《最高人民法院关于审理建设工程施工合同纠纷案件适用法律问题的解释(一)》(法释〔2020〕25号)

第十九条　当事人对建设工程的计价标准或者计价方法有约定的,按照约定结算工程价款。

因设计变更导致建设工程的工程量或者质量标准发生变化，当事人对该部分工程价款不能协商一致的，可以参照签订建设工程施工合同时当地建设行政主管部门发布的计价方法或者计价标准结算工程价款。

建设工程施工合同有效，但建设工程经竣工验收不合格的，依照民法典第五百七十七条规定处理。

三、相关裁判摘要

• **2012年第10期《中华人民共和国最高人民法院公报》**刊登的**"刘超捷诉中国移动徐州分公司电信服务合同纠纷案"**判决对电信服务合同中，电信企业如何承担继续履行合同的违约责任作出了分析。相关裁判摘要如下：

原告刘超捷要求被告中国移动徐州分公司取消对有效期限制及继续履行合同是否有事实和法律依据。法院认为，电信用户的知情权是电信用户在接受电信服务时的一项基本权利，电信业务的经营者应当给予充分的尊重，用户在办理电信业务时，电信业务的经营者必须向其明确说明该电信业务的内容，包括业务功能、费用收取办法及交费时间、障碍申告等，如果用户在不知悉该电信业务的真实情况下进行消费，就会剥夺用户对电信业务的选择权，达不到真正追求的电信消费目的；电信业务的经营者作为提供电信服务合同格式条款的一方，应当遵循公平原则确定与电信用户的权利义务内容，权利义务的内容必须符合维护电信用户和电信业务经营者的合法权益、促进电信业的健康发展的立法目的，并有效告知对方注意免除或者限制其责任的条款并向其释明。被告提供的邮电部移动通信局《全国智能网预付费业务管理办法（暂行）》《全国智能网预付费业务SIM卡和充值卡管理办法（暂行）》仅规定不同面值的充值卡对应不同的有效期以及用户拨打第一个充值电话时，才SCP激活账户数据，设置用户账户的金额、有效期和起始日期，但并没有对人工充值和网上充值的预付费是否设置有效期进行规定。因此，被告辩称对话费有效期进行限制是根据国家相关文件设定的证据不足，法院不予支持。由于被告既未在电信服务合同中约定有效期内容，亦未提供证据证实在签订合同时已将预付话费的有效期限制明确告知原告并释明，所以被告不得在合同履行中以预付话费超过有效期为由对用户进行通话限制。被告以预付费过期为由对原告暂停服务、收回号码的行为构成违约，应当承担继续履行等违约责任。

《中华人民共和国合同法》第一百零七条规定，当事人一方不履行合同义务或者履行合同义务不符合约定的，应当承担继续履行、采取补救措施或者赔偿损失等违约责任。因此，原告主张"取消被告对原告的话费有效期的限制，继续履行合同"的诉讼请求，符合法律规定，法院依法予以支持。

• **2010年第12期《中华人民共和国最高人民法院公报》**刊登的"**香港锦程投资有限公司与山西省心血管疾病医院、第三人山西寰能科贸有限公司中外合资经营企业合同纠纷案**"中，最高人民法院(2010)民四终字第3号民事判决书就违约责任的成立要件作出了分析。相关裁判摘要如下：

心血管医院在本案中的违约行为属于根本违约，其违约的结果直接导致合资公司无法继续运行，合资目的无法实现。虽然《合资合同》第14.3条约定了"合资公司无法注册"的前提条件，但这并非是心血管医院承担违约责任的唯一条件。《中华人民共和国合同法》第一百零七条对违约方应承担的违约责任做了明确规定，心血管医院作为违约方理应依法承担违约责任。故对心血管医院的上述理由，本院亦不予支持。

• **2010年第8期《中华人民共和国最高人民法院公报》**刊登的"**广州市仙源房地产股份有限公司与广东中大中鑫投资策划有限公司、广州远兴房产有限公司、中国投资集团国际理财有限公司股权转让纠纷案**"中，最高人民法院(2009)民申字第1068号民事裁定书认为，非违约方有权选择解除合同或要求违约方继续履行合同。相关裁判摘要如下：

《股权转让及项目合作合同》第5条第1款的内容为：若中鑫公司、理财公司不能按约定完成办理股权转让的全部法律手续，视为违约，中鑫公司应无条件退还仙源公司投资款并承担出资总额每天1%违约金。中鑫公司称该条款仅约定了解除合同的违约金，属于理解错误。根据该违约责任条款，只要中鑫公司违约，就应按每日1%支付违约金，仙源公司还可以要求解除合同，至于是选择解除合同还是选择要求继续履行合同，则是仙源公司的法定权利。仙源公司在起诉时主动将违约金标准降低为每天1‰，是对自身权利的处分，不违反意思自治原则。因此，二审判决中鑫公司按每天1‰的标准向仙源公司支付违约金是正确的。

• **2006年第2期《中华人民共和国最高人民法院公报》**刊登的“**黄颖诉美晟房产公司商品房预售合同纠纷案**”判决就商品房预售合同纠纷中,违约方应采取何种补救措施,以及违约责任与违约方的行为是否经过行政审批或是否符合建筑规范等问题进行了分析。相关裁判摘要如下:

本案是商品房预售合同纠纷,双方当事人签订的《商品房买卖合同》合法有效。《中华人民共和国合同法》第一百零七条规定:“当事人一方不履行合同义务或者履行合同义务不符合约定的,应当承担继续履行、采取补救措施或者赔偿损失等违约责任。”因装饰钢梁影响窗内人的视觉感受,上诉人黄颖诉请判令被上诉人美晟房产公司承担将装饰横梁上移55厘米的责任;美晟房产公司坚称,是从整个小区的美观与协调考虑,且在经过政府有关部门批准与符合建筑规范的情况下才安装这个钢梁,黄颖应顾及整个小区的利益。在美晟房产公司与黄颖签订的合同中,没有约定预售的房屋外有装饰钢梁;在美晟房产公司给黄颖展示的沙盘上,房屋模型外也没有装饰钢梁;而美晟房产公司交付给黄颖的房屋,窗外却有装饰钢梁遮挡。美晟房产公司履行合同义务不符合约定,依法应承担违约责任。至于安装钢梁是否经过行政审批与是否符合建筑规范,属另一法律关系,不能成为美晟房产公司不构成违约或者免除违约责任的理由。业主花费巨额资金购买房屋,注重的不是房屋外墙立面美观,而是房屋内各项设施是否有利于居住使用。只有在这一前提下,黄颖才可能与美晟房产公司签订《商品房买卖合同》。衡法酌理,不能为保全钢梁的装饰功能,而牺牲业主签订《商品房买卖合同》要达到的合同目的。黄颖主张将装饰横梁上移55厘米,既有北京首都工程建筑设计有限公司证明在技术上可行,又可以用较低的成本补救装饰钢梁带来的不当影响,此意见应予采纳。

• **2006年第2期《中华人民共和国最高人民法院公报》**刊登的“**周培栋诉江东农行储蓄合同纠纷案**”判决认为,商业银行没有依法履行保证支付、为存款人保密、保障存款人的合法权益不受任何单位和个人侵犯的法定义务时,应当承担违约责任。相关裁判摘要如下:

原告周培栋是以储户身份提起储蓄合同违约之诉,合同另一方当事人是具有商业银行身份的被告江东农行。《中华人民共和国商业银行法》(以下简称商业银行法)第三十三条规定:“商业银行应当保证存款本金和利息的支付,不得拖延、拒绝支付存款本金和利息。”该条规定了商业银行的保证支付义务。保证支付不仅是指银行不得拖延、拒绝支付,还包括银行应当以适当的方式履行支付义务。商业银行应当无条件履行保证支付义务。当原告周培栋持卡第一次在被告江东农行下属的火车站分理处柜台前要求取款时,无论其是否说出取款数额,江东农行的营业员都不得以任何理由拒绝提供适当服务。特别是周培栋已经向营业员告知其不会使用自动取款机后,营业员仍只是简单告知"屏幕上有提示,你跟着提示办理就行了",再未主动提供任何服务,没有履行保证支付的法定义务。

为存款人保密,保障存款人的合法权益不受任何单位和个人的侵犯,是商业银行的法定义务。银行的保密义务不仅是指银行对储户已经提供的个人信息保密,也包括要为到银行办理交易的储户提供必要的安全、保密的环境。被告江东农行下属的火车站分理处,将自动取款机置于人员众多且流动性大的营业大厅内,只在取款机上方张贴一警示纸条,周围无任何安全防范措施,不能保证旁人无法接近正在使用自动取款机的储户,无法偷窥储户在自动取款机上的密码,客观上使储户无法在保密状态下安全使用自动取款机。

《中华人民共和国合同法》第一百零七条规定:"当事人一方不履行合同义务或者履行合同义务不符合约定的,应当承担继续履行、采取补救措施或者赔偿损失等违约责任。"综上所述,被告江东农行没有履行保证支付、为存款人保密、保障存款人的合法权益不受任何单位和个人侵犯的法定义务,在得知原告周培栋的借记卡被人调包后,又没有按周培栋的要求和《金穗借记卡章程》的规定办理凭个人密码挂失的业务。江东农行这一系列违约行为,是造成周培栋巨额存款被盗取的主要原因,该行对此应负主要赔偿责任。在交易活动中,周培栋不慎遗失银行卡和密码,对巨额存款被盗取亦应承担相应责任。

• **2005年第4期《中华人民共和国最高人民法院公报》**刊登的"**顾骏诉上海交行储蓄合同纠纷案**"判决认为,商业银行违反其依储蓄合同负有的保护储户财产安全的义务,给储户造成损失时,应当承担违约责任。相关裁判摘要如下:

《合同法》第一百零七条规定:"当事人一方不履行合同义务或者履行合同义务不符合约定的,应当承担继续履行、采取补救措施或者赔偿损失等违约责任。"被告上海交行在储蓄合同中,负有保障交易场所安全、防范犯罪发生、向储户及时通知犯罪手段和保障存款人合法权益不受侵犯的义务。上海交行未尽相关义务,导致原告顾骏借记卡内的资金短少,应当承担赔偿责任。

• **2004年第8期《中华人民共和国最高人民法院公报》**刊登的"**郑雪峰、陈国青诉江苏省人民医院医疗服务合同纠纷案**"判决认为,公共医疗卫生服务机构履行医疗服务合同时,在非紧急情况下,未经同意擅自改变合同双方约定的医疗方案,属于《合同法》第一百零七条规定的履行合同义务不符合约定的行为。相关裁判摘要如下:

当事人应当按照约定全面履行自己的义务。当事人一方不履行合同义务或者履行合同义务不符合约定的,应当承担继续履行、采取补救措施或者赔偿损失等违约责任。郑雪峰、陈国青现虽无直接证据证明双方约定采取ISCI治疗技术,但其所提交的2002年9月25日的交费单据表明,人民医院是按照ISCI技术的收费标准收取的医疗费;电话录音及郑雪峰、陈国青致人民医院医务处的信件中均提到他们原来是要求采取ISCI技术进行治疗;人民医院提交的2002年9月9日"IVF促排卵治疗记录单"中亦记载了拟行治疗为ISCI。上述间接证据相互印证,可以认定郑雪峰、陈国青与人民医院口头约定采取ISCI技术进行人工辅助生育治疗,人民医院应当按照双方的约定全面履行医疗服务合同。履行医疗服务合同时,在非紧急情况下,医院在未经过患者或其代理人同意的情况下,擅自改变双方约定的医疗方案,属于《合同法》第一百零七条规定的履行合同义务不符合约定的行为。在本案中,人民医院为郑雪峰、陈国青治疗过程中,在未出现需要紧急抢救等非常状态的情况下,未经郑雪峰、陈国青同意,擅自改变治疗方案。人民医院的行为,属于履行合同义务不符合约定,由此造成合同相对方的损失,依法应当承担赔偿损失的责任,一审法院对违约责任和具体损失的认定是正确的,据此所作的判决并无不当。人民医院上诉理由不足,故不予支持。

第五百七十八条　【预期违约】当事人一方明确表示或者以自己的行为表明不履行合同义务的,对方可以在履行期限届满前请求其承担违约责任。

一、相关国际公约

《联合国国际货物销售合同公约》(1980年4月11日订于维也纳)

第七十一条　(1)如果订立合同后,另一方当事人由于下列原因显然将不履行其大部分重要义务，一方当事人可以中止履行义务：

(a)他履行义务的能力或他的信用有严重缺陷；或

(b)他在准备履行合同或履行合同中的行为。

(2)如果卖方在上一款所述的理由明显化以前已将货物发运，他可以阻止将货物交给买方，即使买方持有其有权获得货物的单据。本款规定只与买方和卖方间对货物的权利有关。

(3)中止履行义务的一方当事人不论是在货物发运前还是发运后，都必须立即通知另一方当事人，如经另一方当事人对履行义务提供充分保证，则他必须继续履行义务。

第七十二条 (1)如果在履行合同日期之前，明显看出一方当事人将根本违反合同，另一方当事人可以宣告合同无效。

(2)如果时间许可，打算宣告合同无效的一方当事人必须向另一方当事人发出合理的通知，使他可以对履行义务提供充分保证。

(3)如果另一方当事人已声明他将不履行其义务，则上一款的规定不适用。

二、相关司法解释规定

《最高人民法院关于执行和解若干问题的规定》(法释〔2018〕3号)(2020年12月23日修正)

第十一条 申请执行人以被执行人一方不履行执行和解协议为由申请恢复执行，人民法院经审查，理由成立的，裁定恢复执行；有下列情形之一的，裁定不予恢复执行：

(一)执行和解协议履行完毕后申请恢复执行的；

(二)执行和解协议约定的履行期限尚未届至或者履行条件尚未成就的，但符合民法典第五百七十八条规定情形的除外；

(三)被执行人一方正在按照执行和解协议约定履行义务的；

(四)其他不符合恢复执行条件的情形。

第十九条 执行过程中，被执行人根据当事人自行达成但未提交人民法院的和解协议，或者一方当事人提交人民法院但其他当事人不予认可的和解协议，依照民事诉讼法第二百二十五条规定提出异议的，人民法院按照下列情形，分别处理：

(一)和解协议履行完毕的，裁定终结原生效法律文书的执行；

(二)和解协议约定的履行期限尚未届至或者履行条件尚未成就的，裁定中止执行，但符合民法典第五百七十八条规定情形的除外；

（三）被执行人一方正在按照和解协议约定履行义务的，裁定中止执行；

（四）被执行人不履行和解协议的，裁定驳回异议；

（五）和解协议不成立、未生效或者无效的，裁定驳回异议。

三、相关裁判摘要

● **2003年第4期《中华人民共和国最高人民法院公报》**刊登的“**沛时投资公司诉天津市金属工具公司中外合资合同纠纷上诉案**”中，最高人民法院（2002）民四终字第3号民事判决书就预期违约行为的认定进行了分析。相关裁判摘要如下：

工具公司已将作为出资的设备和房产交合资公司实际使用，只有少部分房产未办理过户手续，其履行了主要债务而不是不履行主要债务，因此，也不符合合同法第九十四条对预期违约的规定。故投资公司上诉提出其不按约投入第四期、第五期资金是一种预期违约，属行使不安抗辩，因而可以免责的理由不能成立，本院不予支持。

第五百七十九条 【金钱债务的继续履行】 当事人一方未支付价款、报酬、租金、利息，或者不履行其他金钱债务的，对方可以请求其支付。

第五百八十条 【非金钱债务的继续履行】 当事人一方不履行非金钱债务或者履行非金钱债务不符合约定的，对方可以请求履行，但是有下列情形之一的除外：

（一）法律上或者事实上不能履行；

（二）债务的标的不适于强制履行或者履行费用过高；

（三）债权人在合理期限内未请求履行。

有前款规定的除外情形之一，致使不能实现合同目的的，人民法院或者仲裁机构可以根据当事人的请求终止合同权利义务关系，但是不影响违约责任的承担。

一、相关司法解释规定

《最高人民法院关于适用〈中华人民共和国民法典〉时间效力的若干规定》（法释〔2020〕15号）

第十一条 民法典施行前成立的合同，当事人一方不履行非金钱债务或者履行非金钱债务不符合约定,对方可以请求履行,但是有民法典第五百八十条第一款第一项、第二项、第三项除外情形之一,致使不能实现合同目的,当事人请求终止合同权利义务关系的,适用民法典第五百八十条第二款的规定。

二、相关文件规定

《最高人民法院关于印发〈全国法院民商事审判工作会议纪要〉的通知》(法〔2019〕254号)

48.【违约方起诉解除】违约方不享有单方解除合同的权利。但是,在一些长期性合同如房屋租赁合同履行过程中,双方形成合同僵局,一概不允许违约方通过起诉的方式解除合同,有时对双方都不利。在此前提下,符合下列条件,违约方起诉请求解除合同的,人民法院依法予以支持:

(1)违约方不存在恶意违约的情形;

(2)违约方继续履行合同,对其显失公平;

(3)守约方拒绝解除合同,违反诚实信用原则。

人民法院判决解除合同的,违约方本应当承担的违约责任不能因解除合同而减少或者免除。

三、相关裁判摘要

● **2012年第11期《中华人民共和国最高人民法院公报》**刊登的**"丁福如与石磊房屋买卖合同纠纷案"**判决认为,不能直接将行政机关对房屋权利转移的限制认定为房屋买卖合同中的法律上或者事实上的不能履行。相关裁判摘要如下:

关于涉讼买卖合同能否继续履行的问题。虽然行政机关对涉讼房屋的权利转移作出限制,但物权未灭失,不能就此认定买卖合同法律上或事实上履行不能。行政机关限制交易的目的在于督促违法行为人纠正违法行为,履行法律手续;被告即使未出售房屋,也应按照行政机关的要求进行整改,使房屋恢复至合法状态,恢复原状系被告应尽的行政法上的义务。被告石磊明知涉讼房屋附有违法建筑仍予出售,应依诚实信用原则全面履行合同义务;对于涉讼房屋存在的违法状态,应自行采取相应措施予以消除后交付原告。经法院释明,原告丁福如同意被告按现状交付房屋,并自愿替代被告承担恢复原状的义务,原告的意思表示不违反法律、行政法规的禁止性规定,亦符合行政机关的执法目的,法院予以准许。原告在恢复原状时,房屋的四至、外观形状、层高等应与登记内容一致,质量应符合国家规定的建筑标准。被告应于原告恢复原状、通过行政机关审查认可并撤销交易限制后再协助原告办理产权手续。

• **2006年第6期《中华人民共和国最高人民法院公报》**刊登的"**新宇公司诉冯玉梅商铺买卖合同纠纷案**"判决认为,当违约方继续履约所需的财力、物力超过合同双方基于合同履行所能获得的利益时,构成"履行费用过高",应该允许违约方解除合同,用赔偿损失来代替继续履行。相关裁判摘要如下:

《合同法》第一百零七条规定:"当事人一方不履行合同义务或者履行合同义务不符合约定的,应当承担继续履行、采取补救措施或者赔偿损失等违约责任。"从这条规定看,当违约情况发生时,继续履行是令违约方承担责任的首选方式。法律之所以这样规定,是由于继续履行比采取补救措施、赔偿损失或者支付违约金,更有利于实现合同目的。但是,当继续履行也不能实现合同目的时,就不应再将其作为判令违约方承担责任的方式。《合同法》第一百一十条规定:"当事人一方不履行非金钱债务或者履行非金钱债务不符合约定的,对方可以要求履行,但有下列情形之一的除外:(一)法律上或者事实上不能履行;(二)债务的标的不适于强制履行或者履行费用过高;(三)债权人在合理期限内未要求履行。"此条规定了不适用继续履行的几种情形,其中第(二)项规定的"履行费用过高",可以根据履约成本是否超过各方所获利益来进行判断。当违约方继续履约所需的财力、物力超过合同双方基于合同履行所能获得的利益时,应该允许违约方解除合同,用赔偿损失来代替继续履行。在本案中,如果让新宇公司继续履行合同,则新宇公司必须以其6万余平方米的建筑面积来为冯玉梅的22.50平方米商铺提供服务,支付的履行费用过高;而在6万余平方米已失去经商环境和氛围的建筑中经营22.50平方米的商铺,事实上也达不到冯玉梅要求继续履行合同的目的。一审衡平双方当事人利益,判决解除商铺买卖合同,符合法律规定,是正确的。冯玉梅关于继续履行合同的上诉理由,不能成立。

第五百八十一条　【替代履行】 当事人一方不履行债务或者履行债务不符合约定，根据债务的性质不得强制履行的，对方可以请求其负担由第三人替代履行的费用。

相关司法解释规定

《最高人民法院关于人民法院执行工作若干问题的规定（试行）》（法释〔1998〕15号）（2020年12月23日修正）

44. 被执行人拒不履行生效法律文书中指定的行为的，人民法院可以强制其履行。

对于可以替代履行的行为，可以委托有关单位或他人完成，因完成上述行为发生的费用由被执行人承担。

对于只能由被执行人完成的行为，经教育，被执行人仍拒不履行的，人民法院应当按照妨害执行行为的有关规定处理。

第五百八十二条　【履行不符合约定的补救措施】 履行不符合约定的，应当按照当事人的约定承担违约责任。对违约责任没有约定或者约定不明确，依据本法第五百一十条的规定仍不能确定的，受损害方根据标的的性质以及损失的大小，可以合理选择请求对方承担修理、重作、更换、退货、减少价款或者报酬等违约责任。

一、相关法律条文

1.《中华人民共和国民法典》（2021年1月1日起施行）

第七百八十一条　承揽人交付的工作成果不符合质量要求的，定作人可以合理选择请求承揽人承担修理、重作、减少报酬、赔偿损失等违约责任。

第八百条　勘察、设计的质量不符合要求或者未按照期限提交勘察、设计文件拖延工期，造成发包人损失的，勘察人、设计人应当继续完善勘察、设计，减收或者免收勘察、设计费并赔偿损失。

第八百二十一条　承运人擅自降低服务标准的，应当根据旅客的请求退票或者减收票款；提高服务标准的，不得加收票款。

第八百八十一条　技术咨询合同的委托人未按照约定提供必要的资料，影响工作进度和质量，不接受或者逾期接受工作成果的，支付的报酬不得追回，未支付的报酬应当支付。

技术咨询合同的受托人未按期提出咨询报告或者提出的咨询报告不符合约定的，应当承担减收或者免收报酬等违约责任。

技术咨询合同的委托人按照受托人符合约定要求的咨询报告和意见作出决策所造成的损失，由委托人承担，但是当事人另有约定的除外。

2.《中华人民共和国消费者权益保护法》(2013年10月25日修正)

第二十四条 经营者提供的商品或者服务不符合质量要求的，消费者可以依照国家规定、当事人约定退货，或者要求经营者履行更换、修理等义务。没有国家规定和当事人约定的，消费者可以自收到商品之日起七日内退货；七日后符合法定解除合同条件的，消费者可以及时退货，不符合法定解除合同条件的，可以要求经营者履行更换、修理等义务。

依照前款规定进行退货、更换、修理的，经营者应当承担运输等必要费用。

二、相关司法解释规定

1.《最高人民法院关于审理买卖合同纠纷案件适用法律问题的解释》(法释〔2012〕8号)(2020年12月23日修正)

第十五条 买受人依约保留部分价款作为质量保证金，出卖人在质量保证期未及时解决质量问题而影响标的物的价值或者使用效果，出卖人主张支付该部分价款的，人民法院不予支持。

第十六条 买受人在检验期限、质量保证期、合理期限内提出质量异议，出卖人未按要求予以修理或者因情况紧急，买受人自行或者通过第三人修理标的物后，主张出卖人负担因此发生的合理费用的，人民法院应予支持。

第十七条 标的物质量不符合约定，买受人依照民法典第五百八十二条的规定要求减少价款的，人民法院应予支持。当事人主张以符合约定的标的物和实际交付的标的物按交付时的市场价值计算差价的，人民法院应予支持。

价款已经支付，买受人主张返还减价后多出部分价款的，人民法院应予支持。

2.《最高人民法院关于审理商品房买卖合同纠纷案件适用法律若干问题的解释》(法释〔2003〕7号)(2020年12月23日修正)

第十三条 因房屋质量问题严重影响正常居住使用，买受人请求解除合同和赔偿损失的，应予支持。

交付使用的房屋存在质量问题，在保修期内，出卖人应当承担修复责任；出卖人拒绝修复或者在合理期限内拖延修复的，买受人可以自行或者委托他人修复。修复费用及修复期间造成的其他损失由出卖人承担。

三、相关裁判摘要

• **2014年第8期《中华人民共和国最高人民法院公报》**刊登的“**江苏南通二建集团有限公司与吴江恒森房地产开发有限公司建设工程施工合同纠纷案**”判决认为，在双方当事人已失去合作信任的情况下，法院可以判决由发包人自行委托第三方参照修复设计方案对工程质量予以整改，所需费用由承包人承担。相关裁判摘要如下：

关于本案屋面渗漏应按何种方案修复的问题，二审认为，根据《中华人民共和国合同法》第一百零七条、第二百八十一条之规定，因施工方原因致使工程质量不符合约定的，施工方理应承担无偿修理、返工、改建或赔偿损失等违约责任。本案中，双方当事人对涉案屋面所做的工序进行了明确约定，然南通二建在施工过程中，擅自减少多道工序，尤其是缺少对防水起重要作用的2.0厚聚合物水泥基弹性防水涂料层，其交付的屋面不符合约定要求，导致屋面渗漏，其理应对此承担违约责任。鉴于恒森公司几经局部维修仍不能彻底解决屋面渗漏，双方当事人亦失去信任的合作基础，为彻底解决双方矛盾，原审法院按照司法鉴定意见认定按全面设计方案修复，并判决由恒森公司自行委托第三方参照全面设计方案对屋面渗漏予以整改，南通二建承担与改建相应责任有事实和法律依据，亦属必要。

• **2010年第11期《中华人民共和国最高人民法院公报》**刊登的“**杨珺诉东台市东盛房地产开发有限公司商品房销售合同纠纷案**”判决认为，房屋质量不符合要求时，出卖人应当承担修复义务。相关裁判摘要如下：

上诉人东盛房地产公司与被上诉人杨珺签订房屋买卖合同，其应当保证出卖的房屋符合法律规定或者合同约定的质量，现上诉人交付给被上诉人的房屋出现墙体裂缝及渗漏问题，经专业部门鉴定，其主要原因系温度变化时结构材料不均匀收缩所致，而屋面未作保温层和墙体砌筑质量较差导致顶部楼层温度裂缝明显。对此，上诉人作为房屋的出卖人，对其出售房屋存在的质量缺陷，依法应当承担相应的修复义务，一审判决并无不当。

第五百八十三条 【履行义务或采取补救措施后的赔偿责任】当事人一方不履行合同义务或者履行合同义务不符合约定的,在履行义务或者采取补救措施后,对方还有其他损失的,应当赔偿损失。

第五百八十四条 【违约损害赔偿的范围】当事人一方不履行合同义务或者履行合同义务不符合约定,造成对方损失的,损失赔偿额应当相当于因违约所造成的损失,包括合同履行后可以获得的利益;但是,不得超过违约一方订立合同时预见到或者应当预见到的因违约可能造成的损失。

一、相关法律条文

1.《中华人民共和国消费者权益保护法》(2013年10月25日修正)

第五十五条 经营者提供商品或者服务有欺诈行为的,应当按照消费者的要求增加赔偿其受到的损失,增加赔偿的金额为消费者购买商品的价款或者接受服务的费用的三倍;增加赔偿的金额不足五百元的,为五百元。法律另有规定的,依照其规定。

经营者明知商品或者服务存在缺陷,仍然向消费者提供,造成消费者或者其他受害人死亡或者健康严重损害的,受害人有权要求经营者依照本法第四十九条、第五十一条等法律规定赔偿损失,并有权要求所受损失二倍以下的惩罚性赔偿。

2.《中华人民共和国食品安全法》(2021年4月29日修正)

第一百四十八条 消费者因不符合食品安全标准的食品受到损害的,可以向经营者要求赔偿损失,也可以向生产者要求赔偿损失。接到消费者赔偿要求的生产经营者,应当实行首负责任制,先行赔付,不得推诿;属于生产者责任的,经营者赔偿后有权向生产者追偿;属于经营者责任的,生产者赔偿后有权向经营者追偿。

生产不符合食品安全标准的食品或者经营明知是不符合食品安全标准的食品,消费者除要求赔偿损失外,还可以向生产者或者经营者要求支付价款十倍或者损失三倍的赔偿金;增加赔偿的金额不足一千元的,为一千元。但是,食品的标签、说明书存在不影响食品安全且不会对消费者造成误导的瑕疵的除外。

3.《中华人民共和国旅游法》(2018年10月26日修正)

第七十条 旅行社不履行包价旅游合同义务或者履行合同义务不

符合约定的,应当依法承担继续履行、采取补救措施或者赔偿损失等违约责任;造成旅游者人身损害、财产损失的,应当依法承担赔偿责任。旅行社具备履行条件,经旅游者要求仍拒绝履行合同,造成旅游者人身损害、滞留等严重后果的,旅游者还可以要求旅行社支付旅游费用一倍以上三倍以下的赔偿金。

由于旅游者自身原因导致包价旅游合同不能履行或者不能按照约定履行,或者造成旅游者人身损害、财产损失的,旅行社不承担责任。

在旅游者自行安排活动期间,旅行社未尽到安全提示、救助义务的,应当对旅游者的人身损害、财产损失承担相应责任。

二、相关国际公约

《联合国国际货物销售合同公约》(1980年4月11日订于维也纳)

第七十四条 一方当事人违反合同应负的损害赔偿额,应与另一方当事人因他违反合同而遭受的包括利润在内的损失额相等。这种损害赔偿不得超过违反合同一方在订立合同时,依照他当时已知道或理应知道的事实和情况,对违反合同预料到或理应预料到的可能损失。

三、相关司法解释规定

《最高人民法院关于审理买卖合同纠纷案件适用法律问题的解释》(法释〔2012〕8号)(2020年12月23日修正)

第二十二条 买卖合同当事人一方违约造成对方损失,对方主张赔偿可得利益损失的,人民法院在确定违约责任范围时,应当根据当事人的主张,依据民法典第五百八十四条、第五百九十一条、第五百九十二条、本解释第二十三条等规定进行认定。

第二十三条 买卖合同当事人一方因对方违约而获有利益,违约方主张从损失赔偿额中扣除该部分利益的,人民法院应予支持。

四、相关文件规定

《最高人民法院关于当前形势下审理民商事合同纠纷案件若干问题的指导意见》(法发〔2009〕40号)

9.在当前市场主体违约情形比较突出的情况下,违约行为通常导致可得利益损失。根据交易的性质、合同的目的等因素,可得利益损失主要分为生产利润损失、经营利润损失和转售利润损失等类型。生产设备和原材料等买卖合同违约中,因出卖人违约而造成买受人的可得利益损失通常属于生产利润损失。承包经营、租赁经营合同以及提供服务或劳务的合同中，因一方违约造成的可得利益损失通常属于经营利润损失。先后系列买卖合同中，因原合同出卖方违约而造成其后的转售合同出售方的可得利益损失通常属于转售利润损失。

10. 人民法院在计算和认定可得利益损失时，应当综合运用可预见规则、减损规则、损益相抵规则以及过失相抵规则等，从非违约方主张的可得利益赔偿总额中扣除违约方不可预见的损失、非违约方不当扩大的损失、非违约方因违约获得的利益、非违约方亦有过失所造成的损失以及必要的交易成本。存在合同法第一百一十三条第二款规定的欺诈经营、合同法第一百一十四条第一款规定的当事人约定损害赔偿的计算方法以及因违约导致人身伤亡、精神损害等情形的，不宜适用可得利益损失赔偿规则。

11. 人民法院认定可得利益损失时应当合理分配举证责任。违约方一般应当承担非违约方没有采取合理减损措施而导致损失扩大、非违约方因违约而获得利益以及非违约方亦有过失的举证责任；非违约方应当承担其遭受的可得利益损失总额、必要的交易成本的举证责任。对于可以预见的损失，既可以由非违约方举证，也可以由人民法院根据具体情况予以裁量。

五、相关指导案例

● **第17号指导案例"张莉诉北京合力华通汽车服务有限公司买卖合同纠纷案"**（最高人民法院审判委员会讨论通过；2013年11月8日发布）

1. 为家庭生活消费需要购买汽车，发生欺诈纠纷的，可以按照《中华人民共和国消费者权益保护法》处理。

2. 汽车销售者承诺向消费者出售没有使用或维修过的新车，消费者购买后发现系使用或维修过的汽车，销售者不能证明已履行告知义务且得到消费者认可的，构成销售欺诈，消费者要求销售者按照消费者权益保护法赔偿损失的，人民法院应予支持。

● **第23号指导案例"孙银山诉南京欧尚超市有限公司江宁店买卖合同纠纷案"**（最高人民法院审判委员会讨论通过；2014年1月26日发布）

消费者购买到不符合食品安全标准的食品，要求销售者或者生产者依照食品安全法规定支付价款十倍赔偿金或者依照法律规定的其他赔偿标准赔偿的，不论其购买时是否明知食品不符合安全标准，人民法院都应予支持。

六、相关裁判摘要

• **2016年第12期《中华人民共和国最高人民法院公报》**刊登的“**李明柏诉南京金陵置业发展有限公司商品房预售合同纠纷案**”判决认为，房屋买卖合同中因出卖人所售房屋存在质量问题致购房人无法对房屋正常使用、收益且当事人对损失如何计算未作明确约定时，可以房屋同期租金作为标准计算购房人的实际损失。相关裁判摘要如下：

因金陵置业公司交付的房屋存在质量问题，致李明柏无法正常居住，李明柏要求赔偿损失，符合法律规定。关于损失计算标准问题，李明柏提交的房屋租赁协议虽证明涉案小区有业主出租房屋租金可达到每月21,000元以上，但该租金价格并不具有普遍性，而江苏省高级人民法院向南京市住建局调取的同区域别墅租金清册载明的价格，系综合多方因素得出的平均租金价格，更具有普遍性，再审一审法院在双方均不申请对案涉房屋装修前后出租价格进行评估的基础上，结合案涉房屋的具体情况，参考该租金清册所确定的租金价格并无不当。李明柏要求至少按每月21,000元标准进行补偿，不予支持。综上，再审一审判决认定事实清楚，所作判决并无不当。李明柏、金陵置业公司的上诉请求均不能成立，不予支持。

• **2015年第4期《中华人民共和国最高人民法院公报》**刊登的“**陈明、徐炎芳、陈洁诉上海携程国际旅行社有限公司旅游合同纠纷案**”判决对违约损害赔偿责任中的举证责任的分配与证据的认定进行了如下分析：

关于“损失已实际产生”和“损失的合理性”的举证责任在于携程旅行社，如举证不力，则由携程旅行社承担不利后果。综观携程旅行社的证据材料，不论在证据的效力和证据的证明力上，以及直接证据、间接证据之间的相互印证上，都均无法形成令人信服的证据优势。携程旅行社为其酒店费用损失提供了相关证据，但“收费证明”“取消政策”等境外证据未经公证、认证，部分证据无翻译件，形式上明显存有瑕疵，难以证明携程旅行社实际发生了酒店费用的支出；携程旅行社虽辩称其扣除的金额中还包括了已经支付的签证费和保险费，但其未提供支付凭证。法院在二审期间再次给予携程旅行社一个月的举证期限补充、补强相关证据,但其未能进一步有效举证,未提供经过公证、认证的境外证据,仅提供了与欧洲之星公司的邮件往来、报备文件,证明力较弱,难以印证损失已经实际产生并属合理,且均未得到陈明、徐炎芳、陈洁的认可;鉴于携程旅行社扣除相关费用欠缺证据证明,故陈明、徐炎芳、陈洁的上诉请求中部分内容应予以支持。经二审法院核算,携程旅行社应退还陈明、徐炎芳、陈洁旅游费22,895.10元(旅游费合计55,326元,已退款29,751元,应承担的违约金2679.90元)。

• **2014年第12期《中华人民共和国最高人民法院公报》**刊登的**"喜宝集团控股有限公司诉中国农业银行股份有限公司青岛城阳支行银行结算合同纠纷案"**判决对违约损害赔偿责任的成立应以损失与违约行为之间存在因果关系为要件的问题,进行了如下分析:

关于损失赔偿问题,《中华人民共和国合同法》第一百一十三条第一款规定,"当事人一方不履行合同义务或者履行合同义务不符合约定,给对方造成损失的,损失赔偿额应当相当于因违约所造成的损失,包括合同履行后可以获得的利益,但不得超过违反合同一方订立合同时预见到或者应当预见到的因违反合同可能造成的损失。"可见,原告喜宝集团可获支持的损失,应当是由于被告农行青岛城阳支行的违约行为所造成。从原告在本案中提出的索赔主张看,其索赔数额是基础交易判决执行后的余额,尽管原告提出其向基础交易债务人追偿是其采取的补救措施,与被告的行为所应承担的责任无关,但就同一款项已获生效判决支付清偿的情况下,又基于其他事由再寻求判决支付清偿,从内在逻辑上即存在其损失究竟是因何种行为所造成的问题。山东省青岛市中级人民法院认为,导致损失的直接原因在于基础交易债务人的行为,尽管本案跨境结算行为构成基础交易的条件,但结算行为本身并不必然导致损失,结算行为与损失之间缺乏客观、必然的联系。如果说,被告若作退汇处理,可能避免损失的最终发生,但根据原告在庭审质证时所作陈述,"我们是故意漏掉两个字电汇的,目的是为了让被告方提出查询,其中有10~15个工作日时间,以便给原告法定代表人到青岛考察荣星公司的真实情况"。那么,原告在申请汇款时更可以避免通过跨境结算而产生所谓的损失。原告出于规避基础交易风险的考虑,掩饰其真实意图,导致被告本着合理信赖履行结算合同,原告将最终基于基础交易产生的损失转由被告承担,有违诚实信用原则。原告的损失非被告的过错造成,被告不承担赔偿责任。

• **2014年第1期《中华人民共和国最高人民法院公报》**刊登的“**湖北金华实业有限公司与苏金水等商品房买卖合同纠纷案**”中，最高人民法院(2012)民抗字第24号民事判决书对商品房买卖合同中惩罚性赔偿责任的适用要件进行了分析。相关裁判摘要如下：

根据本院《关于审理商品房买卖合同纠纷案件适用法律若干问题的解释》第八条规定，“具有下列情形之一，导致商品房买卖合同目的不能实现的，无法取得房屋的买受人可以请求解除合同、返还已付购房款及利息、赔偿损失，并可以请求出卖人承担不超过已付购房款一倍的赔偿责任：(一)商品房买卖合同订立后，出卖人未告知买受人又将该房屋抵押给第三人；(二)商品房买卖合同订立后，出卖人又将该房屋出卖给第三人。”可见，只要出卖人在商品房买卖合同订立后事实上存在将该房屋出卖给第三人的行为，无法取得房屋的买受人即可请求出卖人承担不超过已付购房款一倍的赔偿责任，且上述规定中并不存在此种赔偿责任的适用以出卖人具有恶意违约故意为前提的规定。2006年4月皓羽公司作为委托代理人与苏金水订立06号合同与07号合同，法律后果上即为被代理人金华公司已与苏金水订立06号合同与07号合同，此后金华公司向苏金水之外的第三人出卖房屋并导致苏金水无法取得06号、07号商铺，苏金水即有权依据本院《关于审理商品房买卖合同纠纷案件适用法律若干问题的解释》第八条第二项规定请求金华公司承担不超过其已付购房款一倍的赔偿责任。而金华公司的相关申诉请求实质上系将其选择及监督委托代理人的经营风险不当转嫁于购房者，本院不予支持。在金华公司另售商铺导致06号、07号合同已无继续履行可能的情况下，二审法院依据苏金水的诉讼请求而判令解除06号、07号合同并无不当。同时。二审酌情判决金华公司向苏金水承担购房款金额50%的赔偿责任，作为相关权利的有权处分人苏金水在再审中表示尊重二审该判决结果，故本院对该赔偿比例不予调整。

• **2012年第11期《中华人民共和国最高人民法院公报》**刊登的“**张励与徐州市同力创展房地产有限公司商品房预售合同纠纷案**”判决对违反预约合同的民事责任及损失的认定，进行了如下分析：

……

二、关于违反预约合同应承担的法律后果问题。

具有相应行为能力的人在意思表示真实的情况下签订的预约合同在双方当事人之间也产生拘束力，非经当事人协商一致不得更改，否则构成对预约合同的违约。预约权利人可以请求对方履行订立本约的义务或者赔偿损失。

本案中,原、被告双方签订商品房预订单后,因建设商品房用地拆迁安置问题致使商品房开工建设日期拖延,在此过程中,国务院及徐州市政府相继出台的有关行政法规对于新建商品房的建筑面积、施工工艺及材料进行了强制性规定,加上新的拆迁安置情况出现,致使商品房建设规划变更、面积变化及建筑成本增加,应属于不可预料的情形,不应视为被告同力创展公司故意违反预约合同。但被告在未取得商品房预售许可时即对尚未开工建设的商品房进行出售违反了有关的法律法规,其行为具有违法性;同时在与原告张励签订商品房认购单时对于上述情况估计不足,其后又将认购书中列明的房号安置给他人,致使双方失去了进一步协商并签订本约合同可能性,双方签订的商品房预订单终止履行,对此结果被告应承担相应责任。因此,被告应将原来收取原告的50,000元予以退还,并应对原告承担违约责任即被告应对原告因此而造成的损失承担赔偿责任。

三、关于原告损失的确定问题。

在违约责任中,承担责任的一方应给对方造成的利益损失进行赔偿。本案中,原告张励在与被告同力创展公司签订预订单后,有理由相信被告会按约定履行订立本约合同的义务,从而丧失了按照预订单约定的房屋价格与他人另订购房合同的机会,因此被告因违约给原告造成的损失应根据订立预订单时商品房的市场行情和现行商品房价格予以确定,但因被告所开发建设的房屋无论是结构还是建筑成本都与双方签订预订单时发生了重大的变化,因此原告以被告开发建设房屋的现行销售价格作为赔偿标准亦显失公平,法院不予采纳。综合考量商品房市场的价格变动过程以及原告向被告交纳房款的数额,对于被告因违约给原告造成的损失确定为150,000元。

• **2010年第12期《中华人民共和国最高人民法院公报》**刊登的**"香港锦程投资有限公司与山西省心血管疾病医院、第三人山西寰能科贸有限公司中外合资经营企业合同纠纷案"**中,最高人民法院(2010)民四终字第3号民事判决书就违约损害赔偿责任中可得利益损失的认定进行了分析。相关裁判摘要如下:

关于人民币1000万元的可得利益损失,锦程公司认为根据山西省发展和改革委员会批准立项的晋发改外资〔2007〕88号文可以计算出合作项目及其作为股东可以获得的利益,仅要求人民币1000万元是合理的,应予支持;而心血管医院则认为锦程公司未考虑项目风险,以招商广告和政府文件为依据计算可得利益不合理,应不予支持。本院认为:虽然《中华人民共和国合同法》第一百一十三条规定,当事人一方违约造成对方损失的赔偿额可以包括履行合同后可以获得的利益,但本案合作项目及合资公司所需的资金并没有全部到位,合作项目、合资公司亦没有实际运作,根本没有利润可言。何况合资公司是否盈利取决于诸多因素,故锦程公司仅依据政府文件认定其应当获得人民币1000万元的可得利益赔偿依据不足,本院对此不予支持。心血管医院对此的抗辩理由成立,本院予以支持。

• **2008年第4期《中华人民共和国最高人民法院公报》**刊登的“**仲崇清诉上海市金轩大邸房地产项目开发有限公司合同纠纷案**”判决就违反预约合同时的损害赔偿范围进行了分析。相关裁判摘要如下:

《合同法》第一百零七条规定:“当事人一方不履行合同义务或者履行合同义务不符合约定的,应当承担继续履行、采取补救措施或者赔偿损失等违约责任。”第一百一十三条规定:“当事人一方不履行合同义务或者履行合同义务不符合约定,给对方造成损失的,损失赔偿额应当相当于因违约所造成的损失,包括合同履行后可以获得的利益,但不得超过违反合同一方订立合同时预见到或者应当预见到的因违反合同可能造成的损失。”金轩大邸公司的违约行为导致守约方仲崇清丧失了优先认购涉案商铺的机会,使合同的根本目的不能实现,金轩大邸公司也承认双方现已无法按照涉案意向书的约定继续履行。因此,金轩大邸公司应当承担相应的违约责任。一审法院认为金轩大邸公司违反预约合同约定的义务,应当赔偿上诉人仲崇清相应的损失,并无不妥,但一审判决确定的10,000元赔偿金额,难以补偿守约方的实际损失。为促使民事主体以善意方式履行其民事义务,维护交易的安全和秩序,充分保护守约方的民事权益,在综合考虑上海市近年来房地产市场发展的趋势以及双方当事人实际情况的基础上,酌定金轩大邸公司赔偿仲崇清150,000元。仲崇清要求金轩大邸公司按照商铺每平方米建筑面积15,000至20,500元的价格赔偿其经济损失,但由于其提交的证据不能完全证明涉案意向书所指商铺的确切情况,且根据金轩大邸公司将有关商铺出售给案外人的多个预售合同,商铺的价格存在因时而异、因人而异的情形。另外,虽然仲崇清按约支付了意向金,但是双方签订的预约合同毕竟同正式的买卖合同存在法律性质上的差异。故仲崇清主张的赔偿金额,不能完全支持。

● **2006年第11期《中华人民共和国最高人民法院公报》**刊登的“**新疆亚坤商贸有限公司与新疆精河县康瑞棉花加工有限公司买卖合同纠纷案**”中，最高人民法院(2006)民二终字第111号民事判决书就违约损害赔偿中的可预见规则进行了分析。相关裁判摘要如下：

原审判决认定亚坤公司存在资金损失是正确的，但确认赔偿范围的标准不当。本案合同签订的2004年1月，恰逢国内棉花市场价格飞涨，但到了2004年5、6月份以后，棉花市场价格回落，此期间每吨相差5000～6000元。亚坤公司在2004年6月份以后转售的棉花，即使质量等级不变，也必然会出现因市场行情所致的收益损失。原审判决认定的亚坤公司本金损失6,659,358.11元不仅包括了棉花减等的差价损失，亦包括在此期间因市场行情下跌所造成的收益损失。该部分收益损失显属市场风险造成的，非为双方当事人所能预见，亦非康瑞公司过错所致。因康瑞公司与该部分损失之间不存在因果关系，故康瑞公司不应承担市场行情变化导致的亚坤公司的收益损失。原审判决将亚坤公司在市场行情低迷时基于转售关系所形成的销售价格与本案行情高涨时形成的购买价格之差作为亚坤公司的损失由双方分担显属不当，不仅合同关系各不相同，亦有违公平原则及过错责任原则，本院予以纠正。上诉人亚坤公司关于康瑞公司应补偿其棉花收益损失6,152,857.22元的上诉理由不能成立。本院对亚坤公司在购买棉花时所发生的实际损失，即棉花重量亏吨损失及质量减等的差价损失予以确认，对于其他损失部分，即市场风险所致的收益损失、转售期间发生的运输费用、与案外人发生的借贷利息损失均因缺乏合同依据及法律依据而不予支持。

● **2006年第10期《中华人民共和国最高人民法院公报》**刊登的“**张志强诉徐州苏宁电器有限公司侵犯消费者权益纠纷案**”判决对商品销售者欺诈消费者的惩罚性赔偿责任进行了分析。相关裁判摘要如下：

被申请人苏宁公司的行为构成欺诈，应当承担惩罚性赔偿责任。《消费者权益保护法》第四十九条规定：“经营者提供商品或者服务有欺诈行为的，应当按照消费者的要求增加赔偿其受到的损失，增加赔偿的金额为消费者购买商品的价款或者接受服务的费用的一倍。”最高人民法院《关于贯彻执行〈中华人民共和国民法通则〉若干问题的意见(试行)》第六十八条规定：“一方当事人故意告知对方虚假情况，或者故意隐瞒真实情况，诱使对方当事人做出错误意思表示的，可以认定为欺诈行为。”再审申请人张志强主张苏宁公司承担惩罚性赔偿责任，即应对苏宁公司是否存在欺诈行为承担举证责任。本案中，张志强已经提供了其制作的录像带，用以证明苏宁公司为其调换的第二台冰箱不是新机器，且存在诸多的表面缺陷。同时，第二台冰箱如果是新机器，应当附有随机单证，苏宁公司亦承认未向张志强提供第二台冰箱的随机凭证（合格证、维修单、使用说明书等）。根据《中华人民共和国产品质量法》第二十七条的规定，产品或者其包装上的标识必须真实，并应当有产品质量检验合格证明；根据产品的特征和使用要求，需要标明产品规格、等级、所含主要成分的名称和含量的，应当用中文相应予以标明；需要事先让消费者知晓的，也应当在外包装上标明，或者预先向消费者提供有关资料。该规定是强制性规定，苏宁公司作为商品销售者对此应当明知，却不向作为消费者的张志强提供第二台冰箱的随机单证，其行为属于故意隐瞒真实情况，应认定为欺诈。苏宁公司主张因第一台冰箱的随机单证没有收回而未提供第二台冰箱的随机单证，张志强可凭第一台冰箱的随机单证就第二台冰箱享受售后服务。对此法院认为，随机单证是商品的身份证明，与商品一一对应，具有不可替换性。苏宁公司的上述主张既不符合常理，也与商品单证的特性不符，且苏宁公司在本案一审、二审乃至再审期间始终未出示该随机单证，不能确定第二台冰箱是否附有随机单证，亦即不能确定第二台冰箱是未经使用过的新机器，故对苏宁公司的抗辩主张不予支持。

根据《消费者权益保护法》第一条的规定，该法的立法目的是为保护消费者的合法权益，维护社会经济秩序，促进社会主义市场经济健康发展。再审申请人张志强主张被申请人苏宁公司的行为构成欺诈、应当承担惩罚性赔偿责任，并提交了相应的证据，苏宁公司如有异议，应就其行为不构成欺诈承担举证责任。苏宁公司提供的第二台冰箱的储存单、提货单及送货人的证言，仅表明其送货的过程，并不能证明第二台冰箱为全新的机器，其提交的证据缺乏证明力，应承担举证不能的不利后果。二审判决确有错误，依法应予改判。

● **2005年第12期《中华人民共和国最高人民法院公报》**刊登的“**浙江纺织公司诉台湾立荣公司海上货物运输合同无单放货纠纷案**”判决对违约损害赔偿责任中的可预见规则进行了分析。相关裁判摘要如下：

在本案中，上诉人长荣储运公司无单放货，致使被上诉人浙江纺织公司不仅不能收回货款，而且还因不具备办理出口退税的条件遭受退税款损失。这些损失,是长荣储运公司实施无单放货违约行为时应当预见也可以预见的。原审判令长荣储运公司赔偿这些损失,符合《合同法》第一百一十三条的规定。

• **2004年第8期《中华人民共和国最高人民法院公报》**刊登的"**郑雪峰、陈国青诉江苏省人民医院医疗服务合同纠纷案**"判决对医疗机构违反医疗服务合同时违约损害赔偿的范围不包括精神损害进行了分析。相关裁判摘要如下:

我国《合同法》第一百零七条规定:"当事人一方不履行合同义务或者履行合同义务不符合约定的,应当承担继续履行、采取补救措施或者赔偿损失等违约责任。"本案中,原告为履行医疗服务合同而付出的医疗费属于其损失,具体范围包括原告向人民医院支付的检查费、医药费以及原告在院外购买药品支出的费用,被告应当予以赔偿。但是原告提供的误工费证据仅有其工作单位出具的证明,而非当时未领取有关款项的证据。因此应认为原告对于自己提出的误工费赔偿请求未能提供充分证据,故该诉讼请求不予支持。

关于原告要求被告给予精神损害赔偿的诉讼请求,因本案为合同违约之诉,依据《合同法》第一百零七条、第一百一十三条第一款的规定,合同当事人未适当履行合同义务的,应当承担赔偿损失等违约责任。损失赔偿的数额应当相当于因违约所造成的损失,包括合同履行后可以获得的利益,但不得超过违反合同一方订立合同时预见到或者应当预见到的因违反合同可能造成的损失,亦不包括精神损害赔偿,故本案对要求被告承担精神损害赔偿不予支持,亦不支持要求被告公开赔礼道歉的请求。

• **2001年第2期《中华人民共和国最高人民法院公报》**刊登的"**王利毅、张丽霞诉上海银河宾馆赔偿纠纷案**"判决对违约损害赔偿责任中的可预见规则进行了分析。相关裁判摘要如下:

《合同法》第一百一十三条第一款规定:"当事人一方不履行合同义务或者履行合同义务不符合约定,给对方造成损失的,损失赔偿额应当相当于因违约所造成的损失,包括合同履行后可以获得的利益,但不得超过违反合同一方订立合同时预见到或者应当预见到的因违反合同可能造成的损失。"上诉人银河宾馆履行义务不符合合同的约定,以至使旅客王翰陷入危险的环境,应当承担违约责任。但是应当指出,银河宾馆依法只对其在订立合同时应当预见到的因违反合同可能造成的损失承担赔偿责任。王翰被害及其财产被劫的损失,必须由杀害王翰的犯罪分子仝瑞宝承担。还应当指出,王翰作为旅客,时刻注意保护自己的人身、财产安全,也是她在订立住宿合同后应当履行的合同附随义务。王翰未能充分了解和利用宾馆提供的安全设施,以至给仝瑞宝的犯罪提供了条件,在履行合同附随义务中也有过失,因此可以酌减银河宾馆的违约赔偿数额。

第五百八十五条 【约定的违约金】 当事人可以约定一方违约时应当根据违约情况向对方支付一定数额的违约金,也可以约定因违约产生的损失赔偿额的计算方法。

约定的违约金低于造成的损失的,人民法院或者仲裁机构可以根据当事人的请求予以增加;约定的违约金过分高于造成的损失的,人民法院或者仲裁机构可以根据当事人的请求予以适当减少。

当事人就迟延履行约定违约金的,违约方支付违约金后,还应当履行债务。

一、相关司法解释规定

1.《最高人民法院关于审理民间借贷案件适用法律若干问题的规定》(法释〔2020〕6号)(2020年12月23日修正)

第二十九条 出借人与借款人既约定了逾期利率,又约定了违约金或者其他费用,出借人可以选择主张逾期利息、违约金或者其他费用,也可以一并主张,但是总计超过合同成立时一年期贷款市场报价利率四倍的部分,人民法院不予支持。

2.《最高人民法院关于审理买卖合同纠纷案件适用法律问题的解释》(法释〔2012〕8号)(2020年12月23日修正)

第十八条 买卖合同对付款期限作出的变更,不影响当事人关于逾期付款违约金的约定,但该违约金的起算点应当随之变更。

买卖合同约定逾期付款违约金,买受人以出卖人接受价款时未主张逾期付款违约金为由拒绝支付该违约金的,人民法院不予支持。

买卖合同约定逾期付款违约金,但对账单、还款协议等未涉及逾期付款责任,出卖人根据对账单、还款协议等主张欠款时请求买受人依约支付逾期付款违约金的，人民法院应予支持，但对账单、还款协议等明确载有本金及逾期付款利息数额或者已经变更买卖合同中关于本金、利息等约定内容的除外。

买卖合同没有约定逾期付款违约金或者该违约金的计算方法，出卖人以买受人违约为由主张赔偿逾期付款损失，违约行为发生在2019年8月19日之前的，人民法院可以中国人民银行同期同类人民币贷款基准利率为基础，参照逾期罚息利率标准计算；违约行为发生在2019年8月20日之后的，人民法院可以违约行为发生时中国人民银行授权全国银行间同业拆借中心公布的一年期贷款市场报价利率（LPR）标准为基础，加计30—50%计算逾期付款损失。

第二十条　买卖合同因违约而解除后，守约方主张继续适用违约金条款的，人民法院应予支持；但约定的违约金过分高于造成的损失的，人民法院可以参照民法典第五百八十五条第二款的规定处理。

第二十一条　买卖合同当事人一方以对方违约为由主张支付违约金，对方以合同不成立、合同未生效、合同无效或者不构成违约等为由进行免责抗辩而未主张调整过高的违约金的，人民法院应当就法院若不支持免责抗辩，当事人是否需要主张调整违约金进行释明。

一审法院认为免责抗辩成立且未予释明，二审法院认为应当判决支付违约金的，可以直接释明并改判。

二、相关文件规定

《最高人民法院关于印发〈全国法院民商事审判工作会议纪要〉的通知》（法〔2019〕254号）

50.【违约金过高标准及举证责任】认定约定违约金是否过高，一般应当以《合同法》第113条规定的损失为基础进行判断，这里的损失包括合同履行后可以获得的利益。除借款合同外的双务合同，作为对价的价款或者报酬给付之债，并非借款合同项下的还款义务，不能以受法律保护的民间借贷利率上限作为判断违约金是否过高的标准，而应当兼顾合同履行情况、当事人过错程度以及预期利益等因素综合确定。主张违约金过高的违约方应当对违约金是否过高承担举证责任。

三、相关裁判摘要

● **2012年第5期《中华人民共和国最高人民法院公报》**刊登的"**广东达宝物业管理有限公司与广东中岱企业集团有限公司、广东中岱电讯产业有限公司、广州市中珊实业有限公司股权转让合作纠纷案**"中，最高人民法院(2010)民提字第153号民事判决书认为违约金是针对特定的义务而存在的。相关裁判摘要如下：

违约金是合同双方对合同义务不履行时违约方应付损害赔偿额的约定，所以违约金是针对特定的义务而存在。这种特定的义务有时是合同中的某一项义务，有时是合同约定的双方的任何一项义务，法院首先必须准确地认定违约金所针对的义务内容。在认定后，还要审查该义务是否实际发生，商事合同中双方常常对合同义务附加前提条件，在条件未成就时合同义务实际上并不存在，故也谈不上履行问题，此时，针对该义务约定的违约金条款就不能适用。

● **2008年第7期《中华人民共和国最高人民法院公报》**刊登的"**史文培与甘肃皇台酿造(集团)有限责任公司、北京皇台商贸有限责任公司互易合同纠纷案**"中，最高人民法院(2007)民二终字第139号民事判决书就违约金的性质以及如何认定约定的违约金过高，作出了如下分析：

至于约定的违约金是否过高问题，《合同法》第一百一十四条规定的违约金制度已经确定违约金具有"补偿和惩罚"双重性质，《合同法》该条第二款明确规定"约定的违约金过分高于造成损失的，当事人可以请求人民法院或者仲裁机构予以适当减少"，据此应当解释为只有在"过分高于造成损失"的情形下方能适当调整违约金，而一般高于的情形并无必要调整。鉴于甘肃皇台在本案中已经构成违约，且存在恶意拖延乃至拒绝履约的嫌疑，加之没有证据能够证明日万分之四的违约金属于过高情形，因此《易货协议》约定的日万分之四的违约金不能被认为过高，甘肃皇台关于其不构成违约不应支付违约金以及违约金过高而应予减少的主张无理，本院予以驳回。

● **2008年第3期《中华人民共和国最高人民法院公报》**刊登的"**山西嘉和泰房地产开发有限公司与太原重型机械(集团)有限公司土地使用权转让合同纠纷案**"中，最高人民法院(2007)民一终字第62号民事判决书认为，当事人没有请求法院调整违约金的，法院不能依职权调整违约金。相关裁判摘要如下：

《协议书》对于双方当事人具体的权利义务中包括嘉和泰公司付款时间、数额及违约责任均作出了明确约定。太重公司及嘉和泰公司都应按照诚实、信用原则，实际履行合同义务。太重公司按约定办理了土地出让、转让手续并将涉案地块实际交付给嘉和泰公司。嘉和泰公司应按约定履行付款义务，但嘉和泰公司在取得土地使用权后，未按约定时间及数额支付土地补偿金。嘉和泰公司迟延向太重公司支付土地补偿金是引起本案诉讼的主要原因。因此，嘉和泰公司的行为已构成违约，应按合同约定承担违约责任。一审判决认定嘉和泰公司迟延付款构成违约，但对太重公司按照合同约定的日万分之四的比例计算违约金的请求却未予支持，并将双方当事人按照日万分之四的比例计算违约金的约定调整为按银行利率计算利息。根据《中华人民共和国合同法》第一百一十四条之规定，人民法院对于当事人在合同中约定的违约金的数额，只有在当事人请求调整，并确实低于或过分高于违约行为给当事人造成的损失时，才能进行调整。一审判决对违约金的调整既违背当事人双方的约定，也缺少法律依据，应予纠正。太重公司关于嘉和泰公司应按合同约定承担违约责任，支付违约金的上诉请求理据充分，应予支持。因为嘉和泰公司最后支付土地补偿金的时间是2005年9月23日，太重公司此前并未要求嘉和泰公司支付违约金。故嘉和泰公司应从2005年9月23日起承担违约责任。

• **2007年第5期《中华人民共和国最高人民法院公报》**刊登的“**张桂平诉王华股权转让合同纠纷案**”判决就违约金是否过分高于损失的问题进行了分析。相关裁判摘要如下：

本案原告、反诉被告张桂平在本案被告、反诉原告王华违约的情况下，在要求王华继续履行合同的同时，可以要求王华承担违约责任，支付违约金或赔偿损失。但双方合同关于按转让金额的5倍即41,500万元支付特别赔偿金的约定，显然过分高于王华的违约行为给张桂平造成的损失。根据《中华人民共和国合同法》第一百一十四条第二款关于“约定的违约金过分高于造成的损失的，当事人可以请求人民法院或者仲裁机构予以适当减少”的规定，应予以适当减少。本案中，张桂平应当对王华的违约行为给其造成损失的事实承担相应的举证责任。鉴于张桂平不能对王华违约给其造成的流动资金贷款利息损失之外的其他损失事实进一步举证证明，其要求王华按股份转让金数额的5倍即41,500万元向其支付特别赔偿金，王华对此持有异议，故对张桂平的主张不予支持。对于王华的违约责任,应以8100万元被王华占用期间的流动资金贷款利息为相应参考依据,予以适当调整,酌定王华向张桂平支付500万元人民币的违约金。

• **2005年第1期《中华人民共和国最高人民法院公报》**刊登的“**北沙坡村村委会诉西安市高新技术产业开发区东区管委会等拖欠征地款纠纷案**”中,最高人民法院(2003)民一终字第40号民事判决书认为,在当事人提出约定违约金过分高于造成的损失时,人民法院依法有权参照一定的计算标准予以适当调整,不是直接适用法定违约金。相关裁判摘要如下:

如何确定过分高于损失的标准,根据《合同法》第一百一十四条的规定精神,应以约定的违约金数额是否过分高于违约行为所造成的损失为标准。本案中,碑林科技园以双方在合同中约定违约金数额过分高于北沙坡村委会逾期收到征地款所造成的利息损失为由,请求予以调整,符合合同法规定的条件。一审法院结合本案实际情况,基于碑林科技园愿意按照最高人民法院关于逾期付款违约金标准分段计算,确定逾期付款违约金具体数额,虽然与利息损失相比数额较高,但介于约定的违约金数额与违约行为造成的损失之间,大大低于约定的违约金数额,这是对双方约定的违约金过分高于违约行为造成的损失所进行的调整,属于人民法院依法裁量的结果,在适用法律上并无不当。在当事人对违约金有约定的情况下,一般应当适用约定违约金,但在当事人提出约定违约金过分高于造成的损失时,人民法院依法有权参照一定的计算标准予以适当调整,不是直接适用法定违约金。

• **2004年第5期《中华人民共和国最高人民法院公报》**刊登的“**国际华侨公司诉长江影业公司影片发行权许可合同纠纷案**”中,最高人民法院(2001)民三终字第3号民事判决书认为,当事人约定的损害赔偿的计算方法可以作为追究违约方违约责任的依据。相关裁判摘要如下:

双方合同明确约定长江公司按照由投资公司查出的漏瞒报票款数额的10倍承担赔偿责任。长江公司认为本案应当适用赔偿实际损失原则确定其赔偿责任。对此本院认为,《影片票房分帐发行放映合同》关于长江公司承担10倍经济赔偿责任的约定,并未违反法律的禁止性规定。同时,鉴于目前电影发行放映的实际情况,投资公司欲举证证明漏瞒报数额客观上存在困难，故该10倍赔偿责任仅是针对查证属实的漏瞒报数额，而实际漏瞒报数额可能超过当事人查实的数额。因此这种约定对双方当事人来讲并不失公平，实际上也不违反民法通则等法律关于违约赔偿原则的规定。因此，本案合同关于10倍赔偿责任的约定有效，应当作为确定长江公司承担漏瞒报违约责任的依据。长江公司关于按照实际损失赔偿的主张，本院不予支持。

第五百八十六条 【违约定金】当事人可以约定一方向对方给付定金作为债权的担保。定金合同自实际交付定金时成立。

定金的数额由当事人约定；但是，不得超过主合同标的额的百分之二十，超过部分不产生定金的效力。实际交付的定金数额多于或者少于约定数额的，视为变更约定的定金数额。

一、相关法律条文

《中华人民共和国民法典》(2021年1月1日起施行)

第三百八十八条 设立担保物权，应当依照本法和其他法律的规定订立担保合同。担保合同包括抵押合同、质押合同和其他具有担保功能的合同。担保合同是主债权债务合同的从合同。主债权债务合同无效的，担保合同无效，但是法律另有规定的除外。

担保合同被确认无效后，债务人、担保人、债权人有过错的，应当根据其过错各自承担相应的民事责任。

二、相关司法解释规定

《最高人民法院关于审理商品房买卖合同纠纷案件适用法律若干问题的解释》(法释〔2003〕7号)(2020年12月23日修正)

第四条 出卖人通过认购、订购、预订等方式向买受人收受定金作为订立商品房买卖合同担保的，如果因当事人一方原因未能订立商品房买卖合同，应当按照法律关于定金的规定处理；因不可归责于当事人双方的事由，导致商品房买卖合同未能订立的，出卖人应当将定金返还买受人。

第十九条 商品房买卖合同约定，买受人以担保贷款方式付款、因当事人一方原因未能订立商品房担保贷款合同并导致商品房买卖合同不能继续履行的，对方当事人可以请求解除合同和赔偿损失。因不可归责于当事人双方的事由未能订立商品房担保贷款合同并导致商品房买卖合同不能继续履行的，当事人可以请求解除合同，出卖人应当将收受的购房款本金及其利息或者定金返还买受人。

三、相关文件规定

1.《最高人民法院关于因第三人的过错导致合同不能履行应如何适用定金罚则问题的复函》（法函〔1995〕76号）

凡当事人在合同中明确约定给付定金的，在实际交付定金后，如一方不履行合同除有法定免责的情况外，即应对其适用定金罚则。因该事同关系以外第三人的过错导致合同不能履行的，除该合同另有约定的外，仍应对违约方适用定金罚则。合同当事人一方在接受定金处罚后，可依法向第三人追偿。

2.《最高人民法院关于合同当事人仅给付了定金应当如何确定管辖问题的复函》（法经〔1994〕171号）

在合同当事人仅履行了合同中定金条款的约定，而未履行合同的其他条款的情况下，不能依据《最高人民法院关于适用〈中华人民共和国民事诉讼法〉若干问题的意见》（下称《意见》）第18条、第19条的规定认定为"实际履行"。《意见》中的"实际履行"，对于购销合同，是指合同当事人实际履行了交货义务。因此，合同当事人因仅给付了定金而产生合同纠纷，应按照《意见》第18条的规定确定管辖的人民法院。

第五百八十七条　【违约定金的效力】债务人履行债务的，定金应当抵作价款或者收回。给付定金的一方不履行债务或者履行债务不符合约定，致使不能实现合同目的的，无权请求返还定金；收受定金的一方不履行债务或者履行债务不符合约定，致使不能实现合同目的的，应当双倍返还定金。

第五百八十八条　【违约金与定金、法定赔偿损失之间的关系】当事人既约定违约金，又约定定金的，一方违约时，对方可以选择适用违约金或者定金条款。

定金不足以弥补一方违约造成的损失的，对方可以请求赔偿超过定金数额的损失。

第五百八十九条 【债权人无正当理由拒绝受领的法律后果】债务人按照约定履行债务,债权人无正当理由拒绝受领的,债务人可以请求债权人赔偿增加的费用。

在债权人受领迟延期间,债务人无须支付利息。

第五百九十条 【不可抗力的法律后果】当事人一方因不可抗力不能履行合同的,根据不可抗力的影响,部分或者全部免除责任,但是法律另有规定的除外。因不可抗力不能履行合同的,应当及时通知对方,以减轻可能给对方造成的损失,并应当在合理期限内提供证明。

当事人迟延履行后发生不可抗力的,不免除其违约责任。

一、相关法律条文

《中华人民共和国民法典》(2021年1月1日起施行)

第一百八十条 因不可抗力不能履行民事义务的,不承担民事责任。法律另有规定的,依照其规定。

不可抗力是指不能预见、不能避免且不能克服的客观情况。

二、相关国际公约

1.《联合国国际货物销售合同公约》(1980年4月11日订于维也纳)

第七十九条 (1)当事人对不履行义务,不负责任,如果他能证明此种不履行义务,是由于某种非他所能控制的障碍,而且对于这种障碍,没有理由预期他在订立合同时能考虑到或能避免或克服它或它的后果。

(2)如果当事人不履行义务是由于他所雇用履行合同的全部或一部分规定的第三方不履行义务所致,该当事人只有在以下情况下才能免除责任:

(a)他按照上一款的规定应免除责任;和

(b)假如该款的规定也适用于他所雇用的人,这个人也同样会免除责任。

(3)本条所规定的免责对障碍存在的期间有效。

(4)不履行义务的一方必须将障碍及其对他履行义务能力的影响通知另一方。如果该项通知在不履行义务的一方已知道或理应知道此一障碍后一段合理时间内仍未为另一方收到,则他对由于另一方未收到通知而造成的损害应负赔偿责任。

(5)本条规定不妨碍任何一方行使本公约规定的要求损害赔偿以外的任何权利。

2.《最高人民法院关于依法妥善审理涉新冠肺炎疫情民事案件若干问题的指导意见(一)》(法发〔2020〕12号)

二、依法准确适用不可抗力规则。人民法院审理涉疫情民事案件,要准确适用不可抗力的具体规定,严格把握适用条件。对于受疫情或者疫情防控措施直接影响而产生的民事纠纷,符合不可抗力法定要件的,适用《中华人民共和国民法总则》第一百八十条、《中华人民共和国合同法》第一百一十七条和第一百一十八条等规定妥善处理;其他法律、行政法规另有规定的,依照其规定。当事人主张适用不可抗力部分或者全部免责的,应当就不可抗力直接导致民事义务部分或者全部不能履行的事实承担举证责任。

三、依法妥善审理合同纠纷案件。受疫情或者疫情防控措施直接影响而产生的合同纠纷案件,除当事人另有约定外,在适用法律时,应当综合考量疫情对不同地区、不同行业、不同案件的影响,准确把握疫情或者疫情防控措施与合同不能履行之间的因果关系和原因力大小,按照以下规则处理:

(一)疫情或者疫情防控措施直接导致合同不能履行的,依法适用不可抗力的规定,根据疫情或者疫情防控措施的影响程度部分或者全部免除责任。当事人对于合同不能履行或者损失扩大有可归责事由的,应当依法承担相应责任。因疫情或者疫情防控措施不能履行合同义务,当事人主张其尽到及时通知义务的,应当承担相应举证责任。

(二)疫情或者疫情防控措施仅导致合同履行困难的,当事人可以重新协商;能够继续履行的,人民法院应当切实加强调解工作,积极引导当事人继续履行。当事人以合同履行困难为由请求解除合同的,人民法院不予支持。继续履行合同对于一方当事人明显不公平,其请求变更合同履行期限、履行方式、价款数额等的,人民法院应当结合案件实际情况决定是否予以支持。合同依法变更后,当事人仍然主张部分或者全部免除责任的,人民法院不予支持。因疫情或者疫情防控措施导致合同目的不能实现,当事人请求解除合同的,人民法院应予支持。

(三)当事人存在因疫情或者疫情防控措施得到政府部门补贴资助、税费减免或者他人资助、债务减免等情形的,人民法院可以作为认定合同能否继续履行等案件事实的参考因素。

3.《最高人民法院关于依法妥善审理涉新冠肺炎疫情民事案件若干问题的指导意见(三)》(法发〔2020〕20号)

6. 对于与疫情相关的涉外商事海事纠纷等案件的适用法律问题,人民法院应当依照《中华人民共和国涉外民事关系法律适用法》等法律以及相关司法解释的规定,确定应当适用的法律。

应当适用我国法律的,关于不可抗力规则的具体适用,按照《最高人民法院关于依法妥善审理涉新冠肺炎疫情民事案件若干问题的指导意见(一)》执行。

应当适用域外法律的,人民法院应当准确理解该域外法中与不可抗力规则类似的成文法规定或者判例法的内容,正确适用,不能以我国法律中关于不可抗力的规定当然理解域外法的类似规定。

7. 人民法院根据《最高人民法院关于适用〈中华人民共和国涉外民事关系法律适用法〉若干问题的解释(一)》第四条的规定,确定国际条约的适用。对于条约不调整的事项,应当通过我国法律有关冲突规范的指引,确定应当适用的法律。

人民法院在适用《联合国国际货物销售合同公约》时,要注意,我国已于2013年撤回了关于不受公约第11条以及公约中有关第11条内容约束的声明,仍然保留了不受公约第1条第1款(b)项约束的声明。关于某一国家是否属于公约缔约国以及该国是否已作出相应保留,可查阅联合国国际贸易法委员会官方网站刊载的公约缔约国状况予以确定。此外,根据公约第4条的规定,公约不调整合同的效力以及合同对所售货物所有权可能产生的影响。对于这两类事项,应当通过我国法律有关冲突规范的指引,确定应当适用的法律,并根据该法律作出认定。

当事人以受疫情或者疫情防控措施影响为由,主张部分或者全部免除合同责任的,人民法院应当依据公约第79条相关条款的规定进行审查,严格把握该条所规定的适用条件。对公约条款的解释,应当依据其用语按其上下文并参照公约的目的及宗旨所具有的通常意义,进行善意解释。同时要注意,《〈联合国国际货物销售合同公约〉判例法摘要汇编》并非公约的组成部分,审理案件过程中可以作为参考,但不能作为法律依据。

第五百九十一条　【非违约方的减损义务】当事人一方违约后，对方应当采取适当措施防止损失的扩大；没有采取适当措施致使损失扩大的，不得就扩大的损失请求赔偿。

当事人因防止损失扩大而支出的合理费用，由违约方负担。

一、相关国际公约

《联合国国际货物销售合同公约》(1980年4月11日订于维也纳)

第七十七条　声称另一方违反合同的一方，必须按情况采取合理措施，减轻由于该另一方违反合同而引起的损失，包括利润方面的损失。如果他不采取这种措施，违反合同一方可以要求从损害赔偿中扣除原可以减轻的损失数额。

二、相关司法解释规定

《最高人民法院关于审理买卖合同纠纷案件适用法律问题的解释》(法释〔2012〕8号)(2020年12月23日修正)

第二十二条　买卖合同当事人一方违约造成对方损失，对方主张赔偿可得利益损失的，人民法院在确定违约责任范围时，应当根据当事人的主张，依据民法典第五百八十四条、第五百九十一条、第五百九十二条、本解释第二十三条等规定进行认定。

三、相关文件规定

《最高人民法院关于当前形势下审理民商事合同纠纷案件若干问题的指导意见》(法发〔2009〕40号)

10.人民法院在计算和认定可得利益损失时，应当综合运用可预见规则、减损规则、损益相抵规则以及过失相抵规则等，从非违约方主张的可得利益赔偿总额中扣除违约方不可预见的损失、非违约方不当扩大的损失、非违约方因违约获得的利益、非违约方亦有过失所造成的损失以及必要的交易成本。存在合同法第一百一十三条第二款规定的欺诈经营、合同法第一百一十四条第一款规定的当事人约定损害赔偿的计算方法以及因违约导致人身伤亡、精神损害等情形的，不宜适用可得利益损失赔偿规则。

四、相关裁判摘要

• **2013年第1期《中华人民共和国最高人民法院公报》**刊登的“**河南省偃师市鑫龙建安工程有限公司与洛阳理工学院、河南省第六建筑工程公司索赔及工程欠款纠纷案**”中，最高人民法院(2011)民提字第292号民事判决书对当事人在合同履行过程中出现纠纷后，应当及时履行减损义务，不得放任损失的扩大进行了分析。相关裁判摘要如下：

在1999年4月20日成教楼工程停工后，鑫龙公司与六建公司就停工撤场还是复工问题一直存在争议。对此，各方当事人应当本着诚实信用的原则加以协商处理，暂时难以达成一致的，发包方对于停工、撤场应当有明确的意见，并应承担合理的停工损失；承包方、分包方也不应盲目等待而放任停工损失的扩大，而应当采取适当措施如及时将有关停工事宜告知有关各方、自行做好人员和机械的撤离等，以减少自身的损失。而本案中，成教楼工程停工后，理工学院作为工程的发包方没有就停工、撤场以及是否复工作出明确的指令，六建公司对工程是否还由鑫龙公司继续施工等问题的解决组织协调不力，并且没有采取有效措施避免鑫龙公司的停工损失，理工学院和六建公司对此应承担一定责任。与此同时，鑫龙公司也未积极采取适当措施要求理工学院和六建公司明确停工时间以及是否需要撤出全部人员和机械，而是盲目等待近两年时间，从而放任了停工损失的扩大。因此，本院认为，虽然成教楼工程实际处于停工状态近两年，但对于计算停工损失的停工时间则应当综合案件事实加以合理确定。

• **2010年第12期《中华人民共和国最高人民法院公报》**刊登的“**香港锦程投资有限公司与山西省心血管疾病医院、第三人山西寰能科贸有限公司中外合资经营企业合同纠纷案**”中，最高人民法院(2010)民四终字第3号民事判决书，就非违约方没有采取措施避免损失扩大时无权就扩大的损失要求赔偿进行了分析。相关裁判摘要如下：

关于23,622,800港元的赔偿金，因《谕令》在本案中具有证明力，故应认定其属于锦程公司订购医疗设备之损失。但《中华人民共和国合同法》第一百一十九条第一款规定，当事人一方违约后，对方应当采取适当措施防止损失的扩大；没有采取适当措施致使损失扩大的，不得就扩大的损失要求赔偿。宝和公司于2008年1月4日致锦程公司的函件表明，宝和公司同意按照买卖合同总额112,457,261港元15%的比例计算赔偿金。而双方在香港特别行政区高等法院诉讼的过程中达成的和解协议确定的赔偿额超出了宝和公司先前承诺的赔偿额，对此，锦程公司存在过错，依法无权就扩大的损失要求心血管医院赔偿。故心血管医院应按上述买卖合同总额的15%计算向锦程公司支付赔偿金。

第五百九十二条　【双方违约与过失相抵】 当事人都违反合同的，应当各自承担相应的责任。

当事人一方违约造成对方损失，对方对损失的发生有过错的，可以减少相应的损失赔偿额。

一、相关法律条文

《中华人民共和国民法典》（2021年1月1日起施行）

第一千一百七十三条　被侵权人对同一损害的发生或者扩大有过错的，可以减轻侵权人的责任。

二、相关文件规定

《最高人民法院关于当前形势下审理民商事合同纠纷案件若干问题的指导意见》（法发〔2009〕40号）

10. 人民法院在计算和认定可得利益损失时，应当综合运用可预见规则、减损规则、损益相抵规则以及过失相抵规则等，从非违约方主张的可得利益赔偿总额中扣除违约方不可预见的损失、非违约方不当扩大的损失、非违约方因违约获得的利益、非违约方亦有过失所造成的损失以及必要的交易成本。存在合同法第一百一十三条第二款规定的欺诈经营、合同法第一百一十四条第一款规定的当事人约定损害赔偿的计算方法以及因违约导致人身伤亡、精神损害等情形的，不宜适用可得利益损失赔偿规则。

三、相关裁判摘要

• **2015年第5期《中华人民共和国最高人民法院公报》**刊登的“**兰州滩尖子永昶商贸有限责任公司等与爱之泰房地产开发有限公司合作开发房地产合同纠纷案**”中，最高人民法院（2012）民一终字第126号判决书对双务合同的当事人均存在违约行为的情况下是否应当解除合同进行了分析。相关裁判摘要如下：

在双务合同中,双方均存在违约的情况下,应根据合同义务分配情况、合同履行程度以及各方违约大小等综合考虑合同当事人是否享有解除权。综合全案情况看,爱之泰公司承担了联建项目中的主要工作,并已经履行了大部分合同义务,案涉项目主体工程已经完工,在各方均存在违约的情况下,认定永昶商贸公司和农垦机电公司享有法定解除权,无事实和法律依据,并导致合同双方利益的显著失衡。原判决解除合同不妥,本院予以纠正。

• **2005年第2期《中华人民共和国最高人民法院公报》**刊登的“**北京新奥特公司诉华融公司股权转让合同纠纷案**”中,最高人民法院(2003)民二终字第143号民事判决书对双方违约时民事责任的承担进行了分析。相关裁判摘要如下:

因双方当事人的过错,导致股权转让协议终止履行,一方当事人因准备协议履行及实际履行中产生的损失,应由双方共同承担民事责任。

第五百九十三条 【第三人原因造成的违约】当事人一方因第三人的原因造成违约的,应当依法向对方承担违约责任。当事人一方和第三人之间的纠纷,依照法律规定或者按照约定处理。

一、相关法律条文

1.《中华人民共和国民法典》(2021年1月1日起施行)

第七百一十六条 承租人经出租人同意,可以将租赁物转租给第三人。承租人转租的,承租人与出租人之间的租赁合同继续有效;第三人造成租赁物损失的,承租人应当赔偿损失。

承租人未经出租人同意转租的,出租人可以解除合同。

第七百七十三条 承揽人可以将其承揽的辅助工作交由第三人完成。承揽人将其承揽的辅助工作交由第三人完成的,应当就该第三人完成的工作成果向定作人负责。

第八百九十四条 保管人不得将保管物转交第三人保管,但是当事人另有约定的除外。

保管人违反前款规定,将保管物转交第三人保管,造成保管物损失的,应当承担赔偿责任。

第八百九十六条 第三人对保管物主张权利的,除依法对保管物采取保全或者执行措施外,保管人应当履行向寄存人返还保管物的义务。

第三人对保管人提起诉讼或者对保管物申请扣押的,保管人应当及时通知寄存人。

2.《中华人民共和国旅游法》(2018年10月26日修正)

第七十一条 由于地接社、履行辅助人的原因导致违约的,由组团社承担责任;组团社承担责任后可以向地接社、履行辅助人追偿。

由于地接社、履行辅助人的原因造成旅游者人身损害、财产损失的,旅游者可以要求地接社、履行辅助人承担赔偿责任,也可以要求组团社承担赔偿责任;组团社承担责任后可以向地接社、履行辅助人追偿。但是,由于公共交通经营者的原因造成旅游者人身损害、财产损失的,由公共交通经营者依法承担赔偿责任,旅行社应当协助旅游者向公共交通经营者索赔。

二、相关文件规定

《最高人民法院关于就客运合同纠纷案件中,对无过错承运人如何适用法律有关问题的请示的答复》(〔2006〕民监他字第1号)

云南省高级人民法院:

1. 请示报告显示,该交通事故系由第三人的过错造成,承运人和旅客均无过错。受到损害的旅客依据《中华人民共和国合同法》第一百二十一条的规定,仅选择承运人提起客运合同纠纷诉讼的,人民法院应当就该客运合同纠纷案件进行审理。

2. 承运人虽在交通事故中无过错,但在旅客提起的客运合同纠纷诉讼中,应按《中华人民共和国合同法》第三百零二条的规定,对旅客的伤亡承担损害赔偿责任。旅客关于精神损害的赔偿请求,应向造成交通事故的侵权人主张。在旅客仅选择提起客运合同纠纷诉讼的情况下,人民法院不应支持其向违约责任人主张精神损害赔偿的诉讼请求。

3. 承运人向旅客支付的损害赔偿金额构成承运人在该交通事故中损失的一部分,可以向造成交通事故的侵权人主张。

第五百九十四条 【国际货物买卖合同和技术进出口合同的诉讼时效】因国际货物买卖合同和技术进出口合同争议提起诉讼或者申请仲裁的时效期间为四年。

第二分编 典型合同

第九章 买卖合同

第五百九十五条 【买卖合同的概念】买卖合同是出卖人转移标的物的所有权于买受人,买受人支付价款的合同。

第五百九十六条 【买卖合同的条款】买卖合同的内容一般包括标的物的名称、数量、质量、价款、履行期限、履行地点和方式、包装方式、检验标准和方法、结算方式、合同使用的文字及其效力等条款。

一、相关司法解释规定

1.《最高人民法院关于审理买卖合同纠纷案件适用法律问题的解释》(法释〔2012〕8号)(2020年12月23日修正)

第一条 当事人之间没有书面合同,一方以送货单、收货单、结算单、发票等主张存在买卖合同关系的,人民法院应当结合当事人之间的交易方式、交易习惯以及其他相关证据,对买卖合同是否成立作出认定。

对账确认函、债权确认书等函件、凭证没有记载债权人名称,买卖合同当事人一方以此证明存在买卖合同关系的,人民法院应予支持,但有相反证据足以推翻的除外。

2.《最高人民法院关于审理商品房买卖合同纠纷案件适用法律若干问题的解释》(法释〔2003〕7号)(2020年12月23日修正)

第一条 本解释所称的商品房买卖合同,是指房地产开发企业(以下统称为出卖人)将尚未建成或者已竣工的房屋向社会销售并转移房屋所有权于买受人,买受人支付价款的合同。

第五条 商品房的认购、订购、预订等协议具备《商品房销售管理办法》第十六条规定的商品房买卖合同的主要内容,并且出卖人已经按照约定收受购房款的,该协议应当认定为商品房买卖合同。

二、相关裁判摘要

● **2016年第11期《中华人民共和国最高人民法院公报》**刊登的“**周显治、俞美芳与余姚众安房地产开发有限公司商品房销售合同纠纷案**”的判决对商品房买卖合同中出卖人既应当按照约定交付房屋且应当协助办理房屋登记的问题进行了分析。相关裁判摘要如下：

上诉人众安公司与被上诉人周显治、俞美芳签订的《商品房买卖合同》系双方当事人真实意思表示，属有效合同，双方应按照约定全面履行自己的权利义务。根据双方所签订《商品房买卖合同》的约定，“出卖人应当在2012年12月31日前，将符合各项条件的商品房交付买受人使用；商品房达到交付使用条件后，出卖人应当书面通知买受人办理交付手续……”说明上诉人应当书面通知被上诉人办理交付手续；而依据被上诉人出具的《双方同意书》，被上诉人会按照双方约定的时间配合办理交房手续，故上诉人无需在2012年12月31日前另行书面通知被上诉人办理交房手续。但根据双方在2013年9月23日就涉案房产有关车库、地下室、进户门、阳台等方面存在的质量瑕疵问题的说明及一直未对存在问题的整改作出结论情况看，双方至今并未解决交房问题，上诉人存在逾期交房的违约行为。对于《商品房买卖合同》中约定的“出卖人负责办理土地使用权初始登记，取得《土地使用权证书》或土地使用证明，出卖人负责申请该商品房所有权初始登记，取得该商品房《房屋所有权证》，出卖人承诺于2013年3月31日前，取得前款规定的土地、房屋权属证书，交付给买受人”，明确了上诉人应当于2013年3月31日前取得土地、房屋权属证书，并交付给被上诉人，而不能理解为上诉人自身于2013年3月31日前取得《土地使用权证书》《房屋所有权证》的初始登记，否则无法确定被上诉人何时才能取得房地产权证书（将房产从上诉人公司转移登记过户至被上诉人名下），现上诉人已逾期交付房地产权属证书，应当承担违约责任。

第五百九十七条　【无权处分的法律效果及对标的物可转让性的要求】因出卖人未取得处分权致使标的物所有权不能转移的，买受人可以解除合同并请求出卖人承担违约责任。

法律、行政法规禁止或者限制转让的标的物，依照其规定。

一、相关法律条文

1.《中华人民共和国宪法》(2018年3月11日修正)

第十条 城市的土地属于国家所有。

农村和城市郊区的土地,除由法律规定属于国家所有的以外,属于集体所有;宅基地和自留地、自留山,也属于集体所有。

国家为了公共利益的需要,可以依照法律规定对土地实行征收或者征用并给予补偿。

任何组织或者个人不得侵占、买卖或者以其他形式非法转让土地。土地的使用权可以依照法律的规定转让。

一切使用土地的组织和个人必须合理地利用土地。

2.《中华人民共和国民法典》(2021年1月1日起施行)

第一百一十一条 自然人的个人信息受法律保护。任何组织和个人需要获取他人个人信息的,应当依法取得并确保信息安全,不得非法收集、使用、加工、传输他人个人信息,不得非法买卖、提供或者公开他人个人信息。

第二百四十二条 法律规定专属于国家所有的不动产和动产,任何组织或者个人不能取得所有权。

第一千零七条 禁止以任何形式买卖人体细胞、人体组织、人体器官、遗体。

违反前款规定的买卖行为无效。

3.《中华人民共和国土地管理法》(2019年8月26日修正)

第二条 中华人民共和国实行土地的社会主义公有制,即全民所有制和劳动群众集体所有制。

全民所有,即国家所有土地的所有权由国务院代表国家行使。

任何单位和个人不得侵占、买卖或者以其他形式非法转让土地。土地使用权可以依法转让。

国家为了公共利益的需要,可以依法对土地实行征收或者征用并给予补偿。

国家依法实行国有土地有偿使用制度。但是,国家在法律规定的范围内划拨国有土地使用权的除外。

4.《中华人民共和国农村土地承包法》(2018年12月29日修正)

第四条 农村土地承包后,土地的所有权性质不变。承包地不得买卖。

5.《中华人民共和国草原法》(2021年4月29日修正)

第九条 草原属于国家所有,由法律规定属于集体所有的除外。国家所有的草原,由国务院代表国家行使所有权。

任何单位或者个人不得侵占、买卖或者以其他形式非法转让草原。

6.《中华人民共和国城市房地产管理法》(2019年8月26日修正)

第三十八条 下列房地产,不得转让:

(一)以出让方式取得土地使用权的,不符合本法第三十九条规定的条件的;

(二)司法机关和行政机关依法裁定、决定查封或者以其他形式限制房地产权利的;

(三)依法收回土地使用权的;

(四)共有房地产,未经其他共有人书面同意的;

(五)权属有争议的;

(六)未依法登记领取权属证书的;

(七)法律、行政法规规定禁止转让的其他情形。

7.《中华人民共和国矿产资源法》(2009年8月27日修正)

第六条 除按下列规定可以转让外,探矿权、采矿权不得转让:

(一)探矿权人有权在划定的勘查作业区内进行规定的勘查作业,有权优先取得勘查作业区内矿产资源的采矿权。探矿权人在完成规定的最低勘查投入后,经依法批准,可以将探矿权转让他人。

(二)已取得采矿权的矿山企业,因企业合并、分立,与他人合资、合作经营,或者因企业资产出售以及有其他变更企业资产产权的情形而需要变更采矿权主体的,经依法批准可以将采矿权转让他人采矿。

前款规定的具体办法和实施步骤由国务院规定。

禁止将探矿权、采矿权倒卖牟利。

8.《中华人民共和国枪支管理法》(2015年4月24日修正)

第三条 国家严格管制枪支。禁止任何单位或者个人违反法律规定持有、制造(包括变造、装配)、买卖、运输、出租、出借枪支。

国家严厉惩处违反枪支管理的违法犯罪行为。任何单位和个人对违反枪支管理的行为有检举的义务。国家对检举人给予保护,对检举违反枪支管理犯罪活动有功的人员,给予奖励。

9.《中华人民共和国文物保护法》(2017年11月4日修正)

第五十一条 公民、法人和其他组织不得买卖下列文物：

(一)国有文物，但是国家允许的除外；

(二)非国有馆藏珍贵文物；

(三)国有不可移动文物中的壁画、雕塑、建筑构件等，但是依法拆除的国有不可移动文物中的壁画、雕塑、建筑构件等不属于本法第二十条第四款规定的应由文物收藏单位收藏的除外；

(四)来源不符合本法第五十条规定的文物。

10.《中华人民共和国禁毒法》(2008年6月1日起施行)

第十九条 国家对麻醉药品药用原植物种植实行管制。禁止非法种植罂粟、古柯植物、大麻植物以及国家规定管制的可以用于提炼加工毒品的其他原植物。禁止走私或者非法买卖、运输、携带、持有未经灭活的毒品原植物种子或者幼苗。

地方各级人民政府发现非法种植毒品原植物的，应当立即采取措施予以制止、铲除。村民委员会、居民委员会发现非法种植毒品原植物的，应当及时予以制止、铲除，并向当地公安机关报告。

第二十一条 国家对麻醉药品和精神药品实行管制，对麻醉药品和精神药品的实验研究、生产、经营、使用、储存、运输实行许可和查验制度。

国家对易制毒化学品的生产、经营、购买、运输实行许可制度。

禁止非法生产、买卖、运输、储存、提供、持有、使用麻醉药品、精神药品和易制毒化学品。

11.《中华人民共和国中国人民银行法》(2003年12月27日修正)

第十九条 禁止伪造、变造人民币。禁止出售、购买伪造、变造的人民币。禁止运输、持有、使用伪造、变造的人民币。禁止故意毁损人民币。禁止在宣传品、出版物或者其他商品上非法使用人民币图样。

12.《中华人民共和国野生动物保护法》(2018年10月26日修正)

第二十七条 禁止出售、购买、利用国家重点保护野生动物及其制品。

因科学研究、人工繁育、公众展示展演、文物保护或者其他特殊情况，需要出售、购买、利用国家重点保护野生动物及其制品的，应当经省、自治区、直辖市人民政府野生动物保护主管部门批准，并按照规定取得和使用专用标识,保证可追溯,但国务院对批准机关另有规定的除外。

实行国家重点保护野生动物及其制品专用标识的范围和管理办法,由国务院野生动物保护主管部门规定。

出售、利用非国家重点保护野生动物的,应当提供狩猎、进出口等合法来源证明。

出售本条第二款、第四款规定的野生动物的,还应当依法附有检疫证明。

第二十八条 对人工繁育技术成熟稳定的国家重点保护野生动物,经科学论证,纳入国务院野生动物保护主管部门制定的人工繁育国家重点保护野生动物名录。对列入名录的野生动物及其制品,可以凭人工繁育许可证,按照省、自治区、直辖市人民政府野生动物保护主管部门核验的年度生产数量直接取得专用标识,凭专用标识出售和利用,保证可追溯。

对本法第十条规定的国家重点保护野生动物名录进行调整时,根据有关野外种群保护情况,可以对前款规定的有关人工繁育技术成熟稳定野生动物的人工种群,不再列入国家重点保护野生动物名录,实行与野外种群不同的管理措施,但应当依照本法第二十五条第二款和本条第一款的规定取得人工繁育许可证和专用标识。

二、相关行政法规

1.《人民币管理条例》(2018年3月19日修订)

第二十五条 禁止非法买卖流通人民币。

纪念币的买卖,应当遵守中国人民银行的有关规定。

第二十七条 人民币样币禁止流通。

人民币样币的管理办法,由中国人民银行制定。

2.《宗教事务条例》(2017年6月14日修正)

第五十四条 宗教活动场所用于宗教活动的房屋、构筑物及其附属的宗教教职人员生活用房不得转让、抵押或者作为实物投资。

3.《危险化学品安全管理条例》(2013年12月7日修订)

第四十条 危险化学品生产企业、经营企业销售剧毒化学品、易制爆危险化学品,应当查验本条例第三十八条第一款、第二款规定的相关许可证件或者证明文件,不得向不具有相关许可证件或者证明文件的单位销售剧毒化学品、易制爆危险化学品。对持剧毒化学品购买许可证购买剧毒化学品的，应当按照许可证载明的品种、数量销售。

禁止向个人销售剧毒化学品（属于剧毒化学品的农药除外）和易制爆危险化学品。

4.《金银管理条例》（2011年1月8日修订）

第七条 在中华人民共和国境内，一切单位和个人不得计价使用金银，禁止私相买卖和借贷抵押金银。

5.《医疗废物管理条例》（2011年1月8日修订）

第十四条 禁止任何单位和个人转让、买卖医疗废物。

禁止在运送过程中丢弃医疗废物；禁止在非贮存地点倾倒、堆放医疗废物或者将医疗废物混入其他废物和生活垃圾。

6.《古生物化石保护条例》（2019年3月2日修订）

第二十二条 国家鼓励单位和个人将其收藏的重点保护古生物化石捐赠给符合条件的收藏单位收藏。

除收藏单位之间转让、交换、赠与其收藏的重点保护古生物化石外，其他任何单位和个人不得买卖重点保护古生物化石。买卖一般保护古生物化石的，应当在县级以上地方人民政府指定的场所进行。具体办法由省、自治区、直辖市人民政府制定。

第二十三条 国有收藏单位不得将其收藏的重点保护古生物化石转让、交换、赠与给非国有收藏单位或者个人。

任何单位和个人不得将其收藏的重点保护古生物化石转让、交换、赠与、质押给外国人或者外国组织。

第二十四条 收藏单位之间转让、交换、赠与其收藏的重点保护古生物化石的，应当在事后向国务院自然资源主管部门备案。具体办法由国务院自然资源主管部门制定。

7.《人体器官移植条例》（2007年5月1日起施行）

第三条 任何组织或者个人不得以任何形式买卖人体器官，不得从事与买卖人体器官有关的活动。

8.《中华人民共和国陆生野生动物保护实施条例》（2016年2月6日修订）

第二十六条 禁止在集贸市场出售、收购国家重点保护野生动物或者其产品。

持有狩猎证的单位和个人需要出售依法获得的非国家重点保护野生动物或者其产品的，应当按照狩猎证规定的种类、数量向经核准登记的单位出售，或者在当地人民政府有关部门指定的集贸市场出售。

9.《中华人民共和国水生野生动物保护实施条例》(2013年12月7日修订)

第十八条 禁止出售、收购国家重点保护的水生野生动物或者其产品。因科学研究、驯养繁殖、展览等特殊情况，需要出售、收购、利用国家一级保护水生野生动物或者其产品的，必须向省、自治区、直辖市人民政府渔业行政主管部门提出申请，经其签署意见后，报国务院渔业行政主管部门批准；需要出售、收购、利用国家二级保护水生野生动物或者其产品的，必须向省、自治区、直辖市人民政府渔业行政主管部门提出申请，并经其批准。

10.《中华人民共和国野生植物保护条例》(2017年10月7日修订)

第十八条 禁止出售、收购国家一级保护野生植物。

出售、收购国家二级保护野生植物的，必须经省、自治区、直辖市人民政府野生植物行政主管部门或者其授权的机构批准。

三、相关司法解释规定

1.《最高人民法院关于审理买卖合同纠纷案件适用法律问题的解释》(法释〔2012〕8号)

第二十六条 买受人已经支付标的物总价款的百分之七十五以上，出卖人主张取回标的物的，人民法院不予支持。

在民法典第六百四十二条第一款第三项情形下，第三人依据民法典第三百一十一条的规定已经善意取得标的物所有权或者其他物权，出卖人主张取回标的物的，人民法院不予支持。

2.《最高人民法院关于适用〈中华人民共和国民法典〉有关担保制度的解释》(法释〔2020〕28号)

第三十七条 当事人以所有权、使用权不明或者有争议的财产抵押，经审查构成无权处分的，人民法院应当依照民法典第三百一十一条的规定处理。

当事人以依法被查封或者扣押的财产抵押，抵押权人请求行使抵押权，经审查查封或者扣押措施已经解除的，人民法院应予支持。抵押人以抵押权设立时财产被查封或者扣押为由主张抵押合同无效的，人民法院不予支持。

以依法被监管的财产抵押的，适用前款规定。

3.《最高人民法院关于适用〈中华人民共和国民法典〉物权编的解释(一)》(法释〔2020〕24号)

第十四条 受让人受让不动产或者动产时，不知道转让人无处分权，且无重大过失的，应当认定受让人为善意。

真实权利人主张受让人不构成善意的，应当承担举证证明责任。

第十五条 具有下列情形之一的，应当认定不动产受让人知道转让人无处分权：

(一)登记簿上存在有效的异议登记；

(二)预告登记有效期内，未经预告登记的权利人同意；

(三)登记簿上已经记载司法机关或者行政机关依法裁定、决定查封或者以其他形式限制不动产权利的有关事项；

(四)受让人知道登记簿上记载的权利主体错误；

(五)受让人知道他人已经依法享有不动产物权。

真实权利人有证据证明不动产受让人应当知道转让人无处分权的，应当认定受让人具有重大过失。

第十六条 受让人受让动产时，交易的对象、场所或者时机等不符合交易习惯的，应当认定受让人具有重大过失。

第十七条 民法典第三百一十一条第一款第一项所称的“受让人受让该不动产或者动产时”，是指依法完成不动产物权转移登记或者动产交付之时。

当事人以民法典第二百二十六条规定的方式交付动产的，转让动产民事法律行为生效时为动产交付之时；当事人以民法典第二百二十七条规定的方式交付动产的，转让人与受让人之间有关转让返还原物请求权的协议生效时为动产交付之时。

法律对不动产、动产物权的设立另有规定的，应当按照法律规定的时间认定权利人是否为善意。

第十八条 民法典第三百一十一条第一款第二项所称“合理的价格”，应当根据转让标的物的性质、数量以及付款方式等具体情况，参考转让时交易地市场价格以及交易习惯等因素综合认定。

第十九条　转让人将民法典第二百二十五条规定的船舶、航空器和机动车等交付给受让人的，应当认定符合民法典第三百一十一条第一款第三项规定的善意取得的条件。

第二十条　具有下列情形之一，受让人主张依据民法典第三百一十一条规定取得所有权的，不予支持：

（一）转让合同被认定无效；

（二）转让合同被撤销。

4.《最高人民法院关于适用〈中华人民共和国民法典〉婚姻家庭编的解释（一）》（法释〔2020〕22 号）

第二十八条　一方未经另一方同意出售夫妻共同所有的房屋，第三人善意购买、支付合理对价并已办理不动产登记，另一方主张追回该房屋的，人民法院不予支持。

夫妻一方擅自处分共同所有的房屋造成另一方损失，离婚时另一方请求赔偿损失的，人民法院应予支持。

5.《最高人民法院关于适用〈中华人民共和国企业破产法〉若干问题的规定（二）》（法释〔2013〕22 号）（2020 年 12 月 23 日修正）

第三十条　债务人占有的他人财产被违法转让给第三人，依据民法典第三百一十一条的规定第三人已善意取得财产所有权，原权利人无法取回该财产的，人民法院应当按照以下规定处理：

（一）转让行为发生在破产申请受理前的，原权利人因财产损失形成的债权，作为普通破产债权清偿；

（二）转让行为发生在破产申请受理后的，因管理人或者相关人员执行职务导致原权利人损害产生的债务，作为共益债务清偿。

第三十一条　债务人占有的他人财产被违法转让给第三人，第三人已向债务人支付了转让价款，但依据民法典第三百一十一条的规定未取得财产所有权，原权利人依法追回转让财产的，对因第三人已支付对价而产生的债务，人民法院应当按照以下规定处理：

（一）转让行为发生在破产申请受理前的，作为普通破产债权清偿；

（二）转让行为发生在破产申请受理后的，作为共益债务清偿。

6.《最高人民法院关于适用〈中华人民共和国公司法〉若干问题的规定（三）》（法释〔2011〕3 号）（2020 年 12 月 23 日修正）

第七条　出资人以不享有处分权的财产出资，当事人之间对于出资行为效力产生争议的,人民法院可以参照民法典第三百一十一条的规定予以认定。

以贪污、受贿、侵占、挪用等违法犯罪所得的货币出资后取得股权的,对违法犯罪行为予以追究、处罚时,应当采取拍卖或者变卖的方式处置其股权。

第二十五条　名义股东将登记于其名下的股权转让、质押或者以其他方式处分,实际出资人以其对于股权享有实际权利为由,请求认定处分股权行为无效的,人民法院可以参照民法典第三百一十一条的规定处理。

名义股东处分股权造成实际出资人损失,实际出资人请求名义股东承担赔偿责任的,人民法院应予支持。

7.《最高人民法院关于审理房屋登记案件若干问题的规定》(法释〔2010〕15号)

第十一条　被诉房屋登记行为涉及多个权利主体或者房屋可分,其中部分主体或者房屋的登记违法应予撤销的,可以判决部分撤销。

被诉房屋登记行为违法,但该行为已被登记机构改变的,判决确认被诉行为违法。

被诉房屋登记行为违法,但判决撤销将给公共利益造成重大损失或者房屋已为第三人善意取得的,判决确认被诉行为违法,不撤销登记行为。

四、相关裁判摘要

• **2007年第3期《中华人民共和国最高人民法院公报》**刊登的“**崂山国土局与南太置业公司国有土地使用权出让合同纠纷案**”的最高人民法院(2004)民一终字第106号民事判决书认为,就无处分权人在订立合同后取得处分权的,该合同有效的问题进行了分析。相关裁判摘要如下:

在崂山区国土局与南太公司于2003年1月6日签订《国有土地使用权出让合同》后不久,即2003年2月19日,山东省人民政府批准了合同项下宗地农用地转为建设用地的审批手续和征地手续,同时要求按照有关规定向具体建设项目提供用地并将供地情况报山东省国土资源厅备案。这表明双方签订的《国有土地使用权出让合同》项下的土地已经履行了农用地转为建设用地以及征地手续,符合《中华人民共和国土地管理法》规定的由市、县人民政府批准具体建设项目用地条件，不再需要将合同项下宗地出让方案报经山东省人民政府批准，合同项下宗地符合建设用地条件，可以进入土地出让市场。双方于 2003 年 1 月 6 日签订的《国有土地使用权出让合同》效力自此得到补正，符合《中华人民共和国合同法》第五十一条关于无处分权的人处分他人财产，订立合同后取得处分权的，该合同有效的规定精神。故崂山区国土局主张双方签订的《国有土地使用权出让合同》违反法律和行政法规的强制性规定，应认定为无效合同，于法无据，不予支持。

第五百九十八条　【出卖人的基本义务】出卖人应当履行向买受人交付标的物或者交付提取标的物的单证，并转移标的物所有权的义务。

一、相关国际公约

《联合国国际货物销售合同公约》(1980 年 4 月 11 日订于维也纳)

第三十条　卖方必须按照合同和本公约的规定，交付货物，移交一切与货物有关的单据并转移货物所有权。

二、相关司法解释规定

《最高人民法院关于审理买卖合同纠纷案件适用法律问题的解释》(法释〔2012〕8 号)(2020 年 12 月 23 日修正)

第二条　标的物为无需以有形载体交付的电子信息产品，当事人对交付方式约定不明确，且依照民法典第五百一十条的规定仍不能确定的，买受人收到约定的电子信息产品或者权利凭证即为交付。

第五条　出卖人仅以增值税专用发票及税款抵扣资料证明其已履行交付标的物义务，买受人不认可的，出卖人应当提供其他证据证明交付标的物的事实。

合同约定或者当事人之间习惯以普通发票作为付款凭证，买受人以普通发票证明已经履行付款义务的，人民法院应予支持，但有相反证据足以推翻的除外。

第六条　出卖人就同一普通动产订立多重买卖合同，在买卖合同均有效的情况下，买受人均要求实际履行合同的，应当按照以下情形分别处理：

(一)先行受领交付的买受人请求确认所有权已经转移的,人民法院应予支持;

(二)均未受领交付,先行支付价款的买受人请求出卖人履行交付标的物等合同义务的,人民法院应予支持;

(三)均未受领交付,也未支付价款,依法成立在先合同的买受人请求出卖人履行交付标的物等合同义务的,人民法院应予支持。

第七条 出卖人就同一船舶、航空器、机动车等特殊动产订立多重买卖合同,在买卖合同均有效的情况下,买受人均要求实际履行合同的,应当按照以下情形分别处理:

(一)先行受领交付的买受人请求出卖人履行办理所有权转移登记手续等合同义务的,人民法院应予支持;

(二)均未受领交付,先行办理所有权转移登记手续的买受人请求出卖人履行交付标的物等合同义务的,人民法院应予支持;

(三)均未受领交付,也未办理所有权转移登记手续,依法成立在先合同的买受人请求出卖人履行交付标的物和办理所有权转移登记手续等合同义务的,人民法院应予支持;

(四)出卖人将标的物交付给买受人之一,又为其他买受人办理所有权转移登记,已受领交付的买受人请求将标的物所有权登记在自己名下的,人民法院应予支持。

第五百九十九条 【出卖人交付有关单证和资料的义务】 出卖人应当按照约定或者交易习惯向买受人交付提取标的物单证以外的有关单证和资料。

一、相关国际公约

《联合国国际货物销售合同公约》(1980年4月11日订于维也纳)

第三十四条 如果卖方有义务移交与货物有关的单据,他必须按照合同所规定的时间、地点和方式移交这些单据。如果卖方在那个时间以前已移交这些单据,他可以在那个时间到达前纠正单据中任何不符合同规定的情形,但是,此一权利的行使不得使买方遭受不合理的不便或承担不合理的开支。但是,买方保留本公约所规定的要求损害赔偿的任何权利。

二、相关司法解释规定

《最高人民法院关于审理买卖合同纠纷案件适用法律问题的解释》(法释〔2012〕8号)(2020年12月23日修正)

第四条　民法典第五百九十九条规定的“提取标的物单证以外的有关单证和资料”,主要应当包括保险单、保修单、普通发票、增值税专用发票、产品合格证、质量保证书、质量鉴定书、品质检验证书、产品进出口检疫书、原产地证明书、使用说明书、装箱单等。

第六百条　【知识产权的归属不同于标的物的归属】出卖具有知识产权的标的物的,除法律另有规定或者当事人另有约定外,该标的物的知识产权不属于买受人。

第六百零一条　【出卖人交付标的的时间】出卖人应当按照约定的时间交付标的物。约定交付期限的,出卖人可以在该交付期限内的任何时间交付。

相关国际公约

《联合国国际货物销售合同公约》(1980年4月11日订于维也纳)

第三十三条　卖方必须按以下规定的日期交付货物:

(a)如果合同规定有日期,或从合同可以确定日期,应在该日期交货;

(b)如果合同规定有一段时间,或从合同可以确定一段时间,除非情况表明应由买方选定一个日期外,应在该段时间内任何时候交货;或者

(c)在其他情况下,应在订立合同后一段合理时间内交货。

第六百零二条　【交付标的的时间未约定或约定不明的法律适用】当事人没有约定标的物的交付期限或者约定不明确的,适用本法第五百一十条、第五百一十一条第四项的规定。

相关法律条文

《中华人民共和国民法典》(2021年1月1日起施行)

第五百一十条　合同生效后,当事人就质量、价款或者报酬、履行地点等内容没有约定或者约定不明确的,可以协议补充;不能达成补充协议的,按照合同相关条款或者交易习惯确定。

第五百一十一条　当事人就有关合同内容约定不明确,依据前条规定仍不能确定的,适用下列规定:

（一）质量要求不明确的,按照强制性国家标准履行;没有强制性国家标准的,按照推荐性国家标准履行;没有推荐性国家标准的,按照行业标准履行;没有国家标准、行业标准的,按照通常标准或者符合合同目的的特定标准履行。

（二）价款或者报酬不明确的,按照订立合同时履行地的市场价格履行;依法应当执行政府定价或者政府指导价的,依照规定履行。

（三）履行地点不明确,给付货币的,在接受货币一方所在地履行;交付不动产的,在不动产所在地履行;其他标的,在履行义务一方所在地履行。

（四）履行期限不明确的,债务人可以随时履行,债权人也可以随时请求履行,但是应当给对方必要的准备时间。

（五）履行方式不明确的,按照有利于实现合同目的的方式履行。

（六）履行费用的负担不明确的,由履行义务一方负担;因债权人原因增加的履行费用,由债权人负担。

第六百零三条　【交付标的物的地点】出卖人应当按照约定的地点交付标的物。

当事人没有约定交付地点或者约定不明确,依据本法第五百一十条的规定仍不能确定的,适用下列规定:

（一）标的物需要运输的,出卖人应当将标的物交付给第一承运人以运交给买受人;

（二）标的物不需要运输,出卖人和买受人订立合同时知道标的物在某一地点的,出卖人应当在该地点交付标的物;不知道标的物在某一地点的,应当在出卖人订立合同时的营业地交付标的物。

一、相关国际公约

《联合国国际货物销售合同公约》(1980 年 4 月 11 日订于维也纳)

第三十一条　如果卖方没有义务要在任何其他特定地点交付货物,他的交货义务如下:

(a)如果销售合同涉及到货物的运输,卖方应把货物移交给第一承运人,以运交给买方;

(b)在不属于上款规定的情况下,如果合同指的是特定货物或从特定存货中提取的或尚待制造或生产的未经特定化的货物,而双方当事人在订立合同时已知道这些货物是在某一特定地点,或将在某一特定地点制造或生产,卖方应在该地点把货物交给买方处置;

(c)在其他情况下,卖方应在他于订立合同时的营业地把货物交给买方处置。

二、相关司法解释规定

《最高人民法院关于审理买卖合同纠纷案件适用法律问题的解释》(法释〔2012〕8 号)(2020 年 12 月 23 日修正)

第八条　民法典第六百零三条第二款第一项规定的"标的物需要运输的",是指标的物由出卖人负责办理托运,承运人系独立于买卖合同当事人之外的运输业者的情形。标的物毁损、灭失的风险负担,按照民法典第六百零七条第二款的规定处理。

第六百零四条　【标的物风险负担的基本规则】标的物毁损、灭失的风险,在标的物交付之前由出卖人承担,交付之后由买受人承担,但是法律另有规定或者当事人另有约定的除外。

一、相关国际公约

《联合国国际货物销售合同公约》(1980 年 4 月 11 日订于维也纳)

第六十六条　货物在风险移转到买方承担后遗失或损坏,买方支付价款的义务并不因此解除,除非这种遗失或损坏是由于卖方的行为或不行为所造成。

第七十条　如果卖方已根本违反合同,第六十七条、第六十八条和第六十九条的规定,不损害买方因此种违反合同而可以采取的各种补救办法。

二、相关司法解释规定

1.《最高人民法院关于审理买卖合同纠纷案件适用法律问题的解释》(法释〔2012〕8 号)(2020 年 12 月 23 日修正)

第九条　出卖人根据合同约定将标的物运送至买受人指定地点并

交付给承运人后,标的物毁损、灭失的风险由买受人负担,但当事人另有约定的除外。

第十一条　当事人对风险负担没有约定,标的物为种类物,出卖人未以装运单据、加盖标记、通知买受人等可识别的方式清楚地将标的物特定于买卖合同,买受人主张不负担标的物毁损、灭失的风险的,人民法院应予支持。

2.《最高人民法院关于审理商品房买卖合同纠纷案件适用法律若干问题的解释》(法释〔2003〕7号)(2020年12月23日修正)

第八条　对房屋的转移占有,视为房屋的交付使用,但当事人另有约定的除外。

房屋毁损、灭失的风险,在交付使用前由出卖人承担,交付使用后由买受人承担;买受人接到出卖人的书面交房通知,无正当理由拒绝接收的,房屋毁损、灭失的风险自书面交房通知确定的交付使用之日起由买受人承担,但法律另有规定或者当事人另有约定的除外。

第六百零五条　【买受人导致交付迟延时的风险负担】因买受人的原因致使标的物未按照约定的期限交付的,买受人应当自违反约定时起承担标的物毁损、灭失的风险。

一、相关国际公约

《联合国国际货物销售合同公约》(1980年4月11日订于维也纳)

第六十九条　(1)在不属于第六十七条和第六十八条规定的情况下,从买方接收货物时起,或如果买方不在适当时间内这样做,则从货物交给他处置但他不收取货物从而违反合同时起,风险移转到买方承担。

……

(3)如果合同指的是当时未加识别的货物,则这些货物在未清楚注明有关合同以前,不得视为已交给买方处置。

第七十条　如果卖方已根本违反合同,第六十七条、第六十八条和第六十九条的规定,不损害买方因此种违反合同而可以采取的各种补救办法。

二、相关司法解释规定

《最高人民法院关于审理商品房买卖合同纠纷案件适用法律若干问题的解释》(法释〔2003〕7号)(2020年12月23日修正)

第八条

……

房屋毁损、灭失的风险,在交付使用前由出卖人承担,交付使用后由买受人承担;买受人接到出卖人的书面交房通知,无正当理由拒绝接收的,房屋毁损、灭失的风险自书面交房通知确定的交付使用之日起由买受人承担,但法律另有规定或者当事人另有约定的除外。

第六百零六条　【路货买卖中标的物的风险负担】 出卖人出卖交由承运人运输的在途标的物,除当事人另有约定外,毁损、灭失的风险自合同成立时起由买受人承担。

一、相关国际公约

《联合国国际货物销售合同公约》(1980年4月11日订于维也纳)

第六十八条　对于在运输途中销售的货物,从订立合同时起,风险就移转到买方承担。但是,如果情况表明有此需要,从货物交付给签发载有运输合同单据的承运人时起,风险就由买方承担。尽管如此,如果卖方在订立合同时已知道或理应知道货物已经遗失或损坏,而他又不将这一事实告之买方,则这种遗失或损坏应由卖方负责。

第七十条　如果卖方已根本违反合同,第六十七条、第六十八条和第六十九条的规定,不损害买方因此种违反合同而可以采取的各种补救办法。

二、相关司法解释规定

《最高人民法院关于审理买卖合同纠纷案件适用法律问题的解释》(法释〔2012〕8号)(2020年12月23日修正)

第十条　出卖人出卖交由承运人运输的在途标的物,在合同成立时知道或者应当知道标的物已经毁损、灭失却未告知买受人,买受人主张出卖人负担标的物毁损、灭失的风险的,人民法院应予支持。

第六百零七条　【出卖人履行交付义务时标的物的风险负担】 出卖人按照约定将标的物运送至买受人指定地点并交付给承运人后,标的物毁损、灭失的风险由买受人承担。

当事人没有约定交付地点或者约定不明确，依据本法第六百零三条第二款第一项的规定标的物需要运输的，出卖人将标的物交付给第一承运人后，标的物毁损、灭失的风险由买受人承担。

一、相关国际公约

《联合国国际货物销售合同公约》(1980年4月11日订于维也纳)就国际货物买卖合同中需要运输的标的物的风险负担，作出了如下规定：

第六十七条 (1)如果销售合同涉及到货物的运输，但卖方没有义务在某一特定地点交付货物，自货物按照销售合同交付给第一承运人以转交给买方时起，风险就移转到买方承担。如果卖方有义务在某一特定地点把货物交付给承运人，在货物于该地点交付给承运人以前，风险不移转到买方承担。卖方受权保留控制货物处置权的单据，并不影响风险的移转。

(2)但是，在货物以货物上加标记、或以装运单据、或向买方发出通知或其他方式清楚地注明有关合同以前，风险不移转到买方承担。

二、相关司法解释规定

《最高人民法院关于审理买卖合同纠纷案件适用法律问题的解释》(法释〔2012〕8号)(2020年12月23日修正)

第九条 出卖人根据合同约定将标的物运送至买受人指定地点并交付给承运人后，标的物毁损、灭失的风险由买受人负担，但当事人另有约定的除外。

第六百零八条 【出卖人违约不收取标的物时的风险负担】出卖人按照约定或者依据本法第六百零三条第二款第二项的规定将标的物置于交付地点，买受人违反约定没有收取的，标的物毁损、灭失的风险自违反约定时起由买受人承担。

相关国际公约

《联合国国际货物销售合同公约》(1980年4月11日订于维也纳)

第六十九条 (1)在不属于第六十七条和第六十八条规定的情况下，从买方接收货物时起，或如果买方不在适当时间内这样做，则从货物交给他处置但他不收取货物从而违反合同时起，风险移转到买方承担。

> (2)但是,如果买方有义务在卖方营业地以外的某一地点接收货物,当交货时间已到而买方知道货物已在该地点交给他处置时,风险方始移转。
>
> ……

第六百零九条　【未交付单证和资料与风险负担】出卖人按照约定未交付有关标的物的单证和资料的,不影响标的物毁损、灭失风险的转移。

> **相关国际公约**
>
> **《联合国国际货物销售合同公约》(1980年4月11日订于维也纳)**
>
> **第六十七条**　(1)如果销售合同涉及到货物的运输,但卖方没有义务在某一特定地点交付货物,自货物按照销售合同交付给第一承运人以转交给买方时起,风险就移转到买方承担。如果卖方有义务在某一特定地点把货物交付给承运人,在货物于该地点交付给承运人以前,风险不移转到买方承担。卖方受权保留控制货物处置权的单据,并不影响风险的移转。
>
> (2)但是,在货物以货物上加标记、或以装运单据、或向买方发出通知或其他方式清楚地注明有关合同以前,风险不移转到买方承担。

第六百一十条　【根本违约与风险负担】因标的物不符合质量要求,致使不能实现合同目的的,买受人可以拒绝接受标的物或者解除合同。买受人拒绝接受标的物或者解除合同的,标的物毁损、灭失的风险由出卖人承担。

第六百一十一条　【风险负担与违约责任】标的物毁损、灭失的风险由买受人承担的,不影响因出卖人履行义务不符合约定,买受人请求其承担违约责任的权利。

> **相关国际公约**
>
> **《联合国国际货物销售合同公约》(1980年4月11日订于维也纳)**
>
> **第六十八条**　对于在运输途中销售的货物,从订立合同时起,风险

就移转到买方承担。但是,如果情况表明有此需要,从交货付给签发载有运输合同单据的承运人时起,风险就由买方承担。尽管如此,如果卖方在订立合同时已知道或理应知道货物已经遗失或损坏,而他又不将这一事实告之买方,则这种遗失或损坏应由卖方负责。

第六十九条 (1)在不属于第六十七条和第六十八条规定的情况下,从买方接收货物时起,或如果买方不在适当时间内这样做,则从货物交给他处置但他不收取货物从而违反合同时起,风险移转到买方承担。

(2)但是,如果买方有义务在卖方营业地以外的某一地点接收货物,当交货时间已到而买方知道货物已在该地点交给他处置时,风险方始移转。

(3)如果合同指的是当时未加识别的货物,则这些货物在未清楚注明有关合同以前,不得视为已交给买方处置。

第七十条 如果卖方已根本违反合同,第六十七条、第六十八条和第六十九条的规定,不损害买方因此种违反合同而可以采取的各种补救办。

第六百一十二条 【出卖人的权利瑕疵担保义务】出卖人就交付的标的物,负有保证第三人对该标的物不享有任何权利的义务,但是法律另有规定的除外。

相关国际公约

《联合国国际货物销售合同公约》(1980年4月11日订于维也纳)

第四十一条 卖方所交付的货物,必须是第三方不能提出任何权利或要求的货物,除非买方同意在这种权利或要求的条件下,收取货物。但是,如果这种权利或要求是以工业产权或其他知识产权为基础的,卖方的义务应依照第四十二条的规定。

第四十二条 (1)卖方所交付的货物,必须是第三方不能根据工业产权或其他知识产权主张任何权利或要求的货物,但以卖方在订立合同时已知道或不可能不知道的权利或要求为限,而且这种权利或要求根据以下国家的法律规定是以工业产权或其他知识产权为基础的:

(a)如果双方当事人在订立合同时预期货物将在某一国境内转售或做其他使用,则根据货物将在其境内转售或做其他使用的国家的法律;或者

(b)在任何其他情况下,根据买方营业地所在国家的法律。

(2)卖方在上一款中的义务不适用于以下情况:

(a)买方在订立合同时已知道或不可能不知道此项权利或要求;或者

(b)此项权利或要求的发生,是由于卖方要遵照买方所提供的技术图样、图案、程式或其他规格。

第六百一十三条 【出卖人不负担权利瑕疵担保义务的情形】 买受人订立合同时知道或者应当知道第三人对买卖的标的物享有权利的,出卖人不承担前条规定的义务。

相关国际公约

《联合国国际货物销售合同公约》(1980年4月11日订于维也纳)

第四十三条 (1)买方如果不在已知道或理应知道第三方的权利或要求后一段合理时间内,将此一权利或要求的性质通知卖方,就丧失援引第四十一条或第四十二条规定的权利。

(2)卖方如果知道第三方的权利或要求以及此一权利或要求的性质,就无权援引上一款的规定。

第六百一十四条 【标的物权利瑕疵时买受人的中止付款权】 买受人有确切证据证明第三人对标的物享有权利的,可以中止支付相应的价款,但是出卖人提供适当担保的除外。

第六百一十五条 【标的物应符合约定的质量要求】 出卖人应当按照约定的质量要求交付标的物。出卖人提供有关标的物质量说明的,交付的标的物应当符合该说明的质量要求。

一、相关国际公约

《联合国国际货物销售合同公约》(1980年4月11日订于维也纳)

第三十五条 (1)卖方交付的货物必须与合同所规定的数量、质量和规格相符,并须按照合同所规定的方式装箱或包装。

(2)除双方当事人业已另有协议外,货物除非符合以下规定,否则即为与合同不符:

(a)货物适用于同一规格货物通常使用的目的;

(b)货物适用于订立合同时曾明示或默示地通知卖方的任何特定目的,除非情况表明买方并不依赖卖方的技能和判断力,或者这种依赖对他是不合理的;

(c)货物的质量与卖方向买方提供的货物样品或样式相同;

(d)货物按照同类货物通用的方式装箱或包装,如果没有此种通用方式,则按照足以保全和保护货物的方式装箱或包装。

(3)如果买方在订立合同时知道或者不可能不知道货物不符合同,卖方就无须按上一款(a)项至(d)项负有此种不符合同的责任。

二、相关裁判摘要

• **2013年第11期《中华人民共和国最高人民法院公报》**刊登的"**捷跑电子科技有限公司诉青岛海信进出口有限公司国际货物买卖合同纠纷案**"的判决对标的物的"质量要求"进行了分析。相关裁判摘要如下:

《中华人民共和国合同法》第一百四十八条规定:"因标的物质量不符合质量要求,致使不能实现合同目的的,买受人可以拒绝接受标的物或者解除合同。买受人拒绝接受标的物或者解除合同的,标的物毁损、灭失的风险由出卖人承担。"该条规定的标的物瑕疵担保责任中的"质量要求",在国际货物买卖合同中,不仅包括产品出口国规定的技术标准与质量要求,还包括进口国规定的技术标准与质量要求,在此基础和前提下,合同当事人可以约定国际通行的产品标准和技术要求或做出其他特别约定。

第六百一十六条 【标的物质量没有约定或约定不明的处理】当事人对标的物的质量要求没有约定或者约定不明确,依据本法第五百一十条的规定仍不能确定的,适用本法第五百一十一条第一项的规定。

相关法律条文

《中华人民共和国民法典》(2021年1月1日起施行)

第五百一十条 合同生效后,当事人就质量、价款或者报酬、履行地点等内容没有约定或者约定不明确的,可以协议补充;不能达成补充协议的,按照合同相关条款或者交易习惯确定。

> **第五百一十一条**　当事人就有关合同内容约定不明确，依据前条规定仍不能确定的，适用下列规定：
>
> （一）质量要求不明确的，按照强制性国家标准履行；没有强制性国家标准的，按照推荐性国家标准履行；没有推荐性国家标准的，按照行业标准履行；没有国家标准、行业标准的，按照通常标准或者符合合同目的的特定标准履行。
>
> ……

第六百一十七条　【标的物质量不符合要求时买受人的权利】出卖人交付的标的物不符合质量要求的，买受人可以依据本法第五百八十二条至第五百八十四条的规定请求承担违约责任。

> **相关法律条文**
>
> **1.《中华人民共和国民法典》(2021年1月1日起施行)**
>
> **第五百八十二条**　履行不符合约定的，应当按照当事人的约定承担违约责任。对违约责任没有约定或者约定不明确，依据本法第五百一十条的规定仍不能确定的，受损害方根据标的的性质以及损失的大小，可以合理选择请求对方承担修理、重作、更换、退货、减少价款或者报酬等违约责任。
>
> **第五百八十三条**　当事人一方不履行合同义务或者履行合同义务不符合约定的，在履行义务或者采取补救措施后，对方还有其他损失的，应当赔偿损失。
>
> **第五百八十四条**　当事人一方不履行合同义务或者履行合同义务不符合约定，造成对方损失的，损失赔偿额应当相当于因违约所造成的损失，包括合同履行后可以获得的利益；但是，不得超过违约一方订立合同时预见到或者应当预见到的因违约可能造成的损失。
>
> **2.《中华人民共和国消费者权益保护法》(2013年10月25日修正)**
>
> **第二十三条**　经营者应当保证在正常使用商品或者接受服务的情况下其提供的商品或者服务应当具有的质量、性能、用途和有效期限；但消费者在购买该商品或者接受该服务前已经知道其存在瑕疵，且存在该瑕疵不违反法律强制性规定的除外。

> 经营者以广告、产品说明、实物样品或者其他方式表明商品或者服务的质量状况的，应当保证其提供的商品或者服务的实际质量与表明的质量状况相符。
>
> 经营者提供的机动车、计算机、电视机、电冰箱、空调器、洗衣机等耐用商品或者装饰装修等服务，消费者自接受商品或者服务之日起六个月内发现瑕疵，发生争议的，由经营者承担有关瑕疵的举证责任。

第六百一十八条　【标的物瑕疵担保责任减免特约的效力】当事人约定减轻或者免除出卖人对标的物瑕疵承担的责任，因出卖人故意或者重大过失不告知买受人标的物瑕疵的，出卖人无权主张减轻或者免除责任。

> **相关司法解释规定**
>
> **《最高人民法院关于审理买卖合同纠纷案件适用法律问题的解释》（法释〔2012〕8号）（2020年12月23日修正）**
>
> **第二十四条**　买受人在缔约时知道或者应当知道标的物质量存在瑕疵，主张出卖人承担瑕疵担保责任的，人民法院不予支持，但买受人在缔约时不知道该瑕疵会导致标的物的基本效用显著降低的除外。

第六百一十九条　【标的物的包装方式】出卖人应当按照约定的包装方式交付标的物。对包装方式没有约定或者约定不明确，依据本法第五百一十条的规定仍不能确定的，应当按照通用的方式包装；没有通用方式的，应当采取足以保护标的物且有利于节约资源、保护生态环境的包装方式。

> **相关国际公约**
>
> **《联合国国际货物销售合同公约》（1980年4月11日订于维也纳）**
>
> **第三十五条**　（1）卖方交付的货物必须与合同所规定的数量、质量和规格相符，并须按照合同所规定的方式装箱或包装。
>
> （2）除双方当事人业已另有协议外，货物除非符合以下规定，否则即为与合同不符：
>
> ……

(d)货物按照同类货物通用的方式装箱或包装,如果没有此种通用方式,则按照足以保全和保护货物的方式装箱或包装。

(3)如果买方在订立合同时知道或者不可能不知道货物不符合同,卖方就无须按上一款(a)项至(d)项负有此种不符合同的责任。

第六百二十条 【买受人对标的物的检验义务】 买受人收到标的物时应当在约定的检验期限内检验。没有约定检验期限的,应当及时检验。

相关国际公约

《联合国国际货物销售合同公约》(1980年4月11日订于维也纳)

第三十八条 (1)买方必须在按情况实际可行的最短时间内检验货物或由他人检验货物。

(2)如果合同涉及到货物的运输,检验可推迟到货物到达目的地后进行。

(3)如果货物在运输途中改运或买方须再发运货物,没有合理机会加以检验,而卖方在订立合同时已知道或理应知道这种改运或再发运的可能性,检验可推迟到货物到达新目的地后进行。

第六百二十一条 【检验期间与买受人的异议通知义务】 当事人约定检验期限的,买受人应当在检验期限内将标的物的数量或者质量不符合约定的情形通知出卖人。买受人怠于通知的,视为标的物的数量或者质量符合约定。

当事人没有约定检验期限的,买受人应当在发现或者应当发现标的物的数量或者质量不符合约定的合理期限内通知出卖人。买受人在合理期限内未通知或者自收到标的物之日起二年内未通知出卖人的,视为标的物的数量或者质量符合约定;但是,对标的物有质量保证期的,适用质量保证期,不适用该二年的规定。

出卖人知道或者应当知道提供的标的物不符合约定的,买受人不受前两款规定的通知时间的限制。

相关司法解释规定

《最高人民法院关于审理买卖合同纠纷案件适用法律问题的解释》(法释〔2012〕8号)(2020年12月23日修正)

第十二条 人民法院具体认定民法典第六百二十一条第二款规定的“合理期限”时,应当综合当事人之间的交易性质、交易目的、交易方式、交易习惯、标的物的种类、数量、性质、安装和使用情况、瑕疵的性质、买受人应尽的合理注意义务、检验方法和难易程度、买受人或者检验人所处的具体环境、自身技能以及其他合理因素,依据诚实信用原则进行判断。

民法典第六百二十一条第二款规定的“二年”是最长的合理期限。该期限为不变期间,不适用诉讼时效中止、中断或者延长的规定。

第十三条 买受人在合理期限内提出异议,出卖人以买受人已经支付价款、确认欠款数额、使用标的物等为由,主张买受人放弃异议的,人民法院不予支持,但当事人另有约定的除外。

第十四条 民法典第六百二十一条规定的检验期限、合理期限、二年期限经过后,买受人主张标的物的数量或者质量不符合约定的,人民法院不予支持。

出卖人自愿承担违约责任后,又以上述期限经过为由翻悔的,人民法院不予支持。

第六百二十二条 【约定的检验期限或者质量保证期过短】当事人约定的检验期限过短,根据标的物的性质和交易习惯,买受人在检验期限内难以完成全面检验的,该期限仅视为买受人对标的物的外观瑕疵提出异议的期限。

约定的检验期限或者质量保证期短于法律、行政法规规定期限的,应当以法律、行政法规规定的期限为准。

一、相关法律条文

《中华人民共和国建筑法》(2011年4月22日修正)

第六十二条 建筑工程实行质量保修制度。

建筑工程的保修范围应当包括地基基础工程、主体结构工程、屋面防水工程和其他土建工程,以及电气管线、上下水管线的安装工程,供热、供冷系统工程等项目;保修的期限应当按照保证建筑物合理寿命年限内正常使用,维护使用者合法权益的原则确定。具体的保修范围和最低保修期限由国务院规定。

二、相关行政法规

1.《建设工程质量管理条例》(2019年4月23日修订)

第三十九条 建设工程实行质量保修制度。

建设工程承包单位在向建设单位提交工程竣工验收报告时,应当向建设单位出具质量保修书。质量保修书中应当明确建设工程的保修范围、保修期限和保修责任等。

第四十条 在正常使用条件下,建设工程的最低保修期限为:

(一)基础设施工程、房屋建筑的地基基础工程和主体结构工程,为设计文件规定的该工程的合理使用年限;

(二)屋面防水工程、有防水要求的卫生间、房间和外墙面的防渗漏,为5年;

(三)供热与供冷系统,为2个采暖期、供冷期;

(四)电气管线、给排水管道、设备安装和装修工程,为2年。

其他项目的保修期限由发包方与承包方约定。

建设工程的保修期,自竣工验收合格之日起计算。

第四十一条 建设工程在保修范围和保修期限内发生质量问题的,施工单位应当履行保修义务,并对造成的损失承担赔偿责任。

2.《城市房地产开发经营管理条例》(2020年11月29日修订)

第三十条 房地产开发企业应当在商品房交付使用时,向购买人提供住宅质量保证书和住宅使用说明书。

住宅质量保证书应当列明工程质量监督单位核验的质量等级、保修范围、保修期和保修单位等内容。房地产开发企业应当按照住宅质量保证书的约定,承担商品房保修责任。

保修期内,因房地产开发企业对商品房进行维修,致使房屋原使用功能受到影响,给购买人造成损失的,应当依法承担赔偿责任。

3.《民用建筑节能条例》(2008年10月1日起施行)

第二十三条 在正常使用条件下,保温工程的最低保修期限为5年。保温工程的保修期,自竣工验收合格之日起计算。

保温工程在保修范围和保修期内发生质量问题的,施工单位应当履行保修义务,并对造成的损失依法承担赔偿责任。

4.《城市道路管理条例》(2019年3月24日修订)

第十八条 城市道路实行工程质量保修制度。城市道路的保修期为1年,自交付使用之日起计算。保修期内出现工程质量问题,由有关责任单位负责保修。

5.《中华人民共和国道路运输条例》(2019年3月2日修订)

第四十四条 机动车维修经营者对机动车进行二级维护、总成修理或者整车修理的,应当进行维修质量检验。检验合格的,维修质量检验人员应当签发机动车维修合格证。

机动车维修实行质量保证期制度。质量保证期内因维修质量原因造成机动车无法正常使用的,机动车维修经营者应当无偿返修。

机动车维修质量保证期制度的具体办法,由国务院交通主管部门制定。

6.《农业机械安全监督管理条例》(2019年3月2日修订)

第十九条 农业机械维修经营者应当遵守国家有关维修质量安全技术规范和维修质量保证期的规定,确保维修质量。

从事农业机械维修不得有下列行为:

(一)使用不符合农业机械安全技术标准的零配件;

(二)拼装、改装农业机械整机;

(三)承揽维修已经达到报废条件的农业机械;

(四)法律、法规和国务院农业机械化主管部门规定的其他禁止性行为。

第六百二十三条 【检验期限未约定时的处理】 当事人对检验期限未作约定,买受人签收的送货单、确认单等载明标的物数量、型号、规格的,推定买受人已经对数量和外观瑕疵进行检验,但是有相关证据足以推翻的除外。

第六百二十四条 【出卖人向第三人履行时的检验标准】 出卖人依照买受人的指示向第三人交付标的物,出卖人和买受人约定的检验标准与买受人和第三人约定的检验标准不一致的,以出卖人和买受人约定的检验标准为准。

第六百二十五条 【出卖人的回收义务】 依照法律、行政法规的规定或者按照当事人的约定,标的物在有效使用年限届满后应予回收的,出卖人负有自行或者委托第三人对标的物予以回收的义务。

一、相关法律条文

1.《中华人民共和国环境保护法》(2014年4月24日修订)

第三十七条 地方各级人民政府应当采取措施,组织对生活废弃物的分类处置、回收利用。

2.《中华人民共和国固体废物污染环境防治法》(2020年4月29日修订)

第六十六条 国家建立电器电子、铅蓄电池、车用动力电池等产品的生产者责任延伸制度。

电器电子、铅蓄电池、车用动力电池等产品的生产者应当按照规定以自建或者委托等方式建立与产品销售量相匹配的废旧产品回收体系,并向社会公开,实现有效回收和利用。

国家鼓励产品的生产者开展生态设计,促进资源回收利用。

第六十七条 国家对废弃电器电子产品等实行多渠道回收和集中处理制度。

禁止将废弃机动车船等交由不符合规定条件的企业或者个人回收、拆解。

拆解、利用、处置废弃电器电子产品、废弃机动车船等,应当遵守有关法律法规的规定,采取防止污染环境的措施。

第六十八条 产品和包装物的设计、制造,应当遵守国家有关清洁生产的规定。国务院标准化主管部门应当根据国家经济和技术条件、固体废物污染环境防治状况以及产品的技术要求,组织制定有关标准,防止过度包装造成环境污染。

生产经营者应当遵守限制商品过度包装的强制性标准,避免过度包装。县级以上地方人民政府市场监督管理部门和有关部门应当按照各自职责,加强对过度包装的监督管理。

生产、销售、进口依法被列入强制回收目录的产品和包装物的企业,应当按照国家有关规定对该产品和包装物进行回收。

电子商务、快递、外卖等行业应当优先采用可重复使用、易回收利用的包装物,优化物品包装,减少包装物的使用,并积极回收利用包装物。县级以上地方人民政府商务、邮政等主管部门应当加强监督管理。

国家鼓励和引导消费者使用绿色包装和减量包装。

3.《中华人民共和国循环经济促进法》(2018年10月26日修正)

第十五条 生产列入强制回收名录的产品或者包装物的企业,必须对废弃的产品或者包装物负责回收;对其中可以利用的,由各该生产企业负责利用;对因不具备技术经济条件而不适合利用的,由各该生产企业负责无害化处置。

对前款规定的废弃产品或者包装物,生产者委托销售者或者其他组织进行回收的,或者委托废物利用或者处置企业进行利用或者处置的,受托方应当依照有关法律、行政法规的规定和合同的约定负责回收或者利用、处置。

对列入强制回收名录的产品和包装物,消费者应当将废弃的产品或者包装物交给生产者或者其委托回收的销售者或者其他组织。

强制回收的产品和包装物的名录及管理办法,由国务院循环经济发展综合管理部门规定。

4.《中华人民共和国水污染防治法》(2017年6月27日修正)

第五十九条 船舶排放含油污水、生活污水,应当符合船舶污染物排放标准。从事海洋航运的船舶进入内河和港口的,应当遵守内河的船舶污染物排放标准。

船舶的残油、废油应当回收,禁止排入水体。

禁止向水体倾倒船舶垃圾。

船舶装载运输油类或者有毒货物,应当采取防止溢流和渗漏的措施,防止货物落水造成水污染。

进入中华人民共和国内河的国际航线船舶排放压载水的,应当采用压载水处理装置或者采取其他等效措施,对压载水进行灭活等处理。禁止排放不符合规定的船舶压载水。

5.《中华人民共和国大气污染防治法》(2018年10月26日修正)

第四十七条 石油、化工以及其他生产和使用有机溶剂的企业,应当采取措施对管道、设备进行日常维护、维修,减少物料泄漏,对泄漏的物料应当及时收集处理。

储油储气库、加油加气站、原油成品油码头、原油成品油运输船舶和油罐车、气罐车等,应当按照国家有关规定安装油气回收装置并保持正常使用。

第四十九条 工业生产、垃圾填埋或者其他活动产生的可燃性气体应当回收利用,不具备回收利用条件的,应当进行污染防治处理。

可燃性气体回收利用装置不能正常作业的,应当及时修复或者更新。在回收利用装置不能正常作业期间确需排放可燃性气体的,应当将排放的可燃性气体充分燃烧或者采取其他控制大气污染物排放的措施,并向当地生态环境主管部门报告,按照要求限期修复或者更新。

6.《中华人民共和国土壤污染防治法》(2019年1月1日起施行)

第三十条 禁止生产、销售、使用国家明令禁止的农业投入品。

农业投入品生产者、销售者和使用者应当及时回收农药、肥料等农业投入品的包装废弃物和农用薄膜,并将农药包装废弃物交由专门的机构或者组织进行无害化处理。具体办法由国务院农业农村主管部门会同国务院生态环境等主管部门制定。

国家采取措施,鼓励、支持单位和个人回收农业投入品包装废弃物和农用薄膜。

二、相关行政法规

《废弃电器电子产品回收处理管理条例》(2019年3月2日修正)

第十条 电器电子产品生产者、进口电器电子产品的收货人或者其代理人生产、进口的电器电子产品应当符合国家有关电器电子产品污染控制的规定,采用有利于资源综合利用和无害化处理的设计方案,使用无毒无害或者低毒低害以及便于回收利用的材料。

电器电子产品上或者产品说明书中应当按照规定提供有关有毒有害物质含量、回收处理提示性说明等信息。

第十一条 国家鼓励电器电子产品生产者自行或者委托销售者、维修机构、售后服务机构、废弃电器电子产品回收经营者回收废弃电器电子产品。电器电子产品销售者、维修机构、售后服务机构应当在其营业场所显著位置标注废弃电器电子产品回收处理提示性信息。

回收的废弃电器电子产品应当由有废弃电器电子产品处理资格的处理企业处理。

第十二条 废弃电器电子产品回收经营者应当采取多种方式为电器电子产品使用者提供方便、快捷的回收服务。

废弃电器电子产品回收经营者对回收的废弃电器电子产品进行处理,应当依照本条例规定取得废弃电器电子产品处理资格;未取得处理资格的,应当将回收的废弃电器电子产品交有废弃电器电子产品处理资格的处理企业处理。

回收的电器电子产品经过修复后销售的,必须符合保障人体健康和人身、财产安全等国家技术规范的强制性要求,并在显著位置标识为旧货。具体管理办法由国务院商务主管部门制定。

第六百二十六条 【买受人的付款义务】买受人应当按照约定的数额和支付方式支付价款。对价款的数额和支付方式没有约定或者约定不明确的,适用本法第五百一十条、第五百一十一条第二项和第五项的规定。

相关国际公约

《联合国国际货物销售合同公约》(1980 年 4 月 11 日订于维也纳)

第五十三条 买方必须按照合同和本公约规定支付货物价款和收取货物。

第五十四条 买方支付价款的义务包括根据合同或任何有关法律和规章规定的步骤和手续,以便支付价款。

第五十五条 如果合同已有效的订立,但没有明示或暗示地规定价格或规定如何确定价格,在没有任何相反表示的情况下,双方当事人应视为已默示地引用订立合同时此种货物在有关贸易的类似情况下销售的通常价格。

第六百二十七条 【买受人付款的地点】买受人应当按照约定的地点支付价款。对支付地点没有约定或者约定不明确,依据本法第五百一十条的规定仍不能确定的,买受人应当在出卖人的营业地支付;但是,约定支付价款以交付标的物或者交付提取标的物单证为条件的,在交付标的物或者交付提取标的物单证的所在地支付。

相关国际公约

《联合国国际货物销售合同公约》(1980 年 4 月 11 日订于维也纳)

第五十七条 (1)如果买方没有义务在任何其他特定地点支付价款,他必须在以下地点向卖方支付价款:

(a)卖方的营业地;或者

(b)如凭移交货物或单据支付价款,则为移交货物或单据的地点。

(2)卖方必须承担因其营业地在订立合同后发生变动而增加的支付方面的有关费用。

第六百二十八条　【买受人的付款时间】买受人应当按照约定的时间支付价款。对支付时间没有约定或者约定不明确,依据本法第五百一十条的规定仍不能确定的,买受人应当在收到标的物或者提取标的物单证的同时支付。

相关国际公约

《联合国国际货物销售合同公约》(1980年4月11日订于维也纳)

第五十八条　(1)如果买方没有义务在任何其他特定时间内支付价款,他必须于卖方按照合同和本公约规定将货物或控制货物处置权的单据交给买方处置时支付价款。卖方可以支付价款作为移交货物或单据的条件。

(2)如果合同涉及到货物的运输,卖方可以在支付价款后方可把货物或控制货物处置权的单据移交给买方作为发运货物的条件。

(3)买方在未有机会检验货物前,无义务支付价款,除非这种机会与双方当事人议定的交货或支付程序相抵触。

第五十九条　买方必须按合同和本公约规定的日期或从合同和本公约可以确定的日期支付价款,而无需卖方提出任何要求或办理任何手续。

第六百二十九条　【出卖人多交标的物的处理】出卖人多交标的物的,买受人可以接收或者拒绝接收多交的部分。买受人接收多交部分的,按照约定的价格支付价款;买受人拒绝接收多交部分的,应当及时通知出卖人。

一、相关国际公约

《联合国国际货物销售合同公约》(1980年4月11日订于维也纳)

第五十二条　(1)如果卖方在规定的日期前交付货物,买方可以收取货物,也可以拒绝收取货物。

（2）如果卖方交付的货物数量大于合同规定的数量，买方可以收取也可以拒绝收取多交部分的货物。如果买方收取多交部分货物的全部或一部分，他必须按合同价格付款。

二、相关司法解释规定

《最高人民法院关于审理买卖合同纠纷案件适用法律问题的解释》（法释〔2012〕8号）（2020年12月23日修正）

第三条 根据民法典第六百二十九条的规定，买受人拒绝接收多交部分标的物的，可以代为保管多交部分标的物。买受人主张出卖人负担代为保管期间的合理费用的，人民法院应予支持。

买受人主张出卖人承担代为保管期间非因买受人故意或者重大过失造成的损失的，人民法院应予支持。

第六百三十条 【标的物孳息的归属】 标的物在交付之前产生的孳息，归出卖人所有；交付之后产生的孳息，归买受人所有。但是，当事人另有约定的除外。

相关法律条文

《中华人民共和国民法典》（2021年1月1日起施行）

第三百二十一条 天然孳息，由所有权人取得；既有所有权人又有用益物权人的，由用益物权人取得。当事人另有约定的，按照其约定。

法定孳息，当事人有约定的，按照约定取得；没有约定或者约定不明确的，按照交易习惯取得。

第六百三十一条 【标的物的主物与从物在解除合同时的效力】 因标的物的主物不符合约定而解除合同的，解除合同的效力及于从物。因标的物的从物不符合约定被解除的，解除的效力不及于主物。

相关法律条文

《中华人民共和国民法典》（2021年1月1日起施行）

第三百二十条 主物转让的，从物随主物转让，但是当事人另有约定的除外。

第六百三十二条　【标的物为数物与合同的解除】 标的物为数物,其中一物不符合约定的,买受人可以就该物解除。但是,该物与他物分离使标的物的价值显受损害的,买受人可以就数物解除合同。

第六百三十三条　【分批交付标的物的合同解除】 出卖人分批交付标的物的,出卖人对其中一批标的物不交付或者交付不符合约定,致使该批标的物不能实现合同目的的,买受人可以就该批标的物解除。

出卖人不交付其中一批标的物或者交付不符合约定,致使之后其他各批标的物的交付不能实现合同目的的,买受人可以就该批以及之后其他各批标的物解除。

买受人如果就其中一批标的物解除,该批标的物与其他各批标的物相互依存的,可以就已经交付和未交付的各批标的物解除。

相关国际公约

《联合国国际货物销售合同公约》(1980年4月11日订于维也纳)

第七十三条　(1)对于分批交付货物的合同,如果一方当事人不履行对任何一批货物的义务,便对该批货物构成根本违反合同,则另一方当事人可以宣告合同对该批货物无效。

(2)如果一方当事人不履行对任何一批货物的义务,使另一方当事人有充分理由断定对今后各批货物将会发生根本违反合同,该另一方当事人可以在一段合理时间内宣告合同今后无效。

(3)买方宣告合同对任何一批货物的交付为无效时,可以同时宣告合同对已交付的或今后交付的各批货物均为无效,如果各批货物是互相依存的,不能单独用于双方当事人在订立合同时所设想的目的。

第六百三十四条　【分期付款买卖中的合同解除】 分期付款的买受人未支付到期价款的数额达到全部价款的五分之一,经催告后在合理期限内仍未支付到期价款的,出卖人可以请求买受人支付全部价款或者解除合同。

出卖人解除合同的,可以向买受人请求支付该标的物的使用费。

一、相关司法解释规定

《最高人民法院关于审理买卖合同纠纷案件适用法律问题的解释》(法释〔2012〕8号)(2020年12月23日修正)

第二十七条 民法典第六百三十四条第一款规定的"分期付款",系指买受人将应付的总价款在一定期限内至少分三次向出卖人支付。

分期付款买卖合同的约定违反民法典第六百三十四条第一款的规定,损害买受人利益,买受人主张该约定无效的,人民法院应予支持。

第二十八条 分期付款买卖合同约定出卖人在解除合同时可以扣留已受领价金,出卖人扣留的金额超过标的物使用费以及标的物受损赔偿额,买受人请求返还超过部分的,人民法院应予支持。

当事人对标的物的使用费没有约定的,人民法院可以参照当地同类标的物的租金标准确定。

二、相关裁判摘要

- **第67号指导案例"汤长龙诉周士海股权转让纠纷案"**(最高人民法院审判委员会讨论通过;2016年9月19日发布)

《合同法》第一百六十七条第一款规定,"分期付款的买受人未支付到期价款的金额达到全部价款的五分之一的,出卖人可以要求买受人支付全部价款或解除合同"。第二款规定,"出卖人解除合同的,可以向买受人要求支付该标的物的使用费"。最高人民法院《关于审理买卖合同纠纷案件适用法律问题的解释》第三十八条规定,"合同法第一百六十七条第一款规定的'分期付款',系指买受人将应付的总价款在一定期间内至少分三次向出卖人支付。分期付款买卖合同的约定违反合同法第一百六十七条第一款的规定,损害买受人利益,买受人主张该约定无效的,人民法院应予支持"。依据上述法律和司法解释的规定,分期付款买卖的主要特征为:一是买受人向出卖人支付总价款分三次以上,出卖人交付标的物之后买受人分两次以上向出卖人支付价款;二是多发、常见在经营者和消费者之间,一般是买受人作为消费者为满足生活消费而发生的交易;三是出卖人向买受人授予了一定信用,而作为授信人的出卖人在价款回收上存在一定风险,为保障出卖人剩余价款的回收,出卖人在一定条件下可以行使解除合同的权利。

本案系有限责任公司股东将股权转让给公司股东之外的其他人。尽管案涉股权的转让形式也是分期付款,但由于本案买卖的标的物是股权,因此具有与以消费为目的的一般买卖不同的特点:一是汤长龙受让股权是为参与公司经营管理并获取经济利益,并非满足生活消费;二是周士海作为有限责任公司的股权出让人,基于其所持股权一直存在于目标公司中的特点,其因分期回收股权转让款而承担的风险,与一般以消费为目的的分期付款买卖中出卖人收回价款的风险并不同等;三是双方解除股权转让合同,也不存在向受让人要求支付标的物使用费的情况。综上特点,股权转让分期付款合同,与一般以消费为目的的分期付款买卖合同有较大区别。对案涉《股权转让资金分期付款协议》不宜简单适用《合同法》第一百六十七条规定的合同解除权。

第六百三十五条　【凭样品买卖中样品和交付的标的物要求】 凭样品买卖的当事人应当封存样品,并可以对样品质量予以说明。出卖人交付的标的物应当与样品及其说明的质量相同。

相关国际公约

《联合国国际货物销售合同公约》(1980年4月11日订于维也纳)

第三十五条

……

(2)除双方当事人业已另有协议外,货物除非符合以下规定,否则即为与合同不符:

……

(c)货物的质量与卖方向买方提供的货物样品或样式相同;

……

(3)如果买方在订立合同时知道或者不可能不知道货物不符合同,卖方就无须按上一款(a)项至(d)项负有此种不符合同的责任。

第六百三十六条　【凭样品买卖中样品的隐蔽瑕疵】 凭样品买卖的买受人不知道样品有隐蔽瑕疵的,即使交付的标的物与样品相同,出卖人交付的标的物的质量仍然应当符合同种物的通常标准。

相关司法解释规定

《最高人民法院关于审理买卖合同纠纷案件适用法律问题的解释》(法释〔2012〕8号)(2020年12月23日修正)

第二十九条　合同约定的样品质量与文字说明不一致且发生纠纷

时当事人不能达成合意,样品封存后外观和内在品质没有发生变化的,人民法院应当以样品为准;外观和内在品质发生变化,或者当事人对是否发生变化有争议而又无法查明的,人民法院应当以文字说明为准。

第六百三十七条 【试用买卖合同中试用期限】试用买卖的当事人可以约定标的物的试用期限。对试用期限没有约定或者约定不明确,依据本法第五百一十条的规定仍不能确定的,由出卖人确定。

相关司法解释规定

《最高人民法院关于审理买卖合同纠纷案件适用法律问题的解释》(法释〔2012〕8号)(2020年12月23日修正)

第三十条 买卖合同存在下列约定内容之一的,不属于试用买卖。买受人主张属于试用买卖的,人民法院不予支持:

(一)约定标的物经过试用或者检验符合一定要求时,买受人应当购买标的物;

(二)约定第三人经试验对标的物认可时,买受人应当购买标的物;

(三)约定买受人在一定期限内可以调换标的物;

(四)约定买受人在一定期限内可以退还标的物。

第六百三十八条 【试用买卖中买受人的选择权及对标的物的认可】试用买卖的买受人在试用期内可以购买标的物,也可以拒绝购买。试用期限届满,买受人对是否购买标的物未作表示的,视为购买。

试用买卖的买受人在试用期内已经支付部分价款或者对标的物实施出卖、出租、设立担保物权等行为的,视为同意购买。

第六百三十九条 【试用买卖中的使用费】试用买卖的当事人对标的物使用费没有约定或者约定不明确的,出卖人无权请求买受人支付。

第六百四十条 【试用期间出卖人承担标的物风险】标的物在试用期内毁损、灭失的风险由出卖人承担。

第六百四十一条 【所有权保留】当事人可以在买卖合同中约定买受人未履行支付价款或者其他义务的,标的物的所有权属于出卖人。

出卖人对标的物保留的所有权，未经登记，不得对抗善意第三人。

相关司法解释规定

1.《最高人民法院关于审理买卖合同纠纷案件适用法律问题的解释》(法释〔2012〕8号)(2020年12月23日修正)

第二十五条 买卖合同当事人主张民法典第六百四十一条关于标的物所有权保留的规定适用于不动产的，人民法院不予支持。

2.《最高人民法院关于适用〈中华人民共和国民法典〉有关担保制度的解释》(法释〔2020〕28号)

第一条 因抵押、质押、留置、保证等担保发生的纠纷，适用本解释。所有权保留买卖、融资租赁、保理等涉及担保功能发生的纠纷，适用本解释的有关规定。

第五十四条 动产抵押合同订立后未办理抵押登记，动产抵押权的效力按照下列情形分别处理：

(一)抵押人转让抵押财产，受让人占有抵押财产后，抵押权人向受让人请求行使抵押权的，人民法院不予支持，但是抵押权人能够举证证明受让人知道或者应当知道已经订立抵押合同的除外；

(二)抵押人将抵押财产出租给他人并移转占有，抵押权人行使抵押权的，租赁关系不受影响，但是抵押权人能够举证证明承租人知道或者应当知道已经订立抵押合同的除外；

(三)抵押人的其他债权人向人民法院申请保全或者执行抵押财产，人民法院已经作出财产保全裁定或者采取执行措施，抵押权人主张对抵押财产优先受偿的，人民法院不予支持；

(四)抵押人破产，抵押权人主张对抵押财产优先受偿的，人民法院不予支持。

第五十六条 买受人在出卖人正常经营活动中通过支付合理对价取得已被设立担保物权的动产，担保物权人请求就该动产优先受偿的，人民法院不予支持，但是有下列情形之一的除外：

(一)购买商品的数量明显超过一般买受人；

(二)购买出卖人的生产设备；

(三)订立买卖合同的目的在于担保出卖人或者第三人履行债务；

(四)买受人与出卖人存在直接或者间接的控制关系；

(五)买受人应当查询抵押登记而未查询的其他情形。

前款所称出卖人正常经营活动，是指出卖人的经营活动属于其营业执照明确记载的经营范围，且出卖人持续销售同类商品。前款所称担保物权人，是指已经办理登记的抵押权人、所有权保留买卖的出卖人、融资租赁合同的出租人。

第五十七条 担保人在设立动产浮动抵押并办理抵押登记后又购入或者以融资租赁方式承租新的动产，下列权利人为担保价款债权或者租金的实现而订立担保合同，并在该动产交付后十日内办理登记，主张其权利优先于在先设立的浮动抵押权的，人民法院应予支持：

（一）在该动产上设立抵押权或者保留所有权的出卖人；

（二）为价款支付提供融资而在该动产上设立抵押权的债权人；

（三）以融资租赁方式出租该动产的出租人。

买受人取得动产但未付清价款或者承租人以融资租赁方式占有租赁物但是未付清全部租金，又以标的物为他人设立担保物权，前款所列权利人为担保价款债权或者租金的实现而订立担保合同，并在该动产交付后十日内办理登记，主张其权利优先于买受人为他人设立的担保物权的，人民法院应予支持。

同一动产上存在多个价款优先权的，人民法院应当按照登记的时间先后确定清偿顺序。

第六十七条 在所有权保留买卖、融资租赁等合同中，出卖人、出租人的所有权未经登记不得对抗的"善意第三人"的范围及其效力，参照本解释第五十四条的规定处理。

第六百四十二条 【所有权保留中出卖人的取回权】 当事人约定出卖人保留合同标的物的所有权，在标的物所有权转移前，买受人有下列情形之一，造成出卖人损害的，除当事人另有约定外，出卖人有权取回标的物：

（一）未按照约定支付价款，经催告后在合理期限内仍未支付；

（二）未按照约定完成特定条件；

（三）将标的物出卖、出质或者作出其他不当处分。

出卖人可以与买受人协商取回标的物；协商不成的，可以参照适用担保物权的实现程序。

相关司法解释规定

1.《最高人民法院关于审理买卖合同纠纷案件适用法律问题的解释》(法释〔2012〕8号)(2020年12月23日修正)

第二十六条 买受人已经支付标的物总价款的百分之七十五以上,出卖人主张取回标的物的,人民法院不予支持。

在民法典第六百四十二条第一款第三项情形下,第三人依据民法典第三百一十一条的规定已经善意取得标的物所有权或者其他物权,出卖人主张取回标的物的,人民法院不予支持。

2.《最高人民法院关于适用〈中华人民共和国企业破产法〉若干问题的规定(二)》(法释〔2013〕22号)(2020年12月23日修正)

第二条 下列财产不应认定为债务人财产:

(一)债务人基于仓储、保管、承揽、代销、借用、寄存、租赁等合同或者其他法律关系占有、使用的他人财产;

(二)债务人在所有权保留买卖中尚未取得所有权的财产;

(三)所有权专属于国家且不得转让的财产;

(四)其他依照法律、行政法规不属于债务人的财产。

第三十四条 买卖合同双方当事人在合同中约定标的物所有权保留,在标的物所有权未依法转移给买受人前,一方当事人破产的,该买卖合同属于双方均未履行完毕的合同,管理人有权依据企业破产法第十八条的规定决定解除或者继续履行合同。

第三十五条 出卖人破产,其管理人决定继续履行所有权保留买卖合同的,买受人应当按照原买卖合同的约定支付价款或者履行其他义务。

买受人未依约支付价款或者履行完毕其他义务,或者将标的物出卖、出质或者作出其他不当处分,给出卖人造成损害,出卖人管理人依法主张取回标的物的,人民法院应予支持。但是,买受人已经支付标的物总价款百分之七十五以上或者第三人善意取得标的物所有权或者其他物权的除外。

因本条第二款规定未能取回标的物,出卖人管理人依法主张买受人继续支付价款、履行完毕其他义务,以及承担相应赔偿责任的,人民法院应予支持。

第三十六条 出卖人破产,其管理人决定解除所有权保留买卖合同,并依据企业破产法第十七条的规定要求买受人向其交付买卖标的物的,人民法院应予支持。

买受人以其不存在未依约支付价款或者履行完毕其他义务,或者将标的物出卖、出质或者作出其他不当处分情形抗辩的,人民法院不予支持。

买受人依法履行合同义务并依据本条第一款将买卖标的物交付出卖人管理人后,买受人已支付价款损失形成的债权作为共益债务清偿。但是,买受人违反合同约定,出卖人管理人主张上述债权作为普通破产债权清偿的,人民法院应予支持。

第三十七条 买受人破产,其管理人决定继续履行所有权保留买卖合同的,原买卖合同中约定的买受人支付价款或者履行其他义务的期限在破产申请受理时视为到期,买受人管理人应当及时向出卖人支付价款或者履行其他义务。

买受人管理人无正当理由未及时支付价款或者履行完毕其他义务,或者将标的物出卖、出质或者作出其他不当处分,给出卖人造成损害,出卖人依据民法典第六百四十一条等规定主张取回标的物的,人民法院应予支持。但是,买受人已支付标的物总价款百分之七十五以上或者第三人善意取得标的物所有权或者其他物权的除外。

因本条第二款规定未能取回标的物,出卖人依法主张买受人继续支付价款、履行完毕其他义务,以及承担相应赔偿责任的,人民法院应予支持。对因买受人未支付价款或者未履行完毕其他义务,以及买受人管理人将标的物出卖、出质或者作出其他不当处分导致出卖人损害产生的债务,出卖人主张作为共益债务清偿的,人民法院应予支持。

第三十八条 买受人破产,其管理人决定解除所有权保留买卖合同,出卖人依据企业破产法第三十八条的规定主张取回买卖标的物的,人民法院应予支持。

出卖人取回买卖标的物,买受人管理人主张出卖人返还已支付价款的,人民法院应予支持。取回的标的物价值明显减少给出卖人造成损失的,出卖人可从买受人已支付价款中优先予以抵扣后,将剩余部分返还给买受人;对买受人已支付价款不足以弥补出卖人标的物价值减损损失形成的债权,出卖人主张作为共益债务清偿的,人民法院应予支持。

3.《最高人民法院关于审理企业破产案件若干问题的规定》(法释〔2002〕23号)

第七十一条 下列财产不属于破产财产:

（一）债务人基于仓储、保管、加工承揽、委托交易、代销、借用、寄存、租赁等法律关系占有、使用的他人财产；

（二）抵押物、留置物、出质物，但权利人放弃优先受偿权的或者优先偿付被担保债权剩余的部分除外；

（三）担保物灭失后产生的保险金、补偿金、赔偿金等代位物；

（四）依照法律规定存在优先权的财产，但权利人放弃优先受偿权或者优先偿付特定债权剩余的部分除外；

（五）特定物买卖中，尚未转移占有但相对人已完全支付对价的特定物；

（六）尚未办理产权证或者产权过户手续但已向买方交付的财产；

（七）债务人在所有权保留买卖中尚未取得所有权的财产；

（八）所有权专属于国家且不得转让的财产；

（九）破产企业工会所有的财产。

第六百四十三条　【买受人回赎权与出卖人的再出卖权】出卖人依据前条第一款的规定取回标的物后，买受人在双方约定或者出卖人指定的合理回赎期限内，消除出卖人取回标的物的事由的，可以请求回赎标的物。

买受人在回赎期限内没有回赎标的物，出卖人可以以合理价格将标的物出卖给第三人，出卖所得价款扣除买受人未支付的价款以及必要费用后仍有剩余的，应当返还买受人；不足部分由买受人清偿。

第六百四十四条　【招标投标买卖】招标投标买卖的当事人的权利和义务以及招标投标程序等，依照有关法律、行政法规的规定。

一、相关法律条文

《中华人民共和国招标投标法》（2017 年 12 月 27 日修正）

第一章　总　　则

第一条　为了规范招标投标活动，保护国家利益、社会公共利益和招标投标活动当事人的合法权益，提高经济效益，保证项目质量，制定本法。

第二条　在中华人民共和国境内进行招标投标活动，适用本法。

第三条 在中华人民共和国境内进行下列工程建设项目包括项目的勘察、设计、施工、监理以及与工程建设有关的重要设备、材料等的采购,必须进行招标:

(一)大型基础设施、公用事业等关系社会公共利益、公众安全的项目;

(二)全部或者部分使用国有资金投资或者国家融资的项目;

(三)使用国际组织或者外国政府贷款、援助资金的项目。

前款所列项目的具体范围和规模标准,由国务院发展计划部门会同国务院有关部门制订,报国务院批准。

法律或者国务院对必须进行招标的其他项目的范围有规定的,依照其规定。

第四条 任何单位和个人不得将依法必须进行招标的项目化整为零或者以其他任何方式规避招标。

第五条 招标投标活动应当遵循公开、公平、公正和诚实信用的原则。

第六条 依法必须进行招标的项目,其招标投标活动不受地区或者部门的限制。任何单位和个人不得违法限制或者排斥本地区、本系统以外的法人或者其他组织参加投标,不得以任何方式非法干涉招标投标活动。

第七条 招标投标活动及其当事人应当接受依法实施的监督。

有关行政监督部门依法对招标投标活动实施监督,依法查处招标投标活动中的违法行为。

对招标投标活动的行政监督及有关部门的具体职权划分,由国务院规定。

第二章 招　　标

第八条 招标人是依照本法规定提出招标项目、进行招标的法人或者其他组织。

第九条 招标项目按照国家有关规定需要履行项目审批手续的,应当先履行审批手续,取得批准。

招标人应当有进行招标项目的相应资金或者资金来源已经落实,并应当在招标文件中如实载明。

第十条 招标分为公开招标和邀请招标。

公开招标，是指招标人以招标公告的方式邀请不特定的法人或者其他组织投标。

邀请招标，是指招标人以投标邀请书的方式邀请特定的法人或者其他组织投标。

第十一条 国务院发展计划部门确定的国家重点项目和省、自治区、直辖市人民政府确定的地方重点项目不适宜公开招标的，经国务院发展计划部门或者省、自治区、直辖市人民政府批准，可以进行邀请招标。

第十二条 招标人有权自行选择招标代理机构，委托其办理招标事宜。任何单位和个人不得以任何方式为招标人指定招标代理机构。

招标人具有编制招标文件和组织评标能力的，可以自行办理招标事宜。任何单位和个人不得强制其委托招标代理机构办理招标事宜。

依法必须进行招标的项目，招标人自行办理招标事宜的，应当向有关行政监督部门备案。

第十三条 招标代理机构是依法设立、从事招标代理业务并提供相关服务的社会中介组织。

招标代理机构应当具备下列条件：

（一）有从事招标代理业务的营业场所和相应资金；

（二）有能够编制招标文件和组织评标的相应专业力量。

第十四条 招标代理机构与行政机关和其他国家机关不得存在隶属关系或者其他利益关系。

第十五条 招标代理机构应当在招标人委托的范围内办理招标事宜，并遵守本法关于招标人的规定。

第十六条 招标人采用公开招标方式的，应当发布招标公告。依法必须进行招标的项目的招标公告，应当通过国家指定的报刊、信息网络或者其他媒介发布。

招标公告应当载明招标人的名称和地址、招标项目的性质、数量、实施地点和时间以及获取招标文件的办法等事项。

第十七条 招标人采用邀请招标方式的，应当向三个以上具备承担招标项目的能力、资信良好的特定的法人或者其他组织发出投标邀请书。

投标邀请书应当载明本法第十六条第二款规定的事项。

第十八条 招标人可以根据招标项目本身的要求，在招标公告或者投标邀请书中，要求潜在投标人提供有关资质证明文件和业绩情况，并对潜在投标人进行资格审查；国家对投标人的资格条件有规定的，依照其规定。

招标人不得以不合理的条件限制或者排斥潜在投标人,不得对潜在投标人实行歧视待遇。

第十九条 招标人应当根据招标项目的特点和需要编制招标文件。招标文件应当包括招标项目的技术要求、对投标人资格审查的标准、投标报价要求和评标标准等所有实质性要求和条件以及拟签订合同的主要条款。

国家对招标项目的技术、标准有规定的,招标人应当按照其规定在招标文件中提出相应要求。

招标项目需要划分标段、确定工期的,招标人应当合理划分标段、确定工期,并在招标文件中载明。

第二十条 招标文件不得要求或者标明特定的生产供应者以及含有倾向或者排斥潜在投标人的其他内容。

第二十一条 招标人根据招标项目的具体情况,可以组织潜在投标人踏勘项目现场。

第二十二条 招标人不得向他人透露已获取招标文件的潜在投标人的名称、数量以及可能影响公平竞争的有关招标投标的其他情况。

招标人设有标底的,标底必须保密。

第二十三条 招标人对已发出的招标文件进行必要的澄清或者修改的,应当在招标文件要求提交投标文件截止时间至少十五日前,以书面形式通知所有招标文件收受人。该澄清或者修改的内容为招标文件的组成部分。

第二十四条 招标人应当确定投标人编制投标文件所需要的合理时间;但是,依法必须进行招标的项目,自招标文件开始发出之日起至投标人提交投标文件截止之日止,最短不得少于二十日。

第三章 投 标

第二十五条 投标人是响应招标、参加投标竞争的法人或者其他组织。

依法招标的科研项目允许个人参加投标的,投标的个人适用本法有关投标人的规定。

第二十六条 投标人应当具备承担招标项目的能力;国家有关规定对投标人资格条件或者招标文件对投标人资格条件有规定的,投标人应当具备规定的资格条件。

第二十七条 投标人应当按照招标文件的要求编制投标文件。投标文件应当对招标文件提出的实质性要求和条件作出响应。

招标项目属于建设施工的,投标文件的内容应当包括拟派出的项目负责人与主要技术人员的简历、业绩和拟用于完成招标项目的机械设备等。

第二十八条 投标人应当在招标文件要求提交投标文件的截止时间前,将投标文件送达投标地点。招标人收到投标文件后,应当签收保存,不得开启。投标人少于三个的,招标人应当依照本法重新招标。

在招标文件要求提交投标文件的截止时间后送达的投标文件,招标人应当拒收。

第二十九条 投标人在招标文件要求提交投标文件的截止时间前,可以补充、修改或者撤回已提交的投标文件,并书面通知招标人。补充、修改的内容为投标文件的组成部分。

第三十条 投标人根据招标文件载明的项目实际情况,拟在中标后将中标项目的部分非主体、非关键性工作进行分包的,应当在投标文件中载明。

第三十一条 两个以上法人或者其他组织可以组成一个联合体,以一个投标人的身份共同投标。

联合体各方均应当具备承担招标项目的相应能力;国家有关规定或者招标文件对投标人资格条件有规定的,联合体各方均应当具备规定的相应资格条件。由同一专业的单位组成的联合体,按照资质等级较低的单位确定资质等级。

联合体各方应当签订共同投标协议,明确约定各方拟承担的工作和责任,并将共同投标协议连同投标文件一并提交招标人。联合体中标的,联合体各方应当共同与招标人签订合同,就中标项目向招标人承担连带责任。

招标人不得强制投标人组成联合体共同投标,不得限制投标人之间的竞争。

第三十二条 投标人不得相互串通投标报价,不得排挤其他投标人的公平竞争,损害招标人或者其他投标人的合法权益。

投标人不得与招标人串通投标,损害国家利益、社会公共利益或者他人的合法权益。

禁止投标人以向招标人或者评标委员会成员行贿的手段谋取中标。

第三十三条 投标人不得以低于成本的报价竞标,也不得以他人名义投标或者以其他方式弄虚作假,骗取中标。

第四章 开标、评标和中标

第三十四条 开标应当在招标文件确定的提交投标文件截止时间的同一时间公开进行;开标地点应当为招标文件中预先确定的地点。

第三十五条 开标由招标人主持,邀请所有投标人参加。

第三十六条 开标时,由投标人或者其推选的代表检查投标文件的密封情况,也可以由招标人委托的公证机构检查并公证;经确认无误后,由工作人员当众拆封,宣读投标人名称、投标价格和投标文件的其他主要内容。

招标人在招标文件要求提交投标文件的截止时间前收到的所有投标文件,开标时都应当当众予以拆封、宣读。

开标过程应当记录,并存档备查。

第三十七条 评标由招标人依法组建的评标委员会负责。

依法必须进行招标的项目,其评标委员会由招标人的代表和有关技术、经济等方面的专家组成,成员人数为五人以上单数,其中技术、经济等方面的专家不得少于成员总数的三分之二。

前款专家应当从事相关领域工作满八年并具有高级职称或者具有同等专业水平,由招标人从国务院有关部门或者省、自治区、直辖市人民政府有关部门提供的专家名册或者招标代理机构的专家库内的相关专业的专家名单中确定;一般招标项目可以采取随机抽取方式,特殊招标项目可以由招标人直接确定。

与投标人有利害关系的人不得进入相关项目的评标委员会;已经进入的应当更换。

评标委员会成员的名单在中标结果确定前应当保密。

第三十八条 招标人应当采取必要的措施,保证评标在严格保密的情况下进行。

任何单位和个人不得非法干预、影响评标的过程和结果。

第三十九条　评标委员会可以要求投标人对投标文件中含义不明确的内容作必要的澄清或者说明，但是澄清或者说明不得超出投标文件的范围或者改变投标文件的实质性内容。

第四十条　评标委员会应当按照招标文件确定的评标标准和方法，对投标文件进行评审和比较；设有标底的，应当参考标底。评标委员会完成评标后，应当向招标人提出书面评标报告，并推荐合格的中标候选人。

招标人根据评标委员会提出的书面评标报告和推荐的中标候选人确定中标人。招标人也可以授权评标委员会直接确定中标人。

国务院对特定招标项目的评标有特别规定的，从其规定。

第四十一条　中标人的投标应当符合下列条件之一：

（一）能够最大限度地满足招标文件中规定的各项综合评价标准；

（二）能够满足招标文件的实质性要求，并且经评审的投标价格最低；但是投标价格低于成本的除外。

第四十二条　评标委员会经评审，认为所有投标都不符合招标文件要求的，可以否决所有投标。

依法必须进行招标的项目的所有投标被否决的，招标人应当依照本法重新招标。

第四十三条　在确定中标人前，招标人不得与投标人就投标价格、投标方案等实质性内容进行谈判。

第四十四条　评标委员会成员应当客观、公正地履行职务，遵守职业道德，对所提出的评审意见承担个人责任。

评标委员会成员不得私下接触投标人，不得收受投标人的财物或者其他好处。

评标委员会成员和参与评标的有关工作人员不得透露对投标文件的评审和比较、中标候选人的推荐情况以及与评标有关的其他情况。

第四十五条　中标人确定后，招标人应当向中标人发出中标通知书，并同时将中标结果通知所有未中标的投标人。

中标通知书对招标人和中标人具有法律效力。中标通知书发出后，招标人改变中标结果的，或者中标人放弃中标项目的，应当依法承担法律责任。

第四十六条　招标人和中标人应当自中标通知书发出之日起三十日内，按照招标文件和中标人的投标文件订立书面合同。招标人和中标人不得再行订立背离合同实质性内容的其他协议。

招标文件要求中标人提交履约保证金的，中标人应当提交。

第四十七条 依法必须进行招标的项目，招标人应当自确定中标人之日起十五日内，向有关行政监督部门提交招标投标情况的书面报告。

第四十八条 中标人应当按照合同约定履行义务，完成中标项目。中标人不得向他人转让中标项目，也不得将中标项目肢解后分别向他人转让。

中标人按照合同约定或者经招标人同意，可以将中标项目的部分非主体、非关键性工作分包给他人完成。接受分包的人应当具备相应的资格条件，并不得再次分包。

中标人应当就分包项目向招标人负责，接受分包的人就分包项目承担连带责任。

第五章 法律责任

第四十九条 违反本法规定，必须进行招标的项目而不招标的，将必须进行招标的项目化整为零或者以其他任何方式规避招标的，责令限期改正，可以处项目合同金额千分之五以上千分之十以下的罚款；对全部或者部分使用国有资金的项目，可以暂停项目执行或者暂停资金拨付；对单位直接负责的主管人员和其他直接责任人员依法给予处分。

第五十条 招标代理机构违反本法规定，泄露应当保密的与招标投标活动有关的情况和资料的，或者与招标人、投标人串通损害国家利益、社会公共利益或者他人合法权益的，处五万元以上二十五万元以下的罚款，对单位直接负责的主管人员和其他直接责任人员处单位罚款数额百分之五以上百分之十以下的罚款；有违法所得的，并处没收违法所得；情节严重的，禁止其一年至二年内代理依法必须进行招标的项目并予以公告，直至由工商行政管理机关吊销营业执照；构成犯罪的，依法追究刑事责任。给他人造成损失的，依法承担赔偿责任。

前款所列行为影响中标结果的，中标无效。

第五十一条 招标人以不合理的条件限制或者排斥潜在投标人的，对潜在投标人实行歧视待遇的，强制要求投标人组成联合体共同投标的，或者限制投标人之间竞争的，责令改正，可以处一万元以上五万元以下的罚款。

第五十二条 依法必须进行招标的项目的招标人向他人透露已获取招标文件的潜在投标人的名称、数量或者可能影响公平竞争的有关招标投标的其他情况的，或者泄露标底的，给予警告，可以并处一万元以上十万元以下的罚款；对单位直接负责的主管人员和其他直接责任人员依法给予处分；构成犯罪的，依法追究刑事责任。

前款所列行为影响中标结果的，中标无效。

第五十三条 投标人相互串通投标或者与招标人串通投标的，投标人以向招标人或者评标委员会成员行贿的手段谋取中标的，中标无效，处中标项目金额千分之五以上千分之十以下的罚款，对单位直接负责的主管人员和其他直接责任人员处单位罚款数额百分之五以上百分之十以下的罚款；有违法所得的，并处没收违法所得；情节严重的，取消其一年至二年内参加依法必须进行招标的项目的投标资格并予以公告，直至由工商行政管理机关吊销营业执照；构成犯罪的，依法追究刑事责任。给他人造成损失的，依法承担赔偿责任。

第五十四条 投标人以他人名义投标或者以其他方式弄虚作假，骗取中标的，中标无效，给招标人造成损失的，依法承担赔偿责任；构成犯罪的，依法追究刑事责任。

依法必须进行招标的项目的投标人有前款所列行为尚未构成犯罪的，处中标项目金额千分之五以上千分之十以下的罚款，对单位直接负责的主管人员和其他直接责任人员处单位罚款数额百分之五以上百分之十以下的罚款；有违法所得的，并处没收违法所得；情节严重的，取消其一年至三年内参加依法必须进行招标的项目的投标资格并予以公告，直至由工商行政管理机关吊销营业执照。

第五十五条 依法必须进行招标的项目，招标人违反本法规定，与投标人就投标价格、投标方案等实质性内容进行谈判的，给予警告，对单位直接负责的主管人员和其他直接责任人员依法给予处分。

前款所列行为影响中标结果的，中标无效。

第五十六条 评标委员会成员收受投标人的财物或者其他好处的，评标委员会成员或者参加评标的有关工作人员向他人透露对投标文件的评审和比较、中标候选人的推荐以及与评标有关的其他情况的，给予警告，没收收受的财物，可以并处三千元以上五万元以下的罚款，对有所列违法行为的评标委员会成员取消担任评标委员会成员的资格，不得再参加任何依法必须进行招标的项目的评标；构成犯罪的，依法追究刑事责任。

第五十七条 招标人在评标委员会依法推荐的中标候选人以外确定中标人的，依法必须进行招标的项目在所有投标被评标委员会否决后自行确定中标人的，中标无效。责令改正，可以处中标项目金额千分之五以上千分之十以下的罚款；对单位直接负责的主管人员和其他直接责任人员依法给予处分。

第五十八条 中标人将中标项目转让给他人的，将中标项目肢解后分别转让给他人的，违反本法规定将中标项目的部分主体、关键性工作分包给他人的，或者分包人再次分包的，转让、分包无效，处转让、分包项目金额千分之五以上千分之十以下的罚款；有违法所得的，并处没收违法所得；可以责令停业整顿；情节严重的，由工商行政管理机关吊销营业执照。

第五十九条 招标人与中标人不按照招标文件和中标人的投标文件订立合同的，或者招标人、中标人订立背离合同实质性内容的协议的，责令改正；可以处中标项目金额千分之五以上千分之十以下的罚款。

第六十条 中标人不履行与招标人订立的合同的，履约保证金不予退还，给招标人造成的损失超过履约保证金数额的，还应当对超过部分予以赔偿；没有提交履约保证金的，应当对招标人的损失承担赔偿责任。

中标人不按照与招标人订立的合同履行义务，情节严重的，取消其二年至五年内参加依法必须进行招标的项目的投标资格并予以公告，直至由工商行政管理机关吊销营业执照。

因不可抗力不能履行合同的，不适用前两款规定。

第六十一条 本章规定的行政处罚，由国务院规定的有关行政监督部门决定。本法已对实施行政处罚的机关作出规定的除外。

第六十二条 任何单位违反本法规定，限制或者排斥本地区、本系统以外的法人或者其他组织参加投标的，为招标人指定招标代理机构的，强制招标人委托招标代理机构办理招标事宜的，或者以其他方式干涉招标投标活动的，责令改正；对单位直接负责的主管人员和其他直接责任人员依法给予警告、记过、记大过的处分，情节较重的，依法给予降级、撤职、开除的处分。

个人利用职权进行前款违法行为的，依照前款规定追究责任。

第六十三条 对招标投标活动依法负有行政监督职责的国家机关工作人员徇私舞弊、滥用职权或者玩忽职守,构成犯罪的,依法追究刑事责任;不构成犯罪的,依法给予行政处分。

第六十四条 依法必须进行招标的项目违反本法规定,中标无效的,应当依照本法规定的中标条件从其余投标人中重新确定中标人或者依照本法重新进行招标。

第六章 附 则

第六十五条 投标人和其他利害关系人认为招标投标活动不符合本法有关规定的,有权向招标人提出异议或者依法向有关行政监督部门投诉。

第六十六条 涉及国家安全、国家秘密、抢险救灾或者属于利用扶贫资金实行以工代赈、需要使用农民工等特殊情况,不适宜进行招标的项目,按照国家有关规定可以不进行招标。

第六十七条 使用国际组织或者外国政府贷款、援助资金的项目进行招标,贷款方、资金提供方对招标投标的具体条件和程序有不同规定的,可以适用其规定,但违背中华人民共和国的社会公共利益的除外。

第六十八条 本法自2000年1月1日起施行。

二、相关行政法规

《中华人民共和国招标投标法实施条例》(2019年3月2日修订)

第一章 总 则

第一条 为了规范招标投标活动,根据《中华人民共和国招标投标法》(以下简称招标投标法),制定本条例。

第二条 招标投标法第三条所称工程建设项目,是指工程以及与工程建设有关的货物、服务。

前款所称工程,是指建设工程,包括建筑物和构筑物的新建、改建、扩建及其相关的装修、拆除、修缮等;所称与工程建设有关的货物,是指构成工程不可分割的组成部分,且为实现工程基本功能所必需的设备、材料等;所称与工程建设有关的服务,是指为完成工程所需的勘察、设计、监理等服务。

第三条　依法必须进行招标的工程建设项目的具体范围和规模标准，由国务院发展改革部门会同国务院有关部门制订，报国务院批准后公布施行。

第四条　国务院发展改革部门指导和协调全国招标投标工作，对国家重大建设项目的工程招标投标活动实施监督检查。国务院工业和信息化、住房城乡建设、交通运输、铁道、水利、商务等部门，按照规定的职责分工对有关招标投标活动实施监督。

县级以上地方人民政府发展改革部门指导和协调本行政区域的招标投标工作。县级以上地方人民政府有关部门按照规定的职责分工，对招标投标活动实施监督，依法查处招标投标活动中的违法行为。县级以上地方人民政府对其所属部门有关招标投标活动的监督职责分工另有规定的，从其规定。

财政部门依法对实行招标投标的政府采购工程建设项目的政府采购政策执行情况实施监督。

监察机关依法对与招标投标活动有关的监察对象实施监察。

第五条　设区的市级以上地方人民政府可以根据实际需要，建立统一规范的招标投标交易场所，为招标投标活动提供服务。招标投标交易场所不得与行政监督部门存在隶属关系，不得以营利为目的。

国家鼓励利用信息网络进行电子招标投标。

第六条　禁止国家工作人员以任何方式非法干涉招标投标活动。

第二章　招　　标

第七条　按照国家有关规定需要履行项目审批、核准手续的依法必须进行招标的项目，其招标范围、招标方式、招标组织形式应当报项目审批、核准部门审批、核准。项目审批、核准部门应当及时将审批、核准确定的招标范围、招标方式、招标组织形式通报有关行政监督部门。

第八条　国有资金占控股或者主导地位的依法必须进行招标的项目，应当公开招标；但有下列情形之一的，可以邀请招标：

（一）技术复杂、有特殊要求或者受自然环境限制，只有少量潜在投标人可供选择；

（二）采用公开招标方式的费用占项目合同金额的比例过大。

有前款第二项所列情形，属于本条例第七条规定的项目，由项目审批、核准部门在审批、核准项目时作出认定；其他项目由招标人申请有关行政监督部门作出认定。

第九条 除招标投标法第六十六条规定的可以不进行招标的特殊情况外，有下列情形之一的，可以不进行招标：

（一）需要采用不可替代的专利或者专有技术；

（二）采购人依法能够自行建设、生产或者提供；

（三）已通过招标方式选定的特许经营项目投资人依法能够自行建设、生产或者提供；

（四）需要向原中标人采购工程、货物或者服务，否则将影响施工或者功能配套要求；

（五）国家规定的其他特殊情形。

招标人为适用前款规定弄虚作假的，属于招标投标法第四条规定的规避招标。

第十条 招标投标法第十二条第二款规定的招标人具有编制招标文件和组织评标能力，是指招标人具有与招标项目规模和复杂程度相适应的技术、经济等方面的专业人员。

第十一条 国务院住房城乡建设、商务、发展改革、工业和信息化等部门，按照规定的职责分工对招标代理机构依法实施监督管理。

第十二条 招标代理机构应当拥有一定数量的具备编制招标文件、组织评标等相应能力的专业人员。

第十三条 招标代理机构在招标人委托的范围内开展招标代理业务，任何单位和个人不得非法干涉。

招标代理机构代理招标业务，应当遵守招标投标法和本条例关于招标人的规定。招标代理机构不得在所代理的招标项目中投标或者代理投标，也不得为所代理的招标项目的投标人提供咨询。

第十四条 招标人应当与被委托的招标代理机构签订书面委托合同，合同约定的收费标准应当符合国家有关规定。

第十五条 公开招标的项目，应当依照招标投标法和本条例的规定发布招标公告、编制招标文件。

招标人采用资格预审办法对潜在投标人进行资格审查的，应当发布资格预审公告、编制资格预审文件。

依法必须进行招标的项目的资格预审公告和招标公告，应当在国务院发展改革部门依法指定的媒介发布。在不同媒介发布的同一招标项目的资格预审公告或者招标公告的内容应当一致。指定媒介发布依法必须进行招标的项目的境内资格预审公告、招标公告，不得收取费用。

编制依法必须进行招标的项目的资格预审文件和招标文件，应当使用国务院发展改革部门会同有关行政监督部门制定的标准文本。

第十六条 招标人应当按照资格预审公告、招标公告或者投标邀请书规定的时间、地点发售资格预审文件或者招标文件。资格预审文件或者招标文件的发售期不得少于5日。

招标人发售资格预审文件、招标文件收取的费用应当限于补偿印刷、邮寄的成本支出，不得以营利为目的。

第十七条 招标人应当合理确定提交资格预审申请文件的时间。依法必须进行招标的项目提交资格预审申请文件的时间，自资格预审文件停止发售之日起不得少于5日。

第十八条 资格预审应当按照资格预审文件载明的标准和方法进行。

国有资金占控股或者主导地位的依法必须进行招标的项目，招标人应当组建资格审查委员会审查资格预审申请文件。资格审查委员会及其成员应当遵守招标投标法和本条例有关评标委员会及其成员的规定。

第十九条 资格预审结束后，招标人应当及时向资格预审申请人发出资格预审结果通知书。未通过资格预审的申请人不具有投标资格。

通过资格预审的申请人少于3个的，应当重新招标。

第二十条 招标人采用资格后审办法对投标人进行资格审查的，应当在开标后由评标委员会按照招标文件规定的标准和方法对投标人的资格进行审查。

第二十一条 招标人可以对已发出的资格预审文件或者招标文件进行必要的澄清或者修改。澄清或者修改的内容可能影响资格预审申请文件或者投标文件编制的，招标人应当在提交资格预审申请文件截止时间至少3日前，或者投标截止时间至少15日前，以书面形式通知所有获取资格预审文件或者招标文件的潜在投标人；不足3日或者15日的，招标人应当顺延提交资格预审申请文件或者投标文件的截止时间。

第二十二条 潜在投标人或者其他利害关系人对资格预审文件有异议的，应当在提交资格预审申请文件截止时间2日前提出；对招标文件有异议的，应当在投标截止时间10日前提出。招标人应当自收到异议之日起3日内作出答复；作出答复前，应当暂停招标投标活动。

第二十三条 招标人编制的资格预审文件、招标文件的内容违反法律、行政法规的强制性规定，违反公开、公平、公正和诚实信用原则，影响资格预审结果或者潜在投标人投标的，依法必须进行招标的项目的招标人应当在修改资格预审文件或者招标文件后重新招标。

第二十四条 招标人对招标项目划分标段的，应当遵守招标投标法的有关规定，不得利用划分标段限制或者排斥潜在投标人。依法必须进行招标的项目的招标人不得利用划分标段规避招标。

第二十五条 招标人应当在招标文件中载明投标有效期。投标有效期从提交投标文件的截止之日起算。

第二十六条 招标人在招标文件中要求投标人提交投标保证金的，投标保证金不得超过招标项目估算价的2%。投标保证金有效期应当与投标有效期一致。

依法必须进行招标的项目的境内投标单位，以现金或者支票形式提交的投标保证金应当从其基本账户转出。

招标人不得挪用投标保证金。

第二十七条 招标人可以自行决定是否编制标底。一个招标项目只能有一个标底。标底必须保密。

接受委托编制标底的中介机构不得参加受托编制标底项目的投标，也不得为该项目的投标人编制投标文件或者提供咨询。

招标人设有最高投标限价的，应当在招标文件中明确最高投标限价或者最高投标限价的计算方法。招标人不得规定最低投标限价。

第二十八条 招标人不得组织单个或者部分潜在投标人踏勘项目现场。

第二十九条 招标人可以依法对工程以及与工程建设有关的货物、服务全部或者部分实行总承包招标。以暂估价形式包括在总承包范围内的工程、货物、服务属于依法必须进行招标的项目范围且达到国家规定规模标准的，应当依法进行招标。

前款所称暂估价，是指总承包招标时不能确定价格而由招标人在招标文件中暂时估定的工程、货物、服务的金额。

第三十条 对技术复杂或者无法精确拟定技术规格的项目，招标人可以分两阶段进行招标。

第一阶段，投标人按照招标公告或者投标邀请书的要求提交不带报价的技术建议，招标人根据投标人提交的技术建议确定技术标准和要求，编制招标文件。

第二阶段，招标人向在第一阶段提交技术建议的投标人提供招标文件，投标人按照招标文件的要求提交包括最终技术方案和投标报价的投标文件。

招标人要求投标人提交投标保证金的，应当在第二阶段提出。

第三十一条 招标人终止招标的，应当及时发布公告，或者以书面形式通知被邀请的或者已经获取资格预审文件、招标文件的潜在投标人。已经发售资格预审文件、招标文件或者已经收取投标保证金的，招标人应当及时退还所收取的资格预审文件、招标文件的费用，以及所收取的投标保证金及银行同期存款利息。

第三十二条 招标人不得以不合理的条件限制、排斥潜在投标人或者投标人。

招标人有下列行为之一的，属于以不合理条件限制、排斥潜在投标人或者投标人：

(一)就同一招标项目向潜在投标人或者投标人提供有差别的项目信息；

(二)设定的资格、技术、商务条件与招标项目的具体特点和实际需要不相适应或者与合同履行无关；

(三)依法必须进行招标的项目以特定行政区域或者特定行业的业绩、奖项作为加分条件或者中标条件；

(四)对潜在投标人或者投标人采取不同的资格审查或者评标标准；

(五)限定或者指定特定的专利、商标、品牌、原产地或者供应商；

(六)依法必须进行招标的项目非法限定潜在投标人或者投标人的所有制形式或者组织形式；

(七)以其他不合理条件限制、排斥潜在投标人或者投标人。

第三章 投 标

第三十三条 投标人参加依法必须进行招标的项目的投标，不受地区或者部门的限制，任何单位和个人不得非法干涉。

第三十四条 与招标人存在利害关系可能影响招标公正性的法人、其他组织或者个人，不得参加投标。

单位负责人为同一人或者存在控股、管理关系的不同单位，不得参加同一标段投标或者未划分标段的同一招标项目投标。

违反前两款规定的,相关投标均无效。

第三十五条　投标人撤回已提交的投标文件,应当在投标截止时间前书面通知招标人。招标人已收取投标保证金的,应当自收到投标人书面撤回通知之日起5日内退还。

投标截止后投标人撤销投标文件的,招标人可以不退还投标保证金。

第三十六条　未通过资格预审的申请人提交的投标文件,以及逾期送达或者不按照招标文件要求密封的投标文件,招标人应当拒收。

招标人应当如实记载投标文件的送达时间和密封情况,并存档备查。

第三十七条　招标人应当在资格预审公告、招标公告或者投标邀请书中载明是否接受联合体投标。

招标人接受联合体投标并进行资格预审的,联合体应当在提交资格预审申请文件前组成。资格预审后联合体增减、更换成员的,其投标无效。

联合体各方在同一招标项目中以自己名义单独投标或者参加其他联合体投标的,相关投标均无效。

第三十八条　投标人发生合并、分立、破产等重大变化的,应当及时书面告知招标人。投标人不再具备资格预审文件、招标文件规定的资格条件或者其投标影响招标公正性的,其投标无效。

第三十九条　禁止投标人相互串通投标。

有下列情形之一的,属于投标人相互串通投标:

(一)投标人之间协商投标报价等投标文件的实质性内容;

(二)投标人之间约定中标人;

(三)投标人之间约定部分投标人放弃投标或者中标;

(四)属于同一集团、协会、商会等组织成员的投标人按照该组织要求协同投标;

(五)投标人之间为谋取中标或者排斥特定投标人而采取的其他联合行动。

第四十条　有下列情形之一的,视为投标人相互串通投标:

(一)不同投标人的投标文件由同一单位或者个人编制;

(二)不同投标人委托同一单位或者个人办理投标事宜;

(三)不同投标人的投标文件载明的项目管理成员为同一人;

(四)不同投标人的投标文件异常一致或者投标报价呈规律性差异;

（五）不同投标人的投标文件相互混装；

（六）不同投标人的投标保证金从同一单位或者个人的账户转出。

第四十一条　禁止招标人与投标人串通投标。

有下列情形之一的，属于招标人与投标人串通投标：

（一）招标人在开标前开启投标文件并将有关信息泄露给其他投标人；

（二）招标人直接或者间接向投标人泄露标底、评标委员会成员等信息；

（三）招标人明示或者暗示投标人压低或者抬高投标报价；

（四）招标人授意投标人撤换、修改投标文件；

（五）招标人明示或者暗示投标人为特定投标人中标提供方便；

（六）招标人与投标人为谋求特定投标人中标而采取的其他串通行为。

第四十二条　使用通过受让或者租借等方式获取的资格、资质证书投标的，属于招标投标法第三十三条规定的以他人名义投标。

投标人有下列情形之一的，属于招标投标法第三十三条规定的以其他方式弄虚作假的行为：

（一）使用伪造、变造的许可证件；

（二）提供虚假的财务状况或者业绩；

（三）提供虚假的项目负责人或者主要技术人员简历、劳动关系证明；

（四）提供虚假的信用状况；

（五）其他弄虚作假的行为。

第四十三条　提交资格预审申请文件的申请人应当遵守招标投标法和本条例有关投标人的规定。

第四章　开标、评标和中标

第四十四条　招标人应当按照招标文件规定的时间、地点开标。

投标人少于3个的，不得开标；招标人应当重新招标。

投标人对开标有异议的，应当在开标现场提出，招标人应当当场作出答复，并制作记录。

第四十五条　国家实行统一的评标专家专业分类标准和管理办法。具体标准和办法由国务院发展改革部门会同国务院有关部门制定。

省级人民政府和国务院有关部门应当组建综合评标专家库。

第四十六条 除招标投标法第三十七条第三款规定的特殊招标项目外,依法必须进行招标的项目,其评标委员会的专家成员应当从评标专家库内相关专业的专家名单中以随机抽取方式确定。任何单位和个人不得以明示、暗示等任何方式指定或者变相指定参加评标委员会的专家成员。

依法必须进行招标的项目的招标人非因招标投标法和本条例规定的事由,不得更换依法确定的评标委员会成员。更换评标委员会的专家成员应当依照前款规定进行。

评标委员会成员与投标人有利害关系的,应当主动回避。

有关行政监督部门应当按照规定的职责分工,对评标委员会成员的确定方式、评标专家的抽取和评标活动进行监督。行政监督部门的工作人员不得担任本部门负责监督项目的评标委员会成员。

第四十七条 招标投标法第三十七条第三款所称特殊招标项目,是指技术复杂、专业性强或者国家有特殊要求,采取随机抽取方式确定的专家难以保证胜任评标工作的项目。

第四十八条 招标人应当向评标委员会提供评标所必需的信息,但不得明示或者暗示其倾向或者排斥特定投标人。

招标人应当根据项目规模和技术复杂程度等因素合理确定评标时间。超过三分之一的评标委员会成员认为评标时间不够的,招标人应当适当延长。

评标过程中,评标委员会成员有回避事由、擅离职守或者因健康等原因不能继续评标的,应当及时更换。被更换的评标委员会成员作出的评审结论无效,由更换后的评标委员会成员重新进行评审。

第四十九条 评标委员会成员应当依照招标投标法和本条例的规定,按照招标文件规定的评标标准和方法,客观、公正地对投标文件提出评审意见。招标文件没有规定的评标标准和方法不得作为评标的依据。

评标委员会成员不得私下接触投标人,不得收受投标人给予的财物或者其他好处,不得向招标人征询确定中标人的意向,不得接受任何单位或者个人明示或者暗示提出的倾向或者排斥特定投标人的要求,不得有其他不客观、不公正履行职务的行为。

第五十条 招标项目设有标底的,招标人应当在开标时公布。标底只能作为评标的参考,不得以投标报价是否接近标底作为中标条件,也不得以投标报价超过标底上下浮动范围作为否决投标的条件。

第五十一条 有下列情形之一的，评标委员会应当否决其投标：

（一）投标文件未经投标单位盖章和单位负责人签字；

（二）投标联合体没有提交共同投标协议；

（三）投标人不符合国家或者招标文件规定的资格条件；

（四）同一投标人提交两个以上不同的投标文件或者投标报价，但招标文件要求提交备选投标的除外；

（五）投标报价低于成本或者高于招标文件设定的最高投标限价；

（六）投标文件没有对招标文件的实质性要求和条件作出响应；

（七）投标人有串通投标、弄虚作假、行贿等违法行为。

第五十二条 投标文件中有含义不明确的内容、明显文字或者计算错误，评标委员会认为需要投标人作出必要澄清、说明的，应当书面通知该投标人。投标人的澄清、说明应当采用书面形式，并不得超出投标文件的范围或者改变投标文件的实质性内容。

评标委员会不得暗示或者诱导投标人作出澄清、说明，不得接受投标人主动提出的澄清、说明。

第五十三条 评标完成后，评标委员会应当向招标人提交书面评标报告和中标候选人名单。中标候选人应当不超过3个，并标明排序。

评标报告应当由评标委员会全体成员签字。对评标结果有不同意见的评标委员会成员应当以书面形式说明其不同意见和理由，评标报告应当注明该不同意见。评标委员会成员拒绝在评标报告上签字又不书面说明其不同意见和理由的，视为同意评标结果。

第五十四条 依法必须进行招标的项目，招标人应当自收到评标报告之日起3日内公示中标候选人，公示期不得少于3日。

投标人或者其他利害关系人对依法必须进行招标的项目的评标结果有异议的，应当在中标候选人公示期间提出。招标人应当自收到异议之日起3日内作出答复；作出答复前，应当暂停招标投标活动。

第五十五条 国有资金占控股或者主导地位的依法必须进行招标的项目，招标人应当确定排名第一的中标候选人为中标人。排名第一的中标候选人放弃中标、因不可抗力不能履行合同、不按照招标文件要求提交履约保证金，或者被查实存在影响中标结果的违法行为等情形，不符合中标条件的，招标人可以按照评标委员会提出的中标候选人名单排序依次确定其他中标候选人为中标人，也可以重新招标。

第五十六条 中标候选人的经营、财务状况发生较大变化或者存在违法行为，招标人认为可能影响其履约能力的，应当在发出中标通知书前由原评标委员会按照招标文件规定的标准和方法审查确认。

第五十七条　招标人和中标人应当依照招标投标法和本条例的规定签订书面合同，合同的标的、价款、质量、履行期限等主要条款应当与招标文件和中标人的投标文件的内容一致。招标人和中标人不得再行订立背离合同实质性内容的其他协议。

招标人最迟应当在书面合同签订后5日内向中标人和未中标的投标人退还投标保证金及银行同期存款利息。

第五十八条　招标文件要求中标人提交履约保证金的，中标人应当按照招标文件的要求提交。履约保证金不得超过中标合同金额的10%。

第五十九条　中标人应当按照合同约定履行义务，完成中标项目。中标人不得向他人转让中标项目，也不得将中标项目肢解后分别向他人转让。

中标人按照合同约定或者经招标人同意，可以将中标项目的部分非主体、非关键性工作分包给他人完成。接受分包的人应当具备相应的资格条件，并不得再次分包。

中标人应当就分包项目向招标人负责，接受分包的人就分包项目承担连带责任。

第五章　投诉与处理

第六十条　投标人或者其他利害关系人认为招标投标活动不符合法律、行政法规规定的，可以自知道或者应当知道之日起10日内向有关行政监督部门投诉。投诉应当有明确的请求和必要的证明材料。

就本条例第二十二条、第四十四条、第五十四条规定事项投诉的，应当先向招标人提出异议，异议答复期间不计算在前款规定的期限内。

第六十一条　投诉人就同一事项向两个以上有权受理的行政监督部门投诉的，由最先收到投诉的行政监督部门负责处理。

行政监督部门应当自收到投诉之日起3个工作日内决定是否受理投诉，并自受理投诉之日起30个工作日内作出书面处理决定；需要检验、检测、鉴定、专家评审的，所需时间不计算在内。

投诉人捏造事实、伪造材料或者以非法手段取得证明材料进行投诉的，行政监督部门应当予以驳回。

第六十二条 行政监督部门处理投诉，有权查阅、复制有关文件、资料，调查有关情况，相关单位和人员应当予以配合。必要时，行政监督部门可以责令暂停招标投标活动。

行政监督部门的工作人员对监督检查过程中知悉的国家秘密、商业秘密，应当依法予以保密。

第六章 法律责任

第六十三条 招标人有下列限制或者排斥潜在投标人行为之一的，由有关行政监督部门依照招标投标法第五十一条的规定处罚：

（一）依法应当公开招标的项目不按照规定在指定媒介发布资格预审公告或者招标公告；

（二）在不同媒介发布的同一招标项目的资格预审公告或者招标公告的内容不一致，影响潜在投标人申请资格预审或者投标。

依法必须进行招标的项目的招标人不按照规定发布资格预审公告或者招标公告，构成规避招标的，依照招标投标法第四十九条的规定处罚。

第六十四条 招标人有下列情形之一的，由有关行政监督部门责令改正，可以处10万元以下的罚款：

（一）依法应当公开招标而采用邀请招标；

（二）招标文件、资格预审文件的发售、澄清、修改的时限，或者确定的提交资格预审申请文件、投标文件的时限不符合招标投标法和本条例规定；

（三）接受未通过资格预审的单位或者个人参加投标；

（四）接受应当拒收的投标文件。

招标人有前款第一项、第三项、第四项所列行为之一的，对单位直接负责的主管人员和其他直接责任人员依法给予处分。

第六十五条 招标代理机构在所代理的招标项目中投标、代理投标或者向该项目投标人提供咨询的，接受委托编制标底的中介机构参加受托编制标底项目的投标或者为该项目的投标人编制投标文件、提供咨询的，依照招标投标法第五十条的规定追究法律责任。

第六十六条 招标人超过本条例规定的比例收取投标保证金、履约保证金或者不按照规定退还投标保证金及银行同期存款利息的，由有关行政监督部门责令改正，可以处5万元以下的罚款；给他人造成损失的，依法承担赔偿责任。

第六十七条　投标人相互串通投标或者与招标人串通投标的，投标人向招标人或者评标委员会成员行贿谋取中标的，中标无效；构成犯罪的，依法追究刑事责任；尚不构成犯罪的，依照招标投标法第五十三条的规定处罚。投标人未中标的，对单位的罚款金额按照招标项目合同金额依照招标投标法规定的比例计算。

投标人有下列行为之一的，属于招标投标法第五十三条规定的情节严重行为，由有关行政监督部门取消其1年至2年内参加依法必须进行招标的项目的投标资格：

（一）以行贿谋取中标；

（二）3年内2次以上串通投标；

（三）串通投标行为损害招标人、其他投标人或者国家、集体、公民的合法利益，造成直接经济损失30万元以上；

（四）其他串通投标情节严重的行为。

投标人自本条第二款规定的处罚执行期限届满之日起3年内又有该款所列违法行为之一的，或者串通投标、以行贿谋取中标情节特别严重的，由工商行政管理机关吊销营业执照。

法律、行政法规对串通投标报价行为的处罚另有规定的，从其规定。

第六十八条　投标人以他人名义投标或者以其他方式弄虚作假骗取中标的，中标无效；构成犯罪的，依法追究刑事责任；尚不构成犯罪的，依照招标投标法第五十四条的规定处罚。依法必须进行招标的项目的投标人未中标的，对单位的罚款金额按照招标项目合同金额依照招标投标法规定的比例计算。

投标人有下列行为之一的，属于招标投标法第五十四条规定的情节严重行为，由有关行政监督部门取消其1年至3年内参加依法必须进行招标的项目的投标资格：

（一）伪造、变造资格、资质证书或者其他许可证件骗取中标；

（二）3年内2次以上使用他人名义投标；

（三）弄虚作假骗取中标给招标人造成直接经济损失30万元以上；

（四）其他弄虚作假骗取中标情节严重的行为。

投标人自本条第二款规定的处罚执行期限届满之日起3年内又有该款所列违法行为之一的，或者弄虚作假骗取中标情节特别严重的，由工商行政管理机关吊销营业执照。

第六十九条 出让或者出租资格、资质证书供他人投标的，依照法律、行政法规的规定给予行政处罚；构成犯罪的，依法追究刑事责任。

第七十条 依法必须进行招标的项目的招标人不按照规定组建评标委员会，或者确定、更换评标委员会成员违反招标投标法和本条例规定的，由有关行政监督部门责令改正，可以处10万元以下的罚款，对单位直接负责的主管人员和其他直接责任人员依法给予处分；违法确定或者更换的评标委员会成员作出的评审结论无效，依法重新进行评审。

国家工作人员以任何方式非法干涉选取评标委员会成员的，依照本条例第八十条的规定追究法律责任。

第七十一条 评标委员会成员有下列行为之一的，由有关行政监督部门责令改正；情节严重的，禁止其在一定期限内参加依法必须进行招标的项目的评标；情节特别严重的，取消其担任评标委员会成员的资格：

（一）应当回避而不回避；

（二）擅离职守；

（三）不按照招标文件规定的评标标准和方法评标；

（四）私下接触投标人；

（五）向招标人征询确定中标人的意向或者接受任何单位或者个人明示或者暗示提出的倾向或者排斥特定投标人的要求；

（六）对依法应当否决的投标不提出否决意见；

（七）暗示或者诱导投标人作出澄清、说明或者接受投标人主动提出的澄清、说明；

（八）其他不客观、不公正履行职务的行为。

第七十二条 评标委员会成员收受投标人的财物或者其他好处的，没收收受的财物，处3000元以上5万元以下的罚款，取消担任评标委员会成员的资格，不得再参加依法必须进行招标的项目的评标；构成犯罪的，依法追究刑事责任。

第七十三条 依法必须进行招标的项目的招标人有下列情形之一的，由有关行政监督部门责令改正，可以处中标项目金额10‰以下的罚款；给他人造成损失的，依法承担赔偿责任；对单位直接负责的主管人员和其他直接责任人员依法给予处分：

（一）无正当理由不发出中标通知书；

（二）不按照规定确定中标人；

（三）中标通知书发出后无正当理由改变中标结果；

（四）无正当理由不与中标人订立合同；

（五）在订立合同时向中标人提出附加条件。

第七十四条　中标人无正当理由不与招标人订立合同，在签订合同时向招标人提出附加条件，或者不按照招标文件要求提交履约保证金的，取消其中标资格，投标保证金不予退还。对依法必须进行招标的项目的中标人，由有关行政监督部门责令改正，可以处中标项目金额10‰以下的罚款。

第七十五条　招标人和中标人不按照招标文件和中标人的投标文件订立合同，合同的主要条款与招标文件、中标人的投标文件的内容不一致，或者招标人、中标人订立背离合同实质性内容的协议的，由有关行政监督部门责令改正，可以处中标项目金额5‰以上10‰以下的罚款。

第七十六条　中标人将中标项目转让给他人的，将中标项目肢解后分别转让给他人的，违反招标投标法和本条例规定将中标项目的部分主体、关键性工作分包给他人的，或者分包人再次分包的，转让、分包无效，处转让、分包项目金额5‰以上10‰以下的罚款；有违法所得的，并处没收违法所得；可以责令停业整顿；情节严重的，由工商行政管理机关吊销营业执照。

第七十七条　投标人或者其他利害关系人捏造事实、伪造材料或者以非法手段取得证明材料进行投诉，给他人造成损失的，依法承担赔偿责任。

招标人不按照规定对异议作出答复，继续进行招标投标活动的，由有关行政监督部门责令改正，拒不改正或者不能改正并影响中标结果的，依照本条例第八十二条的规定处理。

第七十八条　国家建立招标投标信用制度。有关行政监督部门应当依法公告对招标人、招标代理机构、投标人、评标委员会成员等当事人违法行为的行政处理决定。

第七十九条　项目审批、核准部门不依法审批、核准项目招标范围、招标方式、招标组织形式的，对单位直接负责的主管人员和其他直接责任人员依法给予处分。

有关行政监督部门不依法履行职责，对违反招标投标法和本条例规定的行为不依法查处，或者不按照规定处理投诉、不依法公告对招标投标当事人违法行为的行政处理决定的，对直接负责的主管人员和其他直接责任人员依法给予处分。

项目审批、核准部门和有关行政监督部门的工作人员徇私舞弊、滥用职权、玩忽职守，构成犯罪的，依法追究刑事责任。

第八十条 国家工作人员利用职务便利，以直接或者间接、明示或者暗示等任何方式非法干涉招标投标活动，有下列情形之一的，依法给予记过或者记大过处分；情节严重的，依法给予降级或者撤职处分；情节特别严重的，依法给予开除处分；构成犯罪的，依法追究刑事责任：

（一）要求对依法必须进行招标的项目不招标，或者要求对依法应当公开招标的项目不公开招标；

（二）要求评标委员会成员或者招标人以其指定的投标人作为中标候选人或者中标人，或者以其他方式非法干涉评标活动，影响中标结果；

（三）以其他方式非法干涉招标投标活动。

第八十一条 依法必须进行招标的项目的招标投标活动违反招标投标法和本条例的规定，对中标结果造成实质性影响，且不能采取补救措施予以纠正的，招标、投标、中标无效，应当依法重新招标或者评标。

第七章 附 则

第八十二条 招标投标协会按照依法制定的章程开展活动，加强行业自律和服务。

第八十三条 政府采购的法律、行政法规对政府采购货物、服务的招标投标另有规定的，从其规定。

第八十四条 本条例自2012年2月1日起施行。

第六百四十五条 【拍卖】拍卖的当事人的权利和义务以及拍卖程序等，依照有关法律、行政法规的规定。

一、相关法律条文

《中华人民共和国拍卖法》（2015年4月24日修正）

第一章 总 则

第一条 为了规范拍卖行为，维护拍卖秩序，保护拍卖活动各方当事人的合法权益，制定本法。

第二条　本法适用于中华人民共和国境内拍卖企业进行的拍卖活动。

第三条　拍卖是指以公开竞价的形式，将特定物品或者财产权利转让给最高应价者的买卖方式。

第四条　拍卖活动应当遵守有关法律、行政法规，遵循公开、公平、公正、诚实信用的原则。

第五条　国务院负责管理拍卖业的部门对全国拍卖业实施监督管理。

省、自治区、直辖市的人民政府和设区的市的人民政府负责管理拍卖业的部门对本行政区域内的拍卖业实施监督管理。

第二章　拍卖标的

第六条　拍卖标的应当是委托人所有或者依法可以处分的物品或者财产权利。

第七条　法律、行政法规禁止买卖的物品或者财产权利，不得作为拍卖标的。

第八条　依照法律或者按照国务院规定需经审批才能转让的物品或者财产权利，在拍卖前，应当依法办理审批手续。

委托拍卖的文物，在拍卖前，应当经拍卖人住所地的文物行政管理部门依法鉴定、许可。

第九条　国家行政机关依法没收的物品，充抵税款、罚款的物品和其他物品，按照国务院规定应当委托拍卖的，由财产所在地的省、自治区、直辖市的人民政府和设区的市的人民政府指定的拍卖人进行拍卖。

拍卖由人民法院依法没收的物品，充抵罚金、罚款的物品以及无法返还的追回物品，适用前款规定。

第三章　拍卖当事人

第一节　拍　卖　人

第十条　拍卖人是指依照本法和《中华人民共和国公司法》设立的从事拍卖活动的企业法人。

第十一条　企业取得从事拍卖业务的许可必须经所在地的省、自治区、直辖市人民政府负责管理拍卖业的部门审核批准。拍卖企业可以在设区的市设立。

第十二条 企业申请取得从事拍卖业务的许可,应当具备下列条件:

(一)有一百万元人民币以上的注册资本;

(二)有自己的名称、组织机构、住所和章程;

(三)有与从事拍卖业务相适应的拍卖师和其他工作人员;

(四)有符合本法和其他有关法律规定的拍卖业务规则;

(五)符合国务院有关拍卖业发展的规定;

(六)法律、行政法规规定的其他条件。

第十三条 拍卖企业经营文物拍卖的,应当有一千万元人民币以上的注册资本,有具有文物拍卖专业知识的人员。

第十四条 拍卖活动应当由拍卖师主持。

第十五条 拍卖师应当具备下列条件:

(一)具有高等院校专科以上学历和拍卖专业知识;

(二)在拍卖企业工作两年以上;

(三)品行良好。

被开除公职或者吊销拍卖师资格证书未满五年的,或者因故意犯罪受过刑事处罚的,不得担任拍卖师。

第十六条 拍卖师资格考核,由拍卖行业协会统一组织。经考核合格的,由拍卖行业协会发给拍卖师资格证书。

第十七条 拍卖行业协会是依法成立的社会团体法人,是拍卖业的自律性组织。拍卖行业协会依照本法并根据章程,对拍卖企业和拍卖师进行监督。

第十八条 拍卖人有权要求委托人说明拍卖标的的来源和瑕疵。

拍卖人应当向竞买人说明拍卖标的的瑕疵。

第十九条 拍卖人对委托人交付拍卖的物品负有保管义务。

第二十条 拍卖人接受委托后,未经委托人同意,不得委托其他拍卖人拍卖。

第二十一条 委托人、买受人要求对其身份保密的,拍卖人应当为其保密。

第二十二条 拍卖人及其工作人员不得以竞买人的身份参与自己组织的拍卖活动,并不得委托他人代为竞买。

第二十三条 拍卖人不得在自己组织的拍卖活动中拍卖自己的物品或者财产权利。

第二十四条 拍卖成交后,拍卖人应当按照约定向委托人交付拍卖标的的价款,并按照约定将拍卖标的移交给买受人。

第二节 委 托 人

第二十五条 委托人是指委托拍卖人拍卖物品或者财产权利的公民、法人或者其他组织。

第二十六条 委托人可以自行办理委托拍卖手续,也可以由其代理人代为办理委托拍卖手续。

第二十七条 委托人应当向拍卖人说明拍卖标的的来源和瑕疵。

第二十八条 委托人有权确定拍卖标的的保留价并要求拍卖人保密。

拍卖国有资产,依照法律或者按照国务院规定需要评估的,应当经依法设立的评估机构评估,并根据评估结果确定拍卖标的的保留价。

第二十九条 委托人在拍卖开始前可以撤回拍卖标的。委托人撤回拍卖标的的,应当向拍卖人支付约定的费用;未作约定的,应当向拍卖人支付为拍卖支出的合理费用。

第三十条 委托人不得参与竞买,也不得委托他人代为竞买。

第三十一条 按照约定由委托人移交拍卖标的的,拍卖成交后,委托人应当将拍卖标的移交给买受人。

第三节 竞 买 人

第三十二条 竞买人是指参加竞购拍卖标的的公民、法人或者其他组织。

第三十三条 法律、行政法规对拍卖标的的买卖条件有规定的,竞买人应当具备规定的条件。

第三十四条 竞买人可以自行参加竞买,也可以委托其代理人参加竞买。

第三十五条 竞买人有权了解拍卖标的的瑕疵,有权查验拍卖标的和查阅有关拍卖资料。

第三十六条 竞买人一经应价,不得撤回,当其他竞买人有更高应价时,其应价即丧失约束力。

第三十七条 竞买人之间、竞买人与拍卖人之间不得恶意串通,损害他人利益。

第四节 买受人

第三十八条 买受人是指以最高应价购得拍卖标的的竞买人。

第三十九条 买受人应当按照约定支付拍卖标的的价款，未按照约定支付价款的，应当承担违约责任，或者由拍卖人征得委托人的同意，将拍卖标的再行拍卖。

拍卖标的再行拍卖的，原买受人应当支付第一次拍卖中本人及委托人应当支付的佣金。再行拍卖的价款低于原拍卖价款的，原买受人应当补足差额。

第四十条 买受人未能按照约定取得拍卖标的的，有权要求拍卖人或者委托人承担违约责任。

买受人未按照约定受领拍卖标的的，应当支付由此产生的保管费用。

第四章 拍卖程序

第一节 拍卖委托

第四十一条 委托人委托拍卖物品或者财产权利，应当提供身份证明和拍卖人要求提供的拍卖标的的所有权证明或者依法可以处分拍卖标的的证明及其他资料。

第四十二条 拍卖人应当对委托人提供的有关文件、资料进行核实。拍卖人接受委托的，应当与委托人签订书面委托拍卖合同。

第四十三条 拍卖人认为需要对拍卖标的进行鉴定的，可以进行鉴定。

鉴定结论与委托拍卖合同载明的拍卖标的状况不相符的，拍卖人有权要求变更或者解除合同。

第四十四条 委托拍卖合同应当载明以下事项：

（一）委托人、拍卖人的姓名或者名称、住所；

（二）拍卖标的的名称、规格、数量、质量；

（三）委托人提出的保留价；

（四）拍卖的时间、地点；

（五）拍卖标的交付或者转移的时间、方式；

（六）佣金及其支付的方式、期限；

（七）价款的支付方式、期限；

(八)违约责任;

(九)双方约定的其他事项。

第二节 拍卖公告与展示

第四十五条 拍卖人应当于拍卖日七日前发布拍卖公告。

第四十六条 拍卖公告应当载明下列事项:

(一)拍卖的时间、地点;

(二)拍卖标的;

(三)拍卖标的展示时间、地点;

(四)参与竞买应当办理的手续;

(五)需要公告的其他事项。

第四十七条 拍卖公告应当通过报纸或者其他新闻媒介发布。

第四十八条 拍卖人应当在拍卖前展示拍卖标的,并提供查看拍卖标的的条件及有关资料。拍卖标的的展示时间不得少于两日。

第三节 拍卖的实施

第四十九条 拍卖师应当于拍卖前宣布拍卖规则和注意事项。

第五十条 拍卖标的无保留价的,拍卖师应当在拍卖前予以说明。

拍卖标的有保留价的,竞买人的最高应价未达到保留价时,该应价不发生效力,拍卖师应当停止拍卖标的的拍卖。

第五十一条 竞买人的最高应价经拍卖师落槌或者以其他公开表示买定的方式确认后,拍卖成交。

第五十二条 拍卖成交后,买受人和拍卖人应当签署成交确认书。

第五十三条 拍卖人进行拍卖时,应当制作拍卖笔录。拍卖笔录应当由拍卖师、记录人签名;拍卖成交的,还应当由买受人签名。

第五十四条 拍卖人应当妥善保管有关业务经营活动的完整账簿、拍卖笔录和其他有关资料。

前款规定的账簿、拍卖笔录和其他有关资料的保管期限,自委托拍卖合同终止之日起计算,不得少于五年。

第五十五条 拍卖标的需要依法办理证照变更、产权过户手续的,委托人、买受人应当持拍卖人出具的成交证明和有关材料,向有关行政管理机关办理手续。

第四节 佣　　金

第五十六条 委托人、买受人可以与拍卖人约定佣金的比例。

委托人、买受人与拍卖人对佣金比例未作约定,拍卖成交的,拍卖人可以向委托人、买受人各收取不超过拍卖成交价百分之五的佣金。收取佣金的比例按照同拍卖成交价成反比的原则确定。

拍卖未成交的,拍卖人可以向委托人收取约定的费用;未作约定的,可以向委托人收取为拍卖支出的合理费用。

第五十七条 拍卖本法第九条规定的物品成交的,拍卖人可以向买受人收取不超过拍卖成交价百分之五的佣金。收取佣金的比例按照同拍卖成交价成反比的原则确定。

拍卖未成交的,适用本法第五十六条第三款的规定。

第五章 法律责任

第五十八条 委托人违反本法第六条的规定,委托拍卖其没有所有权或者依法不得处分的物品或者财产权利的,应当依法承担责任。拍卖人明知委托人对拍卖的物品或者财产权利没有所有权或者依法不得处分的,应当承担连带责任。

第五十九条 国家机关违反本法第九条的规定,将应当委托财产所在地的省、自治区、直辖市的人民政府或者设区的市的人民政府指定的拍卖人拍卖的物品擅自处理的,对负有直接责任的主管人员和其他直接责任人员依法给予行政处分,给国家造成损失的,还应当承担赔偿责任。

第六十条 违反本法第十一条的规定,未经许可从事拍卖业务的,由工商行政管理部门予以取缔,没收违法所得,并可以处违法所得一倍以上五倍以下的罚款。

第六十一条 拍卖人、委托人违反本法第十八条第二款、第二十七条的规定,未说明拍卖标的的瑕疵,给买受人造成损害的,买受人有权向拍卖人要求赔偿;属于委托人责任的,拍卖人有权向委托人追偿。

拍卖人、委托人在拍卖前声明不能保证拍卖标的的真伪或者品质的,不承担瑕疵担保责任。

因拍卖标的存在瑕疵未声明的,请求赔偿的诉讼时效期间为一年,自当事人知道或者应当知道权利受到损害之日起计算。

因拍卖标的存在缺陷造成人身、财产损害请求赔偿的诉讼时效期间，适用《中华人民共和国产品质量法》和其他法律的有关规定。

第六十二条　拍卖人及其工作人员违反本法第二十二条的规定，参与竞买或者委托他人代为竞买的，由工商行政管理部门对拍卖人给予警告，可以处拍卖佣金一倍以上五倍以下的罚款；情节严重的，吊销营业执照。

第六十三条　违反本法第二十三条的规定，拍卖人在自己组织的拍卖活动中拍卖自己的物品或者财产权利的，由工商行政管理部门没收拍卖所得。

第六十四条　违反本法第三十条的规定，委托人参与竞买或者委托他人代为竞买的，工商行政管理部门可以对委托人处拍卖成交价百分之三十以下的罚款。

第六十五条　违反本法第三十七条的规定，竞买人之间、竞买人与拍卖人之间恶意串通，给他人造成损害的，拍卖无效，应当依法承担赔偿责任。由工商行政管理部门对参与恶意串通的竞买人处最高应价百分之十以上百分之三十以下的罚款；对参与恶意串通的拍卖人处最高应价百分之十以上百分之五十以下的罚款。

第六十六条　违反本法第四章第四节关于佣金比例的规定收取佣金的，拍卖人应当将超收部分返还委托人、买受人。物价管理部门可以对拍卖人处拍卖佣金一倍以上五倍以下的罚款。

第六章　附　则

第六十七条　外国人、外国企业和组织在中华人民共和国境内委托拍卖或者参加竞买的，适用本法。

第六十八条　本法自1997年1月1日起施行。

二、相关指导案例

1. 第125号指导案例"陈载果与刘荣坤、广东省汕头渔业用品进出口公司等申请撤销拍卖执行监督案"（最高人民法院审判委员会讨论通过；2019年12月24日发布）

根据《中华人民共和国拍卖法》规定，拍卖法适用于中华人民共和国境内拍卖企业进行的拍卖活动，调整的是拍卖人、委托人、竞买人、买受人等平等主体之间的权利义务关系。拍卖人接受委托人委托对拍卖标的进行拍卖，是拍卖人和委托人之间“合意”的结果，该委托拍卖系合同关系，属于私法范畴。人民法院司法拍卖是人民法院依法行使强制执行权，就查封、扣押、冻结的财产强制进行拍卖变价进而清偿债务的强制执行行为，其本质上属于司法行为，具有公法性质。该强制执行权并非来自于当事人的授权，无须征得当事人的同意，也不以当事人的意志为转移，而是基于法律赋予的人民法院的强制执行权，即来源于民事诉讼法及相关司法解释的规定。即便是在传统的司法拍卖中，人民法院委托拍卖企业进行拍卖活动，该拍卖企业与人民法院之间也不是平等关系，该拍卖企业的拍卖活动只能在人民法院的授权范围内进行。因此，人民法院在司法拍卖中应适用民事诉讼法及相关司法解释对人民法院强制执行的规定。网络司法拍卖是人民法院司法拍卖的一种优选方式，亦应适用民事诉讼法及相关司法解释对人民法院强制执行的规定。

2. 第35号指导案例“广东龙正投资发展有限公司与广东景茂拍卖行有限公司委托拍卖执行复议案”（最高人民法院审判委员会讨论通过；2014年12月18日发布）

受人民法院委托进行的拍卖属于司法强制拍卖，其与公民、法人和其他组织自行委托拍卖机构进行的拍卖不同，人民法院有权对拍卖程序及拍卖结果的合法性进行审查。因此，即使拍卖已经成交，人民法院发现其所委托的拍卖行为违法，仍可以根据《民法通则》第五十八条、《拍卖法》第六十五条等法律规定，对在拍卖过程中恶意串通，导致拍卖不能公平竞价、损害他人合法权益的，裁定该拍卖无效。

买受人在拍卖过程中与拍卖机构是否存在恶意串通，应从拍卖过程、拍卖结果等方面综合考察。如果买受人与拍卖机构存在关联关系，拍卖过程没有进行充分竞价，而买受人和拍卖机构明知标的物评估价和成交价明显过低，仍以该低价成交，损害标的物相关权利人合法权益的，可以认定双方存在恶意串通。

本案中，在景茂拍卖行与买受人之间因股东的亲属关系而存在关联关系的情况下，除非能够证明拍卖过程中有其他无关联关系的竞买人参与竞买，且进行了充分的竞价，否则可以推定景茂拍卖行与买受人之间存在串通。该竞价充分的举证责任应由景茂拍卖行和与其有关联关系的买受人承担。2003年拍卖结束后，景茂拍卖行给广东高院的拍卖报告中指出，还有另外两个自然人参加竞买，现场没有举牌竞价，拍卖中仅一次叫价即以保留价成交,并无竞价。而买受人龙正公司和景茂拍卖行不能提供其他两个竞买人的情况。经审核,其复议中提供的向工商管理部门备案的材料中,并无另外两个竞买人参加竞买的资料。拍卖资料经过了保存期,不是其不能提供竞买人情况的理由。据此,不能认定有其他竞买人参加了竞买,可以认定景茂拍卖行与买受人龙正公司之间存在串通行为。

鉴于本案拍卖系直接以评估机构确定的市场价的70%之保留价成交的,故评估价是否合理对于拍卖结果是否公正合理有直接关系。之前对一半房产的评估价已达一亿多元,但是本次对全部房产的评估价格却只有原来一半房产评估价格的35%。拍卖行明知价格过低,却通过亲属来购买房产,未经多轮竞价,严重侵犯了他人的利益。拍卖整个楼的价格与评估部分房产时的价格相差悬殊,拍卖行和买受人的解释不能让人信服,可以认定两者间存在恶意串通。同时,与广丰大厦相关的权利有申请交付广丰大厦预售房屋、回迁房屋和申请返还购房款、工程款、银行借款等,总额达15亿多元,仅购房人登记所交购房款即超过2亿元。而本案拍卖价款仅为2412万元,对于没有优先受偿权的本案申请执行人毫无利益可言,明显属于无益拍卖。鉴于景茂拍卖行负责接受与广丰大厦相关的权利的申报工作,且买受人与其存在关联关系,可认定景茂拍卖行与买受人对上述问题也应属明知。因此,对于此案拍卖导致与广丰大厦相关的权利人的权益受侵害,景茂拍卖行与买受人龙正公司之间构成恶意串通。

三、相关裁判摘要

• **2017年第3期《中华人民共和国最高人民法院公报》**刊登的**"青海红鼎房地产有限公司与青海省国有资产投资管理有限公司、青海省产权交易市场确认合同有效纠纷案"**中,最高人民法院(2015)民二终字第351号民事判决书认为网络竞拍是拍卖的一种特殊形式。相关裁判摘要如下:

本院认为,本案二审争议焦点是:国投公司与红鼎公司间就69号标的物的买卖合同是否成立,效力如何。结合当事人的诉辩意见,从以下三个方面进行分析:

一、关于案涉交易应遵守的交易规则

本案中,国投公司作为甲方与作为乙方的产权市场,就69号标的物的转让签订《产权转让服务协议》，由国投公司委托产权市场办理上述财产转让的相关事宜。2011年9月19日、9月20日产权市场分别与伟业公司、红鼎公司签订《网络竞价协议书》，就两公司参加69号标的物转让项目的网络竞价活动作出约定。各方主体在产权市场利用金马甲网络竞价系统对69号标的物进行交易，均应遵守交易规则，而《金马甲网络竞价操作须知》《金马甲网络竞价大厅使用规则》均是该交易规则的重要组成部分。

二审中，红鼎公司和产权市场称，国投公司提交的《金马甲网络竞价大厅使用规则》与公示的文件不符，产权市场与红鼎公司出具的《金马甲竞价大厅使用规则》系发给所有竞买人的原文。对于该问题，本院认为，首先，原一审中红鼎公司与国投公司均将《金马甲网络竞价大厅使用规则》作为证据提交，且发表了质证意见，双方对其真实性均无异议；其次，本案一审中，国投公司也提交了该份证据，红鼎公司和产权市场对此证据的真实性未表示异议；再次，金马甲公司在原一审中给一审法院的答复中亦称，每次网络竞价活动的规则约束体系，由《金马甲网络竞价大厅使用规则》、组织方《交易须知》及其他相关规则文件等共同构成；最后，从名称上看，《金马甲网络竞价大厅使用规则》相对于《金马甲竞价大厅使用规则》而言，应为适用于网络竞价的特别规则，二者并不冲突。故虽然二审中红鼎公司与产权市场对于《金马甲网络竞价大厅使用规则》的真实性提出异议，但未能提供证据推翻之前的质证意见，对此本院不予采信，应当认定《金马甲网络竞价大厅使用规则》是案涉网络竞价交易规则的组成部分。关于应否适用拍卖法问题，本院认为，网络竞拍是拍卖的一种特殊形式，在其有特别规定时依其规定，在无特别规定时，可以适用《拍卖法》的一般规定。

二、关于是否存在计时器在倒计时至19秒时停止计时这一事实的问题

本案二审中，各方当事人对于是否存在计时器停止计时的事实存在争议。但产权市场在与国投公司产权转让服务协议纠纷仲裁案庭审过程中，明确表示确认倒计时停止19秒是事实，本案二审庭审中产权市场亦认可交易当天由于出现争议曾组织各方协商。结合伟业公司2011年9月21日委托青海树人律师事务所致函产权市场和2011年12月5日伟业公司再次致函产权市场就计时器停止计时问题提出异议的事实，以及国投公司向产权市场致函称由于竞价过程中竞买一方计算机出现故障，对于当日的竞价结果不予确认的事实，应当认定在案涉网络竞价交易过程中，存在倒计时停止计时的事实。红鼎公司与产权市场虽辩称这一事实并不存在，但并未提供充分证据证明，故对于该抗辩理由，本院不予采信。

三、关于计时器停止计时是否导致诉争交易不能成立的问题

根据《金马甲网络竞价操作须知》，限时竞价阶段由多个竞价周期组成，每个限时竞价周期为3分钟，竞买人有权在3分钟完整竞价周期内进行新的报价。《金马甲网络竞价大厅使用规则》第二十九条规定，发生下列情形之一的，组织方有权中止或终结竞价活动：（一）金马甲服务器机房网络、互联网络或组织方网络出现故障的……（四）通过组织方指定终端参与竞价活动时有客户端出现故障的……

本案中在案涉69号标的物进行网络竞价时，伟业公司在限时180秒的竞价阶段，其计算机页面计时器在竞价倒计时至19秒时停止计时，在产权市场工作人员进行处置时，金马甲网络竞价系统自动生成《竞价结果通知单》。伟业公司致函产权市场称，在限时竞价阶段，计时器停止读秒，致使伟业公司在剩余的19秒期限内丧失了竞价机会。虽然，原一审中，当事人提交樊强的书面证言称，竞价人伟业公司反映后，樊强及时指出该停止现象不影响其竞价，并询问是否继续竞价，其表示不再竞价。但樊强无正当理由未出庭作证，且其系当时指导伟业公司进行诉争网络竞价交易的产权市场工作人员，与本案当事人一方产权市场有利害关系，其所做证言与伟业公司函件内容相冲突，不能单独作为认定案件事实的依据。金马甲公司和北京国研科技公司书面答复称，19秒停止现象是互联网一种迟延现象，不影响加价操作，通过加价操作，可瞬时恢复正常。但产权市场在二审庭审中称，本案中的计时器停止计时现象属于异常现象，是产权市场使用该系统出现的第一次系统延迟，同时承认并未对竞买人如何应对该种突发情况进行培训。故即使如金马甲网络公司所称此种现象并不影响正常加价，但伟业公司对于出现该种异常情况时仍能正常加价以及如何操作并不知情。在伟业公司明确提出异议的情况下，红鼎公司和产权市场主张该计时器停止计时现象在事实上不影响交易进行，依据不足。本院认为，网络竞价交易具有即时性和公开性的特点，其交易规则具有严格性，产权人、竞买人、竞买组织方均应严格遵守。本案中，在存在计时器停止计时这一事实且伟业公司和国投公司均提出异议认为该事实导致交易未能充分竞价的情况下，应当认定该停止计时现象致使案涉交易未能实现充分竞价。

金马甲公司在书面答复中还称,本案竞价活动中出现的网络延迟不属于故障范畴。金马甲公司为案涉网络竞价活动提供网络服务,与案件有利害关系,其对案涉交易中出现的计时器停止计时现象是否属于故障所作的说明和解释,证明力较低。并且,无论计时器停止计时现象是否属于故障,案涉交易均违反了"限时竞价阶段应当给予竞买人完整的竞买周期以实现充分竞价"的交易规则。原审判决在认定停止计时现象不属于故障问题的前提下,认定案涉竞价结果合法有效不当,本院予以纠正。

综上,本案中,虽然金马甲网络竞价系统自动生成《竞价结果通知单》,但因案涉交易违反交易规则,未能形成有效承诺,对于国投公司不具有约束力,交易未能成立。红鼎公司所称产权市场为国投公司代理人,其所做出的意思表示对国投公司具有约束力以及红鼎公司作为善意第三人,买卖合同有效成立的抗辩理由,均不能成立。国投公司关于本案交易无效,买卖合同未成立的上诉理由成立。

• **2006年第1期《中华人民共和国最高人民法院公报》**刊登的"**曾意龙与江西金马拍卖有限公司、中国银行股份有限公司上饶市分行、徐声炬拍卖纠纷案**"中,最高人民法院(2005)民一终字第43号判决书对于拍卖行为的无效问题进行了分析。相关裁判摘要如下:

双方当事人二审争议的焦点是2004年5月12日,金马公司受中行上饶分行委托拍卖"正大商厦"部分产权时,拍卖师先后在2670万元和2740万元价位上的落槌哪一次有效的问题。根据《中华人民共和国合同法》、《中华人民共和国拍卖法》的规定,参照金马公司向各竞买人提供的《拍卖规则》以及拍卖行业的习惯做法,金马公司拍卖"正大商厦"部分产权过程中,拍卖师在2670万元和2740万元价位上的两次落槌均为无效。

认定金马公司拍卖师在2670万元价位上的第一次落槌无效的主要理由是:第一,拍卖是以公开竞价的形式,将特定物品或者财产权利转让给最高应价者的买卖方式。金马公司拍卖"正大商厦"部分产权的过程中,当拍卖师报价2100万元时,全场除12号竞买人外已无他人应价,而"正大商厦"的保留价是2670万元。根据《中华人民共和国拍卖法》第五十条第二款规定:"拍卖标的有保留价的,竞买人的最高应价未达到保留价时,该应价不发生效力,拍卖师应当停止拍卖标的的拍卖。"此时,尽管拍卖师未依法宣布此次拍卖结束,但客观上已经形成流拍,12号竞买人的2100万元的竞价不发生效力。第二,拍卖活动是有着严格程序性要求的民事法律活动。根据《中华人民共和国拍卖法》的规定和拍卖行业惯例，拍卖师应当向拍卖现场的所有竞买人公开报价，并根据应价情况继续加价拍卖，在出现最高应价时落槌宣布拍卖成交。金马公司拍卖师在宣布12号竞买人2100万元的应价没有达到保留价后，没有宣布流拍，而是单独询问12号竞买人是否接受2670万元的保留价，并在其同意后落槌宣布了拍卖成交。金马公司拍卖师的上述做法，由于不符合向全体竞买人报价这一拍卖活动必须遵循的公平、公正原则，侵害了其他竞买人公平参与竞价的合法权益，在客观上也未能使委托人的利益实现最大化。第三，所谓“三声报价法”是拍卖行业的传统报价方式之一，目前仍为我国众多拍卖公司与竞买人所认可。对于此次拍卖活动是否必须采取“三声报价法”，《中华人民共和国拍卖法》没有规定，金马公司的《拍卖规则》也没有规定，但是，金马公司拍卖师在2670万元以前的报价采取了“三声报价法”，现场的竞买人也接受了这一报价方式。这表明三声报价的拍卖习惯做法已经成为本次拍卖活动必须遵守的规则。金马公司拍卖师在2670万元价位上没有经过三次报价，即落槌宣布成交的做法，违反了本次拍卖活动的规则，同时也剥夺了其他竞买人公平参与竞买的机会。因此，金马公司拍卖师在2670万元价位上的落槌是无效的。

认定金马公司拍卖师在2740万元价位上的第二次落槌无效的主要理由是：“正大商厦”属于有保留价的拍卖标的，当2100万元的最高应价未达到保留价时，根据《中华人民共和国拍卖法》的规定，“拍卖师应当停止拍卖标的的拍卖”。如果公布保留价再次进行拍卖，应当重新进行公告，并按照拍卖行业的惯例，降低保留价。但是在实践中，有的拍卖公司在流拍后，没有结束拍卖活动，而是继续进行拍卖。这一做法并不为法律所禁止。金马公司拍卖师于流拍后，向12号竞买人单独报价并落槌宣布其以2670万元购得“正大商厦”部分产权后，因其他竞买人抗议，遂在此价位的基础上继续进行拍卖，已经被拍卖师告知以2670万元竞得“正大商厦”部分产权的竞买人曾意龙当即提出抗议，金马公司的拍卖师并未对2670万元价位上的落槌行为作出合理解释和妥善处理，而是继续进行拍卖活动。虽然曾意龙在阻止随后的拍卖活动未果的情况下也曾举牌应价，但金马公司拍卖师对在拍卖现场已经出现的纠纷未做处理，即违反拍卖程序继续拍卖和轻率否认其已经作出的落槌成交宣告行为，使得作为竞买人的曾意龙失去了与其他竞买人一道继续参与公平竞买的正常心态和判断力。因此，随后所进行的拍卖活动对曾意龙是不公平的。其次,在2670万元价位落槌后,金马公司拍卖师随即宣布“今天的标的拍卖到此结束”,整个拍卖过程已经完结,如果讼争标的物需要重新拍卖,金马公司应另行组织拍卖活动。金马公司在2670万元价位的基础上继续拍卖不符合拍卖规则。从2670万元至2740万元价位的拍卖行为属无效的民事行为。因此,金马公司的拍卖师在2740万元价位上的落槌也是无效的。

曾意龙上诉主张在2670万元价位上落槌有效,提出几个理由:一是竞买人报价为要约,拍卖师落槌为承诺,落槌后表明拍卖合同成立,双方均不得擅自解除合同。本院认为,合同依法成立,所谓依法,就是要约和承诺应当合法。法律对拍卖合同的要约和承诺有特殊规定,金马公司的拍卖师在2670万元价位上落槌前,没有向全体竞买人公开报价,也没有进行三次报价,违反了拍卖活动的法定程序和拍卖法公开、公正的基本原则,其落槌行为属于无效承诺。曾意龙与金马公司之间的买卖合同没有依法成立,因此也不存在合同解除问题。二是在拍卖活动中采取“三声报价法”没有法律规定,拍卖规则也没有约定,拍卖师在拍卖事项中没有说明,不能作为认定拍卖行为效力的依据。本院认为,“三声报价法”是拍卖行业的惯例,在本案涉及的拍卖活动一开始就采取此种报价方法,并为包括曾意龙在内的全体竞买人所接受。虽然法律、拍卖规则对此种报价方式没有规定,但行业惯例在具体的民事活动中被各方当事人所认同,即具有法律上的约束力,本案拍卖活动的当事人必须遵守。金马公司拍卖师在2670万元报价时未报价三次,违反了拍卖活动中的程序性规定,也侵害了其他竞买人的权利。因此,曾意龙主张一声报价即落槌有效没有法律依据。三是其他竞买人对2100万元报价没有应价,是已经放弃竞买权,包括2100万元以上报价的竞买权。本院认为,在2100万元价位上经过三次报价,竞买人没有应价,只是表明其放弃在2100万元价位上的竞买权。如果因未达到保留价,在此价位上没有成交,应为流拍。如果拍卖继续进行,应视为新一轮的拍卖,对新的更高的报价,在2100万元价位上没有应价的竞买人仍享有竞买权。曾意龙否认其他竞买人在2100万元以上价位的竞买权,没有法律依据。因此,一审法院认为,金马公司拍卖师在2670万元价位上单独询问曾意龙且仅报价一次即落槌宣布拍卖成交,其行为违反《中华人民共和国拍卖法》的基本原则,侵犯了其他竞买人的利益,也使委托人的利益未能实现最大化,金马公司拍卖师关于曾意龙以2670万元的价格购得标的物的口头宣告不具有法律效力，并无不当。曾意龙主张在 2670 万元价位上落槌有效的上诉请求，本院不予支持。

曾意龙上诉主张在 2740 万元价位上的落槌无效的主要理由是，拍卖师第一次落槌宣布成交后，即应宣告拍卖活动结束，无权单方否定承诺的效力，继续组织拍卖。认定第二次落槌有效，破坏了正常的市场秩序。一审法院认为，金马公司拍卖师在 2670 万元价位上落槌的行为明显不当，在其认识到自己的失误后重新主持拍卖。在报价 2715 万元时，曾意龙举牌应价，应视为对拍卖师纠正错误的认可。关于拍卖师在拍卖活动中出现错误行为包括违法行为，能否自己纠正的问题，本院认为，《中华人民共和国拍卖法》和金马公司的《拍卖规则》对此问题均没有规定，拍卖师有没有权利纠正其在拍卖活动中的错误，不应一概予以否定或者肯定，应当视具体情况而定。自行纠正错误的基本要求是不违反拍卖法公平、公正的基本原则，不违反拍卖程序，不损害他人的合法权益。从本案涉及的具体拍卖活动看，对于 2670 万元价位上的落槌，其他竞买人与曾意龙之间发生了争议，这一争议是金马公司拍卖师的违规行为引起的，拍卖师对此未作出合理解释及妥善处理，便宣布落槌无效，继续进行拍卖，不符合公开、公正的拍卖原则。拍卖师在宣布此次拍卖活动结束后，又继续进行拍卖，违反了拍卖程序。当竞买人之间对 2670 万元落槌有争议，拍卖师无力解释和妥善处理时，无权自行宣布该落槌无效，而应通过合法途径确认此落槌行为的效力。在拍卖活动宣告结束后，拍卖师以继续拍卖的方式自行"纠错"，不论曾意龙是否参与，都是违反拍卖程序的。综上所述，曾意龙上诉主张 2740 万元价位上落槌无效有理，本院予以支持。一审判决驳回曾意龙主张 2740 万元价位上落槌无效的诉讼请求不当，本院予以纠正。

第六百四十六条　【买卖合同准用于有偿合同】法律对其他有偿合同有规定的，依照其规定；没有规定的，参照适用买卖合同的有关规定。

相关司法解释规定

《最高人民法院关于审理买卖合同纠纷案件适用法律问题的解释》（法释〔2012〕8 号）（2020 年 12 月 23 日修正）

第三十二条　法律或者行政法规对债权转让、股权转让等权利转让合同有规定的,依照其规定;没有规定的,人民法院可以根据民法典第四百六十七条和第六百四十六条的规定,参照适用买卖合同的有关规定。

权利转让或者其他有偿合同参照适用买卖合同的有关规定的,人民法院应当首先引用民法典第六百四十六条的规定,再引用买卖合同的有关规定。

第三十三条 本解释施行前本院发布的有关购销合同、销售合同等有偿转移标的物所有权的合同的规定,与本解释抵触的,自本解释施行之日起不再适用。

本解释施行后尚未终审的买卖合同纠纷案件,适用本解释;本解释施行前已经终审,当事人申请再审或者按照审判监督程序决定再审的,不适用本解释。

第六百四十七条 【互易合同】 当事人约定易货交易,转移标的物的所有权的,参照适用买卖合同的有关规定。

相关裁判摘要

• **2008年第7期《中华人民共和国最高人民法院公报》**刊登的“**史文培与甘肃皇台酿造(集团)有限责任公司、北京皇台商贸有限责任公司互易合同纠纷案**”中,最高人民法院(2007)民二终字第139号民事判决书认为,双方当事人之间签订的两个合同虽然涉及同一批货物,但因两个合同的订立目的及约定内容各不相同,故应分别依照合同约定确定货物价值,不能以一个合同关于货物价值的约定否定另一个合同的相关约定。相关裁判摘要如下:

关于建昊投资是否已经履行易货义务以及其所履行的易货白酒价值是6,499,500元还是4,328,340元的问题。本院认为,鉴于甘肃皇台出具的意在证明北京皇台并未收到建昊投资交付白酒的《2002年北京皇台库存明细账》并未被本院所采信,而且在甘肃皇台与建昊投资之间的往来函件对建昊投资履行易货白酒并未产生异议,特别是北京皇台的张冰峰和苏钰向建昊投资出具了16张收到白酒的收条,故应当认定建昊投资已经履行了易货义务。甘肃皇台关于建昊投资并未履行易货义务的主张没有事实根据,本院予以驳回。进而,建昊投资已经履行的易货白酒价值是4,999,500元还是4,328,340元,遂成为本案诉争双方争议较大的问题。本院认为，对于建昊投资已经履行的易货白酒的价值数额的确定，应当考虑到2002年《易货协议》与1998年《协议书》之间的内在联系、协议约定以及双方履行的过程。根据《协议书》和《易货协议》的基本内容可以认定，甘肃皇台与建昊实业之间曾经存在712万元的资金拆借关系，甘肃皇台以价值700万元的皇台系列白酒向建昊实业清偿借款，并以买卖皇台系列白酒为表现形式，这已为《易货协议》开头中关于"甲乙双方于1998年签订一份《协议书》，乙方向甲方购买价值700万元的'金皇台'、'银皇台'白酒。甲方已向乙方交付全部货物，乙方已付清货款"的表述所认证。双方以此为背景和前提，基于友好合作关系，又就建昊实业尚未售出的前述皇台系列白酒向甘肃皇台换取食用酒精和葡萄酒达成新的易货合意，从而产生了本案中的《易货协议》。在二审期间，虽然甘肃皇台举出张冰峰、苏钰16张皇台系列白酒的收条明细(该收条明细与一审已经质证的16张收条中的白酒数量一致)，并根据1998年《协议书》中的皇台系列白酒价格计算出16张收条中建昊投资交付皇台系列白酒的价值为4, 328, 340元；但应当看到，1998年《协议书》中约定的皇台系列白酒价格是针对甘肃皇台通过以白酒归还其欠建昊实业的712万元借款而确定的，并非针对2002年双方已经结清借款关系后再次签订的新的2002年《易货协议》而专门约定的。2002年《易货协议》并未就互易白酒的单位价格做出约定，而是在第一条和第三条对互易白酒的总体价值做出明确约定："经甲乙双方共同到乙方仓库清点库存，确定易货白酒价值为6, 499, 500元人民币"，"双方同意换取食用酒精及葡萄酒的数量分别为：皇台干红葡萄酒75, 000瓶。合150万元人民币；优级食用酒精1111吨，合4, 999, 500元"。该约定应当被解释为双方并不关注互易白酒的单位价格，而是重在确定互易白酒的总体价值。尽管同样是皇台系列白酒，但由于双方缔结1998年《协议书》和2002年《易货协议》的目的不同，加之随着时间的推移，白酒的价格会随着市场供求关系而发生变化，因此甘肃皇台静态机械地依据1998年以还款为目的的《协议书》所约定的单位白酒价格来计算2002年以易货为目的的《易货协议》中易货白酒的价值，不仅违反市场价值规律，而且有违上述两个协议的缔约目的，更明确违反2002年《易货协议》第一条和第三条关于易货白酒价值的明确约定。故本院认定双方已经明确确认易货白酒的价值为6, 499, 500元，甘肃皇台关于建昊投资支付的白酒价值仅为4, 328, 340元而非《易货协议》约定的6, 499, 500元的主张无理，本院不予支持。

第十章 供用电、水、气、热力合同

第六百四十八条 【供用电合同的定义及供电人的强制缔约义务】供用电合同是供电人向用电人供电,用电人支付电费的合同。

向社会公众供电的供电人,不得拒绝用电人合理的订立合同要求。

一、相关法律条文

《中华人民共和国电力法》(2018年12月29日修正)

第二十六条 供电营业区内的供电营业机构,对本营业区内的用户有按照国家规定供电的义务;不得违反国家规定对其营业区内申请用电的单位和个人拒绝供电。

申请新装用电、临时用电、增加用电容量、变更用电和终止用电,应当依照规定的程序办理手续。

供电企业应当在其营业场所公告用电的程序、制度和收费标准,并提供用户须知资料。

第二十七条 电力供应与使用双方应当根据平等自愿、协商一致的原则,按照国务院制定的电力供应与使用办法签订供用电合同,确定双方的权利和义务。

二、相关行政法规

《电力供应与使用条例》(2019年3月2日修订)

第三十二条 供电企业和用户应当在供电前根据用户需要和供电企业的供电能力签订供用电合同。

第三十五条 供用电合同的变更或者解除,应当依照有关法律、行政法规和本条例的规定办理。

第六百四十九条 【供用电合同的条款】供用电合同的内容一般包括供电的方式、质量、时间,用电容量、地址、性质,计量方式,电价、电费的结算方式,供用电设施的维护责任等条款。

相关行政法规

《电力供应与使用条例》(2019年3月2日修订)

第三十三条　供用电合同应当具备以下条款：

(一)供电方式、供电质量和供电时间；

(二)用电容量和用电地址、用电性质；

(三)计量方式和电价、电费结算方式；

(四)供用电设施维护责任的划分；

(五)合同的有效期限；

(六)违约责任；

(七)双方共同认为应当约定的其他条款。

第六百五十条　【供用电合同的履行地点】供用电合同的履行地点，按照当事人约定；当事人没有约定或者约定不明确的，供电设施的产权分界处为履行地点。

相关部门规章

《供电营业规则》(1996年10月8日起施行)

第四十七条　供电设施的运行维护管理范围，按产权归属确定。责任分界点按下列各项确定：

1. 公用低压线路供电的，以供电接户线用户端最后支持物为分界点，支持物属供电企业。

2. 10千伏及以下公用高压线路供电的，以用户厂界外或配电室前的第一断路器或第一支持物为分界点，第一断路器或第一支持物属供电企业。

3. 35千伏及以上公用高压线路供电的，以用户厂界外或用户变电站外第一基电杆为分界点。第一基电杆属供电企业。

4. 采用电缆供电的，本着便于维护管理的原则，分界点由供电企业与用户协商确定。

5. 产权属于用户且由用户运行维护的线路，以公用线路分支杆或专用线路接引的公用变电站外第一基电杆为分界点，专用线路第一基电杆属用户。

在电气上的具体分界点，由供用双方协商确定。

第六百五十一条 【供电人的安全供电义务及违约责任】供电人应当按照国家规定的供电质量标准和约定安全供电。供电人未按照国家规定的供电质量标准和约定安全供电，造成用电人损失的，应当承担赔偿责任。

一、相关法律条文

《中华人民共和国电力法》(2018年12月29日修正)

第二十八条 供电企业应当保证供给用户的供电质量符合国家标准。对公用供电设施引起的供电质量问题，应当及时处理。

用户对供电质量有特殊要求的，供电企业应当根据其必要性和电网的可能，提供相应的电力。

第五十九条 电力企业或者用户违反供用电合同，给对方造成损失的，应当依法承担赔偿责任。

电力企业违反本法第二十八条、第二十九条第一款的规定，未保证供电质量或者未事先通知用户中断供电，给用户造成损失的，应当依法承担赔偿责任。

第六十条 因电力运行事故给用户或者第三人造成损害的，电力企业应当依法承担赔偿责任。

电力运行事故由下列原因之一造成的，电力企业不承担赔偿责任：

(一)不可抗力；

(二)用户自身的过错。

因用户或者第三人的过错给电力企业或者其他用户造成损害的，该用户或者第三人应当依法承担赔偿责任。

二、相关行政法规

《电力供应与使用条例》(2019年3月2日修订)

第十九条 用户受电端的供电质量应当符合国家标准或者电力行业标准。

第二十条 供电方式应当按照安全、可靠、经济、合理和便于管理的原则，由电力供应与使用双方根据国家有关规定以及电网规划、用电需求和当地供电条件等因素协商确定。

在公用供电设施未到达的地区，供电企业可以委托有供电能力的单位就近供电。非经供电企业委托，任何单位不得擅自向外供电。

第二十一条　因抢险救灾需要紧急供电时，供电企业必须尽速安排供电。所需工程费用和应付电费由有关地方人民政府有关部门从抢险救灾经费中支出，但是抗旱用电应当由用户交付电费。

第二十二条　用户对供电质量有特殊要求的，供电企业应当根据其必要性和电网的可能，提供相应的电力。

第三十四条　供电企业应当按照合同约定的数量、质量、时间、方式，合理调度和安全供电。

用户应当按照合同约定的数量、条件用电，交付电费和国家规定的其他费用。

三、相关部门规章

《供电营业规则》(1996年10月8日起施行)

第五条　供电企业供电的额定频率为交流50赫兹。

第六条　供电企业供电的额定电压：

1. 低压供电：单相为220伏，三相为380伏；

2. 高压供电：为10、35(63)、110、220千伏。

除发电厂直配电压可采用3千伏或6千伏外，其他等级的电压应逐步过渡到上列额定电压。

用户需要的电压等级不在上列范围时，应自行采取变压措施解决。

用户需要的电压等级在110千伏及以上时，其受电装置应作为终端变电站设计，方案需经省电网经营企业审批。

第七条　供电企业对申请用电的用户提供的供电方式，应从供用电的安全、经济、合理和便于管理出发，依据国家的有关政策和规定、电网的规划、用电需求以及当地供电条件等因素，进行技术经济比较，与用户协商确定。

第八条　用户单相用电设备总容量不足10千瓦的可采用低压220伏供电。但有单台设备容量超过1千瓦的单相电焊机、换流设备时，用户必须采取有效的技术措施以消除对电能质量的影响，否则应改为其他方式供电。

第九条　用户用电设备容量在100千瓦及以下或需用变压器容量在50千伏安及以下者，可采用低压三相四线制供电，特殊情况也可采用高压供电。

用电负荷密度较高的地区，经过技术经济比较，采用低压供电的技术经济性明显优于高压供电时，低压供电的容量界限可适当提高。具体容量界限由省电网经营企业作出规定。

第十条 供电企业可以对距离发电厂较近的用户，采用发电厂直配供电方式，但不得以发电厂的厂用电源或变电站（所）的站用电源对用户供电。

第十一条 用户需要备用、保安电源时，供电企业应按其负荷重要性、用电容量和供电的可能性，与用户协商确定。

用户重要负荷的保安电源，可由供电企业提供，也可由用户自备。遇有下列情况之一者，保安电源应由用户自备：

1. 在电力系统瓦解或不可抗力造成供电中断时，仍需保证供电的；
2. 用户自备电源比从电力系统供给更为经济合理的。

供电企业向有重要负荷的用户提供的保安电源，应符合独立电源的条件。有重要负荷的用户在取得供电企业供给的保安电源的同时，还应有非电性质的应急措施，以满足安全的需要。

第十二条 对基建工地、农田水利、市政建设等非永久性用电，可供给临时电源。临时用电期限除经供电企业准许外，一般不得超过六个月，逾期不办理延期或永久性正式用电手续的，供电企业应终止供电。

使用临时电源的用户不得向外转供电，也不得转让给其他用户，供电企业也不受理其变更用电事宜。如需改为正式用电，应按新装用电办理。

因抢险救灾需要紧急供电时，供电企业应迅速组织力量，架设临时电源供电。架设临时电源所需的工程费用和应付的电费，由地方人民政府有关部门负责从救灾经费中拨付。

第十三条 供电企业一般不采用趸售方式供电，以减少中间环节。特殊情况需开放趸售供电时，应由省级电网经营企业报国务院电力管理部门批准。

趸购转售电单位应服从电网的统一调度，按国家规定的电价向用户售电，不得再向乡、村层层趸售。

电网经营企业与趸购转售电单位应就趸购转售事宜签订供用电合同，明确双方的权利和义务。

趸购转售电单位需新装或增加趸购容量时，应按本规则的规定办理新装增容手续。

第十四条　用户不得自行转供电。在公用供电设施尚未到达的地区,供电企业征得该地区有供电能力的直供用户同意,可采用委托方式向其附近的用户转供电力,但不得委托重要的国防军工用户转供电。

委托转供电应遵守下列规定:

1. 供电企业与委托转供户(以下简称转供户)应就转供范围、转供容量、转供期限、转供费用、转供用电指标、计量方式、电费计算、转供电设施建设、产权划分、运行维护、调度通信、违约责任等事项签订协议。

2. 转供区域内的用户(以下简称被转供户),视同供电企业的直供户,与直供户享有同样的用电权利,其一切用电事宜按直供户的规定办理。

3. 向被转供户供电的公用线路与变压器的损耗电量应由供电企业负担,不得摊入被转供户用电量中。

4. 在计算转供户用电量、最大需量及功率因数调整电费时,应扣除被转供户、公用线路与变压器消耗的有功、无功电量。最大需量按下列规定折算:

(1)照明及一班制:每月用电量 180 千瓦时,折合为 1 千瓦;

(2)二班制:每月用电量 360 千瓦时,折合为 1 千瓦;

(3)三班制:每月用电量 540 千瓦时,折合为 1 千瓦;

(4)农业用电:每月用电量 270 千瓦时,折合为 1 千瓦。

5. 委托的费用,按委托的业务项目的多少,由双方协商确定。

第十五条　为保障用电安全,便于管理,用户应将重要负荷与非重要负荷、生产用电与生活区用电分开配电。

新装或增加用电的用户应按上述规定确定内部的配电方式,对目前尚未达到上述要求的用户应逐步进行改造。

第六百五十二条　【供电人因故中断供电时的通知义务与赔偿责任】供电人因供电设施计划检修、临时检修、依法限电或者用电人违法用电等原因,需要中断供电时,应当按照国家有关规定事先通知用电人;未事先通知用电人中断供电,造成用电人损失的,应当承担赔偿责任。

一、相关法律条文

《中华人民共和国电力法》(2018年12月29日修正)

第二十九条 供电企业在发电、供电系统正常的情况下,应当连续向用户供电,不得中断。因供电设施检修、依法限电或者用户违法用电等原因,需要中断供电时,供电企业应当按照国家有关规定事先通知用户。

用户对供电企业中断供电有异议的,可以向电力管理部门投诉;受理投诉的电力管理部门应当依法处理。

二、相关行政法规

《电力供应与使用条例》(2019年3月2日修订)

第二十八条 除本条例另有规定外,在发电、供电系统正常运行的情况下,供电企业应当连续向用户供电;因故需要停止供电时,应当按照下列要求事先通知用户或者进行公告:

(一)因供电设施计划检修需要停电时,供电企业应当提前7天通知用户或者进行公告;

(二)因供电设施临时检修需要停止供电时,供电企业应当提前24小时通知重要用户;

(三)因发电、供电系统发生故障需要停电、限电时,供电企业应当按照事先确定的限电序位进行停电或者限电。引起停电或者限电的原因消除后,供电企业应当尽快恢复供电。

三、相关部门规章

《供电营业规则》(1996年10月8日起施行)

第六十六条 在发供电系统正常情况下,供电企业应连续向用户供应电力。但是,有下列情形之一的,须经批准方可中止供电:

1. 对危害供用电安全,扰乱供用电秩序,拒绝检查者;

2. 拖欠电费经通知催交仍不交者;

3. 受电装置经检验不合格,在指定期间未改善者;

4. 用户注入电网的谐波电流超过标准,以及冲击负荷、非对称负荷等对电能质量产生干扰与妨碍,在规定限期内不采取措施者;

5. 拒不在限期内拆除私增用电容量者;

6. 拒不在限期内交付违约用电引起的费用者;

7. 违反安全用电、计划用电有关规定,拒不改正者;

> 8. 私自向外转供电力者。
>
> 有下列情形之一的，不经批准即可中止供电，但事后应报告本单位负责人：
>
> 1. 不可抗力和紧急避险；
>
> 2. 确有窃电行为。
>
> **第六十七条**　除因故中止供电外，供电企业需对用户停止供电时，应按下列程序办理停电手续：
>
> 1. 应将停电的用户、原因、时间报本单位负责人批准。批准权限和程序由省电网经营企业制定；
>
> 2. 在停电前三至七天内，将停电通知书送达用户，对重要用户的停电，应将停电通知书报送同级电力管理部门；
>
> 3. 在停电前 30 分钟，将停电时间再通知用户一次，方可在通知规定时间实施停电。
>
> **第六十八条**　因故需要中止供电时，供电企业应按下列要求事先通知用户或进行公告：
>
> 1. 因供电设施计划检修需要停电时，应提前七天通知用户或进行公告；
>
> 2. 因供电设施临时检修需要停止供电时，应当提前 24 小时通知重要用户或进行公告；
>
> 3. 发供电系统发生故障需要停电、限电或者计划限、停电时，供电企业应按确定的限电序位进行停电或限电。但限电序位应事前公告用户。
>
> **第六十九条**　引起停电或限电的原因消除后，供电企业应在三日内恢复供电。不能在三日内恢复供电的，供电企业应向用户说明原因。

第六百五十三条　【因自然灾害等原因断电时供电人的抢修义务】因自然灾害等原因断电，供电人应当按照国家有关规定及时抢修；未及时抢修，造成用电人损失的，应当承担赔偿责任。

第六百五十四条　【用电人支付电费的义务和违约责任】用电人应当按照国家有关规定和当事人的约定及时支付电费。用电人逾期不支付电费的，应当按照约定支付违约金。经催告用电人在合理期限内仍不支付电费和违约金的，供电人可以按照国家规定的程序中止供电。

供电人依据前款规定中止供电的，应当事先通知用电人。

相关行政法规

《电力供应与使用条例》(2019年3月2日修订)

第二十三条 申请新装用电、临时用电、增加用电容量、变更用电和终止用电,均应当到当地供电企业办理手续,并按照国家有关规定交付费用;供电企业没有不予供电的合理理由的,应当供电。供电企业应当在其营业场所公告用电的程序、制度和收费标准。

第二十五条 供电企业应当按照国家有关规定实行分类电价、分时电价。

第二十六条 用户应当安装用电计量装置。用户使用的电力、电量,以计量检定机构依法认可的用电计量装置的记录为准。用电计量装置,应当安装在供电设施与受电设施的产权分界处。

安装在用户处的用电计量装置,由用户负责保护。

第三十四条 供电企业应当按照合同约定的数量、质量、时间、方式,合理调度和安全供电。

用户应当按照合同约定的数量、条件用电,交付电费和国家规定的其他费用。

第六百五十五条 【用电人安全用电等义务】用电人应当按照国家有关规定和当事人的约定安全、节约和计划用电。用电人未按照国家有关规定和当事人的约定用电,造成供电人损失的,应当承担赔偿责任。

一、相关法律条文

《中华人民共和国电力法》(2018年12月29日修正)

第三十二条 用户用电不得危害供电、用电安全和扰乱供电、用电秩序。

对危害供电、用电安全和扰乱供电、用电秩序的,供电企业有权制止。

第六十条 因电力运行事故给用户或者第三人造成损害的,电力企业应当依法承担赔偿责任。

电力运行事故由下列原因之一造成的,电力企业不承担赔偿责任:

(一)不可抗力;

（二）用户自身的过错。

因用户或者第三人的过错给电力企业或者其他用户造成损害的，该用户或者第三人应当依法承担赔偿责任。

二、相关行政法规

《电力供应与使用条例》(2016年2月6日修订)

第二十九条 县级以上人民政府电力管理部门应当遵照国家产业政策，按照统筹兼顾、保证重点、择优供应的原则，做好计划用电工作。

供电企业和用户应当制订节约用电计划，推广和采用节约用电的新技术、新材料、新工艺、新设备，降低电能消耗。

供电企业和用户应当采用先进技术、采取科学管理措施，安全供电、用电，避免发生事故，维护公共安全。

第三十条 用户不得有下列危害供电、用电安全，扰乱正常供电、用电秩序的行为：

（一）擅自改变用电类别；

（二）擅自超过合同约定的容量用电；

（三）擅自超过计划分配的用电指标的；

（四）擅自使用已经在供电企业办理暂停使用手续的电力设备，或者擅自启用已经被供电企业查封的电力设备；

（五）擅自迁移、更动或者擅自操作供电企业的用电计量装置、电力负荷控制装置、供电设施以及约定由供电企业调度的用户受电设备；

（六）未经供电企业许可，擅自引入、供出电源或者将自备电源擅自并网。

第三十一条 禁止窃电行为。窃电行为包括：

（一）在供电企业的供电设施上，擅自接线用电；

（二）绕越供电企业的用电计量装置用电；

（三）伪造或者开启法定的或者授权的计量检定机构加封的用电计量装置封印用电；

（四）故意损坏供电企业用电计量装置；

（五）故意使供电企业的用电计量装置计量不准或者失效；

（六）采用其他方法窃电。

第六百五十六条 【供用水、气、热力合同参照适用供用电合同】 供用水、供用气、供用热力合同，参照适用供用电合同的有关规定。

第十一章 赠与合同

第六百五十七条 【赠与合同的定义】赠与合同是赠与人将自己的财产无偿给予受赠人,受赠人表示接受赠与的合同。

第六百五十八条 【赠与合同的任意撤销与限制】赠与人在赠与财产的权利转移之前可以撤销赠与。

经过公证的赠与合同或者依法不得撤销的具有救灾、扶贫、助残等公益、道德义务性质的赠与合同,不适用前款规定。

一、相关法律条文

1.《中华人民共和国慈善法》(2016年9月1日起施行)

第三十四条 本法所称慈善捐赠,是指自然人、法人和其他组织基于慈善目的,自愿、无偿赠与财产的活动。

第三十五条 捐赠人可以通过慈善组织捐赠,也可以直接向受益人捐赠。

第三十六条 捐赠人捐赠的财产应当是其有权处分的合法财产。捐赠财产包括货币、实物、房屋、有价证券、股权、知识产权等有形和无形财产。

捐赠人捐赠的实物应当具有使用价值,符合安全、卫生、环保等标准。

捐赠人捐赠本企业产品的,应当依法承担产品质量责任和义务。

第三十七条 自然人、法人和其他组织开展演出、比赛、销售、拍卖等经营性活动,承诺将全部或者部分所得用于慈善目的的,应当在举办活动前与慈善组织或者其他接受捐赠的人签订捐赠协议,活动结束后按照捐赠协议履行捐赠义务,并将捐赠情况向社会公开。

第三十八条 慈善组织接受捐赠,应当向捐赠人开具由财政部门统一监(印)制的捐赠票据。捐赠票据应当载明捐赠人、捐赠财产的种类及数量、慈善组织名称和经办人姓名、票据日期等。捐赠人匿名或者放弃接受捐赠票据的,慈善组织应当做好相关记录。

第三十九条 慈善组织接受捐赠,捐赠人要求签订书面捐赠协议的,慈善组织应当与捐赠人签订书面捐赠协议。

书面捐赠协议包括捐赠人和慈善组织名称,捐赠财产的种类、数量、质量、用途、交付时间等内容。

第四十条　捐赠人与慈善组织约定捐赠财产的用途和受益人时，不得指定捐赠人的利害关系人作为受益人。

任何组织和个人不得利用慈善捐赠违反法律规定宣传烟草制品，不得利用慈善捐赠以任何方式宣传法律禁止宣传的产品和事项。

第四十一条　捐赠人应当按照捐赠协议履行捐赠义务。捐赠人违反捐赠协议逾期未交付捐赠财产，有下列情形之一的，慈善组织或者其他接受捐赠的人可以要求交付；捐赠人拒不交付的，慈善组织和其他接受捐赠的人可以依法向人民法院申请支付令或者提起诉讼：

（一）捐赠人通过广播、电视、报刊、互联网等媒体公开承诺捐赠的；

（二）捐赠财产用于本法第三条第一项至第三项规定的慈善活动，并签订书面捐赠协议的。

捐赠人公开承诺捐赠或者签订书面捐赠协议后经济状况显著恶化，严重影响其生产经营或者家庭生活的，经向公开承诺捐赠地或者书面捐赠协议签订地的民政部门报告并向社会公开说明情况后，可以不再履行捐赠义务。

第四十二条　捐赠人有权查询、复制其捐赠财产管理使用的有关资料，慈善组织应当及时主动向捐赠人反馈有关情况。

慈善组织违反捐赠协议约定的用途，滥用捐赠财产的，捐赠人有权要求其改正；拒不改正的，捐赠人可以向民政部门投诉、举报或者向人民法院提起诉讼。

第四十三条　国有企业实施慈善捐赠应当遵守有关国有资产管理的规定，履行批准和备案程序。

2.《中华人民共和国公益事业捐赠法》（1999年9月1日起施行）

第一章　总　　则

第一条　为了鼓励捐赠，规范捐赠和受赠行为，保护捐赠人、受赠人和受益人的合法权益，促进公益事业的发展，制定本法。

第二条　自然人、法人或者其他组织自愿无偿向依法成立的公益性社会团体和公益性非营利的事业单位捐赠财产，用于公益事业的，适用本法。

第三条　本法所称公益事业是指非营利的下列事项：

（一）救助灾害、救济贫困、扶助残疾人等困难的社会群体和个人的活动；

（二）教育、科学、文化、卫生、体育事业；

（三）环境保护、社会公共设施建设；

（四）促进社会发展和进步的其他社会公共和福利事业。

第四条 捐赠应当是自愿和无偿的，禁止强行摊派或者变相摊派，不得以捐赠为名从事营利活动。

第五条 捐赠财产的使用应当尊重捐赠人的意愿，符合公益目的，不得将捐赠财产挪作他用。

第六条 捐赠应当遵守法律、法规，不得违背社会公德，不得损害公共利益和其他公民的合法权益。

第七条 公益性社会团体受赠的财产及其增值为社会公共财产，受国家法律保护，任何单位和个人不得侵占、挪用和损毁。

第八条 国家鼓励公益事业的发展，对公益性社会团体和公益性非营利的事业单位给予扶持和优待。

国家鼓励自然人、法人或者其他组织对公益事业进行捐赠。

对公益事业捐赠有突出贡献的自然人、法人或者其他组织，由人民政府或者有关部门予以表彰。对捐赠人进行公开表彰，应当事先征求捐赠人的意见。

第二章 捐赠和受赠

第九条 自然人、法人或者其他组织可以选择符合其捐赠意愿的公益性社会团体和公益性非营利的事业单位进行捐赠。捐赠的财产应当是其有权处分的合法财产。

第十条 公益性社会团体和公益性非营利的事业单位可以依照本法接受捐赠。

本法所称公益性社会团体是指依法成立的，以发展公益事业为宗旨的基金会、慈善组织等社会团体。

本法所称公益性非营利的事业单位是指依法成立的，从事公益事业的不以营利为目的的教育机构、科学研究机构、医疗卫生机构、社会公共文化机构、社会公共体育机构和社会福利机构等。

第十一条 在发生自然灾害时或者境外捐赠人要求县级以上人民政府及其部门作为受赠人时，县级以上人民政府及其部门可以接受捐赠，并依照本法的有关规定对捐赠财产进行管理。

县级以上人民政府及其部门可以将受赠财产转交公益性社会团体或者公益性非营利的事业单位；也可以按照捐赠人的意愿分发或者兴办公益事业，但是不得以本机关为受益对象。

第十二条　捐赠人可以与受赠人就捐赠财产的种类、质量、数量和用途等内容订立捐赠协议。捐赠人有权决定捐赠的数量、用途和方式。

捐赠人应当依法履行捐赠协议，按照捐赠协议约定的期限和方式将捐赠财产转移给受赠人。

第十三条　捐赠人捐赠财产兴建公益事业工程项目，应当与受赠人订立捐赠协议，对工程项目的资金、建设、管理和使用作出约定。

捐赠的公益事业工程项目由受赠单位按照国家有关规定办理项目审批手续，并组织施工或者由受赠人和捐赠人共同组织施工。工程质量应当符合国家质量标准。

捐赠的公益事业工程项目竣工后，受赠单位应当将工程建设、建设资金的使用和工程质量验收情况向捐赠人通报。

第十四条　捐赠人对于捐赠的公益事业工程项目可以留名纪念；捐赠人单独捐赠的工程项目或者主要由捐赠人出资兴建的工程项目，可以由捐赠人提出工程项目的名称，报县级以上人民政府批准。

第十五条　境外捐赠人捐赠的财产，由受赠人按照国家有关规定办理入境手续；捐赠实行许可证管理的物品，由受赠人按照国家有关规定办理许可证申领手续，海关凭许可证验放、监管。

华侨向境内捐赠的，县级以上人民政府侨务部门可以协助办理有关入境手续，为捐赠人实施捐赠项目提供帮助。

第三章　捐赠财产的使用和管理

第十六条　受赠人接受捐赠后，应当向捐赠人出具合法、有效的收据，将受赠财产登记造册，妥善保管。

第十七条　公益性社会团体应当将受赠财产用于资助符合其宗旨的活动和事业。对于接受的救助灾害的捐赠财产，应当及时用于救助活动。基金会每年用于资助公益事业的资金数额，不得低于国家规定的比例。

公益性社会团体应当严格遵守国家的有关规定，按照合法、安全、有效的原则，积极实现捐赠财产的保值增值。

公益性非营利的事业单位应当将受赠财产用于发展本单位的公益事业，不得挪作他用。

对于不易储存、运输和超过实际需要的受赠财产，受赠人可以变卖，所取得的全部收入，应当用于捐赠目的。

第十八条 受赠人与捐赠人订立了捐赠协议的，应当按照协议约定的用途使用捐赠财产，不得擅自改变捐赠财产的用途。如果确需改变用途的，应当征得捐赠人的同意。

第十九条 受赠人应当依照国家有关规定，建立健全财务会计制度和受赠财产的使用制度，加强对受赠财产的管理。

第二十条 受赠人每年度应当向政府有关部门报告受赠财产的使用、管理情况，接受监督。必要时，政府有关部门可以对其财务进行审计。

海关对减免关税的捐赠物品依法实施监督和管理。

县级以上人民政府侨务部门可以参与对华侨向境内捐赠财产使用与管理的监督。

第二十一条 捐赠人有权向受赠人查询捐赠财产的使用、管理情况，并提出意见和建议。对于捐赠人的查询，受赠人应当如实答复。

第二十二条 受赠人应当公开接受捐赠的情况和受赠财产的使用、管理情况，接受社会监督。

第二十三条 公益性社会团体应当厉行节约，降低管理成本，工作人员的工资和办公费用从利息等收入中按照国家规定的标准开支。

二、相关司法解释规定

《最高人民法院关于适用〈中华人民共和国民法典〉婚姻家庭编的解释（一）》（法释〔2020〕22号）

第三十二条 婚前或者婚姻关系存续期间，当事人约定将一方所有的房产赠与另一方或者共有，赠与方在赠与房产变更登记之前撤销赠与，另一方请求判令继续履行的，人民法院可以按照民法典第六百五十八条的规定处理。

三、相关文件规定

《最高人民法院关于日本人纪平孝诉湖南省人民医院赠与一案的答复》（〔1989〕民他字第22号）

日本人纪平孝有向湖南省人民医院赠送汽车的意思表示，湖南省人民医院得知后，经请示批准，也作出了接受赠送的意思表示，随后，双方就赠送汽车一事，各自为赠送和受赠进行了必要的准备工作，车到我国境内后,海关根据海关行政管理法规予以放行和准予免税,是对当事人的出入境的物品,依法实行的海关监管行为,不涉及当事人的出入境的物品的所有权问题。经当事人双方的商定,入境汽车由受赠方派司机帮助开至长沙,这期间,纪平孝多次有反悔的意思表示,车到长沙后,纪平孝没有马上将车交付受赠方,并在拟定的赠送仪式以前,明确反悔,不再赠送,受赠方在纪平孝拿回钥匙情况下,私配钥匙开车办理了上照手续,至纪平孝向湖南省长沙市中级人民法院提起诉讼,要求返还汽车,《民法通则》第七十二条规定,"按照合同或者其他合法方式取得财产的,财产所有权从财产交付时起转移,法律另有规定或者当事人另有约定的除外"。本案赠予关系的双方当事人事先没有约定赠予物所有权的转移方式,赠予物所有权只能从交付时起转移。对于这种单方的法律行为,赠予人有权在交付赠予物之前撤销自己的赠予意思表示。根据以上事实和理由,我们意见,纪平孝在未交付赠予物之前撤销赠予的意思表示,依我国法律是允许的,因而产生赠予关系不成立的法律效果,纪平孝关于赠与关系不成立,被告应当返还汽车的请求应予支持,如果纪平孝的反悔行为给受赠人造成了直接经济损失,纪平孝应负赔偿损失的责任。关于附条件的问题,我们认为可以不涉及,因为没发生赠与物交付的问题,就谈不上附条件的问题。

第六百五十九条 【赠与财产的登记等法律手续】赠与的财产依法需要办理登记或者其他手续的,应当办理有关手续。

相关裁判摘要

• **1995年第4期《中华人民共和国最高人民法院公报》**刊登的"**杜海生、杜满生诉杜喜生房产确权纠纷案**"的判决认为,房产赠与应当办理相应的登记手续,否则不发生赠与的法律效果。相关裁判摘要如下:

房屋所有权的转让,分无偿转让(即赠与)和有偿转让(即买卖)。依照最高人民法院《关于贯彻执行〈中华人民共和国民法通则〉若干问题的意见(试行)》第128条规定:"……赠与房屋,如根据书面赠与合同办理了过户手续的,应当认定赠与关系成立;未办理过户手续,但赠与人根据书面赠与合同已将产权证书交与受赠人,受赠人根据赠与合同已占有、使用该房屋的,可以认定赠与有效,但应令其补办过户手续。"一审判决既然认定杜永生已将房产所有权转让,又没有查明受让人有给付对价的事实，就应当对本案适用赠与房屋的规定。但是，房屋产权证书至今仍在上诉人杜永生手中，上诉人杜喜生和被上诉人杜海生、杜满生等人虽在此房中居住过，却并不是根据赠与合同占有、使用该房屋。一审判决以宅基地使用证上的记载和杜喜生等曾在此房中居住过的事实，就认定杜永生已将房产所有权合法转让，于法不符。杜永生虽然口头上说过要将此房以原价转让给杜喜生，但从未交出过产权证书，也未收取过杜喜生给付的房价，更没有实际将房产交付给杜喜生使用，却收取了邻居卢维柱交纳的900元房租。这些事实都说明，争议房屋的产权既没有发生过无偿的转让，也没有发生过有偿的转让，一直控制在产权人杜永生手中。

第六百六十条 【受赠人的交付请求权以及赠与人的赔偿责任】 经过公证的赠与合同或者依法不得撤销的具有救灾、扶贫、助残等公益、道德义务性质的赠与合同，赠与人不交付赠与财产的，受赠人可以请求交付。

依据前款规定应当交付的赠与财产因赠与人故意或者重大过失致使毁损、灭失的，赠与人应当承担赔偿责任。

第六百六十一条 【附义务的赠与】 赠与可以附义务。

赠与附义务的，受赠人应当按照约定履行义务。

相关裁判摘要

• **2003年第4期《中华人民共和国最高人民法院公报》**刊登的“**蒋鲜丽诉陈马烈、《家庭教育导报》社返还公益捐赠纠纷案**”的判决认为，社会公益捐款的受益人不得违反捐款人为捐款所附的条件。相关裁判摘要如下：

蒋鲜丽作为社会公益捐款的受益人，依法对捐款享有受益的权利，但如果该捐款是附条件或附义务的捐款，则蒋鲜丽在享有捐款受益权的同时，不得违反捐款人为捐款所设定的合理条件或义务。本案中，浙江省女记者协会、杭州新世纪外国语学校、杭州天地实验小学在捐款时，均在赠款协议中附加了使用捐款的条件，蒋鲜丽在享受上述受捐款权利时，有义务遵守捐款人设定的条件。现蒋鲜丽的监护人要求《家庭教育导报》社及陈马烈将浙江省女记者协会、杭州新世纪外国语学校、杭州天地实验小学三捐款人的捐款13,041.84元交其本人保管,明显不符合赠与人捐款时的意思表示,故不予支持。

第六百六十二条 【赠与财产的瑕疵担保责任】赠与的财产有瑕疵的,赠与人不承担责任。附义务的赠与,赠与的财产有瑕疵的,赠与人在附义务的限度内承担与出卖人相同的责任。

赠与人故意不告知瑕疵或者保证无瑕疵,造成受赠人损失的,应当承担赔偿责任。

第六百六十三条 【赠与人的撤销权】受赠人有下列情形之一的,赠与人可以撤销赠与:

(一)严重侵害赠与人或者赠与人近亲属的合法权益;

(二)对赠与人有扶养义务而不履行;

(三)不履行赠与合同约定的义务。

赠与人的撤销权,自知道或者应当知道撤销事由之日起一年内行使。

第六百六十四条 【赠与人的继承人或法定代理人的撤销权】因受赠人的违法行为致使赠与人死亡或者丧失民事行为能力的,赠与人的继承人或者法定代理人可以撤销赠与。

赠与人的继承人或者法定代理人的撤销权,自知道或者应当知道撤销事由之日起六个月内行使。

第六百六十五条 【赠与财产的返还】撤销权人撤销赠与的,可以向受赠人请求返还赠与的财产。

第六百六十六条 【赠与义务的免除】赠与人的经济状况显著恶化,严重影响其生产经营或者家庭生活的,可以不再履行赠与义务。

第十二章 借款合同

第六百六十七条 【借款合同的定义】借款合同是借款人向贷款人借款,到期返还借款并支付利息的合同。

一、相关司法解释规定

《最高人民法院关于审理民间借贷案件适用法律若干问题的规定》(法释〔2020〕6号)(2020年12月23日修正)

第一条 本规定所称的民间借贷,是指自然人、法人和非法人组织之间进行资金融通的行为。

经金融监管部门批准设立的从事贷款业务的金融机构及其分支机构,因发放贷款等相关金融业务引发的纠纷,不适用本规定。

第二条 出借人向人民法院提起民间借贷诉讼时,应当提供借据、收据、欠条等债权凭证以及其他能够证明借贷法律关系存在的证据。

当事人持有的借据、收据、欠条等债权凭证没有载明债权人,持有债权凭证的当事人提起民间借贷诉讼的,人民法院应予受理。被告对原告的债权人资格提出有事实依据的抗辩,人民法院经审查认为原告不具有债权人资格的,裁定驳回起诉。

第三条 借贷双方就合同履行地未约定或者约定不明确,事后未达成补充协议,按照合同相关条款或者交易习惯仍不能确定的,以接受货币一方所在地为合同履行地。

第四条 保证人为借款人提供连带责任保证,出借人仅起诉借款人的,人民法院可以不追加保证人为共同被告;出借人仅起诉保证人的,人民法院可以追加借款人为共同被告。

保证人为借款人提供一般保证,出借人仅起诉保证人的,人民法院应当追加借款人为共同被告;出借人仅起诉借款人的,人民法院可以不追加保证人为共同被告。

第五条 人民法院立案后,发现民间借贷行为本身涉嫌非法集资等犯罪的,应当裁定驳回起诉,并将涉嫌非法集资等犯罪的线索、材料移送公安或者检察机关。

公安或者检察机关不予立案,或者立案侦查后撤销案件,或者检察机关作出不起诉决定,或者经人民法院生效判决认定不构成非法集资等犯罪,当事人又以同一事实向人民法院提起诉讼的,人民法院应予受理。

第六条 人民法院立案后,发现与民间借贷纠纷案件虽有关联但不是同一事实的涉嫌非法集资等犯罪的线索、材料的,人民法院应当继续审理民间借贷纠纷案件,并将涉嫌非法集资等犯罪的线索、材料移送公安或者检察机关。

第七条 民间借贷纠纷的基本案件事实必须以刑事案件的审理结果为依据,而该刑事案件尚未审结的,人民法院应当裁定中止诉讼。

第八条 借款人涉嫌犯罪或者生效判决认定其有罪,出借人起诉请求担保人承担民事责任的,人民法院应予受理。

第九条 自然人之间的借款合同具有下列情形之一的,可以视为合同成立:

(一)以现金支付的,自借款人收到借款时;

(二)以银行转账、网上电子汇款等形式支付的,自资金到达借款人账户时;

(三)以票据交付的,自借款人依法取得票据权利时;

(四)出借人将特定资金账户支配权授权给借款人的,自借款人取得对该账户实际支配权时;

(五)出借人以与借款人约定的其他方式提供借款并实际履行完成时。

第十条 法人之间、非法人组织之间以及它们相互之间为生产、经营需要订立的民间借贷合同,除存在民法典第一百四十六条、第一百五十三条、第一百五十四条以及本规定第十三条规定的情形外,当事人主张民间借贷合同有效的,人民法院应予支持。

第十一条 法人或者非法人组织在本单位内部通过借款形式向职工筹集资金,用于本单位生产、经营,且不存在民法典第一百四十四条、第一百四十六条、第一百五十三条、第一百五十四条以及本规定第十三条规定的情形,当事人主张民间借贷合同有效的,人民法院应予支持。

第十二条 借款人或者出借人的借贷行为涉嫌犯罪,或者已经生效的裁判认定构成犯罪,当事人提起民事诉讼的,民间借贷合同并不当然无效。人民法院应当依据民法典第一百四十四条、第一百四十六条、第一百五十三条、第一百五十四条以及本规定第十三条之规定,认定民间借贷合同的效力。

担保人以借款人或者出借人的借贷行为涉嫌犯罪或者已经生效的裁判认定构成犯罪为由,主张不承担民事责任的,人民法院应当依据民间借贷合同与担保合同的效力、当事人的过错程度,依法确定担保人的民事责任。

第十三条 具有下列情形之一的,人民法院应当认定民间借贷合同无效:

（一）套取金融机构贷款转贷的；

（二）以向其他营利法人借贷、向本单位职工集资，或者以向公众非法吸收存款等方式取得的资金转贷的；

（三）未依法取得放贷资格的出借人，以营利为目的向社会不特定对象提供借款的；

（四）出借人事先知道或者应当知道借款人借款用于违法犯罪活动仍然提供借款的；

（五）违反法律、行政法规强制性规定的；

（六）违背公序良俗的。

第十四条 原告以借据、收据、欠条等债权凭证为依据提起民间借贷诉讼，被告依据基础法律关系提出抗辩或者反诉，并提供证据证明债权纠纷非民间借贷行为引起的，人民法院应当依据查明的案件事实，按照基础法律关系审理。

当事人通过调解、和解或者清算达成的债权债务协议，不适用前款规定。

第十五条 原告仅依据借据、收据、欠条等债权凭证提起民间借贷诉讼，被告抗辩已经偿还借款的，被告应当对其主张提供证据证明。被告提供相应证据证明其主张后，原告仍应就借贷关系的存续承担举证责任。

被告抗辩借贷行为尚未实际发生并能作出合理说明的，人民法院应当结合借贷金额、款项交付、当事人的经济能力、当地或者当事人之间的交易方式、交易习惯、当事人财产变动情况以及证人证言等事实和因素，综合判断查证借贷事实是否发生。

第十六条 原告仅依据金融机构的转账凭证提起民间借贷诉讼，被告抗辩转账系偿还双方之前借款或者其他债务的，被告应当对其主张提供证据证明。被告提供相应证据证明其主张后，原告仍应就借贷关系的成立承担举证责任。

第十七条 依据《最高人民法院关于适用〈中华人民共和国民事诉讼法〉的解释》第一百七十四条第二款之规定，负有举证责任的原告无正当理由拒不到庭，经审查现有证据无法确认借贷行为、借贷金额、支付方式等案件主要事实的，人民法院对原告主张的事实不予认定。

第十八条 人民法院审理民间借贷纠纷案件时发现有下列情形之一的，应当严格审查借贷发生的原因、时间、地点、款项来源、交付方式、款项流向以及借贷双方的关系、经济状况等事实，综合判断是否属于虚假民事诉讼：

（一）出借人明显不具备出借能力；

（二）出借人起诉所依据的事实和理由明显不符合常理；

（三）出借人不能提交债权凭证或者提交的债权凭证存在伪造的可能；

（四）当事人双方在一定期限内多次参加民间借贷诉讼；

（五）当事人无正当理由拒不到庭参加诉讼，委托代理人对借贷事实陈述不清或者陈述前后矛盾；

（六）当事人双方对借贷事实的发生没有任何争议或者诉辩明显不符合常理；

（七）借款人的配偶或者合伙人、案外人的其他债权人提出有事实依据的异议；

（八）当事人在其他纠纷中存在低价转让财产的情形；

（九）当事人不正当放弃权利；

（十）其他可能存在虚假民间借贷诉讼的情形。

第十九条　经查明属于虚假民间借贷诉讼，原告申请撤诉的，人民法院不予准许，并应当依据民事诉讼法第一百一十二条之规定，判决驳回其请求。

诉讼参与人或者其他人恶意制造、参与虚假诉讼，人民法院应当依据民事诉讼法第一百一十一条、第一百一十二条和第一百一十三条之规定，依法予以罚款、拘留；构成犯罪的，应当移送有管辖权的司法机关追究刑事责任。

单位恶意制造、参与虚假诉讼的，人民法院应当对该单位进行罚款，并可以对其主要负责人或者直接责任人员予以罚款、拘留；构成犯罪的，应当移送有管辖权的司法机关追究刑事责任。

第二十条　他人在借据、收据、欠条等债权凭证或者借款合同上签名或者盖章，但是未表明其保证人身份或者承担保证责任，或者通过其他事实不能推定其为保证人，出借人请求其承担保证责任的，人民法院不予支持。

第二十一条　借贷双方通过网络贷款平台形成借贷关系，网络贷款平台的提供者仅提供媒介服务，当事人请求其承担担保责任的，人民法院不予支持。

网络贷款平台的提供者通过网页、广告或者其他媒介明示或者有其他证据证明其为借贷提供担保，出借人请求网络贷款平台的提供者承担担保责任的，人民法院应予支持。

第二十二条　法人的法定代表人或者非法人组织的负责人以单位名义与出借人签订民间借贷合同，有证据证明所借款项系法定代表人或者负责人个人使用，出借人请求将法定代表人或者负责人列为共同被告或者第三人的，人民法院应予准许。

法人的法定代表人或者非法人组织的负责人以个人名义与出借人订立民间借贷合同，所借款项用于单位生产经营，出借人请求单位与个人共同承担责任的，人民法院应予支持。

第二十三条　当事人以订立买卖合同作为民间借贷合同的担保，借款到期后借款人不能还款，出借人请求履行买卖合同的，人民法院应当按照民间借贷法律关系审理。当事人根据法庭审理情况变更诉讼请求的，人民法院应当准许。

按照民间借贷法律关系审理作出的判决生效后，借款人不履行生效判决确定的金钱债务，出借人可以申请拍卖买卖合同标的物，以偿还债务。就拍卖所得的价款与应偿还借款本息之间的差额，借款人或者出借人有权主张返还或者补偿。

第二十四条　借贷双方没有约定利息，出借人主张支付利息的，人民法院不予支持。

自然人之间借贷对利息约定不明，出借人主张支付利息的，人民法院不予支持。除自然人之间借贷的外，借贷双方对借贷利息约定不明，出借人主张利息的，人民法院应当结合民间借贷合同的内容，并根据当地或者当事人的交易方式、交易习惯、市场报价利率等因素确定利息。

第二十五条　出借人请求借款人按照合同约定利率支付利息的，人民法院应予支持，但是双方约定的利率超过合同成立时一年期贷款市场报价利率四倍的除外。

前款所称“一年期贷款市场报价利率”，是指中国人民银行授权全国银行间同业拆借中心自2019年8月20日起每月发布的一年期贷款市场报价利率。

第二十六条　借据、收据、欠条等债权凭证载明的借款金额，一般认定为本金。预先在本金中扣除利息的，人民法院应当将实际出借的金额认定为本金。

第二十七条 借贷双方对前期借款本息结算后将利息计入后期借款本金并重新出具债权凭证，如果前期利率没有超过合同成立时一年期贷款市场报价利率四倍，重新出具的债权凭证载明的金额可认定为后期借款本金。超过部分的利息，不应认定为后期借款本金。

按前款计算，借款人在借款期间届满后应当支付的本息之和，超过以最初借款本金与以最初借款本金为基数、以合同成立时一年期贷款市场报价利率四倍计算的整个借款期间的利息之和的，人民法院不予支持。

第二十八条 借贷双方对逾期利率有约定的，从其约定，但是以不超过合同成立时一年期贷款市场报价利率四倍为限。

未约定逾期利率或者约定不明的，人民法院可以区分不同情况处理：

（一）既未约定借期内利率，也未约定逾期利率，出借人主张借款人自逾期还款之日起参照当时一年期贷款市场报价利率标准计算的利息承担逾期还款违约责任的，人民法院应予支持；

（二）约定了借期内利率但是未约定逾期利率，出借人主张借款人自逾期还款之日起按照借期内利率支付资金占用期间利息的，人民法院应予支持。

第二十九条 出借人与借款人既约定了逾期利率，又约定了违约金或者其他费用，出借人可以选择主张逾期利息、违约金或者其他费用，也可以一并主张，但是总计超过合同成立时一年期贷款市场报价利率四倍的部分，人民法院不予支持。

第三十条 借款人可以提前偿还借款，但是当事人另有约定的除外。

借款人提前偿还借款并主张按照实际借款期限计算利息的，人民法院应予支持。

第三十一条 本规定施行后，人民法院新受理的一审民间借贷纠纷案件，适用本规定。

2020年8月20日之后新受理的一审民间借贷案件，借贷合同成立于2020年8月20日之前，当事人请求适用当时的司法解释计算自合同成立到2020年8月19日的利息部分的，人民法院应予支持；对于自2020年8月20日到借款返还之日的利息部分，适用起诉时本规定的利率保护标准计算。

本规定施行后，最高人民法院以前作出的相关司法解释与本规定不一致的，以本规定为准。

二、相关部门规章

1.《贷款通则》(1996年8月1日起施行)

第二条 本通则所称贷款人，系指在中国境内依法设立的经营贷款业务的中资金融机构。

本通则所称借款人，系指从经营贷款业务的中资金融机构取得贷款的法人、其他经济组织、个体工商户和自然人。

本通则中所称贷款系指贷款人对借款人提供的并按约定的利率和期限还本付息的货币资金。

本通则中的贷款币种包括人民币和外币。

第七条 自营贷款、委托贷款和特定贷款：

自营贷款，系指贷款人以合法方式筹集的资金自主发放的贷款，其风险由贷款人承担，并由贷款人收回本金和利息。

委托贷款，系指由政府部门、企事业单位及个人等委托人提供资金，由贷款人（即受托人）根据委托人确定的贷款对象、用途、金额期限、利率等代为发放、监督使用并协助收回的贷款。贷款人（受托人）只收取手续费，不承担贷款风险。

特定贷款，系指国务院批准并对贷款可能造成的损失采取相应补救措施后责成国有独资商业银行发放的贷款。

第八条 短期贷款、中期贷款和长期贷款：

短期贷款，系指贷款期限在1年以内（含1年）的贷款。

中期贷款，系指贷款期限在1年以上（不含1年）5年以下（含5年）的贷款。

长期贷款，系指贷款期限在5年（不含5年）以上的贷款。

第九条 信用贷款、担保贷款和票据贴现：

信用贷款，系指以借款人的信誉发放的贷款。

担保贷款，系指保证贷款、抵押贷款、质押贷款。

保证贷款，系指按《中华人民共和国担保法》规定的保证方式以第三人承诺在借款人不能偿还贷款时，按约定承担一般保证责任或者连带责任而发放的贷款。

抵押贷款，系指按《中华人民共和国担保法》规定的抵押方式以借款人或第三人的财产作为抵押物发放的贷款。

质押贷款，系指按《中华人民共和国担保法》规定的质押方式以借款人或第三人的动产或权利作为质物发放的贷款。

票据贴现，系指贷款人以购买借款人未到期商业票据的方式发放的贷款。

第十七条　借款人应当是经工商行政管理机关（或主管机关）核准登记的企（事）业法人、其他经济组织、个体工商户或具有中华人民共和国国籍的具有完全民事行为能力的自然人。

借款人申请贷款，应当具备产品有市场、生产经营有效益、不挤占挪用贷款资金、恪守信用等基本条件，并且应当符合以下要求：

一、有按期还本付息的能力，原应付贷款利息和到期贷款已清偿；没有清偿的，已经做了贷款人认可的偿还计划。

二、除自然人和不需要经工商部门核准登记的事业法人外，应当经过工商部门办理年检手续。

三、已开立基本帐户或一般存款帐户。

四、除国务院规定外，有限责任公司和股份有限公司对外股本权益性投资累计额未超过其净资产总额的 50%。

五、借款人的资产负债率符合贷款人的要求。

六、申请中期、长期贷款的，新建项目的企业法人所有者权益与项目所需总投资的比例不低于国家规定的投资项目的资本金比例。

第二十一条　贷款人必须经中国人民银行批准经营贷款业务，持有中国人民银行颁发的《金融机构法人许可证》或《金融机构营业许可证》，并经工商行政管理部门核准登记。

2.《固定资产贷款管理暂行办法》（2009 年 10 月 23 日起施行）

第三条　本办法所称固定资产贷款，是指贷款人向企（事）业法人或国家规定可以作为借款人的其他组织发放的，用于借款人固定资产投资的本外币贷款。

3.《个人贷款管理暂行办法》（2010 年 2 月 12 日起施行）

第三条　本办法所称个人贷款，是指贷款人向符合条件的自然人发放的用于个人消费、生产经营等用途的本外币贷款。

4.《流动资金贷款管理暂行办法》(2010年2月12日起施行)

第三条 本办法所称流动资金贷款,是指贷款人向企(事)业法人或国家规定可以作为借款人的其他组织发放的用于借款人日常生产经营周转的本外币贷款。

三、相关裁判摘要

• **2016年第11期《中华人民共和国最高人民法院公报》**刊登的**"北京长富投资基金与武汉中森华世纪房地产开发有限公司等委托贷款合同纠纷案"**判决对委托贷款合同的性质、法律适用以及原告主体资格等问题进行了详细分析。相关裁判摘要如下:

本案中,长富基金、兴业银行武汉分行与中森华房地产公司三方签订《委托贷款合同》,由长富基金提供资金,兴业银行武汉分行根据长富基金确定的借款人、用途、金额、币种、期限、利率等代为发放、协助监督使用并收回贷款,兴业银行武汉分行收取代理委托贷款手续费,并不承担信用风险,实质是长富基金与中森华房地产公司之间的民间借贷,委托贷款合同的效力和长富基金与中森华房地产公司之间约定的权利义务内容均应受相关民间借贷的法律、法规和司法解释的规制。最高人民法院《关于认真学习贯彻最高人民法院〈关于审理民间借贷案件适用法律若干问题的规定〉的通知》第一条规定,"人民法院确认民间借贷合同效力时,应当按照最高人民法院《关于适用中华人民共和国合同法若干问题的司法解释(一)》第三条规定的精神,对本《规定》施行前成立的民间借贷合同,适用当时的司法解释民间借贷合同无效而适用本规定有效的,适用本规定"。最高人民法院《关于审理民间借贷案件适用法律若干问题的规定》第十一条规定,"法人之间、其他组织之间以及它们相互之间为生产、经营需要订立的民间借贷合同,除存在合同法第五十二条、本规定第十四条规定的情形外,当事人主张民间借贷合同有效的,人民法院应予支持"。第十四条规定,"具有下列情形之一,人民法院应当认定民间借贷合同无效:(一)套取金融机构信贷资金又高利转贷给借款人,且借款人事先知道或者应当知道的;(二)以向其他企业借贷或者向本单位职工集资取得的资金又转贷给借款人牟利,且借款人事先知道或者应当知道的;(三)出借人事先知道或者应当知道借款人借款用于违法犯罪活动仍然提供借款的;(四)违背社会公序良俗的;

(五)其他违反法律、行政法规效力性强制性规定的”。本案中长富基金与中森华房地产公司之间通过兴业银行武汉分行签订《委托贷款合同》,并不违反《中华人民共和国合同法》第五十二条和最高人民法院《关于审理民间借贷案件适用法律若干问题的规定》第十四条关于合同无效的规定,无论在最高人民法院《关于审理民间借贷案件适用法律若干问题的规定》施行前后,案涉《委托贷款合同》均应合法有效。

……

中森华房地产公司在二审庭审中提交补充上诉状,依据《委托贷款合同》第 1.4 条的约定和最高人民法院《关于如何确定委托贷款协议纠纷诉讼主体资格的批复》主张原审法院不应受理长富基金作为原告直接对中森华房地产公司提起的诉讼。长富基金答辩认为,中森华房地产公司的该上诉请求超出上诉期限,《委托贷款合同》第 1.4 条的约定是选择性条款,受托银行也在原审中明确表示同意长富基金主张权利,中森华房地产公司关于长富基金不是本案适格原告的上诉主张不能成立。本院认为,首先,《中华人民共和国合同法》第四百零二条规定,“受托人以自己的名义,在委托人的授权范围内与第三人订立的合同,第三人在订立合同时知道受托人与委托人之间的代理关系的,该合同直接约束委托人和第三人,但有确切证据证明该合同只约束受托人和第三人的除外”。中森华房地产公司在 2013 年 9 月 27 日与长富基金、兴业银行武汉分行、中森华投资公司、郑巨云、陈少夏签订《投资合作协议》,以及与长富基金、兴业银行武汉分行签订《委托贷款合同》的行为及合同内容,表明中森华房地产公司在签订《委托贷款合同》时明知兴业银行武汉分行与长富基金之间的代理关系,中森华房地产公司并未提供证据证明《委托贷款合同》只约束兴业银行武汉分行和中森华房地产公司,因此,《委托贷款合同》直接约束长富基金和中森华房地产公司,原审判决认定长富基金可以自己名义直接向中森华房地产公司主张权利,有事实和法律依据。其次,《委托贷款合同》第 1.4 条受托人承诺中约定,“借款人不能按期偿还本金及利息时,受托人应按照委托人的书面要求以受托人的名义向借款人、担保人及相关联人提起诉讼”,该约定是受托人兴业银行武汉分行对委托人长富基金的承诺,只约束兴业银行武汉分行和长富基金,与中森华房地产公司无关;就约定内容而言,是否以兴业银行武汉分行作为原告对借款人、担保人及相关联人提起诉讼,是该约定赋予长富基金的权利,而非系限制其行为的义务,长富基金既可以自行起诉,也可要求受托人兴业银行武汉分行提起诉讼。此外,最高人民法院《关于如何确定委托贷款协议纠纷诉讼主体资格的批复》对请示的相关问题答复,"在履行委托贷款协议过程中,由于借款人不按期归还贷款而发生纠纷的,贷款人(受托人)可以借款合同纠纷为由向人民法院提起诉讼;贷款人坚持不起诉的,委托人可以委托贷款协议的受托人为被告、以借款人为第三人向人民法院提起诉讼"。该答复意见规定委托人可以作为原告提起诉讼和对受托人的被告地位的明确,旨在对委托人权利的保护。中森华房地产公司依据前述约定和批复上诉主张长富基金不是本案适格原告,系对合同约定和批复的错误理解,不能成立。第三,中森华房地产公司在原审中并未以反诉或抗辩方式就长富基金不是本案适格原告提出主张,其在2016年3月21日二审开庭时才提出这一上诉请求,而本案的最后上诉期是2015年12月25日,中森华房地产公司在二审庭审中提出长富基金不是本案适格原告的上诉请求,不符合《中华人民共和国民事诉讼法》第一百六十四条关于15日上诉期的规定和最高人民法院《关于适用〈中华人民共和国民事诉讼法〉的解释》第三百二十八条关于在第二审程序中原审原告不得增加独立诉讼请求或者原审被告提出反诉的规定。综上,长富基金是本案适格原告,中森华房地产公司关于长富基金不是本案适格原告的上诉主张,本院不予支持。

第六百六十八条 【借款合同的形式与内容】借款合同应当采用书面形式,但是自然人之间借款另有约定的除外。

借款合同的内容一般包括借款种类、币种、用途、数额、利率、期限和还款方式等条款。

一、相关法律条文

《中华人民共和国商业银行法》(2015年8月29日修正)

第三十七条 商业银行贷款,应当与借款人订立书面合同。合同应当约定贷款种类、借款用途、金额、利率、还款期限、还款方式、违约责任和双方认为需要约定的其他事项。

二、相关司法解释规定

《最高人民法院关于审理民间借贷案件适用法律若干问题的规定》(法释〔2020〕6号)(2020年12月23日修正)

第二条　出借人向人民法院提起民间借贷诉讼时，应当提供借据、收据、欠条等债权凭证以及其他能够证明借贷法律关系存在的证据。

当事人持有的借据、收据、欠条等债权凭证没有载明债权人，持有债权凭证的当事人提起民间借贷诉讼的，人民法院应予受理。被告对原告的债权人资格提出有事实依据的抗辩，人民法院经审查认为原告不具有债权人资格的，裁定驳回起诉。

三、相关部门规章

1.《贷款通则》(1996年8月1日起施行)

第十一条　贷款期限：

贷款限期根据借款人的生产经营周期、还款能力和贷款人的资金供给能力由借贷双方共同商议后确定，并在借款合同中载明。

自营贷款期限最长一般不得超过10年，超过10年应当报中国人民银行备案。

票据贴现的贴现期限最长不得超过6个月，贴现期限为从贴现之日起到票据到期日止。

第十二条　贷款展期：

不能按期归还贷款的，借款人应当在贷款到期日之前，向贷款人申请贷款展期。是否展期由贷款人决定。申请保证贷款、抵押贷款、质押贷款展期的，还应当由保证人、抵押人、出质人出具同意的书面证明。已有约定的，按照约定执行。

短期贷款展期期限累计不得超过原贷款期限；中期贷款展期期限累计不得超过原贷款期限的一半；长期贷款展期期限累计不得超过3年。国家另有规定者除外。借款人未申请展期或申请展期未得到批准，其贷款从到期日次日起，转入逾期贷款帐户。

第十三条　贷款利率的确定：

贷款人应当按照中国人民银行规定的贷款利率上下限，确定每笔贷款利率，并在借款合同中载明。

第十四条 贷款利息的计收：

贷款人和借款人应当按借款合同和中国人民银行有关计息规定按期计收或交付利息。

贷款的展期期限加上原期限达到新的利率期限档次时，从展期之日起，贷款利息按新的期限档次利率计收。

逾期贷款按规定计收罚息。

第十五条 贷款的贴息：

根据国家政策，为了促进某些产业和地区经济的发展，有关部门可以对贷款补贴利息。

对有关部门贴息的贷款，承办银行应当自主审查发放，并根据本通则有关规定严格管理。

第十六条 贷款停息、减息、缓息和免息；

除国务院决定外，任何单位和个人无权决定停息、减息、缓息和免息。贷款人应当依据国务院决定，按照职责权限范围具体办理停息、减息、缓息和免息。

第二十九条 签订借款合同：

所有贷款应当由贷款人与借款人签订借款合同。借款合同应当约定借款种类，借款用途、金额、利率，借款期限，还款方式，借、贷双方的权利、义务，违约责任和双方认为需要约定的其他事项。

保证贷款应当由保证人与贷款人签订保证合同，或保证人在借款合同上载明与贷款人协商一致的保证条款，加盖保证人的法人公章，并由保证人的法定代表人或其授权代理人签署姓名。抵押贷款、质押贷款应当由抵押人、出质人与贷款人签订抵押合同、质押合同，需要办理登记的，应依法办理登记。

2.《固定资产贷款管理暂行办法》（2009年10月23日起施行）

第十五条 贷款人应与借款人及其他相关当事人签订书面借款合同、担保合同等相关合同。合同中应详细规定各方当事人的权利、义务及违约责任，避免对重要事项未约定、约定不明或约定无效。

第十六条 贷款人应在合同中与借款人约定具体的贷款金额、期限、利率、用途、支付、还贷保障及风险处置等要素和有关细节。

第十七条　贷款人应在合同中与借款人约定提款条件以及贷款资金支付接受贷款人管理和控制等与贷款使用相关的条款，提款条件应包括与贷款同比例的资本金已足额到位、项目实际进度与已投资额相匹配等要求。

第十八条　贷款人应在合同中与借款人约定对借款人相关账户实施监控，必要时可约定专门的贷款发放账户和还款准备金账户。

第十九条　贷款人应要求借款人在合同中对与贷款相关的重要内容作出承诺，承诺内容应包括：贷款项目及其借款事项符合法律法规的要求；及时向贷款人提供完整、真实、有效的材料；配合贷款人对贷款的相关检查；发生影响其偿债能力的重大不利事项及时通知贷款人；进行合并、分立、股权转让、对外投资、实质性增加债务融资等重大事项前征得贷款人同意等。

第二十条　贷款人应在合同中与借款人约定，借款人出现未按约定用途使用贷款、未按约定方式支用贷款资金、未遵守承诺事项、申贷文件信息失真、突破约定的财务指标约束等情形时借款人应承担的违约责任和贷款人可采取的措施。

3.《个人贷款管理暂行办法》(2010年2月12日起施行)

第二十三条　贷款人应与借款人签订书面借款合同，需担保的应同时签订担保合同。贷款人应要求借款人当面签订借款合同及其他相关文件，但电子银行渠道办理的贷款除外。

第二十四条　借款合同应符合《中华人民共和国合同法》的规定，明确约定各方当事人的诚信承诺和贷款资金的用途、支付对象(范围)、支付金额、支付条件、支付方式等。

借款合同应设立相关条款，明确借款人不履行合同或怠于履行合同时应当承担的违约责任。

4.《流动资金贷款管理暂行办法》(2010年2月12日起施行)

第十八条　贷款人应和借款人及其他相关当事人签订书面借款合同及其他相关协议，需担保的应同时签订担保合同。

第十九条　贷款人应在借款合同中与借款人明确约定流动资金贷款的金额、期限、利率、用途、支付、还款方式等条款。

第二十条　前条所指支付条款，包括但不限于以下内容：

(一)贷款资金的支付方式和贷款人受托支付的金额标准；

(二)支付方式变更及触发变更条件；

（三）贷款资金支付的限制、禁止行为；

（四）借款人应及时提供的贷款资金使用记录和资料。

第二十一条 贷款人应在借款合同中约定由借款人承诺以下事项：

（一）向贷款人提供真实、完整、有效的材料；

（二）配合贷款人进行贷款支付管理、贷后管理及相关检查；

（三）进行对外投资、实质性增加债务融资，以及进行合并、分立、股权转让等重大事项前征得贷款人同意；

（四）贷款人有权根据借款人资金回笼情况提前收回贷款；

（五）发生影响偿债能力的重大不利事项时及时通知贷款人。

第二十二条 贷款人应与借款人在借款合同中约定，出现以下情形之一时，借款人应承担的违约责任和贷款人可采取的措施：

（一）未按约定用途使用贷款的；

（二）未按约定方式进行贷款资金支付的；

（三）未遵守承诺事项的；

（四）突破约定财务指标的；

（五）发生重大交叉违约事件的；

（六）违反借款合同约定的其他情形的。

四、相关文件规定

《最高人民法院关于依法妥善审理民间借贷纠纷案件促进经济发展维护社会稳定的通知》（法〔2011〕336号）

人民法院在审理民间借贷纠纷案件过程中，要依法全面、客观地审核双方当事人提交的全部证据，从各证据与案件事实的关联程度、各证据之间的联系等方面进行综合审查判断。对形式有瑕疵的"欠条"或者"收条"，要结合其他证据认定是否存在借贷关系；对现金交付的借贷，可根据交付凭证、支付能力、交易习惯、借贷金额的大小、当事人间关系以及当事人陈述的交易细节经过等因素综合判断。发现有虚假诉讼嫌疑的，要及时依职权或者提请有关部门调查取证，查清事实真相。经查证确属虚假诉讼的，驳回其诉讼请求，并对其妨害民事诉讼的行为依法予以制裁；对于以骗取财物、逃废债务为目的实施虚假诉讼，构成犯罪的，依法追究刑事责任。

第六百六十九条　【借款人提供真实情况的义务】订立借款合同，借款人应当按照贷款人的要求提供与借款有关的业务活动和财务状况的真实情况。

一、相关法律条文

《中华人民共和国商业银行法》(2015年8月29日修正)

第三十五条　商业银行贷款，应当对借款人的借款用途、偿还能力、还款方式等情况进行严格审查。

商业银行贷款，应当实行审贷分离、分级审批的制度。

二、相关部门规章

《贷款通则》(1996年8月1日起施行)

第十九条　借款人的义务：

一、应当如实提供贷款人要求的资料(法律规定不能提供者除外)，应当向贷款人如实提供所有开户行、帐号及存贷款余额情况，配合贷款人的调查、审查和检查；

二、应当接受贷款人对其使用信贷资金情况和有关生产经营、财务活动的监督；

三、应当按借款合同约定用途使用贷款；

四、应当按借款合同约定及时清偿贷款本息；

五、将债务全部或部分转让给第三人的，应当取得贷款人的同意；

六、有危及贷款人债权安全情况时，应当及时通知贷款人，同时采取保全措施。

第二十六条　对借款人的信用等级评估：

应当根据借款人的领导者素质、经济实力、资金结构、履约情况、经营效益和发展前景等因素，评定借款人的信用等级。评级可由贷款人独立进行，内部掌握，也可由有权部门批准的评估机构进行。

第二十七条　贷款调查：

贷款人受理借款人申请后，应当对借款人的信用等级以及借款的合法性、安全性、盈利性等情况进行调查，核实抵押物、质物、保证人情况，测定贷款的风险度。

第二十八条　贷款审批：

贷款人应当建立审贷分离、分级审批的贷款管理制度。审查人员应当对调查人员提供的资料进行核实、评定，复测贷款风险度，提出意见，按规定权限报批。

第六百七十条　【禁止从本金预扣利息】借款的利息不得预先在本金中扣除。利息预先在本金中扣除的，应当按照实际借款数额返还借款并计算利息。

一、相关司法解释规定

《最高人民法院关于审理民间借贷案件适用法律若干问题的规定》（法释〔2020〕6号）（2020年12月23日修正）

第二十六条　借据、收据、欠条等债权凭证载明的借款金额，一般认定为本金。预先在本金中扣除利息的，人民法院应当将实际出借的金额认定为本金。

二、相关文件规定

《最高人民法院关于依法妥善审理民间借贷纠纷案件促进经济发展维护社会稳定的通知》（法〔2011〕336号）

人民法院在审理民间借贷纠纷案件时，要依法保护合法的借贷利息，依法遏制高利贷化倾向。出借人依照合同约定请求支付借款利息的，人民法院应当依据合同法和《最高人民法院关于人民法院审理借贷案件的若干意见》①第6条、第7条的规定处理。出借人将利息预先在本金中扣除的，应当按照实际借款数额返还借款并计算利息。当事人仅约定借期内利率，未约定逾期利率，出借人以借期内的利率主张逾期还款利息的，依法予以支持。当事人既未约定借期内利率，也未约定逾期利率的，出借人参照中国人民银行同期同类贷款基准利率，主张自逾期还款之日起的利息损失的，依法予以支持。

第六百七十一条　【贷款人的赔偿责任与借款人按约支付利息的义务】贷款人未按照约定的日期、数额提供借款，造成借款人损失的，应当赔偿损失。

借款人未按照约定的日期、数额收取借款的，应当按照约定的日期、数额支付利息。

第六百七十二条　【贷款人的检查监督权】贷款人按照约定可以

---

①　该司法解释已被《最高人民法院关于审理民间借贷案件适用法律若干问题的规定》废止。

检查、监督借款的使用情况。借款人应当按照约定向贷款人定期提供有关财务会计报表或者其他资料。

相关部门规章

1.《固定资产贷款管理暂行办法》(2009年10月23日起施行)

第七条 贷款人应与借款人约定明确、合法的贷款用途,并按照约定检查、监督贷款的使用情况,防止贷款被挪用。

2.《流动资金贷款管理暂行办法》(2010年2月12日起施行)

第九条 贷款人应与借款人约定明确、合法的贷款用途。

流动资金贷款不得用于固定资产、股权等投资,不得用于国家禁止生产、经营的领域和用途。

流动资金贷款不得挪用,贷款人应按照合同约定检查、监督流动资金贷款的使用情况。

3.《个人贷款管理暂行办法》(2010年2月12日起施行)

第三十五条 个人贷款支付后,贷款人应采取有效方式对贷款资金使用、借款人的信用及担保情况变化等进行跟踪检查和监控分析,确保贷款资产安全。

第六百七十三条 【借款人未按照约定用途使用借款时贷款人的权利】 借款人未按照约定的借款用途使用借款的,贷款人可以停止发放借款、提前收回借款或者解除合同。

相关部门规章

1.《贷款通则》(1996年8月1日起施行)

第七十一条 借款人有下列情形之一,由贷款人对其部分或全部贷款加收利息;情节特别严重的,由贷款人停止支付借款人尚未使用的贷款,并提前收回部分或全部贷款:

一、不按借款合同规定用途使用贷款的。

二、用贷款进行股本权益性投资的。

三、用贷款在有价证券、期货等方面从事投机经营的。

四、未依法取得经营房地产资格的借款人用贷款经营房地产业务的;依法取得经营房地产资格的借款人,用贷款从事房地产投机的。

五、不按借款合同规定清偿贷款本息的。

六、套取贷款相互借贷牟取非法收入的。

2.《固定资产贷款管理暂行办法》(2009年10月23日起施行)

第二十条　贷款人应在合同中与借款人约定,借款人出现未按约定用途使用贷款、未按约定方式支用贷款资金、未遵守承诺事项、申贷文件信息失真、突破约定的财务指标约束等情形时借款人应承担的违约责任和贷款人可采取的措施。

第二十九条　在贷款发放和支付过程中,借款人出现以下情形的,贷款人应与借款人协商补充贷款发放和支付条件,或根据合同约定停止贷款资金的发放和支付:

(一)信用状况下降;

(二)不按合同约定支付贷款资金;

(三)项目进度落后于资金使用进度;

(四)违反合同约定,以化整为零方式规避贷款人受托支付。

3.《个人贷款管理暂行办法》(2010年2月12日起施行)

第三十四条　采用借款人自主支付的,贷款人应与借款人在借款合同中事先约定,要求借款人定期报告或告知贷款人贷款资金支付情况。

贷款人应当通过账户分析、凭证查验或现场调查等方式,核查贷款支付是否符合约定用途。

第三十五条　个人贷款支付后,贷款人应采取有效方式对贷款资金使用、借款人的信用及担保情况变化等进行跟踪检查和监控分析,确保贷款资产安全。

第三十八条　贷款人应当按照法律法规规定和借款合同的约定,对借款人未按合同承诺提供真实、完整信息和未按合同约定用途使用、支付贷款等行为追究违约责任。

4.《流动资金贷款管理暂行办法》(2010年2月12日起施行)

第二十七条　采用贷款人受托支付的,贷款人应根据约定的贷款用途,审核借款人提供的支付申请所列支付对象、支付金额等信息是否与相应的商务合同等证明材料相符。审核同意后,贷款人应将贷款资金通过借款人账户支付给借款人交易对象。

第二十八条　采用借款人自主支付的,贷款人应按借款合同约定要求借款人定期汇总报告贷款资金支付情况，并通过账户分析、凭证查验或现场调查等方式核查贷款支付是否符合约定用途。

第二十九条 贷款支付过程中，借款人信用状况下降、主营业务盈利能力不强、贷款资金使用出现异常的，贷款人应与借款人协商补充贷款发放和支付条件，或根据合同约定变更贷款支付方式、停止贷款资金的发放和支付。

第六百七十四条 【借款人支付利息的期限】 借款人应当按照约定的期限支付利息。对支付利息的期限没有约定或者约定不明确，依据本法第五百一十条的规定仍不能确定，借款期间不满一年的，应当在返还借款时一并支付；借款期间一年以上的，应当在每届满一年时支付，剩余期间不满一年的，应当在返还借款时一并支付。

相关法律条文

1.《中华人民共和国民法典》(2021年1月1日起施行)

第五百一十条 合同生效后，当事人就质量、价款或者报酬、履行地点等内容没有约定或者约定不明确的，可以协议补充；不能达成补充协议的，按照合同相关条款或者交易习惯确定。

2.《中华人民共和国商业银行法》(2015年8月29日修正)

第四十二条 借款人应当按期归还贷款的本金和利息。

借款人到期不归还担保贷款的，商业银行依法享有要求保证人归还贷款本金和利息或者就该担保物优先受偿的权利。商业银行因行使抵押权、质权而取得的不动产或者股权，应当自取得之日起二年内予以处分。

借款人到期不归还信用贷款的，应当按照合同约定承担责任。

第六百七十五条 【还款期限】 借款人应当按照约定的期限返还借款。对借款期限没有约定或者约定不明确，依据本法第五百一十条的规定仍不能确定的，借款人可以随时返还；贷款人可以催告借款人在合理期限内返还。

第六百七十六条 【逾期利息】 借款人未按照约定的期限返还借款的，应当按照约定或者国家有关规定支付逾期利息。

一、相关司法解释规定

《最高人民法院关于审理民间借贷案件适用法律若干问题的规定》(法释〔2020〕6号)(2020年12月23日修正)

第二十八条 借贷双方对逾期利率有约定的,从其约定,但是以不超过合同成立时一年期贷款市场报价利率四倍为限。

未约定逾期利率或者约定不明的,人民法院可以区分不同情况处理:

(一)既未约定借期内利率,也未约定逾期利率,出借人主张借款人自逾期还款之日起参照当时一年期贷款市场报价利率标准计算的利息承担逾期还款违约责任的,人民法院应予支持;

(二)约定了借期内利率但是未约定逾期利率,出借人主张借款人自逾期还款之日起按照借期内利率支付资金占用期间利息的,人民法院应予支持。

第二十九条 出借人与借款人既约定了逾期利率,又约定了违约金或者其他费用,出借人可以选择主张逾期利息、违约金或者其他费用,也可以一并主张,但是总计超过合同成立时一年期贷款市场报价利率四倍的部分,人民法院不予支持。

二、相关文件规定

1.《中国人民银行关于人民币贷款利率有关问题的通知》(银发〔2003〕251号)

三、关于罚息利率问题。逾期贷款(借款人未按合同约定日期还款的借款)罚息利率由现行按日万分之二点一计收利息,改为在借款合同载明的贷款利率水平上加收30%－50%;借款人未按合同约定用途使用借款的罚息利率,由现行按日万分之五计收利息,改为在借款合同载明的贷款利率水平上加收50%－100%。

对逾期或未按合同约定用途使用借款的贷款,从逾期或未按合同约定用途使用贷款之日起,按罚息利率计收利息,直至清偿本息为止。对不能按时支付的利息,按罚息利率计收复利。

四、对2004年1月1日(含2004年1月1日)以后新发放的贷款按本通知执行。对2004年1月1日以前发放的未到期贷款仍按原借款合同执行,但经借贷双方当事人协商一致的,也可执行本通知。

2.《中国人民银行公告》(〔2019〕第15号)

为深化利率市场化改革,提高利率传导效率,推动降低实体经济融

资成本,中国人民银行决定改革完善贷款市场报价利率(LPR)形成机制,现就有关事宜公告如下:

一、自2019年8月20日起,中国人民银行授权全国银行间同业拆借中心于每月20日(遇节假日顺延)9时30分公布贷款市场报价利率,公众可在全国银行间同业拆借中心和中国人民银行网站查询。

二、贷款市场报价利率报价行应于每月20日(遇节假日顺延)9时前,按公开市场操作利率(主要指中期借贷便利利率)加点形成的方式,向全国银行间同业拆借中心报价。全国银行间同业拆借中心按去掉最高和最低报价后算术平均的方式计算得出贷款市场报价利率。

三、为提高贷款市场报价利率的代表性,贷款市场报价利率报价行类型在原有的全国性银行基础上增加城市商业银行、农村商业银行、外资银行和民营银行,此次由10家扩大至18家,今后定期评估调整。

四、将贷款市场报价利率由原有1年期一个期限品种扩大至1年期和5年期以上两个期限品种。银行的1年期和5年期以上贷款参照相应期限的贷款市场报价利率定价,1年期以内、1年至5年期贷款利率由银行自主选择参考的期限品种定价。

五、自即日起,各银行应在新发放的贷款中主要参考贷款市场报价利率定价,并在浮动利率贷款合同中采用贷款市场报价利率作为定价基准。存量贷款的利率仍按原合同约定执行。各银行不得通过协同行为以任何形式设定贷款利率定价的隐性下限。

六、中国人民银行将指导市场利率定价自律机制加强对贷款市场报价利率的监督管理,对报价行的报价质量进行考核,督促各银行运用贷款市场报价利率定价,严肃处理银行协同设定贷款利率隐性下限等扰乱市场秩序的违规行为。中国人民银行将银行的贷款市场报价利率应用情况及贷款利率竞争行为纳入宏观审慎评估(MPA)。

第六百七十七条 【借款人提前还款】 借款人提前返还借款的,除当事人另有约定外,应当按照实际借款的期间计算利息。

一、相关司法解释规定

《最高人民法院关于审理民间借贷案件适用法律若干问题的规定》(法释〔2020〕6号)(2020年12月23日修正)

第三十条 借款人可以提前偿还借款,但是当事人另有约定的除外。

借款人提前偿还借款并主张按照实际借款期限计算利息的，人民法院应予支持。

二、相关部门规章

《贷款通则》(1996年8月1日起施行)

第三十二条 贷款归还：

借款人应当按照借款合同规定按时足额归还贷款本息。

贷款人在短期贷款到期1个星期之前、中长期贷款到期1个月之前，应当向借款人发送还本付息通知单；借款人应当及时筹备资金，按时还本付息。

贷款人对逾期的贷款要及时发出催收通知单，做好逾期贷款本息的催收工作。

贷款人对不能按借款合同约定期限归还的贷款，应当按规定加罚利息；对不能归还或者不能落实还本付息事宜的，应当督促归还或者依法起诉。

借款人提前归还贷款，应当与贷款人协商。

第六百七十八条 【借款展期】借款人可以在还款期限届满前向贷款人申请展期；贷款人同意的，可以展期。

一、相关部门规章

《贷款通则》(1996年8月1日起施行)

第十一条 贷款期限：

贷款限期根据借款人的生产经营周期、还款能力和贷款人的资金供给能力由借贷双方共同商议后确定，并在借款合同中载明。

自营贷款期限最长一般不得超过10年，超过10年应当报中国人民银行备案。

票据贴现的贴现期限最长不得超过6个月，贴现期限为从贴现之日起到票据到期日止。

第十二条 贷款展期：

不能按期归还贷款的，借款人应当在贷款到期日之前，向贷款人申请贷款展期。是否展期由贷款人决定。申请保证贷款、抵押贷款、质押贷款展期的，还应当由保证人、抵押人、出质人出具同意的书面证明。已有约定的，按照约定执行。

短期贷款展期期限累计不得超过原贷款期限；中期贷款展期期限累计不得超过原贷款期限的一半；长期贷款展期期限累计不得超过3年。国家另有规定者除外。借款人未申请展期或申请展期未得到批准，其贷款从到期日次日起，转入逾期贷款帐户。

二、相关文件规定

《最高人民法院关于展期贷款超过原贷款期限的效力问题的答复》(法函〔2000〕12号)对展期贷款进行了分析。相关答复如下：

展期贷款性质上是对原贷款合同期限的变更。对于展期贷款的期限不符合中国人民银行颁布的"贷款通则"的规定，应否以此认定该展期无效问题，根据我国法律规定，确认合同是否有效，应当依据我国的法律和行政法规，只要展期贷款合同是双方当事人在平等、自愿基础上真实的意思表示，并不违背法律和行政法规的禁止性规定，就应当认定有效。你院请示涉及案件中的担保人的责任，应当依据《中华人民共和国担保法》以及法发〔1994〕8号《最高人民法院关于审理经济合同纠纷案件有关保证的若干问题的规定》予以确认。

第六百七十九条　【自然人之间借款合同的成立时间】自然人之间的借款合同，自贷款人提供借款时成立。

相关司法解释规定

《最高人民法院关于审理民间借贷案件适用法律若干问题的规定》(法释〔2020〕6号)(2020年12月23日修正)

第九条　自然人之间的借款合同具有下列情形之一的，可以视为合同成立：

(一)以现金支付的，自借款人收到借款时；

(二)以银行转账、网上电子汇款等形式支付的，自资金到达借款人账户时；

(三)以票据交付的，自借款人依法取得票据权利时；

(四)出借人将特定资金账户支配权授权给借款人的，自借款人取得对该账户实际支配权时；

(五)出借人以与借款人约定的其他方式提供借款并实际履行完成时。

第六百八十条　【借款利率和利息】禁止高利放贷，借款的利率不得违反国家有关规定。

借款合同对支付利息没有约定的，视为没有利息。

借款合同对支付利息约定不明确，当事人不能达成补充协议的，按照当地或者当事人的交易方式、交易习惯、市场利率等因素确定利息；自然人之间借款的，视为没有利息。

一、相关法律条文

《中华人民共和国商业银行法》（2015年8月29日修订）

第三十八条　商业银行应当按照中国人民银行规定的贷款利率的上下限，确定贷款利率。

二、相关司法解释规定

《最高人民法院关于审理民间借贷案件适用法律若干问题的规定》（法释〔2020〕6号）（2020年12月23日修正）

第二十四条　借贷双方没有约定利息，出借人主张支付利息的，人民法院不予支持。

自然人之间借贷对利息约定不明，出借人主张支付利息的，人民法院不予支持。除自然人之间借贷的外，借贷双方对借贷利息约定不明，出借人主张利息的，人民法院应当结合民间借贷合同的内容，并根据当地或者当事人的交易方式、交易习惯、市场报价利率等因素确定利息。

第二十五条　出借人请求借款人按照合同约定利率支付利息的，人民法院应予支持，但是双方约定的利率超过合同成立时一年期贷款市场报价利率四倍的除外。

前款所称"一年期贷款市场报价利率"，是指中国人民银行授权全国银行间同业拆借中心自2019年8月20日起每月发布的一年期贷款市场报价利率。

第二十六条　借据、收据、欠条等债权凭证载明的借款金额，一般认定为本金。预先在本金中扣除利息的，人民法院应当将实际出借的金额认定为本金。

第二十七条　借贷双方对前期借款本息结算后将利息计入后期借款本金并重新出具债权凭证，如果前期利率没有超过合同成立时一年期贷款市场报价利率四倍，重新出具的债权凭证载明的金额可认定为后期借款本金。超过部分的利息，不应认定为后期借款本金。

按前款计算，借款人在借款期间届满后应当支付的本息之和，超过以最初借款本金与以最初借款本金为基数、以合同成立时一年期贷款市场报价利率四倍计算的整个借款期间的利息之和的，人民法院不予支持。

第二十八条 借贷双方对逾期利率有约定的，从其约定，但是以不超过合同成立时一年期贷款市场报价利率四倍为限。

未约定逾期利率或者约定不明的，人民法院可以区分不同情况处理：

（一）既未约定借期内利率，也未约定逾期利率，出借人主张借款人自逾期还款之日起参照当时一年期贷款市场报价利率标准计算的利息承担逾期还款违约责任的，人民法院应予支持；

（二）约定了借期内利率但是未约定逾期利率，出借人主张借款人自逾期还款之日起按照借期内利率支付资金占用期间利息的，人民法院应予支持。

第二十九条 出借人与借款人既约定了逾期利率，又约定了违约金或者其他费用，出借人可以选择主张逾期利息、违约金或者其他费用，也可以一并主张，但是总计超过合同成立时一年期贷款市场报价利率四倍的部分，人民法院不予支持。

三、相关文件规定

1.《中国人民银行关于人民币贷款利率有关问题的通知》（银发〔2003〕251号）

一、关于人民币贷款计息和结息问题。人民币各项贷款（不含个人住房贷款）的计息和结息方式，由借贷双方协商确定。

二、关于在合同期内贷款利率的调整问题。人民币中、长期贷款利率由原来的一年一定，改为由借贷双方按商业原则确定，可在合同期间按月、按季、按年调整，也可采用固定利率的确定方式。

5年期以上档次贷款利率，由金融机构参照人民银行公布的5年期以上贷款利率自主确定。

三、关于罚息利率问题。逾期贷款（借款人未按合同约定日期还款的借款）罚息利率由现行按日万分之二点一计收利息，改为在借款合同载明的贷款利率水平上加收30%－50%；借款人未按合同约定用途使用借款的罚息利率，由现行按日万分之五计收利息，改为在借款合同载明的贷款利率水平上加收50%－100%。

对逾期或未按合同约定用途使用借款的贷款，从逾期或未按合同约定用途使用贷款之日起，按罚息利率计收利息，直至清偿本息为止。对不能按时支付的利息，按罚息利率计收复利。

四、对2004年1月1日（含2004年1月1日）以后新发放的贷款按本通知执行。对2004年1月1日以前发放的未到期贷款仍按原借款合同执行，但经借贷双方当事人协商一致的，也可执行本通知。

2.《中国人民银行公告》（〔2019〕第15号）

为深化利率市场化改革，提高利率传导效率，推动降低实体经济融资成本，中国人民银行决定改革完善贷款市场报价利率（LPR）形成机制，现就有关事宜公告如下：

一、自2019年8月20日起，中国人民银行授权全国银行间同业拆借中心于每月20日（遇节假日顺延）9时30分公布贷款市场报价利率，公众可在全国银行间同业拆借中心和中国人民银行网站查询。

二、贷款市场报价利率报价行应于每月20日（遇节假日顺延）9时前，按公开市场操作利率（主要指中期借贷便利利率）加点形成的方式，向全国银行间同业拆借中心报价。全国银行间同业拆借中心按去掉最高和最低报价后算术平均的方式计算得出贷款市场报价利率。

三、为提高贷款市场报价利率的代表性，贷款市场报价利率报价行类型在原有的全国性银行基础上增加城市商业银行、农村商业银行、外资银行和民营银行，此次由10家扩大至18家，今后定期评估调整。

四、将贷款市场报价利率由原有1年期一个期限品种扩大至1年期和5年期以上两个期限品种。银行的1年期和5年期以上贷款参照相应期限的贷款市场报价利率定价，1年期以内、1年至5年期贷款利率由银行自主选择参考的期限品种定价。

五、自即日起，各银行应在新发放的贷款中主要参考贷款市场报价利率定价，并在浮动利率贷款合同中采用贷款市场报价利率作为定价基准。存量贷款的利率仍按原合同约定执行。各银行不得通过协同行为以任何形式设定贷款利率定价的隐性下限。

六、中国人民银行将指导市场利率定价自律机制加强对贷款市场报价利率的监督管理，对报价行的报价质量进行考核，督促各银行运用贷款市场报价利率定价，严肃处理银行协同设定贷款利率隐性下限等扰乱市场秩序的违规行为。中国人民银行将银行的贷款市场报价利率应用情况及贷款利率竞争行为纳入宏观审慎评估（MPA）。

3.《最高人民法院关于印发〈全国法院民商事审判工作会议纪要〉的通知》(法〔2019〕254号)

(三)关于借款合同

人民法院在审理借款合同纠纷案件过程中,要根据防范化解重大金融风险、金融服务实体经济、降低融资成本的精神,区别对待金融借贷与民间借贷,并适用不同规则与利率标准。要依法否定高利转贷行为、职业放贷行为的效力,充分发挥司法的示范、引导作用,促进金融服务实体经济。要注意到,为深化利率市场化改革,推动降低实体利率水平,自2019年8月20日起,中国人民银行已经授权全国银行间同业拆借中心于每月20日(遇节假日顺延)9时30分公布贷款市场报价利率(LPR),中国人民银行贷款基准利率这一标准已经取消。因此,自此之后人民法院裁判贷款利息的基本标准应改为全国银行间同业拆借中心公布的贷款市场报价利率。应予注意的是,贷款利率标准尽管发生了变化,但存款基准利率并未发生相应变化,相关标准仍可适用。

51.【变相利息的认定】金融借款合同纠纷中,借款人认为金融机构以服务费、咨询费、顾问费、管理费等为名变相收取利息,金融机构或者由其指定的人收取的相关费用不合理的,人民法院可以根据提供服务的实际情况确定借款人应否支付或者酌减相关费用。

52.【高利转贷】民间借贷中,出借人的资金必须是自有资金。出借人套取金融机构信贷资金又高利转贷给借款人的民间借贷行为,既增加了融资成本,又扰乱了信贷秩序,根据民间借贷司法解释第14条第1项的规定,应当认定此类民间借贷行为无效。人民法院在适用该条规定时,应当注意把握以下几点:一是要审查出借人的资金来源。借款人能够举证证明在签订借款合同时出借人尚欠银行贷款未还的,一般可以推定为出借人套取信贷资金,但出借人能够举反证予以推翻的除外;二是从宽认定"高利"转贷行为的标准,只要出借人通过转贷行为牟利的,就可以认定为是"高利"转贷行为;三是对该条规定的"借款人事先知道或者应当知道的"要件,不宜把握过苛。实践中,只要出借人在签订借款合同时存在尚欠银行贷款未还事实的,一般可以认为满足了该条规定的"借款人事先知道或者应当知道"这一要件。

53.【职业放贷人】未依法取得放贷资格的以民间借贷为业的法人,以及以民间借贷为业的非法人组织或者自然人从事的民间借贷行为,应当依法认定无效。同一出借人在一定期间内多次反复从事有偿民间借贷行为的,一般可以认定为是职业放贷人。民间借贷比较活跃的地方的高级人民法院或者经其授权的中级人民法院,可以根据本地区的实际情况制定具体的认定标准。

4.《最高人民法院关于在涉外民商事案件审理中如何确定主要外币贷款利率的请示的复函》(〔2006〕民四他字第23号)

根据我国的金融制度,只有金融机构才能从事金融业务,确定非金融机构债权人主张的利息损失计算标准以存款利率为宜;当金融机构债权人主张利息损失且需要以外币贷款利率为计算标准的,应根据当事人的诉讼请求以及案件的具体情况进行确定。

第十三章 保证合同

第一节 一般规定

第六百八十一条 【保证合同的定义】保证合同是为保障债权的实现,保证人和债权人约定,当债务人不履行到期债务或者发生当事人约定的情形时,保证人履行债务或者承担责任的合同。

相关司法解释规定

《最高人民法院关于审理票据纠纷案件若干问题的规定》(法释〔2000〕32号)(2020年12月23日修正)

第六十一条 保证人未在票据或者粘单上记载"保证"字样而另行签订保证合同或者保证条款的,不属于票据保证,人民法院应当适用《中华人民共和国民法典》的有关规定。

第六百八十二条 【保证合同的从属性及无效的法律后果】保证合同是主债权债务合同的从合同。主债权债务合同无效的,保证合同无效,但是法律另有规定的除外。

保证合同被确认无效后,债务人、保证人、债权人有过错的,应当根据其过错各自承担相应的民事责任。

一、相关司法解释规定

1.《最高人民法院关于适用〈中华人民共和国民法典〉有关担保制度的解释》(法释〔2020〕28号)

第二条　当事人在担保合同中约定担保合同的效力独立于主合同,或者约定担保人对主合同无效的法律后果承担担保责任,该有关担保独立性的约定无效。主合同有效的,有关担保独立性的约定无效不影响担保合同的效力;主合同无效的,人民法院应当认定担保合同无效,但是法律另有规定的除外。

因金融机构开立的独立保函发生的纠纷,适用《最高人民法院关于审理独立保函纠纷案件若干问题的规定》。

第三条　当事人对担保责任的承担约定专门的违约责任,或者约定的担保责任范围超出债务人应当承担的责任范围,担保人主张仅在债务人应当承担的责任范围内承担责任的,人民法院应予支持。

担保人承担的责任超出债务人应当承担的责任范围,担保人向债务人追偿,债务人主张仅在其应当承担的责任范围内承担责任的,人民法院应予支持;担保人请求债权人返还超出部分的,人民法院依法予以支持。

第十七条　主合同有效而第三人提供的担保合同无效,人民法院应当区分不同情形确定担保人的赔偿责任:

(一)债权人与担保人均有过错的,担保人承担的赔偿责任不应超过债务人不能清偿部分的二分之一;

(二)担保人有过错而债权人无过错的,担保人对债务人不能清偿的部分承担赔偿责任;

(三)债权人有过错而担保人无过错的,担保人不承担赔偿责任。

主合同无效导致第三人提供的担保合同无效,担保人无过错的,不承担赔偿责任;担保人有过错的,其承担的赔偿责任不应超过债务人不能清偿部分的三分之一。

第十八条　承担了担保责任或者赔偿责任的担保人,在其承担责任的范围内向债务人追偿的,人民法院应予支持。

同一债权既有债务人自己提供的物的担保,又有第三人提供的担保,承担了担保责任或者赔偿责任的第三人,主张行使债权人对债务人享有的担保物权的,人民法院应予支持。

第十九条 担保合同无效，承担了赔偿责任的担保人按照反担保合同的约定，在其承担赔偿责任的范围内请求反担保人承担担保责任的，人民法院应予支持。

反担保合同无效的，依照本解释第十七条的有关规定处理。当事人仅以担保合同无效为由主张反担保合同无效的，人民法院不予支持。

2.《最高人民法院关于审理独立保函纠纷案件若干问题的规定》（法释〔2016〕24号）

第一条 本规定所称的独立保函，是指银行或非银行金融机构作为开立人，以书面形式向受益人出具的，同意在受益人请求付款并提交符合保函要求的单据时，向其支付特定款项或在保函最高金额内付款的承诺。

前款所称的单据，是指独立保函载明的受益人应提交的付款请求书、违约声明、第三方签发的文件、法院判决、仲裁裁决、汇票、发票等表明发生付款到期事件的书面文件。

独立保函可以依保函申请人的申请而开立，也可以依另一金融机构的指示而开立。开立人依指示开立独立保函的，可以要求指示人向其开立用以保障追偿权的独立保函。

第二条 本规定所称的独立保函纠纷，是指在独立保函的开立、撤销、修改、转让、付款、追偿等环节产生的纠纷。

第三条 保函具有下列情形之一，当事人主张保函性质为独立保函的，人民法院应予支持，但保函未载明据以付款的单据和最高金额的除外：

（一）保函载明见索即付；

（二）保函载明适用国际商会《见索即付保函统一规则》等独立保函交易示范规则；

（三）根据保函文本内容，开立人的付款义务独立于基础交易关系及保函申请法律关系，其仅承担相符交单的付款责任。

当事人以独立保函记载了对应的基础交易为由，主张该保函性质为一般保证或连带保证的，人民法院不予支持。

当事人主张独立保函适用民法典关于一般保证或连带保证规定的，人民法院不予支持。

第四条 独立保函的开立时间为开立人发出独立保函的时间。

独立保函一经开立即生效，但独立保函载明生效日期或事件的除外。

独立保函未载明可撤销，当事人主张独立保函开立后不可撤销的，人民法院应予支持。

第五条 独立保函载明适用《见索即付保函统一规则》等独立保函交易示范规则，或开立人和受益人在一审法庭辩论终结前一致援引的，人民法院应当认定交易示范规则的内容构成独立保函条款的组成部分。

不具有前款情形，当事人主张独立保函适用相关交易示范规则的，人民法院不予支持。

第六条 受益人提交的单据与独立保函条款之间、单据与单据之间表面相符，受益人请求开立人依据独立保函承担付款责任的，人民法院应予支持。

开立人以基础交易关系或独立保函申请关系对付款义务提出抗辩的，人民法院不予支持，但有本规定第十二条情形的除外。

第七条 人民法院在认定是否构成表面相符时，应当根据独立保函载明的审单标准进行审查；独立保函未载明的，可以参照适用国际商会确定的相关审单标准。

单据与独立保函条款之间、单据与单据之间表面上不完全一致，但并不导致相互之间产生歧义的，人民法院应当认定构成表面相符。

第八条 开立人有独立审查单据的权利与义务，有权自行决定单据与独立保函条款之间、单据与单据之间是否表面相符，并自行决定接受或拒绝接受不符点。

开立人已向受益人明确表示接受不符点，受益人请求开立人承担付款责任的，人民法院应予支持。

开立人拒绝接受不符点，受益人以保函申请人已接受不符点为由请求开立人承担付款责任的，人民法院不予支持。

第九条 开立人依据独立保函付款后向保函申请人追偿的，人民法院应予支持，但受益人提交的单据存在不符点的除外。

第十条 独立保函未同时载明可转让和据以确定新受益人的单据，开立人主张受益人付款请求权的转让对其不发生效力的，人民法院应予支持。独立保函对受益人付款请求权的转让有特别约定的，从其约定。

第十一条 独立保函具有下列情形之一，当事人主张独立保函权利义务终止的，人民法院应予支持：

（一）独立保函载明的到期日或到期事件届至，受益人未提交符合独立保函要求的单据；

（二）独立保函项下的应付款项已经全部支付；

（三）独立保函的金额已减额至零；

（四）开立人收到受益人出具的免除独立保函项下付款义务的文件；

（五）法律规定或者当事人约定终止的其他情形。

独立保函具有前款权利义务终止的情形，受益人以其持有独立保函文本为由主张享有付款请求权的，人民法院不予支持。

第十二条 具有下列情形之一的，人民法院应当认定构成独立保函欺诈：

（一）受益人与保函申请人或其他人串通，虚构基础交易的；

（二）受益人提交的第三方单据系伪造或内容虚假的；

（三）法院判决或仲裁裁决认定基础交易债务人没有付款或赔偿责任的；

（四）受益人确认基础交易债务已得到完全履行或者确认独立保函载明的付款到期事件并未发生的；

（五）受益人明知其没有付款请求权仍滥用该权利的其他情形。

第十三条 独立保函的申请人、开立人或指示人发现有本规定第十二条情形的，可以在提起诉讼或申请仲裁前，向开立人住所地或其他对独立保函欺诈纠纷案件具有管辖权的人民法院申请中止支付独立保函项下的款项，也可以在诉讼或仲裁过程中提出申请。

第十四条 人民法院裁定中止支付独立保函项下的款项，必须同时具备下列条件：

（一）止付申请人提交的证据材料证明本规定第十二条情形的存在具有高度可能性；

（二）情况紧急，不立即采取止付措施，将给止付申请人的合法权益造成难以弥补的损害；

（三）止付申请人提供了足以弥补被申请人因止付可能遭受损失的担保。

止付申请人以受益人在基础交易中违约为由请求止付的，人民法院不予支持。

开立人在依指示开立的独立保函项下已经善意付款的，对保障该开立人追偿权的独立保函，人民法院不得裁定止付。

第十五条 因止付申请错误造成损失,当事人请求止付申请人赔偿的,人民法院应予支持。

第十六条 人民法院受理止付申请后,应当在四十八小时内作出书面裁定。裁定应当列明申请人、被申请人和第三人,并包括初步查明的事实和是否准许止付申请的理由。

裁定中止支付的,应当立即执行。

止付申请人在止付裁定作出后三十日内未依法提起独立保函欺诈纠纷诉讼或申请仲裁的,人民法院应当解除止付裁定。

第十七条 当事人对人民法院就止付申请作出的裁定有异议的,可以在裁定书送达之日起十日内向作出裁定的人民法院申请复议。复议期间不停止裁定的执行。

人民法院应当在收到复议申请后十日内审查,并询问当事人。

第十八条 人民法院审理独立保函欺诈纠纷案件或处理止付申请,可以就当事人主张的本规定第十二条的具体情形,审查认定基础交易的相关事实。

第十九条 保函申请人在独立保函欺诈诉讼中仅起诉受益人的,独立保函的开立人、指示人可以作为第三人申请参加,或由人民法院通知其参加。

第二十条 人民法院经审理独立保函欺诈纠纷案件,能够排除合理怀疑地认定构成独立保函欺诈,并且不存在本规定第十四条第三款情形的,应当判决开立人终止支付独立保函项下被请求的款项。

第二十一条 受益人和开立人之间因独立保函而产生的纠纷案件,由开立人住所地或被告住所地人民法院管辖,独立保函载明由其他法院管辖或提交仲裁的除外。当事人主张根据基础交易合同争议解决条款确定管辖法院或提交仲裁的,人民法院不予支持。

独立保函欺诈纠纷案件由被请求止付的独立保函的开立人住所地或被告住所地人民法院管辖,当事人书面协议由其他法院管辖或提交仲裁的除外。当事人主张根据基础交易合同或独立保函的争议解决条款确定管辖法院或提交仲裁的,人民法院不予支持。

第二十二条 涉外独立保函未载明适用法律,开立人和受益人在一审法庭辩论终结前亦未就适用法律达成一致的,开立人和受益人之间因涉外独立保函而产生的纠纷适用开立人经常居所地法律;独立保函由金融机构依法登记设立的分支机构开立的,适用分支机构登记地法律。

涉外独立保函欺诈纠纷,当事人就适用法律不能达成一致的,适用被请求止付的独立保函的开立人经常居所地法律;独立保函由金融机构依法登记设立的分支机构开立的,适用分支机构登记地法律;当事人有共同经常居所地的,适用共同经常居所地法律。

涉外独立保函止付保全程序,适用中华人民共和国法律。

第二十三条 当事人约定在国内交易中适用独立保函,一方当事人以独立保函不具有涉外因素为由,主张保函独立性的约定无效的,人民法院不予支持。

第二十四条 对于按照特户管理并移交开立人占有的独立保函开立保证金,人民法院可以采取冻结措施,但不得扣划。保证金账户内的款项丧失开立保证金的功能时,人民法院可以依法采取扣划措施。

开立人已履行对外支付义务的,根据该开立人的申请,人民法院应当解除对开立保证金相应部分的冻结措施。

第二十五条 本规定施行后尚未终审的案件,适用本规定;本规定施行前已经终审的案件,当事人申请再审或者人民法院按照审判监督程序再审的,不适用本规定。

第二十六条 本规定自2016年12月1日起施行。

二、相关指导案例

第109号指导案例"安徽省外经建设(集团)有限公司诉东方置业房地产有限公司保函欺诈纠纷案"(最高人民法院审判委员会讨论通过;2019年2月25日发布)

最高人民法院认为:第一,关于本案涉及的独立保函欺诈案件的识别依据、管辖权以及法律适用问题。本案争议的当事方东方置业公司及哥斯达黎加银行的经常居所地位于我国领域外,本案系涉外商事纠纷。根据《中华人民共和国涉外民事关系法律适用法》第八条"涉外民事关系的定性,适用法院地法"的规定,外经集团公司作为外经中美洲公司在国内的母公司,是涉案保函的开立申请人,其申请建行安徽省分行向哥斯达黎加银行开立见索即付的反担保保函,由哥斯达黎加银行向受益人东方置业公司转开履约保函。根据保函文本内容,哥斯达黎加银行与建行安徽省分行的付款义务均独立于基础交易关系及保函申请法律关系，因此，上述保函可以确定为见索即付独立保函，上述反担保保函可以确定为见索即付独立反担保保函。外经集团公司以保函欺诈为由向一审法院提起诉讼，本案性质为保函欺诈纠纷。被请求止付的独立反担保保函由建行安徽省分行开具，该分行所在地应当认定为外经集团公司主张的侵权结果发生地。一审法院作为侵权行为地法院对本案具有管辖权。因涉案保函载明适用《见索即付保函统一规则》，应当认定上述规则的内容构成争议保函的组成部分。根据《中华人民共和国涉外民事关系法律适用法》第四十四条"侵权责任，适用侵权行为地法律"的规定，《见索即付保函统一规则》未予涉及的保函欺诈之认定标准应适用中华人民共和国法律。我国没有加入《联合国独立保证与备用信用证公约》，本案当事人亦未约定适用上述公约或将公约有关内容作为国际交易规则订入保函，依据意思自治原则，《联合国独立保证与备用信用证公约》不应适用。

第二，关于东方置业公司作为受益人是否具有基础合同项下的初步证据证明其索赔请求具有事实依据的问题。

人民法院在审理独立保函及与独立保函相关的反担保案件时，对基础交易的审查，应当坚持有限原则和必要原则，审查的范围应当限于受益人是否明知基础合同的相对人并不存在基础合同项下的违约事实或者不存在其他导致独立保函付款的事实。否则，对基础合同的审查将会动摇独立保函"见索即付"的制度价值。

根据《最高人民法院关于贯彻执行〈中华人民共和国民法通则〉若干问题的意见（试行）》第六十八条的规定，欺诈主要表现为虚构事实与隐瞒真相。根据再审查明的事实，哥斯达黎加银行开立编号为G051225的履约保函，该履约保函明确规定了实现保函需要提交的文件为：说明执行保函理由的证明文件、通知外经中美洲公司执行保函请求的日期、保函证明原件和已经出具过的修改件。外经集团公司主张东方置业公司的行为构成独立保函项下的欺诈，应当提交证据证明东方置业公司在实现独立保函时具有下列行为之一：1. 为索赔提交内容虚假或者伪造的单据；2. 索赔请求完全没有事实基础和可信依据。本案中，保函担保的是"施工期间材料使用的质量和耐性，赔偿或补偿造成的损失，和/或承包方未履行义务的赔付"，意即，保函担保的是施工质量和其他违约行为。因此，受益人只需提交能够证明存在施工质量问题的初步证据,即可满足保函实现所要求的"说明执行保函理由的证明文件"。本案基础合同履行过程中,东方置业公司的项目监理人员Jose Brenes和Mauricio Mora于2012年1月23日出具《项目工程检验报告》。该报告认定了施工项目存在"施工不良"、"品质低劣"且需要修改或修理的情形,该《项目工程检验报告》构成证明存在施工质量问题的初步证据。

本案当事方在《施工合同》中以及在保函项下并未明确约定实现保函时应向哥斯达黎加银行提交《项目工程检验报告》,因此,东方置业公司有权自主选择向哥斯达黎加银行提交"证明执行保函理由"之证明文件的类型,其是否向哥斯达黎加银行提交该报告不影响其保函项下权利的实现。另外,《施工合同》以及保函亦未规定上述报告须由AIA国际建筑师事务所或者具有美国建筑师协会国际会员身份的人员出具,因此,Jose Brenes和Mauricio Mora是否具有美国建筑师协会国际会员身份并不影响其作为发包方的项目监理人员出具《项目工程检验报告》。外经集团公司对Jose Brenes和Mauricio Mora均为发包方的项目监理人员身份是明知的,在其出具《项目工程检验报告》并领取工程款项时对Jose Brenes和Mauricio Mora的监理身份是认可的,其以自身认可的足以证明Jose Brenes和Mauricio Mora监理身份的证据反证Jose Brenes和Mauricio Mora出具的《项目工程检验报告》虚假,逻辑上无法自洽。因外经集团公司未能提供其他证据证明东方置业公司实现案涉保函完全没有事实基础或者提交虚假或伪造的文件,东方置业公司据此向哥斯达黎加银行申请实现保函权利具有事实依据。

综上,《项目工程检验报告》构成证明外经集团公司基础合同项下违约行为的初步证据,外经集团公司提供的证据不足以证明上述报告存在虚假或者伪造,亦不足以证明东方置业公司明知基础合同的相对人并不存在基础合同项下的违约事实或者不存在其他导致独立保函付款的事实而要求实现保函。东方置业公司基于外经集团公司基础合同项下的违约行为,依据合同的规定,提出实现独立保函项下的权利不构成保函欺诈。

第三,关于独立保函受益人基础合同项下的违约情形,是否必然构成独立保函项下的欺诈索款问题。

外经集团公司认为,根据《最高人民法院关于审理独立保函纠纷案件若干问题的规定》(以下简称独立保函司法解释)第十二条第三项、第四项、第五项,应当认定东方置业公司构成独立保函欺诈。根据独立保函司法解释第二十五条的规定,经庭审释明,外经集团公司仍坚持认为本案处理不应违反独立保函司法解释的规定精神。结合外经集团公司的主张,最高人民法院对上述涉及独立保函司法解释的相关问题作出进一步阐释。

独立保函独立于委托人和受益人之间的基础交易,出具独立保函的银行只负责审查受益人提交的单据是否符合保函条款的规定并有权自行决定是否付款,担保行的付款义务不受委托人与受益人之间基础交易项下抗辩权的影响。东方置业公司作为受益人,在提交证明存在工程质量问题的初步证据时,即使未启动任何诸如诉讼或者仲裁等争议解决程序并经上述程序确认相对方违约,都不影响其保函权利的实现。即使基础合同存在正在进行的诉讼或者仲裁程序,只要相关争议解决程序尚未做出基础交易债务人没有付款或者赔偿责任的最终认定,亦不影响受益人保函权利的实现。进而言之,即使生效判决或者仲裁裁决认定受益人构成基础合同项下的违约,该违约事实的存在亦不必然成为构成保函"欺诈"的充分必要条件。

本案中,保函担保的事项是施工质量和其他违约行为,而受益人未支付工程款项的违约事实与工程质量出现问题不存在逻辑上的因果关系,东方置业公司作为受益人,其自身在基础合同履行中存在的违约情形,并不必然构成独立保函项下的欺诈索款。独立保函司法解释第十二条第三项的规定内容,将独立保函欺诈认定的条件限定为"法院判决或仲裁裁决认定基础交易债务人没有付款或赔偿责任",因此,除非保函另有约定,对基础合同的审查应当限定在保函担保范围内的履约事项,在将受益人自身在基础合同中是否存在违约行为纳入保函欺诈的审查范围时应当十分审慎。虽然哥斯达黎加建筑师和工程师联合协会做出仲裁裁决,认定东方置业公司在履行合同过程中违约,但上述仲裁程序于2012年2月7日由外经集团公司发动,东方置业公司并未提出反请求,2013年7月9日做出的仲裁裁决仅针对外经集团公司的请求事项认定东方置业公司违约,但并未认定外经集团公司因对方违约行为的存在而免除付款或者赔偿责任。因此,不能依据上述仲裁裁决的内容认定东方置业公司构成独立保函司法解释第十二条第三项规定的保函欺诈。

另外,双方对工程质量发生争议的事实以及哥斯达黎加建筑师和工程师联合协会争议解决中心作出的《仲裁裁决书》中涉及工程质量问题部分的表述能够佐证,外经中美洲公司在《施工合同》项下的义务尚未完全履行,本案并不存在东方置业公司确认基础交易债务已经完全履行或者付款到期事件并未发生的情形。现有证据亦不能证明东方置业公司明知其没有付款请求权仍滥用权利。东方置业公司作为受益人,其自身在基础合同履行中存在的违约情形,虽经仲裁裁决确认但并未因此免除外经集团公司的付款或者赔偿责任。综上,即使按照外经集团公司的主张适用独立保函司法解释,本案情形亦不构成保函欺诈。

第四,关于本案涉及的与独立保函有关的独立反担保函问题。

基于独立保函的特点,担保人于债务人之外构成对受益人的直接支付责任,独立保函与主债务之间没有抗辩权上的从属性,即使债务人在某一争议解决程序中行使抗辩权,并不当然使独立担保人获得该抗辩利益。另外,即使存在受益人在独立保函项下的欺诈性索款情形,亦不能推定担保行在独立反担保函项下构成欺诈性索款。只有担保行明知受益人系欺诈性索款且违反诚实信用原则付款,并向反担保行主张独立反担保函项下款项时,才能认定担保行构成独立反担保函项下的欺诈性索款。

外经集团公司以保函欺诈为由提起本案诉讼,其应当举证证明哥斯达黎加银行明知东方置业公司存在独立保函欺诈情形,仍然违反诚信原则予以付款,并进而以受益人身份在见索即付独立反担保函项下提出索款请求并构成反担保函项下的欺诈性索款。现外经集团公司不仅不能证明哥斯达黎加银行向东方置业公司支付独立保函项下款项存在欺诈,亦没有举证证明哥斯达黎加银行在独立反担保函项下存在欺诈性索款情形,其主张止付独立反担保函项下款项没有事实依据。

三、相关文件规定

《最高人民法院关于印发〈全国法院民商事审判工作会议纪要〉的通知》(法〔2019〕254号)

54.【独立担保】从属性是担保的基本属性,但由银行或者非银行金融机构开立的独立保函除外。独立保函纠纷案件依据《最高人民法院关于审理独立保函纠纷案件若干问题的规定》处理。需要进一步明确的是:凡是由银行或者非银行金融机构开立的符合该司法解释第1条、第3条规定情形的保函,无论是用于国际商事交易还是用于国内商事交易，均不影响保函的效力。银行或者非银行金融机构之外的当事人开立的独立保函，以及当事人有关排除担保从属性的约定，应当认定无效。但是，根据“无效法律行为的转换”原理，在否定其独立担保效力的同时，应当将其认定为从属性担保。此时，如果主合同有效，则担保合同有效，担保人与主债务人承担连带保证责任。主合同无效，则该所谓的独立担保也随之无效，担保人无过错的，不承担责任；担保人有过错的，其承担民事责任的部分，不应超过债务人不能清偿部分的三分之一。

55.【担保责任的范围】担保人承担的担保责任范围不应当大于主债务，是担保从属性的必然要求。当事人约定的担保责任的范围大于主债务的，如针对担保责任约定专门的违约责任、担保责任的数额高于主债务、担保责任约定的利息高于主债务利息、担保责任的履行期先于主债务履行期届满，等等，均应当认定大于主债务部分的约定无效，从而使担保责任缩减至主债务的范围。

四、相关裁判摘要

• **2005年第7期《中华人民共和国最高人民法院公报》**刊登的“**中银香港公司诉宏业公司等担保合同纠纷案**”中，最高人民法院(2002)民四终字第6号民事判决书对于担保合同无效的法律责任进行了分析。相关裁判摘要如下：

宏业公司和新业公司是为香港公司向香港银行的外币借款进行担保，该担保属于对外担保。根据我国内地关于对外担保的有关规定，此类担保应该到外汇管理部门办理有关批准登记手续。而本案宏业公司和新业公司出具的担保契约未办理上述手续，根据最高人民法院《关于适用〈中华人民共和国担保法〉若干问题的解释》第六条第(一)项的规定，该担保契约应认定无效。原审法院对于本案担保契约效力的认定是正确的。但原审法院认定担保契约无效的责任完全由宏业公司和新业公司承担，属于划分责任不当。对于造成担保契约无效，债权人国华银行同样具有过错。国华银行作为债权人在接受担保时，有义务了解担保人宏业公司和新业公司是否具有出具此类担保的资格，出具此类担保是否需要由有关部门批准，担保人是否履行了批准手续，如果有关担保手续不完备，国华银行有义务督促担保人予以补正，从而取得一份完备有效的担保，使自己的权益得到更好的保障。但本案中在宏业公司和新业公司出具的担保未经有关外汇管理部门批准登记的情况下，国华银行未履行上述其应尽的义务而予以接受，因此对于本案所涉两份担保契约因缺乏法定审批登记手续而导致无效，宏业公司、新业公司及国华银行均存在过错。宏业公司关于对于造成担保契约国华银行存在过错的上诉请求，本院予以支持。原审法院认为担保契约无效的责任完全由担保人宏业公司和新业公司承担，划分责任不当，本院应予纠正。根据《中华人民共和国民法通则》第六十一条第一款、《中华人民共和国担保法》第五条第二款的规定，宏业公司和新业公司应当分别对主债务人不能清偿的部分承担相应赔偿责任。即使宏业公司和新业公司承诺如果因未办理法律规定的手续导致担保无效，其将承担一切责任，但该承诺应认定无效。如上所述，对于造成担保契约无效，宏业公司、新业公司及债权人国华银行均有过错，根据有关法律规定，宏业公司、新业公司只应当对主债务人不能清偿部分承担相应的赔偿责任。如果认定宏业公司和新业公司作出的承担一切责任的承诺有效，不仅违反上述规定，而且规避了我国关于外汇管理的有关规定，使得债权人在对外担保契约因未经我国外汇管理部门批准登记而无效的情况下，却取得了同担保契约有效时相同的结果，因此宏业公司和新业公司上述承诺应认定无效。新业公司虽然未提起上诉，但根据最高人民法院《关于民事经济审判方式改革问题的若干规定》第三十五条的规定，对于原审判决划分责任不当部分，本院亦应予以纠正。

• **2004年第2期《中华人民共和国最高人民法院公报》**刊登的“**温州信托公司清算组诉幸福实业公司等债权债务转让合同纠纷案**”中，最高人民法院(2002)民二终字第67号民事判决书对担保合同无效的法律责任进行了分析。相关裁判摘要如下：

依照《中华人民共和国公司法》第六十条关于“董事、经理不得以公司资产为本公司的股东或者其他个人债务提供担保”以及本院《关于适用〈中华人民共和国担保法〉若干问题的解释》第四条关于“董事、经理违反《中华人民共和国公司法》第六十条的规定，以公司资产为本公司的股东或者其他个人债务提供担保的，担保合同无效。除债权人知道或者应当知道的外，债务人、担保人应当对债权人的损失承担连带赔偿责任”的规定，集团公司作为当时实业公司的第一大股东，实业公司为其提供的担保应认定为无效。因转让协议中明确规定集团公司到期不能清偿温州国投该笔债务的，由其持有的实业公司的法人股股票折抵债务，故债权人温州国投对实业公司为其股东集团公司提供担保应是明知的，鉴于温州国投和实业公司违反法律禁止性规定签订保证合同，对该担保无效均具有过错，故依照本院《关于适用〈中华人民共和国担保法〉若干问题的解释》第七条关于“主合同有效而担保合同无效，债权人无过错的，担保人与债务人对主合同债权人的经济损失，承担连带赔偿责任；债权人、担保人有过错的，担保人承担民事责任的部分，不应超过债务人不能清偿部分的二分之一”的规定，对担保无效所造成的损失，即债务人集团公司不能清偿债务部分，实业公司应在50%范围内承担赔偿责任，其余损失温州国投应自行承担。

第六百八十三条　【禁止担任保证人的主体】 机关法人不得为保证人，但是经国务院批准为使用外国政府或者国际经济组织贷款进行转贷的除外。

以公益为目的的非营利法人、非法人组织不得为保证人。

一、相关法律条文

1.《中华人民共和国民法典》(2021 年 1 月 1 日起施行)

第八十七条 为公益目的或者其他非营利目的成立，不向出资人、设立人或者会员分配所取得利润的法人，为非营利法人。

非营利法人包括事业单位、社会团体、基金会、社会服务机构等。

第八十八条 具备法人条件，为适应经济社会发展需要，提供公益服务设立的事业单位，经依法登记成立，取得事业单位法人资格；依法不需要办理法人登记的，从成立之日起，具有事业单位法人资格。

第九十条 具备法人条件，基于会员共同意愿，为公益目的或者会员共同利益等非营利目的设立的社会团体，经依法登记成立，取得社会团体法人资格；依法不需要办理法人登记的，从成立之日起，具有社会团体法人资格。

第九十二条 具备法人条件，为公益目的以捐助财产设立的基金会、社会服务机构等，经依法登记成立，取得捐助法人资格。

依法设立的宗教活动场所，具备法人条件的，可以申请法人登记，取得捐助法人资格。法律、行政法规对宗教活动场所有规定的，依照其规定。

第九十五条 为公益目的成立的非营利法人终止时，不得向出资人、设立人或者会员分配剩余财产。剩余财产应当按照法人章程的规定或者权力机构的决议用于公益目的;无法按照法人章程的规定或者权力机构的决议处理的,由主管机关主持转给宗旨相同或者相近的法人,并向社会公告。

第九十七条 有独立经费的机关和承担行政职能的法定机构从成立之日起,具有机关法人资格,可以从事为履行职能所需要的民事活动。

第一百零二条 非法人组织是不具有法人资格,但是能够依法以自己的名义从事民事活动的组织。

非法人组织包括个人独资企业、合伙企业、不具有法人资格的专业服务机构等。

2.《中华人民共和国招标投标法》(2017年12月27日修正)

第三条 在中华人民共和国境内进行下列工程建设项目包括项目的勘察、设计、施工、监理以及与工程建设有关的重要设备、材料等的采购,必须进行招标:

(一)大型基础设施、公用事业等关系社会公共利益、公众安全的项目;

(二)全部或者部分使用国有资金投资或者国家融资的项目;

(三)使用国际组织或者外国政府贷款、援助资金的项目。

前款所列项目的具体范围和规模标准,由国务院发展计划部门会同国务院有关部门制订,报国务院批准。

法律或者国务院对必须进行招标的其他项目的范围有规定的,依照其规定。

第六十七条 使用国际组织或者外国政府贷款、援助资金的项目进行招标,贷款方、资金提供方对招标投标的具体条件和程序有不同规定的,可以适用其规定,但违背中华人民共和国的社会公共利益的除外。

3.《中华人民共和国公路法》(2017年11月4日修正)

第二十一条 筹集公路建设资金,除各级人民政府的财政拨款,包括依法征税筹集的公路建设专项资金转为的财政拨款外,可以依法向国内外金融机构或者外国政府贷款。

国家鼓励国内外经济组织对公路建设进行投资。开发、经营公路的公司可以依照法律、行政法规的规定发行股票、公司债券筹集资金。

依照本法规定出让公路收费权的收入必须用于公路建设。

向企业和个人集资建设公路，必须根据需要与可能，坚持自愿原则，不得强行摊派，并符合国务院的有关规定。

公路建设资金还可以采取符合法律或者国务院规定的其他方式筹集。

4.《中华人民共和国政府采购法》(2014年8月31日修正)

第八十四条　使用国际组织和外国政府贷款进行的政府采购，贷款方、资金提供方与中方达成的协议对采购的具体条件另有规定的，可以适用其规定，但不得损害国家利益和社会公共利益。

二、相关司法解释规定

《最高人民法院关于适用〈中华人民共和国民法典〉有关担保制度的解释》(法释〔2020〕28号)

第五条　机关法人提供担保的，人民法院应当认定担保合同无效，但是经国务院批准为使用外国政府或者国际经济组织贷款进行转贷的除外。

居民委员会、村民委员会提供担保的，人民法院应当认定担保合同无效，但是依法代行村集体经济组织职能的村民委员会，依照村民委员会组织法规定的讨论决定程序对外提供担保的除外。

第六条　以公益为目的的非营利性学校、幼儿园、医疗机构、养老机构等提供担保的，人民法院应当认定担保合同无效，但是有下列情形之一的除外：

(一)在购入或者以融资租赁方式承租教育设施、医疗卫生设施、养老服务设施和其他公益设施时，出卖人、出租人为担保价款或者租金实现而在该公益设施上保留所有权；

(二)以教育设施、医疗卫生设施、养老服务设施和其他公益设施以外的不动产、动产或者财产权利设立担保物权。

登记为营利法人的学校、幼儿园、医疗机构、养老机构等提供担保，当事人以其不具有担保资格为由主张担保合同无效的，人民法院不予支持。

第七条　公司的法定代表人违反公司法关于公司对外担保决议程序的规定，超越权限代表公司与相对人订立担保合同，人民法院应当依照民法典第六十一条和第五百零四条等规定处理：

(一)相对人善意的，担保合同对公司发生效力；相对人请求公司承担担保责任的，人民法院应予支持。

（二）相对人非善意的，担保合同对公司不发生效力；相对人请求公司承担赔偿责任的，参照适用本解释第十七条的有关规定。

法定代表人超越权限提供担保造成公司损失，公司请求法定代表人承担赔偿责任的，人民法院应予支持。

第一款所称善意，是指相对人在订立担保合同时不知道且不应当知道法定代表人超越权限。相对人有证据证明已对公司决议进行了合理审查，人民法院应当认定其构成善意，但是公司有证据证明相对人知道或者应当知道决议系伪造、变造的除外。

第八条 有下列情形之一，公司以其未依照公司法关于公司对外担保的规定作出决议为由主张不承担担保责任的，人民法院不予支持：

（一）金融机构开立保函或者担保公司提供担保；

（二）公司为其全资子公司开展经营活动提供担保；

（三）担保合同系由单独或者共同持有公司三分之二以上对担保事项有表决权的股东签字同意。

上市公司对外提供担保，不适用前款第二项、第三项的规定。

第九条 相对人根据上市公司公开披露的关于担保事项已经董事会或者股东大会决议通过的信息，与上市公司订立担保合同，相对人主张担保合同对上市公司发生效力，并由上市公司承担担保责任的，人民法院应予支持。

相对人未根据上市公司公开披露的关于担保事项已经董事会或者股东大会决议通过的信息，与上市公司订立担保合同，上市公司主张担保合同对其不发生效力，且不承担担保责任或者赔偿责任的，人民法院应予支持。

相对人与上市公司已公开披露的控股子公司订立的担保合同，或者相对人与股票在国务院批准的其他全国性证券交易场所交易的公司订立的担保合同，适用前两款规定。

第十条 一人有限责任公司为其股东提供担保，公司以违反公司法关于公司对外担保决议程序的规定为由主张不承担担保责任的，人民法院不予支持。公司因承担担保责任导致无法清偿其他债务，提供担保时的股东不能证明公司财产独立于自己的财产，其他债权人请求该股东承担连带责任的，人民法院应予支持。

第十一条 公司的分支机构未经公司股东（大）会或者董事会决议以自己的名义对外提供担保，相对人请求公司或者其分支机构承担担保责任的，人民法院不予支持，但是相对人不知道且不应当知道分支机构对外提供担保未经公司决议程序的除外。

金融机构的分支机构在其营业执照记载的经营范围内开立保函，或者经有权从事担保业务的上级机构授权开立保函，金融机构或者其分支机构以违反公司法关于公司对外担保决议程序的规定为由主张不承担担保责任的，人民法院不予支持。金融机构的分支机构未经金融机构授权提供保函之外的担保，金融机构或者其分支机构主张不承担担保责任的，人民法院应予支持，但是相对人不知道且不应当知道分支机构对外提供担保未经金融机构授权的除外。

担保公司的分支机构未经担保公司授权对外提供担保，担保公司或者其分支机构主张不承担担保责任的，人民法院应予支持，但是相对人不知道且不应当知道分支机构对外提供担保未经担保公司授权的除外。

公司的分支机构对外提供担保，相对人非善意，请求公司承担赔偿责任的，参照本解释第十七条的有关规定处理。

三、相关部门规章

《国际金融组织和外国政府贷款赠款管理办法》(2017年1月1日起施行)

第一条 为了规范国际金融组织和外国政府贷款、赠款管理，防范政府债务风险，提高资金使用效益，根据《中华人民共和国预算法》等相关法律、行政法规，制定本办法。

第二条 国际金融组织和外国政府贷款、赠款的管理工作适用本办法。

第三条 本办法所称贷款是指财政部经国务院批准代表国家统一筹借并形成政府外债的贷款，以及与上述贷款搭配使用的联合融资。

本办法所称赠款是指财政部或者经国务院批准由财政部代表国家作为受赠方接受的、不以与贷款搭配使用为前提条件的国际赠款。

第四条 财政部作为政府外债的统一管理部门，负责全国贷款、赠款的统一管理工作。

地方财政部门作为地方政府性债务归口管理部门，负责本地区贷款、赠款的管理工作。

第七条 按照政府承担还款责任的不同，贷款分为政府负有偿还责任贷款和政府负有担保责任贷款。

政府负有偿还责任贷款，应当纳入本级政府的预算管理和债务限额管理，其收入、支出、还本付息纳入一般公共预算管理。

政府负有担保责任贷款，不纳入政府债务限额管理。政府依法承担并实际履行担保责任时，应当从本级政府预算安排还贷资金，纳入一般公共预算管理。

第十条 财政部履行下列职责：

（一）统一对外筹借贷款、接受赠款；

（二）制定贷款、赠款的管理制度；

（三）与国务院有关部门研究编制贷款规划；

（四）指导、协调、监督贷款和赠款的立项申报、前期准备、贷款划拨或转贷、赠款分配、资金使用、项目采购、统计监测、债务偿还、绩效管理、成果总结和推广等；

（五）统筹开展贷款、赠款的对外工作，协调推进项目准备，对外磋商谈判，签署相关法律文件，办理生效手续；

（六）将政府负有偿还责任贷款纳入预算管理和债务限额管理，加强对政府负有担保责任贷款的监控，建立债务风险预警和应急处置机制，防范和化解债务风险；

（七）财政部应当履行的其他职责。

第十一条 地方财政部门履行下列职责：

（一）制定本地区利用贷款、赠款的管理制度；

（二）组织、征集、评审本地区贷款、赠款申请，向上级财政部门申报备选项目；

（三）组织和协调本地区贷款、赠款对外工作，参与项目准备和磋商谈判，协助办理法律文件签署和生效手续；

（四）监督项目实施单位和有关机构按照贷款、赠款法律文件的规定履行相应职责，及时采取有效措施处理项目出现的问题，并报告上级财政部门；

（五）办理贷款、赠款资金的支付和提取，监督项目实施单位和有关机构贷款资金使用、项目采购等情况，保障资金使用的安全、规范、有效；

（六）确定转贷或担保机制，落实还款责任，督促并确保贷款按时足额偿还；

（七）将本地区政府负有偿还责任贷款纳入本级预算管理和债务限额管理，加强对本地区政府负有担保责任贷款的监控，建立风险应急处置机制和防控措施，防范和化解债务风险；

（八）组织和实施本地区贷款赠款项目的绩效管理工作，总结和推广本地区贷款赠款项目的成果经验；

（九）地方财政部门应当履行的其他职责。

第十二条　项目实施单位履行下列职责：

（一）按照贷款方或赠款方及国内相关制度要求，开展贷款和赠款项目的准备工作，办理相关审核、审批手续，并按照财政部门要求提供担保或反担保；

（二）按照贷款、赠款法律文件和国内相关规定，落实项目配套资金，组织项目采购，开展项目活动，推进项目进度，监测项目绩效等；

（三）制定并落实贷款、赠款项目的各项管理规定，安全、规范、有效地使用资金；

（四）及时编制和提交项目进度报告、财务报告和完工报告等，全面、客观、真实地反映项目进展情况；

（五）制定贷款偿还计划，筹措和落实还贷资金，按时足额偿还贷款；

（六）建立项目风险应急处置机制和防控措施，防范和化解债务风险；

（七）配合和协助贷款方或赠款方以及国内相关部门开展项目检查、绩效管理和审计等工作；

（八）项目实施单位应当履行的其他职责。

第三十九条　政府负有担保责任的贷款，财政部门应当向上一级财政部门提供担保，并督促还款责任人制定还款计划，按时足额还款；必要时，财政部门可以要求企业还款责任人与金融机构就临时性垫付达成信贷服务协议，以确保按时足额还款。

还款责任人未按时还款的，财政部门应当从本级政府还贷准备金中调剂资金用于临时性垫款。

已确定还款责任人无法履行债务的，财政部门应当依法在本级一般公共预算中足额安排资金用于还款。

第四十条　未能履行还款义务的，财政部可以采取财政预算扣款、加收罚息等有效措施以保证欠款回收。地方财政部门可以按照转贷协议约定采取有效措施以保证欠款回收。

第六百八十四条 【保证合同的内容】保证合同的内容一般包括被保证的主债权的种类、数额,债务人履行债务的期限,保证的方式、范围和期间等条款。

第六百八十五条 【保证合同的订立方式】保证合同可以是单独订立的书面合同,也可以是主债权债务合同中的保证条款。

第三人单方以书面形式向债权人作出保证,债权人接收且未提出异议的,保证合同成立。

一、相关司法解释规定

《最高人民法院关于审理民间借贷案件适用法律若干问题的规定》(法释〔2015〕18号)(2020年12月23日修正)

第二十条 他人在借据、收据、欠条等债权凭证或者借款合同上签名或者盖章,但是未表明其保证人身份或者承担保证责任,或者通过其他事实不能推定其为保证人,出借人请求其承担保证责任的,人民法院不予支持。

二、相关文件规定

1.《最高人民法院关于交通银行香港分行与港云基业有限公司、云浮市人民政府等借款担保合同纠纷上诉一案〈承诺函〉是否构成担保问题的请示的复函》(〔2006〕民四他字第27号)

广东省高级人民法院:

你院〔2004〕粤高法民四终字第153号《关于交通银行香港分行与港云基业有限公司、云浮市人民政府等借款担保合同纠纷上诉一案〈承诺函〉是否构成担保问题的请示》收悉。经研究,答复如下:

对于云浮市人民政府出具的《承诺函》是否构成我国《担保法》意义上的保证,应由你院根据云浮市人民政府出具《承诺函》的背景情况、《承诺函》的内容以及查明的其他事实情况作出认定;

在对外担保的案件中,我国境内公民个人向境外债权人提供的担保,若存在最高人民法院《关于适用〈中华人民共和国担保法〉若干问题的解释》第六条规定之情况,应依法认定为无效。本案中我国境内公民赖斌、陈兢向交通银行香港分行提供的担保是否存在上述情况,应由你院依法审查。

2.《最高人民法院关于对外国企业派驻我国的代表处以代表处名义出具的担保是否有效及外国企业对该担保行为应承担何种民事责任的请示的复函》(〔2002〕民四他字第6号)

上海市高级人民法院:

你院2001年12月27日(2000)沪高经终字第587号《关于外国企业派驻我国的代表处以代表处名义出具的担保是否有效及外国企业对该担保行为应承担何种民事责任的请示》收悉。经本院审判委员会讨论,答复如下:

外国企业派驻我国的代表处,不是该外国企业的分支机构或者职能部门,而是该外国企业的代表机构,对外代表该外国企业。代表处在我国境内的一切业务活动,应由其所代表的外国企业承担法律责任。本案中,南通市对外贸易公司是在大象交易株式会社上海代表处的介绍下与金达莱国际贸易有限公司形成委托代理关系的。在整个业务活动中,大象交易株式会社上海代表处一直以大象交易株式会社的名义与南通市对外贸易公司商谈、签订买卖合同和提供担保。该代表处在买卖合同上加盖大象交易株式会社的印章以及在担保书上加盖大象交易株式会社上海代表处的印章的行为,均代表大象交易株式会社本身,应由大象交易株式会社直接承担民事责任。

3.《最高人民法院关于沈阳市信托投资公司是否应当承担保证责任问题的答复》(法民二〔2001〕50号)

辽宁省高级人民法院:

你院〔1999〕辽经初字第48号《关于沈阳市信托投资公司是否应当承担保证责任的请示》收悉。经研究,答复如下:

我国《担保法》所规定的保证,是指保证人和债权人约定,当债务人不履行债务时,保证人按照约定履行债务或者承担责任的行为。这里所称"保证人和债权人约定"系指双方均为特定人的一般情况。由于公司向社会公开发行债券时,认购人并不特定,不可能要求每一个认购人都与保证人签订书面保证合同,因此,不能机械地理解和套用《担保法》中关于"保证"的定义。向社会公开发行债券时,债券发行人与代理发行人或第三人签订担保合同,该担保合同同样具有证明担保人之真实意思表示的作用。而认购人的认购行为即表明其已接受担保人作出的担保意思表示。你院请示中的第一种意见,即只要沈阳市信托投资公司的保证意思是自愿作出的,且其内容真实,该保证合同即应为有效,该公司应对其担保的兑付债券承担保证责任,是有道理的。

三、相关裁判摘要

● **2005年第11期《中华人民共和国最高人民法院公报》**刊登的**"佛山市人民政府与交通银行香港分行担保纠纷案"**中，最高人民法院(2004)民四终字第5号民事判决就承诺函是否构成担保进行了分析。相关裁判摘要如下：

本案首要的焦点问题是佛山市政府向香港交行出具的《承诺函》是否构成我国担保法规定的担保。本案中佛山市政府先后向香港交行出具了三份《承诺函》，函中均有相同的表述："本政府愿意督促该驻港公司切实履行还款责任，按时归还贵行贷款本息。如该公司出现逾期或拖欠贵行的贷款本息情况，本政府将负责解决，不让贵行在经济上蒙受损失。"首先，从名称来看，《承诺函》并非担保函，对于其是否能构成担保应根据其内容来认定。其次，从《承诺函》的内容来看，"负责解决"、"不让贵行在经济上蒙受损失"并无明确的承担保证责任或代为还款的意思表示。再次，在香港交行向中亚公司和景山公司出具的授信函中，在"抵押品及法律文件"项下，除了佛山市政府的《承诺函》外，还有不动产的抵押、保证及存单的质押等，且《承诺函》均在这些授信函中被列入区别于"保证"的"其他"文件项下，这说明香港交行明知《承诺函》并非保证函。最后，为解决包括中亚公司、景山公司在内的佛山市直属企业拖欠香港交行贷款事宜，佛山市政府与香港交行之间有三次座谈会并形成会议纪要。从这三份纪要的记载来看，香港交行从未要求佛山市政府承担保证责任或代中亚公司、景山公司还款，佛山市政府也未作出过承担保证责任或代企业还款的意思表示，而双方谈到的解决途径均是政府在适当时机对企业进行资产重组，以解决原有债务。佛山市政府亦于1998年11月12日以佛经贸发〔1998〕42号文件批复同意了佛山市有关企业与香港交行商定的企业重组计划，以解决中亚公司、景山公司等企业拖欠香港交行贷款的问题。综上，佛山市政府从向香港交行出具的书面文件上，到实际的行动上，从未有过承担保证责任或代所属企业还款的意思表示，其向香港交行出具的《承诺函》并不构成我国担保法意义上的保证。

故香港交行关于佛山市政府应根据《承诺函》承担担保无效的赔偿责任的诉讼请求没有事实和法律依据，本院不予支持。佛山市政府关于《承诺函》不构成保证、其不应承担法律责任的上诉请求应予支持，佛山市政府不应对香港交行承担任何法律上的责任。佛山市政府的其他上诉请求,均是在假定《承诺函》构成担保的前提下,对原审判决的异议,在认定《承诺函》不构成保证的前提下,已无审理之必要。原审法院的判决认定事实和适用法律均有错误,应予改判。

第六百八十六条　【保证的方式】保证的方式包括一般保证和连带责任保证。

当事人在保证合同中对保证方式没有约定或者约定不明确的,按照一般保证承担保证责任。

一、相关司法解释规定

《最高人民法院关于适用〈中华人民共和国民法典〉有关担保制度的解释》(法释〔2020〕28号)

第二十五条　当事人在保证合同中约定了保证人在债务人不能履行债务或者无力偿还债务时才承担保证责任等类似内容,具有债务人应当先承担责任的意思表示的,人民法院应当将其认定为一般保证。

当事人在保证合同中约定了保证人在债务人不履行债务或者未偿还债务时即承担保证责任、无条件承担保证责任等类似内容,不具有债务人应当先承担责任的意思表示的,人民法院应当将其认定为连带责任保证。

二、相关指导案例

第120号指导案例"青海金泰融资担保有限公司与上海金桥工程建设发展有限公司、青海三工置业有限公司执行复议案"(最高人民法院审判委员会讨论通过;2019年12月24日发布)

《最高人民法院关于人民法院执行工作若干问题的规定(试行)》第85条规定:"人民法院在审理案件期间,保证人为被执行人提供保证,人民法院据此未对被执行人的财产采取保全措施或解除保全措施的,案件审结后如果被执行人无财产可供执行或其财产不足清偿债务时,即使生效法律文书中未确定保证人承担责任,人民法院有权裁定执行保证人在保证责任范围内的财产。"上述规定中的保证责任及金泰公司所做承诺,类似于担保法规定的一般保证责任。《中华人民共和国担保法》第十七条第一款及第二款规定:"当事人在保证合同中约定,债务人不能履行债务时,由保证人承担保证责任的,为一般保证。一般保证的保证人在主合同纠纷未经审判或者仲裁,并就债务人财产依法强制执行仍不能履行债务前,对债权人可以拒绝承担保证责任。"《最高人民法院关于适用〈中华人民共和国担保法〉若干问题的解释》第一百三十一条规定:"本解释所称'不能清偿'指对债务人的存款、现金、有价证券、成品、半成品、原材料、交通工具等可以执行的动产和其他方便执行的财产执行完毕后,债务仍未能得到清偿的状态。"依据上述规定,在一般保证情形,并非只有在债务人没有任何财产可供执行的情形下,才可以要求一般保证人承担责任,即债务人虽有财产,但其财产严重不方便执行时,可以执行一般保证人的财产。参照上述规定精神,由于青海三工置业有限公司仅有在建工程及相应的土地使用权可供执行,既不经济也不方便,在这种情况下,人民法院可以直接执行金泰公司的财产。

第六百八十七条 【一般保证与先诉抗辩权】当事人在保证合同中约定,债务人不能履行债务时,由保证人承担保证责任的,为一般保证。

一般保证的保证人在主合同纠纷未经审判或者仲裁,并就债务人财产依法强制执行仍不能履行债务前,有权拒绝向债权人承担保证责任,但是有下列情形之一的除外:

(一)债务人下落不明,且无财产可供执行;

(二)人民法院已经受理债务人破产案件;

(三)债权人有证据证明债务人的财产不足以履行全部债务或者丧失履行债务能力;

(四)保证人书面表示放弃本款规定的权利。

一、相关司法解释规定

《最高人民法院关于适用〈中华人民共和国民法典〉有关担保制度的解释》(法释〔2020〕28号)

第二十六条 一般保证中,债权人以债务人为被告提起诉讼的,人民法院应予受理。债权人未就主合同纠纷提起诉讼或者申请仲裁,仅起诉一般保证人的,人民法院应当驳回起诉。

一般保证中，债权人一并起诉债务人和保证人的，人民法院可以受理，但是在作出判决时，除有民法典第六百八十七条第二款但书规定的情形外，应当在判决书主文中明确，保证人仅对债务人财产依法强制执行后仍不能履行的部分承担保证责任。

债权人未对债务人的财产申请保全，或者保全的债务人的财产足以清偿债务，债权人申请对一般保证人的财产进行保全的，人民法院不予准许。

二、相关裁判摘要

• **2002年第6期《中华人民共和国最高人民法院公报》**刊登的“**中信实业银行诉北京市京工房地产开发总公司保证合同纠纷案**”判决对于先诉抗辩权进行了分析。相关裁判摘要如下：

上诉人京工公司在本案中承担的是一般保证责任，依法享有先诉抗辩权。只要主合同纠纷未经审判或仲裁，并就债务人财产依法强制执行仍不能履行债务前，一般保证的保证人都可以对债权人拒绝承担保证责任。但是，先诉抗辩权在遇到法律规定的情形时，不得行使。本案中，被保证人金辉公司的住所不明、营业执照被吊销，其中方投资者的营业执照也被注销，外方投资者的情况不明。这种情况，使被上诉人中信银行向金辉公司请求清偿债务发生很大困难，符合《担保法》第十七条第三款第一项规定的情形。因此，京工公司的先诉抗辩权不得行使。一审认定京工公司不再享有先诉抗辩权，判决其向中信银行承担保证责任，并无不当。

第六百八十八条　【连带责任保证】当事人在保证合同中约定保证人和债务人对债务承担连带责任的，为连带责任保证。

连带责任保证的债务人不履行到期债务或者发生当事人约定的情形时，债权人可以请求债务人履行债务，也可以请求保证人在其保证范围内承担保证责任。

相关裁判摘要

• **2009年第10期《中华人民共和国最高人民法院公报》**刊登的“**中国信达资产管理公司贵阳办事处与贵阳开磷有限责任公司借款合同纠纷案**”中，最高人民法院（2008）民二终字第106号民事判决书对于如何确定保证人提供的是一般保证还是连带责任保证进行了分析。相关裁判摘要如下：

本案中，开磷公司提供的保证在借款合同中有两种表述：一是黔信字第4号《借款合同》的表述是："全部贷款到期，贷款方发出逾期通知三个月后，仍未归还，贷款方可以直接从借款方或担保方的各项投资和存款中扣收。"二是黔信字第5号、(91)贷字第009号、(92)建贷字第2号、(93)匀建贷字第2号《借款合同》的表述是："贷款到期，借款方如不能按期偿还，由担保单位代为偿还，担保单位在接到黔南中心支行还款通知三个月后仍未归还，黔南中心支行有权从借款方或担保单位的投资或存款户中扣收，或委托其他金融机构扣收。"此外，开磷公司还就(93)匀建贷字第2号《借款合同》向黔南中心支行出具《借款担保书》，承诺"当借款单位不能履行借款合同如期偿还借款本息条件时，本公司(厂)将无条件承担责任，保证按照借款合同的规定，代借款单位偿还所欠借款本息。本担保书不可撤销。本担保书作为(93)年匀建贷字第2号借款合同的附属文件，其有效期直至全部还清借款单位应归还借款本息为止。"区分连带责任保证和一般保证的重要标志就是保证人是否享有先诉抗辩权，即债权人是否必须先行对主债务人主张权利并经强制执行仍不能得到清偿时，方能要求保证人承担保证责任。上述借款合同中的第一种表述，只要贷款达到约定期限仍未归还，即将担保方与借款方的责任一并对待，并未区分保证人应否在主债务人客观偿还不能，即先向主债务人主张权利不能后，方承担保证责任，因此，此处保证责任约定是清楚的，为连带责任保证。上述借款合同中的第二种表述有"不能"字样，如单纯使用"不能"字样，则具有客观上债务人确无能力偿还借款的含义，此时保证人方承担保证责任可以认定为一般保证责任。但是，该"不能"字样是与"按期"结合在一起使用，则不能将其理解为确实无力偿还借款的客观能力的约定，仅是表明到期不能偿还即产生保证责任。因此，第二种表述亦应认定为连带保证责任。至于开磷公司为(93)年匀建贷字第2号借款合同提供的《借款担保书》则更为明确的将保证责任界定为无条件承担，亦为约定清楚的连带责任保证。综上，本案讼争的保证责任为连带责任保证。由于本案讼争借款的主债务人贵州剑江化肥厂已经破产，且破产程序已经终结，即使借款合同约定为一般保证责任，此时保证人的责任因主债务人的破产也已经产生。

第六百八十九条　【反担保】保证人可以要求债务人提供反担保。

一、相关法律条文

《中华人民共和国民法典》(2021年1月1日起施行)

第三百八十七条　债权人在借贷、买卖等民事活动中,为保障实现其债权,需要担保的,可以依照本法和其他法律的规定设立担保物权。

第三人为债务人向债权人提供担保的,可以要求债务人提供反担保。反担保适用本法和其他法律的规定。

二、相关司法解释规定

《最高人民法院关于适用〈中华人民共和国民法典〉有关担保制度的解释》(法释〔2020〕28号)

第十九条　担保合同无效,承担了赔偿责任的担保人按照反担保合同的约定,在其承担赔偿责任的范围内请求反担保人承担担保责任的,人民法院应予支持。

反担保合同无效的,依照本解释第十七条的有关规定处理。当事人仅以担保合同无效为由主张反担保合同无效的,人民法院不予支持。

第六百九十条　【最高额保证】保证人与债权人可以协商订立最高额保证的合同,约定在最高债权额限度内就一定期间连续发生的债权提供保证。

最高额保证除适用本章规定外,参照适用本法第二编最高额抵押权的有关规定。

一、相关法律条文

《中华人民共和国民法典》(2021年1月1日起施行)

第四百二十条　为担保债务的履行,债务人或者第三人对一定期间内将要连续发生的债权提供担保财产的,债务人不履行到期债务或者发生当事人约定的实现抵押权的情形,抵押权人有权在最高债权额限度内就该担保财产优先受偿。

最高额抵押权设立前已经存在的债权,经当事人同意,可以转入最高额抵押担保的债权范围。

第四百二十一条 最高额抵押担保的债权确定前,部分债权转让的,最高额抵押权不得转让,但是当事人另有约定的除外。

第四百二十二条 最高额抵押担保的债权确定前,抵押权人与抵押人可以通过协议变更债权确定的期间、债权范围以及最高债权额。但是,变更的内容不得对其他抵押权人产生不利影响。

第四百二十三条 有下列情形之一的,抵押权人的债权确定:

(一)约定的债权确定期间届满;

(二)没有约定债权确定期间或者约定不明确,抵押权人或者抵押人自最高额抵押权设立之日起满二年后请求确定债权;

(三)新的债权不可能发生;

(四)抵押权人知道或者应当知道抵押财产被查封、扣押;

(五)债务人、抵押人被宣告破产或者解散;

(六)法律规定债权确定的其他情形。

第四百二十四条 最高额抵押权除适用本节规定外,适用本章第一节的有关规定。

二、相关司法解释规定

《最高人民法院关于适用〈中华人民共和国民法典〉有关担保制度的解释》(法释〔2020〕28号)

第十五条 最高额担保中的最高债权额,是指包括主债权及其利息、违约金、损害赔偿金、保管担保财产的费用、实现债权或者实现担保物权的费用等在内的全部债权,但是当事人另有约定的除外。

登记的最高债权额与当事人约定的最高债权额不一致的,人民法院应当依据登记的最高债权额确定债权人优先受偿的范围。

三、相关指导案例

第57号指导案例"温州银行股份有限公司宁波分行诉浙江创菱电器有限公司等金融借款合同纠纷案"(最高人民法院审判委员会讨论通过;2016年5月20日发布)

本案的争议焦点为,婷微电子公司签订的温银9022010年高保字01003号最高额保证合同未被选择列入温银9022011企贷字00542号借款合同所约定的担保合同范围,婷微电子公司是否应当对温银9022011企贷字00542号借款合同项下债务承担保证责任。对此,法院经审理认为,婷微电子公司应当承担保证责任。理由如下:第一,民事权利的放弃必须采取明示的意思表示才能发生法律效力，默示的意思表示只有在法律有明确规定及当事人有特别约定的情况下才能发生法律效力，不宜在无明确约定或者法律无特别规定的情况下，推定当事人对权利进行放弃。具体到本案，温州银行与创菱电器公司签订的温银9022011企贷字00542号借款合同虽未将婷微电子公司签订的最高额保证合同列入，但原告未以明示方式放弃婷微电子公司提供的最高额保证，故婷微电子公司仍是该诉争借款合同的最高额保证人。第二，本案诉争借款合同签订时间及贷款发放时间均在婷微电子公司签订的编号温银9022010年高保字01003号最高额保证合同约定的决算期内（2010年9月10日至2011年10月18日），温州银行向婷微电子公司主张权利并未超过合同约定的保证期间，故婷微电子公司应依约在其承诺的最高债权限额内为创菱电器公司对温州银行的欠债承担连带保证责任。第三，最高额担保合同是债权人和担保人之间约定担保法律关系和相关权利义务关系的直接合同依据，不能以主合同内容取代从合同的内容。具体到本案，温州银行与婷微电子公司签订了最高额保证合同，双方的担保权利义务应以该合同为准，不受温州银行与创菱电器公司之间签订的温州银行非自然人借款合同约束或变更。第四，婷微电子公司曾于2012年6月、10月、11月三次归还过本案借款利息，上述行为也是婷微电子公司对本案借款履行保证责任的行为表征。综上，婷微电子公司应对创菱电器公司的上述债务承担连带清偿责任，其承担保证责任后，有权向创菱电器公司追偿。

四、相关裁判摘要

• **2020年第5期《中华人民共和国最高人民法院公报》**刊登的“**中国长城资产管理股份有限公司山西省分公司与山西朔州平鲁区华美奥崇升煤业有限公司等借款合同纠纷案**”中，最高人民法院（2019）最高法民终823号民事判决书对最高额保证的担保范围是否超过最高额债权限度的问题进行了分析。相关裁判摘要如下：

本院认为，本院已查明，中信银行太原分行与秦发公司、秦发实业公司、崇升煤业公司、冯西煤业公司、徐吉华、王桂敏、徐达、邓冰晶签订的《最高额保证合同》中均约定，各担保人担保的债权最高额限度为

"债权本金人民币5亿元整"和相应的利息、罚息、违约金、损害赔偿金以及为实现债权、担保权利等所发生的一切费用、其他所有应付的费用之和,即各保证人所担保债权最高额限度为本金5亿元和相应的利息、违约金、律师费、保全费实现债权费用等均属于被担保债权范围。该约定系当事人真实意思表示,且不违反国家法律、法规的强制性规定,应为合法有效,各方亦应依约履行。因各保证人所签订的《最高额保证合同》中已明确约定,本案在最高额担保的"债权本金人民币5亿元和实现债权的律师费、保全费等实现债权的费用"范围内承担保证责任。本案已查明,至本案一审庭审时本案未偿还借款本金为492443528.38元,该数额并未超出《最高额保证合同》约定的本金5亿元,各保证人应以合同约定对华美奥公司的涉案债务本金人民币5亿元和实现债权的律师费、保全费实现债权的费用等承担连带清偿责任。原审判决各保证人仅在5亿元最高债权额限度内承担连带清偿责任,属事实认定错误,本院予以纠正。上诉人长城公司山西分公司的关于"改判秦发公司、秦发实业公司、崇升煤业公司、冯西煤业公司、徐吉华、王桂敏、徐达、邓冰晶对该判决第一项所确定的华美奥公司的债务承担连带清偿责任"的上诉请求具有合同和法律依据,本院予以支持,原审对此认定错误,本院予以纠正。

关于长城公司山西分公司为实现债权而支付的费用应否支持问题。本院认为,根据《最高额保证合同》的约定,各保证人应对实现债权的律师费、保全费等相关费用承担连带保证责任。本案已查明,中信银行太原分行为实现债权,委托律师事务所指派律师提供法律服务,并实际支出了20万元律师费和诉讼保全费5000元,根据争议标的、诉讼难易程度、律所及其律师提供法律服务的内容等方面综合考量,该20万元的律师费数额合理,故主债务人华美奥公司应根据主合同的约定承担该费用。中信银行太原分行与各保证人之间的保证合同中,也约定律师费为担保范围,案涉保证人亦应对该部分主债务承担保证责任。关于保全费5000元,亦是本案债权实现的费用,亦应由华美奥公司、秦发公司、秦发实业公司、崇升煤业公司、冯西煤业公司、徐吉华、王桂敏、徐达、邓冰晶共同负担。

• **2017年第10期《中华人民共和国最高人民法院公报》**刊登的“**顾善芳诉张小君、林兴钢、钟武军追偿权纠纷案**”判决就最高额保证合同的效力问题进行了分析。相关裁判摘要如下：

一、上诉人钟武军提供的保证是否系其真实意思表示。法院认为，本案钟武军、顾善芳、林兴钢以保证人身份分别在涉案最高额保证合同上签名，为借款人马达荣向泰隆余姚支行的借款提供连带责任保证的意思表示真实。因各保证人与泰隆余姚支行没有约定保证份额，故应依法认定为连带共同保证，泰隆余姚支行有权要求任何一个保证人承担全部保证责任。因钟武军并未提供证据证明其提供保证是以张小君本人提供保证为条件，故其上诉提出的因“张小君”并非该本人签名，故钟武军在最高额保证合同上签名不是其真实意思表示的主张不予采信。钟武军、顾善芳、林兴钢与泰隆余姚支行之间保证合同关系依法成立。

二、涉案最高额保证合同是否生效。对此，法院认为，涉案最高额保证合同属于泰隆余姚支行预先拟定的格式合同，该合同第8条约定，该合同自各方签名或盖章之日起生效。对此条款双方当事人有不同理解。根据《中华人民共和国合同法》第四十一条的规定，对格式条款的理解发生争议的，首先应当按照通常理解予以解释。因本案各保证人并非作为一个整体对泰隆余姚支行的债权提供担保，而是各保证人分别提供担保，故按通常理解，该合同第8条约定的内容应理解为合同自每个保证人分别签名或盖章后生效。因此，上诉人钟武军提出的此点上诉理由法院不予采纳。本案最高额保证合同对被上诉人顾善芳、一审被告林兴钢、钟武军均具有法律拘束力。

三、被上诉人顾善芳在签订最高额保证合同时是否知晓“张小君”并非其本人所签，从而可以对债权人泰隆余姚支行的代偿请求提出抗辩。对此，法院认为，上诉人钟武军并未提供证据证明顾善芳在签订最高额保证合同时已知晓“张小君”并非其本人所签。在此情形下，顾善芳作为保证人代为清偿债务人的债务并无不妥之处。在其代为清偿后，有权根据法律规定要求其他保证人平均分担。因此，钟武军提出的此点上诉理由没有事实依据，不予采纳。综上，钟武军的上诉请求法院不予支持。一审判决认定案件事实清楚，适用法律正确。

• **2016年第5期《中华人民共和国最高人民法院公报》**刊登的“**中国建设银行股份有限公司广州荔湾支行与广东蓝粤能源发展有限公司等**

信用证开证纠纷再审案”中，最高人民法院(2015)民提字第126号民事判决书就最高额保证担保的范围超过主债权范围的问题进行了分析。相关裁判摘要如下：

粤东电力、蓝海海运分别与建行荔湾支行签订的最高额保证合同约定的担保范围为主合同项下全部债务，包括但不限于全部本金、利息(包括复利和罚息)、违约金、赔偿金、债务人应向建行荔湾支行支付的其他款项、实现债权与担保权利而发生的费用。原一审判决将利息、逾期付款违约金合并在一起按每日万分之五计算，各方当事人均无异议，可资作为本院分析担保范围内违约金计算标准的依据。每日万分之五的利息、逾期付款违约金计算标准相当于年利率18.25%，而近十年金融机构人民币贷款中，五年以上档次最高利率仅为7.83%。即便以该最高年利率计算建行荔湾支行实际利息损失，每日万分之五的利息、逾期付款违约金计算标准中，违约金计算标准相当于年利率10.42%(18.25% -7.83%)，无疑已远远超过实际利息损失的30%。在建行荔湾支行未主张且亦未举证证明逾期付款利息损失之外存在其他损失的情况下，保证人仅以担保范围为限所承担的逾期付款违约金就已超过其实际损失的30%。在此情况下，最高额保证合同又约定保证人在担保范围之外另行承担每日万分之五的迟延付款违约金，显然属于《中华人民共和国合同法》第一百一十四条所规定的约定违约金过分高于损失的情形，根据该条及最高人民法院《关于适用〈中华人民共和国合同法〉若干问题的解释(二)》第二十九条之规定，人民法院可以基于债务人的主张对违约金进行酌减。粤东电力、蓝海海运、蓝文斌在一审答辩中均提出“保证责任应当是在当事人保证范围内的责任，超出保证人保证的担保责任没有法律依据”的抗辩，该抗辩是对保证人另行承担违约金责任的根本否定，原二审判决举重以明轻，得出“视为提出了违约金过高的抗辩”的结论，并无不妥。原二审判决在认定保证人提出了违约金过高的主张的基础上，支持建行荔湾支行关于保证人对主债务迟延履行违约金承担连带保证责任的请求，而驳回其关于由保证人另行承担每日万分之五的迟延履行违约金的请求，是对约定违约金的合理调整，亦无不当，本院予以维持。原一审判决虽驳回建行荔湾支行此节诉讼请求正确，但引用《中华人民共和国合同法》第一百一十三条之规定，显系适用法律错误，应予纠正。此外，建行荔湾支行仅请求蓝海海运、粤东电力承担该项责任，并未向蓝文彬提出该项诉讼请求，原审判决将蓝文彬与蓝海海运、粤东电力并列，分析三人应否承担该项责任，超出了建行荔湾支行的诉讼请求。但由于原审判决并未增加蓝文彬的该项责任，本院在纠正原审判决错误的同时，亦维持其结果。

• **2008年第2期《中华人民共和国最高人民法院公报》**刊登的“**风神轮胎股份有限公司与中信银行股份有限公司天津分行、河北宝硕股份有限公司借款担保合同纠纷案**”中，最高人民法院(2007)民二终字第36号民事判决书就最高额保证合同的效力、最高额保证担保的范围等问题进行了分析。相关裁判摘要如下：

本院认为：本案二审诉争的焦点是风神公司是否应当依据《最高额保证合同》为宝硕公司的债务向中信银行承担连带保证责任。可以从以下三个方面进行分析：

(一)关于最高人民法院《关于适用〈中华人民共和国担保法〉若干问题的解释》第四十条的适用问题。

上诉人风神公司称：宝硕公司的财务状况于2005年已严重恶化，宝硕公司以各种手段向上诉人掩盖其真实财务状况，骗取上诉人为其提供保证担保，以致上诉人与中信银行于2005年5月签订了《最高额保证合同》。上诉人在宝硕公司恶意欺骗的情况下，出具《最高额保证合同》，并不是其真实意思表示，该合同无效。对此，风神公司在二审中提交新证据六：天津市高院(2006)津高民二初字第0033号-第0038号民事判决书，以证明被上诉人中信银行曾与宝硕公司、天津华通润商贸发展有限公司(以下简称华通润公司)等公司之间发生过保兑仓业务并造成高达1.6亿承兑款无法收回，以证明中信银行与宝硕公司发生过大量的授信业务，中信银行应知宝硕公司财务状况恶化；风神公司在二审中提交新证据七：宝硕公司2005年12月31日的资产负债表、各公司长短期借款汇总，以证明被上诉人与宝硕公司或其子公司办理了三笔总计14285.2万元的承兑业务，而并未显示在2005年年度合并财务报表中，因此被上诉人明知宝硕公司提交的贷款当期资产负债表、2005年资产负债表并非其真实情况，中信银行在宝硕公司财务状况已严重恶化而仍违规放贷；风神公司在二审中提交新证据八：宝硕公司2004年年度报告资产负债表、2001-2005年账外调整及审计调整表、账外凭证汇总余额表、2006年年度报告资产负债表及账务分解式报告，以证明被上诉人与宝硕公司之间的贷款、票据一直体外循环，中信银行明知宝硕公司真实财务状况及宝硕公司隐瞒其真实财务状况恶意骗保。此外，风神公司主张中信银行负有审查宝硕公司财务情况的法定义务，对宝硕公司真实财务状况应知；中信银行于一审起诉时提交的风神公司与宝硕公司的《互保合同》表明：被上诉人对于《互保合同》内容明知，对宝硕公司隐瞒真实财务情况而骗取上诉人提供保证的情况亦明知。故主张根据最高人民法院《关于适用〈中华人民共和国担保法〉若干问题的解释》（以下简称《担保法解释》）第四十条、《中华人民共和国担保法》第三十条的规定，风神公司的保证责任应当免除。

本院认为，风神公司主张依据《担保法解释》第四十条和《担保法》第三十条的规定免除保证责任，需证明两个事实：一是宝硕公司在与风神公司订立《互保合同》时存在欺诈，二是中信银行对宝硕公司的欺诈是知道或应当知道的。根据本案查明的事实，首先，宝硕公司在与风神公司订立《互保合同》时，隐瞒真实财务状况，欺骗风神公司签订《互保合同》的事实成立，宝硕公司构成欺诈；其次，中信银行作为与宝硕公司长期合作的贷款银行是知道或者应当知道宝硕公司财务状况的。但是，《担保法解释》第四十条适用于本案的最重要的前提，并不是仅证明宝硕公司存在欺诈以及中信银行知道或应当知道宝硕公司的财务状况，更重要的是证明中信银行在接受风神公司《最高额保证合同》时，知道或者应当知道宝硕公司对风神公司构成欺诈，而如果中信银行在当时即对《互保合同》第七条第5项内容的了解，则构成中信银行知道或者应当知道欺诈存在的前提。与之相关的事实是，中信银行在本案一审起诉时，向原审法院提交了《互保合同》，中信银行陈述该合同系在起诉前从宝硕公司取得，已尽到证据来源的说明义务，在此情形下，举证责任应当由风神公司承担，即风神公司需证明其向中信银行出具《最高额保证合同》时，中信银行知道或者应当知道《互保合同》第七条第5项的内容。本案二审历经三次质证，风神公司均不能提供能够证明此项事实的证据。本案的《最高额保证合同》是风神公司向中信银行提供的，即便风神公司有权解除与宝硕公司的《互保合同》，也不影响已经成立的《最高额保证合同》的效力。《商业银行法》、《贷款通则》等相关法律法规并未规定商业银行违反贷款中严格审查义务的民事责任，上述规定与中信银行的内部规定，均是从商业银行风险控制角度加以规范，属管理性规范，中信银行即使违反相关规定，亦不影响中信银行与宝硕公司之间的信贷行为的效力和《最高额保证合同》的效力。况且，正是由于风神公司为宝硕公司提供了最高额保证，大大降低了宝硕公司因财务状况恶化而导致的信贷风险程度，才使中信银行继续为宝硕公司提供信贷支持。因此，由于风神公司举证不能，其主张依据《担保法解释》第四十条和《担保法》第三十条之规定，保证人不承担保证责任的主张，欠缺事实要件，本院不予支持。

（二）关于单笔交易与最高额保证的关系。

最高额保证较之普通保证最大的区别就在于其与主债务的关系具有更强的独立性。《担保法》第十四条规定："保证人与债权人可以就单个主合同分别订立保证合同，也可以协议在最高债权额限度内就一定期间连续发生的借款合同或者某项商品交易合同订立一个保证合同。"最高额保证通常是为将来一定期间连续发生的债务提供保证，其中某一笔交易的效力并不影响最高额保证合同的效力。而普通保证则因主合同无效而无效。在最高额保证的情形下，即使主债务无效，基于主债务无效而确定的债务额也要作为最高额保证计算债务余额的基数。最高额保证人的责任是在订立合同时确立的，通过最高额保证期间和最高限额限定保证责任，不因为最高额保证期间发生的债务余额之增加而加重最高额保证人的保证责任。因此，只要是发生在最高额保证期间内，不超过最高限额的债务的余额，最高额保证人均应承担保证责任。虽然据此可不再考察本案最高额保证期间发生债权债务关系的效力，但是上诉人风神公司强调在最高额保证期间中信银行违规发放贷款和开立银行承兑汇票，加重了该公司的责任，有必要对其主张的每笔业务进行分析。

1. 对于 HD0062 号《人民币借款合同》项下 2000 万元贷款和 HD0063 号《人民币借款合同》项下 730 万元两笔贷款，上诉人风神公司是否可以改变实际借款人为由免除保证责任的问题。风神公司上诉称：HD0062 号《人民币借款合同》所涉 2000 万元的实际借款人和使用人为宝硕公司下属的浙江传化宝硕塑料管业有限公司、HD0063 号《人民币借款合同》所涉 730 万元实际借款人及使用人为宝硕公司的子公司保定宝硕新型建筑材料有限公司，上述 2730 万元实际借款人均非上诉人担保的债务人宝硕公司。故主张中信银行与宝硕公司之间擅自改变贷款的借款人，恶意加重了上诉人的保证责任，违反了《担保法解释》第三十条的规定，对上述 2730 万元贷款的保证责任应予免除。

本院认为，这两笔贷款均已直接转入宝硕公司账户，不能说明 HD0062 号《人民币借款合同》和 HD0063 号《人民币借款合同》的借款主体发生了变更。虽然上述两份借款合同约定借款目的为"短期流动资金周转"、"流动资金",但在转入宝硕公司账户后,宝硕公司就有权就相关款项进行支配使用,故即便上述二笔款项转入了宝硕公司下属的两个企业、违背两份借款合同有关借款目的的约定,也不能认定为债务人宝硕公司与债权人中信银行对主合同的变动,更不能认定属于《担保法解释》第三十条第一款所规定的情形,即保证期间,债权人与债务人对主合同数量、价款、币种、利率等内容作了变动,未经保证人同意加重债务人的债务的,保证人对加重的部分不承担保证责任。因此,风神公司认为宝硕公司不是上述两笔贷款的借款人的主张不能成立,本院不予支持。

2. 对于HD0071号《人民币借款合同》项下2170万元贷款,上诉人风神公司是否可以以贷还贷为由免于承担保证责任的问题。风神公司上诉称:宝硕公司在明知华孚科技有限公司无经营资质的情况下恶意申请开立银行承兑汇票,而被上诉人中信银行在宝硕公司没有任何真实交易背景的情况下,于2005年5月19日为其开立了总额为3100万元的银行承兑汇票,现该笔资金去向不明。在该汇票即将于2005年11月19日到期而宝硕公司无力支付承兑款项的情况下,中信银行又对宝硕公司贷款2170万元,以补足3100万元银行承兑款不足部分。中信银行明知2170万元贷款为以贷还贷,且该笔承兑超过《最高额保证合同》授信额度,故上诉人风神公司对此贷款的保证责任应予以免除。

本院认为,在2005年10月21日,先后有两笔2170万元款项进入宝硕公司账户,难以认定本案贷款2170万元即是用于归还HC0333号银行承兑汇票下的保证金,不排除宝硕公司以天津众立达科贸有限公司开出的银行本票交付了HC0333号银行承兑汇票项下保证金的可能。即使该贷款实际被宝硕公司用作以贷还贷,适用《担保法解释》第三十九条"主合同当事人双方协议以新贷偿还旧贷,除保证人知道或者应当知道的外,保证人不承担民事责任"之规定的前提是,风神公司应举证证明中信银行与宝硕公司协议以贷还贷,即中信银行与宝硕公司有以贷还贷的意思联络;HD0071号《人民币借款合同》约定借款目的为"短期流动资金周转"而非以贷还贷,表明在双方之间的约定并非以贷还贷,且风神公司也未举证证明中信银行明知或参与宝硕公司以贷还贷,因此风神公司提出2170万元贷款为以贷还贷,其保证责任应予免除的主张不能成立,本院不予支持。对于2005年11月19日到期的3100万元银行承兑汇票是否具有真实的交易背景，与本案讼争的2170万元贷款无必然联系，不属本案审理范围，本院不再予以审查。

3. 对于HC0413号《银行承兑汇票承兑协议》项下3000万元贷款所形成的2100万元逾期贷款，上诉人是否可以无真实交易背景为由免于承担保证责任？风神公司上诉称：2005年10月25日，被上诉人中信银行又为宝硕公司开立了3000万元银行承兑汇票，本笔银行承兑汇票的收款人保定市德利得物流有限公司，注册资金仅为50万元、经营范围主要为普通货物仓储、且为宝硕公司关联公司，该汇票并无真实交易背景，中信银行开立该笔银行承兑汇票加重了风神公司的保证责任。

本院认为，从目前有效的证据来看，虽然该汇票的收款人德利得公司注册资金仅为50万元且为宝硕公司关联公司，但并不意味着其不能从事3000万的商业交易。即使汇票项下没有真实交易背景，也不能认定票据行为无效。根据票据无因性理论，票据的基础关系独立于票据关系，票据基础关系（包括票据原因关系）的效力不影响票据关系的效力。根据《票据法》第十条规定“票据的签发、取得和转让，应当遵循诚实信用的原则，具有真实的交易关系和债权债务关系”，票据行为应有真实的票据原因关系，即真实的交易关系。但该条规定应属管理性法条，基础关系欠缺并不当然导致票据行为无效。根据《票据法》第十三条规定“票据债务人不得以自己与出票人或者与持票人的前手之间的抗辩事由，对抗持票人”，票据基础关系（包括票据原因关系）的效力不影响票据关系本身。本案中3000万元银行承兑汇票项下即便不存在真实交易背景、票据基础关系无效，该汇票仍因符合《票据法》相关规定应为有效。即便中信银行与宝硕公司之间的汇票承兑协议因不具有真实交易背景，违反HC0413号《银行承兑汇票承兑协议》第四条约定“……其申请的承兑汇票是以真实交易为基础，所签订的相关交易合同合法有效”，汇票承兑协议无效，中信银行仍有权对其因有效票据关系而进行的承兑所产生的债务，对宝硕公司主张损害赔偿，即对宝硕公司仍享有债权。而《最高额保证合同》中风神公司向中信银行承诺，对2005年5月16日至2006年5月16日期间中信银行向宝硕公司授信而形成的一系列债权提供最高额7000万元的最高额保证。该合同并未排除因中信银行与宝硕公司合同无效而形成的债权提供保证。上诉人风神公司关于中信银行违反审查真实交易背景的法定义务、该笔承兑协议无效，风神公司就相应的债务应免于承担保证责任的主张不能成立，本院不予支持。

（三）对于HD0071号《人民币借款合同》项下2170万元贷款，上诉人风神公司是否可以超过《最高额保证合同》决算期为由免于承担保证责任的问题。

风神公司上诉称，《最高额保证合同》的决算期为2005年5月16日至2006年5月16日，而中信银行主张的该笔贷款到期时已超过了2006年5月16日，即《最高额保证合同》的最后决算期，不应归为该《最高额保证合同》项下。此问题涉及到对《担保法解释》第二十三条的理解。该条规定："最高额保证合同的不特定债权确定后，保证人应当对在最高债权额限度内就一定期间连续发生的债权余额承担保证责任。"其规定了最高额保证范围为发生的债权余额，该余额为最高额保证期间已经发生的债权和偿还债务的差额，并非指最高额保证期间已到期的债权余额。从此意义上讲，本案讼争的2170万元贷款系发生于最高额保证期间，虽然其到期日超过最高额保证期间，仍应属最高额保证人应当承担保证责任的范围。此外，从《最高额保证合同》中上诉人风神公司向中信银行承诺看，对2005年5月16日至2006年5月16日期间中信银行向宝硕公司授信而发生的一系列债权提供最高额7000万元的最高额保证。而本案所有债务都形成于最高额担保合同约定的期间之内，包括该笔贷款，并未超出担保合同约定的期间，所以不能认为该笔贷款超过了决算期；《最高额保证合同》约定保证期间为宝硕公司"依具体业务合同约定的债务履行期限届满之日起两年。每一具体业务合同项下的保证期间单独计算"，依此约定，2170万元贷款的保证期间应为债务履行期届满之日起两年，即2006年10月20日至2008年10月20日。被上诉人中信银行向风神公司主张承担保证责任亦未超过保证期间。综上，上诉人风神公司提出该笔贷款超过《最高额保证合同》决算期因而不应承担责任的主张不能成立，本院不予支持。

综上，原审判决判令风神公司在《最高额保证合同》约定的最高限额7000万元范围内对宝硕公司的债务向中信银行承担连带责任，并未加重风神公司的保证责任。

第二节 保证责任

第六百九十一条 【保证担保的范围】保证的范围包括主债权及

其利息、违约金、损害赔偿金和实现债权的费用。当事人另有约定的，按照其约定。

一、相关司法解释规定

《最高人民法院关于适用〈中华人民共和国民法典〉有关担保制度的解释》(法释〔2020〕28号)

第三条 当事人对担保责任的承担约定专门的违约责任，或者约定的担保责任范围超出债务人应当承担的责任范围，担保人主张仅在债务人应当承担的责任范围内承担责任的，人民法院应予支持。

担保人承担的责任超出债务人应当承担的责任范围，担保人向债务人追偿，债务人主张仅在其应当承担的责任范围内承担责任的，人民法院应予支持；担保人请求债权人返还超出部分的，人民法院依法予以支持。

二、相关文件规定

《最高人民法院关于印发〈全国法院民商事审判工作会议纪要〉的通知》(法〔2019〕254号)

55.【担保责任的范围】担保人承担的担保责任范围不应当大于主债务，是担保从属性的必然要求。当事人约定的担保责任的范围大于主债务的，如针对担保责任约定专门的违约责任、担保责任的数额高于主债务、担保责任约定的利息高于主债务利息、担保责任的履行期先于主债务履行期届满，等等，均应当认定大于主债务部分的约定无效，从而使担保责任缩减至主债务的范围。

第六百九十二条　【保证期间】 保证期间是确定保证人承担保证责任的期间，不发生中止、中断和延长。

债权人与保证人可以约定保证期间，但是约定的保证期间早于主债务履行期限或者与主债务履行期限同时届满的，视为没有约定；没有约定或者约定不明确的，保证期间为主债务履行期限届满之日起六个月。

债权人与债务人对主债务履行期限没有约定或者约定不明确的，保证期间自债权人请求债务人履行债务的宽限期届满之日起计算。

一、相关司法解释规定

1.《最高人民法院关于适用〈中华人民共和国民法典〉有关担保制度的解释》(法释〔2020〕28号)

第二十七条 一般保证的债权人取得对债务人赋予强制执行效力的公证债权文书后,在保证期间内向人民法院申请强制执行,保证人以债权人未在保证期间内对债务人提起诉讼或者申请仲裁为由主张不承担保证责任的,人民法院不予支持。

第二十九条 同一债务有两个以上保证人,债权人以其已经在保证期间内依法向部分保证人行使权利为由,主张已经在保证期间内向其他保证人行使权利的,人民法院不予支持。

同一债务有两个以上保证人,保证人之间相互有追偿权,债权人未在保证期间内依法向部分保证人行使权利,导致其他保证人在承担保证责任后丧失追偿权,其他保证人主张在其不能追偿的范围内免除保证责任的,人民法院应予支持。

第三十条 最高额保证合同对保证期间的计算方式、起算时间等有约定的,按照其约定。

最高额保证合同对保证期间的计算方式、起算时间等没有约定或者约定不明,被担保债权的履行期限均已届满的,保证期间自债权确定之日起开始计算;被担保债权的履行期限尚未届满的,保证期间自最后到期债权的履行期限届满之日起开始计算。

前款所称债权确定之日,依照民法典第四百二十三条的规定认定。

第三十一条 一般保证的债权人在保证期间内对债务人提起诉讼或者申请仲裁后,又撤回起诉或者仲裁申请,债权人在保证期间届满前未再行提起诉讼或者申请仲裁,保证人主张不再承担保证责任的,人民法院应予支持。

连带责任保证的债权人在保证期间内对保证人提起诉讼或者申请仲裁后,又撤回起诉或者仲裁申请,起诉状副本或者仲裁申请书副本已经送达保证人的,人民法院应当认定债权人已经在保证期间内向保证人行使了权利。

第三十二条 保证合同约定保证人承担保证责任直至主债务本息还清时为止等类似内容的,视为约定不明,保证期间为主债务履行期限届满之日起六个月。

第三十三条　保证合同无效，债权人未在约定或者法定的保证期间内依法行使权利，保证人主张不承担赔偿责任的，人民法院应予支持。

第三十四条　人民法院在审理保证合同纠纷案件时，应当将保证期间是否届满、债权人是否在保证期间内依法行使权利等事实作为案件基本事实予以查明。

债权人在保证期间内未依法行使权利的，保证责任消灭。保证责任消灭后，债权人书面通知保证人要求承担保证责任，保证人在通知书上签字、盖章或者按指印，债权人请求保证人继续承担保证责任的，人民法院不予支持，但是债权人有证据证明成立了新的保证合同的除外。

2.《最高人民法院关于适用〈中华人民共和国民法典〉时间效力的若干规定》(法释〔2020〕15号)

第二十七条　民法典施行前成立的保证合同，当事人对保证期间约定不明确，主债务履行期限届满至民法典施行之日不满二年，当事人主张保证期间为主债务履行期限届满之日起二年的，人民法院依法予以支持；当事人对保证期间没有约定，主债务履行期限届满至民法典施行之日不满六个月，当事人主张保证期间为主债务履行期限届满之日起六个月的，人民法院依法予以支持。

二、相关裁判摘要

• **2018年第5期《中华人民共和国最高人民法院公报》**刊登的**"招商银行股份有限公司大连分行与大连一方地产有限公司保证合同纠纷案"**中，最高人民法院(2017)最高法民申3474号民事裁定书对于保证期间的确定问题进行了分析。相关裁判摘要如下：

关于本案保证期间的确定。招商银行与一方公司在《担保协议》第五条约定，一方公司承担的是阶段性担保，保证期间是每笔贷款放款之日起至预告抵押登记完成之日止。双方签订《担保协议》的目的是一方公司在90个工作日内办妥高某所购房屋预告抵押登记手续交给招商银行，招商银行办理完预告抵押登记后，一方公司的担保责任即可免除，招商银行通过抵押权来保障债权实现。从字面理解，双方当事人对保证期间进行了约定，以办妥预告抵押登记为时间节点，保证期间可以延长，也可以缩短。该约定是双方当事人的真实意思表示，但不能与《担保法》的规定相悖，不能无限延长保证期间，也是阶段性担保的应有之义。因此,本案的保证期间应确定为从2012年10月9日招商银行放款之日起,至2014年1月17日一方公司向招商银行交付商品房预告抵押登记手续后,招商银行在合理期限内办理完预告抵押登记止。《担保协议》第七条约定,如出现非因招商银行原因未能在90个工作日内办妥借款人所购房屋预告抵押登记手续,招商银行自贷款发放之日起,至预告抵押登记完之日止之前,其有权要求一方公司履行担保责任。同理,一方公司将购房合同的登记备案手续交给招商银行后,招商银行亦应在合理期限内办理预告抵押登记,而合理期限应以上述双方约定的90个工作日作为参照。

第六百九十三条 【保证期间届满的法律效果】一般保证的债权人未在保证期间对债务人提起诉讼或者申请仲裁的,保证人不再承担保证责任。

连带责任保证的债权人未在保证期间请求保证人承担保证责任的,保证人不再承担保证责任。

一、相关司法解释规定

《最高人民法院关于适用〈中华人民共和国民法典〉有关担保制度的解释》(法释〔2020〕28号)

第二十六条 一般保证中,债权人以债务人为被告提起诉讼的,人民法院应予受理。债权人未就主合同纠纷提起诉讼或者申请仲裁,仅起诉一般保证人的,人民法院应当驳回起诉。

一般保证中,债权人一并起诉债务人和保证人的,人民法院可以受理,但是在作出判决时,除有民法典第六百八十七条第二款但书规定的情形外,应当在判决书主文中明确,保证人仅对债务人财产依法强制执行后仍不能履行的部分承担保证责任。

债权人未对债务人的财产申请保全,或者保全的债务人的财产足以清偿债务,债权人申请对一般保证人的财产进行保全的,人民法院不予准许。

第二十七条 一般保证的债权人取得对债务人赋予强制执行效力的公证债权文书后,在保证期间内向人民法院申请强制执行,保证人以债权人未在保证期间内对债务人提起诉讼或者申请仲裁为由主张不承担保证责任的,人民法院不予支持。

第三十一条 一般保证的债权人在保证期间内对债务人提起诉讼或者申请仲裁后，又撤回起诉或者仲裁申请，债权人在保证期间届满前未再行提起诉讼或者申请仲裁，保证人主张不再承担保证责任的，人民法院应予支持。

连带责任保证的债权人在保证期间内对保证人提起诉讼或者申请仲裁后，又撤回起诉或者仲裁申请，起诉状副本或者仲裁申请书副本已经送达保证人的，人民法院应当认定债权人已经在保证期间内向保证人行使了权利。

二、相关裁判摘要

• **2009年第10期《中华人民共和国最高人民法院公报》**刊登的"**中国信达资产管理公司贵阳办事处与贵阳开磷有限责任公司借款合同纠纷案**"中，最高人民法院(2008)民二终字第106号民事判决书对于债权人是否在保证期间内行使权利的问题进行了分析。相关裁判摘要如下：

由于本案讼争的借款合同签订于《中华人民共和国担保法》施行之前，原审法院适用法发〔1994〕8号最高人民法院《关于审理经济合同纠纷案件有关保证的若干问题的规定》和法(2002)144号最高人民法院《关于处理担保法生效前发生保证行为的保证期间问题的通知》确定本案的保证期间是正确的。但是，原审法院在认定保证期间的问题上，对144号文的理解不当。

本案债权人黔南中心支行向开磷公司主张权利的期间分为两种情况，一是黔信字第4号、黔信字第5号、(91)贷字第009号《借款合同》，黔南中心支行未在主债务人承担责任期限的2年内向保证人开磷公司主张权利。二是(92)建贷字第2号、(93)匀建贷字第2号《借款合同》黔南中心支行在主债务人承担责任期限的2年内向保证人开磷公司主张了权利。对于第一种情况，黔南中心支行虽未在保证责任期间内向开磷公司主张权利，但其将债权转让给信达公司贵阳办事处后，信达公司贵阳办事处可根据144号文确定的2002年8月1日至2003年1月31日6个月期间内，向保证人开磷公司主张权利。信达公司贵阳办事处是否在上述期间内向开磷公司主张了权利是本案的事实问题。在原审法院根据8号文和144号文对上述三笔借款判决开磷公司免除保证责任后，信达公司贵阳办事处在本院审理期间，针对原审法院的认定，为表明其在144号文确定的期间内向保证人主张了权利，举示贵州省贵阳市公证处出具的(2003)筑公民字第1118号公证书,该公证书构成新的证据。虽然公证书所附《履行担保义务通知书》所列担保人全称为开阳磷矿矿务局,并且此前即已更名为贵州开磷(集团)有限责任公司,但前后主体的一致性并不因此使保证人的身份产生混淆,亦表明信达公司贵阳办事处在144号文确定的期间内主张了权利,因此该公证书公证的事实应当予以确认,即信达公司贵阳办事处在144号文指定的期间内向开磷公司主张了权利,并于2002年12月12日起算诉讼时效。对于第二种情况,黔南中心支行在主债务人承担责任期限的2年内向保证人开磷公司主张了权利,从其主张权利起开始计算诉讼时效。而144号文第二条规定的"债权人可以在破产程序终结后6个月内向保证人主张"仍然是延续144号文第一条关于6个月保证期间的规定,在讼争借款已经开始起算诉讼时效的情形下,不必再适用6个月保证期间的规定。由于上述两种情况下起算诉讼时效后,黔南中心支行与信达公司贵阳办事处连续主张权利,使诉讼时效多次中断,因此,原审判决以信达公司贵阳办事处未在法定期间内向保证人开磷公司主张权利,而驳回其诉讼请求不当。

综上所述,信达公司贵阳办事处向开磷公司主张的保证债权,因债权人在法定期间内向保证人主张了权利,开磷公司抗辩不承担保证责任的理由不能成立,其应当向信达公司贵阳办事处偿还至信达公司贵阳办事处起诉时的本金24500000元及利息47881616.5元、共计72381616.5元的债务。

• **2007年第9期《中华人民共和国最高人民法院公报》**刊登的"**抚宁县新兴包装材料厂、抚宁公有资产经营有限公司与抚宁县农村信用合作联社、秦皇岛远东石油炼化有限公司、秦皇岛骊骅淀粉股份有限公司借款担保合同纠纷案**"中,最高人民法院(2006)民二终字第236号民事判决书就债权人主张权利是否超过保证期间的问题进行了分析。相关裁判摘要如下:

关于抚宁农信联社主张权利是否超过保证期间的问题。首先,抚宁农信联社提交的特快专递和国内挂号函件存根及催收的内容证明,本案借款2002年11月25日到期后,抚宁农信联社曾于2004年3月18日、2005年4月6日、2006年3月1日三次向葡萄糖厂邮寄送达履行保证责任通知,邮寄地址均为抚宁县抚宁镇北环路六号,收件人均为葡萄糖厂,抚宁县公证处对催收情况进行了公证,该公证书载明的事项表明,催收的内容详实明确,应认定催收的法律效力。其次,在以葡萄糖厂为主要发起人注册成立的骊骅公司的工商登记档案中记载,“秦皇岛市抚宁县抚宁镇北环路六号(原三里杨庄)”,证明该两处地址为同一地点,且新兴材料厂在一审答辩中并未涉及地址是否相同的问题。本案既没有证据证明抚宁农信联社知道葡萄糖厂更名的事实,其向葡萄糖厂寄送履行保证责任通知,应视为向新兴材料厂主张权利。抚宁农信联社作为债权人在保证期间内并没有怠于行使其权利的情况,不能以其没有向更名后的保证人新兴材料厂当面送达履行保证责任通知为由,而免除保证人的担保责任。因此,原审法院关于抚宁农信联社表示了要求新兴材料厂承担保证责任的意思,且其主张权利并未超过二年的保证期间的认定应予维持。上诉人新兴材料厂关于抚宁农信联社超过二年保证期间主张权利的上诉理由,因缺乏事实和法律依据,本院不予采纳。

• **2005年第6期《中华人民共和国最高人民法院公报》**刊登的“**东方公司广州办事处诉中山市工业原材料公司等借款担保合同纠纷案**”中,最高人民法院(2004)民二终字第207号民事判决书对债权人是否在保证期间内行使权利的证明问题进行了分析。相关裁判摘要如下:

关于建设总公司应否对上述325万美元承担担保责任问题。原审判决判令建设总公司对上述借款不承担担保责任的理由就是债权人没有在保证期间内向其主张权利。二审质证时,广州办事处向本院提交了两份载明时间为1998年6月16日,催款金额分别为1611031.25美元和325万美元的《催收通知书》,以此证明其向主债务人原材料公司和保证人建设总公司主张权利没有超过二年诉讼时效和二年保证期间。虽然原材料公司和建设总公司不同意对上述证据材料进行质证,但也认可其曾分别以借款人和保证人的身份在该《催收通知书》上签字盖章。本院认为,由于本案系二审,对于当事人在二审中提供的证据材料,本院可以根据个案情况决定主持质证。原材料公司和建设总公司以广州办事处直至二审期间才提供上述证据材料,已超过举证期限为由,不同意质证,并不影响本院根据个案情况对上述证据材料予以审查和采信。因原材料公司和建设总公司对其在《催收通知书》上加盖公章一事予以认可,故应当认定该《催收通知书》是真实的。广州办事处向主债务人原材料公司和保证人建设总公司主张权利没有超过二年诉讼时效和二年保证期间。建设总公司应当对上述325万美元的借款本息承担连带责任。

• **2004年第12期《中华人民共和国最高人民法院公报》**刊登的**“信达公司合肥办事处诉中国医药集团总公司等借款担保合同纠纷案”**中，最高人民法院(2004)民二终字第54号民事判决书对于债权人向保证人主张权利的方式进行了分析。相关裁判摘要如下：

开发银行和信达合肥办事处签订《债权转让协议》，将上述借款合同项下的债权转让给信达合肥办事处，并向化工厂发出债权转让通知，化工厂在转让通知回执上盖章确认。本案借款合同约定化工厂对所借款项分期履行还款义务，借款合同中明确约定了全部债务的履行期限，据此借款合同约定的权利义务具有不可分性，同时保证合同没有约定保证期间，六药厂承担保证责任的保证期间应当确定为主债务履行期届满之日起两年，即从2001年12月至2003年12月。信达合肥办事处在受让借款合同的债权后，化工厂、六药厂于2001年7月31日在信达合肥办事处发出的催收贷款通知书和履行担保义务通知书上盖章确认。信达合肥办事处于2003年6月19日在《安徽法制报》上刊登催收债权公告，并未超过保证期间。因此，六药厂应对化工厂的债务承担保证责任。上诉人六药厂和医药集团公司以债权转让未经六药厂的同意，六药厂不再承担保证责任，信达合肥办事处在保证期间和诉讼时效期限内没有向六药厂主张权利的上诉理由不能成立，本院不予支持。

• **2004年第8期《中华人民共和国最高人民法院公报》**刊登的**“农业发展银行青海分行营业部诉青海农牧总公司担保合同纠纷案”**中，最高人民法院(2003)民二终字第83号民事判决书对保证期间与保证债务的诉讼时效的关系问题进行了分析。相关裁判摘要如下：

根据羊毛公司与农发行营业部分别于1997年9月30日、1998年12月28日签订的延期还款协议书的约定，本案96第008号借款合同项下的300万元贷款本息的偿还延期至1998年2月27日，13397031号借款合同项下的1100万元贷款本息的偿还延期至1999年9月29日。因农牧公司于1998年12月28日分别为该两笔贷款提供的两份担保的保证期间约定不明确，根据最高人民法院《关于适用〈中华人民共和国担保法〉若干问题的解释》第三十二条第二款的规定，其保证期间应为主债务履行届满之日起二年。因此，该300万元贷款的保证期间应认定为1998年2月27日至2000年2月27日，该1100万元贷款的保证期间应认定为1999年9月29日至2001年9月29日。在2000年5月8日青海省高级人民法院裁定宣告本案主债务人羊毛公司破产前，

> 该300万元贷款的保证期间已经届满,仅有该1100万元贷款的保证期间仍在发生法律效力。因此,农发行营业部关于“两份不可撤销保证书的保证期间应当从其提供保证的1998年12月28日起算”、“债务人于2000年5月宣告破产,恰在保证期间内”的上诉主张不符合法律规定及本案事实,本院不予支持。本案主债务人羊毛公司被宣告破产还债前,农发行营业部已于2000年1月17日向农牧公司催要该300万元贷款,系在保证期间内向保证人主张权利,应自主张权利之日起开始计算其保证债权的诉讼时效。在该300万元贷款的保证债务的诉讼时效期间内,本案主债务人羊毛公司被宣告破产,农发行营业部依法向人民法院申报了债权,在破产程序终结前,农发行营业部对其能得以分配的破产财产数额不能确定,其无法同时就其未受清偿的部分向保证人农牧公司主张担保权利,只有在破产程序终结后,其才能就其未受清偿的部分向保证人主张权利。因此,本案中,在主债务人羊毛公司破产案件的破产程序终结后六个月内,农发行营业部就其未受清偿的部分再向保证人农牧公司主张权利,符合最高人民法院《关于适用〈中华人民共和国担保法〉若干问题的解释》第四十四条的规定。农发行营业部在本案1100万元贷款的合同履行期限内于1999年9月6日向农牧公司发出《到(逾)期贷款通知书》,因本案主债务的履行最后截至日为1999年9月29日,此时其保证期间尚未开始计算,后在保证期间内主债务人羊毛公司被宣告破产,农发行营业部依法申报了债权,并在羊毛公司破产程序终结后,依据最高人民法院《关于适用〈中华人民共和国担保法〉若干问题的解释》第四十四条的规定就该1100万元贷款未得以清偿的部分向保证人农牧公司主张权利,依法应予支持。

第六百九十四条　【保证债务的诉讼时效】一般保证的债权人在保证期间届满前对债务人提起诉讼或者申请仲裁的,从保证人拒绝承担保证责任的权利消灭之日起,开始计算保证债务的诉讼时效。

连带责任保证的债权人在保证期间届满前请求保证人承担保证责任的,从债权人请求保证人承担保证责任之日起,开始计算保证债务的诉讼时效。

一、相关司法解释规定

《最高人民法院关于适用〈中华人民共和国民法典〉有关担保制度的解释》(法释〔2020〕28号)

第二十八条 一般保证中,债权人依据生效法律文书对债务人的财产依法申请强制执行,保证债务诉讼时效的起算时间按照下列规则确定:

(一)人民法院作出终结本次执行程序裁定,或者依照民事诉讼法第二百五十七条第三项、第五项的规定作出终结执行裁定的,自裁定送达债权人之日起开始计算;

(二)人民法院自收到申请执行书之日起一年内未作出前项裁定的,自人民法院收到申请执行书满一年之日起开始计算,但是保证人有证据证明债务人仍有财产可供执行的除外。

一般保证的债权人在保证期间届满前对债务人提起诉讼或者申请仲裁,债权人举证证明存在民法典第六百八十七条第二款但书规定情形的,保证债务的诉讼时效自债权人知道或者应当知道该情形之日起开始计算。

第三十五条 保证人知道或者应当知道主债权诉讼时效期间届满仍然提供保证或者承担保证责任,又以诉讼时效期间届满为由拒绝承担保证责任或者请求返还财产的,人民法院不予支持;保证人承担保证责任后向债务人追偿的,人民法院不予支持,但是债务人放弃诉讼时效抗辩的除外。

二、相关文件规定

《最高人民法院关于在保证期间内保证人在债权转让协议上签字并承诺履行原保证义务能否视为债权人向担保人主张过债权及认定保证合同的诉讼时效如何起算等问题请示的答复》(〔2003〕民二他字第25号)

云南省高级人民法院:

你院云高法报〔2003〕5号《关于在保证期间内,保证人在债权转让协议上签字并承诺履行原保证义务,能否视为债权人向担保人主张过债权,从而认定保证合同的诉讼时效从签字时起算的请示报告》收悉。经研究,答复如下:

> 《中华人民共和国担保法》(以下简称《担保法》)第二十六条第一款规定的债权人要求保证人承担保证责任应包括债权人在保证期间内向保证人主动催收或提示债权，以及保证人在保证期间内向债权人作出承担保证责任的承诺两种情形。请示所涉案件的保证人——个旧市配件公司于保证期间内，在所担保的债权转让协议上签字并承诺“继续履行原保证合同项下的保证义务”即属《担保法》第二十六条第一款所规定的债权人要求保证人承担保证责任的规定精神。依照本院《关于适用〈中华人民共和国担保法〉若干问题的解释》第三十四条第二款的规定，自保证人个旧市配件公司承诺之日起，保证合同的诉讼时效开始计算。故同意你院第一种意见。

第六百九十五条 【主债权债务合同变更对保证人保证责任的影响】债权人和债务人未经保证人书面同意，协商变更主债权债务合同内容，减轻债务的，保证人仍对变更后的债务承担保证责任；加重债务的，保证人对加重的部分不承担保证责任。

债权人和债务人变更主债权债务合同的履行期限，未经保证人书面同意的，保证期间不受影响。

第六百九十六条 【债权转让对保证责任的影响】债权人转让全部或者部分债权，未通知保证人的，该转让对保证人不发生效力。

保证人与债权人约定禁止债权转让，债权人未经保证人书面同意转让债权的，保证人对受让人不再承担保证责任。

> **相关法律条文**
>
> **《中华人民共和国民法典》(2021年1月1日起施行)**
>
> **第五百四十五条** 债权人可以将债权的全部或者部分转让给第三人，但是有下列情形之一的除外：
>
> (一)根据债权性质不得转让；
>
> (二)按照当事人约定不得转让；
>
> (三)依照法律规定不得转让。
>
> 当事人约定非金钱债权不得转让的，不得对抗善意第三人。当事人约定金钱债权不得转让的，不得对抗第三人。

第五百四十六条 债权人转让债权，未通知债务人的，该转让对债务人不发生效力。

债权转让的通知不得撤销，但是经受让人同意的除外。

第五百四十七条 债权人转让债权的，受让人取得与债权有关的从权利，但是该从权利专属于债权人自身的除外。

受让人取得从权利不因该从权利未办理转移登记手续或者未转移占有而受到影响。

第五百四十八条 债务人接到债权转让通知后，债务人对让与人的抗辩，可以向受让人主张。

第五百四十九条 有下列情形之一的，债务人可以向受让人主张抵销：

（一）债务人接到债权转让通知时，债务人对让与人享有债权，且债务人的债权先于转让的债权到期或者同时到期；

（二）债务人的债权与转让的债权是基于同一合同产生。

第五百五十条 因债权转让增加的履行费用，由让与人负担。

第六百九十七条 【债务承担、债务加入与保证责任】 债权人未经保证人书面同意，允许债务人转移全部或者部分债务，保证人对未经其同意转移的债务不再承担保证责任，但是债权人和保证人另有约定的除外。

第三人加入债务的，保证人的保证责任不受影响。

一、相关法律条文

《中华人民共和国民法典》（2021年1月1日起施行）

第五百五十一条 债务人将债务的全部或者部分转移给第三人的，应当经债权人同意。

债务人或者第三人可以催告债权人在合理期限内予以同意，债权人未作表示的，视为不同意。

第五百五十二条 第三人与债务人约定加入债务并通知债权人，或者第三人向债权人表示愿意加入债务，债权人未在合理期限内明确拒绝的，债权人可以请求第三人在其愿意承担的债务范围内和债务人承担连带债务。

第五百五十三条 债务人转移债务的，新债务人可以主张原债务人对债权人的抗辩；原债务人对债权人享有债权的，新债务人不得向债权人主张抵销。

第五百五十四条 债务人转移债务的，新债务人应当承担与主债务有关的从债务，但是该从债务专属于原债务人自身的除外。

二、相关司法解释规定

《最高人民法院关于适用〈中华人民共和国民法典〉有关担保制度的解释》(法释〔2020〕28号)

第三十六条 第三人向债权人提供差额补足、流动性支持等类似承诺文件作为增信措施，具有提供担保的意思表示，债权人请求第三人承担保证责任的，人民法院应当依照保证的有关规定处理。

第三人向债权人提供的承诺文件，具有加入债务或者与债务人共同承担债务等意思表示的，人民法院应当认定为民法典第五百五十二条规定的债务加入。

前两款中第三人提供的承诺文件难以确定是保证还是债务加入的，人民法院应当将其认定为保证。

第三人向债权人提供的承诺文件不符合前三款规定的情形，债权人请求第三人承担保证责任或者连带责任的，人民法院不予支持，但是不影响其依据承诺文件请求第三人履行约定的义务或者承担相应的民事责任。

三、相关裁判摘要

• **2006年第3期《中华人民共和国最高人民法院公报》**刊登的“**信达公司石家庄办事处与中阿公司等借款担保合同纠纷案**”中，最高人民法院(2005)民二终字第200号民事判决书就债务人变更、保证与并存的债务承担这三者间的区别进行了分析。相关裁判摘要如下：

根据该《承诺书》的内容，河北中意愿意承担债务并无疑问，问题的关键在于：河北中意出具该承诺书的行为是被上诉人中阿公司主张的债务人变更，还是上诉人信达石办主张的增加保证人，抑或是新债务人的加入。根据《合同法》第八十四条的规定：“债务人将合同的义务全部或部分转移给第三人的，应当经债权人同意。”在本案中，河北中意表示愿意承担连带还款责任，债权人省建行在接受的同时，并无明确的意思表示同意债务人由冀州中意变更为河北中意，因而河北中意的承诺行为不能构成债务转移,即不能构成债务人的变更。对被上诉人中阿公司以债务转移未经其同意为由拒绝承担保证责任的抗辩理由,本院不予支持。至于河北中意的行为应当定性为上诉人信达石办所主张的保证人增加,还是定性为债务人的增加,本院认为,二者在案件的实质处理上并无不同,只是在性质上有所不同:保证系从合同,保证人是从债务人,是为他人债务负责;并存的债务承担系独立的合同,承担人是主债务人之一,是为自己的债务负责,也是单一债务人增加为二人以上的共同债务人。判断一个行为究竟是保证,还是并存的债务承担,应根据具体情况确定。如承担人承担债务的意思表示中有较为明显的保证含义,可以认定为保证;如果没有,则应当从保护债权人利益的立法目的出发,认定为并存的债务承担。因此本案中,根据承诺书的具体内容以及向河北中意的催收通知中的担保人身份的注明,对河北中意的保证人身份有较为明确的表示与认可,上诉人信达石办主张的此行为系保证人增加的上诉理由,于法有据,本院予以支持。

第六百九十八条　【一般保证人的免责】一般保证的保证人在主债务履行期限届满后,向债权人提供债务人可供执行财产的真实情况,债权人放弃或者怠于行使权利致使该财产不能被执行的,保证人在其提供可供执行财产的价值范围内不再承担保证责任。

第六百九十九条　【共同保证】同一债务有两个以上保证人的,保证人应当按照保证合同约定的保证份额,承担保证责任;没有约定保证份额的,债权人可以请求任何一个保证人在其保证范围内承担保证责任。

一、相关法律条文

《中华人民共和国民法典》(2021年1月1日起施行)

第五百一十八条　债权人为二人以上,部分或者全部债权人均可以请求债务人履行债务的,为连带债权;债务人为二人以上,债权人可以请求部分或者全部债务人履行全部债务的,为连带债务。

连带债权或者连带债务,由法律规定或者当事人约定。

第五百一十九条　连带债务人之间的份额难以确定的,视为份额相同。

实际承担债务超过自己份额的连带债务人，有权就超出部分在其他连带债务人未履行的份额范围内向其追偿，并相应地享有债权人的权利，但是不得损害债权人的利益。其他连带债务人对债权人的抗辩，可以向该债务人主张。

被追偿的连带债务人不能履行其应分担份额的，其他连带债务人应当在相应范围内按比例分担。

第五百二十条　部分连带债务人履行、抵销债务或者提存标的物的，其他债务人对债权人的债务在相应范围内消灭；该债务人可以依据前条规定向其他债务人追偿。

部分连带债务人的债务被债权人免除的，在该连带债务人应当承担的份额范围内，其他债务人对债权人的债务消灭。

部分连带债务人的债务与债权人的债权同归于一人的，在扣除该债务人应当承担的份额后，债权人对其他债务人的债权继续存在。

债权人对部分连带债务人的给付受领迟延的，对其他连带债务人发生效力。

二、相关司法解释规定

《最高人民法院关于适用〈中华人民共和国民法典〉有关担保制度的解释》（法释〔2020〕28号）

第十三条　同一债务有两个以上第三人提供担保，担保人之间约定相互追偿及分担份额，承担了担保责任的担保人请求其他担保人按照约定分担份额的，人民法院应予支持；担保人之间约定承担连带共同担保，或者约定相互追偿但是未约定分担份额的，各担保人按照比例分担向债务人不能追偿的部分。

同一债务有两个以上第三人提供担保，担保人之间未对相互追偿作出约定且未约定承担连带共同担保，但是各担保人在同一份合同书上签字、盖章或者按指印，承担了担保责任的担保人请求其他担保人按照比例分担向债务人不能追偿部分的，人民法院应予支持。

除前两款规定的情形外，承担了担保责任的担保人请求其他担保人分担向债务人不能追偿部分的，人民法院不予支持。

第十四条　同一债务有两个以上第三人提供担保，担保人受让债权的，人民法院应当认定该行为系承担担保责任。受让债权的担保人作为债权人请求其他担保人承担担保责任的，人民法院不予支持；该担保人请求其他担保人分担相应份额的，依照本解释第十三条的规定处理。

第十八条 承担了担保责任或者赔偿责任的担保人，在其承担责任的范围内向债务人追偿的，人民法院应予支持。

同一债权既有债务人自己提供的物的担保，又有第三人提供的担保，承担了担保责任或者赔偿责任的第三人，主张行使债权人对债务人享有的担保物权的，人民法院应予支持。

第二十九条 同一债务有两个以上保证人，债权人以其已经在保证期间内依法向部分保证人行使权利为由，主张已经在保证期间内向其他保证人行使权利的，人民法院不予支持。

同一债务有两个以上保证人，保证人之间相互有追偿权，债权人未在保证期间内依法向部分保证人行使权利，导致其他保证人在承担保证责任后丧失追偿权，其他保证人主张在其不能追偿的范围内免除保证责任的，人民法院应予支持。

三、相关裁判摘要

• **2002年第6期《中华人民共和国最高人民法院公报》**刊登的“**英贸公司诉天元公司保证合同追偿权纠纷案**”判决对共同保证中保证人的追偿权进行了分析。相关裁判摘要如下：

本案的争议焦点是：一、上诉人英茂公司对被上诉人天元公司的保证追偿权是否成立？二、如果保证追偿权成立，追偿的份额应是多少？

一、关于保证追偿权是否成立的问题。

被上诉人天元公司与环西建行之间存在连带保证合同关系，以及天元公司的保证期间应当至主合同展期后所确定的最终履行期届满之日后的两年内，即至2000年9月12日止。这一事实已经由人民法院的生效民事判决书认定，本案应予认可。天元公司认为，双方约定的保证期间应至“合同经展期后的届满之日”，这个观点不能成立。

关于追偿权是否成立的问题。连带共同保证的保证人，虽然在以这种方式设定保证时就知道，如果债务人不按期履行债务，自己有可能对全部债务承担清偿责任。但是他更知道，一般情况下，自己是与其他保证人共同对债权人承担着保证责任。虽然形式上可能先由自己清偿全部债务，但他可以通过追偿将他代付的其他保证人的份额弥补回来。只有在其他保证人都无法承担保证责任的情况下，他才可能有清偿全部债务的风险。因此，一审认为上诉人英贸公司现已承担的保证责任，并未超出其自愿担保的范围，故不存在不公平之说，是认识错误。担保法第二十六条第二款的规定，是指在合同约定和法律规定的保证期间，债权人不要求保证人承担保证责任的，保证人的保证责任可以免除。而在连带共同保证中，由于保证人是作为一个整体共同对债权人承担保证责任，所以债权人向共同保证人中的任何一人主张权利，都是债权人要求保证人承担保证责任的行为，其效力自然及于所有的保证人。对那些未被选择承担责任的共同保证人来说，债权人向保证人中任何一人主张权利的行为，应当视为债权人已向其主张了权利。在环西建行诉京正公司、烟草公司和上诉人英贸公司的借款合同纠纷案中，债权人环西建行虽然起诉的是烟草公司和英贸公司，但其起诉的效力自然及于被上诉人天元公司。不能因环西建行未起诉天元公司，就认为天元公司的保证责任得以免除。英茂公司在承担了保证责任后，有权要求作为连带共同保证人的天元公司清偿其应当承担的份额。一审以天元公司的保证责任已免除，认定英贸公司不能再向天元公司主张行使追偿权，是适用法律错误。

二、关于追偿份额如何确定的问题。

"担保法解释"第二十条规定，连带共同保证的保证人按其内部约定的比例分担保证责任。没有约定的，平均分担。本案涉及的连带共同保证人，有烟草公司、珑艺公司和上诉人英贸公司以及被上诉人天元公司四家。这四家连带共同保证人之间，对保证份额没有约定，应当平均分担。鉴于作为本案共同保证人之一的珑艺公司，目前虽无证据证明其下落不明，但寻找其到案承担保证责任，确实存在着实际困难。作为连带共同保证人，将珑艺公司寻找到案令其承担保证责任，是所有保证人的共同义务。如果珑艺公司不能到案承担保证责任，其应当承担的保证份额就成为全体保证人共同的风险，此风险不能由英贸公司一家承担。因此在珑艺公司不能到案承担保证责任的情况下，珑艺公司应当承担的保证责任份额，应由现有的三家保证人分担。所以，英茂公司有权向天元公司追偿三分之一的保证责任份额。

综上所述，上诉人英茂公司的上诉理由依法成立，应予采纳。英茂公司有权向被上诉人天元公司追偿其已承担的保证责任的三分之一，即1970762元。

第七百条　【保证人的追偿权与债权的法定转移】保证人承担保证责任后，除当事人另有约定外，有权在其承担保证责任的范围内向债务人追偿,享有债权人对债务人的权利,但是不得损害债权人的利益。

一、相关法律条文

《中华人民共和国企业破产法》(2007年6月1日起施行)

第五十一条 债务人的保证人或者其他连带债务人已经代替债务人清偿债务的,以其对债务人的求偿权申报债权。

债务人的保证人或者其他连带债务人尚未代替债务人清偿债务的,以其对债务人的将来求偿权申报债权。但是,债权人已经向管理人申报全部债权的除外。

二、相关司法解释规定

1.《最高人民法院关于适用〈中华人民共和国民法典〉有关担保制度的解释》(法释〔2020〕28号)

第十八条 承担了担保责任或者赔偿责任的担保人,在其承担责任的范围内向债务人追偿的,人民法院应予支持。

同一债权既有债务人自己提供的物的担保,又有第三人提供的担保,承担了担保责任或者赔偿责任的第三人,主张行使债权人对债务人享有的担保物权的,人民法院应予支持。

第二十二条 人民法院受理债务人破产案件后,债权人请求担保人承担担保责任,担保人主张担保债务自人民法院受理破产申请之日起停止计息的,人民法院对担保人的主张应予支持。

第二十三条 人民法院受理债务人破产案件,债权人在破产程序中申报债权后又向人民法院提起诉讼,请求担保人承担担保责任的,人民法院依法予以支持。

担保人清偿债权人的全部债权后,可以代替债权人在破产程序中受偿;在债权人的债权未获全部清偿前,担保人不得代替债权人在破产程序中受偿,但是有权就债权人通过破产分配和实现担保债权等方式获得清偿总额中超出债权的部分,在其承担担保责任的范围内请求债权人返还。

债权人在债务人破产程序中未获全部清偿,请求担保人继续承担担保责任的,人民法院应予支持;担保人承担担保责任后,向和解协议或者重整计划执行完毕后的债务人追偿的,人民法院不予支持。

第二十四条　债权人知道或者应当知道债务人破产，既未申报债权也未通知担保人，致使担保人不能预先行使追偿权的，担保人就该债权在破产程序中可能受偿的范围内免除担保责任，但是担保人因自身过错未行使追偿权的除外。

2.《最高人民法院关于适用〈中华人民共和国企业破产法〉若干问题的规定(三)》(法释〔2019〕3号)(2020年12月23日修正)

第四条　保证人被裁定进入破产程序的，债权人有权申报其对保证人的保证债权。

主债务未到期的，保证债权在保证人破产申请受理时视为到期。一般保证的保证人主张行使先诉抗辩权的，人民法院不予支持，但债权人在一般保证人破产程序中的分配额应予提存，待一般保证人应承担的保证责任确定后再按照破产清偿比例予以分配。

保证人被确定应当承担保证责任的，保证人的管理人可以就保证人实际承担的清偿额向主债务人或其他债务人行使求偿权。

第五条　债务人、保证人均被裁定进入破产程序的，债权人有权向债务人、保证人分别申报债权。

债权人向债务人、保证人均申报全部债权的，从一方破产程序中获得清偿后，其对另一方的债权额不作调整，但债权人的受偿额不得超出其债权总额。保证人履行保证责任后不再享有求偿权。

第七百零一条　【保证人的抗辩权】保证人可以主张债务人对债权人的抗辩。债务人放弃抗辩的，保证人仍有权向债权人主张抗辩。

相关裁判摘要

• **2004年第1期《中华人民共和国最高人民法院公报》**刊登的**“香港新建业有限公司等诉上海新建业有限公司等欠款担保纠纷案”**中，最高人民法院(2001)民四终字第13号民事判决书对保证人享有的主债务人的抗辩权问题进行了分析。相关裁判摘要如下：

根据一审查明的事实，伟成公司认可付款补充协议及其说明的真实性。原审判决根据付款补充协议及其说明的内容以及伟成公司的还款情况，确认伟成公司的实际欠款额为99344360.34港元(本金)。伟成公司虽然提起了上诉，但由于其无故不到庭参加诉讼，按其撤回上诉处理。根据《中华人民共和国担保法》第二十条第一款即"一般保证和连带责任保证的保证人享有债务人的抗辩权。债务人放弃对债务的抗辩权的，保证人仍有权抗辩"的规定，上海新建业公司对于伟成公司是否有欠款、欠款多少依然享有抗辩权。从本案一、二审已经查明的事实来看，上海新建业公司对于付款补充协议及其说明所确定的伟成公司欠款数额不能提供相应证据予以推翻。相反，上海新建业公司在相应的担保文件中一直认可伟成公司对于香港新建业公司、森达公司的欠款。二审庭审时，上海新建业公司当庭口头申请对"说明(一)"中代表伟成公司的李琛签字的真实性进行司法鉴定，但上海新建业公司未能在其承诺的期限内向本院提交书面申请以及预交相应鉴定费用，应认定其放弃司法鉴定申请。付款补充协议及其说明有关伟成公司欠款以及还款计划的内容，符合各方当事人的真实意愿，亦不违反我国法律法规的规定，应认定有效。因此，上海新建业公司认为原审判决认定的伟成公司的欠款与其以及伟成公司没有关系缺乏事实依据，该主张本院不予支持。

• **2003年第6期《中华人民共和国最高人民法院公报》**刊登的"**中国东方资产管理公司大连办事处诉辽宁华曦集团公司等借款担保纠纷上诉案**"中，最高人民法院(2003)民二终字第93号民事判决书就债务人放弃时效届满的抗辩不影响保证人的问题进行了分析。相关裁判摘要如下：

担保人时代公司在《不可撤销担保书》中明确承诺："本保证书在中行同意延期还款时继续有效"，但因无证据证明省中行与畜产公司之间存在约定延期还款的事实，主债权已经超过诉讼时效，根据《中华人民共和国担保法》(以下简称担保法)第二十条第一款的规定，依法取得了主债务人享有的主债权诉讼时效届满产生的抗辩权。虽然嗣后畜产公司在催收通知书上盖章，放弃了原债权诉讼时效届满的抗辩权，但依照担保法第二十条第一款的规定，对于债务人放弃的抗辩权，担保人仍然可以行使，畜产公司放弃时效届满抗辩权的行为，对时代公司不发生法律效力。另，本院(2002)144号通知第一条规定债权人对保证人的权利，应以主债务没有超过诉讼时效期间为条件。故上诉人东方公司关于担保人时代公司应当承担担保责任的上诉理由不能成立，原审裁判正确，本院予以维持。

第七百零二条　【保证人拒绝承担保证责任的权利】债务人对债权人享有抵销权或者撤销权的，保证人可以在相应范围内拒绝承担保证责任。

第十四章　租赁合同

第七百零三条　【租赁合同的定义】租赁合同是出租人将租赁物交付承租人使用、收益，承租人支付租金的合同。

一、相关法律条文

《中华人民共和国城市房地产管理法》（2019 年 8 月 26 日修正）

第五十三条　房屋租赁，是指房屋所有权人作为出租人将其房屋出租给承租人使用，由承租人向出租人支付租金的行为。

二、相关司法解释规定

《最高人民法院关于审理城镇房屋租赁合同纠纷案件具体应用法律若干问题的解释》（法释〔2009〕11 号）（2020 年 12 月 23 日修正）

第一条　本解释所称城镇房屋，是指城市、镇规划区内的房屋。

乡、村庄规划区内的房屋租赁合同纠纷案件，可以参照本解释处理。但法律另有规定的，适用其规定。

当事人依照国家福利政策租赁公有住房、廉租住房、经济适用住房产生的纠纷案件，不适用本解释。

第二条　出租人就未取得建设工程规划许可证或者未按照建设工程规划许可证的规定建设的房屋，与承租人订立的租赁合同无效。但在一审法庭辩论终结前取得建设工程规划许可证或者经主管部门批准建设的，人民法院应当认定有效。

第三条　出租人就未经批准或者未按照批准内容建设的临时建筑，与承租人订立的租赁合同无效。但在一审法庭辩论终结前经主管部门批准建设的，人民法院应当认定有效。

租赁期限超过临时建筑的使用期限，超过部分无效。但在一审法庭辩论终结前经主管部门批准延长使用期限的，人民法院应当认定延长使用期限内的租赁期间有效。

第四条 房屋租赁合同无效，当事人请求参照合同约定的租金标准支付房屋占有使用费的，人民法院一般应予支持。

当事人请求赔偿因合同无效受到的损失，人民法院依照合同法的有关规定和本司法解释第九条、第十三条、第十四条的规定处理。

第五条 出租人就同一房屋订立数份租赁合同，在合同均有效的情况下，承租人均主张履行合同的，人民法院按照下列顺序确定履行合同的承租人：

（一）已经合法占有租赁房屋的；

（二）已经办理登记备案手续的；

（三）合同成立在先的。

不能取得租赁房屋的承租人请求解除合同、赔偿损失的，依照合同法的有关规定处理。

三、相关部门规章

1.《商品房屋租赁管理办法》（2011年2月1日起施行）

第二条 城市规划区内国有土地上的商品房屋租赁（以下简称房屋租赁）及其监督管理，适用本办法。

第六条 有下列情形之一的房屋不得出租：

（一）属于违法建筑的；

（二）不符合安全、防灾等工程建设强制性标准的；

（三）违反规定改变房屋使用性质的；

（四）法律、法规规定禁止出租的其他情形。

第八条 出租住房的，应当以原设计的房间为最小出租单位，人均租住建筑面积不得低于当地人民政府规定的最低标准。

厨房、卫生间、阳台和地下储藏室不得出租供人员居住。

第二十六条 城市规划区外国有土地上的房屋租赁和监督管理，参照本办法执行。

2.《公共租赁住房管理办法》（2012年7月15日起施行）

第三条 本办法所称公共租赁住房，是指限定建设标准和租金水平，面向符合规定条件的城镇中等偏下收入住房困难家庭、新就业无房职工和在城镇稳定就业的外来务工人员出租的保障性住房。

公共租赁住房通过新建、改建、收购、长期租赁等多种方式筹集，可以由政府投资，也可以由政府提供政策支持、社会力量投资。

公共租赁住房可以是成套住房，也可以是宿舍型住房。

第七条　申请公共租赁住房，应当符合以下条件：

（一）在本地无住房或者住房面积低于规定标准；

（二）收入、财产低于规定标准；

（三）申请人为外来务工人员的，在本地稳定就业达到规定年限。

具体条件由直辖市和市、县级人民政府住房保障主管部门根据本地区实际情况确定，报本级人民政府批准后实施并向社会公布。

第七百零四条　【租赁合同的内容】租赁合同的内容一般包括租赁物的名称、数量、用途、租赁期限、租金及其支付期限和方式、租赁物维修等条款。

一、相关法律条文

《中华人民共和国城市房地产管理法》（2019年8月26日修正）

第五十四条　房屋租赁，出租人和承租人应当签订书面租赁合同，约定租赁期限、租赁用途、租赁价格、修缮责任等条款，以及双方的其他权利和义务，并向房产管理部门登记备案。

第五十五条　住宅用房的租赁，应当执行国家和房屋所在城市人民政府规定的租赁政策。租用房屋从事生产、经营活动的，由租赁双方协商议定租金和其他租赁条款。

第五十六条　以营利为目的，房屋所有权人将以划拨方式取得使用权的国有土地上建成的房屋出租的，应当将租金中所含土地收益上缴国家。具体办法由国务院规定。

二、相关部门规章

1.《商品房屋租赁管理办法》（2011年2月1日起施行）

第七条　房屋租赁当事人应当依法订立租赁合同。房屋租赁合同的内容由当事人双方约定，一般应当包括以下内容：

（一）房屋租赁当事人的姓名（名称）和住所；

（二）房屋的坐落、面积、结构、附属设施，家具和家电等室内设施状况；

（三）租金和押金数额、支付方式；

（四）租赁用途和房屋使用要求；

（五）房屋和室内设施的安全性能；

（六）租赁期限；

（七）房屋维修责任；

（八）物业服务、水、电、燃气等相关费用的缴纳；

（九）争议解决办法和违约责任；

（十）其他约定。

房屋租赁当事人应当在房屋租赁合同中约定房屋被征收或者拆迁时的处理办法。

建设（房地产）管理部门可以会同工商行政管理部门制定房屋租赁合同示范文本，供当事人选用。

2.《公共租赁住房管理办法》（2012年7月15日起施行）

第十六条 配租对象选择公共租赁住房后，公共租赁住房所有权人或者其委托的运营单位与配租对象应当签订书面租赁合同。

租赁合同签订前，所有权人或者其委托的运营单位应当将租赁合同中涉及承租人责任的条款内容和应当退回公共租赁住房的情形向承租人明确说明。

第十七条 公共租赁住房租赁合同一般应当包括以下内容：

（一）合同当事人的名称或姓名；

（二）房屋的位置、用途、面积、结构、室内设施和设备，以及使用要求；

（三）租赁期限、租金数额和支付方式；

（四）房屋维修责任；

（五）物业服务、水、电、燃气、供热等相关费用的缴纳责任；

（六）退回公共租赁住房的情形；

（七）违约责任及争议解决办法；

（八）其他应当约定的事项。

省、自治区、直辖市人民政府住房城乡建设（住房保障）主管部门应当制定公共租赁住房租赁合同示范文本。

合同签订后，公共租赁住房所有权人或者其委托的运营单位应当在30日内将合同报市、县级人民政府住房保障主管部门备案。

第七百零五条 【最长租赁期限】租赁期限不得超过二十年。超过二十年的,超过部分无效。

租赁期限届满,当事人可以续订租赁合同;但是,约定的租赁期限自续订之日起不得超过二十年。

相关部门规章

《公共租赁住房管理办法》(2012年7月15日起施行)

第十八条 公共租赁住房租赁期限一般不超过5年。

第七百零六条 【租赁合同登记备案不影响合同效力】当事人未依照法律、行政法规规定办理租赁合同登记备案手续的,不影响合同的效力。

一、相关法律条文

《中华人民共和国城市房地产管理法》(2019年8月26日修正)

第五十四条 房屋租赁,出租人和承租人应当签订书面租赁合同,约定租赁期限、租赁用途、租赁价格、修缮责任等条款,以及双方的其他权利和义务,并向房产管理部门登记备案。

二、相关部门规章

《商品房屋租赁管理办法》(2011年2月1日起施行)

第十四条 房屋租赁合同订立后三十日内,房屋租赁当事人应当到租赁房屋所在地直辖市、市、县人民政府建设(房地产)主管部门办理房屋租赁登记备案。

房屋租赁当事人可以书面委托他人办理租赁登记备案。

第十五条 办理房屋租赁登记备案,房屋租赁当事人应当提交下列材料:

(一)房屋租赁合同;

(二)房屋租赁当事人身份证明;

(三)房屋所有权证书或者其他合法权属证明;

(四)直辖市、市、县人民政府建设(房地产)主管部门规定的其他材料。

房屋租赁当事人提交的材料应当真实、合法、有效,不得隐瞒真实情况或者提供虚假材料。

第十六条 对符合下列要求的，直辖市、市、县人民政府建设（房地产）主管部门应当在三个工作日内办理房屋租赁登记备案，向租赁当事人开具房屋租赁登记备案证明：

（一）申请人提交的申请材料齐全并且符合法定形式；

（二）出租人与房屋所有权证书或者其他合法权属证明记载的主体一致；

（三）不属于本办法第六条规定不得出租的房屋。

申请人提交的申请材料不齐全或者不符合法定形式的，直辖市、市、县人民政府建设（房地产）主管部门应当告知房屋租赁当事人需要补正的内容。

第十七条 房屋租赁登记备案证明应当载明出租人的姓名或者名称，承租人的姓名或者名称、有效身份证件种类和号码，出租房屋的坐落、租赁用途、租金数额、租赁期限等。

第十八条 房屋租赁登记备案证明遗失的，应当向原登记备案的部门补领。

第十九条 房屋租赁登记备案内容发生变化、续租或者租赁终止的，当事人应当在三十日内，到原租赁登记备案的部门办理房屋租赁登记备案的变更、延续或者注销手续。

第二十条 直辖市、市、县建设（房地产）主管部门应当建立房屋租赁登记备案信息系统，逐步实行房屋租赁合同网上登记备案，并纳入房地产市场信息系统。

房屋租赁登记备案记载的信息应当包含以下内容：

（一）出租人的姓名（名称）、住所；

（二）承租人的姓名（名称）、身份证件种类和号码；

（三）出租房屋的坐落、租赁用途、租金数额、租赁期限；

（四）其他需要记载的内容。

第二十三条 违反本办法第十四条第一款、第十九条规定的，由直辖市、市、县人民政府建设（房地产）主管部门责令限期改正；个人逾期不改正的，处以一千元以下罚款；单位逾期不改正的，处以一千元以上一万元以下罚款。

第二十四条 直辖市、市、县人民政府建设（房地产）主管部门对符合本办法规定的房屋租赁登记备案申请不予办理，对不符合本办法规定的房屋租赁登记备案申请予以办理，或者对房屋租赁登记备案信息管理不当，给租赁当事人造成损失的，对直接负责的主管人员和其他直接责任人员依法给予处分；构成犯罪的，依法追究刑事责任。

第七百零七条　【租赁合同的形式】租赁期限六个月以上的，应当采用书面形式。当事人未采用书面形式，无法确定租赁期限的，视为不定期租赁。

第七百零八条　【出租人交付租赁物的义务与瑕疵担保责任】出租人应当按照约定将租赁物交付承租人，并在租赁期限内保持租赁物符合约定的用途。

第七百零九条　【承租人按约定或租赁物性质使用租赁物的义务】承租人应当按照约定的方法使用租赁物。对租赁物的使用方法没有约定或者约定不明确，依据本法第五百一十条的规定仍不能确定的，应当根据租赁物的性质使用。

相关部门规章

《商品房屋租赁管理办法》(2011年2月1日起施行)

第十条　承租人应当按照合同约定的租赁用途和使用要求合理使用房屋，不得擅自改动房屋承重结构和拆改室内设施，不得损害其他业主和使用人的合法权益。

承租人因使用不当等原因造成承租房屋和设施损坏的，承租人应当负责修复或者承担赔偿责任。

第七百一十条　【承租人按约定使用租赁物的免责规定】承租人按照约定的方法或者根据租赁物的性质使用租赁物，致使租赁物受到损耗的，不承担赔偿责任。

第七百一十一条　【承租人未按约定使用租赁物的责任】承租人未按照约定的方法或者未根据租赁物的性质使用租赁物，致使租赁物受到损失的，出租人可以解除合同并请求赔偿损失。

一、相关司法解释规定

《最高人民法院关于审理城镇房屋租赁合同纠纷案件具体应用法律若干问题的解释》(法释〔2009〕11号)(2020年12月23日修正)

第六条　承租人擅自变动房屋建筑主体和承重结构或者扩建，在出租人要求的合理期限内仍不予恢复原状，出租人请求解除合同并要求赔偿损失的，人民法院依照民法典第七百一十一条的规定处理。

二、相关部门规章

1.《商品房屋租赁管理办法》(2011年2月1日起施行)

第十条 承租人应当按照合同约定的租赁用途和使用要求合理使用房屋,不得擅自改动房屋承重结构和拆改室内设施,不得损害其他业主和使用人的合法权益。

承租人因使用不当等原因造成承租房屋和设施损坏的,承租人应当负责修复或者承担赔偿责任。

2.《公共租赁住房管理办法》(2012年7月15日起施行)

第二十七条 承租人有下列行为之一的,应当退回公共租赁住房:

(一)转借、转租或者擅自调换所承租公共租赁住房的;

(二)改变所承租公共租赁住房用途的;

(三)破坏或者擅自装修所承租公共租赁住房,拒不恢复原状的;

(四)在公共租赁住房内从事违法活动的;

(五)无正当理由连续6个月以上闲置公共租赁住房的。

承租人拒不退回公共租赁住房的,市、县级人民政府住房保障主管部门应当责令其限期退回;逾期不退回的,市、县级人民政府住房保障主管部门可以依法申请人民法院强制执行。

第七百一十二条 【出租人维修租赁物的义务】出租人应当履行租赁物的维修义务,但是当事人另有约定的除外。

相关部门规章

《商品房屋租赁管理办法》(2011年2月1日起施行)

第九条 出租人应当按照合同约定履行房屋的维修义务并确保房屋和室内设施安全。未及时修复损坏的房屋,影响承租人正常使用的,应当按照约定承担赔偿责任或者减少租金。

房屋租赁合同期内,出租人不得单方面随意提高租金水平。

第七百一十三条 【维修义务的补充规定】承租人在租赁物需要维修时可以请求出租人在合理期限内维修。出租人未履行维修义务的,承租人可以自行维修,维修费用由出租人负担。因维修租赁物影响承租人使用的,应当相应减少租金或者延长租期。

因承租人的过错致使租赁物需要维修的，出租人不承担前款规定的维修义务。

第七百一十四条 【承租人妥善保管租赁物的义务】承租人应当妥善保管租赁物，因保管不善造成租赁物毁损、灭失的，应当承担赔偿责任。

第七百一十五条 【租赁物的改善与增设他物】承租人经出租人同意，可以对租赁物进行改善或者增设他物。

承租人未经出租人同意，对租赁物进行改善或者增设他物的，出租人可以请求承租人恢复原状或者赔偿损失。

一、相关司法解释规定

《最高人民法院关于审理城镇房屋租赁合同纠纷案件具体应用法律若干问题的解释》(法释〔2009〕11号)(2020年12月23日修正)

第七条 承租人经出租人同意装饰装修，租赁合同无效时，未形成附合的装饰装修物，出租人同意利用的，可折价归出租人所有；不同意利用的，可由承租人拆除。因拆除造成房屋毁损的，承租人应当恢复原状。

已形成附合的装饰装修物，出租人同意利用的，可折价归出租人所有；不同意利用的，由双方各自按照导致合同无效的过错分担现值损失。

第八条 承租人经出租人同意装饰装修，租赁期间届满或者合同解除时，除当事人另有约定外，未形成附合的装饰装修物，可由承租人拆除。因拆除造成房屋毁损的，承租人应当恢复原状。

第九条 承租人经出租人同意装饰装修，合同解除时，双方对已形成附合的装饰装修物的处理没有约定的，人民法院按照下列情形分别处理：

(一)因出租人违约导致合同解除，承租人请求出租人赔偿剩余租赁期内装饰装修残值损失的，应予支持；

(二)因承租人违约导致合同解除，承租人请求出租人赔偿剩余租赁期内装饰装修残值损失的，不予支持。但出租人同意利用的，应在利用价值范围内予以适当补偿；

(三)因双方违约导致合同解除，剩余租赁期内的装饰装修残值损失，由双方根据各自的过错承担相应的责任；

（四）因不可归责于双方的事由导致合同解除的，剩余租赁期内的装饰装修残值损失，由双方按照公平原则分担。法律另有规定的，适用其规定。

第十条 承租人经出租人同意装饰装修，租赁期间届满时，承租人请求出租人补偿附合装饰装修费用的，不予支持。但当事人另有约定的除外。

第十一条 承租人未经出租人同意装饰装修或者扩建发生的费用，由承租人负担。出租人请求承租人恢复原状或者赔偿损失的，人民法院应予支持。

第十二条 承租人经出租人同意扩建，但双方对扩建费用的处理没有约定的，人民法院按照下列情形分别处理：

（一）办理合法建设手续的，扩建造价费用由出租人负担；

（二）未办理合法建设手续的，扩建造价费用由双方按照过错分担。

二、相关部门规章

《公共租赁住房管理办法》（2012年7月15日起施行）

第二十六条 承租人不得擅自装修所承租公共租赁住房。确需装修的，应当取得公共租赁住房的所有权人或其委托的运营单位同意。

第七百一十六条 【承租人转租租赁物】 承租人经出租人同意，可以将租赁物转租给第三人。承租人转租的，承租人与出租人之间的租赁合同继续有效；第三人造成租赁物损失的，承租人应当赔偿损失。

承租人未经出租人同意转租的，出租人可以解除合同。

一、相关司法解释规定

《最高人民法院关于审理城镇房屋租赁合同纠纷案件具体应用法律若干问题的解释》（法释〔2009〕11号）（2020年12月23日修正）

第十三条 房屋租赁合同无效、履行期限届满或者解除，出租人请求负有腾房义务的次承租人支付逾期腾房占有使用费的，人民法院应予支持。

二、相关部门规章

1.《商品房屋租赁管理办法》（2011年2月1日起施行）

第十一条 承租人转租房屋的，应当经出租人书面同意。

承租人未经出租人书面同意转租的，出租人可以解除租赁合同，收回房屋并要求承租人赔偿损失。

2.《公共租赁住房管理办法》(2012年7月15日起施行)

第二十七条　承租人有下列行为之一的，应当退回公共租赁住房：

(一)转借、转租或者擅自调换所承租公共租赁住房的；

(二)改变所承租公共租赁住房用途的；

(三)破坏或者擅自装修所承租公共租赁住房，拒不恢复原状的；

(四)在公共租赁住房内从事违法活动的；

(五)无正当理由连续6个月以上闲置公共租赁住房的。

承租人拒不退回公共租赁住房的，市、县级人民政府住房保障主管部门应当责令其限期退回；逾期不退回的，市、县级人民政府住房保障主管部门可以依法申请人民法院强制执行。

第七百一十七条　【转租期限】承租人经出租人同意将租赁物转租给第三人，转租期限超过承租人剩余租赁期限的，超过部分的约定对出租人不具有法律约束力，但是出租人与承租人另有约定的除外。

第七百一十八条　【视为出租人同意转租的情形】出租人知道或者应当知道承租人转租，但是在六个月内未提出异议的，视为出租人同意转租。

第七百一十九条　【次承租人的代为清偿权】承租人拖欠租金的，次承租人可以代承租人支付其欠付的租金和违约金，但是转租合同对出租人不具有法律约束力的除外。

次承租人代为支付的租金和违约金，可以充抵次承租人应当向承租人支付的租金；超出其应付的租金数额的，可以向承租人追偿。

相关法律条文

《中华人民共和国民法典》(2021年1月1日起施行)

第五百二十四条　债务人不履行债务，第三人对履行该债务具有合法利益的，第三人有权向债权人代为履行；但是，根据债务性质、按照当事人约定或者依照法律规定只能由债务人履行的除外。

债权人接受第三人履行后，其对债务人的债权转让给第三人，但是债务人和第三人另有约定的除外。

第七百二十条 【租赁物收益的归属】在租赁期限内因占有、使用租赁物获得的收益，归承租人所有，但是当事人另有约定的除外。

第七百二十一条 【租金支付期限】承租人应当按照约定的期限支付租金。对支付租金的期限没有约定或者约定不明确，依据本法第五百一十条的规定仍不能确定，租赁期限不满一年的，应当在租赁期限届满时支付；租赁期限一年以上的，应当在每届满一年时支付，剩余期限不满一年的，应当在租赁期限届满时支付。

第七百二十二条 【违反支付租金义务的法律后果】承租人无正当理由未支付或者迟延支付租金的，出租人可以请求承租人在合理期限内支付；承租人逾期不支付的，出租人可以解除合同。

第七百二十三条 【出租人的权利瑕疵担保责任】因第三人主张权利，致使承租人不能对租赁物使用、收益的，承租人可以请求减少租金或者不支付租金。

第三人主张权利的，承租人应当及时通知出租人。

第七百二十四条 【非因承租人原因而无非法使用租赁物时承租人的解除权】有下列情形之一，非因承租人原因致使租赁物无法使用的，承租人可以解除合同：

（一）租赁物被司法机关或者行政机关依法查封、扣押；

（二）租赁物权属有争议；

（三）租赁物具有违反法律、行政法规关于使用条件的强制性规定情形。

第七百二十五条 【买卖不破租赁】租赁物在承租人按照租赁合同占有期限内发生所有权变动的，不影响租赁合同的效力。

一、相关法律条文

《中华人民共和国民法典》(2021年1月1日起施行)

第四百零五条 抵押权设立前，抵押财产已经出租并转移占有的，原租赁关系不受该抵押权的影响。

二、相关司法解释规定

1.《最高人民法院关于审理城镇房屋租赁合同纠纷案件具体应用法律若干问题的解释》(法释〔2009〕11号)(2020年12月23日修正)

第十四条　租赁房屋在承租人按照租赁合同占有期限内发生所有权变动,承租人请求房屋受让人继续履行原租赁合同的,人民法院应予支持。但租赁房屋具有下列情形或者当事人另有约定的除外:

(一)房屋在出租前已设立抵押权,因抵押权人实现抵押权发生所有权变动的;

(二)房屋在出租前已被人民法院依法查封的。

2.《最高人民法院关于人民法院办理执行异议和复议案件若干问题的规定》(法释〔2015〕10号)(2020年12月23日修正)

第三十一条　承租人请求在租赁期内阻止向受让人移交占有被执行的不动产,在人民法院查封之前已签订合法有效的书面租赁合同并占有使用该不动产的,人民法院应予支持。

承租人与被执行人恶意串通,以明显不合理的低价承租被执行的不动产或者伪造交付租金证据的,对其提出的阻止移交占有的请求,人民法院不予支持。

3.《最高人民法院关于人民法院民事执行中拍卖、变卖财产的规定》(法释〔2004〕16号)(2020年12月23日修正)

第二十八条　拍卖财产上原有的担保物权及其他优先受偿权,因拍卖而消灭,拍卖所得价款,应当优先清偿担保物权人及其他优先受偿权人的债权,但当事人另有约定的除外。

拍卖财产上原有的租赁权及其他用益物权,不因拍卖而消灭,但该权利继续存在于拍卖财产上,对在先的担保物权或者其他优先受偿权的实现有影响的,人民法院应当依法将其除去后进行拍卖。

三、相关部门规章

《商品房屋租赁管理办法》(2011年2月1日起施行)

第十二条　房屋租赁期间内,因赠与、析产、继承或者买卖转让房屋的,原房屋租赁合同继续有效。

承租人在房屋租赁期间死亡的,与其生前共同居住的人可以按照原租赁合同租赁该房屋。

第七百二十六条 【承租人的优先购买权】 出租人出卖租赁房屋的,应当在出卖之前的合理期限内通知承租人,承租人享有以同等条件优先购买的权利;但是,房屋按份共有人行使优先购买权或者出租人将房屋出卖给近亲属的除外。

出租人履行通知义务后,承租人在十五日内未明确表示购买的,视为承租人放弃优先购买权。

一、相关法律条文

《中华人民共和国民法典》(2021年1月1日起施行)

第三百零五条 按份共有人可以转让其享有的共有的不动产或者动产份额。其他共有人在同等条件下享有优先购买的权利。

第三百零六条 按份共有人转让其享有的共有的不动产或者动产份额的,应当将转让条件及时通知其他共有人。其他共有人应当在合理期限内行使优先购买权。

两个以上其他共有人主张行使优先购买权的,协商确定各自的购买比例;协商不成的,按照转让时各自的共有份额比例行使优先购买权。

二、相关司法解释规定

1.《最高人民法院关于审理城镇房屋租赁合同纠纷案件具体应用法律若干问题的解释》(法释〔2009〕11号)(2020年12月23日修正)

第十五条 出租人与抵押权人协议折价、变卖租赁房屋偿还债务,应当在合理期限内通知承租人。承租人请求以同等条件优先购买房屋的,人民法院应予支持。

2.《最高人民法院关于人民法院办理执行异议和复议案件若干问题的规定》(法释〔2015〕10号)(2020年12月23日修正)

第五条 有下列情形之一的,当事人以外的自然人、法人和非法人组织,可以作为利害关系人提出执行行为异议:

(一)认为人民法院的执行行为违法,妨碍其轮候查封、扣押、冻结的债权受偿的;

(二)认为人民法院的拍卖措施违法,妨碍其参与公平竞价的;

(三)认为人民法院的拍卖、变卖或者以物抵债措施违法,侵害其对执行标的的优先购买权的;

（四）认为人民法院要求协助执行的事项超出其协助范围或者违反法律规定的；

（五）认为其他合法权益受到人民法院违法执行行为侵害的。

3.《最高人民法院关于适用〈中华人民共和国民法典〉物权编的解释（一）》（法释〔2020〕24号）

第九条 共有份额的权利主体因继承、遗赠等原因发生变化时，其他按份共有人主张优先购买的，不予支持，但按份共有人之间另有约定的除外。

第十条 民法典第三百零五条所称的"同等条件"，应当综合共有份额的转让价格、价款履行方式及期限等因素确定。

第十一条 优先购买权的行使期间，按份共有人之间有约定的，按照约定处理；没有约定或者约定不明的，按照下列情形确定：

（一）转让人向其他按份共有人发出的包含同等条件内容的通知中载明行使期间的，以该期间为准；

（二）通知中未载明行使期间，或者载明的期间短于通知送达之日起十五日的，为十五日；

（三）转让人未通知的，为其他按份共有人知道或者应当知道最终确定的同等条件之日起十五日；

（四）转让人未通知，且无法确定其他按份共有人知道或者应当知道最终确定的同等条件的，为共有份额权属转移之日起六个月。

第十二条 按份共有人向共有人之外的人转让其份额，其他按份共有人根据法律、司法解释规定，请求按照同等条件优先购买该共有份额的，应予支持。其他按份共有人的请求具有下列情形之一的，不予支持：

（一）未在本解释第十一条规定的期间内主张优先购买，或者虽主张优先购买，但提出减少转让价款、增加转让人负担等实质性变更要求；

（二）以其优先购买权受到侵害为由，仅请求撤销共有份额转让合同或者认定该合同无效。

第十三条 按份共有人之间转让共有份额，其他按份共有人主张依据民法典第三百零五条规定优先购买的，不予支持，但按份共有人之间另有约定的除外。

三、相关部门规章

《商品房屋租赁管理办法》(2011年2月1日起施行)

第十三条 房屋租赁期间出租人出售租赁房屋的,应当在出售前合理期限内通知承租人,承租人在同等条件下有优先购买权。

四、相关文件规定

《最高人民法院关于承租部分房屋的承租人在出租人整体出卖房屋时是否享有优先购买权的复函》(〔2004〕民一他字第29号)

你院请示的关于承租部分房屋的承租人在出租人整体出卖房屋时是否享有优先购买全的问题,目前,法律和司法解释对此均无明确规定。经研究认为:目前处理此类案件,可以从以下两个方面综合考虑:

第一,从房屋使用功能上看,如果承租人承租的部分房屋与房屋的其他部分是可分的、使用功能可相对独立的,则承租人的优先购买权应仅及于其承租的部分房屋;如果承租人的部分房屋与房屋的其他部分是不可分的、使用功能整体性较明显的,则其对出租人所卖全部房屋享有优先购买权。

第二,从承租人承租的部分房屋占全部房屋的比例看,承租人承租的部分房屋占出租人出卖的全部房屋一半以上的,则其对出租人出卖的全部房屋享有优先购买权;反之则不宜认定其对全部房屋享有优先购买权。

五、相关裁判摘要

- **2004年第5期《中华人民共和国最高人民法院公报》**刊登的“**杨巧丽诉中州泵业公司优先购买权侵权纠纷案**”判决认为,承租人只是针对自己承租的房屋而非出租人的任何房屋享有优先购买权。相关裁判摘要如下:

法律规定的优先购买权,是指当出租人出卖租赁房屋时,承租人在同等条件下可以优先购买自己承租的房屋;对出租人出卖的其他房屋,承租人不享有优先购买权。上诉人杨巧丽提交的证据,只能证明中州泵业公司出卖过房屋并且收取过卖房款,不能证明其承租的房屋已被中州泵业公司出卖。而只要杨巧丽不能证明其承租的房屋已被中州泵业公司出卖,就不能因中州泵业公司出卖其他房屋而主张享有优先购买权,中州泵业公司出卖其他房屋与杨巧丽无关。二审查明,争议房屋已被中州泵业公司抵押给银行，再次证明房屋所有权人仍是中州泵业公司，该房屋的所有权并未发生转移。杨巧丽的上诉理由没有事实根据，不能成立，其上诉请求不予支持。

第七百二十七条　【委托拍卖租赁房屋时承租人优先购买权的行使程序】出租人委托拍卖人拍卖租赁房屋的，应当在拍卖五日前通知承租人。承租人未参加拍卖的，视为放弃优先购买权。

相关司法解释规定

《最高人民法院关于人民法院民事执行中拍卖、变卖财产的规定》（法释〔2004〕16号）

第十一条　人民法院应当在拍卖五日前以书面或者其他能够确认收悉的适当方式，通知当事人和已知的担保物权人、优先购买权人或者其他优先权人于拍卖日到场。

优先购买权人经通知未到场的，视为放弃优先购买权。

第十三条　拍卖过程中，有最高应价时，优先购买权人可以表示以该最高价买受，如无更高应价，则拍归优先购买权人；如有更高应价，而优先购买权人不作表示的，则拍归该应价最高的竞买人。

顺序相同的多个优先购买权人同时表示买受的，以抽签方式决定买受人。

第七百二十八条　【妨害承租人优先购买权的赔偿责任】出租人未通知承租人或者有其他妨害承租人行使优先购买权情形的，承租人可以请求出租人承担赔偿责任。但是，出租人与第三人订立的房屋买卖合同的效力不受影响。

第七百二十九条　【租赁物因不可归责于承租人事由毁损灭失时承租人的权利】因不可归责于承租人的事由，致使租赁物部分或者全部毁损、灭失的，承租人可以请求减少租金或者不支付租金；因租赁物部分或者全部毁损、灭失，致使不能实现合同目的的，承租人可以解除合同。

第七百三十条　【租期期限不明的处理】当事人对租赁期限没有约定或者约定不明确，依据本法第五百一十条的规定仍不能确定的，视为不定期租赁；当事人可以随时解除合同，但是应当在合理期限之前通知对方。

相关司法解释规定

《最高人民法院关于审理涉及农村土地承包纠纷案件适用法律问题的解释》(法释〔2005〕6号)(2020年12月23日修正)

第十六条　当事人对出租地流转期限没有约定或者约定不明的,参照民法典第七百三十条规定处理。除当事人另有约定或者属于林地承包经营外,承包地交回的时间应当在农作物收获期结束后或者下一耕种期开始前。

对提高土地生产能力的投入,对方当事人请求承包方给予相应补偿的,应予支持。

第七百三十一条　【租赁物质量不合格时承租人的解除权】租赁物危及承租人的安全或者健康的,即使承租人订立合同时明知该租赁物质量不合格,承租人仍然可以随时解除合同。

相关裁判摘要

- **2016年第3期《中华人民共和国最高人民法院公报》**刊登的"**仪征市兴成塑业包装有限公司诉仪征市新城镇新华村村民委员会、郭玉年财产损害赔偿纠纷案**"判决认为,房屋出租人因出租不符合消防安全的房屋而给承租人造成损害时应当承担的赔偿责任进行了分析。相关裁判摘要如下:

上诉人新华村委会作为出租方,其出租房屋给承租人的用途是生产经营,故其将房屋出租给被上诉人兴成公司时,应提供经过消防验收合格的房屋。本案中,当火灾发生时,因新华村委会出租厂房的屋顶为芦席顶,系易燃材料,耐火等级低,导致燃烧蔓延迅速,损失扩大。由于新华村委会出租未经消防验收合格的房屋,且兴成公司生产的塑料包装制品系易燃物品,故其对火灾造成的损失具有一定过错。因此,一审根据本案的实际情况,判决新华村委会承担10%的赔偿责任并无不当。

第七百三十二条　【共同居住人与共同经营人的承租权】承租人在房屋租赁期限内死亡的,与其生前共同居住的人或者共同经营人可以按照原租赁合同租赁该房屋。

第七百三十三条　【租赁期限届满承租人返还租赁物】租赁期限届满,承租人应当返还租赁物。返还的租赁物应当符合按照约定或者根据租赁物的性质使用后的状态。

第七百三十四条　【租赁期限届满承租人继续使用租赁物与优先承租权】租赁期限届满,承租人继续使用租赁物,出租人没有提出异议的,原租赁合同继续有效,但是租赁期限为不定期。

租赁期限届满,房屋承租人享有以同等条件优先承租的权利。

相关司法解释规定

《最高人民法院关于适用〈中华人民共和国民法典〉时间效力的若干规定》(法释〔2020〕15号)

第二十一条　民法典施行前租赁期限届满,当事人主张适用民法典第七百三十四条第二款规定的,人民法院不予支持;租赁期限在民法典施行后届满,当事人主张适用民法典第七百三十四条第二款规定的,人民法院依法予以支持。

第十五章　融资租赁合同

第七百三十五条　【融资租赁合同的定义】融资租赁合同是出租人根据承租人对出卖人、租赁物的选择,向出卖人购买租赁物,提供给承租人使用,承租人支付租金的合同。

一、相关法律条文

《中华人民共和国民用航空法》(2021年4月29日修正)

第二十六条　民用航空器租赁合同,包括融资租赁合同和其他租赁合同,应当以书面形式订立。

第二十七条　民用航空器的融资租赁,是指出租人按照承租人对供货方和民用航空器的选择,购得民用航空器,出租给承租人使用,由承租人定期交纳租金。

第二十八条　融资租赁期间,出租人依法享有民用航空器所有权,承租人依法享有民用航空器的占有、使用、收益权。

第二十九条 融资租赁期间,出租人不得干扰承租人依法占有、使用民用航空器;承租人应当适当地保管民用航空器,使之处于原交付时的状态,但是合理损耗和经出租人同意的对民用航空器的改变除外。

第三十条 融资租赁期满,承租人应当将符合本法第二十九条规定状态的民用航空器退还出租人;但是,承租人依照合同行使购买民用航空器的权利或者为继续租赁而占有民用航空器的除外。

第三十一条 民用航空器融资租赁中的供货方,不就同一损害同时对出租人和承租人承担责任。

第三十二条 融资租赁期间,经出租人同意,在不损害第三人利益的情况下,承租人可以转让其对民用航空器的占有权或者租赁合同约定的其他权利。

第三十三条 民用航空器的融资租赁和租赁期限为六个月以上的其他租赁,承租人应当就其对民用航空器的占有权向国务院民用航空主管部门办理登记;未经登记的,不得对抗第三人。

二、相关司法解释规定

《最高人民法院关于审理融资租赁合同纠纷案件适用法律问题的解释》(法释〔2014〕3号)(2020年12月23日修正)

第一条 人民法院应当根据民法典第七百三十五条的规定,结合标的物的性质、价值、租金的构成以及当事人的合同权利和义务,对是否构成融资租赁法律关系作出认定。

对名为融资租赁合同,但实际不构成融资租赁法律关系的,人民法院应按照其实际构成的法律关系处理。

第二条 承租人将其自有物出卖给出租人,再通过融资租赁合同将租赁物从出租人处租回的,人民法院不应仅以承租人和出卖人系同一人为由认定不构成融资租赁法律关系。

第十三条 出卖人与买受人因买卖合同发生纠纷,或者出租人与承租人因融资租赁合同发生纠纷,当事人仅对其中一个合同关系提起诉讼,人民法院经审查后认为另一合同关系的当事人与案件处理结果有法律上的利害关系的,可以通知其作为第三人参加诉讼。

承租人与租赁物的实际使用人不一致,融资租赁合同当事人未对租赁物的实际使用人提起诉讼,人民法院经审查后认为租赁物的实际使用人与案件处理结果有法律上的利害关系的,可以通知其作为第三人参加诉讼。

承租人基于买卖合同和融资租赁合同直接向出卖人主张受领租赁物、索赔等买卖合同权利的，人民法院应通知出租人作为第三人参加诉讼。

第十四条 当事人因融资租赁合同租金欠付争议向人民法院请求保护其权利的诉讼时效期间为三年，自租赁期限届满之日起计算。

三、相关文件规定

1.《国务院办公厅关于加快融资租赁业发展的指导意见》(国办发〔2015〕68号)

二、主要任务

(四)改革制约融资租赁发展的体制机制。

加快推进简政放权。进一步转变管理方式，简化工作流程，促进内外资融资租赁公司协同发展。支持自由贸易试验区在融资租赁方面积极探索、先行先试。对融资租赁公司设立子公司，不设最低注册资本限制。允许融资租赁公司兼营与主营业务有关的商业保理业务。

理顺行业管理体制。加强行业统筹管理，建立内外资统一的融资租赁业管理制度和事中事后监管体系，实现经营范围、交易规则、监管指标、信息报送、监督检查等方面的统一。引导和规范各类社会资本进入融资租赁业，支持民间资本发起设立融资租赁公司，支持独立第三方服务机构投资设立融资租赁公司，促进投资主体多元化。

完善相关领域管理制度。简化相关行业资质管理，减少对融资租赁发展的制约。进口租赁物涉及配额、许可证、自动进口许可证等管理的，在承租人已具备相关配额、许可证、自动进口许可证的前提下，不再另行对融资租赁公司提出购买资质要求。根据融资租赁特点，便利融资租赁公司申请医疗器械经营许可或办理备案。除法律法规另有规定外，承租人通过融资租赁方式获得设备与自行购买设备在资质认定时享受同等待遇。支持融资租赁公司依法办理融资租赁交易相关担保物抵(质)押登记。完善和创新管理措施，支持融资租赁业务开展。规范机动车交易和登记管理，简化交易登记流程，便利融资租赁双方当事人办理业务。完善船舶登记制度，进一步简化船舶出入境备案手续，便利融资租赁公司开展船舶租赁业务。对注册在中国(广东)自由贸易试验区、中国(天津)自由贸易试验区海关特殊监管区域内的融资租赁企业进出口飞机、船舶和海洋工程结构物等大型设备涉及跨关区的，在确保有效监管和执行现行相关税收政策的前提下，按物流实际需要，实行海关异地委托监管。按照相关规定，将有接入意愿且具备接入条件的融资租赁公司纳入金融信用信息基础数据库，实现融资租赁业务的信用信息报送及查询。

（五）加快重点领域融资租赁发展。

积极推动产业转型升级。鼓励融资租赁公司积极服务“一带一路”、京津冀协同发展、长江经济带、“中国制造2025”和新型城镇化建设等国家重大战略。鼓励融资租赁公司在飞机、船舶、工程机械等传统领域做大做强，积极拓展新一代信息技术、高端装备制造、新能源、节能环保和生物等战略性新兴产业市场，拓宽文化产业投融资渠道。鼓励融资租赁公司参与城乡公用事业、污水垃圾处理、环境治理、广播通信、农田水利等基础设施建设。在公交车、出租车、公务用车等领域鼓励通过融资租赁发展新能源汽车及配套设施。鼓励融资租赁公司支持现代农业发展，积极开展面向种粮大户、家庭农场、农业合作社等新型农业经营主体的融资租赁业务，解决农业大型机械、生产设备、加工设备购置更新资金不足问题。积极稳妥发展居民家庭消费品租赁市场，发展家用轿车、家用信息设备、耐用消费品等融资租赁，扩大国内消费。

加快发展中小微企业融资租赁服务。鼓励融资租赁公司发挥融资便利、期限灵活、财务优化等优势，提供适合中小微企业特点的产品和服务。支持设立专门面向中小微企业的融资租赁公司。探索发展面向个人创业者的融资租赁服务，推动大众创业、万众创新。推进融资租赁公司与创业园区、科技企业孵化器、中小企业公共服务平台等合作，加大对科技型、创新型和创业型中小微企业的支持力度，拓宽中小微企业融资渠道。

大力发展跨境租赁。鼓励工程机械、铁路、电力、民用飞机、船舶、海洋工程装备及其他大型成套设备制造企业采用融资租赁方式开拓国际市场，发展跨境租赁。支持通过融资租赁方式引进国外先进设备，扩大高端设备进口，提升国内技术装备水平。引导融资租赁公司加强与海外施工企业合作，开展施工设备的海外租赁业务，积极参与重大跨国基础设施项目建设。鼓励境外工程承包企业通过融资租赁优化资金、设备等资源配置，创新工程设备利用方式。探索在援外工程建设中引入工程设备融资租赁模式。鼓励融资租赁公司“走出去”发展，积极拓展海外租赁市场。鼓励融资租赁公司开展跨境人民币业务。支持有实力的融资租赁公司开展跨境兼并,培育跨国融资租赁企业集团,充分发挥融资租赁对我国企业开拓国际市场的支持和带动作用。

（六）支持融资租赁创新发展。

推动创新经营模式。支持融资租赁公司与互联网融合发展,加强与银行、保险、信托、基金等金融机构合作,创新商业模式。借鉴发达国家经验,引导融资租赁公司加快业务创新,不断优化产品组合、交易结构、租金安排、风险控制等设计,提升服务水平。在风险可控前提下,稳步探索将租赁物范围扩大到生物资产等新领域。支持融资租赁公司在自由贸易试验区、海关特殊监管区域设立专业子公司和特殊项目公司开展融资租赁业务。探索融资租赁与政府和社会资本合作(PPP)融资模式相结合。

加快发展配套产业。加快建立标准化、规范化、高效运转的租赁物与二手设备流通市场,支持建立融资租赁公司租赁资产登记流转平台,完善融资租赁资产退出机制,盘活存量租赁资产。支持设立融资租赁相关中介服务机构,加快发展为融资租赁公司服务的专业咨询、技术服务、评估鉴定、资产管理、资产处置等相关产业。

提高企业核心竞争力。引导融资租赁公司明确市场定位,集中力量发展具有比较优势的特定领域,实现专业化、特色化、差异化发展。支持各类融资租赁公司加强合作,实现优势互补。鼓励企业兼并重组。鼓励融资租赁公司依托适宜的租赁物开展业务,坚持融资与融物相结合,提高融资租赁全产业链经营和资产管理能力。指导融资租赁公司加强风险控制体系和内控管理制度建设,积极运用互联网、物联网、大数据、云计算等现代科学技术提升经营管理水平,建立健全客户风险评估机制,稳妥发展售后回租业务,严格控制经营风险。

（七）加强融资租赁事中事后监管。

完善行业监管机制。落实省级人民政府属地监管责任。建立监管指标体系和监管评级制度,鼓励融资租赁公司进行信用评级。加强行业风险防范,利用现场与非现场结合的监管手段,强化对重点环节及融资租赁公司吸收存款、发放贷款等违法违规行为的监督,对违法违规融资租赁公司及时要求整改或进行处罚,加强风险监测、分析和预警,切实防范区域性、系统性金融风险。建立企业报送信息异常名录和黑名单制度,加强融资租赁公司信息报送管理,要求融资租赁公司通过全国融资租赁企业管理信息系统及时、准确报送信息,利用信息化手段加强事中事后监管。建立部门间工作沟通协调机制,加强信息共享与监管协作。

发挥行业组织自律作用。加快全国性行业自律组织建设，履行协调、维权、自律、服务职能，鼓励融资租赁公司加入行业自律组织。加强行业自我约束机制建设，鼓励企业积极承担社会责任，大力提升行业的国际影响力。

三、政策措施

（八）建设法治化营商环境。积极推进融资租赁立法工作，提高立法层级。研究出台融资租赁行业专门立法，建立健全融资租赁公司监管体系，完善租赁物物权保护制度。研究建立规范的融资租赁物登记制度，发挥租赁物登记的风险防范作用。规范融资租赁行业市场秩序，营造公平竞争的良好环境。推动行业诚信体系建设，引导企业诚实守信、依法经营。

（九）完善财税政策。为鼓励企业采用融资租赁方式进行技术改造和设备购置提供公平的政策环境。加大政府采购支持力度，鼓励各级政府在提供公共服务、推进基础设施建设和运营中购买融资租赁服务。通过融资租赁方式获得农机的实际使用者可享受农机购置补贴。鼓励地方政府探索通过风险补偿、奖励、贴息等政策工具，引导融资租赁公司加大对中小微企业的融资支持力度。落实融资租赁相关税收政策，促进行业健康发展。对开展融资租赁业务（含融资性售后回租）签订的融资租赁合同，按照其所载明的租金总额比照"借款合同"税目计税贴花。鼓励保险机构开发融资租赁保险品种，扩大融资租赁出口信用保险规模和覆盖面。

（十）拓宽融资渠道。鼓励银行、保险、信托、基金等各类金融机构在风险可控前提下加大对融资租赁公司的支持力度。积极鼓励融资租赁公司通过债券市场募集资金，支持符合条件的融资租赁公司通过发行股票和资产证券化等方式筹措资金。支持内资融资租赁公司利用外债，调整内资融资租赁公司外债管理政策。简化程序，放开回流限制，支持内资融资租赁公司发行外债试行登记制管理。支持融资租赁公司开展人民币跨境融资业务。支持融资租赁公司利用外汇进口先进技术设备，鼓励商业银行利用外汇储备委托贷款支持跨境融资租赁项目。研究保险资金投资融资租赁资产。支持设立融资租赁产业基金，引导民间资本加大投入。

2.《最高人民法院关于中国东方租赁有限公司诉河南登封少林出租旅游公司等融资租赁合同纠纷一案的复函》(〔1990〕法经函字第61号)

国际融资租赁由国际货物买卖合同和国内租赁合同两部分组成，其标的物主要是各种设备、交通工具。在租赁期间，所有权属于出租方，承租方对租赁物具有使用权，但不得对租赁物进行处分，并按合同规定的期限和币种支付租金。

中国东方租赁有限公司诉河南登封少林出租旅游汽车公司、河南省对外经济贸易委员会融资租赁合同纠纷一案，属于国际融资租赁合同纠纷，有关支付租金的条款，不受《中华人民共和国经济合同法》第十三条第一款的规定的限制，可按租赁合同约定的币种进行支付。

中信实业银行，诉海南省海吉电子工业联合公司、海南省经济计划厅的租赁合同纠纷一案，由于租赁物是彩色电视机的关键散件，并允许承租方将散件组装成整机出售，因此不具备国际融资租赁合同的特征，应认定为买卖合同纠纷，有关支付租金条款，适用《中华人民共和国经济合同法》的有关规定。

第七百三十六条　【融资租赁合同的内容与形式】融资租赁合同的内容一般包括租赁物的名称、数量、规格、技术性能、检验方法，租赁期限，租金构成及其支付期限和方式、币种，租赁期限届满租赁物的归属等条款。

融资租赁合同应当采用书面形式。

第七百三十七条　【虚假表示的融资租赁合同无效】当事人以虚构租赁物方式订立的融资租赁合同无效。

第七百三十八条　【租赁物的经营许可不影响融资租赁合同的效力】依照法律、行政法规的规定，对于租赁物的经营使用应当取得行政许可的，出租人未取得行政许可不影响融资租赁合同的效力。

第七百三十九条　【融资租赁标的物的交付】出租人根据承租人对出卖人、租赁物的选择订立的买卖合同，出卖人应当按照约定向承租人交付标的物，承租人享有与受领标的物有关的买受人的权利。

第七百四十条　【承租人的拒绝受领权】出卖人违反向承租人交

付标的物的义务,有下列情形之一的,承租人可以拒绝受领出卖人向其交付的标的物：

(一)标的物严重不符合约定；

(二)未按照约定交付标的物,经承租人或者出租人催告后在合理期限内仍未交付。

承租人拒绝受领标的物的,应当及时通知出租人。

相关司法解释规定

《最高人民法院关于审理融资租赁合同纠纷案件适用法律问题的解释》(法释〔2014〕3 号)(2020 年 12 月 23 日修正)

第三条　承租人拒绝受领租赁物,未及时通知出租人,或者无正当理由拒绝受领租赁物,造成出租人损失,出租人向承租人主张损害赔偿的,人民法院应予支持。

第七百四十一条　【承租人的索赔权】出租人、出卖人、承租人可以约定,出卖人不履行买卖合同义务的,由承租人行使索赔的权利。承租人行使索赔权利的,出租人应当协助。

第七百四十二条　【承租人行使索赔权不影响支付租金的义务】承租人对出卖人行使索赔权利,不影响其履行支付租金的义务。但是,承租人依赖出租人的技能确定租赁物或者出租人干预选择租赁物的,承租人可以请求减免相应租金。

第七百四十三条　【承租人行使索赔权失败时出租人的责任】出租人有下列情形之一,致使承租人对出卖人行使索赔权利失败的,承租人有权请求出租人承担相应的责任：

(一)明知租赁物有质量瑕疵而不告知承租人；

(二)承租人行使索赔权利时,未及时提供必要协助。

出租人怠于行使只能由其对出卖人行使的索赔权利,造成承租人损失的,承租人有权请求出租人承担赔偿责任。

第七百四十四条　【出租人不得擅自变更买卖合同】出租人根据承租人对出卖人、租赁物的选择订立的买卖合同,未经承租人同意,出租人不得变更与承租人有关的合同内容。

相关司法解释规定

《最高人民法院关于审理融资租赁合同纠纷案件适用法律问题的解释》(法释〔2014〕3号)(2020年12月23日修正)

第四条 出租人转让其在融资租赁合同项下的部分或者全部权利,受让方以此为由请求解除或者变更融资租赁合同的,人民法院不予支持。

第七百四十五条 【出租人对租赁物所有权的登记】 出租人对租赁物享有的所有权,未经登记,不得对抗善意第三人。

相关司法解释规定

《最高人民法院关于适用〈中华人民共和国民法典〉有关担保制度的解释》(法释〔2020〕28号)

第一条 因抵押、质押、留置、保证等担保发生的纠纷,适用本解释。所有权保留买卖、融资租赁、保理等涉及担保功能发生的纠纷,适用本解释的有关规定。

第五十四条 动产抵押合同订立后未办理抵押登记,动产抵押权的效力按照下列情形分别处理:

(一)抵押人转让抵押财产,受让人占有抵押财产后,抵押权人向受让人请求行使抵押权的,人民法院不予支持,但是抵押权人能够举证证明受让人知道或者应当知道已经订立抵押合同的除外;

(二)抵押人将抵押财产出租给他人并移转占有,抵押权人行使抵押权的,租赁关系不受影响,但是抵押权人能够举证证明承租人知道或者应当知道已经订立抵押合同的除外;

(三)抵押人的其他债权人向人民法院申请保全或者执行抵押财产,人民法院已经作出财产保全裁定或者采取执行措施,抵押权人主张对抵押财产优先受偿的,人民法院不予支持;

(四)抵押人破产,抵押权人主张对抵押财产优先受偿的,人民法院不予支持。

第五十六条 买受人在出卖人正常经营活动中通过支付合理对价取得已被设立担保物权的动产,担保物权人请求就该动产优先受偿的,人民法院不予支持,但是有下列情形之一的除外:

（一）购买商品的数量明显超过一般买受人；

（二）购买出卖人的生产设备；

（三）订立买卖合同的目的在于担保出卖人或者第三人履行债务；

（四）买受人与出卖人存在直接或者间接的控制关系；

（五）买受人应当查询抵押登记而未查询的其他情形。

前款所称出卖人正常经营活动，是指出卖人的经营活动属于其营业执照明确记载的经营范围，且出卖人持续销售同类商品。前款所称担保物权人，是指已经办理登记的抵押权人、所有权保留买卖的出卖人、融资租赁合同的出租人。

第五十七条 担保人在设立动产浮动抵押并办理抵押登记后又购入或者以融资租赁方式承租新的动产，下列权利人为担保价款债权或者租金的实现而订立担保合同，并在该动产交付后十日内办理登记，主张其权利优先于在先设立的浮动抵押权的，人民法院应予支持：

（一）在该动产上设立抵押权或者保留所有权的出卖人；

（二）为价款支付提供融资而在该动产上设立抵押权的债权人；

（三）以融资租赁方式出租该动产的出租人。

买受人取得动产但未付清价款或者承租人以融资租赁方式占有租赁物但是未付清全部租金，又以标的物为他人设立担保物权，前款所列权利人为担保价款债权或者租金的实现而订立担保合同，并在该动产交付后十日内办理登记，主张其权利优先于买受人为他人设立的担保物权的，人民法院应予支持。

同一动产上存在多个价款优先权的，人民法院应当按照登记的时间先后确定清偿顺序。

第六十七条 在所有权保留买卖、融资租赁等合同中，出卖人、出租人的所有权未经登记不得对抗的“善意第三人”的范围及其效力，参照本解释第五十四条的规定处理。

第七百四十六条 【租金的确定】 融资租赁合同的租金，除当事人另有约定外，应当根据购买租赁物的大部分或者全部成本以及出租人的合理利润确定。

第七百四十七条 【租赁物的瑕疵担保责任】 租赁物不符合约定或者不符合使用目的的，出租人不承担责任。但是，承租人依赖出租人的技能确定租赁物或者出租人干预选择租赁物的除外。

> **相关司法解释规定**
>
> **《最高人民法院关于审理融资租赁合同纠纷案件适用法律问题的解释》(法释〔2014〕3号)(2020年12月23日修正)**
>
> **第八条**　租赁物不符合融资租赁合同的约定且出租人实施了下列行为之一，承租人依照民法典第七百四十四条、第七百四十七条的规定，要求出租人承担相应责任的，人民法院应予支持：
>
> (一)出租人在承租人选择出卖人、租赁物时，对租赁物的选定起决定作用的；
>
> (二)出租人干预或者要求承租人按照出租人意愿选择出卖人或者租赁物的；
>
> (三)出租人擅自变更承租人已经选定的出卖人或者租赁物的。
>
> 承租人主张其系依赖出租人的技能确定租赁物或者出租人干预选择租赁物的，对上述事实承担举证责任。

第七百四十八条　【租赁物的占有和使用】出租人应当保证承租人对租赁物的占有和使用。

出租人有下列情形之一的，承租人有权请求其赔偿损失：

(一)无正当理由收回租赁物；

(二)无正当理由妨碍、干扰承租人对租赁物的占有和使用；

(三)因出租人的原因致使第三人对租赁物主张权利；

(四)不当影响承租人对租赁物占有和使用的其他情形。

> **相关司法解释规定**
>
> **《最高人民法院关于审理融资租赁合同纠纷案件适用法律问题的解释》(法释〔2014〕3号)(2020年12月23日修正)**
>
> **第六条**　因出租人的原因致使承租人无法占有、使用租赁物，承租人请求解除融资租赁合同的，人民法院应予支持。

第七百四十九条　【租赁物造成第三人损害的责任】承租人占有租赁物期间，租赁物造成第三人人身损害或者财产损失的，出租人不承担责任。

第七百五十条 【承租人的保管维修义务】承租人应当妥善保管、使用租赁物。

承租人应当履行占有租赁物期间的维修义务。

第七百五十一条 【租赁物的风险负担】承租人占有租赁物期间,租赁物毁损、灭失的,出租人有权请求承租人继续支付租金,但是法律另有规定或者当事人另有约定的除外。

第七百五十二条 【承租人支付租金的义务】承租人应当按照约定支付租金。承租人经催告后在合理期限内仍不支付租金的,出租人可以请求支付全部租金;也可以解除合同,收回租赁物。

相关司法解释规定

《最高人民法院关于审理融资租赁合同纠纷案件适用法律问题的解释》(法释〔2014〕3号)(2020年12月23日修正)

第五条 有下列情形之一,出租人请求解除融资租赁合同的,人民法院应予支持:

(一)承租人未按照合同约定的期限和数额支付租金,符合合同约定的解除条件,经出租人催告后在合理期限内仍不支付的;

(二)合同对于欠付租金解除合同的情形没有明确约定,但承租人欠付租金达到两期以上,或者数额达到全部租金百分之十五以上,经出租人催告后在合理期限内仍不支付的;

(三)承租人违反合同约定,致使合同目的不能实现的其他情形。

第九条 承租人逾期履行支付租金义务或者迟延履行其他付款义务,出租人按照融资租赁合同的约定要求承租人支付逾期利息、相应违约金的,人民法院应予支持。

第十条 出租人既请求承租人支付合同约定的全部未付租金又请求解除融资租赁合同的,人民法院应告知其依照民法典第七百五十二条的规定作出选择。

出租人请求承租人支付合同约定的全部未付租金,人民法院判决后承租人未予履行,出租人再行起诉请求解除融资租赁合同、收回租赁物的,人民法院应予受理。

第七百五十三条 【承租人擅自处分租赁物时出租人的解除权】

承租人未经出租人同意，将租赁物转让、抵押、质押、投资入股或者以其他方式处分的，出租人可以解除融资租赁合同。

相关司法解释规定

《最高人民法院关于审理融资租赁合同纠纷案件适用法律问题的解释》（法释〔2014〕3号）（2020年12月23日修正）

第五条　有下列情形之一，出租人请求解除融资租赁合同的，人民法院应予支持：

（一）承租人未按照合同约定的期限和数额支付租金，符合合同约定的解除条件，经出租人催告后在合理期限内仍不支付的；

（二）合同对于欠付租金解除合同的情形没有明确约定，但承租人欠付租金达到两期以上，或者数额达到全部租金百分之十五以上，经出租人催告后在合理期限内仍不支付的；

（三）承租人违反合同约定，致使合同目的不能实现的其他情形。

第七百五十四条　【出租人或承租人解除融资租赁合同的情形】有下列情形之一的，出租人或者承租人可以解除融资租赁合同：

（一）出租人与出卖人订立的买卖合同解除、被确认无效或者被撤销，且未能重新订立买卖合同；

（二）租赁物因不可归责于当事人的原因毁损、灭失，且不能修复或者确定替代物；

（三）因出卖人的原因致使融资租赁合同的目的不能实现。

第七百五十五条　【融资租赁合同因买卖合同解除、被确认无效或被撤销而解除后的损失赔偿】融资租赁合同因买卖合同解除、被确认无效或者被撤销而解除，出卖人、租赁物系由承租人选择的，出租人有权请求承租人赔偿相应损失；但是，因出租人原因致使买卖合同解除、被确认无效或者被撤销的除外。

出租人的损失已经在买卖合同解除、被确认无效或者被撤销时获得赔偿的，承租人不再承担相应的赔偿责任。

第七百五十六条　【租赁物意外毁损、灭失致融资租赁合同解除时的法律后果】融资租赁合同因租赁物交付承租人后意外毁损、灭失等不可归责于当事人的原因解除的，出租人可以请求承租人按照租赁物折旧情况给予补偿。

第七百五十七条 【租赁期满后租赁物的归属】出租人和承租人可以约定租赁期限届满租赁物的归属；对租赁物的归属没有约定或者约定不明确，依据本法第五百一十条的规定仍不能确定的，租赁物的所有权归出租人。

第七百五十八条 【承租人请求部分返还租赁物价值的权利】当事人约定租赁期限届满租赁物归承租人所有，承租人已经支付大部分租金，但是无力支付剩余租金，出租人因此解除合同收回租赁物，收回的租赁物的价值超过承租人欠付的租金以及其他费用的，承租人可以请求相应返还。

当事人约定租赁期限届满租赁物归出租人所有，因租赁物毁损、灭失或者附合、混合于他物致使承租人不能返还的，出租人有权请求承租人给予合理补偿。

相关司法解释规定

《最高人民法院关于审理融资租赁合同纠纷案件适用法律问题的解释》(法释〔2014〕3号)(2020年12月23日修正)

第十二条 诉讼期间承租人与出租人对租赁物的价值有争议的，人民法院可以按照融资租赁合同的约定确定租赁物价值；融资租赁合同未约定或者约定不明的，可以参照融资租赁合同约定的租赁物折旧以及合同到期后租赁物的残值确定租赁物价值。

承租人或者出租人认为依前款确定的价值严重偏离租赁物实际价值的，可以请求人民法院委托有资质的机构评估或者拍卖确定。

第七百五十九条 【支付象征性价款时租赁物的归属】当事人约定租赁期限届满，承租人仅需向出租人支付象征性价款的，视为约定的租金义务履行完毕后租赁物的所有权归承租人。

第七百六十条 【融资租赁合同无效时租赁物的归属】融资租赁合同无效，当事人就该情形下租赁物的归属有约定的，按照其约定；没有约定或者约定不明确的，租赁物应当返还出租人。但是，因承租人原因致使合同无效，出租人不请求返还或者返还后会显著降低租赁物效用的，租赁物的所有权归承租人，由承租人给予出租人合理补偿。

第十六章 保理合同

第七百六十一条 【保理合同的定义】保理合同是应收账款债权人将现有的或者将有的应收账款转让给保理人,保理人提供资金融通、应收账款管理或者催收、应收账款债务人付款担保等服务的合同。

一、相关国际公约

1.《国际保理公约》(1995年5月1日生效)

第一条

1. 本公约适用于本章所规定的保理合同及应收账款的转让。

2. 为了本公约的目的,"保理合同"系指在一方当事人(供应商)与另一方当事人(保理商)之间所订立的合同,根据该合同:

(1)供应商可以或将要向保理商转让由供应商与其客户(债务人)订立的货物销售合同所产生的应收账款,但主要供债务人个人、家人或家庭使用的货物销售所产生的应收账款除外;

(2)供应商应至少履行两项下述职能:

a. 为供应商融通资金,包括贷款和预付款;

b. 管理与应收账款有关的账户(销售分户账);

c. 代收应收账款;

d. 对债务人的拖欠提供坏账担保。

(3)应收账款的转让通知必须送交债务人。

3. 本公约所指的"货物"和"货物销售"应包括服务和服务的提供。

4. 为了本公约之目的:

(1)书面通知不需要签字,但必须指明通知是由谁或是以谁的名义送交的;

(2)"书面通知"包括,但不限于,电报、电传以及其他任何可以恢复成有形格式的电讯手段;

(3)书面通知行为在收件人收到通知时完成。

2.《联合国国际贸易中应收款转让公约》(2001年12月12日订立)

第1条 适用范围

1. 本公约适用于:

(a)符合本章定义的国际应收款的转让和应收款的国际转让,前提是转让合同订立时转让人所在地在一缔约国内;以及

(b)后继转让，条件是先前的任何转让受本公约管辖。

2. 本公约适用于符合本条第1款(a)项标准的后继转让，即使本公约不适用于该应收款先前的任何转让。

3. 本公约不影响债务人的权利和义务，除非在原始合同订立时债务人所在地在一缔约国内或管辖原始合同的法律是一缔约国的法律。

4. 第五章的规定适用于符合本章定义的国际应收款的转让和应收款的国际转让，不受本条第1款至第3款的限制。但是，一国根据第39条作出声明的，这些规定不予适用。

5. 本公约附件的规定按第42条的规定适用。

第2条 应收款的转让

在本公约中：

(a)"转让"系指一人("转让人")以协议方式向另一人("受让人")转移该转让人应从第三人("债务人")获得一笔款额("应收款")的全部或部分合同权利或其中的未分割权益。作为对债务或其他义务的担保而产生的应收款权利应视为转移；

(b)就初始受让人或其他任何受让人作出的转让("后继转让")而言，作出转让者为转让人，转让的对方为受让人。

第3条 国际性

原始合同订立时，转让人和债务人所在地在不同国家的，该应收款具有国际性。转让合同订立时，转让人和受让人所在地在不同国家的，该转让具有国际性。

第4条 除外情况和其他限制

1. 本公约不适用于下列转让：

(a)对个人进行的为其个人、家人或家庭目的的转让；

(b)产生所转让应收款的企业作为企业变卖的一部分或变更其所有权或法律地位而进行的转让。

2. 本公约不适用于下列情况下或从其中而产生的应收款转让：

(a)受管制交易所的交易；

(b)由净额结算协议规范的金融合同，但所有未了结的交易终结时所欠的应收款不在此列；

(c)外汇交易；

(d)银行间支付系统、银行间支付协议或与证券或其他金融资产或工具相关的清算和结算系统；

(e)中间人所持证券或其他金融工具或资产的担保权转移、此类资产的买卖、借贷或持有或回购协议；

(f)银行存款；

(g)信用证或独立担保。

3. 本公约任何规定概不影响管辖流通票据的法律规定的任何人的权利和义务。

4. 本公约任何规定概不影响转让人和债务人根据关于保护为个人、家人或家庭目的进行的交易的当事方的特别法律而享有的权利和承担的义务。

5. 本公约任何规定：

(a)概不影响不动产所在国的法律适用于下列情况：

(1)根据该法律应收款的转让授予对该不动产权益的，适用于此种权益；或

(2)根据该法律不动产权益授予应收款权利的，适用于此种权利的优先权；也不

(b)使不动产所在国法律所不允许的不动产权益购置行为成为合法行为。

二、相关司法解释规定

《最高人民法院关于适用〈中华人民共和国民法典〉有关担保制度的解释》(法释〔2020〕28 号)

第一条　因抵押、质押、留置、保证等担保发生的纠纷，适用本解释。所有权保留买卖、融资租赁、保理等涉及担保功能发生的纠纷，适用本解释的有关规定。

三、相关部门规章

1.《商业银行保理业务管理暂行办法》(2014 年 4 月 3 日起施行)

第六条　本办法所称保理业务是以债权人转让其应收账款为前提，集应收账款催收、管理、坏账担保及融资于一体的综合性金融服务。债权人将其应收账款转让给商业银行，由商业银行向其提供下列服务中至少一项的，即为保理业务：

(一)应收账款催收：商业银行根据应收账款账期，主动或应债权人要求，采取电话、函件、上门等方式或运用法律手段等对债务人进行催收。

（二）应收账款管理：商业银行根据债权人的要求，定期或不定期向其提供关于应收账款的回收情况、逾期账款情况、对账单等财务和统计报表，协助其进行应收账款管理。

（三）坏账担保：商业银行与债权人签订保理协议后，为债务人核定信用额度，并在核准额度内，对债权人无商业纠纷的应收账款，提供约定的付款担保。

（四）保理融资：以应收账款合法、有效转让为前提的银行融资服务。

以应收账款为质押的贷款，不属于保理业务范围。

第九条　本办法所指应收账款的转让，是指与应收账款相关的全部权利及权益的让渡。

2.《应收账款质押登记办法》（2020年1月1日起施行）

第二条　本办法所称应收账款是指权利人因提供一定的货物、服务或设施而获得的要求义务人付款的权利以及依法享有的其他付款请求权，包括现有的和未来的金钱债权，但不包括因票据或其他有价证券而产生的付款请求权，以及法律、行政法规禁止转让的付款请求权。

本办法所称的应收账款包括下列权利：

（一）销售、出租产生的债权，包括销售货物，供应水、电、气、暖，知识产权的许可使用，出租动产或不动产等；

（二）提供医疗、教育、旅游等服务或劳务产生的债权；

（三）能源、交通运输、水利、环境保护、市政工程等基础设施和公用事业项目收益权；

（四）提供贷款或其他信用活动产生的债权；

（五）其他以合同为基础的具有金钱给付内容的债权。

四、相关文件规定

《中国银行业保理业务规范》（银协发〔2016〕127号）

第四条　定义

（一）应收账款

本规范所称应收账款，是指企业因提供商品、服务或者出租资产而形成的金钱债权及其产生的收益，但不包括因票据或其他有价证券而产生的付款请求权。以应收账款为质押的贷款，不属于保理业务范围。

（二）保理业务

保理业务是一项以债权人转让其应收账款为前提，集应收账款催收、管理、坏账担保及融资于一体的综合性金融服务。债权人将其应收账款转让给银行，由银行向其提供下列服务中的至少一项的，即为保理业务：

1. 应收账款催收：银行根据应收账款账期，主动或应债权人要求，采取电话、函件、上门催款直至法律手段等对债务人进行催收。

2. 应收账款管理：银行根据债权人的要求，定期或不定期向其提供关于应收账款的回收情况、逾期账款情况、对账单等各种财务和统计报表，协助其进行应收账款管理。

3. 坏账担保：债权人与银行签订保理协议后，由银行为债务人核定信用额度，并在核准额度内，对债权人无商业纠纷的应收账款，提供约定的付款担保。

4. 保理融资：以应收账款合法、有效转让为前提的银行融资服务。

第五条　保理业务具备以下特点：

1. 银行通过受让债权，取得对债务人的直接请求权；

2. 保理融资的第一还款来源为债务人对应收账款的支付；

3. 银行通过对债务人的还款行为、还款记录持续性地跟踪、评估和检查等，及时发现风险，采取措施，达到风险缓释的作用；

4. 银行对债务人的坏账担保属于有条件的付款责任。

第七百六十二条　【保理合同的内容与形式】保理合同的内容一般包括业务类型、服务范围、服务期限、基础交易合同情况、应收账款信息、保理融资款或者服务报酬及其支付方式等条款。

保理合同应当采用书面形式。

一、相关部门规章

《商业银行保理业务管理暂行办法》（2014 年 4 月 3 日起施行）

第十条　保理业务分类：

（一）国内保理和国际保理

按照基础交易的性质和债权人、债务人所在地，分为国际保理和国内保理。

国内保理是债权人和债务人均在境内的保理业务。

国际保理是债权人和债务人中至少有一方在境外(包括保税区、自贸区、境内关外等)的保理业务。

(二)有追索权保理和无追索权保理

按照商业银行在债务人破产、无理拖欠或无法偿付应收账款时,是否可以向债权人反转让应收账款、要求债权人回购应收账款或归还融资,分为有追索权保理和无追索权保理。

有追索权保理是指在应收账款到期无法从债务人处收回时,商业银行可以向债权人反转让应收账款、要求债权人回购应收账款或归还融资。有追索权保理又称回购型保理。

无追索权保理是指应收账款在无商业纠纷等情况下无法得到清偿的,由商业银行承担应收账款的坏账风险。无追索权保理又称买断型保理。

(三)单保理和双保理

按照参与保理服务的保理机构个数,分为单保理和双保理。

单保理是由一家保理机构单独为买卖双方提供保理服务。

双保理是由两家保理机构分别向买卖双方提供保理服务。

买卖双方保理机构为同一银行不同分支机构的,原则上可视作双保理。商业银行应当在相关业务管理办法中同时明确作为买方保理机构和卖方保理机构的职责。

有保险公司承保买方信用风险的银保合作,视同双保理。

二、相关文件规定

《中国银行业保理业务规范》(银协发〔2016〕127号)

第六条 保理业务分类

1. 国际、国内保理

按照基础交易的性质和债权人债务人所在地,可分为国际保理和国内保理。债权人和债务人均在境内的,称为国内保理;债权人和债务人中至少有一方在境外(包括保税区、自贸区、境内关外等)的,称为国际保理。

2. 有、无追索权保理

按照银行在债务人破产无理拖欠或无法偿付应收账款时,是否可以向债权人反转让应收账款,或要求债权人回购应收账款或归还融资,可分为有追索权保理和无追索权保理。

有追索权保理是指在应收账款到期无法从债务人处收回时，银行可以向债权人反转让应收账款，或要求债权人回购应收账款或归还融资。有追索权保理又称回购型保理。

无追索权保理是指应收账款在无商业纠纷等情况下无法得到清偿的，由银行承担应收账款的坏账风险。无追索权保理又称买断型保理。

3. 公开、隐蔽型保理

按照是否将应收账款转让的事实通知债务人，可分为公开型保理和隐蔽型保理。

公开型保理应将应收账款转让的事实通知债务人，通知方式包括但不限于：向债务人提交银行规定格式的通知书，在发票上加注银行规定格式的转让条款。

隐蔽型保理中应收账款转让的事实暂不通知债务人，但银行保留一定条件下通知的权利。

4. 单保理、双保理

按照参与保理服务的保理机构个数，可分为单保理和双保理。单保理是由一家保理机构单独为买卖双方提供保理服务。双保理是由两家保理机构分别向买卖双方提供保理服务。

买卖双方保理机构为同一家银行不同分支机构的，原则上可视作双保理。银行需在业务管理办法中同时体现买方保理机构和卖方保理机构的职责。

有保险公司承保买方信用风险的银保合作，视同为双保理。

第七百六十三条　【保理中虚构应收账款的处理】应收账款债权人与债务人虚构应收账款作为转让标的，与保理人订立保理合同的，应收账款债务人不得以应收账款不存在为由对抗保理人，但是保理人明知虚构的除外。

第七百六十四条　【保理人发出转让通知并表明身份的义务】保理人向应收账款债务人发出应收账款转让通知的，应当表明保理人身份并附有必要凭证。

一、相关法律条文

《中华人民共和国民法典》(2021年1月1日起施行)

第五百四十六条 债权人转让债权,未通知债务人的,该转让对债务人不发生效力。

债权转让的通知不得撤销,但是经受让人同意的除外。

二、相关国际公约

《联合国国际贸易中应收款转让公约》(2001年12月12日订立)

第13条 通知债务人的权利

1. 除非转让人与受让人之间另行议定,转让人或受让人或双方均可向债务人发出转让通知和付款指示,但在通知发出后,只有受让人才可发出这种指示。

2. 就第17条而言,违反本条第1款所述任何协议而发出的转让通知或付款指示不因这种违反而无效。但本条规定概不影响违反该协议的当事方对其违反协议而造成的任何损害所应承担的任何义务或赔偿责任。

第16条 通知债务人

1. 转让通知和付款指示所用的一种语文按情理预计可使债务人知道其内容的,债务人收到时即发生效力。转让通知或付款指示完全可以使用原始合同的语文写成。

2. 转让通知或付款指示可涉及通知后产生的应收款。

3. 一项后继转让的通知构成对所有先前转让的通知。

第17条 债务人通过付款解除义务

1. 债务人在收到转让通知前,有权根据原始合同付款而解除其义务。

2. 债务人收到转让通知后,除本条第3款至第8款的情况外,债务人仅可通过向受让人付款而解除其义务;转让通知中另有指示的,或受让人此后在债务人收到的书面通知中另有指示的,债务人须按该付款指示付款而解除其义务。

3. 债务人收到关于同一转让人对相同应收款单独一次转让的不止一份付款指示的,债务人根据付款前收到的受让人最后一份付款指示付款而解除其义务。

4. 债务人收到关于同一转让人对相同应收款不止一次转让的通知的,债务人根据所收到的第一份通知付款而解除其义务。

5. 债务人收到一次或多次后继转让的通知的,债务人根据最后一次这种后继转让的通知付款而解除其义务。

6. 债务人收到一项或多项应收款的一部分或其未分割权益的转让通知的，债务人根据通知付款而解除其义务，或如同未曾收到通知一样，根据本条付款而解除其义务。债务人根据通知付款的，债务人义务的解除范围仅限于其所付的部分或所付的未分割权益。

7. 债务人收到受让人发出转让通知的，债务人有权要求受让人在一段合理时间内提供关于初始转让人向初始受让人的转让和任何中间转让确已作出的充分证据；除非受让人这样做，债务人可如同未曾收到受让人的通知一样，通过根据本条付款而解除义务。转让的充分证据包括但不限于由转让人签发并指明转让确已发生的任何书面文件。

8. 本条不影响债务人得以通过向有权获得付款者、主管的司法当局或其他当局或向公共存款基金付款而解除债务人义务的任何其他理由。

第七百六十五条 【基础交易合同协商变更或终止对保理人的效力】应收账款债务人接到应收账款转让通知后，应收账款债权人与债务人无正当理由协商变更或者终止基础交易合同，对保理人产生不利影响的，对保理人不发生效力。

相关国际公约

《联合国国际贸易中应收款转让公约》(2001年12月12日订立)

第20条 原始合同的修改

1. 在发出转让通知前，转让人与债务人之间订立的涉及受让人权利的协议对受让人具有效力，而受让人也取得相应的权利。

2. 在发出转让通知后，转让人与债务人之间订立的涉及受让人权利的协议对受让人不具效力，除非：

(a)受让人同意该协议；或

(b)履约不足未挣得全部应收款以及原始合同中写明可作修改，或根据原始合同，通情达理的受让人会同意此种修改。

3. 本条第1款和第2款不影响转让人或受让人因对方违反双方之间的协议而产生的任何权利。

第七百六十六条 【有追索权的保理】当事人约定有追索权保理的，保理人可以向应收账款债权人主张返还保理融资款本息或者回购应收账款债权，也可以向应收账款债务人主张应收账款债权。保理人向应收账款债务人主张应收账款债权，在扣除保理融资款本息和相关费用后有剩余的，剩余部分应当返还给应收账款债权人。

一、相关部门规章

《商业银行保理业务管理暂行办法》(2014年4月3日起施行)

第十条 保理业务分类：

……

（二）有追索权保理和无追索权保理

按照商业银行在债务人破产、无理拖欠或无法偿付应收账款时，是否可以向债权人反转让应收账款、要求债权人回购应收账款或归还融资，分为有追索权保理和无追索权保理。

有追索权保理是指在应收账款到期无法从债务人处收回时，商业银行可以向债权人反转让应收账款、要求债权人回购应收账款或归还融资。有追索权保理又称回购型保理。

无追索权保理是指应收账款在无商业纠纷等情况下无法得到清偿的，由商业银行承担应收账款的坏账风险。无追索权保理又称买断型保理。

……

二、相关文件规定

《中国银行业保理业务规范》(银协发〔2016〕127号)

第六条 保理业务分类

……

2. 有、无追索权保理

按照银行在债务人破产无理拖欠或无法偿付应收账款时，是否可以向债权人反转让应收账款，或要求债权人回购应收账款或归还融资，可分为有追索权保理和无追索权保理。

有追索权保理是指在应收账款到期无法从债务人处收回时，银行可以向债权人反转让应收账款，或要求债权人回购应收账款或归还融资。有追索权保理又称回购型保理。

无追索权保理是指应收账款在无商业纠纷等情况下无法得到清偿的，由银行承担应收账款的坏账风险。无追索权保理又称买断型保理。

……

第七百六十七条 【无追索权的保理】 当事人约定无追索权保理

的，保理人应当向应收账款债务人主张应收账款债权，保理人取得超过保理融资款本息和相关费用的部分，无需向应收账款债权人返还。

相关国际公约

《联合国国际贸易中应收款转让公约》（2001年12月12日订立）

第12条 转让人的表示

1.除非转让人与受让人之间另行议定，在转让合同订立时，转让人即表示：

（a）转让人有权转让该应收款；

（b）转让人此前未曾将该应收款转让给另一受让人；以及

（c）债务人现在和将来均无任何抗辩或抵消权。

2.除非转让人与受让人之间另行议定，转让人并不表示债务人具备或将会具备付款的能力。

第七百六十八条 【保理中应收账款债权的重复转让】 应收账款债权人就同一应收账款订立多个保理合同，致使多个保理人主张权利的，已经登记的先于未登记的取得应收账款；均已经登记的，按照登记时间的先后顺序取得应收账款；均未登记的，由最先到达应收账款债务人的转让通知中载明的保理人取得应收账款；既未登记也未通知的，按照保理融资款或者服务报酬的比例取得应收账款。

一、相关法律条文

《中华人民共和国民法典》（2021年1月1日起施行）

第四百一十四条 同一财产向两个以上债权人抵押的，拍卖、变卖抵押财产所得的价款依照下列规定清偿：

（一）抵押权已经登记的，按照登记的时间先后确定清偿顺序；

（二）抵押权已经登记的先于未登记的受偿；

（三）抵押权未登记的，按照债权比例清偿。

其他可以登记的担保物权，清偿顺序参照适用前款规定。

二、相关行政法规

1.《优化营商环境条例》（2020年1月1日起施行）

第四十七条 不动产登记机构应当按照国家有关规定，加强部门协作，实行不动产登记、交易和缴税一窗受理、并行办理，压缩办理时间，降低办理成本。在国家规定的不动产登记时限内，各地区应当确定并公开具体办理时间。

国家推动建立统一的动产和权利担保登记公示系统，逐步实现市场主体在一个平台上办理动产和权利担保登记。纳入统一登记公示系统的动产和权利范围另行规定。

2.《国务院关于实施动产和权利担保统一登记的决定》（国发〔2020〕18号）

各省、自治区、直辖市人民政府，国务院各部委、各直属机构：

为贯彻落实党中央、国务院决策部署，进一步提高动产和权利担保融资效率，优化营商环境，促进金融更好服务实体经济，现作出如下决定：

一、自2021年1月1日起，在全国范围内实施动产和权利担保统一登记。

二、纳入动产和权利担保统一登记范围的担保类型包括：

（一）生产设备、原材料、半成品、产品抵押；

（二）应收账款质押；

（三）存款单、仓单、提单质押；

（四）融资租赁；

（五）保理；

（六）所有权保留；

（七）其他可以登记的动产和权利担保，但机动车抵押、船舶抵押、航空器抵押、债券质押、基金份额质押、股权质押、知识产权中的财产权质押除外。

三、纳入统一登记范围的动产和权利担保，由当事人通过中国人民银行征信中心（以下简称征信中心）动产融资统一登记公示系统自主办理登记，并对登记内容的真实性、完整性和合法性负责。登记机构不对登记内容进行实质审查。

四、中国人民银行要加强对征信中心的督促指导。征信中心具体承担服务性登记工作，不得开展事前审批性登记。征信中心要做好系统建设和维护工作，保障系统安全、稳定运行，建立高效运转的服务体系，不断提高服务效率和质量。

五、国家市场监督管理总局不再承担“管理动产抵押物登记”职责。中国人民银行负责制定生产设备、原材料、半成品、产品抵押和应收账款质押统一登记制度,推进登记服务便利化。中国人民银行、国家市场监督管理总局应当明确生产设备、原材料、半成品、产品抵押登记的过渡安排,妥善做好存量信息的查询、变更、注销服务和数据移交工作,确保有关工作的连续性、稳定性、有效性。

三、相关司法解释规定

《最高人民法院关于适用〈中华人民共和国民法典〉有关担保制度的解释》(法释〔2020〕28号)

第六十六条 同一应收账款同时存在保理、应收账款质押和债权转让,当事人主张参照民法典第七百六十八条的规定确定优先顺序的,人民法院应予支持。

在有追索权的保理中,保理人以应收账款债权人或者应收账款债务人为被告提起诉讼,人民法院应予受理;保理人一并起诉应收账款债权人和应收账款债务人的,人民法院可以受理。

应收账款债权人向保理人返还保理融资款本息或者回购应收账款债权后,请求应收账款债务人向其履行应收账款债务的,人民法院应予支持。

四、相关部门规章

《应收账款质押登记办法》(2020年1月1日起施行)

第四条 中国人民银行征信中心(以下简称征信中心)是应收账款质押的登记机构。

征信中心建立基于互联网的登记公示系统(以下简称登记公示系统),办理应收账款质押登记,并为社会公众提供查询服务。

第五条 中国人民银行对征信中心办理应收账款质押登记有关活动进行管理。

第六条 在同一应收账款上设立多个权利的,质权人按照登记的先后顺序行使质权。

第三十四条 权利人在登记公示系统办理以融资为目的的应收账款转让登记,参照本办法的规定。

第三十五条 权利人在登记公示系统办理其他动产和权利担保登记的,参照本办法的规定执行。

本办法所称动产和权利担保包括当事人通过约定在动产和权利上设定的、为偿付债务或以其他方式履行债务提供的、具有担保性质的各类交易形式，包括但不限于融资租赁、保证金质押、存货和仓单质押等，法律法规另有规定的除外。

第七百六十九条　【保理适用债权转让的规则】本章没有规定的，适用本编第六章债权转让的有关规定。

相关法律条文

《中华人民共和国民法典》(2021年1月1日起施行)

第五百零二条　依法成立的合同，自成立时生效，但是法律另有规定或者当事人另有约定的除外。

依照法律、行政法规的规定，合同应当办理批准等手续的，依照其规定。未办理批准等手续影响合同生效的，不影响合同中履行报批等义务条款以及相关条款的效力。应当办理申请批准等手续的当事人未履行义务的，对方可以请求其承担违反该义务的责任。

依照法律、行政法规的规定，合同的变更、转让、解除等情形应当办理批准等手续的，适用前款规定。

第五百四十五条　债权人可以将债权的全部或者部分转让给第三人，但是有下列情形之一的除外：

(一)根据债权性质不得转让；

(二)按照当事人约定不得转让；

(三)依照法律规定不得转让。

当事人约定非金钱债权不得转让的，不得对抗善意第三人。当事人约定金钱债权不得转让的，不得对抗第三人。

第五百四十六条　债权人转让债权，未通知债务人的，该转让对债务人不发生效力。

债权转让的通知不得撤销，但是经受让人同意的除外。

第五百四十七条　债权人转让债权的，受让人取得与债权有关的从权利，但是该从权利专属于债权人自身的除外。

受让人取得从权利不因该从权利未办理转移登记手续或者未转移占有而受到影响。

> **第五百四十八条**　债务人接到债权转让通知后，债务人对让与人的抗辩，可以向受让人主张。
>
> **第五百四十九条**　有下列情形之一的，债务人可以向受让人主张抵销：
>
> （一）债务人接到债权转让通知时，债务人对让与人享有债权，且债务人的债权先于转让的债权到期或者同时到期；
>
> （二）债务人的债权与转让的债权是基于同一合同产生。
>
> **第五百五十条**　因债权转让增加的履行费用，由让与人负担。

第十七章　承揽合同

第七百七十条　【承揽合同的定义与种类】承揽合同是承揽人按照定作人的要求完成工作，交付工作成果，定作人支付报酬的合同。

承揽包括加工、定作、修理、复制、测试、检验等工作。

第七百七十一条　【承揽合同的内容】承揽合同的内容一般包括承揽的标的、数量、质量、报酬，承揽方式，材料的提供，履行期限，验收标准和方法等条款。

第七百七十二条　【承揽人独立完成主要工作】承揽人应当以自己的设备、技术和劳力，完成主要工作，但是当事人另有约定的除外。

承揽人将其承揽的主要工作交由第三人完成的，应当就该第三人完成的工作成果向定作人负责；未经定作人同意的，定作人也可以解除合同。

第七百七十三条　【承揽人对辅助性工作的责任】承揽人可以将其承揽的辅助工作交由第三人完成。承揽人将其承揽的辅助工作交由第三人完成的，应当就该第三人完成的工作成果向定作人负责。

第七百七十四条　【承揽人提供材料时的义务】承揽人提供材料的，应当按照约定选用材料，并接受定作人检验。

第七百七十五条　【定作人提供材料时双方的义务】定作人提供材料的，应当按照约定提供材料。承揽人对定作人提供的材料应当及时检验,发现不符合约定时,应当及时通知定作人更换、补齐或者采取其他补救措施。

承揽人不得擅自更换定作人提供的材料,不得更换不需要修理的零部件。

第七百七十六条 【定作人要求不合理时双方的义务】 承揽人发现定作人提供的图纸或者技术要求不合理的,应当及时通知定作人。因定作人怠于答复等原因造成承揽人损失的,应当赔偿损失。

第七百七十七条 【定作人中途变更工作要求的赔偿责任】 定作人中途变更承揽工作的要求,造成承揽人损失的,应当赔偿损失。

第七百七十八条 【定作人的协助义务】 承揽工作需要定作人协助的,定作人有协助的义务。定作人不履行协助义务致使承揽工作不能完成的,承揽人可以催告定作人在合理期限内履行义务,并可以顺延履行期限;定作人逾期不履行的,承揽人可以解除合同。

第七百七十九条 【承揽人接受定作人监督检查的义务】 承揽人在工作期间,应当接受定作人必要的监督检验。定作人不得因监督检验妨碍承揽人的正常工作。

第七百八十条 【工作成果的交付】 承揽人完成工作的,应当向定作人交付工作成果,并提交必要的技术资料和有关质量证明。定作人应当验收该工作成果。

第七百八十一条 【质量不合约定时承揽人的责任】 承揽人交付的工作成果不符合质量要求的,定作人可以合理选择请求承揽人承担修理、重作、减少报酬、赔偿损失等违约责任。

相关法律条文

《中华人民共和国产品质量法》(2018年12月29日修正)

第四十条 售出的产品有下列情形之一的,销售者应当负责修理、更换、退货;给购买产品的消费者造成损失的,销售者应当赔偿损失:

(一)不具备产品应当具备的使用性能而事先未作说明的;

(二)不符合在产品或者其包装上注明采用的产品标准的;

(三)不符合以产品说明、实物样品等方式表明的质量状况的。

销售者依照前款规定负责修理、更换、退货、赔偿损失后，属于生产者的责任或者属于向销售者提供产品的其他销售者(以下简称供货者)的责任的，销售者有权向生产者、供货者追偿。

销售者未按照第一款规定给予修理、更换、退货或者赔偿损失的，由市场监督管理部门责令改正。

生产者之间，销售者之间，生产者与销售者之间订立的买卖合同、承揽合同有不同约定的，合同当事人按照合同约定执行。

第七百八十二条　【定作人支付报酬的期限】定作人应当按照约定的期限支付报酬。对支付报酬的期限没有约定或者约定不明确，依据本法第五百一十条的规定仍不能确定的，定作人应当在承揽人交付工作成果时支付；工作成果部分交付的，定作人应当相应支付。

第七百八十三条　【承揽人的留置权与同时履行抗辩权】定作人未向承揽人支付报酬或者材料费等价款的，承揽人对完成的工作成果享有留置权或者有权拒绝交付，但是当事人另有约定的除外。

相关法律条文

《中华人民共和国民法典》(2021年1月1日起施行)

第四百四十七条　债务人不履行到期债务，债权人可以留置已经合法占有的债务人的动产，并有权就该动产优先受偿。

前款规定的债权人为留置权人，占有的动产为留置财产。

第四百四十八条　债权人留置的动产，应当与债权属于同一法律关系，但是企业之间留置的除外。

第四百四十九条　法律规定或者当事人约定不得留置的动产，不得留置。

第四百五十条　留置财产为可分物的，留置财产的价值应当相当于债务的金额。

第四百五十一条　留置权人负有妥善保管留置财产的义务；因保管不善致使留置财产毁损、灭失的，应当承担赔偿责任。

第四百五十二条　留置权人有权收取留置财产的孳息。

前款规定的孳息应当先充抵收取孳息的费用。

> **第四百五十三条** 留置权人与债务人应当约定留置财产后的债务履行期限;没有约定或者约定不明确的,留置权人应当给债务人六十日以上履行债务的期限,但是鲜活易腐等不易保管的动产除外。债务人逾期未履行的,留置权人可以与债务人协议以留置财产折价,也可以就拍卖、变卖留置财产所得的价款优先受偿。
>
> 留置财产折价或者变卖的,应当参照市场价格。
>
> **第四百五十四条** 债务人可以请求留置权人在债务履行期限届满后行使留置权;留置权人不行使的,债务人可以请求人民法院拍卖、变卖留置财产。
>
> **第四百五十五条** 留置财产折价或者拍卖、变卖后,其价款超过债权数额的部分归债务人所有,不足部分由债务人清偿。
>
> **第四百五十六条** 同一动产上已经设立抵押权或者质权,该动产又被留置的,留置权人优先受偿。
>
> **第四百五十七条** 留置权人对留置财产丧失占有或者留置权人接受债务人另行提供担保的,留置权消灭。

第七百八十四条 【承揽人妥善保管材料及工作成果的义务】 承揽人应当妥善保管定作人提供的材料以及完成的工作成果,因保管不善造成毁损、灭失的,应当承担赔偿责任。

第七百八十五条 【承揽人的保密义务】 承揽人应当按照定作人的要求保守秘密,未经定作人许可,不得留存复制品或者技术资料。

第七百八十六条 【共同承揽人的连带责任】 共同承揽人对定作人承担连带责任,但是当事人另有约定的除外。

第七百八十七条 【定作人的任意解除权】 定作人在承揽人完成工作前可以随时解除合同,造成承揽人损失的,应当赔偿损失。

第十八章 建设工程合同

第七百八十八条 【建设工程合同的定义与类型】 建设工程合同是承包人进行工程建设,发包人支付价款的合同。

建设工程合同包括工程勘察、设计、施工合同。

一、相关法律条文

《中华人民共和国建筑法》(2019年4月23日修正)

第十五条　建筑工程的发包单位与承包单位应当依法订立书面合同,明确双方的权利和义务。

发包单位和承包单位应当全面履行合同约定的义务。不按照合同约定履行义务的,依法承担违约责任。

第五十二条　建筑工程勘察、设计、施工的质量必须符合国家有关建筑工程安全标准的要求,具体管理办法由国务院规定。

有关建筑工程安全的国家标准不能适应确保建筑安全的要求时,应当及时修订。

二、相关行政法规

《建设工程勘察设计管理条例》(2017年10月7日修订)

第二条　从事建设工程勘察、设计活动,必须遵守本条例。

本条例所称建设工程勘察,是指根据建设工程的要求,查明、分析、评价建设场地的地质地理环境特征和岩土工程条件,编制建设工程勘察文件的活动。

本条例所称建设工程设计,是指根据建设工程的要求,对建设工程所需的技术、经济、资源、环境等条件进行综合分析、论证,编制建设工程设计文件的活动。

第三条　建设工程勘察、设计应当与社会、经济发展水平相适应,做到经济效益、社会效益和环境效益相统一。

第四条　从事建设工程勘察、设计活动,应当坚持先勘察、后设计、再施工的原则。

第七百八十九条　【建设工程合同的形式】建设工程合同应当采用书面形式。

相关法律条文

《中华人民共和国建筑法》(2019年4月23日修正)

第十五条　建筑工程的发包单位与承包单位应当依法订立书面合同,明确双方的权利和义务。

发包单位和承包单位应当全面履行合同约定的义务。不按照合同约定履行义务的,依法承担违约责任。

第七百九十条　【建设工程的招标投标】建设工程的招标投标活动，应当依照有关法律的规定公开、公平、公正进行。

一、相关法律条文

1.《中华人民共和国建筑法》(2019年4月23日修正)

第十六条　建筑工程发包与承包的招标投标活动，应当遵循公开、公正、平等竞争的原则，择优选择承包单位。

建筑工程的招标投标，本法没有规定的，适用有关招标投标法律的规定。

第十七条　发包单位及其工作人员在建筑工程发包中不得收受贿赂、回扣或者索取其他好处。

承包单位及其工作人员不得利用向发包单位及其工作人员行贿、提供回扣或者给予其他好处等不正当手段承揽工程。

第十八条　建筑工程造价应当按照国家有关规定，由发包单位与承包单位在合同中约定。公开招标发包的，其造价的约定，须遵守招标投标法律的规定。

发包单位应当按照合同的约定，及时拨付工程款项。

第十九条　建筑工程依法实行招标发包，对不适于招标发包的可以直接发包。

第二十条　建筑工程实行公开招标的，发包单位应当依照法定程序和方式，发布招标公告，提供载有招标工程的主要技术要求、主要的合同条款、评标的标准和方法以及开标、评标、定标的程序等内容的招标文件。

开标应当在招标文件规定的时间、地点公开进行。开标后应当按照招标文件规定的评标标准和程序对标书进行评价、比较，在具备相应资质条件的投标者中，择优选定中标者。

第二十一条　建筑工程招标的开标、评标、定标由建设单位依法组织实施，并接受有关行政主管部门的监督。

第二十二条　建筑工程实行招标发包的，发包单位应当将建筑工程发包给依法中标的承包单位。建筑工程实行直接发包的，发包单位应当将建筑工程发包给具有相应资质条件的承包单位。

第二十三条　政府及其所属部门不得滥用行政权力，限定发包单位将招标发包的建筑工程发包给指定的承包单位。

2.《中华人民共和国招标投标法》(2017年12月27日修正)

第三条 在中华人民共和国境内进行下列工程建设项目包括项目的勘察、设计、施工、监理以及与工程建设有关的重要设备、材料等的采购,必须进行招标:

(一)大型基础设施、公用事业等关系社会公共利益、公众安全的项目;

(二)全部或者部分使用国有资金投资或者国家融资的项目;

(三)使用国际组织或者外国政府贷款、援助资金的项目。

前款所列项目的具体范围和规模标准,由国务院发展计划部门会同国务院有关部门制订,报国务院批准。

法律或者国务院对必须进行招标的其他项目的范围有规定的,依照其规定。

二、相关行政法规

《中华人民共和国招标投标法实施条例》(2019年3月2日修订)

第二条 招标投标法第三条所称工程建设项目,是指工程以及与工程建设有关的货物、服务。

前款所称工程,是指建设工程,包括建筑物和构筑物的新建、改建、扩建及其相关的装修、拆除、修缮等;所称与工程建设有关的货物,是指构成工程不可分割的组成部分,且为实现工程基本功能所必需的设备、材料等;所称与工程建设有关的服务,是指为完成工程所需的勘察、设计、监理等服务。

三、相关司法解释规定

1.《最高人民法院关于审理建设工程施工合同纠纷案件适用法律问题的解释》(法释〔2004〕14号)

第一条 建设工程施工合同具有下列情形之一的,应当根据合同法第五十二条第(五)项的规定,认定无效:

(一)承包人未取得建筑施工企业资质或者超越资质等级的;

(二)没有资质的实际施工人借用有资质的建筑施工企业名义的;

(三)建设工程必须进行招标而未招标或者中标无效的。

2.《最高人民法院关于审理建设工程施工合同纠纷案件适用法律问题的解释(二)》(法释〔2018〕20号)

第一条 招标人和中标人另行签订的建设工程施工合同约定的工程范围、建设工期、工程质量、工程价款等实质性内容,与中标合同不一致,一方当事人请求按照中标合同确定权利义务的,人民法院应予支持。

招标人和中标人在中标合同之外就明显高于市场价格购买承建房产、无偿建设住房配套设施、让利、向建设单位捐赠财物等另行签订合同,变相降低工程价款,一方当事人以该合同背离中标合同实质性内容为由请求确认无效的,人民法院应予支持。

四、相关部门规章

《必须招标的工程项目规定》(2018年6月1日起施行)

第一条　为了确定必须招标的工程项目,规范招标投标活动,提高工作效率、降低企业成本、预防腐败,根据《中华人民共和国招标投标法》第三条的规定,制定本规定。

第二条　全部或者部分使用国有资金投资或者国家融资的项目包括:

(一)使用预算资金200万元人民币以上,并且该资金占投资额10%以上的项目;

(二)使用国有企业事业单位资金,并且该资金占控股或者主导地位的项目。

第三条　使用国际组织或者外国政府贷款、援助资金的项目包括:

(一)使用世界银行、亚洲开发银行等国际组织贷款、援助资金的项目;

(二)使用外国政府及其机构贷款、援助资金的项目。

第四条　不属于本规定第二条、第三条规定情形的大型基础设施、公用事业等关系社会公共利益、公众安全的项目,必须招标的具体范围由国务院发展改革部门会同国务院有关部门按照确有必要、严格限定的原则制订,报国务院批准。

第五条　本规定第二条至第四条规定范围内的项目,其勘察、设计、施工、监理以及与工程建设有关的重要设备、材料等的采购达到下列标准之一的,必须招标:

(一)施工单项合同估算价在400万元人民币以上;

(二)重要设备、材料等货物的采购,单项合同估算价在200万元人民币以上;

(三)勘察、设计、监理等服务的采购,单项合同估算价在100万元人民币以上。

同一项目中可以合并进行的勘察、设计、施工、监理以及与工程建设有关的重要设备、材料等的采购，合同估算价合计达到前款规定标准的，必须招标。

第六条 本规定自2018年6月1日起施行。

第七百九十一条 【建设工程合同的发包、承包和分包】 发包人可以与总承包人订立建设工程合同，也可以分别与勘察人、设计人、施工人订立勘察、设计、施工承包合同。发包人不得将应当由一个承包人完成的建设工程支解成若干部分发包给数个承包人。

总承包人或者勘察、设计、施工承包人经发包人同意，可以将自己承包的部分工作交由第三人完成。第三人就其完成的工作成果与总承包人或者勘察、设计、施工承包人向发包人承担连带责任。承包人不得将其承包的全部建设工程转包给第三人或者将其承包的全部建设工程支解以后以分包的名义分别转包给第三人。

禁止承包人将工程分包给不具备相应资质条件的单位。禁止分包单位将其承包的工程再分包。建设工程主体结构的施工必须由承包人自行完成。

一、相关法律条文

《中华人民共和国建筑法》(2019年4月23日修正)

第二十四条 提倡对建筑工程实行总承包，禁止将建筑工程肢解发包。

建筑工程的发包单位可以将建筑工程的勘察、设计、施工、设备采购一并发包给一个工程总承包单位，也可以将建筑工程勘察、设计、施工、设备采购的一项或者多项发包给一个工程总承包单位；但是，不得将应当由一个承包单位完成的建筑工程肢解成若干部分发包给几个承包单位。

第二十七条 大型建筑工程或者结构复杂的建筑工程，可以由两个以上的承包单位联合共同承包。共同承包的各方对承包合同的履行承担连带责任。

两个以上不同资质等级的单位实行联合共同承包的，应当按照资质等级低的单位的业务许可范围承揽工程。

第二十八条 禁止承包单位将其承包的全部建筑工程转包给他人,禁止承包单位将其承包的全部建筑工程肢解以后以分包的名义分别转包给他人。

第二十九条 建筑工程总承包单位可以将承包工程中的部分工程发包给具有相应资质条件的分包单位;但是,除总承包合同中约定的分包外,必须经建设单位认可。施工总承包的,建筑工程主体结构的施工必须由总承包单位自行完成。

建筑工程总承包单位按照总承包合同的约定对建设单位负责;分包单位按照分包合同的约定对总承包单位负责。总承包单位和分包单位就分包工程对建设单位承担连带责任。

禁止总承包单位将工程分包给不具备相应资质条件的单位。禁止分包单位将其承包的工程再分包。

二、相关行政法规

1.《建设工程质量管理条例》(2019年4月23日修订)

第十八条 从事建设工程勘察、设计的单位应当依法取得相应等级的资质证书,并在其资质等级许可的范围内承揽工程。

禁止勘察、设计单位超越其资质等级许可的范围或者以其他勘察、设计单位的名义承揽工程。禁止勘察、设计单位允许其他单位或者个人以本单位的名义承揽工程。

勘察、设计单位不得转包或者违法分包所承揽的工程。

第二十五条 施工单位应当依法取得相应等级的资质证书,并在其资质等级许可的范围内承揽工程。

禁止施工单位超越本单位资质等级许可的业务范围或者以其他施工单位的名义承揽工程。禁止施工单位允许其他单位或者个人以本单位的名义承揽工程。

施工单位不得转包或者违法分包工程。

第二十六条 施工单位对建设工程的施工质量负责。

施工单位应当建立质量责任制,确定工程项目的项目经理、技术负责人和施工管理负责人。

建设工程实行总承包的,总承包单位应当对全部建设工程质量负责;建设工程勘察、设计、施工、设备采购的一项或者多项实行总承包的,总承包单位应当对其承包的建设工程或者采购的设备的质量负责。

第二十七条　总承包单位依法将建设工程分包给其他单位的,分包单位应当按照分包合同的约定对其分包工程的质量向总承包单位负责,总承包单位与分包单位对分包工程的质量承担连带责任。

第七十八条　本条例所称肢解发包,是指建设单位将应当由一个承包单位完成的建设工程分解成若干部分发包给不同的承包单位的行为。

本条例所称违法分包,是指下列行为:

(一)总承包单位将建设工程分包给不具备相应资质条件的单位的;

(二)建设工程总承包合同中未有约定,又未经建设单位认可,承包单位将其承包的部分建设工程交由其他单位完成的;

(三)施工总承包单位将建设工程主体结构的施工分包给其他单位的;

(四)分包单位将其承包的建设工程再分包的。

本条例所称转包,是指承包单位承包建设工程后,不履行合同约定的责任和义务,将其承包的全部建设工程转给他人或者将其承包的全部建设工程肢解以后以分包的名义分别转给其他单位承包的行为。

2.《建设工程勘察设计管理条例》(2017年10月7日修正)

第十七条　发包方不得将建设工程勘察、设计业务发包给不具有相应勘察、设计资质等级的建设工程勘察、设计单位。

第十八条　发包方可以将整个建设工程的勘察、设计发包给一个勘察、设计单位;也可以将建设工程的勘察、设计分别发包给几个勘察、设计单位。

第十九条　除建设工程主体部分的勘察、设计外,经发包方书面同意,承包方可以将建设工程其他部分的勘察、设计再分包给其他具有相应资质等级的建设工程勘察、设计单位。

第二十条　建设工程勘察、设计单位不得将所承揽的建设工程勘察、设计转包。

三、相关司法解释规定

《最高人民法院关于审理建设工程施工合同纠纷案件适用法律问题的解释》(法释〔2004〕14号)

第四条　承包人非法转包、违法分包建设工程或者没有资质的实际施工人借用有资质的建筑施工企业名义与他人签订建设工程施工合同的行为无效。人民法院可以根据民法通则第一百三十四条规定,收缴当事人已经取得的非法所得。

第七百九十二条 【重大建设工程合同的订立】国家重大建设工程合同,应当按照国家规定的程序和国家批准的投资计划、可行性研究报告等文件订立。

第七百九十三条 【建设工程施工合同无效时对承包人的补偿】建设工程施工合同无效,但是建设工程经验收合格的,可以参照合同关于工程价款的约定折价补偿承包人。

建设工程施工合同无效,且建设工程经验收不合格的,按照以下情形处理:

(一)修复后的建设工程经验收合格的,发包人可以请求承包人承担修复费用;

(二)修复后的建设工程经验收不合格的,承包人无权请求参照合同关于工程价款的约定折价补偿。

发包人对因建设工程不合格造成的损失有过错的,应当承担相应的责任。

一、相关法律条文

《中华人民共和国民法典》(2021年1月1日起施行)

第一百五十七条 民事法律行为无效、被撤销或者确定不发生效力后,行为人因该行为取得的财产,应当予以返还;不能返还或者没有必要返还的,应当折价补偿。有过错的一方应当赔偿对方由此所受到的损失;各方都有过错的,应当各自承担相应的责任。法律另有规定的,依照其规定。

二、相关司法解释规定

1.《最高人民法院关于审理建设工程施工合同纠纷案件适用法律问题的解释》(法释〔2004〕14号)

第二条 建设工程施工合同无效,但建设工程经竣工验收合格,承包人请求参照合同约定支付工程价款的,应予支持。

第三条　建设工程施工合同无效，且建设工程经竣工验收不合格的，按照以下情形分别处理：

（一）修复后的建设工程经竣工验收合格，发包人请求承包人承担修复费用的，应予支持；

（二）修复后的建设工程经竣工验收不合格，承包人请求支付工程价款的，不予支持。

因建设工程不合格造成的损失，发包人有过错的，也应承担相应的民事责任。

第十条　建设工程施工合同解除后，已经完成的建设工程质量合格的，发包人应当按照约定支付相应的工程价款；已经完成的建设工程质量不合格的，参照本解释第三条规定处理。

因一方违约导致合同解除的，违约方应当赔偿因此而给对方造成的损失。

2.《最高人民法院关于审理建设工程施工合同纠纷案件适用法律问题的解释（二）》（法释〔2018〕20号）

第三条　建设工程施工合同无效，一方当事人请求对方赔偿损失的，应当就对方过错、损失大小、过错与损失之间的因果关系承担举证责任。

损失大小无法确定，一方当事人请求参照合同约定的质量标准、建设工期、工程价款支付时间等内容确定损失大小的，人民法院可以结合双方过错程度、过错与损失之间的因果关系等因素作出裁判。

三、相关裁判摘要

• **2013年第11期《中华人民共和国最高人民法院公报》**刊登的**“莫志华、深圳市东深工程有限公司与东莞市长富广场房地产开发有限公司建设工程合同纠纷案”**中，最高人民法院(2011)民提字第235号民事判决书认为，鉴于建设工程的特殊性，虽然合同无效，但施工人的劳动和建筑材料已经物化在建筑工程中，依据最高人民法院《关于审理建设工程施工合同纠纷案件适用法律的解释》第二条的规定，建设工程合同无效，但建设工程经竣工验收合格，承包人请求参照有效合同处理的，应当参照合同约定来计算涉案工程价款，承包人不应获得比合同有效时更多的利益。相关裁判摘要如下：

本院认为,本案双方当事人在再审中争议的焦点为:1. 原判决对于合同无效后责任的认定是否适当。2. 涉案工程款应如何计算。包括(1)涉案工程款是应按照合同约定结算还是据实结算;(2)原审法院采信的《合同造价鉴定报告》是否经过质证;(3)该鉴定报告对于工程款数额的鉴定是否有误。

一、关于原判决对于合同无效后责任的认定是否适当的问题。

双方当事人对于合同无效均不存在争议,但莫志华认为原判决对于合同无效的责任认定有失公正。莫志华认为,长富广场公司对于其挂靠东深公司的行为应当知情,但未提供相应证据证明其主张。从莫志华与东深公司签订的保密协议的内容看,保密协议以外的第三人很难知晓他们之间的挂靠关系。涉案合同的签订主体为长富广场公司与东深公司,长富广场公司提交的收款收据表明涉案工程进度款是向东深公司支付的、且莫志华参加有关协调会议中亦是以东深公司的工作人员身份参加的,莫志华所提交的借条及借据也均是以东深公司大朗长富商贸广场工程项目经理部的名义借款的。以上证据及事实表明,在合同的签订和履行过程中与长富广场公司发生法律关系的是东深公司,而非莫志华。因此,莫志华与东深公司对于合同无效应当承担全部责任,原判决对于合同无效后责任的认定并无不当。即便长富广场公司对此知情,应承担一定的过错责任,也不影响本案的实体处理。过错责任的划分,仅在计算损失赔偿时有意义,对于涉案工程款数额的认定并无影响。依据《合同法》第五十八条的规定,"合同无效或者被撤销后,因该合同取得的财产,应当予以返还;不能返还或者没有必要返还的,应当折价补偿。有过错的一方应当赔偿对方因此所受到的损失,双方都有过错的,应当各自承担相应的责任。"而本案中双方仅对工程款的计算数额存在争议,双方当事人均未提起损害赔偿之诉,因此,过错责任的认定其并不影响对于涉案工程款数额的计算。

二、关于涉案工程款应如何计算的问题。

(一)关于涉案工程款的计算依据。关于涉案工程款是应按照合同约定结算还是据实结算。鉴于建筑工程的特殊性,虽然合同无效,但莫志华与东深公司的劳动和建筑材料已经物化在涉案工程中,依据《最高人民法院关于审理建设工程施工合同纠纷案件适用法律的解释》第二条的规定,建设工程无效合同参照有效合同处理,应当参照合同约定来计算涉案工程款。莫志华与东深公司主张应据实结算工程款,其主张缺乏依据。莫志华与东深公司不应获得比合同有效时更多的利益。涉案工程款应当依据合同约定结算。

（二）关于《合同造价鉴定报告》是否经过质证。莫志华主张《合同造价鉴定报告》未经其质证。2006 年 9 月 6 日，一审法院开庭审理本案，莫志华、长富广场公司、东深公司以及鉴定单位均参加庭审。一审庭审过程中，一审法院要求各方当事人对本案两份鉴定报告发表意见，莫志华对于据实结算的鉴定报告发表意见，对于按合同结算的鉴定报告不认可，因此不予质证。一审法院已将相关证据材料在法庭出示并要求各方当事人互相质证，莫志华主张《合同造价鉴定报告》未经质证与事实不符。

（三）关于鉴定报告对涉案工程款数额的计算是否有误的问题。莫志华主张，鉴定报告存在对增加工程部分的少计和漏计的情况以及对减少工程存在多计的情况。东莞市华城工程造价咨询有限公司已对其异议给予解答。该鉴定机构主体合格且鉴定程序合法，因此，莫志华主张鉴定数额有误，缺乏依据，本院不予支持。

第七百九十四条　【勘察、设计合同的内容】勘察、设计合同的内容一般包括提交有关基础资料和概预算等文件的期限、质量要求、费用以及其他协作条件等条款。

第七百九十五条　【施工合同的内容】施工合同的内容一般包括工程范围、建设工期、中间交工工程的开工和竣工时间、工程质量、工程造价、技术资料交付时间、材料和设备供应责任、拨款和结算、竣工验收、质量保修范围和质量保证期、相互协作等条款。

相关文件规定

《最高人民法院经济审判庭关于建筑工程承包合同纠纷中工期问题的电话答复》（1988 年 9 月 17 日起施行）

贵州省息烽县酒厂与四川省重庆市铜梁县第二建筑公司签订息烽县酒厂粮库、半成品库建筑工程承包合同约定的工期，是在《建筑安装工程工期定额》规定的工期之内。合同是经招标投标之后签订的，故不应以违反《建筑安装工程工期定额》规定为理由，确认合同约定的工期无效。如招标投标有违反主管部门主观规定之情形，则另当别论。息烽县酒厂窖酒车间建筑工程工期，《建筑安装工程工期定额》无明确规定。对双方当事人在承包合同中约定的工期，应认定为有效。

第七百九十六条　【建设工程监理】建设工程实行监理的，发包人应当与监理人采用书面形式订立委托监理合同。发包人与监理人的权利和义务以及法律责任，应当依照本编委托合同以及其他有关法律、行政法规的规定。

一、相关法律条文

《中华人民共和国建筑法》(2019年4月23日修正)

第三十条　国家推行建筑工程监理制度。

国务院可以规定实行强制监理的建筑工程的范围。

第三十一条　实行监理的建筑工程，由建设单位委托具有相应资质条件的工程监理单位监理。建设单位与其委托的工程监理单位应当订立书面委托监理合同。

第三十二条　建筑工程监理应当依照法律、行政法规及有关的技术标准、设计文件和建筑工程承包合同，对承包单位在施工质量、建设工期和建设资金使用等方面，代表建设单位实施监督。

工程监理人员认为工程施工不符合工程设计要求、施工技术标准和合同约定的，有权要求建筑施工企业改正。

工程监理人员发现工程设计不符合建筑工程质量标准或者合同约定的质量要求的，应当报告建设单位要求设计单位改正。

第三十三条　实施建筑工程监理前，建设单位应当将委托的工程监理单位、监理的内容及监理权限，书面通知被监理的建筑施工企业。

第三十四条　工程监理单位应当在其资质等级许可的监理范围内，承担工程监理业务。

工程监理单位应当根据建设单位的委托，客观、公正地执行监理任务。

工程监理单位与被监理工程的承包单位以及建筑材料、建筑构配件和设备供应单位不得有隶属关系或者其他利害关系。

工程监理单位不得转让工程监理业务。

第三十五条　工程监理单位不按照委托监理合同的约定履行监理义务，对应当监督检查的项目不检查或者不按照规定检查，给建设单位造成损失的，应当承担相应的赔偿责任。

工程监理单位与承包单位串通，为承包单位谋取非法利益，给建设单位造成损失的，应当与承包单位承担连带赔偿责任。

二、相关行政法规

《建设工程质量管理条例》(2019年4月23日修订)

第十二条 实行监理的建设工程,建设单位应当委托具有相应资质等级的工程监理单位进行监理,也可以委托具有工程监理相应资质等级并与被监理工程的施工承包单位没有隶属关系或者其他利害关系的该工程的设计单位进行监理。

下列建设工程必须实行监理:

(一)国家重点建设工程;

(二)大中型公用事业工程;

(三)成片开发建设的住宅小区工程;

(四)利用外国政府或者国际组织贷款、援助资金的工程;

(五)国家规定必须实行监理的其他工程。

第三十四条 工程监理单位应当依法取得相应等级的资质证书,并在其资质等级许可的范围内承担工程监理业务。

禁止工程监理单位超越本单位资质等级许可的范围或者以其他工程监理单位的名义承担工程监理业务。禁止工程监理单位允许其他单位或者个人以本单位的名义承担工程监理业务。

工程监理单位不得转让工程监理业务。

第三十五条 工程监理单位与被监理工程的施工承包单位以及建筑材料、建筑构配件和设备供应单位有隶属关系或者其他利害关系的,不得承担该项建设工程的监理业务。

第三十六条 工程监理单位应当依照法律、法规以及有关技术标准、设计文件和建设工程承包合同,代表建设单位对施工质量实施监理,并对施工质量承担监理责任。

第三十七条 工程监理单位应当选派具备相应资格的总监理工程师和监理工程师进驻施工现场。

未经监理工程师签字,建筑材料、建筑构配件和设备不得在工程上使用或者安装,施工单位不得进行下一道工序的施工。未经总监理工程师签字,建设单位不拨付工程款,不进行竣工验收。

第三十八条 监理工程师应当按照工程监理规范的要求,采取旁站、巡视和平行检验等形式,对建设工程实施监理。

第七百九十七条 【发包人的检查权】发包人在不妨碍承包人正常作业的情况下,可以随时对作业进度、质量进行检查。

第七百九十八条 【隐蔽工程的检查】隐蔽工程在隐蔽以前,承包人应当通知发包人检查。发包人没有及时检查的,承包人可以顺延工程日期,并有权请求赔偿停工、窝工等损失。

相关行政法规

《建设工程质量管理条例》(2019年4月23日修订)

第三十条 施工单位必须建立、健全施工质量的检验制度,严格工序管理,作好隐蔽工程的质量检查和记录。隐蔽工程在隐蔽前,施工单位应当通知建设单位和建设工程质量监督机构。

第七百九十九条 【竣工验收】建设工程竣工后,发包人应当根据施工图纸及说明书、国家颁发的施工验收规范和质量检验标准及时进行验收。验收合格的,发包人应当按照约定支付价款,并接收该建设工程。

建设工程竣工经验收合格后,方可交付使用;未经验收或者验收不合格的,不得交付使用。

一、相关法律条文

《中华人民共和国建筑法》(2019年4月23日修正)

第六十一条 交付竣工验收的建筑工程,必须符合规定的建筑工程质量标准,有完整的工程技术经济资料和经签署的工程保修书,并具备国家规定的其他竣工条件。

建筑工程竣工经验收合格后,方可交付使用;未经验收或者验收不合格的,不得交付使用。

二、相关行政法规

1.《城市房地产开发经营管理条例》(2020年11月29日修正)

第十七条 房地产开发项目竣工,依照《建设工程质量管理条例》的规定验收合格后,方可交付使用。

2.《建设工程质量管理条例》(2019年4月23日修订)

第十六条　建设单位收到建设工程竣工报告后，应当组织设计、施工、工程监理等有关单位进行竣工验收。

建设工程竣工验收应当具备下列条件：

(一)完成建设工程设计和合同约定的各项内容；

(二)有完整的技术档案和施工管理资料；

(三)有工程使用的主要建筑材料、建筑构配件和设备的进场试验报告；

(四)有勘察、设计、施工、工程监理等单位分别签署的质量合格文件；

(五)有施工单位签署的工程保修书。

建设工程经验收合格的，方可交付使用。

第十七条　建设单位应当严格按照国家有关档案管理的规定，及时收集、整理建设项目各环节的文件资料，建立、健全建设项目档案，并在建设工程竣工验收后，及时向建设行政主管部门或者其他有关部门移交建设项目档案。

第四十九条　建设单位应当自建设工程竣工验收合格之日起15日内，将建设工程竣工验收报告和规划、公安消防、环保等部门出具的认可文件或者准许使用文件报建设行政主管部门或者其他有关部门备案。

建设行政主管部门或者其他有关部门发现建设单位在竣工验收过程中有违反国家有关建设工程质量管理规定行为的，责令停止使用，重新组织竣工验收。

3.《城镇排水与污水处理条例》(2014年1月1日起施行)

第十五条　城镇排水与污水处理设施建设工程竣工后，建设单位应当依法组织竣工验收。竣工验收合格的，方可交付使用，并自竣工验收合格之日起15日内，将竣工验收报告及相关资料报城镇排水主管部门备案。

4.《城镇燃气管理条例》(2016年2月6日修订)

第十一条　进行新区建设、旧区改造，应当按照城乡规划和燃气发展规划配套建设燃气设施或者预留燃气设施建设用地。

对燃气发展规划范围内的燃气设施建设工程，城乡规划主管部门在依法核发选址意见书时,应当就燃气设施建设是否符合燃气发展规划征求燃气管理部门的意见;不需要核发选址意见书的,城乡规划主管部门在依法核发建设用地规划许可证或者乡村建设规划许可证时,应当就燃气设施建设是否符合燃气发展规划征求燃气管理部门的意见。

燃气设施建设工程竣工后,建设单位应当依法组织竣工验收,并自竣工验收合格之日起15日内,将竣工验收情况报燃气管理部门备案。

三、相关司法解释规定

《最高人民法院关于审理建设工程施工合同纠纷案件适用法律问题的解释》(法释〔2004〕14号)

第十三条　建设工程未经竣工验收,发包人擅自使用后,又以使用部分质量不符合约定为由主张权利的,不予支持;但是承包人应当在建设工程的合理使用寿命内对地基基础工程和主体结构质量承担民事责任。

第十四条　当事人对建设工程实际竣工日期有争议的,按照以下情形分别处理:

(一)建设工程经竣工验收合格的,以竣工验收合格之日为竣工日期;

(二)承包人已经提交竣工验收报告,发包人拖延验收的,以承包人提交验收报告之日为竣工日期;

(三)建设工程未经竣工验收,发包人擅自使用的,以转移占有建设工程之日为竣工日期。

第十五条　建设工程竣工前,当事人对工程质量发生争议,工程质量经鉴定合格的,鉴定期间为顺延工期期间。

四、相关文件规定

《最高人民法院民事审判庭关于发包人收到承包人竣工结算文件后,在约定期限内不予答复,是否视为认可竣工结算文件的复函》(〔2005〕民一他字第23号)就如何判断当事人对竣工结算文件的认可问题,作出了如下规定:

你院渝高法〔2005〕154号《关于如何理解和适用最高人民法院〈关于审理建设工程施工合同纠纷案件适用法律问题的解释〉第二十条的请示》收悉。经研究,答复如下:

同意你院审委会的第二种意见，即：适用该司法解释第二十条的前提条件是当事人之间约定了发包人收到竣工结算文件后，在约定期限内不予答复，则视为认可竣工结算文件。承包人提交的竣工结算文件可以作为工程款结算的依据。建设部制定的建设工程施工合同格式文本中的通用条款第33条第3款的规定，不能简单地推论出，双方当事人具有发包人收到竣工结算文件一定期限内不予答复，则视为认可承包人提交的竣工结算文件的一致意思表示，承包人提交的竣工结算文件不能作为工程款结算的依据。

五、相关裁判摘要

• **2013年第8期《中华人民共和国最高人民法院公报》**刊登的“**威海市鲸园建筑有限公司与威海市福利企业服务公司、威海市盛发贸易有限公司拖欠建筑工程款纠纷案**”中，最高人民法院（2010）民提字第210号民事判决书认为，竣工验收既是发包人的义务，也是发包人的权利，承包人未经发包人同意单方面办理竣工验收手续，侵害了发包人的权利，该验收手续不发生相应的法律效力。相关裁判摘要如下：

《合同法》第二百六十九条规定：“建设工程是承包人进行工程建设，发包人支付价款的合同。”第二百七十九条规定：“建设工程竣工后，发包人应当根据施工图纸及说明书、国家颁发的施工验收规范和质量验收标准及时进行验收。验收合格的，发包人应当按照约定支付价款，并接收该建设工程。”《建设工程质量管理条例》第十六条规定：“建设单位收到建设工程竣工报告后，应当组织设计、施工、工程监理等有关单位进行竣工验收。”上述法律、法规规定表明，竣工验收既是发包人的权利，也是发包人的义务。发包人对建设工程组织验收，是建设工程通过竣工验收的必经程序。本案查明事实表明，旅游基地因不具有相关的开发建设资格，故将涉案工程的建设单位登记为鲸园公司。鲸园公司应本着诚实信用原则，维护旅游基地作为发包人权利义务的行使。双方签订的《建设工程施工合同》约定了鲸园公司提供竣工资料和验收报告的时间，表明旅游基地并未将其对工程组织验收的权利委托鲸园公司。鲸园公司在未经旅游基地同意情形下，单方向质监站办理竣工验收手续，申报质量评定等级，侵害了福利公司作为工程发包人的权利，导致质监站对该工程验收出具的工程竣工验收报告及工程优良评定证书，不符合法定程序，不能产生相应的法律效力。鲸园公司依照质监站出具的工程竣工验收报告及工程优良评定证书主张工程已经竣工验收，且质量优良，福利公司应当支付工程优良奖的理由不成立，本院不予支持。

第八百条　【勘察人、设计人的责任】勘察、设计的质量不符合要求或者未按照期限提交勘察、设计文件拖延工期，造成发包人损失的，勘察人、设计人应当继续完善勘察、设计，减收或者免收勘察、设计费并赔偿损失。

一、相关法律条文

《中华人民共和国建筑法》(2019 年 4 月 23 日修正)

第五十六条　建筑工程的勘察、设计单位必须对其勘察、设计的质量负责。勘察、设计文件应当符合有关法律、行政法规的规定和建筑工程质量、安全标准、建筑工程勘察、设计技术规范以及合同的约定。设计文件选用的建筑材料、建筑构配件和设备，应当注明其规格、型号、性能等技术指标，其质量要求必须符合国家规定的标准。

二、相关行政法规

1.《建设工程质量管理条例》(2019 年 4 月 23 日修订)

第十八条　从事建设工程勘察、设计的单位应当依法取得相应等级的资质证书，并在其资质等级许可的范围内承揽工程。

禁止勘察、设计单位超越其资质等级许可的范围或者以其他勘察、设计单位的名义承揽工程。禁止勘察、设计单位允许其他单位或者个人以本单位的名义承揽工程。

勘察、设计单位不得转包或者违法分包所承揽的工程。

第十九条　勘察、设计单位必须按照工程建设强制性标准进行勘察、设计，并对其勘察、设计的质量负责。

注册建筑师、注册结构工程师等注册执业人员应当在设计文件上签字，对设计文件负责。

第二十条　勘察单位提供的地质、测量、水文等勘察成果必须真实、准确。

第二十一条　设计单位应当根据勘察成果文件进行建设工程设计。

设计文件应当符合国家规定的设计深度要求，注明工程合理使用年限。

第二十二条　设计单位在设计文件中选用的建筑材料、建筑构配件和设备，应当注明规格、型号、性能等技术指标，其质量要求必须符合国家规定的标准。

除有特殊要求的建筑材料、专用设备、工艺生产线等外，设计单位不得指定生产厂、供应商。

第二十三条　设计单位应当就审查合格的施工图设计文件向施工单位作出详细说明。

第二十四条　设计单位应当参与建设工程质量事故分析，并对因设计造成的质量事故，提出相应的技术处理方案。

2.《建设工程勘察设计管理条例》(2017年10月7日修订)

第二十条　建设工程勘察、设计单位不得将所承揽的建设工程勘察、设计转包。

第二十一条　承包方必须在建设工程勘察、设计资质证书规定的资质等级和业务范围内承揽建设工程的勘察、设计业务。

第二十二条　建设工程勘察、设计的发包方与承包方，应当执行国家规定的建设工程勘察、设计程序。

第二十三条　建设工程勘察、设计的发包方与承包方应当签订建设工程勘察、设计合同。

第二十四条　建设工程勘察、设计发包方与承包方应当执行国家有关建设工程勘察费、设计费的管理规定。

第二十五条　编制建设工程勘察、设计文件，应当以下列规定为依据：

(一)项目批准文件；

(二)城乡规划；

(三)工程建设强制性标准；

(四)国家规定的建设工程勘察、设计深度要求。

铁路、交通、水利等专业建设工程，还应当以专业规划的要求为依据。

第二十六条　编制建设工程勘察文件，应当真实、准确，满足建设工程规划、选址、设计、岩土治理和施工的需要。

编制方案设计文件，应当满足编制初步设计文件和控制概算的需要。

编制初步设计文件,应当满足编制施工招标文件、主要设备材料订货和编制施工图设计文件的需要。

编制施工图设计文件,应当满足设备材料采购、非标准设备制作和施工的需要,并注明建设工程合理使用年限。

第二十七条 设计文件中选用的材料、构配件、设备,应当注明其规格、型号、性能等技术指标,其质量要求必须符合国家规定的标准。

除有特殊要求的建筑材料、专用设备和工艺生产线等外,设计单位不得指定生产厂、供应商。

第二十八条 建设单位、施工单位、监理单位不得修改建设工程勘察、设计文件;确需修改建设工程勘察、设计文件的,应当由原建设工程勘察、设计单位修改。经原建设工程勘察、设计单位书面同意,建设单位也可以委托其他具有相应资质的建设工程勘察、设计单位修改。修改单位对修改的勘察、设计文件承担相应责任。

施工单位、监理单位发现建设工程勘察、设计文件不符合工程建设强制性标准、合同约定的质量要求的,应当报告建设单位,建设单位有权要求建设工程勘察、设计单位对建设工程勘察、设计文件进行补充、修改。

建设工程勘察、设计文件内容需要作重大修改的,建设单位应当报经原审批机关批准后,方可修改。

第二十九条 建设工程勘察、设计文件中规定采用的新技术、新材料,可能影响建设工程质量和安全,又没有国家技术标准的,应当由国家认可的检测机构进行试验、论证,出具检测报告,并经国务院有关部门或者省、自治区、直辖市人民政府有关部门组织的建设工程技术专家委员会审定后,方可使用。

第三十条 建设工程勘察、设计单位应当在建设工程施工前,向施工单位和监理单位说明建设工程勘察、设计意图,解释建设工程勘察、设计文件。

建设工程勘察、设计单位应当及时解决施工中出现的勘察、设计问题。

第四十条 违反本条例规定,勘察、设计单位未依据项目批准文件,城乡规划及专业规划,国家规定的建设工程勘察、设计深度要求编制建设工程勘察、设计文件的,责令限期改正;逾期不改正的,处10万元以上30万元以下的罚款;造成工程质量事故或者环境污染和生态破坏的,责令停业整顿,降低资质等级;情节严重的,吊销资质证书;造成损失的,依法承担赔偿责任。

第八百零一条　【施工人的责任】因施工人的原因致使建设工程质量不符合约定的,发包人有权请求施工人在合理期限内无偿修理或者返工、改建。经过修理或者返工、改建后,造成逾期交付的,施工人应当承担违约责任。

一、相关法律条文

《中华人民共和国建筑法》(2019年4月23日修正)

第五十八条　建筑施工企业对工程的施工质量负责。

建筑施工企业必须按照工程设计图纸和施工技术标准施工,不得偷工减料。工程设计的修改由原设计单位负责,建筑施工企业不得擅自修改工程设计。

第五十九条　建筑施工企业必须按照工程设计要求、施工技术标准和合同的约定,对建筑材料、建筑构配件和设备进行检验,不合格的不得使用。

第六十条　建筑物在合理使用寿命内,必须确保地基基础工程和主体结构的质量。

建筑工程竣工时,屋顶、墙面不得留有渗漏、开裂等质量缺陷;对已发现的质量缺陷,建筑施工企业应当修复。

二、相关行政法规

《建设工程质量管理条例》(2019年4月23日修订)

第二十五条　施工单位应当依法取得相应等级的资质证书,并在其资质等级许可的范围内承揽工程。

禁止施工单位超越本单位资质等级许可的业务范围或者以其他施工单位的名义承揽工程。禁止施工单位允许其他单位或者个人以本单位的名义承揽工程。

施工单位不得转包或者违法分包工程。

第二十六条　施工单位对建设工程的施工质量负责。

施工单位应当建立质量责任制,确定工程项目的项目经理、技术负责人和施工管理负责人。

建设工程实行总承包的,总承包单位应当对全部建设工程质量负责;建设工程勘察、设计、施工、设备采购的一项或者多项实行总承包的,总承包单位应当对其承包的建设工程或者采购的设备的质量负责。

第二十七条　总承包单位依法将建设工程分包给其他单位的，分包单位应当按照分包合同的约定对其分包工程的质量向总承包单位负责，总承包单位与分包单位对分包工程的质量承担连带责任。

第二十八条　施工单位必须按照工程设计图纸和施工技术标准施工，不得擅自修改工程设计，不得偷工减料。

施工单位在施工过程中发现设计文件和图纸有差错的，应当及时提出意见和建议。

第二十九条　施工单位必须按照工程设计要求、施工技术标准和合同约定，对建筑材料、建筑构配件、设备和商品混凝土进行检验，检验应当有书面记录和专人签字；未经检验或者检验不合格的，不得使用。

第三十条　施工单位必须建立、健全施工质量的检验制度，严格工序管理，作好隐蔽工程的质量检查和记录。隐蔽工程在隐蔽前，施工单位应当通知建设单位和建设工程质量监督机构。

第三十一条　施工人员对涉及结构安全的试块、试件以及有关材料，应当在建设单位或者工程监理单位监督下现场取样，并送具有相应资质等级的质量检测单位进行检测。

第三十二条　施工单位对施工中出现质量问题的建设工程或者竣工验收不合格的建设工程，应当负责返修。

第三十三条　施工单位应当建立、健全教育培训制度，加强对职工的教育培训；未经教育培训或者考核不合格的人员，不得上岗作业。

第八百零二条　【承包人的损害赔偿责任】因承包人的原因致使建设工程在合理使用期限内造成人身损害和财产损失的，承包人应当承担赔偿责任。

一、相关法律条文

《中华人民共和国建筑法》(2019年4月23日修正)

第五十五条　建筑工程实行总承包的，工程质量由工程总承包单位负责，总承包单位将建筑工程分包给其他单位的，应当对分包工程的质量与分包单位承担连带责任。分包单位应当接受总承包单位的质量管理。

第六十条　建筑物在合理使用寿命内，必须确保地基基础工程和主体结构的质量。

建筑工程竣工时,屋顶、墙面不得留有渗漏、开裂等质量缺陷;对已发现的质量缺陷,建筑施工企业应当修复。

第六十一条 交付竣工验收的建筑工程,必须符合规定的建筑工程质量标准,有完整的工程技术经济资料和经签署的工程保修书,并具备国家规定的其他竣工条件。

建筑工程竣工经验收合格后,方可交付使用;未经验收或者验收不合格的,不得交付使用。

第六十二条 建筑工程实行质量保修制度。

建筑工程的保修范围应当包括地基基础工程、主体结构工程、屋面防水工程和其他土建工程,以及电气管线、上下水管线的安装工程,供热、供冷系统工程等项目;保修的期限应当按照保证建筑物合理寿命年限内正常使用,维护使用者合法权益的原则确定。具体的保修范围和最低保修期限由国务院规定。

二、相关行政法规

《建设工程质量管理条例》(2019年4月23日修订)

第三十九条 建设工程实行质量保修制度。

建设工程承包单位在向建设单位提交工程竣工验收报告时,应当向建设单位出具质量保修书。质量保修书中应当明确建设工程的保修范围、保修期限和保修责任等。

第四十条 在正常使用条件下,建设工程的最低保修期限为:

(一)基础设施工程、房屋建筑的地基基础工程和主体结构工程,为设计文件规定的该工程的合理使用年限;

(二)屋面防水工程、有防水要求的卫生间、房间和外墙面的防渗漏,为5年;

(三)供热与供冷系统,为2个采暖期、供冷期;

(四)电气管线、给排水管道、设备安装和装修工程,为2年。

其他项目的保修期限由发包方与承包方约定。

建设工程的保修期,自竣工验收合格之日起计算。

第四十一条 建设工程在保修范围和保修期限内发生质量问题的,施工单位应当履行保修义务,并对造成的损失承担赔偿责任。

第四十二条 建设工程在超过合理使用年限后需要继续使用的,产权所有人应当委托具有相应资质等级的勘察、设计单位鉴定,并根据鉴定结果采取加固、维修等措施,重新界定使用期。

第八百零三条 【发包人未按约定提供原材料等的违约责任】 发包人未按照约定的时间和要求提供原材料、设备、场地、资金、技术资料的，承包人可以顺延工程日期，并有权请求赔偿停工、窝工等损失。

第八百零四条 【发包人导致工程停建、缓建的责任】 因发包人的原因致使工程中途停建、缓建的，发包人应当采取措施弥补或者减少损失，赔偿承包人因此造成的停工、窝工、倒运、机械设备调迁、材料和构件积压等损失和实际费用。

第八百零五条 【发包人导致勘察、设计、返工、停工或修改设计的责任】 因发包人变更计划，提供的资料不准确，或者未按照期限提供必需的勘察、设计工作条件而造成勘察、设计的返工、停工或者修改设计，发包人应当按照勘察人、设计人实际消耗的工作量增付费用。

第八百零六条 【建设工程合同法定解除及后果处理】 承包人将建设工程转包、违法分包的，发包人可以解除合同。

发包人提供的主要建筑材料、建筑构配件和设备不符合强制性标准或者不履行协助义务，致使承包人无法施工，经催告后在合理期限内仍未履行相应义务的，承包人可以解除合同。

合同解除后，已经完成的建设工程质量合格的，发包人应当按照约定支付相应的工程价款；已经完成的建设工程质量不合格的，参照本法第七百九十三条的规定处理。

一、相关法律条文

《中华人民共和国建筑法》(2019年4月23日修正)

第二十五条 按照合同约定，建筑材料、建筑构配件和设备由工程承包单位采购的，发包单位不得指定承包单位购入用于工程的建筑材料、建筑构配件和设备或者指定生产厂、供应商。

第二十八条 禁止承包单位将其承包的全部建筑工程转包给他人，禁止承包单位将其承包的全部建筑工程肢解以后以分包的名义分别转包给他人。

第二十九条 建筑工程总承包单位可以将承包工程中的部分工程发包给具有相应资质条件的分包单位；但是，除总承包合同中约定的分包外，必须经建设单位认可。施工总承包的，建筑工程主体结构的施工必须由总承包单位自行完成。

建筑工程总承包单位按照总承包合同的约定对建设单位负责；分包单位按照分包合同的约定对总承包单位负责。总承包单位和分包单位就分包工程对建设单位承担连带责任。

禁止总承包单位将工程分包给不具备相应资质条件的单位。禁止分包单位将其承包的工程再分包。

二、相关司法解释规定

《最高人民法院关于审理建设工程施工合同纠纷案件适用法律问题的解释》(法释〔2004〕14号)

第八条 承包人具有下列情形之一，发包人请求解除建设工程施工合同的，应予支持：

（一）明确表示或者以行为表明不履行合同主要义务的；

（二）合同约定的期限内没有完工，且在发包人催告的合理期限内仍未完工的；

（三）已经完成的建设工程质量不合格，并拒绝修复的；

（四）将承包的建设工程非法转包、违法分包的。

第九条 发包人具有下列情形之一，致使承包人无法施工，且在催告的合理期限内仍未履行相应义务，承包人请求解除建设工程施工合同的，应予支持：

（一）未按约定支付工程价款的；

（二）提供的主要建筑材料、建筑构配件和设备不符合强制性标准的；

（三）不履行合同约定的协助义务的。

第十条 建设工程施工合同解除后，已经完成的建设工程质量合格的，发包人应当按照约定支付相应的工程价款；已经完成的建设工程质量不合格的，参照本解释第三条规定处理。

因一方违约导致合同解除的，违约方应当赔偿因此而给对方造成的损失。

第八百零七条 【建设工程价款的优先受偿权】 发包人未按照约定支付价款的，承包人可以催告发包人在合理期限内支付价款。发包人逾期不支付的，除根据建设工程的性质不宜折价、拍卖外，承包人可以与发包人协议将该工程折价，也可以请求人民法院将该工程依法拍卖。建设工程的价款就该工程折价或者拍卖的价款优先受偿。

一、相关司法解释规定

《最高人民法院关于审理建设工程施工合同纠纷案件适用法律问题的解释(一)》(法释〔2020〕25号)

第三十五条 与发包人订立建设工程施工合同的承包人,依据民法典第八百零七条的规定请求其承建工程的价款就工程折价或者拍卖的价款优先受偿的,人民法院应予支持。

第三十六条 承包人根据民法典第八百零七条规定享有的建设工程价款优先受偿权优于抵押权和其他债权。

第三十七条 装饰装修工程具备折价或者拍卖条件,装饰装修工程的承包人请求工程价款就该装饰装修工程折价或者拍卖的价款优先受偿的,人民法院应予支持。

第三十八条 建设工程质量合格,承包人请求其承建工程的价款就工程折价或者拍卖的价款优先受偿的,人民法院应予支持。

第三十九条 未竣工的建设工程质量合格,承包人请求其承建工程的价款就其承建工程部分折价或者拍卖的价款优先受偿的,人民法院应予支持。

第四十条 承包人建设工程价款优先受偿的范围依照国务院有关行政主管部门关于建设工程价款范围的规定确定。

承包人就逾期支付建设工程价款的利息、违约金、损害赔偿金等主张优先受偿的,人民法院不予支持。

第四十一条 承包人应当在合理期限内行使建设工程价款优先受偿权,但最长不得超过十八个月,自发包人应当给付建设工程价款之日起算。

第四十二条 发包人与承包人约定放弃或者限制建设工程价款优先受偿权,损害建筑工人利益,发包人根据该约定主张承包人不享有建设工程价款优先受偿权的,人民法院不予支持。

二、相关文件规定

1.《最高人民法院关于装修装饰工程款是否享有合同法第二百八十六条规定的优先受偿权的函复》(〔2004〕民一他字第14号)

装修装饰工程属于建设工程,可以适用《中华人民共和国合同法》第二百八十六条关于优先受偿权的规定,但装修装饰工程的发包人不是该建筑的所有权人或者承包人与该建筑物的所有权人之间没有合同关系的除外。享有优先权的承包人只能在建筑物因装修装饰而增加价值的范围内优先受偿。

2.《最高人民法院关于建设工程承包合同案件中双方当事人已确认的工程决算价款与审计部门审计的工程决算价款与审计部门审计的工程决算价款不一致时如何适用法律问题的电话答复意见》(〔2001〕民一他字第2号)就如何认定工程款的结算依据,作出了如下规定:

审计是国家对建设单位的一种行政监督,不影响建设单位与承建单位的合同效力。建设工程承包合同案件应以当事人的约定作为法院判决的依据。只有在合同明确约定以审计结论作为结算依据或者合同约定不明确、合同约定无效的情况下,才能将审计结论作为判决的依据。

3.《最高人民法院对福建高院〈关于执行中国建设银行厦门市分行诉远华集团有限公司、厦门东盛建设发展公司借款合同纠纷一案中涉及几个相关法律、政策问题的请示〉的答复函(节录)》(〔2002〕执他字第21号)

关于该案执行中所涉及的工程款优先权问题,根据法律不溯及既往的原则和物权法定原则,如果作为执行标的的建设工程竣工或者停工于《中华人民共和国合同法》实施之前,则工程承包人从该建设工程价款中受偿的权利不得对抗已经在该工程上设定的抵押权。

三、相关指导案例

- **第73号指导案例"通州建总集团有限公司诉安徽天宇化工有限公司别除权纠纷案"**(最高人民法院审判委员会讨论通过;2016年12月28日发布)

本案双方当事人签订的建设工程施工合同虽约定了工程竣工时间,但涉案工程因安徽天宇公司未能按合同约定支付工程款导致停工。现没有证据证明在工程停工后至法院受理破产申请前,双方签订的建设施工合同已经解除或终止履行,也没有证据证明在法院受理破产申请后,破产管理人决定继续履行合同。根据《中华人民共和国破产法》第十八条"人民法院受理破产申请后,管理人对破产申请受理前成立而债务人和对方当事人均未履行完毕的合同有权决定解除或者继续履行,并通知对方当事人。管理人自破产申请受理之日起二个月内未通知对方当事人,或者自收到对方当事人催告之日起三十日内未答复的,视为解除合同"之规定,涉案建设工程施工合同在法院受理破产申请后已实际解除,本案建设工程无法正常竣工。按照最高人民法院全国民事审判工作会议纪要精神，因发包人的原因，合同解除或终止履行时已经超出合同约定的竣工日期的，承包人行使优先受偿权的期限自合同解除之日起计算，安徽天宇公司要求按合同约定的竣工日期起算优先受偿权行使时间的主张，缺乏依据，不予采信。2011年8月26日，法院裁定受理对安徽天宇公司的破产申请，2011年10月10日通州建总公司向安徽天宇公司的破产管理人申报债权并主张工程款优先受偿权，因此，通州建总公司主张优先受偿权的时间是2011年10月10日。安徽天宇公司认为通州建总公司行使优先受偿权的时间超过了破产管理之日六个月，与事实不符，不予支持。

四、相关裁判摘要

• **2016年第4期《中华人民共和国最高人民法院公报》**刊登的"**中铁二十二局集团第四工程有限公司与安徽瑞讯交通开发有限公司、安徽省高速公路控股集团有限公司建设工程施工合同纠纷案**"中，最高人民法院(2014)民一终字第56号民事判决书认为，承包人诉讼请求中所主张的因发包人违约造成的停窝工损失和材料价差损失，不属于建设工程价款优先受偿权的权利行使范围。相关裁判摘要如下：

根据《最高人民法院关于建设工程价款优先受偿权问题的批复》第三条规定："建筑工程价款包括承包人为建设工程应当支付的工作人员报酬、材料款等实际支出的费用，不包括承包人因发包人违约所造成的损失"，能够行使建设工程价款优先受偿权的权利范围不包括因发包人违约导致的损失。而从前述中铁公司在本案中被支持的诉请款项来看，包括因瑞讯公司违约给其造成的停窝工损失和材料价差损失两项，均不属于建设工程价款优先受偿权的权利行使范围，故一审法院未予支持中铁公司主张对案涉工程项目享有优先受偿权的请求，并无不当。中铁公司主张对案涉工程项目享有优先受偿权的该项上诉请求，无事实及法律依据，应予驳回。

• **2013年第3期《中华人民共和国最高人民法院公报》**刊登的"**宋宇与北京盛和发房地产开发有限公司、广东粤财投资控股有限公司、北京城乡建设集团有限责任公司商品房预售合同纠纷案**"中，最高人民法院(2011)民提字第331号民事判决书认为，只有真实的商品房买卖合同的买受人才有权对抗建设工程价款的优先受偿权人。相关裁判摘要如下：

买受人与开发商均主张双方之间存在真实有效的商品房买卖关系，并依据《最高人民法院关于建设工程价款优先受偿权问题的批复》第二条“消费者交付购买商品房的全部或者大部分款项后，承包人就该商品房享有的工程价款优先受偿权不得对抗买受人”的规定，对抗承包人建设工程价款请求权，但在签订购房合同、支付购房款等重要事实上存在众多疑点，双方多次陈述不一、前后矛盾，据以认定双方之间存在真实的商品房买卖关系的依据明显不足。在此情况下，买受人请求开发商按照商品房买卖合同约定，办理房屋过户登记的，应予驳回。

第八百零八条　【适用承揽合同的规定】本章没有规定的，适用承揽合同的有关规定。

第十九章　运输合同

第一节　一般规定

第八百零九条　【运输合同的定义】运输合同是承运人将旅客或者货物从起运地点运输到约定地点，旅客、托运人或者收货人支付票款或者运输费用的合同。

一、相关法律条文

1.《中华人民共和国铁路法》(2015年4月24日修正)

第十一条　铁路运输合同是明确铁路运输企业与旅客、托运人之间权利义务关系的协议。

旅客车票、行李票、包裹票和货物运单是合同或者合同的组成部分。

2.《中华人民共和国民用航空法》(2021年4月29日修正)

第一百零七条　本法所称国内航空运输，是指根据当事人订立的航空运输合同，运输的出发地点、约定的经停地点和目的地点均在中华人民共和国境内的运输。

本法所称国际航空运输，是指根据当事人订立的航空运输合同，无论运输有无间断或者有无转运，运输的出发地点、目的地点或者约定的经停地点之一不在中华人民共和国境内的运输。

第一百零八条 航空运输合同各方认为几个连续的航空运输承运人办理的运输是一项单一业务活动的,无论其形式是以一个合同订立或者数个合同订立,应当视为一项不可分割的运输。

3.《中华人民共和国海商法》(1993年7月1日起施行)

第二条 本法所称海上运输,是指海上货物运输和海上旅客运输,包括海江之间、江海之间的直达运输。

本法第四章海上货物运输合同的规定,不适用于中华人民共和国港口之间的海上货物运输。

第四十一条 海上货物运输合同,是指承运人收取运费,负责将托运人托运的货物经海路由一港运至另一港的合同。

第四十二条 本章下列用语的含义:

(一)"承运人"是指本人或者委托他人以本人名义与托运人订立海上货物运输合同的人。

(二)"实际承运人",是指接受承运人委托,从事货物运输或者部分运输的人,包括接受转委托从事此项运输的其他人。

(三)"托运人"是指:

1. 本人或者委托他人以本人名义或者委托他人为本人与承运人订立海上货物运输合同的人;

2. 本人或者委托他人以本人名义或者委托他人为本人将货物交给与海上货物运输合同有关的承运人的人。

(四)"收货人",是指有权提取货物的人。

(五)"货物",包括活动物和由托运人提供的用于集装货物的集装箱、货盘或者类似的装运器具。

第四十三条 承运人或者托运人可以要求书面确认海上货物运输合同的成立。但是,航次租船合同应当书面订立。电报、电传和传真具有书面效力。

第四十四条 海上货物运输合同和作为合同凭证的提单或者其他运输单证中的条款,违反本章规定的,无效。此类条款的无效,不影响该合同和提单或者其他运输单证中其他条款的效力。将货物的保险利益转让给承运人的条款或者类似条款,无效。

第四十五条 本法第四十四条的规定不影响承运人在本章规定的承运人责任和义务之外,增加其责任和义务。

第一百零七条　海上旅客运输合同，是指承运人以适合运送旅客的船舶经海路将旅客及其行李从一港运送至另一港，由旅客支付票款的合同。

第一百零八条　本章下列用语的含义：

（一）"承运人"，是指本人或者委托他人以本人名义与旅客订立海上旅客运输合同的人。

（二）"实际承运人"，是指接受承运人委托，从事旅客运送或者部分运送的人，包括接受转委托从事此项运送的其他人。

（三）"旅客"，是指根据海上旅客运输合同运送的人；经承运人同意，根据海上货物运输合同，随船护送货物的人，视为旅客。

（四）"行李"，是指根据海上旅客运输合同由承运人载运的任何物品和车辆，但是活动物除外。

（五）"自带行李"，是指旅客自行携带、保管或者放置在客舱中的行李。

第一百零九条　本章关于承运人责任的规定，适用于实际承运人。本章关于承运人的受雇人、代理人责任的规定，适用于实际承运人的受雇人、代理人。

二、相关行政法规

1.《中华人民共和国道路运输条例》(2019年3月2日修订)

第二条　从事道路运输经营以及道路运输相关业务的，应当遵守本条例。

前款所称道路运输经营包括道路旅客运输经营（以下简称客运经营）和道路货物运输经营（以下简称货运经营）；道路运输相关业务包括站（场）经营、机动车维修经营、机动车驾驶员培训。

2.《铁路货物运输合同实施细则》(2011年1月8日修订)

第一条　为了规范铁路货物运输合同，根据有关法律，制定本细则。

第二条　本细则所指铁路货物运输是中华人民共和国铁道部公布的营业铁路货物运输。

本细则适用于铁路运输部门与企业、农村经济组织、国家机关、事业单位、社会团体等法人之间签订的货物运输合同。

个体经营户、个人与铁路运输部门签订的货物运输合同，应参照本细则执行。

军事运输，国际联运，铁路与水路、公路、航空、管道之间的货物联运，另行规定。

第三条 托运人利用铁路运输货物，应与承运人签订货物运输合同。

第四条 大宗物资的运输，有条件的可按年度、半年度或季度签订货物运输合同，也可以签订更长期限的运输合同；其他整车货物运输，应按月签订运输合同。按月度签订的运输合同，可以用月度要车计划表代替。

零担货物和集装箱货物运输，以货物运单作为运输合同。

第五条 按年度、半年度、季度或月度签订的货物运输合同，经双方在合同上签认后，合同即告成立。托运人在交运货物时，还应向承运人按批提出货物运单，作为运输合同的组成部分。

零担货物和集装箱货物的运输合同，以承运人在托运人提出的货物运单上加盖车站日期戳后，合同即告成立。

第六条 按年度、半年度、季度或月度签订的货物运输合同，应载明下列基本内容：

一、托运人和收货人名称；

二、发站和到站；

三、货物名称；

四、货物重量；

五、车种和车数；

六、违约责任；

七、双方约定的其他事项。

第七条 货物运单应载明下列内容：

一、托运人、收货人名称及其详细地址；

二、发站、到站及到站的主管铁路局；

三、货物名称；

四、货物包装、标志；

五、件数和重量（包括货物包装重量）；

六、承运日期；

七、运到期限；

八、运输费用；

九、货车类型和车号；

十、施封货车和集装箱的施封号码；

十一、双方商定的其他事项。

3.《水路货物运输合同实施细则》(2011年1月8日修订)

第一条 为了规范水路货物运输合同，根据有关法律，制定本细则。

第二条 本细则所称水路运输是指中华人民共和国沿海、江河、湖泊以及其他通航水域中一切营业性的货物运输。

本细则适用于水路运输企业与其他企业、农村经济组织、国家机关、事业单位、社会团体等法人之间签订的水路货物运输合同。

持有营业执照的个体(联户)船民与企业、农村经济组织、国家机关、事业单位、社会团体等法人之间，以及水路运输企业与个体经营户、个人之间签订的水路货物运输合同，应参照本细则执行。

军事运输，水路与铁路、公路、航空、管道之间的货物联运，另行规定。

第三条 水路货物运输合同，除短途驳运、摆渡零星货物，双方当事人可以即时清结者外，应当采用书面的形式。大宗物资运输，可按月签订货物运输合同。对其他按规定必须提送月度托运计划的货物，经托运人和承运人协商同意，可以按月签订货物运输合同或以货物运单作为运输合同。零星货物运输和计划外的整批货物运输，以货物运单作为运输合同。

第四条 按月度签订的货物运输合同，经双方在合同上签认后，合同即告成立。如承、托运双方当事人无需商定特约事项的，可以用月度托运计划表代替运输合同，经双方在计划表上签认后，合同即告成立。在实际办理货物承托运手续时，托运人还应向承运人按批提出货物运单，作为运输合同的组成部分。

以货物运单作为运输合同的，经承、托运双方商定货物的集中时间、地点，由双方认真验收、交接，并经承运人在托运人提出的货物运单上加盖承运日期戳后，合同即告成立。货物运单的格式，江海干线和跨省运输的由交通部统一规定；省(自治区、直辖市)内运输的由省(自治区、直辖市)交通主管部门统一规定。

第五条 按月度签订的货物运输合同，应具备下列基本内容：

一、货物名称；

二、托运人和收货人名称；

三、起运港和到达港,海江河联运货物应载明换装港;
四、货物重量,按体积计费的货物应载明体积;
五、违约责任;
六、特约条款。

第六条 货物运单应具备下列内容:
一、货物名称;
二、重量、件数,按体积计费的货物应载明体积;
三、包装;
四、运输标志;
五、起运港和到达港,海江河联运货物应载明换装港;
六、托运人、收货人名称及其详细地址;
七、运费、港口费和有关的其他费用及其结算方式;
八、承运日期;
九、运到期限(规定期限或商定期限);
十、货物价值;
十一、双方商定的其他事项。

三、相关部门规章

1.《中国民用航空货物国内运输规则》(1996年2月29日修订)

第一条 为了加强航空货物运输的管理,维护正常的航空运输秩序,根据中华人民共和国民用航空法的规定,制定本规则。

本规则适用于出发地、约定的经停地和目的地均在中华人民共和国境内的民用航空货物运输。

第三条 本规则中下列用语,除具体条件中另有规定者外,含义如下:

(一)"承运人"是指包括接受托运人填开的航空货运单或者保存货物记录的航空承运人和运送或者从事承运货物或者提供该运输的任何其他服务的所有航空承运人。

(二)"代理人"是指在航空货物运输中,经授权代表承运人的任何人。

(三)"托运人"是指为货物运输与承运人订立合同,并在航空货运单或者货物记录上署名的人。

(四)"收货人"是指承运人按照航空货运单或者货物运输记录上所列名称而交付货物的人。

（五）“托运书”是指托运人办理货物托运时填写的书面文件，是据以填开航空货运单的凭证。

（六）“航空货运单”是指托运人或者托运人委托承运人填制的，是托运人和承运人之间为在承运人的航线上承运货物所订立合同的证据。

2.《中国民用航空货物国际运输规则》（2000 年 8 月 1 日起施行）

第二条　本规则适用于依照中华人民共和国法律设立的公共航空运输企业（以下称承运人）使用民用航空器运送货物而收取报酬的国际航空运输，也适用于承运人使用民用航空器办理免费的货物国际航空运输。

第三条　本规则下列用语，除具体条款中另有规定外，含义如下：

（一）“公约”，是根据合同规定适用于该项运输的 1929 年 10 月 12 日在华沙签订的《统一国际航空运输某些规则的公约》和《修改一九二九年十月十二日在华沙签订的统一国际航空运输某些规则的公约的议定书》。

（二）“承运人”，是指包括发行航空货运单的承运人和运输货物、约定运输货物或者约定提供与此航空运输有关的任何其他服务的所有承运人。

（三）“代理人”，是指经承运人授权，代理承运人从事与货物运输有关活动的任何人，但本规则中另有规定的除外。

（四）“托运人”，是指与承运人订立货物运输合同，其名称出现在航空货运单托运人栏内的人。

（五）“收货人”，是指承运人将货物交给航空货运单收货人栏内所载明的人。

（六）“航空货运单”，是航空货物运输合同订立和运输条件以及承运人接受货物的初步证据。

（七）“货物”，是指除邮件或者凭“客票及行李票”运输的行李外，已由或者将由民用航空运输的物品，包括凭航空货运单运输的行李。

第五条　货物由包机运输的，应当由包机人与承运人签订包机合同，并在包机合同中列明适用的运价及其条件；未列明的，应当明确所适用于该包机合同的有关条件。

第八百一十条　【公共运输承运人的强制缔约义务】 从事公共运

输的承运人不得拒绝旅客、托运人通常、合理的运输要求。

一、相关行政法规

《中华人民共和国道路运输条例》(2019年3月2日修订)

第十八条 班线客运经营者取得道路运输经营许可证后,应当向公众连续提供运输服务,不得擅自暂停、终止或者转让班线运输。

二、相关部门规章

1.《城市公共汽车和电车客运管理规定》(2017年5月1日起施行)

第二条 从事城市公共汽车和电车(以下简称城市公共汽电车)客运的服务提供、运营管理、设施设备维护、安全保障等活动,应当遵守本规定。

本规定所称城市公共汽电车客运,是指在城市人民政府确定的区域内,运用符合国家有关标准和规定的公共汽电车车辆和城市公共汽电车客运服务设施,按照核准的线路、站点、时间和票价运营,为社会公众提供基本出行服务的活动。

本规定所称城市公共汽电车客运服务设施,是指保障城市公共汽电车客运服务的停车场、保养场、站务用房、候车亭、站台、站牌以及加油(气)站、电车触线网、整流站和电动公交车充电设施等相关设施。

第四条 城市公共汽电车客运是城市公共交通的重要组成部分,具有公益属性。

省、自治区人民政府交通运输主管部门和城市公共交通主管部门应当在本级人民政府的领导下,会同有关部门,根据国家优先发展公共交通战略,落实在城市规划、财政政策、用地供给、设施建设、路权分配等方面优先保障城市公共汽电车客运事业发展的政策措施。

第八条 城市公共交通主管部门应当统筹考虑城市发展和社会公众基本出行需求,会同有关部门组织编制、修改城市公共汽电车线网规划。

编制、修改城市公共汽电车线网规划,应当科学设计城市公共汽电车线网、场站布局、换乘枢纽和重要交通节点设置,注重城市公共汽电车与其他出行方式的衔接和协调,并广泛征求相关部门和社会各方的意见。

第十九条 获得城市公共汽电车线路运营权的运营企业,应当按照线路特许经营协议要求提供连续服务,不得擅自停止运营。

运营企业需要暂停城市公共汽电车线路运营的，应当提前3个月向城市公共交通主管部门提出报告。运营企业应当按照城市公共交通主管部门的要求，自拟暂停之日7日前向社会公告；城市公共交通主管部门应当根据需要，采取临时指定运营企业、调配车辆等应对措施，保障社会公众出行需求。

2.《道路旅客运输及客运站管理规定》(2020年9月1日起施行)

第三十五条　道路客运班线属于国家所有的公共资源。班车客运经营者取得经营许可后，应当向公众提供连续运输服务，不得擅自暂停、终止或者转让班线运输。

三、相关裁判摘要

• **2011年第10期《中华人民共和国最高人民法院公报》**刊登的**"马士基(中国)航运有限公司及其厦门分公司与厦门瀛海实业发展有限公司、中国厦门外轮代理有限公司国际海上货运代理经营权损害赔偿纠纷再审案"**中，最高人民法院(2010)民提字第213号民事裁定书对如何认定从事公共运输的承运人进行了分析。相关裁判摘要如下：

公共运输是指为社会提供公用事业性服务并具有垄断地位的运输。基于公共运输履行着为社会公众提供运输服务的社会职能，具有公益性、垄断性等特征，为维护社会公众利益，我国法律法规除对公共运输规定较严格的市场准入条件和价格管制等监管措施外，还对从事公共运输的承运人规定了强制缔约义务。国际海上集装箱班轮运输是服务于国际贸易的商事经营活动，不属于公用事业，不具有公益性特征。目前，无论在世界某一区域还是整个世界范围内，国际班轮运输具有较强的竞争性，并不具有垄断性。托运人或其货运代理人在运输服务上也具有较大的选择余地，可以选择不同的班轮公司或不同的船舶承运，也可以选择不同的航线、不同的运输方式实现同一运输目的。依照《中华人民共和国国际海运条例》第十六条第一款、第二十条的规定，国际船舶运输经营者经营进出中国港口的国际班轮运输业务，应当依照该条例的规定取得国际班轮运输经营资格；国际班轮运价应当向国务院交通主管部门报备，备案运价包括公布运价和协议运价两种。据此，国际班轮运输业务经营者可以在其运价本载明的运价之外，与货主另行商定运价，也可以在遵守报备制度的前提下随行就市。尽管经营国际班轮运输应当遵守法定的市场准入条件，但国际班轮运价不具有公共运输价格受严格管制的特征。因此,马士基公司从事的国际班轮运输,不属于《中华人民共和国合同法》第二百八十九条规定的公共运输,瀛海公司主张马士基公司负有强制缔约义务,没有法律依据,本院不予支持。

第八百一十一条　【承运人的安全运输义务】承运人应当在约定期限或者合理期限内将旅客、货物安全运输到约定地点。

相关法律条文

《中华人民共和国铁路法》(2015 年 4 月 24 日修正)

第十条　铁路运输企业应当保证旅客和货物运输的安全,做到列车正点到达。

第八百一十二条　【承运人按约定或通常路线运输的义务】承运人应当按照约定的或者通常的运输路线将旅客、货物运输到约定地点。

一、相关法律条文

1.《中华人民共和国铁路法》(2015 年 4 月 24 日修正)

第十二条　铁路运输企业应当保证旅客按车票载明的日期、车次乘车,并到达目的站。因铁路运输企业的责任造成旅客不能按车票载明的日期、车次乘车的,铁路运输企业应当按照旅客的要求,退还全部票款或者安排改乘到达相同目的站的其他列车。

2.《中华人民共和国海商法》(1993 年 7 月 1 日起施行)

第四十九条　承运人应当按照约定的或者习惯的或者地理上的航线将货物运往卸货港。

船舶在海上为救助或者企图救助人命或者财产而发生的绕航或者其他合理绕航,不属于违反前款的规定的行为。

二、相关行政法规

《中华人民共和国道路运输条例》(2019 年 3 月 2 日修正)

第十九条　从事包车客运的,应当按照约定的起始地、目的地和线路运输。

从事旅游客运的,应当在旅游区域按照旅游线路运输。

第八百一十三条　【旅客、托运人或收货人支付票款或运输费用的义务】旅客、托运人或者收货人应当支付票款或者运输费用。承运人未按照约定路线或者通常路线运输增加票款或者运输费用的，旅客、托运人或者收货人可以拒绝支付增加部分的票款或者运输费用。

相关法律条文

1.《中华人民共和国铁路法》(2015年4月24日修正)

第二十一条　货物、包裹、行李到站后，收货人或者旅客应当按照国务院铁路主管部门规定的期限及时领取，并支付托运人未付或者少付的运费和其他费用；逾期领取的，收货人或者旅客应当按照规定交付保管费。

2.《中华人民共和国海商法》(1993年7月1日起施行)

第六十九条　托运人应当按照约定向承运人支付运费。

托运人与承运人可以约定运费由收货人支付；但是，此项约定应当在运输单证中载明。

第二节　客运合同

第八百一十四条　【客运合同的成立】客运合同自承运人向旅客出具客票时成立，但是当事人另有约定或者另有交易习惯的除外。

一、相关法律条文

1.《中华人民共和国民用航空法》(2021年4月29日修正)

第一百零九条　承运人运送旅客，应当出具客票。旅客乘坐民用航空器，应当交验有效客票。

第一百一十条　客票应当包括的内容由国务院民用航空主管部门规定，至少应当包括以下内容：

(一)出发地点和目的地点；

(二)出发地点和目的地点均在中华人民共和国境内，而在境外有一个或者数个约定的经停地点的，至少注明一个经停地点；

(三)旅客航程的最终目的地点、出发地点或者约定的经停地点之一不在中华人民共和国境内，依照所适用的国际航空运输公约的规定，应当在客票上声明此项运输适用该公约的，客票上应当载有该项声明。

第一百一十一条 客票是航空旅客运输合同订立和运输合同条件的初步证据。

旅客未能出示客票、客票不符合规定或者客票遗失,不影响运输合同的存在或者有效。

在国内航空运输中,承运人同意旅客不经其出票而乘坐民用航空器的,承运人无权援用本法第一百二十八条有关赔偿责任限制的规定。

在国际航空运输中,承运人同意旅客不经其出票而乘坐民用航空器的,或者客票上未依照本法第一百一十条第(三)项的规定声明的,承运人无权援用本法第一百二十九条有关赔偿责任限制的规定。

2.《中华人民共和国海商法》(1993年7月1日起施行)

第一百一十条 旅客客票是海上旅客运输合同成立的凭证。

第一百一十一条 海上旅客运输的运送期间,自旅客登船时起至旅客离船时止,客票票价含接送费用的,运送期间并包括承运人经水路将旅客从岸上接到船上和从船上送到岸上的时间,但是不包括旅客在港站内、码头上或者在港口其他设施内的时间。

旅客的自带行李,运送期间同前款规定,旅客自带行李以外的其他行李,运送期间自旅客将行李交付承运人或者承运人的受雇人、代理人时起至承运人或者承运人的受雇人、代理人交还旅客时止。

二、相关裁判摘要

● **2003年第5期《中华人民共和国最高人民法院公报》**刊登的“**杨艳辉诉南方航空公司、民惠公司客运合同纠纷案**”的判决对客运合同的成立及给付义务、附随义务进行了分析。相关裁判摘要如下:

《中华人民共和国合同法》第二百八十八条规定:“运输合同是承运人将旅客或者货物从起运地点运输到约定地点,旅客、托运人或者收货人支付票款或者运输费用的合同。”第二百九十三条规定:“客运合同自承运人向旅客交付客票时成立,但当事人另有约定或者另有交易习惯的除外。”原告杨艳辉为从上海赴厦门,购买了被告南航公司的客运机票,客运机票是客运合同成立的凭据。自杨艳辉取得南航公司的客运机票时起,杨艳辉与南航公司之间的客运合同即告成立,杨艳辉与南航公司是该客运合同的主体。被告民惠公司只是根据代理合同为南航公司代销客运机票,并非客运合同的主体。

合同义务有给付义务和附随义务之分。给付义务是债务人根据合同应当履行的基本义务，附随义务是在给付义务以外，为保证债权人利益的实现而需债务人履行的其他义务。《合同法》第六十条第二款规定："当事人应当遵循诚实信用原则，根据合同的性质、目的和交易习惯履行通知、协助、保密等义务。"这是合同法对附随义务作出的规定。在客运合同中，明白无误地向旅客通知运输事项，就是承运人应尽的附随义务。只有承运人正确履行了这一附随义务，旅客才能于约定的时间到约定的地点集合，等待乘坐约定的航空工具。上海有虹桥、浦东两大机场，确实为上海公民皆知。但这两个机场的专用代号SHA、PVG，却并非上海公民均能通晓。作为承运人的被告南航公司，应当根据这一具体情况，在出售的机票上以我国通用文字清晰明白地标明机场名称，或以其他足以使旅客通晓的方式作出说明。南航公司在机票上仅以"上海PVG"来标识上海浦东机场，以致原告杨艳辉因不能识别而未在约定的时间乘坐上约定的航空工具，南航公司应承担履行附随义务不当的过错责任。自动打票机并非不能打印中文，机票上打印的"上海""厦门"等字，便是证明。虽然"全部使用自动打票机填开机票"是中国民航总局的规定，但怎样根据当地具体情况去执行上级主管部门的规定，使执行规定的结果能更好地为旅客提供服务，更好地履行承运方在承运合同中的义务，却是作为承运人的南航公司应尽的职责。南航公司关于是"按照中国民航总局的规定使用自动打票机填开""自动打票机无法在机票上打印中文机场名称，故用机场代码PVG标明""作为承运人已尽到义务"的辩解理由，不能成立。

《合同法》第二百九十九条规定："承运人应当按照客票载明的时间和班次运输旅客。承运人迟延运输的，应当根据旅客的要求安排改乘其他班次或者退票。"原告杨艳辉持机场名称标识不明的机票，未能如期旅行。参照迟延运输的处理办法，被告南航公司应负责全额退票，并对旅客为抵达目的地而增加的支出进行赔偿。除此以外，杨艳辉提出请求赔偿的其他损失，缺乏相应的事实根据和法律依据，不予支持。

被告民惠公司不是客运合同的主体，原告杨艳辉要求民惠公司承担退票、赔偿的民事责任，不予支持。

至于被告南航公司、民惠公司是否必须在其出售的机票上以我国通用文字标明机场名称，应由其上级主管部门加以规范，不属本案处理范围。

第八百一十五条 【旅客持有效客票乘运义务】旅客应当按照有效客票记载的时间、班次和座位号乘坐。旅客无票乘坐、超程乘坐、越级乘坐或者持不符合减价条件的优惠客票乘坐的,应当补交票款,承运人可以按照规定加收票款;旅客不支付票款的,承运人可以拒绝运输。

实名制客运合同的旅客丢失客票的,可以请求承运人挂失补办,承运人不得再次收取票款和其他不合理费用。

一、相关法律条文

1.《中华人民共和国民用航空法》(2021年4月29日修正)

第一百零九条 承运人运送旅客,应当出具客票。旅客乘坐民用航空器,应当交验有效客票。

2.《中华人民共和国海商法》(1993年7月1日起施行)

第一百一十二条 旅客无票乘船、越级乘船或者超程乘船,应当按照规定补足票款,承运人可以按照规定加收票款;拒不交付的,船长有权在适当地点令其离船,承运人有权向其追偿。

二、相关行政法规

《中华人民共和国道路运输条例》(2019年3月2日修订)

第十七条 旅客应当持有效客票乘车,遵守乘车秩序,讲究文明卫生,不得携带国家规定的危险物品及其他禁止携带的物品乘车。

三、相关部门规章

1.《城市公共汽车和电车客运管理规定》(2017年5月1日起施行)

第三十九条 乘客应当按照规定票价支付车费,未按规定票价支付的,运营企业从业人员有权要求乘客补交车费,并按照有关规定加收票款。

符合当地优惠乘车条件的乘客,应当按规定出示有效乘车凭证,不能出示的,运营企业从业人员有权要求其按照普通乘客支付车费。

第四十条 有下列情形之一的,乘客可以拒绝支付车费:

(一)运营车辆未按规定公布运营收费标准的;

(二)无法提供车票凭证或者车票凭证不符合规定的;

(三)不按核准的收费标准收费的。

2.《道路旅客运输及客运站管理规定》(2020年9月1日起施行)

第三十八条　一类、二类客运班线的经营者或者其委托的售票单位、配客站点,应当实行实名售票和实名查验(以下统称实名制管理),免票儿童除外。其他客运班线及客运站实行实名制管理的范围,由省级人民政府交通运输主管部门确定。

实行实名制管理的,购票人购票时应当提供有效身份证件原件(有效身份证件类别见附件9),并由售票人在客票上记载旅客的身份信息。通过网络、电话等方式实名购票的,购票人应当提供有效的身份证件信息,并在取票时提供有效身份证件原件。

旅客遗失客票的,经核实其身份信息后,售票人应当免费为其补办客票。

第五十条　旅客应当持有效客票乘车,配合行李物品安全检查,按照规定使用安全带,遵守乘车秩序,文明礼貌;不得携带违禁物品乘车,不得干扰驾驶员安全驾驶。

实行实名制管理的客运班线及客运站,旅客还应当持有本人有效身份证件原件,配合工作人员查验。旅客乘车前,客运站经营者应当对客票记载的身份信息与旅客及其有效身份证件原件(以下简称票、人、证)进行一致性核对并记录有关信息。

对旅客拒不配合行李物品安全检查或者坚持携带违禁物品、乘坐实名制管理的客运班线拒不提供本人有效身份证件原件或者票、人、证不一致的,班车客运经营者和客运站经营者不得允许其乘车。

第八百一十六条　【退票与变更手续】旅客因自己的原因不能按照客票记载的时间乘坐的,应当在约定的期限内办理退票或者变更手续;逾期办理的,承运人可以不退票款,并不再承担运输义务。

第八百一十七条　【旅客按约定限量携带行李】旅客随身携带行李应当符合约定的限量和品类要求;超过限量或者违反品类要求携带行李的,应当办理托运手续。

第八百一十八条　【禁止携带违禁品或危险物品】旅客不得随身携带或者在行李中夹带易燃、易爆、有毒、有腐蚀性、有放射性以及可能危及运输工具上人身和财产安全的危险物品或者违禁物品。

旅客违反前款规定的,承运人可以将危险物品或者违禁物品卸下、销毁或者送交有关部门。旅客坚持携带或者夹带危险物品或者违禁物品的，承运人应当拒绝运输。

一、相关法律条文

1.《中华人民共和国海商法》(1993年7月1日起施行)

第一百一十三条 旅客不得随身携带或者在行李中夹带违禁品或者易燃、易爆、有毒、有腐蚀性、有放射性以及有可能危及船上人身和财产安全的其他危险品。

承运人可以在任何时间、任何地点将旅客违反前款规定随身携带或者在行李中夹带的违禁品、危险品卸下、销毁或者使之不能为害，或者送交有关部门，而不负赔偿责任。

旅客违反本条第一款规定，造成损害的，应当负赔偿责任。

2.《中华人民共和国民用航空法》(2021年4月29日修正)

第一百条 公共航空运输企业不得运输法律、行政法规规定的禁运物品。

公共航空运输企业未经国务院民用航空主管部门批准，不得运输作战军火、作战物资。

禁止旅客随身携带法律、行政法规规定的禁运物品乘坐民用航空器。

第一百零一条 公共航空运输企业运输危险品，应当遵守国家有关规定。

禁止以非危险品品名托运危险品。

禁止旅客随身携带危险品乘坐民用航空器。除因执行公务并按照国家规定经过批准外，禁止旅客携带枪支、管制刀具乘坐民用航空器。禁止违反国务院民用航空主管部门的规定将危险品作为行李托运。

危险品品名由国务院民用航空主管部门规定并公布。

二、相关行政法规

1.《中华人民共和国道路运输条例》(2019年3月2日修订)

第十七条 旅客应当持有效客票乘车，遵守乘车秩序，讲究文明卫生，不得携带国家规定的危险物品及其他禁止携带的物品乘车。

2.《中华人民共和国民用航空安全保卫条例》(2011年1月8日修订)

第二十六条 乘坐民用航空器的旅客和其他人员及其携带的行李物品，必须接受安全检查；但是，国务院规定免检的除外。

拒绝接受安全检查的,不准登机,损失自行承担。

第二十七条　安全检查人员应当查验旅客客票、身份证件和登机牌,使用仪器或者手工对旅客及其行李物品进行安全检查,必要时可以从严检查。

已经安全检查的旅客应当在候机隔离区等待登机。

第二十八条　进入候机隔离区的工作人员(包括机组人员)及其携带的物品,应当接受安全检查。

接送旅客的人员和其他人员不得进入候机隔离区。

第二十九条　外交邮袋免予安全检查。外交信使及其随身携带的其他物品应当接受安全检查;但是,中华人民共和国缔结或者参加的国际条约另有规定的除外。

第三十二条　除国务院另有规定的外,乘坐民用航空器的,禁止随身携带或者交运下列物品:

(一)枪支、弹药、军械、警械;

(二)管制刀具;

(三)易燃、易爆、有毒、腐蚀性、放射性物品;

(四)国家规定的其他禁运物品。

第三十三条　除本条例第三十二条规定的物品外,其他可以用于危害航空安全的物品,旅客不得随身携带,但是可以作为行李交运或者按照国务院民用航空主管部门的有关规定由机组人员带到目的地后交还。

对含有易燃物质的生活用品实行限量携带。限量携带的物品及其数量,由国务院民用航空主管部门规定。

三、相关部门规章

《城市公共汽车和电车客运管理规定》(2017年5月1日起施行)

第四十九条　禁止携带违禁物品乘车。运营企业应当在城市公共汽电车主要站点的醒目位置公布禁止携带的违禁物品目录。有条件的,应当在城市公共汽电车车辆上张贴禁止携带违禁物品乘车的提示。

第五十条　运营企业应当依照规定配备安保人员和相应设备设施,加强安全检查和保卫工作。乘客应当自觉接受、配合安全检查。对于拒绝接受安全检查或者携带违禁物品的乘客,运营企业从业人员应当制止其乘车;制止无效的,及时报告公安部门处理。

第八百一十九条 【承运人告知义务和旅客协助配合义务】承运人应当严格履行安全运输义务,及时告知旅客安全运输应当注意的事项。旅客对承运人为安全运输所作的合理安排应当积极协助和配合。

相关部门规章

《城市公共汽车和电车客运管理规定》(2017年5月1日起施行)

第四十八条 运营企业应当在城市公共汽电车车辆和场站醒目位置设置安全警示标志、安全疏散示意图等,并为车辆配备灭火器、安全锤等安全应急设备,保证安全应急设备处于良好状态。

第八百二十条 【承运人按照约定运输的义务】承运人应当按照有效客票记载的时间、班次和座位号运输旅客。承运人迟延运输或者有其他不能正常运输情形的,应当及时告知和提醒旅客,采取必要的安置措施,并根据旅客的要求安排改乘其他班次或者退票;由此造成旅客损失的,承运人应当承担赔偿责任,但是不可归责于承运人的除外。

一、相关法律条文

1.《中华人民共和国铁路法》(2015年4月24日修正)

第十二条 铁路运输企业应当保证旅客按车票载明的日期、车次乘车,并到达目的站。因铁路运输企业的责任造成旅客不能按车票载明的日期、车次乘车的,铁路运输企业应当按照旅客的要求,退还全部票款或者安排改乘到达相同目的站的其他列车。

2.《中华人民共和国民用航空法》(2021年4月29日修正)

第一百二十六条 旅客、行李或者货物在航空运输中因延误造成的损失,承运人应当承担责任;但是,承运人证明本人或者其受雇人、代理人为了避免损失的发生,已经采取一切必要措施或者不可能采取此种措施的,不承担责任。

二、相关部门规章

《道路旅客运输及客运站管理规定》(2020年9月1日起施行)

第三十七条 客运班车应当按照许可的起讫地、日发班次下限和备案的途经路线运行,在起讫地客运站点和中途停靠地客运站点(以下统称配客站点)上下旅客。

> 客运班车不得在规定的配客站点外上客或者沿途揽客,无正当理由不得改变途经路线。客运班车在遵守道路交通安全、城市管理相关法规的前提下,可以在起讫地、中途停靠地所在的城市市区、县城城区沿途下客。
>
> 重大活动期间,客运班车应当按照相关道路运输管理机构指定的配客站点上下旅客。

第八百二十一条 【承运人变更服务标准的责任】 承运人擅自降低服务标准的,应当根据旅客的请求退票或者减收票款;提高服务标准的,不得加收票款。

第八百二十二条 【承运人的救助义务】 承运人在运输过程中,应当尽力救助患有急病、分娩、遇险的旅客。

第八百二十三条 【旅客伤亡的损害赔偿责任】 承运人应当对运输过程中旅客的伤亡承担赔偿责任;但是,伤亡是旅客自身健康原因造成的或者承运人证明伤亡是旅客故意、重大过失造成的除外。

前款规定适用于按照规定免票、持优待票或者经承运人许可搭乘的无票旅客。

> **一、相关法律条文**
>
> **1.《中华人民共和国铁路法》(2015年4月24日修正)**
>
> **第五十八条** 因铁路行车事故及其他铁路运营事故造成人身伤亡的,铁路运输企业应当承担赔偿责任;如果人身伤亡是因不可抗力或者由于受害人自身的原因造成的,铁路运输企业不承担赔偿责任。
>
> 违章通过平交道口或者人行过道,或者在铁路线路上行走、坐卧造成的人身伤亡,属于受害人自身的原因造成的人员伤亡。
>
> **2.《中华人民共和国民用航空法》(2021年4月29日修正)**
>
> **第一百二十四条** 因发生在民用航空器上或者在旅客上、下民用航空器过程中的事件,造成旅客人身伤亡的,承运人应当承担责任;但是,旅客的人身伤亡完全是由于旅客本人的健康状况造成的,承运人不承担责任。

第一百二十七条 在旅客、行李运输中，经承运人证明，损失是由索赔人的过错造成或者促成的，应当根据造成或者促成此种损失的过错的程度，相应免除或者减轻承运人的责任。旅客以外的其他人就旅客死亡或者受伤提出赔偿请求时，经承运人证明，死亡或者受伤是旅客本人的过错造成或者促成的，同样应当根据造成或者促成此种损失的过错的程度，相应免除或者减轻承运人的责任。

在货物运输中，经承运人证明，损失是由索赔人或者代行权利人的过错造成或者促成的，应当根据造成或者促成此种损失的过错的程度，相应免除或者减轻承运人的责任。

第一百二十八条 国内航空运输承运人的赔偿责任限额由国务院民用航空主管部门制定，报国务院批准后公布执行。

旅客或者托运人在交运托运行李或者货物时，特别声明在目的地点交付时的利益，并在必要时支付附加费的，除承运人证明旅客或者托运人声明的金额高于托运行李或者货物在目的地点交付时的实际利益外，承运人应当在声明金额范围内承担责任；本法第一百二十九条的其他规定，除赔偿责任限额外，适用于国内航空运输。

第一百二十九条 国际航空运输承运人的赔偿责任限额按照下列规定执行：

（一）对每名旅客的赔偿责任限额为16,600计算单位；但是，旅客可以同承运人书面约定高于本项规定的赔偿责任限额。

（二）对托运行李或者货物的赔偿责任限额，每公斤为17计算单位。旅客或者托运人在交运托运行李或者货物时，特别声明在目的地点交付时的利益，并在必要时支付附加费的，除承运人证明旅客或者托运人声明的金额高于托运行李或者货物在目的地点交付时的实际利益外，承运人应当在声明金额范围内承担责任。

托运行李或者货物的一部分或者托运行李、货物中的任何物件毁灭、遗失、损坏或者延误的，用以确定承运人赔偿责任限额的重量，仅为该一包件或者数包件的总重量；但是，因托运行李或者货物的一部分或者托运行李、货物中的任何物件的毁灭、遗失、损坏或者延误，影响同一份行李票或者同一份航空货运单所列其他包件的价值的，确定承运人的赔偿责任限额时，此种包件的总重量也应当考虑在内。

（三）对每名旅客随身携带的物品的赔偿责任限额为332计算单位。

第一百三十条 任何旨在免除本法规定的承运人责任或者降低本法规定的赔偿责任限额的条款，均属无效；但是，此种条款的无效，不影响整个航空运输合同的效力。

第一百三十一条 有关航空运输中发生的损失的诉讼，不论其根据如何，只能依照本法规定的条件和赔偿责任限额提出，但是不妨碍谁有权提起诉讼以及他们各自的权利。

第一百三十二条 经证明，航空运输中的损失是由于承运人或者其受雇人、代理人的故意或者明知可能造成损失而轻率地作为或者不作为造成的，承运人无权援用本法第一百二十八条、第一百二十九条有关赔偿责任限制的规定；证明承运人的受雇人、代理人有此种作为或者不作为的，还应当证明该受雇人、代理人是在受雇、代理范围内行事。

第一百三十三条 就航空运输中的损失向承运人的受雇人、代理人提起诉讼时，该受雇人、代理人证明他是在受雇、代理范围内行事的，有权援用本法第一百二十八条、第一百二十九条有关赔偿责任限制的规定。

在前款规定情形下，承运人及其受雇人、代理人的赔偿总额不得超过法定的赔偿责任限额。

经证明，航空运输中的损失是由于承运人的受雇人、代理人的故意或者明知可能造成损失而轻率地作为或者不作为造成的，不适用本条第一款和第二款的规定。

第一百三十四条 旅客或者收货人收受托运行李或者货物而未提出异议，为托运行李或者货物已经完好交付并与运输凭证相符的初步证据。

托运行李或者货物发生损失的，旅客或者收货人应当在发现损失后向承运人提出异议。托运行李发生损失的，至迟应当自收到托运行李之日起七日内提出；货物发生损失的，至迟应当自收到货物之日起十四日内提出。托运行李或者货物发生延误的，至迟应当自托运行李或者货物交付旅客或者收货人处置之日起二十一日内提出。

任何异议均应当在前款规定的期间内写在运输凭证上或者另以书面提出。

除承运人有欺诈行为外，旅客或者收货人未在本条第二款规定的期间内提出异议的，不能向承运人提出索赔诉讼。

第一百三十五条 航空运输的诉讼时效期间为二年，自民用航空器到达目的地点、应当到达目的地点或者运输终止之日起计算。

第一百三十六条 由几个航空承运人办理的连续运输，接受旅客、行李或者货物的每一个承运人应当受本法规定的约束，并就其根据合同办理的运输区段作为运输合同的订约一方。

对前款规定的连续运输，除合同明文约定第一承运人应当对全程运输承担责任外，旅客或者其继承人只能对发生事故或者延误的运输区段的承运人提起诉讼。

托运行李或者货物的毁灭、遗失、损坏或者延误，旅客或者托运人有权对第一承运人提起诉讼，旅客或者收货人有权对最后承运人提起诉讼，旅客、托运人和收货人均可以对发生毁灭、遗失、损坏或者延误的运输区段的承运人提起诉讼。上述承运人应当对旅客、托运人或者收货人承担连带责任。

3.《中华人民共和国海商法》(1993年7月1日起施行)

第一百一十四条 在本法第一百一十一条规定的旅客及其行李的运送期间，因承运人或者承运人的受雇人、代理人在受雇或者受委托的范围内过失引起事故，造成旅客人身伤亡或者行李灭失、损坏的，承运人应当负赔偿责任。

请求人对承运人或者承运人的受雇人、代理人的过失，应当负举证责任；但是，本条第三款和第四款规定的情形除外。

旅客的人身伤亡或者自带行李的灭失、损坏，是由于船舶的沉没、碰撞、搁浅、爆炸、火灾所引起或者是由于船舶的缺陷所引起的，承运人或者承运人的受雇人、代理人除非提出反证，应当视为其有过失。

旅客自带行李以外的其他行李的灭失或者损坏，不论由于何种事故所引起，承运人或者承运人的受雇人、代理人除非提出反证，应当视为其有过失。

第一百一十五条 经承运人证明，旅客的人身伤亡或者行李的灭失、损坏，是由于旅客本人的过失或者旅客和承运人的共同过失造成的，可以免除或者相应减轻承运人的赔偿责任。

经承运人证明，旅客的人身伤亡或者行李的灭失、损坏，是由于旅客本人的故意造成的，或者旅客的人身伤亡是由于旅客本人健康状况造成的，承运人不负赔偿责任。

第一百一十七条 除本条第四款规定的情形外，承运人在每次海上旅客运输中的赔偿责任限额，依照下列规定执行：

(一)旅客人身伤亡的，每名旅客不超过46,666计算单位；

（二）旅客自带行李灭失或者损坏的，每名旅客不超过833计算单位；

（三）旅客车辆包括该车辆所载行李灭失或者损坏的，每一车辆不超过3333计算单位；

（四）本款第（二）、（三）项以外的旅客其他行李灭失或者损坏的，每名旅客不超过1200计算单位。

承运人和旅客可以约定，承运人对旅客车辆和旅客车辆以外的其他行李损失的免赔额。但是，对每一车辆损失的免赔额不得超过117计算单位，对每名旅客的车辆以外的其他行李损失的免赔额不得超过13计算单位。在计算每一车辆或者每名旅客的车辆以外的其他行李的损失赔偿数额时，应当扣除约定的承运人免赔额。

承运人和旅客可以书面约定高于本条第一款规定的赔偿责任限额。

中华人民共和国港口之间的海上旅客运输，承运人的赔偿责任限额，由国务院交通主管部门制订，报国务院批准后施行。

第一百一十八条 经证明，旅客的人身伤亡或者行李的灭失、损坏，是由于承运人的故意或者明知可能造成损害而轻率地作为或者不作为造成的，承运人不得援用本法第一百一十六条和第一百一十七条限制赔偿责任的规定。

经证明，旅客的人身伤亡或者行李的灭失、损坏，是由于承运人的受雇人、代理人的故意或者明知可能造成损害而轻率地作为或者不作为造成的，承运人的受雇人、代理人不得援用本法第一百一十六条和第一百一十七条限制赔偿责任的规定。

第一百二十条 向承运人的受雇人、代理人提出的赔偿请求，受雇人或者代理人证明其行为是在受雇或者受委托的范围内的，有权援用本法第一百一十五条、第一百一十六条和第一百一十七条的抗辩理由和赔偿责任限制的规定。

第一百二十一条 承运人将旅客运送或者部分运送委托给实际承运人履行的，仍然应当依照本章规定，对全程运送负责。实际承运人履行运送的，承运人应当对实际承运人的行为或者实际承运人的受雇人、代理人在受雇或者受委托的范围内的行为负责。

第一百二十二条 承运人承担本章未规定的义务或者放弃本章赋予的权利的任何特别协议，经实际承运人书面明确同意的，对实际承运人发生效力；实际承运人是否同意，不影响此项特别协议对承运人的效力。

第一百二十三条 承运人与实际承运人均负有赔偿责任的，应当在此项责任限度内负连带责任。

第一百二十四条 就旅客的人身伤亡或者行李的灭失、损坏，分别向承运人、实际承运人以及他们的受雇人、代理人提出赔偿请求，赔偿总额不得超过本法第一百一十七条规定的限额。

第一百二十五条 本法第一百二十一条至第一百二十四条的规定，不影响承运人和实际承运人之间相互追偿。

第一百二十六条 海上旅客运输合同中含有下列内容之一的条款无效：

（一）免除承运人对旅客应当承担的法定责任；

（二）降低本章规定的承运人责任限额；

（三）对本章规定的举证责任作出相反的约定；

（四）限制旅客提出赔偿请求的权利。

前款规定的合同条款的无效，不影响合同其他条款的效力。

二、相关行政法规

1.《中华人民共和国港口间海上旅客运输赔偿责任限额规定》（1994年1月1日起施行）

第一条 根据《中华人民共和国海商法》第一百一十七条、第二百一十一条的规定，制定本规定。

第二条 本规定适用于中华人民共和国港口之间海上旅客运输。

第三条 承运人在每次海上旅客运输中的赔偿责任限额，按照下列规定执行：

（一）旅客人身伤亡的，每名旅客不超过4万元人民币；

（二）旅客自带行李灭失或者损坏的，每名旅客不超过800元人民币；

（三）旅客车辆包括该车辆所载行李灭失或者损坏的，每一车辆不超过3200元人民币；

（四）本款第（二）项、第（三）项以外的旅客其他行李灭失或者损坏的，每千克不超过20元人民币。

承运人和旅客可以书面约定高于本条第一款规定的赔偿责任限额。

第四条 海上旅客运输的旅客人身伤亡赔偿责任限制，按照4万元人民币乘以船舶证书规定的载客定额计算赔偿限额，但是最高不超过2100万元人民币。

第五条　向外籍旅客、华侨和港、澳、台胞旅客给付的赔偿金，可以兑换成该外国或者地区的货币。其汇率按照赔偿金给付之日中华人民共和国外汇管理部门公布的外汇牌价确定。

第六条　本规定由中华人民共和国交通部负责解释。

第七条　本规定自一九九四年一月一日起施行。

2.《中华人民共和国道路运输条例》(2019年3月2日修订)

第十六条　客运经营者应当为旅客提供良好的乘车环境，保持车辆清洁、卫生，并采取必要的措施防止在运输过程中发生侵害旅客人身、财产安全的违法行为。

第三十五条　客运经营者、危险货物运输经营者应当分别为旅客或者危险货物投保承运人责任险。

三、相关部门规章

《国内航空运输承运人赔偿责任限额规定》(2006年3月28日起施行)

第一条　为了维护国内航空运输各方当事人的合法权益，根据《中华人民共和国民用航空法》(以下简称《民用航空法》)第一百二十八条，制定本规定。

第二条　本规定适用于中华人民共和国国内航空运输中发生的损害赔偿。

第三条　国内航空运输承运人(以下简称承运人)应当在下列规定的赔偿责任限额内按照实际损害承担赔偿责任，但是《民用航空法》另有规定的除外：

(一)对每名旅客的赔偿责任限额为人民币40万元；

(二)对每名旅客随身携带物品的赔偿责任限额为人民币3000元；

(三)对旅客托运的行李和对运输的货物的赔偿责任限额，为每公斤人民币100元。

第四条　本规定第三条所确定的赔偿责任限额的调整，由国务院民用航空主管部门制定，报国务院批准后公布执行。

第五条　旅客自行向保险公司投保航空旅客人身意外保险的，此项保险金额的给付，不免除或者减少承运人应当承担的赔偿责任。

第六条 本规定自2006年3月28日起施行。

四、相关司法解释规定

《最高人民法院关于审理铁路运输人身损害赔偿纠纷案件适用法律若干问题的解释》(法释〔2010〕5号)

第一条 人民法院审理铁路行车事故及其他铁路运营事故造成的铁路运输人身损害赔偿纠纷案件,适用本解释。

与铁路运输企业建立劳动合同关系或者形成劳动关系的铁路职工在执行职务中发生的人身损害,依照有关调整劳动关系的法律规定及其他相关法律规定处理。

第二条 铁路运输人身损害的受害人、依法由受害人承担扶养义务的被扶养人以及死亡受害人的近亲属为赔偿权利人,有权请求赔偿。

第三条 赔偿权利人要求对方当事人承担侵权责任的,由事故发生地、列车最先到达地或者被告住所地铁路运输法院管辖;赔偿权利人依照民法典第三编要求承运人承担违约责任予以人身损害赔偿的,由运输始发地、目的地或者被告住所地铁路运输法院管辖。

第四条 铁路运输造成人身损害的,铁路运输企业应当承担赔偿责任;法律另有规定的,依照其规定。

第五条 铁路运输中发生人身损害,铁路运输企业举证证明有下列情形之一的,不承担赔偿责任:

(一)不可抗力造成的;

(二)受害人故意以卧轨、碰撞等方式造成的。

第六条 因受害人翻越、穿越、损毁、移动铁路线路两侧防护围墙、栅栏或者其他防护设施穿越铁路线路,偷乘货车,攀附行进中的列车,在未设置人行通道的铁路桥梁、隧道内通行,攀爬高架铁路线路,以及其他未经许可进入铁路线路、车站、货场等铁路作业区域的过错行为,造成人身损害的,应当根据受害人的过错程度适当减轻铁路运输企业的赔偿责任,并按照以下情形分别处理:

(一)铁路运输企业未充分履行安全防护、警示等义务,受害人有上述过错行为的,铁路运输企业应当在全部损失的百分之八十至百分之二十之间承担赔偿责任;

(二)铁路运输企业已充分履行安全防护、警示等义务,受害人仍施以上述过错行为的,铁路运输企业应当在全部损失的百分之二十至百分之十之间承担赔偿责任。

第七条 受害人横向穿越未封闭的铁路线路时存在过错，造成人身损害的，按照前条规定处理。

受害人不听从值守人员劝阻或者无视禁行警示信号、标志硬行通过铁路平交道口、人行过道，或者沿铁路线路纵向行走，或者在铁路线路上坐卧，造成人身损害，铁路运输企业举证证明已充分履行安全防护、警示等义务的，不承担赔偿责任。

第八条 铁路运输造成无民事行为能力人人身损害的，铁路运输企业应当承担赔偿责任；监护人有过错的，按照过错程度减轻铁路运输企业的赔偿责任，但铁路运输企业承担的赔偿责任应当不低于全部损失的百分之五十。

铁路运输造成限制民事行为能力人人身损害的，铁路运输企业应当承担赔偿责任；监护人及受害人自身有过错的，按照过错程度减轻铁路运输企业的赔偿责任，但铁路运输企业承担的赔偿责任应当不低于全部损失的百分之四十。

第九条 铁路机车车辆与机动车发生碰撞造成机动车驾驶人员以外的人人身损害的，由铁路运输企业与机动车一方对受害人承担连带赔偿责任。铁路运输企业与机动车一方之间，按照各自的过错分担责任；双方均无过错的，按照公平原则分担责任。对受害人实际承担赔偿责任超出应当承担份额的一方，有权向另一方追偿。

铁路机车车辆与机动车发生碰撞造成机动车驾驶人员人身损害的，按照本解释第四条至第七条的规定处理。

第十条 在非铁路运输企业实行监护的铁路无人看守道口发生事故造成人身损害的，由铁路运输企业按照本解释的有关规定承担赔偿责任。道口管理单位有过错的，铁路运输企业对赔偿权利人承担赔偿责任后，有权向道口管理单位追偿。

第十一条 对于铁路桥梁、涵洞等设施负有管理、维护等职责的单位，因未尽职责使该铁路桥梁、涵洞等设施不能正常使用，导致行人、车辆穿越铁路线路造成人身损害的，铁路运输企业按照本解释有关规定承担赔偿责任后，有权向该单位追偿。

第十二条 铁路旅客运送期间发生旅客人身损害，赔偿权利人要求铁路运输企业承担违约责任的，人民法院应当依照民法典第八百一十一条、第八百二十二条、第八百二十三条等规定，确定铁路运输企业是否承担责任及责任的大小；赔偿权利人要求铁路运输企业承担侵权赔偿责任的,人民法院应当依照有关侵权责任的法律规定,确定铁路运输企业是否承担赔偿责任及责任的大小。

第十三条　铁路旅客运送期间因第三人侵权造成旅客人身损害的,由实施侵权行为的第三人承担赔偿责任。铁路运输企业有过错的,应当在能够防止或者制止损害的范围内承担相应的补充赔偿责任。铁路运输企业承担赔偿责任后,有权向第三人追偿。

车外第三人投掷石块等击打列车造成车内旅客人身损害,赔偿权利人要求铁路运输企业先予赔偿的,人民法院应当予以支持。铁路运输企业赔付后,有权向第三人追偿。

第十四条　有权作出事故认定的组织依照《铁路交通事故应急救援和调查处理条例》等有关规定制作的事故认定书,经庭审质证,对于事故认定书所认定的事实,当事人没有相反证据和理由足以推翻的,人民法院应当作为认定事实的根据。

第十五条　在专用铁路及铁路专用线上因运输造成人身损害,依法应当由肇事工具或者设备的所有人、使用人或者管理人承担赔偿责任的,适用本解释。

第十六条　本院以前发布的司法解释与本解释不一致的,以本解释为准。

本解释施行前已经终审,本解释施行后当事人申请再审或者按照审判监督程序决定再审的案件,不适用本解释。

五、相关文件规定

《最高人民法院关于就客运合同纠纷案件中,对无过错承运人如何适用法律有关问题的请示的答复》(〔2006〕民监他字第1号)

1. 请示报告显示,该交通事故系由第三人的过错造成,承运人和旅客均无过错。受到损害的旅客依据《中华人民共和国合同法》第一百二十一条的规定,仅选择承运人提起客运合同纠纷诉讼的,人民法院应当就该客运合同纠纷案件进行审理。

2. 承运人虽在交通事故中无过错,但在旅客提起的客运合同纠纷诉讼中,应按《中华人民共和国合同法》第三百零二条的规定,对旅客的伤亡承担损害赔偿责任。旅客关于精神损害的赔偿请求,应向造成交通事故的侵权人主张。在旅客仅选择提起客运合同纠纷诉讼的情况下,人民法院不应支持其向违约责任人主张精神损害赔偿的诉讼请求。

3.承运人向旅客支付的损害赔偿金额构成承运人在该交通事故中损失的一部分,可以向造成交通事故的侵权人主张。

第八百二十四条 【旅客行李毁损灭失的赔偿责任】在运输过程中旅客随身携带物品毁损、灭失,承运人有过错的,应当承担赔偿责任。

旅客托运的行李毁损、灭失的,适用货物运输的有关规定。

相关法律条文

1.《中华人民共和国铁路法》(2015年4月24日修正)

第十六条 铁路运输企业应当按照合同约定的期限或者国务院铁路主管部门规定的期限,将货物、包裹、行李运到目的站;逾期运到的,铁路运输企业应当支付违约金。

铁路运输企业逾期三十日仍未将货物、包裹、行李交付收货人或者旅客的,托运人、收货人或者旅客有权按货物、包裹、行李灭失向铁路运输企业要求赔偿。

第十七条 铁路运输企业应当对承运的货物、包裹、行李自接受承运时起到交付时止发生的灭失、短少、变质、污染或者损坏,承担赔偿责任:

(一)托运人或者旅客根据自愿申请办理保价运输的,按照实际损失赔偿,但最高不超过保价额。

(二)未按保价运输承运的,按照实际损失赔偿,但最高不超过国务院铁路主管部门规定的赔偿限额;如果损失是由于铁路运输企业的故意或者重大过失造成的,不适用赔偿限额的规定,按照实际损失赔偿。

托运人或者旅客根据自愿可以向保险公司办理货物运输保险,保险公司按照保险合同的约定承担赔偿责任。

托运人或者旅客根据自愿,可以办理保价运输,也可以办理货物运输保险;还可以既不办理保价运输,也不办理货物运输保险。不得以任何方式强迫办理保价运输或者货物运输保险。

第十八条 由于下列原因造成的货物、包裹、行李损失的,铁路运输企业不承担赔偿责任:

（一）不可抗力。

（二）货物或者包裹、行李中的物品本身的自然属性，或者合理损耗。

（三）托运人、收货人或者旅客的过错。

2.《中华人民共和国民用航空法》（2021年4月29日修正）

第一百二十五条　因发生在民用航空器上或者在旅客上、下民用航空器过程中的事件，造成旅客随身携带物品毁灭、遗失或者损坏的，承运人应当承担责任。因发生在航空运输期间的事件，造成旅客的托运行李毁灭、遗失或者损坏的，承运人应当承担责任。

旅客随身携带物品或者托运行李的毁灭、遗失或者损坏完全是由于行李本身的自然属性、质量或者缺陷造成的，承运人不承担责任。

本章所称行李，包括托运行李和旅客随身携带的物品。

因发生在航空运输期间的事件，造成货物毁灭、遗失或者损坏的，承运人应当承担责任；但是，承运人证明货物的毁灭、遗失或者损坏完全是由于下列原因之一造成的，不承担责任：

（一）货物本身的自然属性、质量或者缺陷；

（二）承运人或者其受雇人、代理人以外的人包装货物的，货物包装不良；

（三）战争或者武装冲突；

（四）政府有关部门实施的与货物入境、出境或者过境有关的行为。

本条所称航空运输期间，是指在机场内、民用航空器上或者机场外降落的任何地点，托运行李、货物处于承运人掌管之下的全部期间。

航空运输期间，不包括机场外的任何陆路运输、海上运输、内河运输过程；但是，此种陆路运输、海上运输、内河运输是为了履行航空运输合同而装载、交付或者转运，在没有相反证据的情况下，所发生的损失视为在航空运输期间发生的损失。

第一百二十六条　旅客、行李或者货物在航空运输中因延误造成的损失，承运人应当承担责任；但是，承运人证明本人或者其受雇人、代理人为了避免损失的发生，已经采取一切必要措施或者不可能采取此种措施的，不承担责任。

第一百二十七条　在旅客、行李运输中，经承运人证明，损失是由索赔人的过错造成或者促成的，应当根据造成或者促成此种损失的过错的程度，相应免除或者减轻承运人的责任。旅客以外的其他人就旅客死亡或者受伤提出赔偿请求时，经承运人证明，死亡或者受伤是旅客本人的过错造成或者促成的，同样应当根据造成或者促成此种损失的过错的程度，相应免除或者减轻承运人的责任。

在货物运输中，经承运人证明，损失是由索赔人或者代行权利人的过错造成或者促成的，应当根据造成或者促成此种损失的过错的程度，相应免除或者减轻承运人的责任。

第一百二十八条　国内航空运输承运人的赔偿责任限额由国务院民用航空主管部门制定，报国务院批准后公布执行。

旅客或者托运人在交运托运行李或者货物时，特别声明在目的地点交付时的利益，并在必要时支付附加费的，除承运人证明旅客或者托运人声明的金额高于托运行李或者货物在目的地点交付时的实际利益外，承运人应当在声明金额范围内承担责任；本法第一百二十九条的其他规定，除赔偿责任限额外，适用于国内航空运输。

第一百二十九条　国际航空运输承运人的赔偿责任限额按照下列规定执行：

（一）对每名旅客的赔偿责任限额为16600计算单位；但是，旅客可以同承运人书面约定高于本项规定的赔偿责任限额。

（二）对托运行李或者货物的赔偿责任限额，每公斤为17计算单位。旅客或者托运人在交运托运行李或者货物时，特别声明在目的地点交付时的利益，并在必要时支付附加费的，除承运人证明旅客或者托运人声明的金额高于托运行李或者货物在目的地点交付时的实际利益外，承运人应当在声明金额范围内承担责任。

托运行李或者货物的一部分或者托运行李、货物中的任何物件毁灭、遗失、损坏或者延误的，用以确定承运人赔偿责任限额的重量，仅为该一包件或者数包件的总重量；但是，因托运行李或者货物的一部分或者托运行李、货物中的任何物件的毁灭、遗失、损坏或者延误，影响同一份行李票或者同一份航空货运单所列其他包件的价值的，确定承运人的赔偿责任限额时，此种包件的总重量也应当考虑在内。

（三）对每名旅客随身携带的物品的赔偿责任限额为332计算单位。

3.《中华人民共和国海商法》(1993年7月1日起施行)

第一百一十四条　在本法第一百一十一条规定的旅客及其行李的运送期间，因承运人或者承运人的受雇人、代理人在受雇或者受委托的范围内过失引起事故,造成旅客人身伤亡或者行李灭失、损坏的,承运人应当负赔偿责任。

请求人对承运人或者承运人的受雇人、代理人的过失,应当负举证责任;但是,本条第三款和第四款规定的情形除外。

旅客的人身伤亡或者自带行李的灭失、损坏,是由于船舶的沉没、碰撞、搁浅、爆炸、火灾所引起或者是由于船舶的缺陷所引起的,承运人或者承运人的受雇人、代理人除非提出反证,应当视为其有过失。

旅客自带行李以外的其他行李的灭失或者损坏,不论由于何种事故所引起,承运人或者承运人的受雇人、代理人除非提出反证,应当视为其有过失。

第一百一十五条 经承运人证明,旅客的人身伤亡或者行李的灭失、损坏,是由于旅客本人的过失或者旅客和承运人的共同过失造成的,可以免除或者相应减轻承运人的赔偿责任。

经承运人证明,旅客的人身伤亡或者行李的灭失、损坏,是由于旅客本人的故意造成的,或者旅客的人身伤亡是由于旅客本人健康状况造成的,承运人不负赔偿责任。

第一百一十六条 承运人对旅客的货币、金银、珠宝、有价证券或者其他贵重物品所发生的灭失、损坏,不负赔偿责任。

旅客与承运人约定将前款规定的物品交由承运人保管的,承运人应当依照本法第一百一十七条的规定负赔偿责任;双方以书面约定的赔偿限额高于本法第一百一十七条的规定的,承运人应当按照约定的数额负赔偿责任。

第一百一十七条 除本条第四款规定的情形外,承运人在每次海上旅客运输中的赔偿责任限额,依照下列规定执行:

(一)旅客人身伤亡的,每名旅客不超过46,666计算单位;

(二)旅客自带行李灭失或者损坏的,每名旅客不超过833计算单位;

(三)旅客车辆包括该车辆所载行李灭失或者损坏的,每一车辆不超过3333计算单位;

(四)本款第(二)、(三)项以外的旅客其他行李灭失或者损坏的,每名旅客不超过1200计算单位。

承运人和旅客可以约定,承运人对旅客车辆和旅客车辆以外的其他行李损失的免赔额。但是,对每一车辆损失的免赔额不得超过117

计算单位，对每名旅客的车辆以外的其他行李损失的免赔额不得超过13计算单位。在计算每一车辆或者每名旅客的车辆以外的其他行李的损失赔偿数额时，应当扣除约定的承运人免赔额。

承运人和旅客可以书面约定高于本条第一款规定的赔偿责任限额。

中华人民共和国港口之间的海上旅客运输，承运人的赔偿责任限额，由国务院交通主管部门制订，报国务院批准后施行。

第一百一十八条 经证明，旅客的人身伤亡或者行李的灭失、损坏，是由于承运人的故意或者明知可能造成损害而轻率地作为或者不作为造成的，承运人不得援用本法第一百一十六条和第一百一十七条限制赔偿责任的规定。

经证明，旅客的人身伤亡或者行李的灭失、损坏，是由于承运人的受雇人、代理人的故意或者明知可能造成损害而轻率地作为或者不作为造成的，承运人的受雇人、代理人不得援用本法第一百一十六条和第一百一十七条限制赔偿责任的规定。

第一百一十九条 行李发生明显损坏的，旅客应当依照下列规定向承运人或者承运人的受雇人、代理人提交书面通知：

（一）自带行李，应当在旅客离船前或者离船时提交；

（二）其他行李，应当在行李交还前或者交还时提交。

行李的损坏不明显，旅客在离船时或者行李交还时难以发现的，以及行李发生灭失的，旅客应当在离船或者行李交还或者应当交还之日起十五日内，向承运人或者承运人的受雇人、代理人提交书面通知。

旅客未依照本条第一、二款规定及时提交书面通知的，除非提出反证，视为已经完整无损地收到行李。

行李交还时，旅客已经会同承运人对行李进行联合检查或者检验的，无需提交书面通知。

第一百二十条 向承运人的受雇人、代理人提出的赔偿请求，受雇人或者代理人证明其行为是在受雇或者受委托的范围内的，有权援用本法第一百一十五条、第一百一十六条和第一百一十七条的抗辩理由和赔偿责任限制的规定。

第一百二十一条 承运人将旅客运送或者部分运送委托给实际承运人履行的，仍然应当依照本章规定，对全程运送负责。实际承运人履行运送的，承运人应当对实际承运人的行为或者实际承运人的受雇人、代理人在受雇或者受委托的范围内的行为负责。

第一百二十二条 承运人承担本章未规定的义务或者放弃本章赋予的权利的任何特别协议,经实际承运人书面明确同意的,对实际承运人发生效力;实际承运人是否同意,不影响此项特别协议对承运人的效力。

第一百二十三条 承运人与实际承运人均负有赔偿责任的,应当在此项责任限度内负连带责任。

第一百二十四条 就旅客的人身伤亡或者行李的灭失、损坏,分别向承运人、实际承运人以及他们的受雇人、代理人提出赔偿请求,赔偿总额不得超过本法第一百一十七条规定的限额。

第一百二十五条 本法第一百二十一条至第一百二十四条的规定,不影响承运人和实际承运人之间相互追偿。

第一百二十六条 海上旅客运输合同中含有下列内容之一的条款无效:

(一)免除承运人对旅客应当承担的法定责任;

(二)降低本章规定的承运人责任限额;

(三)对本章规定的举证责任作出相反的约定;

(四)限制旅客提出赔偿请求的权利。

前款规定的合同条款的无效,不影响合同其他条款的效力。

第三节 货运合同

第八百二十五条 【托运人如实申报的义务】托运人办理货物运输,应当向承运人准确表明收货人的姓名、名称或者凭指示的收货人,货物的名称、性质、重量、数量,收货地点等有关货物运输的必要情况。

因托运人申报不实或者遗漏重要情况,造成承运人损失的,托运人应当承担赔偿责任。

一、相关法律条文

1.《中华人民共和国民用航空法》(2021年4月29日修正)

第一百一十七条 托运人应当对航空货运单上所填关于货物的说明和声明的正确性负责。

因航空货运单上所填的说明和声明不符合规定、不正确或者不完全，给承运人或者承运人对之负责的其他人造成损失的，托运人应当承担赔偿责任。

第一百一十八条　航空货运单是航空货物运输合同订立和运输条件以及承运人接受货物的初步证据。

航空货运单上关于货物的重量、尺寸、包装和包装件数的说明具有初步证据的效力。除经过承运人和托运人当面查对并在航空货运单上注明经过查对或者书写关于货物的外表情况的说明外，航空货运单上关于货物的数量、体积和情况的说明不能构成不利于承运人的证据。

2.《中华人民共和国海商法》(1993年7月1日起施行)

第六十六条　托运人托运货物，应当妥善包装，并向承运人保证，货物装船时所提供的货物的品名、标志、包数或者件数、重量或者体积的正确性；由于包装不良或者上述资料不正确，对承运人造成损失的，托运人应当负赔偿责任。

承运人依照前款规定享有的受偿权利，不影响其根据货物运输合同对托运人以外的人所承担的责任。

3.《中华人民共和国铁路法》(2015年4月24日修正)

第十九条　托运人应当如实填报托运单，铁路运输企业有权对填报的货物和包裹的品名、重量、数量进行检查。经检查，申报与实际不符的，检查费用由托运人承担；申报与实际相符的，检查费用由铁路运输企业承担，因检查对货物和包裹中的物品造成的损坏由铁路运输企业赔偿。

托运人因申报不实而少交的运费和其他费用应当补交，铁路运输企业按照国务院铁路主管部门的规定加收运费和其他费用。

二、相关行政法规

《水路货物运输合同实施细则》(2011年1月8日修订)

第七条　托运人应当承担下列义务：

一、托运的货物必须与货物运单记载的品名相符；

二、在货物运单上准确地填写货物的重量或体积。对起运港具备符合国家规定计量手段的，托运人应按照起运港核定的数据确定货物重量；对整船散装货物，托运人确定重量有困难时，可以要求承运人提供船舶水尺计量数，作为托运人确定的重量。对按照规定实行重量和

体积较大计费的货物,应填写货物的重量和体积。对笨重长大货物,还应列出单件货物的重量和体积(长、宽、高);

……

三、相关部门规章

1.《中国民用航空货物国内运输规则》(1996年2月29日修订)

第四条 托运货物凭本人居民身份证或者其他有效身份证件,填写货物托运书,向承运人或其代理人办理托运手续。如承运人或其代理人要求出具单位介绍信或其他有效证明时,托运人也应予提供。托运政府规定限制运输的货物以及需向公安、检疫等有关政府部门办理手续的货物,应当随附有效证明。

货物托运书的填写及基本内容:

(一)托运人应当认真填写,对托运书内容的真实性、准确性负责,并在托运书上签字或者盖章。

(二)货物托运书的基本内容:

1. 货物托运人和收货人的具体单位或者个人的全称及详细地址、电话、邮政编码;

2. 货物品名;

3. 货物件数、包装方式及标志;

4. 货物实际价值;

5. 货物声明价值;

6. 普货运输或者急件运输;

7. 货物特性、储运及其他说明。

(三)运输条件不同或者因货物性质不能在一起运输的货物,应当分别填写托运书。

2.《中国民用航空货物国际运输规则》(2000年8月1日起施行)

第七条 托运人托运货物,应当填写或者由他人代为填写航空货运单(以下简称货运单)正本一式三份,连同货物交给承运人。运费和其他费用已经确定的,应当由承运人填入货运单。

货运单第一份注明"交承运人",由托运人签字、盖章;第二份注明"交收货人",由托运人和承运人签字、盖章;第三份由承运人在接受货物后签字、盖章,交给托运人。

承运人根据托运人的请求填写货运单的,在没有相反证据的情况下,应当视为代托运人填写。

托运的货物超过一个包装件的，承运人可以要求托运人分别填写货运单。

第八条 托运人在货运单上填写的内容有错误或者有遗漏的，经托运人授权，承运人可以予以更正或者补充，但不承担义务。

第九条 货运单上应当包括下列内容：

（一）填写的地点和日期；

（二）出发地点和目的地点；

（三）出发地点和目的地点均在中华人民共和国境内，而在境外有一个或者数个约定的经停地点的，至少注明一个经停地点；

（四）托运人的名称和地址；

（五）第一承运人的名称和地址；

（六）收货人的名称和地址；

（七）货物的性质；

（八）包装件数、包装方式、特殊标志或者号数；

（九）货物的重量、数量、体积或者尺寸；

（十）货物和包装的外表情况；

（十一）运费，如经议定，付费日期和地点及付费人；

（十二）提取货物时支付货款的，应当注明货物的价格和必要时应付的费用金额；

（十三）需要声明货物在目的地点交付时的利益的，应当注明声明价值金额；

（十四）货运单的份数；

（十五）随货运单交给承运人的文件；

（十六）如经议定，应当注明完成货物运输的时间和概要说明经过的路线；

（十七）货物运输的最终目的地点、出发地点或者约定的经停地点之一不在中华人民共和国境内，依照所适用的国际航空运输公约的规定，应当在货运单上声明此项运输适用该公约的，货运单上应当载有该项声明。

第十条 托运人应当对货运单上所填关于货物的说明和声明的正确性负责。因货运单上所填的说明和声明不符合规定、不正确或者不完全，给承运人或者承运人对之负责的其他人造成损失的，托运人应当承担赔偿责任。

第十一条 货运单上所填的内容被涂改或者删除的，承运人可以不接收该货运单。

第八百二十六条 【托运人提交相关文件的义务】货物运输需要办理审批、检验等手续的，托运人应当将办理完有关手续的文件提交承运人。

一、相关法律条文

1.《中华人民共和国民用航空法》(2021年4月29日修正)

第一百二十三条 托运人应当提供必需的资料和文件，以便在货物交付收货人前完成法律、行政法规规定的有关手续；因没有此种资料、文件，或者此种资料、文件不充足或者不符合规定造成的损失，除由于承运人或者其受雇人、代理人的过错造成的外，托运人应当对承运人承担责任。

除法律、行政法规另有规定外，承运人没有对前款规定的资料或者文件进行检查的义务。

2.《中华人民共和国海商法》(1993年7月1日起施行)

第六十七条 托运人应当及时向港口、海关、检疫、检验和其他主管机关办理货物运输所需要的各项手续，并将已办理各项手续的单证送交承运人；因办理各项手续的有关单证送交不及时、不完备或者不正确，使承运人的利益受到损害的，托运人应当负赔偿责任。

二、相关部门规章

《中国民用航空货物国际运输规则》(2000年8月1日起施行)

第二十六条 托运人应当提供必需的资料和文件，以便在货物交付收货人前完成法律、行政法规规定的有关手续；因没有此种资料、文件，或者此种资料、文件不充足或者不符合规定造成的损失，除由于承运人或者其受雇人、代理人的过错造成的外，托运人应当对承运人承担责任。

除法律、行政法规另有规定外，承运人没有对前款规定的资料或者文件进行检查的义务。

第八百二十七条 【托运人的包装义务】托运人应当按照约定的

方式包装货物。对包装方式没有约定或者约定不明确的,适用本法第六百一十九条的规定。

托运人违反前款规定的,承运人可以拒绝运输。

一、相关法律条文

1.《中华人民共和国铁路法》(2015年4月24日修正)

第二十条　托运货物需要包装的,托运人应当按照国家包装标准或者行业包装标准包装;没有国家包装标准或者行业包装标准的,应当妥善包装,使货物在运输途中不因包装原因而受损坏。

铁路运输企业对承运的容易腐烂变质的货物和活动物,应当按照国务院铁路主管部门的规定和合同的约定,采取有效的保护措施。

2.《中华人民共和国海商法》(1993年7月1日起施行)

第六十六条　托运人托运货物,应当妥善包装,并向承运人保证,货物装船时所提供的货物的品名、标志、包数或者件数、重量或者体积的正确性;由于包装不良或者上述资料不正确,对承运人造成损失的,托运人应当负赔偿责任。

承运人依照前款规定享有的受偿权利,不影响其根据货物运输合同对托运人以外的人所承担的责任。

二、相关行政法规

1.《水路货物运输合同实施细则》(2011年1月8日修订)

第七条　托运人应当承担下列义务:

……

三、需要包装的货物,必须按照国家或国家主管部门规定的标准包装;没有统一规定包装标准的,应在保证运输安全和货物质量的原则下进行包装;需要随附备用包装的,应提供备用包装;

……

2.《铁路货物运输合同实施细则》(2011年1月8日修订)

第八条　托运人应当承担下列义务:

……

二、需要包装的货物,应当按照国家包装标准或部包装标准(专业包装标准)进行包装,没有统一规定包装标准的,要根据货物性质,在保证货物运输安全的原则下进行包装,并按国家规定标明包装储运指示标志，笨重货物还应在每件货物包装上标明货物重量；

……

三、相关部门规章

《中国民用航空货物国际运输规则》(2000年8月1日起施行)

第十三条　托运人应当以适当的方式对货物进行包装，确保货物在正常掌管情况下的安全运输。

托运人应当在每一包装上清晰和耐久地标明托运人、收货人的名称及详细地址。

第八百二十八条　【托运人托运危险物品时的义务】托运人托运易燃、易爆、有毒、有腐蚀性、有放射性等危险物品的，应当按照国家有关危险物品运输的规定对危险物品妥善包装，做出危险物品标志和标签，并将有关危险物品的名称、性质和防范措施的书面材料提交承运人。

托运人违反前款规定的，承运人可以拒绝运输，也可以采取相应措施以避免损失的发生，因此产生的费用由托运人负担。

一、相关法律条文

《中华人民共和国海商法》(1993年7月1日起施行)

第六十八条　托运人托运危险货物，应当依照有关海上危险货物运输的规定，妥善包装，作出危险品标志和标签，并将其正式名称和性质以及应当采取的预防危害措施书面通知承运人；托运人未通知或者通知有误的，承运人可以在任何时间、任何地点根据情况需要将货物卸下、销毁或者使之不能为害，而不负赔偿责任。托运人对承运人因运输此类货物所受到的损害，应当负赔偿责任。

承运人知道危险货物的性质并已同意装运的，仍然可以在该项货物对于船舶、人员或者其他货物构成实际危险时，将货物卸下、销毁或者使之不能为害，而不负赔偿责任。但是，本款规定不影响共同海损的分摊。

二、相关行政法规

1.《中华人民共和国民用航空安全保卫条例》(2011年1月8日修订)

第三十条　空运的货物必须经过安全检查或者对其采取的其他安全措施。

货物托运人不得伪报品名托运或者在货物中夹带危险物品。

第三十一条　航空邮件必须经过安全检查。发现可疑邮件时,安全检查部门应当会同邮政部门开包查验处理。

第三十二条　除国务院另有规定的外,乘坐民用航空器的,禁止随身携带或者交运下列物品:

(一)枪支、弹药、军械、警械;

(二)管制刀具;

(三)易燃、易爆、有毒、腐蚀性、放射性物品;

(四)国家规定的其他禁运物品。

第三十三条　除本条例第三十二条规定的物品外,其他可以用于危害航空安全的物品,旅客不得随身携带,但是可以作为行李交运或者按照国务院民用航空主管部门的有关规定由机组人员带到目的地后交还。

对含有易燃物质的生活用品实行限量携带。限量携带的物品及其数量,由国务院民用航空主管部门规定。

2.《中华人民共和国道路运输条例》(2019年3月2日修订)

第二十七条　运输危险货物应当配备必要的押运人员,保证危险货物处于押运人员的监管之下,并悬挂明显的危险货物运输标志。

托运危险货物的,应当向货运经营者说明危险货物的品名、性质、应急处置方法等情况,并严格按照国家有关规定包装,设置明显标志。

3.《国内水路运输管理条例》(2016年2月6日修订)

第二十条　水路运输经营者运输危险货物,应当遵守法律、行政法规以及国务院交通运输主管部门关于危险货物运输的规定,使用依法取得危险货物适装证书的船舶,按照规定的安全技术规范进行配载和运输,保证运输安全。

4.《水路货物运输合同实施细则》(2011年1月8日修订)

第七条　托运人应当承担下列义务:

……

十、托运危险货物必须按危险货物运输的规定办理,不得匿报品名、隐瞒性质或在普通货物中夹带危险货物。

三、相关部门规章

《中国民用航空货物国内运输规则》(1996年2月29日修订)

第二十条　托运人托运的货物与货运单上所列品名不符或在货物

中央带政府禁止运输或限制运输的物品和危险物品时，承运人应当按下列规定处理：

（一）在出发站停止发运，通知托运人提取，运费不退。

（二）在中转站停止运送，通知托运人，运费不退，并对品名不符的货件，按照实际运送航段另核收运费。

（三）在到达站，对品名不符的货件，另核收全程运费。

第八百二十九条 【托运人变更或解除合同的权利】在承运人将货物交付收货人之前，托运人可以要求承运人中止运输、返还货物、变更到达地或者将货物交给其他收货人，但是应当赔偿承运人因此受到的损失。

相关法律条文

1.《中华人民共和国海商法》(1993年7月1日起施行)

第八十九条 船舶在装货港开航前，托运人可以要求解除合同。但是，除合同另有约定外，托运人应当向承运人支付约定运费的一半；货物已经装船的，并应当负担装货、卸货和其他与此有关的费用。

2.《中华人民共和国民用航空法》(2021年4月29日修正)

第一百一十九条 托运人在履行航空货物运输合同规定的义务的条件下，有权在出发地机场或者目的地机场将货物提回，或者在途中经停时中止运输，或者在目的地点或者途中要求将货物交给非航空货运单上指定的收货人，或者要求将货物运回出发地机场；但是，托运人不得因行使此种权利而使承运人或者其他托运人遭受损失，并应当偿付由此产生的费用。

托运人的指示不能执行的，承运人应当立即通知托运人。

承运人按照托运人的指示处理货物，没有要求托运人出示其所收执的航空货运单，给该航空货运单的合法持有人造成损失的，承运人应当承担责任，但是不妨碍承运人向托运人追偿。

收货人的权利依照本法第一百二十条规定开始时，托运人的权利即告终止；但是，收货人拒绝接受航空货运单或者货物，或者承运人无法同收货人联系的，托运人恢复其对货物的处置权。

第八百三十条　【承运人的通知义务及收货人的提货义务】货物运输到达后，承运人知道收货人的，应当及时通知收货人，收货人应当及时提货。收货人逾期提货的，应当向承运人支付保管费等费用。

一、相关法律条文

1.《中华人民共和国铁路法》(2015年4月24日修正)

第二十一条　货物、包裹、行李到站后，收货人或者旅客应当按照国务院铁路主管部门规定的期限及时领取，并支付托运人未付或者少付的运费和其他费用；逾期领取的，收货人或者旅客应当按照规定交付保管费。

第二十二条　自铁路运输企业发出领取货物通知之日起满三十日仍无人领取的货物，或者收货人书面通知铁路运输企业拒绝领取的货物，铁路运输企业应当通知托运人，托运人自接到通知之日起满三十日未作答复的，由铁路运输企业变卖；所得价款在扣除保管等费用后尚有余款的，应当退还托运人，无法退还、自变卖之日起一百八十日内托运人又未领回的，上缴国库。

自铁路运输企业发出领取通知之日起满九十日仍无人领取的包裹或者到站后满九十日仍无人领取的行李，铁路运输企业应当公告，公告满九十日仍无人领取的，可以变卖；所得价款在扣除保管等费用后尚有余款的，托运人、收货人或者旅客可以自变卖之日起一百八十日内领回，逾期不领回的，上缴国库。

对危险物品和规定限制运输的物品，应当移交公安机关或者有关部门处理，不得自行变卖。

对不宜长期保存的物品，可以按照国务院铁路主管部门的规定缩短处理期限。

2.《中华人民共和国民用航空法》(2021年4月29日修正)

第一百二十条　除本法第一百一十九条所列情形外，收货人于货物到达目的地点，并在缴付应付款项和履行航空货运单上所列运输条件后，有权要求承运人移交航空货运单并交付货物。

除另有约定外，承运人应当在货物到达后立即通知收货人。

承运人承认货物已经遗失，或者货物在应当到达之日起七日后仍未到达的，收货人有权向承运人行使航空货物运输合同所赋予的权利。

二、相关部门规章

1.《中国民用航空货物国际运输规则》(2000年8月1日起施行)

第三十七条 货物运达目的地后,承运人在未收到其他指示的情况下,应当及时向收货人或者货运单上载明的、经承运人同意的其他人发出货物到达通知。此通知以通常方式发出,对未收到或者未按时收到此通知的,承运人不承担责任。

第三十八条 收货人收到或者要求提取货物、货运单的,托运人对货物的处置权即告终止。

收货人拒绝接收货运单或者货物,或者承运人无法同收货人取得联系的,托运人继续行使对货物的处置权。

第三十九条 除货运单上另有特别载明外,货物只能交付给货运单上所载明的收货人或者其代理人。按下列情况之一交付货物的,应当视为有效交付:

(一)承运人已将准许提取货物的凭证交付给收货人或者其代理人的;

(二)按适用的法律,已将货物交付给海关或者其他政府当局的。

第四十条 货物运达目的地后,收货人拒绝或者未在规定的时间内提取货物的,承运人应当执行货运单上载明的托运人的指示。货运单上未载明指示或者指示不能执行的,承运人应当将收货人未提取货物的情况通知托运人,并要求托运人予以指示。

第四十一条 货物运达目的地机场后三个月内未收到托运人指示的,承运人按其无法交付货物的规定处理。

货物运达目的地后,收货人在三个月内未办妥货物提取手续的,承运人在处置货物前,应当通知收货人。

第四十二条 托运人应当承担因收货人未提取货物而产生的其他费用,包括根据托运人指示运回货物所产生的其他费用。

第四十三条 收货人接收货运单或者货物,应当承担与运输有关所有未支付费用的支付责任。除非另有约定,托运人不得被解除支付这些费用的责任,并与收货人承担连带责任。承运人可根据支付费用的情况有条件的移交货运单或者交付货物。

2.《中国民用航空货物国内运输规则》(1996年2月29日修订)

第十八条 货物运至到达站后,除另有约定外,承运人或其代理人应当及时向收货人发出到货通知。通知包括电话和书面两种形式。急件货物的到货通知应当在货物到达后两小时内发出，普通货物应当在24小时内发出。

自发出到货通知的次日起，货物免费保管3日。逾期提取，承运人或其代理人按规定核收保管费。

货物被检查机关扣留或因违章等待处理存放在承运人仓库内，由收货人或托运人承担保管费和其他有关费用。

动物、鲜活易腐物品及其他指定日期和航班运输的货物，托运人应当负责通知收货人在到达站机场等候提取。

第十九条 收货人凭到货通知单和本人居民身份证或其他有效身份证件提货；委托他人提货时，凭到货通知单和货运单指定的收货人及提货人的居民身份证或其他有效身份证件提货。如承运人或其代理人要求出具单位介绍信或其他有效证明时，收货人应予提供。

承运人应当按货运单列明的货物件数清点后交付收货人。发现货物短缺、损坏时，应当会同收货人当场查验，必要时填写货物运输事故记录，并由双方签字或盖章。

收货人提货时，对货物外包装状态或重量如有异议，应当场提出查验或者重新过秤核对。

收货人提取货物后并在货运单上签收而未提出异议，则视为货物已经完好交付。

第二十一条 货物自发出到货通知的次日起14日无人提取，到达站应当通知始发站，征求托运人对货物的处理意见；满60日无人提取又未收到托运人的处理意见时，按无法交付货物处理。

对无法交付货物，应当做好清点、登记和保管工作。

凡属国家禁止和限制运输物品、贵重物品及珍贵文史资料等货物应当无价移交国家主管部门处理；凡属一般的生产、生活资料应当作价移交有关物资部门或商业部门；凡属鲜活、易腐或保管有困难的物品可由承运人酌情处理。如作毁弃处理，所产生的费用由托运人承担。

经作价处理的货款，应当及时交承运人财务部门保管。从处理之日起90日内，如有托运人或收货人认领，扣除该货的保管费和处理费后的余款退给认领人；如90日后仍无人认领，应当将货款上交国库。

对于无法交付货物的处理结果，应当通过始发站通知托运人。

第八百三十一条　【收货人检验货物的义务】收货人提货时应当按照约定的期限检验货物。对检验货物的期限没有约定或者约定不明确，依据本法第五百一十条的规定仍不能确定的，应当在合理期限内检验货物。收货人在约定的期限或者合理期限内对货物的数量、毁损等未提出异议的，视为承运人已经按照运输单证的记载交付的初步证据。

相关法律条文

1.《中华人民共和国海商法》(1993年7月1日起施行)

第八十一条　承运人向收货人交付货物时，收货人未将货物灭失或者损坏的情况书面通知承运人的，此项交付视为承运人已经按照运输单证的记载交付以及货物状况良好的初步证据。

货物灭失或者损坏的情况非显而易见的，在货物交付的次日起连续七日内，集装箱货物交付的次日起连续十五日内，收货人未提交书面通知的，适用前款规定。

货物交付时，收货人已经会同承运人对货物进行联合检查或者检验的，无需就所查明的灭失或者损坏的情况提交书面通知。

第八十三条　收货人在目的港提取货物前或者承运人在目的港交付货物前，可以要求检验机构对货物状况进行检验；要求检验的一方应当支付检验费用，但是有权向造成货物损失的责任方追偿。

2.《中华人民共和国民用航空法》(2021年4月29日修正)

第一百三十四条　旅客或者收货人收受托运行李或者货物而未提出异议，为托运行李或者货物已经完好交付并与运输凭证相符的初步证据。

托运行李或者货物发生损失的，旅客或者收货人应当在发现损失后向承运人提出异议。托运行李发生损失的，至迟应当自收到托运行李之日起七日内提出；货物发生损失的，至迟应当自收到货物之日起十四日内提出。托运行李或者货物发生延误的，至迟应当自托运行李或者货物交付旅客或者收货人处置之日起二十一日内提出。

任何异议均应当在前款规定的期间内写在运输凭证上或者另以书面提出。

除承运人有欺诈行为外，旅客或者收货人未在本条第二款规定的期间内提出异议的，不能向承运人提出索赔诉讼。

第八百三十二条　【承运人的赔偿责任】承运人对运输过程中货物的毁损、灭失承担赔偿责任。但是,承运人证明货物的毁损、灭失是因不可抗力、货物本身的自然性质或者合理损耗以及托运人、收货人的过错造成的,不承担赔偿责任。

一、相关法律条文

1.《中华人民共和国铁路法》(2015年4月24日修正)

第十六条　铁路运输企业应当按照合同约定的期限或者国务院铁路主管部门规定的期限,将货物、包裹、行李运到目的站;逾期运到的,铁路运输企业应当支付违约金。

铁路运输企业逾期三十日仍未将货物、包裹、行李交付收货人或者旅客的,托运人、收货人或者旅客有权按货物、包裹、行李灭失向铁路运输企业要求赔偿。

第十七条　铁路运输企业应当对承运的货物、包裹、行李自接受承运时起到交付时止发生的灭失、短少、变质、污染或者损坏,承担赔偿责任:

(一)托运人或者旅客根据自愿申请办理保价运输的,按照实际损失赔偿,但最高不超过保价额。

(二)未按保价运输承运的,按照实际损失赔偿,但最高不超过国务院铁路主管部门规定的赔偿限额;如果损失是由于铁路运输企业的故意或者重大过失造成的,不适用赔偿限额的规定,按照实际损失赔偿。

托运人或者旅客根据自愿可以向保险公司办理货物运输保险,保险公司按照保险合同的约定承担赔偿责任。

托运人或者旅客根据自愿,可以办理保价运输,也可以办理货物运输保险;还可以既不办理保价运输,也不办理货物运输保险。不得以任何方式强迫办理保价运输或者货物运输保险。

第十八条　由于下列原因造成的货物、包裹、行李损失的,铁路运输企业不承担赔偿责任:

(一)不可抗力。

(二)货物或者包裹、行李中的物品本身的自然属性,或者合理损耗。

(三)托运人、收货人或者旅客的过错。

2.《中华人民共和国民用航空法》(2021年4月29日修正)

第一百二十五条 因发生在民用航空器上或者在旅客上、下民用航空器过程中的事件,造成旅客随身携带物品毁灭、遗失或者损坏的,承运人应当承担责任。因发生在航空运输期间的事件,造成旅客的托运行李毁灭、遗失或者损坏的,承运人应当承担责任。

旅客随身携带物品或者托运行李的毁灭、遗失或者损坏完全是由于行李本身的自然属性、质量或者缺陷造成的,承运人不承担责任。

本章所称行李,包括托运行李和旅客随身携带的物品。

因发生在航空运输期间的事件,造成货物毁灭、遗失或者损坏的,承运人应当承担责任;但是,承运人证明货物的毁灭、遗失或者损坏完全是由于下列原因之一造成的,不承担责任:

(一)货物本身的自然属性、质量或者缺陷;

(二)承运人或者其受雇人、代理人以外的人包装货物的,货物包装不良;

(三)战争或者武装冲突;

(四)政府有关部门实施的与货物入境、出境或者过境有关的行为。

本条所称航空运输期间,是指在机场内、民用航空器上或者机场外降落的任何地点,托运行李、货物处于承运人掌管之下的全部期间。

航空运输期间,不包括机场外的任何陆路运输、海上运输、内河运输过程;但是,此种陆路运输、海上运输、内河运输是为了履行航空运输合同而装载、交付或者转运,在没有相反证据的情况下,所发生的损失视为在航空运输期间发生的损失。

第一百二十六条 旅客、行李或者货物在航空运输中因延误造成的损失,承运人应当承担责任;但是,承运人证明本人或者其受雇人、代理人为了避免损失的发生,已经采取一切必要措施或者不可能采取此种措施的,不承担责任。

第一百二十七条 在旅客、行李运输中,经承运人证明,损失是由索赔人的过错造成或者促成的,应当根据造成或者促成此种损失的过错的程度,相应免除或者减轻承运人的责任。旅客以外的其他人就旅客死亡或者受伤提出赔偿请求时,经承运人证明,死亡或者受伤是旅客本人的过错造成或者促成的,同样应当根据造成或者促成此种损失的过错的程度,相应免除或者减轻承运人的责任。

在货物运输中,经承运人证明,损失是由索赔人或者代行权利人的过错造成或者促成的，应当根据造成或者促成此种损失的过错的程度，相应免除或者减轻承运人的责任。

第一百三十条　任何旨在免除本法规定的承运人责任或者降低本法规定的赔偿责任限额的条款，均属无效；但是，此种条款的无效，不影响整个航空运输合同的效力。

第一百三十一条　有关航空运输中发生的损失的诉讼，不论其根据如何，只能依照本法规定的条件和赔偿责任限额提出，但是不妨碍谁有权提起诉讼以及他们各自的权利。

第一百三十二条　经证明，航空运输中的损失是由于承运人或者其受雇人、代理人的故意或者明知可能造成损失而轻率地作为或者不作为造成的，承运人无权援用本法第一百二十八条、第一百二十九条有关赔偿责任限制的规定；证明承运人的受雇人、代理人有此种作为或者不作为的，还应当证明该受雇人、代理人是在受雇、代理范围内行事。

第一百三十三条　就航空运输中的损失向承运人的受雇人、代理人提起诉讼时，该受雇人、代理人证明他是在受雇、代理范围内行事的，有权援用本法第一百二十八条、第一百二十九条有关赔偿责任限制的规定。

在前款规定情形下，承运人及其受雇人、代理人的赔偿总额不得超过法定的赔偿责任限额。

经证明，航空运输中的损失是由于承运人的受雇人、代理人的故意或者明知可能造成损失而轻率地作为或者不作为造成的，不适用本条第一款和第二款的规定。

第一百三十四条　旅客或者收货人收受托运行李或者货物而未提出异议，为托运行李或者货物已经完好交付并与运输凭证相符的初步证据。

托运行李或者货物发生损失的，旅客或者收货人应当在发现损失后向承运人提出异议。托运行李发生损失的，至迟应当自收到托运行李之日起七日内提出；货物发生损失的，至迟应当自收到货物之日起十四日内提出。托运行李或者货物发生延误的，至迟应当自托运行李或者货物交付旅客或者收货人处置之日起二十一日内提出。

任何异议均应当在前款规定的期间内写在运输凭证上或者另以书面提出。

除承运人有欺诈行为外，旅客或者收货人未在本条第二款规定的期间内提出异议的，不能向承运人提出索赔诉讼。

第一百三十五条 航空运输的诉讼时效期间为二年,自民用航空器到达目的地点、应当到达目的地点或者运输终止之日起计算。

第一百三十六条 由几个航空承运人办理的连续运输,接受旅客、行李或者货物的每一个承运人应当受本法规定的约束,并就其根据合同办理的运输区段作为运输合同的订约一方。

对前款规定的连续运输,除合同明文约定第一承运人应当对全程运输承担责任外,旅客或者其继承人只能对发生事故或者延误的运输区段的承运人提起诉讼。

托运行李或者货物的毁灭、遗失、损坏或者延误,旅客或者托运人有权对第一承运人提起诉讼,旅客或者收货人有权对最后承运人提起诉讼,旅客、托运人和收货人均可以对发生毁灭、遗失、损坏或者延误的运输区段的承运人提起诉讼。上述承运人应当对旅客、托运人或者收货人承担连带责任。

3.《中华人民共和国海商法》(1993年7月1日起施行)

第五十一条 在责任期间货物发生的灭失或者损坏是由于下列原因之一造成的,承运人不负赔偿责任:

(一)船长、船员、引航员或者承运人的其他受雇人在驾驶船舶或者管理船舶中的过失;

(二)火灾,但是由于承运人本人的过失所造成的除外;

(三)天灾,海上或者其他可航水域的危险或者意外事故;

(四)战争或者武装冲突;

(五)政府或者主管部门的行为、检疫限制或者司法扣押;

(六)罢工、停工或者劳动受到限制;

(七)在海上救助或者企图救助人命或者财产;

(八)托运人、货物所有人或者他们的代理人的行为;

(九)货物的自然特性或者固有缺陷;

(十)货物包装不良或者标志欠缺、不清;

(十一)经谨慎处理仍未发现的船舶潜在缺陷;

(十二)非由于承运人或者承运人的受雇人、代理人的过失造成的其他原因。

承运人依照前款规定免除赔偿责任的,除第(二)项规定的原因外,应当负举证责任。

第五十二条　因运输活动物的固有的特殊风险造成活动物灭失或者损害的，承运人不负赔偿责任。但是，承运人应当证明业已履行托运人关于运输活动物的特别要求，并证明根据实际情况，灭失或者损害是由于此种固有的特殊风险造成的。

第五十三条　承运人在舱面上装载货物，应当同托运人达成协议，或者符合航运惯例，或者符合有关法律、行政法规的规定。

承运人依照前款规定将货物装载在舱面上，对由于此种装载的特殊风险造成的货物灭失或者损坏，不负赔偿责任。

承运人违反本条第一款规定将货物装载在舱面上，致使货物遭受灭失或者损坏的，应当负赔偿责任。

第五十四条　货物的灭失、损坏或者迟延交付是由于承运人或者承运人的受雇人、代理人的不能免除赔偿责任的原因和其他原因共同造成的，承运人仅在其不能免除赔偿责任的范围内负赔偿责任；但是，承运人对其他原因造成的灭失、损坏或者迟延交付应当负举证责任。

第五十八条　就海上货物运输合同所涉及的货物灭失、损坏或者迟延交付对承运人提起的任何诉讼，不论海事请求人是否合同的一方，也不论是根据合同或者是根据侵权行为提起的，均适用本章关于承运人的抗辩理由和限制赔偿责任的规定。

前款诉讼是对承运人的受雇人或者代理人提起的，经承运人的受雇人或者代理人证明，其行为是在受雇或者受委托的范围之内的，适用前款规定。

二、相关行政法规

1.《铁路货物运输合同实施细则》(2011年1月8日修订)

第十八条　承运人的责任

……

二、从承运货物时起，至货物交付收货人或依照有关规定处理完毕时止，货物发生灭失、短少、变质、污染、损坏，按下列规定赔偿：

(一)已投保货物运输险的货物，由承运人和保险公司按规定赔偿；

(二)保价运输的货物，由承运人按声明价格赔偿，但货物实际损失低于声明价格的按实际损失赔偿；

(三)除上述一、二两项外，均由承运人按货物的实际损失赔偿。赔偿的价格如何计算，由铁道部商国家物价局、国家工商行政管理局另行规定。

三、由于下列原因之一造成的货物灭失、短少、变质、污染、损坏，承运人不负赔偿责任：

（一）不可抗力；

（二）货物本身性质引起的碎裂、生锈、减量、变质或自燃等；

（三）国家主管部门规定的货物合理损耗；

（四）托运人、收货人或所派押运人的过错。

……

第二十一条 货物运输合同遇有下列情况，承运人或托运人免除责任：

一、因不可抗力或铁路发生重大事故影响排空送车，企业发生重大事故以及停电影响装车，超过24小时时；

二、根据国家和省、自治区、直辖市的主管行政机关的书面要求停止装车时；

三、由于组织轻重配装或已完成货物吨数而未完成车数时；

四、由于海运港口、国境口岸站车辆积压堵塞，不能按计划接车而少装时。

2.《水路货物运输合同实施细则》（2011年1月8日修订）

第十九条 从承运货物时起，至货物交付收货人或依照规定处理完毕时止，货物发生灭失、短少、变质、污染、损坏，按下列规定赔偿：

一、已投保货物运输险的货物，由承运人和保险公司按规定赔偿。

二、实行保价运输的个人生活用品，由承运人按声明价格赔偿，但货物实际损失低于声明价格的按实际损失赔偿。

三、除上述一、二两项外，均由承运人按货物的实际损失赔偿。赔偿的价格如何计算，由交通部商国家物价局、国家工商行政管理局另行规定。

第二十条 由于下列原因造成货物灭失、短少、变质、污染、损坏的，承运人不承担赔偿责任：

一、不可抗力；

二、货物的自然属性和潜在缺陷；

三、货物的自然减量和合理损耗，以及托运人自行确定的重量不正确；

四、包装内在缺陷或包装完整、内容不符；

五、标记错制、漏制、不清；

六、有生动植物的疾病、死亡、枯萎、减重；

七、非责任性海损事故的货物损失；

八、免责范围内的甲板货物损失；

九、其他经承运人举证或经合同管理机关或审判机关查证非承运人责任造成的损失。

第二十一条 如果托运人或收货人证明损失的发生确属承运人的故意行为，则承运人除按规定赔偿实际损失外，由合同管理机关处其造成损失部分10%到50%的罚款。

三、相关文件规定

《最高人民法院关于国内水路货物运输纠纷案件法律问题的指导意见》（法发〔2012〕28号）

6. 国内水路货物运输的合同承运人将全部或者部分运输委托给实际承运人履行，托运人或者收货人就全部或部分运输向合同承运人、实际承运人主张权利的，人民法院应当准确认定合同承运人和实际承运人的法律地位和法律责任。人民法院可以参照《国内水路货物运输规则》第四十六条的规定判定合同承运人和实际承运人的赔偿责任，充分保护国内水路货物运输合同托运人或者收货人的合法权益，减少当事人的讼累。

四、相关裁判摘要

• **2012年第8期《中华人民共和国最高人民法院公报》**刊登的"**中国太平洋财产保险股份有限公司与中远航运股份有限公司、第三人海南分公司海南一汽海马汽车销售有限公司水路货物运输合同货损赔偿纠纷案**"中，最高人民法院（2011）民提字第12号民事判决书认为，依照《中华人民共和国海商法》第二条第二款的规定，中华人民共和国港口之间的海上货物运输，包括内河货物运输和沿海货物运输，不能适用《中华人民共和国海商法》第四章的规定，而应当适用《中华人民共和国合同法》关于运输合同的规定。相关裁判摘要如下：

关于法律适用问题。本案系中远公司履行其签订的《车辆运输合作协议》，负责承运涉案车辆海上运输期间，因承运车辆损坏而引起的纠纷，属于海上货物运输合同货损赔偿纠纷，《中华人民共和国海商法》作为特别法应当优先适用。但本案所涉运输为海口至上海，系中华人民共和国港口之间的海上运输。《中华人民共和国海商法》第二条第二款规定："本法第四章海上货物运输合同的规定，不适用于中华人民共和国港口之间的海上货物运输。"故《中华人民共和国海商法》第四章不适用于本案，本案应当适用《中华人民共和国海商法》第四章之外的其他规定，《中华人民共和国海商法》没有规定的，应当适用《中华人民共和国合同法》的有关规定。

海南省高级人民法院二审判决对本案"太保海南公司是否具备诉讼主体资格"进行认定时，适用《中华人民共和国海商法》第四十二条关于托运人概念和范围的规定，认定海马销售公司属于委托他人为本人将货物交给与海上货物运输合同有关的承运人的人；对本案"涉案火灾事故原因"进行认定时，适用《中华人民共和国海商法》第五十四条关于承运人对其他原因造成损坏应当负举证责任的规定，认定中远公司对火灾事故原因负有举证不能的责任；对本案"火灾造成的车辆损失"进行认定时，适用《中华人民共和国海商法》第五十八条和五十九条的规定，认定中远公司有权享受海事赔偿责任限制。以上适用条款均为《中华人民共和国海商法》第四章的规定。故二审判决适用法律明显错误，应当予以纠正。

……

关于火灾事故原因的举证责任及货损赔偿责任。根据案涉"富源口"轮《海事报告》和《航海日志》的记载，"富源口"轮从海口至上海航行途中货舱发生火灾导致承运车辆受损。对此事实，各方当事人均无异议。本案不适用《中华人民共和国海商法》第四章的规定，应当适用《中华人民共和国合同法》第十七章运输合同的有关规定确定责任。《中华人民共和国合同法》第三百一十一条规定："承运人对运输过程中货物的毁损、灭失承担损害赔偿责任，但承运人证明货物的毁损、灭失是因不可抗力、货物本身的自然性质或者合理损耗以及托运人、收货人的过错造成的，不承担损害赔偿责任。"因此，中远公司作为货物运输合同承运人，对运输过程中造成的货物损失应当承担赔偿责任，除非其举证证明存在法定免责事由。中远公司主张涉案火灾事故因汽车自燃引起，应当承担相应的举证责任。二审判决对火灾事故原因举证责任的认定并无不当。

为证明案涉火灾事故的原因，太保海南公司提交了中国检验认证集团上海有限公司出具的《鉴定报告》，中远公司提交了浙江出入境检验检疫鉴定所出具的《司法鉴定报告书》、上海悦之保险公估有限公司出具的《公估报告》和广州海正保险公估有限公司出具的《检验报告》。本院认为,公安部《火灾事故调查规定》①第六条规定,火灾事故的调查由公安消防机构负责实施。第十条规定:"各级公安消防机构应当配备专职或者兼职火灾事故调查人员。火灾事故调查人员应当按照公安消防监督人员资格管理的有关规定,取得岗位资格。"因此,火灾事故调查和处理机构应当为公安消防机构,调查人员应当具备相应的岗位资格。中远公司和太保海南公司委托的机构并非公安消防机构,检验师和鉴定人均不具备火灾事故鉴定的岗位资质。二审判决对中远公司和太保海南公司提交的鉴定、检验和公估报告中作出的火灾原因认定均不予采信并无不当。火灾事故发生后,因中远公司并未向公安消防机构以及港务监督部门报告,造成火灾原因无法查明。中远公司不能提交充分证据证明其对火灾事故具有法定免责事由,二审判决由中远公司承担举证不能的不利后果,对火灾事故造成的损失承担赔偿责任并无不当。

第八百三十三条　【确定货损额的方法】货物的毁损、灭失的赔偿额,当事人有约定的,按照其约定;没有约定或者约定不明确,依据本法第五百一十条的规定仍不能确定的,按照交付或者应当交付时货物到达地的市场价格计算。法律、行政法规对赔偿额的计算方法和赔偿限额另有规定的,依照其规定。

一、相关法律条文

1.《中华人民共和国铁路法》(2015年4月24日修正)

第十七条　铁路运输企业应当对承运的货物、包裹、行李自接受承运时起到交付时止发生的灭失、短少、变质、污染或者损坏,承担赔偿责任:

(一)托运人或者旅客根据自愿申请办理保价运输的,按照实际损失赔偿,但最高不超过保价额。

(二)未按保价运输承运的,按照实际损失赔偿,但最高不超过国务

① 此处指《火灾事故调查规定》(公安部令第37号),目前该规定已废止,由第121号令代替。

院铁路主管部门规定的赔偿限额;如果损失是由于铁路运输企业的故意或者重大过失造成的,不适用赔偿限额的规定,按照实际损失赔偿。

托运人或者旅客根据自愿可以向保险公司办理货物运输保险,保险公司按照保险合同的约定承担赔偿责任。

托运人或者旅客根据自愿,可以办理保价运输,也可以办理货物运输保险;还可以既不办理保价运输,也不办理货物运输保险。不得以任何方式强迫办理保价运输或者货物运输保险。

2.《中华人民共和国民用航空法》(2021年4月29日修正)

第一百二十八条 国内航空运输承运人的赔偿责任限额由国务院民用航空主管部门制定,报国务院批准后公布执行。

旅客或者托运人在交运托运行李或者货物时,特别声明在目的地点交付时的利益,并在必要时支付附加费的,除承运人证明旅客或者托运人声明的金额高于托运行李或者货物在目的地点交付时的实际利益外,承运人应当在声明金额范围内承担责任;本法第一百二十九条的其他规定,除赔偿责任限额外,适用于国内航空运输。

第一百二十九条 国际航空运输承运人的赔偿责任限额按照下列规定执行:

(一)对每名旅客的赔偿责任限额为16,600计算单位;但是,旅客可以同承运人书面约定高于本项规定的赔偿责任限额。

(二)对托运行李或者货物的赔偿责任限额,每公斤为17计算单位。旅客或者托运人在交运托运行李或者货物时,特别声明在目的地点交付时的利益,并在必要时支付附加费的,除承运人证明旅客或者托运人声明的金额高于托运行李或者货物在目的地点交付时的实际利益外,承运人应当在声明金额范围内承担责任。

托运行李或者货物的一部分或者托运行李、货物中的任何物件毁灭、遗失、损坏或者延误的,用以确定承运人赔偿责任限额的重量,仅为该一包件或者数包件的总重量;但是,因托运行李或者货物的一部分或者托运行李、货物中的任何物件的毁灭、遗失、损坏或者延误,影响同一份行李票或者同一份航空货运单所列其他包件的价值的,确定承运人的赔偿责任限额时,此种包件的总重量也应当考虑在内。

(三)对每名旅客随身携带的物品的赔偿责任限额为332计算单位。

第一百三十条　任何旨在免除本法规定的承运人责任或者降低本法规定的赔偿责任限额的条款，均属无效；但是，此种条款的无效，不影响整个航空运输合同的效力。

第一百三十一条　有关航空运输中发生的损失的诉讼，不论其根据如何，只能依照本法规定的条件和赔偿责任限额提出，但是不妨碍谁有权提起诉讼以及他们各自的权利。

第一百三十二条　经证明，航空运输中的损失是由于承运人或者其受雇人、代理人的故意或者明知可能造成损失而轻率地作为或者不作为造成的，承运人无权援用本法第一百二十八条、第一百二十九条有关赔偿责任限制的规定；证明承运人的受雇人、代理人有此种作为或者不作为的，还应当证明该受雇人、代理人是在受雇、代理范围内行事。

3.《中华人民共和国海商法》(1993年7月1日起施行)

第五十五条　货物灭失的赔偿额，按照货物的实际价值计算；货物损坏的赔偿额，按照货物受损前后实际价值的差额或者货物的修复费用计算。

货物的实际价值，按照货物装船时的价值加保险费加运费计算。

前款规定的货物实际价值，赔偿时应当减去因货物灭失或者损坏而少付或者免付的有关费用。

第五十六条　承运人对货物的灭失或者损坏的赔偿限额，按照货物件数或者其他货运单位数计算，每件或者每个其他货运单位为666.67计算单位，或者按照货物毛重计算，每公斤为2计算单位，以二者中赔偿限额较高的为准。但是，托运人在货物装运前已经申报其性质和价值，并在提单中载明的，或者承运人与托运人已经另行约定高于本条规定的赔偿限额的除外。

货物用集装箱、货盘或者类似装运器具集装的，提单中载明装在此类装运器具中的货物件数或者其他货运单位数，视为前款所指的货物件数或者其他货运单位数；未载明的，每一装运器具视为一件或者一个单位。

装运器具不属于承运人所有或者非由承运人提供的，装运器具本身应当视为一件或者一个单位。

第五十八条　就海上货物运输合同所涉及的货物灭失、损坏或者迟延交付对承运人提起的任何诉讼，不论海事请求人是否合同的一方，也不论是根据合同或者是根据侵权行为提起的,均适用本章关于承运人的抗辩理由和限制赔偿责任的规定。

前款诉讼是对承运人的受雇人或者代理人提起的,经承运人的受雇人或者代理人证明,其行为是在受雇或者受委托的范围之内的,适用前款规定。

第五十九条 经证明,货物的灭失、损坏或者迟延交付是由于承运人的故意或者明知可能造成损失而轻率地作为或者不作为造成的,承运人不得援用本法第五十六条或者第五十七条限制赔偿责任的规定。

经证明,货物的灭失、损坏或者迟延交付是由于承运人的受雇人、代理人的故意或者明知可能造成损失而轻率地作为或者不作为造成的,承运人的受雇人或者代理人不得援用本法第五十六条或者第五十七条限制赔偿责任的规定。

二、相关部门规章

1.《中华人民共和国港口间海上旅客运输赔偿责任限额规定》(1994年1月1日起施行)

第三条 承运人在每次海上旅客运输中的赔偿责任限额,按照下列规定执行:

(一)旅客人身伤亡的,每名旅客不超过4万元人民币;

(二)旅客自带行李灭失或者损坏的,每名旅客不超过800元人民币;

(三)旅客车辆包括该车辆所载行李灭失或者损坏的,每一车辆不超过3200元人民币;

(四)本款第(二)项、第(三)项以外的旅客其他行李灭失或者损坏的,每千克不超过20元人民币。

承运人和旅客可以书面约定高于本条第一款规定的赔偿责任限额。

2.《国内航空运输承运人赔偿责任限额规定》(2006年3月28日起施行)

第三条 国内航空运输承运人(以下简称承运人)应当在下列规定的赔偿责任限额内按照实际损害承担赔偿责任,但是《民用航空法》另有规定的除外:

(一)对每名旅客的赔偿责任限额为人民币40万元;

（二）对每名旅客随身携带物品的赔偿责任限额为人民币3000元；

（三）对旅客托运的行李和对运输的货物的赔偿责任限额，为每公斤人民币100元。

第八百三十四条　【货物联运中承运人的责任】两个以上承运人以同一运输方式联运的，与托运人订立合同的承运人应当对全程运输承担责任；损失发生在某一运输区段的，与托运人订立合同的承运人和该区段的承运人承担连带责任。

相关文件规定

《最高人民法院关于“吕洪斌与浙江象山县荣宁船务公司水路货物运输合同纠纷一案有关适用法律问题的请示”的复函》（〔2005〕民四他字第48号）

本案是水路货物运输合同纠纷，应当适用《中华人民共和国合同法》（以下简称《合同法》）等有关法律以及合同的约定确定各方当事人的权利义务。

根据你院认定的事实，吕洪斌为本案的实际托运人，运单上记载的托运人南海市西樵祥安货运贸易部仅为接受吕洪斌委托与承运人中国扬子江轮船股份有限公司（以下简称扬子江公司）签订合同的人。根据合同约定适用的《国内水路货物运输规则》（以下简称《货规》）的规定，收货人有权就水路货物运单上所载货物损坏、灭失或者迟延交付所造成的损害向承运人索赔。虽然吕洪斌向武汉海事法院提供了黄永明出具的证明其代理吕洪斌收货的“证明”，法院并未予以认定，你院请示报告以及武汉海事法院民事判决中并未认定吕洪斌为涉案货物收货人的地位，亦未说明有证据证明吕洪斌因货损而产生损失，故尽管吕洪斌与承运人之间存在运输合同关系，但尚无证据证明吕洪斌对承运人具有货损请求权。你院应当在二审程序中对此事实予以查明。

在认定吕洪斌具有货损请求权的前提下，扬子江公司作为承运人签发了涉案运单，吕洪斌与扬子江公司之间存在以运单为证明的水路货物运输合同关系。作为实际完成运输任务的浙江象山县荣宁船务公司（以下简称荣宁公司）应当作为该航次水路货物运输的实际承运人。根据《合同法》以及《货规》的规定，承运人应当对运输货物发生的货损承担赔偿责任。承运人将货物运输或者部分运输委托给实际承运人履行的，承运人仍然应当对全程运输负责。故扬子江公司作为本次运输的承运人，应当对吕洪斌的货物损失承担赔偿责任。《货规》还规定：承运人与实际承运人都负有赔偿责任的，应当在该项责任范围内承担连带责任。但根据你院请示报告中认定的事实，本案货损的发生是“希望”轮全部责任所致，荣宁公司对货物发生损失无过错，不应承担赔偿责任，故要求实际承运人荣宁公司对吕洪斌的损失承担连带赔偿责任缺乏事实依据和法律依据。

第八百三十五条 【货物因不可抗力灭失时运费的处理】 货物在运输过程中因不可抗力灭失，未收取运费的，承运人不得请求支付运费；已经收取运费的，托运人可以请求返还。法律另有规定的，依照其规定。

相关法律条文

《中华人民共和国海商法》(1993年7月1日起施行)

第九十条 船舶在装货港开航前，因不可抗力或者其他不能归责于承运人和托运人的原因致使合同不能履行的，双方均可以解除合同，并互相不负赔偿责任。除合同另有约定外，运费已经支付的，承运人应当将运费退还给托运人；货物已经装船的，托运人应当承担装卸费用；已经签发提单的，托运人应当将提单退还承运人。

第八百三十六条 【承运人的留置权】 托运人或者收货人不支付运费、保管费或者其他费用的，承运人对相应的运输货物享有留置权，但是当事人另有约定的除外。

相关文件规定

《最高人民法院关于国内水路货物运输纠纷案件法律问题的指导意见》(法发〔2012〕28号)

7. 国内水路货物运输合同履行完毕，托运人或者收货人没有按照约定支付运费、保管费或者其他运输费用，依照合同法第三百一十五条的规定，承运人对相应的运输货物享有留置权。人民法院在审查承运人的留置权时，应当重点审查承运人留置货物的数量是否是在合理的限度之内，以及承运人留置的货物是否是其合法占有的货物。债务人对留置货物是否具有所有权并不必然影响承运人留置权的行使，除非运输合同当事人对承运人的留置权另有特殊约定。

第八百三十七条　【货物的提存】收货人不明或者收货人无正当理由拒绝受领货物的，承运人依法可以提存货物。

第四节　多式联运合同

第八百三十八条　【多式联运经营人的权利义务】多式联运经营人负责履行或者组织履行多式联运合同，对全程运输享有承运人的权利，承担承运人的义务。

第八百三十九条　【多式联运的责任承担】多式联运经营人可以与参加多式联运的各区段承运人就多式联运合同的各区段运输约定相互之间的责任；但是，该约定不影响多式联运经营人对全程运输承担的义务。

第八百四十条　【联运单据的转让】多式联运经营人收到托运人交付的货物时，应当签发多式联运单据。按照托运人的要求，多式联运单据可以是可转让单据，也可以是不可转让单据。

第八百四十一条　【托运人的损害赔偿责任】因托运人托运货物时的过错造成多式联运经营人损失的，即使托运人已经转让多式联运单据，托运人仍然应当承担赔偿责任。

第八百四十二条　【赔偿责任适用法律的规定】货物的毁损、灭失发生于多式联运的某一运输区段的，多式联运经营人的赔偿责任和责任限额，适用调整该区段运输方式的有关法律规定；货物毁损、灭失发生的运输区段不能确定的，依照本章规定承担赔偿责任。

第二十章 技术合同

第一节 一般规定

第八百四十三条 【技术合同的定义】技术合同是当事人就技术开发、转让、许可、咨询或者服务订立的确立相互之间权利和义务的合同。

一、相关司法解释规定

《最高人民法院关于审理技术合同纠纷案件适用法律若干问题的解释》(法释〔2004〕20号)(2020年12月23日修正)

第四十二条 当事人将技术合同和其他合同内容或者将不同类型的技术合同内容订立在一个合同中的,应当根据当事人争议的权利义务内容,确定案件的性质和案由。

技术合同名称与约定的权利义务关系不一致的,应当按照约定的权利义务内容,确定合同的类型和案由。

技术转让合同或者技术许可合同中约定让与人或者许可人负责包销或者回购受让人、被许可人实施合同标的技术制造的产品,仅因让与人或者许可人不履行或者不能全部履行包销或者回购义务引起纠纷,不涉及技术问题的,应当按照包销或者回购条款约定的权利义务内容确定案由。

第四十三条 技术合同纠纷案件一般由中级以上人民法院管辖。

各高级人民法院根据本辖区的实际情况并报经最高人民法院批准,可以指定若干基层人民法院管辖第一审技术合同纠纷案件。

其他司法解释对技术合同纠纷案件管辖另有规定的,从其规定。

合同中既有技术合同内容,又有其他合同内容,当事人就技术合同内容和其他合同内容均发生争议的,由具有技术合同纠纷案件管辖权的人民法院受理。

第四十四条 一方当事人以诉讼争议的技术合同侵害他人技术成果为由请求确认合同无效,或者人民法院在审理技术合同纠纷中发现可能存在该无效事由的,人民法院应当依法通知有关利害关系人,其可以作为有独立请求权的第三人参加诉讼或者依法向有管辖权的人民法院另行起诉。

利害关系人在接到通知后15日内不提起诉讼的，不影响人民法院对案件的审理。

第四十五条　第三人向受理技术合同纠纷案件的人民法院就合同标的技术提出权属或者侵权请求时，受诉人民法院对此也有管辖权的，可以将权属或者侵权纠纷与合同纠纷合并审理；受诉人民法院对此没有管辖权的，应当告知其向有管辖权的人民法院另行起诉或者将已经受理的权属或者侵权纠纷案件移送有管辖权的人民法院。权属或者侵权纠纷另案受理后，合同纠纷应当中止诉讼。

专利实施许可合同诉讼中，被许可人或者第三人向国家知识产权局请求宣告专利权无效的，人民法院可以不中止诉讼。在案件审理过程中专利权被宣告无效的，按照专利法第四十七条第二款和第三款的规定处理。

第四十六条　计算机软件开发等合同争议，著作权法以及其他法律、行政法规另有规定的，依照其规定；没有规定的，适用民法典第三编第一分编的规定，并可以参照民法典第三编第二分编第二十章和本解释的有关规定处理。

二、相关文件规定

《最高人民法院关于印发全国法院知识产权审判工作会议关于审理技术合同纠纷案件若干问题的纪要的通知》(法〔2001〕84号)

32. 当事人将技术合同和其他合同内容合订为一个合同，或者将不同类型的技术合同内容合订在一个合同中的，应当根据当事人争议的权利义务内容，确定案件的性质和案由，适用相应的法律、法规。

33. 技术合同名称与合同约定的权利义务关系不一致的，应当按照合同约定的权利义务内容，确定合同的类型和案由，适用相应的法律、法规。

34. 当事人以技术开发、转让、咨询或者服务为承包内容订立的合同，属于技术合同。

35. 转让阶段性技术成果并约定后续开发义务的合同，就该阶段性技术成果的重复试验效果方面发生争议的，按照技术转让合同处理；就后续开发方面发生争议的，按照技术开发合同处理。

36. 技术转让合同中约定让与人向受让人提供实施技术的专用设备、原材料或者提供有关的技术咨询、技术服务的，这类约定属于技术转让合同的组成部分。因这类约定发生纠纷的，按照技术转让合同处理。

37. 当事人以技术入股方式订立联营合同，但技术入股人不参与联营体的经营管理，并且以保底条款形式约定联营体或者联营对方支付其技术价款或者使用费的，属于技术转让合同。

38. 技术转让合同中约定含让与人负责包销（回购）受让人实施合同标的技术制造的产品。仅因让与人不履行或者不能全部履行包销（回购）义务引起纠纷，不涉及技术问题的，按照包销（回购）条款所约定的权利义务内容确定案由，并适用相应的法律规定处理。

39. 技术开发合同当事人一方仅提供资金、设备、材料等物质条件，承担辅助协作事项，另一方进行研究开发工作的合同，属于委托开发合同。

40. 当事人一方以技术转让的名义提供已进入公有领域的技术，并进行技术指导，传授技术知识等，为另一方解决特定技术问题所订立的合同，可以视为技术服务合同履行，但属于合同法第五十二条和第五十四条规定情形的除外。

41. 新药技术成果转让和植物新品种申请权转让、植物新品种权转让和使用许可等合同争议，适用合同法总则的规定，并可以参照合同法第十八章和本纪要关于技术转让合同的规定，但法律另有规定的，依照其规定。

42. 计算机软件开发、许可、转让等合同争议，著作权法以及其他法律另有规定的，依照其规定；没有规定的，适用合同法总则的规定，并可以参照合同法第十八章和本纪要的有关规定。

90. 技术合同纠纷属于与知识产权有关的纠纷，由中级以上人民法院管辖，但最高人民法院另行确定管辖的除外。

91. 合同中既有技术合同内容，又有其他合同内容，当事人就技术合同内容和其他合同内容均发生争议的，由具有技术合同纠纷案件管辖权的人民法院受理。

92. 一方当事人以诉讼争议的技术合同侵害他人技术成果为由主张合同无效或者人民法院在审理技术合同纠纷中发现可能存在该无效事由时，应当依法通知有关利害关系人作为有独立请求权的第三人参加诉讼。

93. 他人向受理技术合同纠纷的人民法院就该合同标的技术提出权属或者侵权主张时，受诉人民法院对此亦有管辖权的，可以将该权属或者侵权纠纷与合同纠纷合并审理；受诉人民法院对此没有管辖权的，应当告知其向有管辖权的人民法院另行起诉。权属或者侵权纠纷另案受理后，合同纠纷应当中止诉讼。

94. 专利实施许可合同诉讼中，受让人（被许可人）或者第三人向专利复审委员会请求宣告该专利权无效的，人民法院可以不中止诉讼。在审理过程中该专利权被宣告无效的，按照专利法的有关规定处理。

95. 因技术中介合同中介人违反约定的保密义务发生的纠纷，可以与技术合同纠纷合并审理。

96. 中介人一般不作为委托人与第三人之间的技术合同诉讼的当事人，但下列情况除外：

（1）中介人与技术合同一方当事人恶意串通损害另一方利益的，恶意串通的双方应列为共同被告，承担连带责任；

（2）中介人隐瞒技术合同一方当事人的真实情况给另一方造成损失的，中介人应列为被告，并依其过错承担相应的责任；

（3）因中介人不履行技术中介合同或者中介条款约定的其他义务，导致技术合同不能依约履行的，可以根据具体情况将中介人列为诉讼当事人。

97. 在技术合同纠纷诉讼中，需对合同标的技术进行鉴定的，除法定鉴定部门外，当事人协商推荐共同信任的组织或者专家进行鉴定的，人民法院可予指定；当事人不能协商一致的，人民法院可以从由省级以上科技行政主管部门推荐的鉴定组织或者专家中选择并指定，也可以直接指定相关组织或者专家进行鉴定。

指定专家进行鉴定的，应当组成鉴定组。

鉴定人应当是三人以上的单数。

98. 鉴定应当以合同约定由当事人提供的技术成果或者技术服务内容为鉴定对象，从原理、设计、工艺和必要的技术资料等方面，按照约定的检测方式和验收标准，审查其能否达到约定的技术指标和经济效益指标。

99. 当事人对技术成果的检测方式或者验收标准没有约定或者约定不明确，依照合同法第六十一条的规定不能达成补充协议的，可以根据具体案情采用本行业常用的或者合乎实用的检测方式或者验收标准进行检测鉴定、专家评议或者验收鉴定。

对合同约定的验收标准明确、技术问题并不复杂的，可以采取当事人现场演示、操作、制作等方式对技术成果进行鉴定。

100.技术咨询合同当事人对咨询报告和意见的验收或者评价办法没有约定或者约定不明确，依照合同法第六十一条的规定不能达成补充协议的，按照合乎实用的一般要求进行鉴定。

101.对已经按照国家有关规定通过技术成果鉴定、新产品鉴定等鉴定，又无相反的证据能够足以否定该鉴定结论的技术成果，或者已经实际使用证明是成熟可靠的技术成果，在诉讼中当事人又对该技术成果的评价发生争议的，不再进行鉴定。

102.不能以授予专利权的有关专利文件代替对合同标的技术的鉴定结论。

第八百四十四条　【订立技术合同应遵循的原则】订立技术合同，应当有利于知识产权的保护和科学技术的进步，促进科学技术成果的研发、转化、应用和推广。

一、相关司法解释规定

《最高人民法院关于审理技术合同纠纷案件适用法律若干问题的解释》（法释〔2004〕20号）（2020年12月23日修正）

第一条　技术成果，是指利用科学技术知识、信息和经验作出的涉及产品、工艺、材料及其改进等的技术方案，包括专利、专利申请、技术秘密、计算机软件、集成电路布图设计、植物新品种等。

技术秘密，是指不为公众所知悉、具有商业价值并经权利人采取相应保密措施的技术信息。

二、相关文件规定

《最高人民法院关于印发全国法院知识产权审判工作会议关于审理技术合同纠纷案件若干问题的纪要的通知》（法〔2001〕84号）

1.合同法第十八章所称技术成果，是指利用科学技术知识、信息和经验作出的产品、工艺、材料及其改进等技术方案，包括专利、专利申请、技术秘密和其他能够取得知识产权的技术成果（如植物新品种、计算机软件、集成电路布图设计和新药成果等）。

2. 合同法第十八章所称的技术秘密，是指不为公众所知悉、能为权利人带来经济利益、具有实用性并经权利人采取保密措施的技术信息。

前款所称不为公众所知悉，是指该技术信息的整体或者精确的排列组合或者要素，并非为通常涉及该信息有关范围的人所普遍知道或者容易获得；能为权利人带来经济利益、具有实用性，是指该技术信息因属于秘密而具有商业价值，能够使拥有者获得经济利益或者获得竞争优势；权利人采取保密措施，是指该技术信息的合法拥有者根据有关情况采取的合理措施，在正常情况下可以使该技术信息得以保密。

合同法所称技术秘密与技术秘密成果是同义语。

第八百四十五条　【技术合同的内容】技术合同的内容一般包括项目的名称，标的的内容、范围和要求，履行的计划、地点和方式，技术信息和资料的保密，技术成果的归属和收益的分配办法，验收标准和方法，名词和术语的解释等条款。

与履行合同有关的技术背景资料、可行性论证和技术评价报告、项目任务书和计划书、技术标准、技术规范、原始设计和工艺文件，以及其他技术文档，按照当事人的约定可以作为合同的组成部分。

技术合同涉及专利的，应当注明发明创造的名称、专利申请人和专利权人、申请日期、申请号、专利号以及专利权的有效期限。

相关文件规定

《最高人民法院关于印发全国法院知识产权审判工作会议关于审理技术合同纠纷案件若干问题的纪要的通知》(法〔2001〕84号)

23. 当事人对技术合同的价款、报酬和使用费没有约定或者约定不明确，依照合同法第六十一条的规定不能达成补充协议的，人民法院可以按照以下原则处理：

(1) 对于技术开发合同和技术转让合同，根据有关技术成果的研究开发成本、先进性、实施转化和应用的程度，当事人享有的权益和承担的责任，以及技术成果的经济效益和社会效益等合理认定；

(2) 对于技术咨询合同和技术服务合同，根据有关咨询服务工作的数量、质量和技术含量，以及预期产生的经济效益和社会效益等合理认定。

技术合同价款、报酬、使用费中包含非技术性款项的，应当分项计算。

24. 当事人对技术合同的履行地点没有约定或者约定不明确，依照合同法第六十一条的规定不能达成补充协议的，技术开发合同以研究开发人所在地为履行地。但依据合同法第三百三十条第四款订立的合同以技术成果实施地为履行地；技术转让合同以受让人所在地为履行地；技术咨询合同以受托人所在地为履行地；技术服务合同以委托人所在地为履行地。但给付合同价款、报酬、使用费的，以接受给付的一方所在地为履行地。

25. 技术合同当事人对技术成果的验收标准没有约定或者约定不明确，在适用合同法第六十二条的规定时，没有国家标准、行业标准或者专业技术标准的，按照本行业合乎实用的一般技术要求履行。

当事人订立技术合同时所作的可行性分析报告中有关经济效益或者成本指标的预测和分析，不应当视为合同约定的验收标准，但当事人另有约定的除外。

第八百四十六条 【技术合同价款、报酬或使用费的支付】技术合同价款、报酬或者使用费的支付方式由当事人约定，可以采取一次总算、一次总付或者一次总算、分期支付，也可以采取提成支付或者提成支付附加预付入门费的方式。

约定提成支付的，可以按照产品价格、实施专利和使用技术秘密后新增的产值、利润或者产品销售额的一定比例提成，也可以按照约定的其他方式计算。提成支付的比例可以采取固定比例、逐年递增比例或者逐年递减比例。

约定提成支付的，当事人可以约定查阅有关会计账目的办法。

一、相关司法解释规定

《最高人民法院关于审理技术合同纠纷案件适用法律若干问题的解释》（法释〔2004〕20号）（2020年12月23日修正）

第十四条 对技术合同的价款、报酬和使用费，当事人没有约定或者约定不明确的，人民法院可以按照以下原则处理：

(一)对于技术开发合同和技术转让合同、技术许可合同,根据有关技术成果的研究开发成本、先进性、实施转化和应用的程度,当事人享有的权益和承担的责任,以及技术成果的经济效益等合理确定;

(二)对于技术咨询合同和技术服务合同,根据有关咨询服务工作的技术含量、质量和数量,以及已经产生和预期产生的经济效益等合理确定。

技术合同价款、报酬、使用费中包含非技术性款项的,应当分项计算。

二、相关文件规定

《最高人民法院关于印发全国法院知识产权审判工作会议关于审理技术合同纠纷案件若干问题的纪要的通知》(法〔2001〕84号)

20. 侵害他人技术秘密成果使用权、转让权的技术合同无效后,除法律、行政法规另有规定的以外,善意、有偿取得该技术秘密的一方可以继续使用该技术秘密,但应当向权利人支付合理的使用费并承担保密义务。除与权利人达成协议以外,善意取得的一方(使用人)继续使用该技术秘密不得超过其取得时确定的使用范围。当事人双方恶意串通或者一方明知或者应知另一方侵权仍然与其订立或者履行合同的,属于共同侵权,应当承担连带赔偿责任和保密义务,因该无效合同而取得技术秘密的当事人不得继续使用该技术秘密。

前款规定的使用费由使用人与权利人协议确定,不能达成协议的,任何一方可以请求人民法院予以裁决。使用人拒不履行双方达成的使用费协议的,权利人除可以请求人民法院判令使用人支付已使用期间的使用费以外,还可以请求判令使用人停止使用该技术秘密;使用人拒不执行人民法院关于使用费的裁决的,权利人除可以申请强制执行已使用期间的使用费外。还可以请求人民法院判令使用人停止使用该技术秘密。在双方就使用费达成协议或者人民法院作出生效裁决以前,使用人可以不停止使用该技术秘密。

21. 人民法院在裁决前条规定的使用费时,可以根据权利人善意对外转让该技术秘密的费用并考虑使用人的使用规模和经济效益等因素来确定;也可以依据使用人取得该技术秘密所支付的费用并考虑该技术秘密的研究开发成本、成果转化和应用程度和使用人的使用规模和经济效益等因素来确定。

人民法院应当对已使用期间的使用费和以后使用的付费标准一并作出裁决。

合同被确认无效后，使用人不论是否继续使用该技术秘密，均应当向权利人支付其已使用期间的使用费，其已向无效合同的让与人支付的费用应当由让与人负责返还，该费用中已由让与人作为侵权损害的赔偿直接给付权利人的部分，在计算使用人向权利人支付的使用费时相应扣除。

第八百四十七条　【职务技术成果及其财产权归属】职务技术成果的使用权、转让权属于法人或者非法人组织的，法人或者非法人组织可以就该项职务技术成果订立技术合同。法人或者非法人组织订立技术合同转让职务技术成果时，职务技术成果的完成人享有以同等条件优先受让的权利。

职务技术成果是执行法人或者非法人组织的工作任务，或者主要是利用法人或者非法人组织的物质技术条件所完成的技术成果。

一、相关司法解释规定

《最高人民法院关于审理技术合同纠纷案件适用法律若干问题的解释》（法释〔2004〕20号）（2020年12月23日修正）

第二条　民法典第八百四十七条第二款所称"执行法人或者非法人组织的工作任务"，包括：

（一）履行法人或者非法人组织的岗位职责或者承担其交付的其他技术开发任务；

（二）离职后一年内继续从事与其原所在法人或者非法人组织的岗位职责或者交付的任务有关的技术开发工作，但法律、行政法规另有规定的除外。

法人或者非法人组织与其职工就职工在职期间或者离职以后所完成的技术成果的权益有约定的，人民法院应当依约定确认。

第三条　民法典第八百四十七条第二款所称"物质技术条件"，包括资金、设备、器材、原材料、未公开的技术信息和资料等。

第四条　民法典第八百四十七条第二款所称"主要是利用法人或者非法人组织的物质技术条件"，包括职工在技术成果的研究开发过程中，全部或者大部分利用了法人或者非法人组织的资金、设备、器材或者原材料等物质条件，并且这些物质条件对形成该技术成果具有实质性的影响；还包括该技术成果实质性内容是在法人或者非法人组织尚未公开的技术成果、阶段性技术成果基础上完成的情形。但下列情况除外：

（一）对利用法人或者非法人组织提供的物质技术条件，约定返还资金或者交纳使用费的；

（二）在技术成果完成后利用法人或者非法人组织的物质技术条件对技术方案进行验证、测试的。

第七条　不具有民事主体资格的科研组织订立的技术合同，经法人或者非法人组织授权或者认可的，视为法人或者非法人组织订立的合同，由法人或者非法人组织承担责任；未经法人或者非法人组织授权或者认可的，由该科研组织成员共同承担责任，但法人或者非法人组织因该合同受益的，应当在其受益范围内承担相应责任。

前款所称不具有民事主体资格的科研组织，包括法人或者非法人组织设立的从事技术研究开发、转让等活动的课题组、工作室等。

第十六条　当事人以技术成果向企业出资但未明确约定权属，接受出资的企业主张该技术成果归其享有的，人民法院一般应当予以支持，但是该技术成果价值与该技术成果所占出资额比例明显不合理损害出资人利益的除外。

当事人对技术成果的权属约定有比例的，视为共同所有，其权利使用和利益分配，按共有技术成果的有关规定处理，但当事人另有约定的，从其约定。

当事人对技术成果的使用权约定有比例的，人民法院可以视为当事人对实施该项技术成果所获收益的分配比例，但当事人另有约定的，从其约定。

二、相关文件规定

《最高人民法院关于印发全国法院知识产权审判工作会议关于审理技术合同纠纷案件若干问题的纪要的通知》（法〔2001〕84 号）

3. 法人或者其他组织与其职工在劳动合同或者其他协议中就职工在职期间或者离职以后所完成的技术成果的权益有约定的，依其约定确认。但该约定依法应当认定为无效或者依法被撤销、解除的除外。

4. 合同法第三百二十六条第二款所称执行法人或者其他组织的工作任务,是指:

(1)职工履行本岗位职责或者承担法人或者其他组织交付的其他科学研究和技术开发任务。

(2)离职、退职、退休后一年内继续从事与其原所在法人或者其他组织的岗位职责或者交付的任务有关的科学研究和技术开发,但法律、行政法规另有规定或者当事人另有约定的除外。

前款所称岗位职责,是指根据法人或者其他组织的规定,职工所在岗位的工作任务和责任范围。

5. 合同法第三百二十六条第二款所称物质技术条件,是指资金、设备、器材、原材料、未公开的技术信息和资料。

合同法第三百二十六条第二款所称主要利用法人或者其他组织的物质技术条件,是指职工在完成技术成果的研究开发过程中,全部或者大部分利用了法人或者其他组织的资金、设备、器材或者原材料,或者该技术成果的实质性内容是在该法人或者其他组织尚未公开的技术成果、阶段性技术成果或者关键技术的基础上完成的。但对利用法人或者其他组织提供的物质技术条件,约定返还资金或者交纳使用费的除外。

在研究开发过程中利用法人或者其他组织已对外公开或者已为本领域普通技术人员公知的技术信息,或者在技术成果完成后利用法人或者其他组织的物质条件对技术方案进行验证、测试的,不属于主要利用法人或者其他组织的物质技术条件。

9. 法人或者其他组织设立的从事技术研究开发、转让等活动的不具有民事主体资格的科研组织(包括课题组、工作室等)订立的技术合同,经法人或者其他组织授权或者认可的,视为法人或者其他组织订立的合同,由法人或者其他组织承担责任;未经法人或者其他组织授权或者认可的,由该科研组织成员共同承担责任,但法人或者其他组织因该合同受益的,应当在其受益范围内承担相应的责任。

第八百四十八条 【非职务技术成果的财产权归属】 非职务技术成果的使用权、转让权属于完成技术成果的个人,完成技术成果的个人可以就该项非职务技术成果订立技术合同。

一、相关司法解释规定

《最高人民法院关于审理技术合同纠纷案件适用法律若干问题的解释》(法释〔2004〕20号)(2020年12月23日修正)

第五条　个人完成的技术成果,属于执行原所在法人或者非法人组织的工作任务,又主要利用了现所在法人或者非法人组织的物质技术条件的,应当按照该自然人原所在和现所在法人或者非法人组织达成的协议确认权益。不能达成协议的,根据对完成该项技术成果的贡献大小由双方合理分享。

第六条　民法典第八百四十七条所称"职务技术成果的完成人"、第八百四十八条所称"完成技术成果的个人",包括对技术成果单独或者共同作出创造性贡献的人,也即技术成果的发明人或者设计人。人民法院在对创造性贡献进行认定时,应当分解所涉及技术成果的实质性技术构成。提出实质性技术构成并由此实现技术方案的人,是作出创造性贡献的人。

提供资金、设备、材料、试验条件,进行组织管理,协助绘制图纸、整理资料、翻译文献等人员,不属于职务技术成果的完成人、完成技术成果的个人。

二、相关文件规定

《最高人民法院关于印发全国法院知识产权审判工作会议关于审理技术合同纠纷案件若干问题的纪要的通知》(法〔2001〕84号)

6. 完成技术成果的个人既执行了原所在法人或者其他组织的工作任务,又就同一科学研究或者技术开发课题主要利用了现所在法人或者其他组织的物质技术条件所完成的技术成果的权益,由其原所在法人或者其他组织和现所在法人或者其他组织协议确定,不能达成协议的,由双方合理分享。

7. 职工于本岗位职责或者其所在法人或者其他组织交付的任务之外从事业余兼职活动或者与他人合作完成的技术成果的权益,按照其与聘用人(兼职单位)或者合作人的约定确认。没有约定或者约定不明确,依照合同法第六十一条的规定不能达成补充协议的,按照合同法第三百二十六条和第三百二十七条的规定确认。

依照前款规定处理时不得损害职工所在的法人或者其他组织的技术权益。

8. 合同法第三百二十六条和第三百二十七条所称完成技术成果的个人,是指对技术成果单独或者共同作出创造性贡献的人,不包括仅提供资金、设备、材料、试验条件的人员,进行组织管理的人员,协助绘制图纸、整理资料、翻译文献等辅助服务人员。

判断创造性贡献时,应当分解技术成果的实质性技术构成,提出实质性技术构成和由此实现技术方案的人是作出创造性贡献的人。对技术成果做出创造性贡献的人为发明人或者设计人。

第八百四十九条 【技术成果的人身性权利】完成技术成果的个人享有在有关技术成果文件上写明自己是技术成果完成者的权利和取得荣誉证书、奖励的权利。

第八百五十条 【技术合同的无效情形】非法垄断技术或者侵害他人技术成果的技术合同无效。

一、相关司法解释规定

《最高人民法院关于审理技术合同纠纷案件适用法律若干问题的解释》(法释〔2004〕20号)(2020年12月23日修正)

第十条 下列情形,属于民法典第八百五十条所称的"非法垄断技术":

(一)限制当事人一方在合同标的技术基础上进行新的研究开发或者限制其使用所改进的技术,或者双方交换改进技术的条件不对等,包括要求一方将其自行改进的技术无偿提供给对方、非互惠性转让给对方、无偿独占或者共享该改进技术的知识产权;

(二)限制当事人一方从其他来源获得与技术提供方类似技术或者与其竞争的技术;

(三)阻碍当事人一方根据市场需求,按照合理方式充分实施合同标的技术,包括明显不合理地限制技术接受方实施合同标的技术生产产品或者提供服务的数量、品种、价格、销售渠道和出口市场;

(四)要求技术接受方接受并非实施技术必不可少的附带条件,包括购买非必需的技术、原材料、产品、设备、服务以及接收非必需的人员等;

(五)不合理地限制技术接受方购买原材料、零部件、产品或者设备等的渠道或者来源;

(六)禁止技术接受方对合同标的技术知识产权的有效性提出异议或者对提出异议附加条件。

第十一条　技术合同无效或者被撤销后，技术开发合同研究开发人、技术转让合同让与人、技术许可合同许可人、技术咨询合同和技术服务合同的受托人已经履行或者部分履行了约定的义务，并且造成合同无效或者被撤销的过错在对方的，对其已履行部分应当收取的研究开发经费、技术使用费、提供咨询服务的报酬，人民法院可以认定为因对方原因导致合同无效或者被撤销给其造成的损失。

技术合同无效或者被撤销后，因履行合同所完成新的技术成果或者在他人技术成果基础上完成后续改进技术成果的权利归属和利益分享，当事人不能重新协议确定的，人民法院可以判决由完成技术成果的一方享有。

第十二条　根据民法典第八百五十条的规定，侵害他人技术秘密的技术合同被确认无效后，除法律、行政法规另有规定的以外，善意取得该技术秘密的一方当事人可以在其取得时的范围内继续使用该技术秘密，但应当向权利人支付合理的使用费并承担保密义务。

当事人双方恶意串通或者一方知道或者应当知道另一方侵权仍与其订立或者履行合同的，属于共同侵权，人民法院应当判令侵权人承担连带赔偿责任和保密义务，因此取得技术秘密的当事人不得继续使用该技术秘密。

第十三条　依照前条第一款规定可以继续使用技术秘密的人与权利人就使用费支付发生纠纷的，当事人任何一方都可以请求人民法院予以处理。继续使用技术秘密但又拒不支付使用费的，人民法院可以根据权利人的请求判令使用人停止使用。

人民法院在确定使用费时，可以根据权利人通常对外许可该技术秘密的使用费或者使用人取得该技术秘密所支付的使用费，并考虑该技术秘密的研究开发成本、成果转化和应用程度以及使用人的使用规模、经济效益等因素合理确定。

不论使用人是否继续使用技术秘密，人民法院均应当判令其向权利人支付已使用期间的使用费。使用人已向无效合同的让与人或者许可人支付的使用费应当由让与人或者许可人负责返还。

二、相关文件规定

《最高人民法院关于印发全国法院知识产权审判工作会议关于审理技术合同纠纷案件若干问题的纪要的通知》(法〔2001〕84号)

10.技术合同不因下列事由无效：

(1)合同标的技术未经技术鉴定;

(2)技术合同未经登记或者未向有关部门备案;

(3)以已经申请专利尚未授予专利权的技术订立专利实施许可合同。

11.技术合同内容有下列情形的,属于合同法第三百二十九条所称"非法垄断技术,妨碍技术进步":

(1)限制另一方在合同标的技术的基础上进行新的研究开发,或者双方交换改进技术的条件不对等,包括要求一方将其自行改进的技术无偿地提供给对方、非互惠性的转让给对方、无偿地独占或者共享该改进技术的知识产权;

(2)限制另一方从其他来源吸收技术;

(3)阻碍另一方根据市场的需求,按照合理的方式充分实施合同标的技术,包括不合理地限制技术接受方实施合同标的技术生产产品或者提供服务的数量、品种、价格、销售渠道和出口市场;

(4)要求技术接受方接受并非实施技术必不可少的附带条件,包括购买技术接受方并不需要的技术、服务、原材料、设备或者产品等和接收技术接受方并不需要的人才等;

(5)不合理地限制技术接受方自由选择从不同来源购买原材料、零部件或者设备等;

(6)禁止技术接受方对合同标的技术的知识产权的有效性提出异议的条件。

12.技术合同内容有下列情形的,属于合同法第三百二十九条所称侵害他人技术成果:

(1)侵害他人专利权、专利申请权、专利实施权的;

(2)侵害他人技术秘密成果使用权、转让权的;

(3)侵害他人植物新品种权、植物新品种申请权、植物新品种实施权的;

(4)侵害他人计算机软件著作权、集成电路电路布图设计权、新药成果权等技术成果权的;

(5)侵害他人发明权、发现权以及其他科技成果权的。

侵害他人发明权、发现权以及其他科技成果权等技术成果完成人人身权利的合同,合同部分无效,不影响其他部分效力的,其他部分仍然有效。

13. 当事人使用或者转让其独立研究开发或者以其他正当方式取得的与他人的技术秘密相同或者近似的技术秘密的，不属于合同法第三百二十九条所称侵害他人技术成果。

通过合法的参观访问或者对合法取得的产品进行拆卸、测绘、分析等反向工程手段掌握相关技术的，属于前款所称以其他正当方式取得。但法律另有规定或者当事人另有约定的除外。

14. 除当事人另有约定或者技术成果的权利人追认的以外，技术秘密转让合同和专利实施许可合同的受让人，将合同标的技术向他人转让而订立的合同无效。

15. 技术转让合同中既有专利权转让或者专利实施许可内容，又有技术秘密转让内容，专利权被宣告无效或者技术秘密被他人公开的，不影响合同中另一部分内容的效力。但当事人另有约定的除外。

16. 当事人一方采取欺诈手段，就其现有技术成果作为研究开发标的与他人订立委托开发合同收取研究开发费用，或者就同一研究开发课题先后与两个或者两个以上的委托人分别订立委托开发合同重复收取研究开发费用的，受损害方可以依照合同法第五十四条第二款的规定请求变更或者撤销合同，但属于合同法第五十二条和第三百二十九条规定的情形应当对合同作无效处理的除外。

17. 技术合同无效或者被撤销后，研究开发人、让与人、受托人已经履行了约定的义务，且造成合同无效或者被撤销的过错在对方的，其按约定应当收取的研究开发经费、技术使用费和提供咨询服务的报酬，可以视为因对方原因导致合同无效或者被撤销给其造成的损失。

18. 技术合同无效或者被撤销后，当事人因合同取得的技术资料、样品、样机等技术载体应当返还权利人，并不得保留复制品；涉及技术秘密的，当事人依法负有保密义务。

19. 技术合同无效或者被撤销后，因履行合同所完成的新的技术成果或者在他人技术成果的基础上完成的后续改进部分的技术成果的权利归属和利益分享，当事人不能重新协议确定的，由完成技术成果的一方当事人享有。

第二节 技术开发合同

第八百五十一条 【技术开发合同的定义与类型】技术开发合同是当事人之间就新技术、新产品、新工艺、新品种或者新材料及其系统的研究开发所订立的合同。

技术开发合同包括委托开发合同和合作开发合同。

技术开发合同应当采用书面形式。

当事人之间就具有实用价值的科技成果实施转化订立的合同，参照适用技术开发合同的有关规定。

一、相关司法解释规定

《最高人民法院关于审理技术合同纠纷案件适用法律若干问题的解释》(法释〔2004〕20号)(2020年12月23日修正)

第十七条 民法典第八百五十一条第一款所称"新技术、新产品、新工艺、新品种或者新材料及其系统"，包括当事人在订立技术合同时尚未掌握的产品、工艺、材料及其系统等技术方案，但对技术上没有创新的现有产品的改型、工艺变更、材料配方调整以及对技术成果的验证、测试和使用除外。

第十八条 民法典第八百五十一条第四款规定的"当事人之间就具有实用价值的科技成果实施转化订立的"技术转化合同，是指当事人之间就具有实用价值但尚未实现工业化应用的科技成果包括阶段性技术成果，以实现该科技成果工业化应用为目标，约定后续试验、开发和应用等内容的合同。

二、相关文件规定

1.《技术合同认定规则》(2001年7月18日起施行)

第二十条 技术开发合同是当事人之间就新技术、新产品、新工艺、新材料、新品种及其系统的研究开发所订立的合同。

技术开发合同包括委托开发合同和合作开发合同。委托开发合同是一方当事人委托另一方当事人进行研究开发工作并提供相应研究开发经费和报酬所订立的技术开发合同。合作开发合同是当事人各方就共同进行研究开发工作所订立的技术开发合同。

第二十一条 技术开发合同的认定条件是：

（一）有明确、具体的科学研究和技术开发目标；

（二）合同标的为当事人在订立合同时尚未掌握的技术方案；

（三）研究开发工作及其预期成果有相应的技术创新内容。

第二十二条 单纯以揭示自然现象、规律和特征为目标的基础性研究项目所订立的合同，以及软科学研究项目所订立的合同，不予登记。

第二十三条 下列各项符合本规则第二十一条规定的，属于技术开发合同：

（一）小试、中试技术成果的产业化开发项目；

（二）技术改造项目；

（三）成套技术设备和试验装置的技术改进项目；

（四）引进技术和设备消化、吸收基础上的创新开发项目；

（五）信息技术的研究开发项目，包括语言系统、过程控制、管理工程、特定专家系统、计算机辅助设计、计算机集成制造系统等，但软件复制和无原创性的程序编制的除外；

（六）自然资源的开发利用项目；

（七）治理污染、保护环境和生态项目；

（八）其他科技成果转化项目。

前款各项中属一般设备维修、改装、常规的设计变更及其已有技术直接应用于产品生产，不属于技术开发合同。

第二十四条 下列合同不属于技术开发合同：

（一）合同标的为当事人已经掌握的技术方案，包括已完成产业化开发的产品、工艺、材料及其系统；

（二）合同标的为通过简单改变尺寸、参数、排列，或者通过类似技术手段的变换实现的产品改型、工艺变更以及材料配方调整；

（三）合同标的为一般检验、测试、鉴定、仿制和应用。

2.《最高人民法院关于印发全国法院知识产权审判工作会议关于审理技术合同纠纷案件若干问题的纪要的通知》（法〔2001〕84号）

43. 合同法第三百三十条所称新技术、新产品、新工艺、新材料及其系统，是指当事人在订立技术合同时尚未掌握的产品、工艺、材料及其系统等技术方案，但在技术上没有创新的现有产品的改型、工艺变更、材料配方调整以及技术成果的验证、测试和使用除外。

44.合同法第三百三十条第四款所称当事人之间就具有产业应用价值的科技成果实施转化订立的合同,是指当事人之间就具有实用价值但尚未能够实现商品化、产业化应用的科技成果(包括阶段性技术成果),以实现该科技成果的商品化、产业化应用为目标,约定有关后续试验、开发和应用等内容的合同。

第八百五十二条 【委托开发合同中委托人的义务】委托开发合同的委托人应当按照约定支付研究开发经费和报酬,提供技术资料,提出研究开发要求,完成协作事项,接受研究开发成果。

相关文件规定

《最高人民法院关于印发全国法院知识产权审判工作会议关于审理技术合同纠纷案件若干问题的纪要的通知》(法〔2001〕84号)

48.委托开发合同委托人在不妨碍研究开发人正常工作的情况下,有权依据合同法第六十条第二款的规定,对研究开发人履行合同和使用研究开发经费的情况进行必要的监督检查,包括查阅账册和访问现场。

研究开发人有权依据合同法第三百三十一条的规定,要求委托人补充必要的背景资料和数据等,但不得超过履行合同所需要的范围。

49.研究开发成果验收时,委托开发合同的委托人和合作开发合同的当事人有权取得实施技术成果所必需的技术资料、试验报告和数据,要求另一方进行必要的技术指导,保证所提供的技术成果符合合同约定的条件。

第八百五十三条 【委托开发合同中研究开发人的义务】委托开发合同的研究开发人应当按照约定制定和实施研究开发计划,合理使用研究开发经费,按期完成研究开发工作,交付研究开发成果,提供有关的技术资料和必要的技术指导,帮助委托人掌握研究开发成果。

第八百五十四条 【委托开发合同的违约责任】委托开发合同的当事人违反约定造成研究开发工作停滞、延误或者失败的,应当承担违约责任。

第八百五十五条 【合作开发合同中当事人的义务】合作开发合

同的当事人应当按照约定进行投资,包括以技术进行投资,分工参与研究开发工作,协作配合研究开发工作。

一、相关司法解释规定

《最高人民法院关于审理技术合同纠纷案件适用法律若干问题的解释》(法释〔2004〕20号)(2020年12月23日修正)

第十九条 民法典第八百五十五条所称"分工参与研究开发工作",包括当事人按照约定的计划和分工,共同或者分别承担设计、工艺、试验、试制等工作。

技术开发合同当事人一方仅提供资金、设备、材料等物质条件或者承担辅助协作事项,另一方进行研究开发工作的,属于委托开发合同。

二、相关文件规定

《最高人民法院关于印发全国法院知识产权审判工作会议关于审理技术合同纠纷案件若干问题的纪要的通知》(法〔2001〕84号)

45. 合同法第三百三十五条所称分工参与研究开发工作,是指按照约定的计划和分工共同或者分别承担设计、工艺、试验、试制等工作。

第八百五十六条 【合作开发合同的违约责任】合作开发合同的当事人违反约定造成研究开发工作停滞、延误或者失败的,应当承担违约责任。

第八百五十七条 【技术开发合同的解除】作为技术开发合同标的的技术已经由他人公开,致使技术开发合同的履行没有意义的,当事人可以解除合同。

第八百五十八条 【技术开发合同的风险与责任】技术开发合同履行过程中,因出现无法克服的技术困难,致使研究开发失败或者部分失败的,该风险由当事人约定;没有约定或者约定不明确,依据本法第五百一十条的规定仍不能确定的,风险由当事人合理分担。

当事人一方发现前款规定的可能致使研究开发失败或者部分失败的情形时,应当及时通知另一方并采取适当措施减少损失;没有及时通知并采取适当措施,致使损失扩大的,应当就扩大的损失承担责任。

第八百五十九条　【委托开发合同中发明创造的归属和分享】委托开发完成的发明创造，除法律另有规定或者当事人另有约定外，申请专利的权利属于研究开发人。研究开发人取得专利权的，委托人可以依法实施该专利。

研究开发人转让专利申请权的，委托人享有以同等条件优先受让的权利。

相关文件规定

《最高人民法院关于印发全国法院知识产权审判工作会议关于审理技术合同纠纷案件若干问题的纪要的通知》(法〔2001〕84号)

50. 根据合同法第三百三十九条第一款和第三百四十条第一款的规定，委托开发或者合作开发完成的技术成果所获得的专利权为当事人共有的，实施该专利的方式和利益分配办法，由当事人约定。当事人没有约定或者约定不明确，依照合同法第六十一条的规定不能达成补充协议的，当事人均享有自己实施该专利的权利，由此所获得的利益归实施人。

当事人不具备独立实施专利的条件，以普通实施许可的方式许可一个法人或者其他组织实施该专利，或者与一个法人、其他组织或者自然人合作实施该专利或者通过技术入股与之联营实施该专利，可以视为当事人自己实施专利。

第八百六十条　【合作开发合同完成的发明创造专利申请权的归属和分享】合作开发完成的发明创造，申请专利的权利属于合作开发的当事人共有；当事人一方转让其共有的专利申请权的，其他各方享有以同等条件优先受让的权利。但是，当事人另有约定的除外。

合作开发的当事人一方声明放弃其共有的专利申请权的，除当事人另有约定外，可以由另一方单独申请或者由其他各方共同申请。申请人取得专利权的，放弃专利申请权的一方可以免费实施该专利。

合作开发的当事人一方不同意申请专利的，另一方或者其他各方不得申请专利。

相关文件规定

《最高人民法院关于印发全国法院知识产权审判工作会议关于审理技术合同纠纷案件若干问题的纪要的通知》(法〔2001〕84号)

50.根据合同法第三百三十九条第一款和第三百四十条第一款的规定,委托开发或者合作开发完成的技术成果所获得的专利权为当事人共有的,实施该专利的方式和利益分配办法,由当事人约定。当事人没有约定或者约定不明确,依照合同法第六十一条的规定不能达成补充协议的,当事人均享有自己实施该专利的权利,由此所获得的利益归实施人。

当事人不具备独立实施专利的条件,以普通实施许可的方式许可一个法人或者其他组织实施该专利,或者与一个法人、其他组织或者自然人合作实施该专利或者通过技术入股与之联营实施该专利,可以视为当事人自己实施专利。

第八百六十一条　【技术秘密成果的使用、转让与利益分配】委托开发或者合作开发完成的技术秘密成果的使用权、转让权以及收益的分配办法,由当事人约定;没有约定或者约定不明确,依据本法第五百一十条的规定仍不能确定的,在没有相同技术方案被授予专利权前,当事人均有使用和转让的权利。但是,委托开发的研究开发人不得在向委托人交付研究开发成果之前,将研究开发成果转让给第三人。

一、相关司法解释规定

《最高人民法院关于审理技术合同纠纷案件适用法律若干问题的解释》(法释〔2004〕20号)(2020年12月23日修正)

第二十条　民法典第八百六十一条所称"当事人均有使用和转让的权利",包括当事人均有不经对方同意而自己使用或者以普通使用许可的方式许可他人使用技术秘密,并独占由此所获利益的权利。当事人一方将技术秘密成果的转让权让与他人,或者以独占或者排他使用许可的方式许可他人使用技术秘密,未经对方当事人同意或者追认的,应当认定该让与或者许可行为无效。

第二十一条 技术开发合同当事人依照民法典的规定或者约定自行实施专利或使用技术秘密,但因其不具备独立实施专利或者使用技术秘密的条件,以一个普通许可方式许可他人实施或者使用的,可以准许。

二、相关文件规定

《最高人民法院关于印发全国法院知识产权审判工作会议关于审理技术合同纠纷案件若干问题的纪要的通知》(法〔2001〕84号)

46. 合同法第三百四十一条所称技术秘密成果的使用权、转让权,是指当事人依据法律规定或者合同约定所取得的使用、转让技术秘密成果的权利。使用权是指以生产经营为目的自己使用或者许可他人使用技术秘密成果的权利;转让权是指向他人让与技术秘密成果的权利。

47. 合同法第三百四十一条所称当事人均有使用和转让的权利,是指当事人均有不经对方同意而自己使用或者以普通使用许可的方式许可他人使用技术秘密并独占由此获得的利益的权利。当事人一方将技术秘密成果的使用权、转让权全部让与他人,或者以独占、排他使用许可的方式许可他人使用技术秘密的,必须征得对方当事人的同意。

51. 根据合同法第三百四十一条的规定,当事人一方仅享有自己使用技术秘密的权利,但其不具备独立使用该技术秘密的条件,以普通使用许可的方式许可一个法人或者其他组织使用该技术秘密,或者与一个法人、其他组织或者自然人合作使用该技术秘密或者通过技术入股与之联营使用该技术秘密,可以视为当事人自己使用技术秘密。

第三节 技术转让合同和技术许可合同

第八百六十二条 【技术转让合同与技术许可合同的定义】 技术转让合同是合法拥有技术的权利人,将现有特定的专利、专利申请、技术秘密的相关权利让与他人所订立的合同。

技术许可合同是合法拥有技术的权利人,将现有特定的专利、技术秘密的相关权利许可他人实施、使用所订立的合同。

技术转让合同和技术许可合同中关于提供实施技术的专用设备、原材料或者提供有关的技术咨询、技术服务的约定,属于合同的组成部分。

一、相关司法解释规定

《最高人民法院关于审理技术合同纠纷案件适用法律若干问题的解释》(法释〔2004〕20号)(2020年12月23日修正)

第二十二条 就尚待研究开发的技术成果或者不涉及专利、专利申请或者技术秘密的知识、技术、经验和信息所订立的合同,不属于民法典第八百六十二条规定的技术转让合同或者技术许可合同。

技术转让合同中关于让与人向受让人提供实施技术的专用设备、原材料或者提供有关的技术咨询、技术服务的约定,属于技术转让合同的组成部分。因此发生的纠纷,按照技术转让合同处理。

当事人以技术入股方式订立联营合同,但技术入股人不参与联营体的经营管理,并且以保底条款形式约定联营体或者联营对方支付其技术价款或者使用费的,视为技术转让合同或者技术许可合同。

第二十三条 专利申请权转让合同当事人以专利申请被驳回或者被视为撤回为由请求解除合同,该事实发生在依照专利法第十条第三款的规定办理专利申请权转让登记之前的,人民法院应当予以支持;发生在转让登记之后的,不予支持,但当事人另有约定的除外。

专利申请因专利申请权转让合同成立时即存在尚未公开的同样发明创造的在先专利申请被驳回,当事人依据民法典第五百六十三条第一款第(四)项的规定请求解除合同的,人民法院应当予以支持。

第二十四条 订立专利权转让合同或者专利申请权转让合同前,让与人自己已经实施发明创造,在合同生效后,受让人要求让与人停止实施的,人民法院应当予以支持,但当事人另有约定的除外。

让与人与受让人订立的专利权、专利申请权转让合同,不影响在合同成立前让与人与他人订立的相关专利实施许可合同或者技术秘密转让合同的效力。

第二十五条 专利实施许可包括以下方式:

(一)独占实施许可,是指许可人在约定许可实施专利的范围内,将该专利仅许可一个被许可人实施,许可人依约定不得实施该专利;

(二)排他实施许可,是指许可人在约定许可实施专利的范围内,将该专利仅许可一个被许可人实施,但许可人依约定可以自行实施该专利;

(三)普通实施许可,是指许可人在约定许可实施专利的范围内许可他人实施该专利,并且可以自行实施该专利。

当事人对专利实施许可方式没有约定或者约定不明确的,认定为普通实施许可。专利实施许可合同约定被许可人可以再许可他人实施专利的,认定该再许可为普通实施许可,但当事人另有约定的除外。

技术秘密的许可使用方式,参照本条第一、二款的规定确定。

第二十六条 专利实施许可合同许可人负有在合同有效期内维持专利权有效的义务,包括依法缴纳专利年费和积极应对他人提出宣告专利权无效的请求,但当事人另有约定的除外。

第二十七条 排他实施许可合同许可人不具备独立实施其专利的条件,以一个普通许可的方式许可他人实施专利的,人民法院可以认定为许可人自己实施专利,但当事人另有约定的除外。

二、相关文件规定

1.《最高人民法院关于印发全国法院知识产权审判工作会议关于审理技术合同纠纷案件若干问题的纪要的通知》(法〔2001〕84号)

52.合同法第三百四十二条所称技术转让合同,是指技术的合法拥有者包括有权对外转让技术的人将特定和现有的专利、专利申请、技术秘密的相关权利让与他人或者许可他人使用所订立的合同,不包括就尚待研究开发的技术成果或者不涉及专利、专利申请或者技术秘密的知识、技术、经验和信息订立的合同。其中:

(1)专利权转让合同,是指专利权人将其专利权让与受让人,受让人支付价款所订立的合同。

(2)专利申请权转让合同,是指让与人将其特定的技术成果申请专利的权利让与受让人,受让人支付价款订立的合同。

(3)技术秘密转让合同,是指技术秘密成果的权利人或者其授权的人作为让与人将技术秘密提供给受让人,明确相互之间技术秘密成果使用权、转让权,受让人支付价款或者使用费所订立的合同。

(4)专利实施许可合同,是指专利权人或者其授权的人作为让与人许可受让人在约定的范围内实施专利,受让人支付使用费所订立的合同。

53. 技术转让合同让与人应当保证受让人按约定的方式实施技术达到约定的技术指标。除非明确约定让与人保证受让人达到约定的经济效益指标，让与人不对受让人实施技术后的经济效益承担责任。

转让阶段性技术成果，让与人应当保证在一定条件下重复试验可以得到预期的效果。

54. 技术转让合同中约定受让人取得的技术须经受让人小试、中试、工业性试验后才能投入批量生产的，受让人未经小试、中试、工业性试验直接投入批量生产所发生的损失，让与人不承担责任。

58. 订立专利权转让合同或者专利申请权转让合同前，让与人自己已经实施发明创造的，除当事人另有约定的以外，在合同生效后，受让人有权要求让与人停止实施。

专利权或者专利申请权依照专利法的规定让与受让人后，受让人可以依法作为专利权人或者专利申请人对他人行使权利。

59. 专利权转让合同、专利申请权转让合同不影响让与人在合同成立前与他人订立的专利实施许可合同或者技术秘密转让合同的效力。有关当事人之间的权利义务依照合同法第五章的规定确定。

60. 专利申请权依照专利法的规定让与受让人前专利申请被驳回的，当事人可以解除专利申请权转让合同；让与受让人后专利申请被驳回的，合同效力不受影响。但当事人另有约定的除外。

专利申请因专利申请权转让合同成立时即存在尚未公开的同样发明创造的在先专利申请而被驳回的，当事人可以依据合同法第五十四条第一款第(二)项的规定请求予以变更或者撤销合同。

61. 专利实施许可合同让与人应当在合同有效期内维持专利权有效，但当事人另有约定的除外。

在合同有效期内，由于让与人的原因导致专利权被终止的，受让人可以依据合同法第九十四条第(四)项的规定解除合同，让与人应当承担违约责任；专利权被宣告无效的，合同终止履行，并依据专利法的有关规定处理。

62. 专利实施许可合同对实施专利的期限没有约定或者约定不明确，依照合同法第六十一条的规定不能达成补充协议的，受让人实施专利不受期限限制。

63. 专利实施许可可以采取独占实施许可、排他实施许可、普通实施许可等方式。

前款所称排他实施许可，是指让与人在已经许可受让人实施专利的范围内无权就同一专利再许可他人实施；独占实施许可，是指让与人在已经许可受让人实施专利的范围内无权就同一专利再许可他人实施或者自己实施；普通实施许可，是指让与人在已经许可受让人实施专利的范围内仍可以就同一专利再许可他人实施。

当事人对专利实施许可方式没有约定或者约定不明确，依照合同法第六十一条的规定不能达成补充协议的，视为普通实施许可。

专利实施许可合同约定受让人可以再许可他人实施该专利的，该再许可为普通实施许可，但当事人另有约定的除外。

64. 除当事人另有约定的以外，根据实施专利的强制许可决定而取得的专利实施权为普通实施许可。

65. 除当事人另有约定的以外，排他实施许可合同让与人不具备独立实施其专利的条件，与一个法人、其他组织或者自然人合作实施该专利，或者通过技术入股实施该专利，可视为让与人自己实施专利。但让与人就同一专利与两个或者两个以上法人、其他组织或者自然人分别合作实施或者入股联营的，属于合同法第三百五十一条规定的违反约定擅自许可第三人实施专利的行为。

66. 除当事人另有约定的以外，专利实施许可合同的受让人将受让的专利与他人合作实施或者入股联营的，属于合同法第三百五十二条规定的未经让与人同意擅自许可第三人实施专利的行为。

67. 技术秘密转让合同对使用技术秘密的期限没有约定或者约定不明确，依照合同法第六十一条的规定不能达成补充协议的，受让人可以无限期地使用该技术秘密。

68. 合同法第三百四十七条所称技术秘密转让合同让与人的保密义务不影响其申请专利的权利，但当事人约定让与人不得申请专利或者明确约定让与人承担保密义务的除外。

69. 技术秘密转让可以采取本纪要第63条规定的许可使用方式，并参照适用合同法和本纪要关于专利实施许可使用方式的有关规定。

2.《技术合同认定规则》(2001年7月18日起施行)

第二十五条 技术转让合同是当事人之间就专利权转让、专利申请权转让、专利实施许可、技术秘密转让所订立的下列合同：

（一）专利权转让合同，是指一方当事人（让与方）将其发明创造专利权转让受让方，受让方支付相应价款而订立的合同。

（二）专利申请权转让合同，是指一方当事人（让与方）将其就特定的发明创造申请专利的权利转让受让方，受让方支付相应价款而订立的合同。

（三）专利实施许可合同，是指一方当事人（让与方、专利权人或者其授权的人）许可受让方在约定的范围内实施专利，受让方支付相应的使用费而订立的合同。

（四）技术秘密转让合同，是指一方当事人（让与方）将其拥有的技术秘密提供给受让方，明确相互之间技术秘密使用权、转让权，受让方支付相应使用费而订立的合同。

第二十六条　技术转让合同的认定

（一）合同标的为当事人订立合同时已经掌握的技术成果，包括发明创造专利、技术秘密及其他知识产权成果；

（二）合同标的具有完整性和实用性，相关技术内容应构成一项产品、工艺、材料、品种及其改进的技术方案；

（三）当事人对合同标的有明确的知识产权权属约定。

第二十七条　当事人就植物新品种权转让和实施许可、集成电路布图设计权转让与许可订立的合同，按技术转让合同认定登记。

第二十八条　当事人就技术进出口项目订立的合同，可参照技术转让合同予以认定登记。

第二十九条　申请认定登记的技术合同，其标的涉及专利申请权、专利权、植物新品种权、集成电路布图设计权的，当事人应当提交相应的知识产权权利证书复印件。无相应证书复印件或者在有关知识产权终止、被宣告无效后申请认定登记的，不予登记。

申请认定登记的技术合同，其标的涉及计算机软件著作权的，可以提示当事人提供计算机软件著作权登记证明的复印件。

第三十条　申请认定登记的技术合同，其标的为技术秘密的，该项技术秘密应同时具备以下条件：

（一）不为公众所知悉；

（二）能为权利人带来经济利益；

（三）具有实用性；

（四）权利人采取了保密措施。

前款技术秘密可以含有公知技术成分或者部分公知技术的组合。但其全部或者实质性部分已经公开，即可以直接从公共信息渠道中直接得到的，不应认定为技术转让合同。

第三十一条 申请认定登记的技术合同,其合同标的为进入公有领域的知识、技术、经验和信息等(如专利权或有关知识产权已经终止的技术成果),或者技术秘密转让未约定使用权、转让权归属的,不应认定为技术转让合同。

前款合同标的符合技术咨询合同、技术服务合同条件的,可由当事人补正后,按技术咨询合同、技术服务合同重新申请认定登记。

第三十二条 申请认定登记的技术合同,其合同标的仅为高新技术产品交易,不包含技术转让成分的,不应认定为技术转让合同。

随高新技术产品提供用户的有关产品性能和使用方法等商业性说明材料,也不属于技术成果文件。

3.《最高人民法院民事审判第三庭关于黑龙江无线电一厂与王兴华等专利实施许可合同使用费纠纷案的函》(〔1998〕知监字第68号函)

关于黑龙江无线电一厂(以下简称无线电一厂)与王兴华、王振中、吕文富、梅明宇专利实施许可合同使用费纠纷一案,无线电一厂不服你院(1997)黑经终字第68号终审民事判决,向本院申请再审。经初步审查申请再审人提交的《民事申诉状》、《民事再审申请书》及其补充材料和一、二审判决书以及相关证据材料,提出以下意见供你院考虑:

本案核心问题是1991年3月20日王兴华与无线电一厂所签"终止合同协议书"的效力的认定。该协议与1990年11月1日双方所签排他性的专利实施许可合同均是由王兴华签字的。在王兴华签订这两份协议时,其仍是专利证书所记载的唯一的专利权人。其他专利权共有人的身份是在1995年5月15日作出的(1994)哈经初字第229号民事判决书生效之后才得以确认的。在此之前,王兴华仍然是法律上所认可的专利权人,其可以依法独立行使对其专利的处分权,以其名义签订的这两份协议,其效力似应当均作有效的一致认定。即使在1990年11月1日的合同中已说明王兴华是同时代表其他人与无线电一厂签订合同,但在履约过程中专利权人身份未依法变更之前,所谓被代表的其他人也无权对专利权人的处分行为进行限制。况且,该合同也只是讲专利是三人的"非职务发明""专利设计人王兴华等三名同志与无线电一厂协商一致",并未明确指出专利的处分权属于三个人共有。作为与专利权人交易的相对人,除非其有明显过错,不能要求其承担——专利权人的身份在将来必然会产生变更——这样的注意义务,其并不对与其交易时专利证书记载的专利权人因该交易行为而对其他事后确认的专利权共有人产生的侵权行为承担。但从现有证据材料看,王兴华不能证明其并未与无线电一厂签有该"终止合同协议书";王兴华、王振中、吕文富也不能证明无线电一厂在与王兴华签订该协议书时系明知或者应知王兴华并非为法律所承认的唯一的专利权人或者双方有恶意串通等行为。至于无线电一厂在该"终止合同协议书"签订之后仍继续向对方支付费用的问题,原审判决并未说明支付的是何期间的费用。如果无线电一厂是合同义务依法终止后仍继续付费,也属于对自己权利的处分。如无其他足够的证据可以就证,不能因此反推该"终止合同协议书"就不具有法律效力。

如果"终止合同协议书"认定为有效,则王兴华等人依据1990年11月1日合同所主张的权利就不应予以支持,但其可以依法另行向无线电一厂主张专利侵权等其他权利。

另外,在无线电一厂否认其生产的两种型号的产品系实施原告专利技术所得的情况下,原审判决示就已经完成的技术鉴定问题作出审查认定,也未进行其他技术对比判断,即依此来计算使用费,亦有不妥。

现将有关申请再审材料转你院,请你院就以上问题和申请再审人反映的其他问题一并予以复查,在3个月将复查结果报告本院民事审判第三庭并迳复申请再审人。

4.《最高人民法院知识产权庭关于绍兴中药厂与上海医科大学附属华山医院技术转让合同纠纷案的函》(〔1998〕知监字第56号函)

在四川省高级人民法院(1993)川高法经终字第31号终审判决已对绍兴药厂与华山医院的技术转让合同作出合同无效的认定并判决合同终止履行,绍兴市中级人民法院又就同一法律关系作出合同有效的认定并判决合同继续履行的相反判决,明显错误。不论(1993)川高法经终字第31号判决的认定和处理是否存在错误,绍兴市中级人民法院均不能另行重新认定并作出相反判决。如该判决确有错误,也应当通过审判监督程序予以纠正。

第八百六十三条 【技术转让合同与技术许可合同的类型】技术转让合同包括专利权转让、专利申请权转让、技术秘密转让等合同。

技术许可合同包括专利实施许可、技术秘密使用许可等合同。

技术转让合同和技术许可合同应当采用书面形式。

第八百六十四条 【不得限制技术竞争和技术发展】 技术转让合同和技术许可合同可以约定实施专利或者使用技术秘密的范围,但是不得限制技术竞争和技术发展。

一、相关司法解释规定

《最高人民法院关于审理技术合同纠纷案件适用法律若干问题的解释》(法释〔2004〕20号)(2020年12月23日修正)

第二十八条 民法典第八百六十四条所称"实施专利或者使用技术秘密的范围",包括实施专利或者使用技术秘密的期限、地域、方式以及接触技术秘密的人员等。

当事人对实施专利或者使用技术秘密的期限没有约定或者约定不明确的,受让人、被许可人实施专利或者使用技术秘密不受期限限制。

二、相关文件规定

《最高人民法院关于印发全国法院知识产权审判工作会议关于审理技术合同纠纷案件若干问题的纪要的通知》(法〔2001〕84号)

55.合同法第三百四十三条所称实施专利或者使用技术秘密的范围,是指实施专利或者使用技术秘密的期限、地域和方式以及接触技术秘密的人员等。

第八百六十五条 【专利实施许可合同的有效期间】 专利实施许可合同仅在该专利权的存续期限内有效。专利权有效期限届满或者专利权被宣告无效的,专利权人不得就该专利与他人订立专利实施许可合同。

第八百六十六条 【专利实施许可合同中许可人的主要义务】 专利实施许可合同的许可人应当按照约定许可被许可人实施专利,交付实施专利有关的技术资料,提供必要的技术指导。

第八百六十七条 【专利实施许可合同中被许可人的主要义务】 专利实施许可合同的被许可人应当按照约定实施专利,不得许可约定以外的第三人实施该专利,并按照约定支付使用费。

第八百六十八条 【技术秘密让与人和许可人的主要义务】 技术秘密转让合同的让与人和技术秘密使用许可合同的许可人应当按照约定提供技术资料,进行技术指导,保证技术的实用性、可靠性,承担保密义务。

前款规定的保密义务，不限制许可人申请专利，但是当事人另有约定的除外。

相关司法解释规定

《最高人民法院关于审理技术合同纠纷案件适用法律若干问题的解释》（法释〔2004〕20 号）（2020 年 12 月 23 日修正）

第二十九条　当事人之间就申请专利的技术成果所订立的许可使用合同，专利申请公开以前，适用技术秘密许可合同的有关规定；发明专利申请公开以后、授权以前，参照适用专利实施许可合同的有关规定；授权以后，原合同即为专利实施许可合同，适用专利实施许可合同的有关规定。

人民法院不以当事人就已经申请专利但尚未授权的技术订立专利实施许可合同为由，认定合同无效。

第八百六十九条　【技术秘密转让合同受让人和技术秘密使用许可合同的被许可人的义务】技术秘密转让合同的受让人和技术秘密使用许可合同的被许可人应当按照约定使用技术，支付转让费、使用费，承担保密义务。

第八百七十条　【技术转让合同让与人与技术许可合同许可人的义务】技术转让合同的让与人和技术许可合同的许可人应当保证自己是所提供的技术的合法拥有者，并保证所提供的技术完整、无误、有效，能够达到约定的目标。

第八百七十一条　【技术转让合同受让人和技术许可合同的被许可人的保密义务】技术转让合同的受让人和技术许可合同的被许可人应当按照约定的范围和期限，对让与人、许可人提供的技术中尚未公开的秘密部分，承担保密义务。

第八百七十二条　【技术许可合同的许可人与技术转让合同的让与人的违约责任】许可人未按照约定许可技术的，应当返还部分或者全部使用费，并应当承担违约责任；实施专利或者使用技术秘密超越约定的范围的，违反约定擅自许可第三人实施该项专利或者使用该项技术秘密的，应当停止违约行为，承担违约责任；违反约定的保密义务的,应当承担违约责任。

让与人承担违约责任,参照适用前款规定。

第八百七十三条 【技术许可合同的被许可人与技术转让合同的受让人的违约责任】 被许可人未按照约定支付使用费的,应当补交使用费并按照约定支付违约金;不补交使用费或者支付违约金的,应当停止实施专利或者使用技术秘密,交还技术资料,承担违约责任;实施专利或者使用技术秘密超越约定的范围的,未经许可人同意擅自许可第三人实施该专利或者使用该技术秘密的,应当停止违约行为,承担违约责任;违反约定的保密义务的,应当承担违约责任。

受让人承担违约责任,参照适用前款规定。

第八百七十四条 【因实施专利、使用技术秘密而侵害他人合法权益的责任】 受让人或者被许可人按照约定实施专利、使用技术秘密侵害他人合法权益的,由让与人或者许可人承担责任,但是当事人另有约定的除外。

第八百七十五条 【后续改进技术成果的归属与分享】 当事人可以按照互利的原则,在合同中约定实施专利、使用技术秘密后续改进的技术成果的分享办法;没有约定或者约定不明确,依据本法第五百一十条的规定仍不能确定的,一方后续改进的技术成果,其他各方无权分享。

相关文件规定

《最高人民法院关于印发全国法院知识产权审判工作会议关于审理技术合同纠纷案件若干问题的纪要的通知》(法〔2001〕84 号)

56. 合同法第三百五十四条所称后续改进,是指在技术转让合同有效期内,当事人一方或各方对合同标的技术所作的革新或者改良。

57. 当事人之间就申请专利的技术成果所订立的许可使用合同,专利申请公开以前,适用技术秘密转让合同的有关规定;发明专利申请公开以后、授权以前,参照专利实施许可合同的有关规定;授权以后,原合同即为专利实施许可合同,适用专利实施许可合同的有关规定。

第八百七十六条 【其他知识产权的转让和许可的参照适用】 集

成电路布图设计专有权、植物新品种权、计算机软件著作权等其他知识产权的转让和许可，参照适用本节的有关规定。

第八百七十七条　【技术进出口合同的法律适用】法律、行政法规对技术进出口合同或者专利、专利申请合同另有规定的，依照其规定。

一、相关法律条文

《中华人民共和国对外贸易法》(2016年11月7日修正)

第十四条　国家准许货物与技术的自由进出口。但是，法律、行政法规另有规定的除外。

第十五条　国务院对外贸易主管部门基于监测进出口情况的需要，可以对部分自由进出口的货物实行进出口自动许可并公布其目录。

实行自动许可的进出口货物，收货人、发货人在办理海关报关手续前提出自动许可申请的，国务院对外贸易主管部门或者其委托的机构应当予以许可；未办理自动许可手续的，海关不予放行。

进出口属于自由进出口的技术，应当向国务院对外贸易主管部门或者其委托的机构办理合同备案登记。

第十六条　国家基于下列原因，可以限制或者禁止有关货物、技术的进口或者出口：

（一）为维护国家安全、社会公共利益或者公共道德，需要限制或者禁止进口或者出口的；

（二）为保护人的健康或者安全，保护动物、植物的生命或者健康，保护环境，需要限制或者禁止进口或者出口的；

（三）为实施与黄金或者白银进出口有关的措施，需要限制或者禁止进口或者出口的；

（四）国内供应短缺或者为有效保护可能用竭的自然资源，需要限制或者禁止出口的；

（五）输往国家或者地区的市场容量有限，需要限制出口的；

（六）出口经营秩序出现严重混乱，需要限制出口的；

（七）为建立或者加快建立国内特定产业，需要限制进口的；

（八）对任何形式的农业、牧业、渔业产品有必要限制进口的；

（九）为保障国家国际金融地位和国际收支平衡，需要限制进口的；

（十）依照法律、行政法规的规定，其他需要限制或者禁止进口或者出口的；

（十一）根据我国缔结或者参加的国际条约、协定的规定，其他需要限制或者禁止进口或者出口的。

第十七条 国家对与裂变、聚变物质或者衍生此类物质的物质有关的货物、技术进出口，以及与武器、弹药或者其他军用物资有关的进出口，可以采取任何必要的措施，维护国家安全。

在战时或者为维护国际和平与安全，国家在货物、技术进出口方面可以采取任何必要的措施。

第十八条 国务院对外贸易主管部门会同国务院其他有关部门，依照本法第十六条和第十七条的规定，制定、调整并公布限制或者禁止进出口的货物、技术目录。

国务院对外贸易主管部门或者由其会同国务院其他有关部门，经国务院批准，可以在本法第十六条和第十七条规定的范围内，临时决定限制或者禁止前款规定目录以外的特定货物、技术的进口或者出口。

第十九条 国家对限制进口或者出口的货物，实行配额、许可证等方式管理；对限制进口或者出口的技术，实行许可证管理。

实行配额、许可证管理的货物、技术，应当按照国务院规定经国务院对外贸易主管部门或者经其会同国务院其他有关部门许可，方可进口或者出口。

国家对部分进口货物可以实行关税配额管理。

二、相关行政法规

《中华人民共和国技术进出口管理条例》（2020年11月29日修订）

第一条 为了规范技术进出口管理，维护技术进出口秩序，促进国民经济和社会发展，根据《中华人民共和国对外贸易法》（以下简称对外贸易法）及其他有关法律的有关规定，制定本条例。

第二条 本条例所称技术进出口，是指从中华人民共和国境外向中华人民共和国境内，或者从中华人民共和国境内向中华人民共和国境外，通过贸易、投资或者经济技术合作的方式转移技术的行为。

前款规定的行为包括专利权转让、专利申请权转让、专利实施许可、技术秘密转让、技术服务和其他方式的技术转移。

第三条 国家对技术进出口实行统一的管理制度，依法维护公平、自由的技术进出口秩序。

第四条　技术进出口应当符合国家的产业政策、科技政策和社会发展政策，有利于促进我国科技进步和对外经济技术合作的发展，有利于维护我国经济技术权益。

第五条　国家准许技术的自由进出口；但是，法律、行政法规另有规定的除外。

第六条　国务院对外经济贸易主管部门（以下简称国务院外经贸主管部门）依照对外贸易法和本条例的规定，负责全国的技术进出口管理工作。省、自治区、直辖市人民政府外经贸主管部门根据国务院外经贸主管部门的授权，负责本行政区域内的技术进出口管理工作。

国务院有关部门按照国务院的规定，履行技术进出口项目的有关管理职责。

第七条　国家鼓励先进、适用的技术进口。

第八条　有对外贸易法第十六条规定情形之一的技术，禁止或者限制进口。

国务院外经贸主管部门会同国务院有关部门，制定、调整并公布禁止或者限制进口的技术目录。

第九条　属于禁止进口的技术，不得进口。

第十条　属于限制进口的技术，实行许可证管理；未经许可，不得进口。

第十一条　进口属于限制进口的技术，应当向国务院外经贸主管部门提出技术进口申请并附有关文件。

技术进口项目需经有关部门批准的，还应当提交有关部门的批准文件。

第十二条　国务院外经贸主管部门收到技术进口申请后，应当会同国务院有关部门对申请进行审查，并自收到申请之日起30个工作日内作出批准或者不批准的决定。

第十三条　技术进口申请经批准的，由国务院外经贸主管部门发给技术进口许可意向书。

进口经营者取得技术进口许可意向书后，可以对外签订技术进口合同。

第十四条　进口经营者签订技术进口合同后，应当向国务院外经贸主管部门提交技术进口合同副本及有关文件，申请技术进口许可证。

国务院外经贸主管部门对技术进口合同的真实性进行审查，并自收到前款规定的文件之日起10个工作日内，对技术进口作出许可或者不许可的决定。

第十五条 申请人依照本条例第十一条的规定向国务院外经贸主管部门提出技术进口申请时，可以一并提交已经签订的技术进口合同副本。

国务院外经贸主管部门应当依照本条例第十二条和第十四条的规定对申请及其技术进口合同的真实性一并进行审查，并自收到前款规定的文件之日起40个工作日内，对技术进口作出许可或者不许可的决定。

第十六条 技术进口经许可的，由国务院外经贸主管部门颁发技术进口许可证。技术进口合同自技术进口许可证颁发之日起生效。

第十七条 对属于自由进口的技术，实行合同登记管理。

进口属于自由进口的技术，合同自依法成立时生效，不以登记为合同生效的条件。

第十八条 进口属于自由进口的技术，应当向国务院外经贸主管部门办理登记，并提交下列文件：

（一）技术进口合同登记申请书；

（二）技术进口合同副本；

（三）签约双方法律地位的证明文件。

第十九条 国务院外经贸主管部门应当自收到本条例第十八条规定的文件之日起3个工作日内，对技术进口合同进行登记，颁发技术进口合同登记证。

第二十条 申请人凭技术进口许可证或者技术进口合同登记证，办理外汇、银行、税务、海关等相关手续。

第二十一条 依照本条例的规定，经许可或者登记的技术进口合同，合同的主要内容发生变更的，应当重新办理许可或者登记手续。

经许可或者登记的技术进口合同终止的，应当及时向国务院外经贸主管部门备案。

第二十二条 国务院外经贸主管部门和有关部门及其工作人员在履行技术进口管理职责中，对所知悉的商业秘密负有保密义务。

第二十三条 技术进口合同的让与人应当保证自己是所提供技术的合法拥有者或者有权转让、许可者。

技术进口合同的受让人按照合同约定使用让与人提供的技术，被第三方指控侵权的，受让人应当立即通知让与人；让与人接到通知后，应当协助受让人排除妨碍。

第二十四条 技术进口合同的让与人应当保证所提供的技术完整、无误、有效，能够达到约定的技术目标。

第二十五条 技术进口合同的受让人、让与人应当在合同约定的保密范围和保密期限内，对让与人提供的技术中尚未公开的秘密部分承担保密义务。

在保密期限内，承担保密义务的一方在保密技术非因自己的原因被公开后，其承担的保密义务即予终止。

第二十六条 技术进口合同期满后，技术让与人和受让人可以依照公平合理的原则，就技术的继续使用进行协商。

第二十七条 国家鼓励成熟的产业化技术出口。

第二十八条 有对外贸易法第十六条规定情形之一的技术，禁止或者限制出口。

国务院外经贸主管部门会同国务院有关部门，制定、调整并公布禁止或者限制出口的技术目录。

第二十九条 属于禁止出口的技术，不得出口。

第三十条 属于限制出口的技术，实行许可证管理；未经许可，不得出口。

第三十一条 出口属于限制出口的技术，应当向国务院外经贸主管部门提出申请。

第三十二条 国务院外经贸主管部门收到技术出口申请后，应当会同国务院科技管理部门对申请出口的技术进行审查，并自收到申请之日起30个工作日内作出批准或者不批准的决定。

限制出口的技术需经有关部门进行保密审查的，按照国家有关规定执行。

第三十三条 技术出口申请经批准的，由国务院外经贸主管部门发给技术出口许可意向书。

申请人取得技术出口许可意向书后，方可对外进行实质性谈判，签订技术出口合同。

第三十四条 申请人签订技术出口合同后，应当向国务院外经贸主管部门提交下列文件，申请技术出口许可证：

（一）技术出口许可意向书；

（二）技术出口合同副本；

（三）技术资料出口清单；

（四）签约双方法律地位的证明文件。

国务院外经贸主管部门对技术出口合同的真实性进行审查，并自收到前款规定的文件之日起15个工作日内，对技术出口作出许可或者不许可的决定。

第三十五条 技术出口经许可的，由国务院外经贸主管部门颁发技术出口许可证。技术出口合同自技术出口许可证颁发之日起生效。

第三十六条 对属于自由出口的技术，实行合同登记管理。

出口属于自由出口的技术，合同自依法成立时生效，不以登记为合同生效的条件。

第三十七条 出口属于自由出口的技术，应当向国务院外经贸主管部门办理登记，并提交下列文件：

（一）技术出口合同登记申请书；

（二）技术出口合同副本；

（三）签约双方法律地位的证明文件。

第三十八条 国务院外经贸主管部门应当自收到本条例第三十七条规定的文件之日起3个工作日内，对技术出口合同进行登记，颁发技术出口合同登记证。

第三十九条 申请人凭技术出口许可证或者技术出口合同登记证办理外汇、银行、税务、海关等相关手续。

第四十条 依照本条例的规定，经许可或者登记的技术出口合同，合同的主要内容发生变更的，应当重新办理许可或者登记手续。

经许可或者登记的技术出口合同终止的，应当及时向国务院外经贸主管部门备案。

第四十一条 国务院外经贸主管部门和有关部门及其工作人员在履行技术出口管理职责中，对国家秘密和所知悉的商业秘密负有保密义务。

第四十二条 出口核技术、核两用品相关技术、监控化学品生产技术、军事技术等出口管制技术的，依照有关行政法规的规定办理。

三、相关部门规章

《技术进出口合同登记管理办法》(2009年3月1日起施行)

第二条　技术进出口合同包括专利权转让合同、专利申请权转让合同、专利实施许可合同、技术秘密许可合同、技术服务合同和含有技术进出口的其他合同。

第三条　商务主管部门是技术进出口合同的登记管理部门。

自由进出口技术合同自依法成立时生效。

第四条　商务部负责对《政府核准的投资项目目录》和政府投资项目中由国务院或国务院投资主管部门核准或审批的项目项下的技术进口合同进行登记管理。

第五条　各省、自治区、直辖市和计划单列市商务主管部门负责对本办法第四条以外的自由进出口技术合同进行登记管理。中央管理企业的自由进出口技术合同,按属地原则到各省、自治区、直辖市和计划单列市商务主管部门办理登记。

各省、自治区、直辖市和计划单列市商务主管部门可授权下一级商务主管部门对自由进出口技术合同进行登记管理。

第六条　技术进出口经营者应在合同生效后60天内办理合同登记手续,支付方式为提成的合同除外。

第七条　支付方式为提成的合同,技术进出口经营者应在首次提成基准金额形成后60天内,履行合同登记手续,并在以后每次提成基准金额形成后,办理合同变更手续。

技术进出口经营者在办理登记和变更手续时,应提供提成基准金额的相关证明文件。

第八条　国家对自由进出口技术合同实行网上在线登记管理。技术进出口经营者应登陆商务部政府网站上的“技术进出口合同信息管理系统”(网址:jsjckqy. fwmys. mofcom. gov. cn)进行合同登记,并持技术进(出)口合同登记申请书、技术进(出)口合同副本(包括中文译本)和签约双方法律地位的证明文件,到商务主管部门履行登记手续。商务主管部门在收到上述文件起3个工作日内,对合同登记内容进行核对,并向技术进出口经营者颁发《技术进口合同登记证》或《技术出口合同登记证》。

第九条　对申请文件不符合《中华人民共和国技术进出口管理条例》第十八条、第四十条规定要求或登记记录与合同内容不一致的,商务主管部门应当在收到申请文件的3个工作日内通知技术进出口经营者补正、修改，并在收到补正的申请文件起3个工作日内，对合同登记的内容进行核对，颁发《技术进口合同登记证》或《技术出口合同登记证》。

第十条 自由进出口技术合同登记的主要内容为：

（一）合同号

（二）合同名称

（三）技术供方

（四）技术受方

（五）技术使用方

（六）合同概况

（七）合同金额

（八）支付方式

（九）合同有效期

第十一条 国家对自由进出口技术合同号实行标准代码管理。技术进出口经营者编制技术进出口合同号应符合下述规则：

（一）合同号总长度为17位。

（二）前9位为固定号：第1～2位表示制合同的年份（年代后2位）、第3～4位表示进口或出口国别地区（国标2位代码）、第5～6位表示进出口企业所在地区（国标2位代码）、第7位表示技术进出口合同标识（进口Y，出口E）、第8～9位表示进出口技术的行业分类（国标2位代码）。后8位为企业自定义。例：01USBJE01CNTIC001。

第十二条 已登记的自由进出口技术合同若变更本办法第十条规定合同登记内容的，技术进出口经营者应当办理合同登记变更手续。

办理合同变更手续时，技术进出口经营者应登录"技术进出口合同信息管理系统"，填写合同数据变更记录表，持合同变更协议和合同数据变更记录表，到商务主管部门办理手续。商务主管部门自收到完备的变更申请材料之日起3日内办理合同变更手续。

按本办法第七条办理变更手续的，应持变更申请和合同数据变更记录表办理。

第十三条 经登记的自由进出口技术合同在执行过程中因故中止或解除，技术进出口经营者应当持技术进出口合同登记证等材料及时向商务主管部门备案。

第十四条　技术进出口合同登记证遗失，进出口经营者应公开挂失。凭挂失证明、补办申请和相关部门证明到商务主管部门办理补发手续。

第十五条　各级商务主管部门应加强对技术进出口合同登记管理部门和人员的管理，建立健全合同登记岗位责任制，加强业务培训和考核。

第十六条　中外合资、中外合作和外资企业成立时作为资本入股并作为合资章程附件的技术进口合同按外商投资企业有关法律规定办理相关手续。

第四节　技术咨询合同和技术服务合同

第八百七十八条　【技术咨询合同与技术服务合同的定义】技术咨询合同是当事人一方以技术知识为对方就特定技术项目提供可行性论证、技术预测、专题技术调查、分析评价报告等所订立的合同。

技术服务合同是当事人一方以技术知识为对方解决特定技术问题所订立的合同，不包括承揽合同和建设工程合同。

一、相关司法解释规定

《最高人民法院关于审理技术合同纠纷案件适用法律若干问题的解释》(法释〔2004〕20号)(2020年12月23日修正)

第三十条　民法典第八百七十八条第一款所称“特定技术项目”，包括有关科学技术与经济社会协调发展的软科学研究项目，促进科技进步和管理现代化、提高经济效益和社会效益等运用科学知识和技术手段进行调查、分析、论证、评价、预测的专业性技术项目。

第三十三条　民法典第八百七十八条第二款所称“特定技术问题”，包括需要运用专业技术知识、经验和信息解决的有关改进产品结构、改良工艺流程、提高产品质量、降低产品成本、节约资源能耗、保护资源环境、实现安全操作、提高经济效益和社会效益等专业技术问题。

二、相关文件规定

1.《最高人民法院关于印发全国法院知识产权审判工作会议关于审理技术合同纠纷案件若干问题的纪要的通知》(法〔2001〕84号)

70. 合同法第三百五十六条第一款所称的特定技术项目，包括有关科学技术与经济、社会协调发展的软科学研究项目和促进科技进步和管理现代化，提高经济效益和社会效益的技术项目以及其他专业性技术项目。

71. 除当事人另有约定的以外，技术咨询合同受托人进行调查研究、分析论证、试验测定等所需费用，由受托人自己负担。

72. 技术咨询合同委托人提供的技术资料和数据或者受托人提出的咨询报告和意见，当事人没有约定保密义务的，在不侵害对方当事人对此享有的合法权益的前提下。双方都有引用、发表和向第三人提供的权利。

73. 技术咨询合同受托人发现委托人提供的资料、数据等有明显错误和缺陷的，应当及时通知委托人。委托人应当及时答复并在约定的期限内予以补正。

受托人发现前款所述问题不及时通知委托人的，视为其认可委托人提供的技术资料、数据等符合约定的条件。

74. 合同法第三百五十六条第二款所称特定技术问题，是指需要运用科学技术知识解决专业技术工作中的有关改进产品结构、改良工艺流程、提高产品质量、降低产品成本、节约资源能耗、保护资源环境、实现安全操作、提高经济效益和社会效益等问题。

75. 除当事人另有约定的以外，技术服务合同受托人完成服务项目，解决技术问题所需费用，由受托人自己负担。

76. 技术服务合同受托人发现委托人提供的资料、数据、样品、材料、场地等工作条件不符合约定的，应当及时通知委托人。委托人应当及时答复并在约定的期限内予以补正。

受托人发现前款所述问题不及时通知委托人的，视为其认可委托人提供的技术资料、数据等工作条件符合约定的条件。

77. 技术服务合同受托人在履约期间，发现继续工作对材料、样品或者设备等有损坏危险时，应当中止工作，并及时通知委托人或者提出建议。委托人应当在约定的期限内作出答复。

受托人不中止工作或者不及时通知委托人并且未采取适当措施的,或者委托人未按期答复的,对因此发生的危险后果由责任人承担相应的责任。

2.《技术合同认定规则》(2001年7月28日起施行)

第三十三条　技术咨询合同是一方当事人(受托方)为另一方(委托方)就特定技术项目提供可行性论证、技术预测、专题技术调查、分析计价所订立的合同。

第三十四条　技术咨询合同的认定条件是:

(一)合同标的为特定技术项目的咨询课题;

(二)咨询方式为运用科学知识和技术手段进行的分析、论证、评价和预测;

(三)工作成果是为委托方提供科技咨询报告和意见。

第三十五条　下列各项符合本规则第三十四条规定的,属于技术咨询合同:

(一)科学发展战略和规划的研究;

(二)技术政策和技术路线选择的研究;

(三)重大工程项目、研究开发项目、科技成果转化项目、重要技术改造和科技成果推广项目等的可行性分析;

(四)技术成果、重大工程和特定技术系统的技术评估;

(五)特定技术领域、行业、专业技术发展的技术预测;

(六)就区域、产业科技开发与创新及特定技术项目进行的技术调查、分析与论证;

(七)技术产品、服务、工艺分析和技术方案的比较与选择;

(八)专用设施、设备、仪器、装置及技术系统的技术性能分析;

(九)科技评估和技术查新项目。

前款项目中涉及新的技术成果研究开发或现有技术成果转让的,可根据其技术内容的比重确定合同性质,分别认定为技术开发合同、技术转让合同或者技术咨询合同。

第三十六条　申请认定登记的技术合同,其标的为大、中型建设工程项目前期技术分析论证的,可以认定为技术咨询合同。但属于建设工程承包合同一部分、不能独立成立的情况除外。

第三十七条 就解决特定技术项目提出实施方案，进行技术服务和实施指导所订立的合同，不属于技术咨询合同。符合技术服务合同条件的，可退回当事人补正后，按技术服务合同重新申请认定登记。

第三十八条 下列合同不属于技术咨询合同：

（一）就经济分析、法律咨询、社会发展项目的论证、评价和调查所订立的合同；

（二）就购买设备、仪器、原材料、配套产品等提供商业信息所订立的合同。

第三十九条 技术服务合同是一方当事人（受托方）以技术知识为另一方（委托方）解决特定技术问题所订立的合同。

第四十条 技术服务合同的认定条件是：

（一）合同的标的为运用专业技术知识、经验和信息解决特定技术问题的服务性项目；

（二）服务内容为改进产品结构、改良工艺流程、提高产品质量、降低产品成本、节约资源能耗、保护资源环境、实现安全操作、提高经济效益和社会效益等专业技术工作；

（三）工作成果有具体的质量和数量指标；

（四）技术知识的传递不涉及专利、技术秘密成果及其他知识产权的权属。

第四十一条 下列各项符合本规则第四十条规定，且该专业技术项目有明确技术问题和解决难度的，属于技术服务合同：

（一）产品设计服务，包括关键零部件、国产化配套件、专用工模量具及工装设计和具有特殊技术要求的非标准设备的设计，以及其他改进产品结构的设计；

（二）工艺服务，包括有特殊技术要求的工艺编制、新产品试制中的上艺技术指导，以及其他工艺流程的改进设计；

（三）测试分析服务，包括有特殊技术要求的技术成果测试分析，新产品、新材料、植物新品种性能的测试分析，以及其他非标准化的测试分析；

（四）计算机技术应用服务，包括计算机硬件、软件、嵌入式系统、计算机网络技术的应用服务，计算机辅助设计系统（CAD）和计算机集成制造系统（CIMS）的推广、应用和技术指导等；

（五）新型或者复杂生产线的调试及技术指导；

（六）特定技术项目的信息加工、分析和检索；

（七）农业的产前、产中、产后技术服务，包括为技术成果推广，以及为提高农业产量、品质、发展新品种、降低消耗、提高经济效益和社会效益的有关技术服务；

（八）为特殊产品技术标准的制订；

（九）对动植物细胞植入特定基因、进行基因重组；

（十）对重大事故进行定性定量技术分析；

（十一）为重大科技成果进行定性定量技术鉴定或者评价。

前款各项属于当事人一般日常经营业务范围的，不应认定为技术服务合同。

第四十二条　下列合同不属于技术服务合同：

（一）以常规手段或者为生产经营目的进行一般加工、定作、修理、修缮、广告、印刷、测绘、标准化测试等订立的加工承揽合同和建设工程的勘察、设计、安装、施工、监理合同。但以非常规技术手段，解决复杂、特殊技术问题而单独订立的合同除外；

（二）就描晒复印图纸、翻译资料、摄影摄像等所订立的合同；

（三）计量检定单位就强制性计量检定所订立的合同；

（四）理化测试分析单位就仪器设备的购售、租赁及用户服务所订立的合同。

第八百七十九条　【技术咨询合同的委托人的义务】技术咨询合同的委托人应当按照约定阐明咨询的问题，提供技术背景材料及有关技术资料，接受受托人的工作成果，支付报酬。

第八百八十条　【技术咨询合同的受托人的义务】技术咨询合同的受托人应当按照约定的期限完成咨询报告或者解答问题，提出的咨询报告应当达到约定的要求。

相关司法解释规定

《最高人民法院关于审理技术合同纠纷案件适用法律若干问题的解释》（法释〔2004〕20号）

第三十一条　当事人对技术咨询合同委托人提供的技术资料和数据或者受托人提出的咨询报告和意见未约定保密义务，当事人一方引用、发表或者向第三人提供的,不认定为违约行为,但侵害对方当事人对此享有的合法权益的,应当依法承担民事责任。

第三十二条　技术咨询合同受托人发现委托人提供的资料、数据等有明显错误或者缺陷,未在合理期限内通知委托人的,视为其对委托人提供的技术资料、数据等予以认可。委托人在接到受托人的补正通知后未在合理期限内答复并予补正的,发生的损失由委托人承担。

第八百八十一条　【技术咨询合同的违约责任】技术咨询合同的委托人未按照约定提供必要的资料,影响工作进度和质量,不接受或者逾期接受工作成果的,支付的报酬不得追回,未支付的报酬应当支付。

技术咨询合同的受托人未按期提出咨询报告或者提出的咨询报告不符合约定的,应当承担减收或者免收报酬等违约责任。

技术咨询合同的委托人按照受托人符合约定要求的咨询报告和意见作出决策所造成的损失,由委托人承担,但是当事人另有约定的除外。

第八百八十二条　【技术服务合同委托人的义务】技术服务合同的委托人应当按照约定提供工作条件,完成配合事项,接受工作成果并支付报酬。

第八百八十三条　【技术服务合同受托人的义务】技术服务合同的受托人应当按照约定完成服务项目,解决技术问题,保证工作质量,并传授解决技术问题的知识。

相关司法解释规定

《最高人民法院关于审理技术合同纠纷案件适用法律若干问题的解释》(法释〔2004〕20号)(2020年12月23日修正)

第三十四条　当事人一方以技术转让或者技术许可的名义提供已进入公有领域的技术,或者在技术转让合同、技术许可合同履行过程中合同标的技术进入公有领域,但是技术提供方进行技术指导、传授技术知识,为对方解决特定技术问题符合约定条件的,按照技术服务合同处理,约定的技术转让费、使用费可以视为提供技术服务的报酬和费用，但是法律、行政法规另有规定的除外。

依照前款规定，技术转让费或者使用费视为提供技术服务的报酬和费用明显不合理的，人民法院可以根据当事人的请求合理确定。

第三十五条 技术服务合同受托人发现委托人提供的资料、数据、样品、材料、场地等工作条件不符合约定，未在合理期限内通知委托人的，视为其对委托人提供的工作条件予以认可。委托人在接到受托人的补正通知后未在合理期限内答复并予补正的，发生的损失由委托人承担。

第八百八十四条 【技术服务合同的违约责任】技术服务合同的委托人不履行合同义务或者履行合同义务不符合约定，影响工作进度和质量，不接受或者逾期接受工作成果的，支付的报酬不得追回，未支付的报酬应当支付。

技术服务合同的受托人未按照约定完成服务工作的，应当承担免收报酬等违约责任。

第八百八十五条 【新的技术成果的归属和分享】技术咨询合同、技术服务合同履行过程中，受托人利用委托人提供的技术资料和工作条件完成的新的技术成果，属于受托人。委托人利用受托人的工作成果完成的新的技术成果，属于委托人。当事人另有约定的，按照其约定。

第八百八十六条 【技术咨询合同和技术服务合同受托人履行合同的费用负担】技术咨询合同和技术服务合同对受托人正常开展工作所需费用的负担没有约定或者约定不明确的，由受托人负担。

第八百八十七条 【技术培训合同、技术中介合同的法律适用】法律、行政法规对技术中介合同、技术培训合同另有规定的，依照其规定。

一、相关司法解释规定

《最高人民法院关于审理技术合同纠纷案件适用法律若干问题的解释》(法释〔2004〕20号)(2020年12月23日修正)

第三十六条 民法典第八百八十七条规定的“技术培训合同”，是指当事人一方委托另一方对指定的学员进行特定项目的专业技术训练和技术指导所订立的合同，不包括职业培训、文化学习和按照行业、法人或者非法人组织的计划进行的职工业余教育。

第三十七条　当事人对技术培训必需的场地、设施和试验条件等工作条件的提供和管理责任没有约定或者约定不明确的，由委托人负责提供和管理。

技术培训合同委托人派出的学员不符合约定条件，影响培训质量的，由委托人按照约定支付报酬。

受托人配备的教员不符合约定条件，影响培训质量，或者受托人未按照计划和项目进行培训，导致不能实现约定培训目标的，应当减收或者免收报酬。

受托人发现学员不符合约定条件或者委托人发现教员不符合约定条件，未在合理期限内通知对方，或者接到通知的一方未在合理期限内按约定改派的，应当由负有履行义务的当事人承担相应的民事责任。

第三十八条　民法典第八百八十七条规定的"技术中介合同"，是指当事人一方以知识、技术、经验和信息为另一方与第三人订立技术合同进行联系、介绍以及对履行合同提供专门服务所订立的合同。

第三十九条　中介人从事中介活动的费用，是指中介人在委托人和第三人订立技术合同前，进行联系、介绍活动所支出的通信、交通和必要的调查研究等费用。中介人的报酬，是指中介人为委托人与第三人订立技术合同以及对履行该合同提供服务应当得到的收益。

当事人对中介人从事中介活动的费用负担没有约定或者约定不明确的，由中介人承担。当事人约定该费用由委托人承担但未约定具体数额或者计算方法的，由委托人支付中介人从事中介活动支出的必要费用。

当事人对中介人的报酬数额没有约定或者约定不明确的，应当根据中介人所进行的劳务合理确定，并由委托人承担。仅在委托人与第三人订立的技术合同中约定中介条款，但未约定给付中介人报酬或者约定不明确的，应当支付的报酬由委托人和第三人平均承担。

第四十条　中介人未促成委托人与第三人之间的技术合同成立的，

其要求支付报酬的请求，人民法院不予支持；其要求委托人支付其从事中介活动必要费用的请求，应当予以支持，但当事人另有约定的除外。

中介人隐瞒与订立技术合同有关的重要事实或者提供虚假情况，侵害委托人利益的，应当根据情况免收报酬并承担赔偿责任。

第四十一条　中介人对造成委托人与第三人之间的技术合同的无效或者被撤销没有过错，并且该技术合同的无效或者被撤销不影响有关中介条款或者技术中介合同继续有效，中介人要求按照约定或者本解释的有关规定给付从事中介活动的费用和报酬的，人民法院应当予以支持。

中介人收取从事中介活动的费用和报酬不应当被视为委托人与第三人之间的技术合同纠纷中一方当事人的损失。

二、相关文件规定

1.《最高人民法院关于印发全国法院知识产权审判工作会议关于审理技术合同纠纷案件若干问题的纪要的通知》(法〔2001〕84号)

78.合同法第三百六十四条所称技术培训合同，是指当事人一方委托另一方对指定的人员(学员)进行特定项目的专业技术训练和技术指导所订立的合同，不包括职业培训、文化学习和按照行业、单位的计划进行的职工业余教育。

79.技术培训合同委托人的主要义务是按照约定派出符合条件的学员；保证学员遵守培训纪律，接受专业技术训练和技术指导；按照约定支付报酬。

受托人的主要义务是按照约定配备符合条件的教员；制定和实施培训计划，按期完成培训；实现约定的培训目标。

80.当事人对技术培训必需的场地、设施和试验条件等的提供和管理责任没有约定或者约定不明确，依照合同法第六十一条的规定不能达成补充协议的，由委托人负责提供和管理。

81.技术培训合同委托人派出的学员不符合约定条件，影响培训质量的，委托人应当按照约定支付报酬。

受托人配备的教员不符合约定条件，影响培训质量的，或者受托人未按照计划和项目进行培训，导致不能实现约定的培训目标的，应当承担减收或者免收报酬等违约责任。

受托人发现学员不符合约定条件或者委托人发现教员不符合约定条件的，应当及时通知对方改派。对方应当在约定的期限内改派。未及时通知或者未按约定改派的，责任人承担相应的责任。

82. 合同法第三百六十四条所称技术中介合同，是指当事人一方以知识、技术、经验和信息为另一方与第三人订立技术合同进行联系、介绍、组织商品化、产业化开发并对履行合同提供服务所订立的合同，但就不含有技术中介服务内容订立的各种居间合同除外。

83. 技术中介合同委托人的主要义务是提出明确的订约要求，提供有关背景材料；按照约定承担中介人从事中介活动的费用；按照约定支付报酬。

中介人的主要义务是如实反映委托人和第三人的技术成果、资信状况和履约能力；保守委托人和第三人的商业秘密；按照约定为委托人和第三人订立、履行合同提供服务。

84. 当事人对中介人从事中介活动的费用的负担没有约定或者约定不明确，依照合同法第六十一条的规定不能达成补充协议的，由中介人自己负担。当事人约定该费用由委托人承担但没有约定该费用的数额或者计算方法的，委托人应当支付中介人从事中介活动支出的必要费用。

前款所称中介人从事中介活动的费用，是指中介人在委托人和第三人订立技术合同前，进行联系、介绍活动所支出的通信、交通和必要的调查研究等费用。

85. 当事人对中介人的报酬数额没有约定或者约定不明确，依照合同法第六十一条的规定不能达成补充协议的，根据中介人的劳务合理确定，并由委托人负担。仅在委托人与第三人订立的技术合同中约定有中介条款，但对给付中介人报酬的义务没有约定或者约定不明确，依照合同法第六十一条的规定不能达成补充协议的，由委托人和第三人平均负担。

前款所称中介人的报酬，是指中介人为委托人与第三人订立技术合同，以及为其履行合同提供服务应当得到的收益。

86. 中介人未促成委托人与第三人之间的技术合同成立的，无权要求支付报酬，但可以要求委托人支付从事中介活动支出的必要费用。

87. 中介人故意隐瞒与订立技术合同有关的重要事实或者提供虚假情况，损害委托人利益的，应当承担免收报酬和损害赔偿责任。

88. 中介人收取的从事中介活动的费用和报酬不应视为委托人与第三人之间的技术合同纠纷中一方当事人的损失。

89. 中介人对造成委托人与第三人之间的技术合同的无效或者被撤销没有过错,且该技术合同无效或者被撤销不影响有关中介条款或者技术中介合同继续有效的,中介人仍有权按照约定收取从事中介活动的费用和报酬。

2.《技术合同认定规则》(2001年7月28日起施行)

第四十三条 技术培训合同是当事人一方委托另一方对指定的专业技术人员进行特定项目的技术指导和业务训练所订立的合同。

技术培训合同是技术服务合同中的一种,在认定登记时应按技术培训合同单独予以登记。

第四十四条 技术培训合同的认定条件是:

(一)以传授特定技术项目的专业技术知识为合同的主要标的;

(二)培训对象为委托方指定的与特定技术项目有关的专业技术人员;

(三)技术指导和专业训练的内容不涉及有关知识产权权利的转移。

第四十五条 技术开发、技术转让等合同中涉及技术培训内容的,应按技术开发合同或技术转让合同认定,不应就其技术培训内容单独认定登记。

第四十六条 下列培训教育活动,不属于技术培训合同:

(一)当事人就其员工业务素质、文化学习和职业技能等进行的培训活动;

(二)为销售技术产品而就有关该产品性能、功能及使用、操作进行的培训活动。

第四十七条 技术中介合同是当事人一方(中介方)以知识、技术、经验和信息为另一方与第三方订立技术合同、实现技术创新和科技成果产业化进行联系、介绍、组织工业化开发并对履行合同提供专门服务所订立的合同。

技术中介合同是技术服务合同中的一种,在认定登记时应按技术中介合同单独予以登记。

第四十八条 技术中介合同的认定条件是:

(一)技术中介的目的是促成委托方与第三方进行技术交易,实现科技成果的转化;

（二）技术中介的内容应为特定的技术成果或技术项目；

（三）中介方应符合国家有关技术中介主体的资格要求。

第四十九条　技术中介合同可以以下列两种形式订立：

（一）中介方与委托方单独订立的有关技术中介业务的合同；

（二）在委托方与第三方订立的技术合同中载明中介方权利与义务的有关中介条款。

第五十条　根据当事人申请，技术中介合同可以与其涉及的技术合同一起认定登记，也可以单独认定登记。

第二十一章　保管合同

第八百八十八条　【保管合同的定义】保管合同是保管人保管寄存人交付的保管物，并返还该物的合同。

寄存人到保管人处从事购物、就餐、住宿等活动，将物品存放在指定场所的，视为保管，但是当事人另有约定或者另有交易习惯的除外。

第八百八十九条　【保管费】寄存人应当按照约定向保管人支付保管费。

当事人对保管费没有约定或者约定不明确，依据本法第五百一十条的规定仍不能确定的，视为无偿保管。

第八百九十条　【保管合同的成立】保管合同自保管物交付时成立，但是当事人另有约定的除外。

相关裁判摘要

● **2002年第6期《中华人民共和国最高人民法院公报》**刊登的"**李杏英诉上海大润发超市存包损害赔偿案**"判决对保管合同的成立要件进行了分析。相关裁判摘要如下：

保管合同是实践合同，即保管合同的成立，不仅须有当事人双方对保管寄存物品达成的一致意思表示，而且还需寄存人向保管人移转寄存物的占有。被告大润发超市作为一家大型超市，为前来购物的消费者提供了人工寄存和自助寄存柜寄存两种存包方式。在大润发超市的

> 自助寄存柜上，印制着“操作步骤”和“寄包须知”。通过“寄包须知”中关于“本商场实行自助寄包，责任自负”“现金及贵重物品不得寄存”的内容，大润发超市已经把只愿将自助寄存柜提供给消费者使用，不愿对柜内寄存的物品承担保管责任的意思明白表示给消费者。原告李杏英看到自助寄存柜上的明示后，仍不用人工寄存而选用责任自负的自助寄存，说明李杏英不愿将自己的物品交付给大润发超市保管，而只愿使用该超市的自助寄存柜暂时存放。因此，双方当事人没有达成保管合同的意思表示。另外，李杏英按照自助寄存柜的操作步骤，通过“投入硬币、退还硬币、吐出密码条、箱门自动打开、存放物品、关闭箱门”等人机对话方式，直接取得对自助寄存柜的使用权，实现了存放物品的目的。这一过程中，李杏英的物品没有转移给大润发超市占有，大润发超市也没有收到李杏英交付保管的物品。李杏英只是借助使用自助寄存柜继续实现对自己物品的控制和占有，而大润发超市由于没有收到交付的物品，也无法履行保管职责。他们之间不存在保管合同成立的必备要件——保管物转移占有的事实。因此，双方当事人就使用自助寄存柜形成的不是保管合同关系，而是借用合同关系。

第八百九十一条　【保管凭证】寄存人向保管人交付保管物的，保管人应当出具保管凭证，但是另有交易习惯的除外。

第八百九十二条　【妥善保管的义务】保管人应当妥善保管保管物。

当事人可以约定保管场所或者方法。除紧急情况或者为维护寄存人利益外，不得擅自改变保管场所或者方法。

第八百九十三条　【寄存人的告知义务】寄存人交付的保管物有瑕疵或者根据保管物的性质需要采取特殊保管措施的，寄存人应当将有关情况告知保管人。寄存人未告知，致使保管物受损失的，保管人不承担赔偿责任；保管人因此受损失的，除保管人知道或者应当知道且未采取补救措施外，寄存人应当承担赔偿责任。

第八百九十四条　【保管人亲自保管的义务】保管人不得将保管物转交第三人保管，但是当事人另有约定的除外。

保管人违反前款规定，将保管物转交第三人保管，造成保管物损失的,应当承担赔偿责任。

第八百九十五条 【保管人不得使用或者许可第三人使用保管物的义务】 保管人不得使用或者许可第三人使用保管物,但是当事人另有约定的除外。

第八百九十六条 【保管人返还保管物的义务及危险通知义务】 第三人对保管物主张权利的,除依法对保管物采取保全或者执行措施外,保管人应当履行向寄存人返还保管物的义务。

第三人对保管人提起诉讼或者对保管物申请扣押的,保管人应当及时通知寄存人。

第八百九十七条 【保管物毁损灭失时保管人的责任】 保管期内,因保管人保管不善造成保管物毁损、灭失的,保管人应当承担赔偿责任。但是,无偿保管人证明自己没有故意或者重大过失的,不承担赔偿责任。

第八百九十八条 【寄存人寄存贵重物品的声明义务】 寄存人寄存货币、有价证券或者其他贵重物品的,应当向保管人声明,由保管人验收或者封存;寄存人未声明的,该物品毁损、灭失后,保管人可以按照一般物品予以赔偿。

第八百九十九条 【保管物的领取】 寄存人可以随时领取保管物。

当事人对保管期限没有约定或者约定不明确的,保管人可以随时请求寄存人领取保管物;约定保管期限的,保管人无特别事由,不得请求寄存人提前领取保管物。

第九百条 【保管物及孳息的返还】 保管期限届满或者寄存人提前领取保管物的,保管人应当将原物及其孳息归还寄存人。

第九百零一条 【消费保管合同】 保管人保管货币的,可以返还相同种类、数量的货币;保管其他可替代物的,可以按照约定返还相同种类、品质、数量的物品。

第九百零二条 【保管费的支付期限】 有偿的保管合同,寄存人应当按照约定的期限向保管人支付保管费。

当事人对支付期限没有约定或者约定不明确,依据本法第五百一十条的规定仍不能确定的，应当在领取保管物的同时支付。

第九百零三条　【保管人的留置权】寄存人未按照约定支付保管费或者其他费用的，保管人对保管物享有留置权，但是当事人另有约定的除外。

第二十二章　仓储合同

第九百零四条　【仓储合同的定义】仓储合同是保管人储存存货人交付的仓储物，存货人支付仓储费的合同。

第九百零五条　【仓储合同的成立时间】仓储合同自保管人和存货人意思表示一致时成立。

第九百零六条　【危险物品与易变质物品的储存】储存易燃、易爆、有毒、有腐蚀性、有放射性等危险物品或者易变质物品的，存货人应当说明该物品的性质，提供有关资料。

存货人违反前款规定的，保管人可以拒收仓储物，也可以采取相应措施以避免损失的发生，因此产生的费用由存货人负担。

保管人储存易燃、易爆、有毒、有腐蚀性、有放射性等危险物品的，应当具备相应的保管条件。

相关行政法规

《危险化学品安全管理条例》(2013年12月7日修订)

第二条　危险化学品生产、储存、使用、经营和运输的安全管理，适用本条例。

废弃危险化学品的处置，依照有关环境保护的法律、行政法规和国家有关规定执行。

第三条　本条例所称危险化学品，是指具有毒害、腐蚀、爆炸、燃烧、助燃等性质，对人体、设施、环境具有危害的剧毒化学品和其他化学品。

危险化学品目录，由国务院安全生产监督管理部门会同国务院工业和信息化、公安、环境保护、卫生、质量监督检验检疫、交通运输、铁路、民用航空、农业主管部门，根据化学品危险特性的鉴别和分类标准确定、公布，并适时调整。

第十一条 国家对危险化学品的生产、储存实行统筹规划、合理布局。

国务院工业和信息化主管部门以及国务院其他有关部门依据各自职责，负责危险化学品生产、储存的行业规划和布局。

地方人民政府组织编制城乡规划，应当根据本地区的实际情况，按照确保安全的原则，规划适当区域专门用于危险化学品的生产、储存。

第十二条 新建、改建、扩建生产、储存危险化学品的建设项目（以下简称建设项目），应当由安全生产监督管理部门进行安全条件审查。

建设单位应当对建设项目进行安全条件论证，委托具备国家规定的资质条件的机构对建设项目进行安全评价，并将安全条件论证和安全评价的情况报告报建设项目所在地设区的市级以上人民政府安全生产监督管理部门；安全生产监督管理部门应当自收到报告之日起45日内作出审查决定，并书面通知建设单位。具体办法由国务院安全生产监督管理部门制定。

新建、改建、扩建储存、装卸危险化学品的港口建设项目，由港口行政管理部门按照国务院交通运输主管部门的规定进行安全条件审查。

第十三条 生产、储存危险化学品的单位，应当对其铺设的危险化学品管道设置明显标志，并对危险化学品管道定期检查、检测。

进行可能危及危险化学品管道安全的施工作业，施工单位应当在开工的7日前书面通知管道所属单位，并与管道所属单位共同制定应急预案，采取相应的安全防护措施。管道所属单位应当指派专门人员到现场进行管道安全保护指导。

第十四条 危险化学品生产企业进行生产前，应当依照《安全生产许可证条例》的规定，取得危险化学品安全生产许可证。

生产列入国家实行生产许可证制度的工业产品目录的危险化学品的企业，应当依照《中华人民共和国工业产品生产许可证管理条例》的规定，取得工业产品生产许可证。

负责颁发危险化学品安全生产许可证、工业产品生产许可证的部门，应当将其颁发许可证的情况及时向同级工业和信息化主管部门、环境保护主管部门和公安机关通报。

第十五条 危险化学品生产企业应当提供与其生产的危险化学品相符的化学品安全技术说明书，并在危险化学品包装（包括外包装件）上粘贴或者拴挂与包装内危险化学品相符的化学品安全标签。化学品安全技术说明书和化学品安全标签所载明的内容应当符合国家标准的要求。

危险化学品生产企业发现其生产的危险化学品有新的危险特性的,应当立即公告,并及时修订其化学品安全技术说明书和化学品安全标签。

第十六条　生产实施重点环境管理的危险化学品的企业,应当按照国务院环境保护主管部门的规定,将该危险化学品向环境中释放等相关信息向环境保护主管部门报告。环境保护主管部门可以根据情况采取相应的环境风险控制措施。

第十七条　危险化学品的包装应当符合法律、行政法规、规章的规定以及国家标准、行业标准的要求。

危险化学品包装物、容器的材质以及危险化学品包装的型式、规格、方法和单件质量(重量),应当与所包装的危险化学品的性质和用途相适应。

第十八条　生产列入国家实行生产许可证制度的工业产品目录的危险化学品包装物、容器的企业,应当依照《中华人民共和国工业产品生产许可证管理条例》的规定,取得工业产品生产许可证;其生产的危险化学品包装物、容器经国务院质量监督检验检疫部门认定的检验机构检验合格,方可出厂销售。

运输危险化学品的船舶及其配载的容器,应当按照国家船舶检验规范进行生产,并经海事管理机构认定的船舶检验机构检验合格,方可投入使用。

对重复使用的危险化学品包装物、容器,使用单位在重复使用前应当进行检查;发现存在安全隐患的,应当维修或者更换。使用单位应当对检查情况作出记录,记录的保存期限不得少于2年。

第十九条　危险化学品生产装置或者储存数量构成重大危险源的危险化学品储存设施(运输工具加油站、加气站除外),与下列场所、设施、区域的距离应当符合国家有关规定:

(一)居住区以及商业中心、公园等人员密集场所;

(二)学校、医院、影剧院、体育场(馆)等公共设施;

(三)饮用水源、水厂以及水源保护区;

(四)车站、码头(依法经许可从事危险化学品装卸作业的除外)、机场以及通信干线、通信枢纽、铁路线路、道路交通干线、水路交通干线、地铁风亭以及地铁站出入口;

（五）基本农田保护区、基本草原、畜禽遗传资源保护区、畜禽规模化养殖场（养殖小区）、渔业水域以及种子、种畜禽、水产苗种生产基地；

（六）河流、湖泊、风景名胜区、自然保护区；

（七）军事禁区、军事管理区；

（八）法律、行政法规规定的其他场所、设施、区域。

已建的危险化学品生产装置或者储存数量构成重大危险源的危险化学品储存设施不符合前款规定的，由所在地设区的市级人民政府安全生产监督管理部门会同有关部门监督其所属单位在规定期限内进行整改；需要转产、停产、搬迁、关闭的，由本级人民政府决定并组织实施。

储存数量构成重大危险源的危险化学品储存设施的选址，应当避开地震活动断层和容易发生洪灾、地质灾害的区域。

本条例所称重大危险源，是指生产、储存、使用或者搬运危险化学品，且危险化学品的数量等于或者超过临界量的单元（包括场所和设施）。

第二十条　生产、储存危险化学品的单位，应当根据其生产、储存的危险化学品的种类和危险特性，在作业场所设置相应的监测、监控、通风、防晒、调温、防火、灭火、防爆、泄压、防毒、中和、防潮、防雷、防静电、防腐、防泄漏以及防护围堤或者隔离操作等安全设施、设备，并按照国家标准、行业标准或者国家有关规定对安全设施、设备进行经常性维护、保养，保证安全设施、设备的正常使用。

生产、储存危险化学品的单位，应当在其作业场所和安全设施、设备上设置明显的安全警示标志。

第二十一条　生产、储存危险化学品的单位，应当在其作业场所设置通信、报警装置，并保证处于适用状态。

第二十二条　生产、储存危险化学品的企业，应当委托具备国家规定的资质条件的机构，对本企业的安全生产条件每3年进行一次安全评价，提出安全评价报告。安全评价报告的内容应当包括对安全生产条件存在的问题进行整改的方案。

生产、储存危险化学品的企业，应当将安全评价报告以及整改方案的落实情况报所在地县级人民政府安全生产监督管理部门备案。在港区内储存危险化学品的企业，应当将安全评价报告以及整改方案的落实情况报港口行政管理部门备案。

第二十三条　生产、储存剧毒化学品或者国务院公安部门规定的可用于制造爆炸物品的危险化学品（以下简称易制爆危险化学品）的单位，应当如实记录其生产、储存的剧毒化学品、易制爆危险化学品的数量、流向，并采取必要的安全防范措施，防止剧毒化学品、易制爆危险化学品丢失或者被盗；发现剧毒化学品、易制爆危险化学品丢失或者被盗的，应当立即向当地公安机关报告。

生产、储存剧毒化学品、易制爆危险化学品的单位，应当设置治安保卫机构，配备专职治安保卫人员。

第二十四条　危险化学品应当储存在专用仓库、专用场地或者专用储存室（以下统称专用仓库）内，并由专人负责管理；剧毒化学品以及储存数量构成重大危险源的其他危险化学品，应当在专用仓库内单独存放，并实行双人收发、双人保管制度。

危险化学品的储存方式、方法以及储存数量应当符合国家标准或者国家有关规定。

第二十五条　储存危险化学品的单位应当建立危险化学品出入库核查、登记制度。

对剧毒化学品以及储存数量构成重大危险源的其他危险化学品，储存单位应当将其储存数量、储存地点以及管理人员的情况，报所在地县级人民政府安全生产监督管理部门（在港区内储存的，报港口行政管理部门）和公安机关备案。

第二十六条　危险化学品专用仓库应当符合国家标准、行业标准的要求，并设置明显的标志。储存剧毒化学品、易制爆危险化学品的专用仓库，应当按照国家有关规定设置相应的技术防范设施。

储存危险化学品的单位应当对其危险化学品专用仓库的安全设施、设备定期进行检测、检验。

第二十七条　生产、储存危险化学品的单位转产、停产、停业或者解散的，应当采取有效措施，及时、妥善处置其危险化学品生产装置、储存设施以及库存的危险化学品，不得丢弃危险化学品；处置方案应当报所在地县级人民政府安全生产监督管理部门、工业和信息化主管部门、环境保护主管部门和公安机关备案。安全生产监督管理部门应当会同环境保护主管部门和公安机关对处置情况进行监督检查，发现未依照规定处置的，应当责令其立即处置。

第三十六条 危险化学品经营企业储存危险化学品的，应当遵守本条例第二章关于储存危险化学品的规定。危险化学品商店内只能存放民用小包装的危险化学品。

第九百零七条 【仓储物的验收】保管人应当按照约定对入库仓储物进行验收。保管人验收时发现入库仓储物与约定不符合的，应当及时通知存货人。保管人验收后，发生仓储物的品种、数量、质量不符合约定的，保管人应当承担赔偿责任。

相关部门规章

《粮油仓储管理办法》(2009年12月29日起施行)

第九条 粮油仓储单位应当按照国家粮油质量标准对入库粮油进行检验，建立粮油质量档案。成品粮油质量档案还应包括生产企业出具的质量检验报告、生产日期、保质期限等内容。

第九百零八条 【保管人给付仓单等凭证的义务】存货人交付仓储物的，保管人应当出具仓单、入库单等凭证。

第九百零九条 【仓单的记载事项】保管人应当在仓单上签名或者盖章。仓单包括下列事项：

（一）存货人的姓名或者名称和住所；

（二）仓储物的品种、数量、质量、包装及其件数和标记；

（三）仓储物的损耗标准；

（四）储存场所；

（五）储存期限；

（六）仓储费；

（七）仓储物已经办理保险的，其保险金额、期间以及保险人的名称；

（八）填发人、填发地和填发日期。

第九百一十条 【仓单的性质与转让】仓单是提取仓储物的凭证。存货人或者仓单持有人在仓单上背书并经保管人签名或者盖章的，可以转让提取仓储物的权利。

相关司法解释规定

《最高人民法院关于适用〈中华人民共和国民法典〉有关担保制度的解释》（法释〔2020〕28号）

第五十九条　存货人或者仓单持有人在仓单上以背书记载“质押”字样，并经保管人签章，仓单已经交付质权人的，人民法院应当认定质权自仓单交付质权人时设立。没有权利凭证的仓单，依法可以办理出质登记的，仓单质权自办理出质登记时设立。

出质人既以仓单出质，又以仓储物设立担保，按照公示的先后确定清偿顺序；难以确定先后的，按照债权比例清偿。

保管人为同一货物签发多份仓单，出质人在多份仓单上设立多个质权，按照公示的先后确定清偿顺序；难以确定先后的，按照债权比例受偿。

存在第二款、第三款规定的情形，债权人举证证明其损失系由出质人与保管人的共同行为所致，请求出质人与保管人承担连带赔偿责任的，人民法院应予支持。

第九百一十一条　【检查仓储物】保管人根据存货人或者仓单持有人的要求，应当同意其检查仓储物或者提取样品。

第九百一十二条　【保管人的通知义务】保管人发现入库仓储物有变质或者其他损坏的，应当及时通知存货人或者仓单持有人。

第九百一十三条　【保管人的催告义务与紧急处置权】保管人发现入库仓储物有变质或者其他损坏，危及其他仓储物的安全和正常保管的，应当催告存货人或者仓单持有人作出必要的处置。因情况紧急，保管人可以作出必要的处置；但是，事后应当将该情况及时通知存货人或者仓单持有人。

第九百一十四条　【储存期限不明确时仓储物的提取】当事人对储存期限没有约定或者约定不明确的，存货人或者仓单持有人可以随时提取仓储物，保管人也可以随时请求存货人或者仓单持有人提取仓储物，但是应当给予必要的准备时间。

第九百一十五条　【储存期限届满仓储物提取及逾期或提前提取仓储物时仓储费的处理】储存期限届满，存货人或者仓单持有人应当凭仓单、入库单等提取仓储物。存货人或者仓单持有人逾期提取的，应当加收仓储费;提前提取的,不减收仓储费。

第九百一十六条 【保管人的催告权及提存权】储存期限届满,存货人或者仓单持有人不提取仓储物的,保管人可以催告其在合理期限内提取;逾期不提取的,保管人可以提存仓储物。

第九百一十七条 【保管人的赔偿责任】储存期内,因保管不善造成仓储物毁损、灭失的,保管人应当承担赔偿责任。因仓储物本身的自然性质、包装不符合约定或者超过有效储存期造成仓储物变质、损坏的,保管人不承担赔偿责任。

第九百一十八条 【仓储合同的法律适用】本章没有规定的,适用保管合同的有关规定。

第二十三章 委托合同

第九百一十九条 【委托合同的定义】委托合同是委托人和受托人约定,由受托人处理委托人事务的合同。

一、相关部门规章

《贷款通则》(1996年8月1日起施行)

第七条 自营贷款、委托贷款和特定贷款:

自营贷款,系指贷款人以合法方式筹集的资金自主发放的贷款,其风险由贷款人承担,并由贷款人收回本金和利息。

委托贷款,系指由政府部门、企事业单位及个人等委托人提供资金,由贷款人(即受托人)根据委托人确定的贷款对象、用途、金额期限、利率等代为发放、监督使用并协助收回的贷款。贷款人(受托人)只收取手续费,不承担贷款风险。

特定贷款,系指国务院批准并对贷款可能造成的损失采取相应补救措施后责成国有独资商业银行发放的贷款。

二、相关司法解释规定

《最高人民法院关于适用〈中华人民共和国民法典〉有关担保制度的解释》(法释〔2020〕28号)

第四条 有下列情形之一,当事人将担保物权登记在他人名下,债务人不履行到期债务或者发生当事人约定的实现担保物权的情形，债权人或者其受托人主张就该财产优先受偿的，人民法院依法予以支持：

（一）为债券持有人提供的担保物权登记在债券受托管理人名下；

（二）为委托贷款人提供的担保物权登记在受托人名下；

（三）担保人知道债权人与他人之间存在委托关系的其他情形。

三、相关裁判摘要

• **2020年第4期《中华人民共和国最高人民法院公报》**刊登的"**上海浦东发展银行股份有限公司深圳分行与梅州地中海酒店有限公司等借款合同纠纷案**"中，最高人民法院（2018）最高法民再54号民事判决书对委托贷款进行了分析。相关裁判摘要如下：

根据《贷款通则》第七条的规定，委托贷款系指由政府部门、企事业单位及个人等委托人提供资金，由贷款人（即受托人）根据委托人确定的贷款对象、用途、金额、期限、利率等代为发放、监督使用并协助收回的贷款。贷款人（受托人）只收取手续费，不承担贷款风险。同时，中国人民银行相关规定亦明确，委托贷款属于商业银行中间业务，不构成商业银行表内资产、表内负债，仅形成银行非利息收入。由此可见，委托贷款已经纳入国家金融监管范围，在该法律关系中贷款人是经国家金融监管部门批准设立的从事贷款业务的金融机构，其应履行代为发放、监督使用并协助收回贷款等职责，此与金融借款合同具有类似之处。但另一方面，委托贷款与民间借贷亦有相通之处。首先，金融机构虽系贷款人但实际是以受托人身份与借款人发生借款关系，而非自主决定贷款事宜，有关贷款对象、用途、金额、期限、利率等借款合同主要权利义务的确定仍体现了委托人的意志。其次，从权利义务的实际承担来看，亦是委托人而非贷款人享有贷款利息收益等合同主要权利，并实际承担借款人不还款及逾期还款的风险。再次，与金融机构自营贷款中的资金系通过法定方式渠道筹集不同，委托贷款直接来源于委托人的自有资金，此与出借人以自有资金进行民间借贷别无二致。由此可见，委托贷款在不同的方面分别体现出金融借款与民间借贷的特点，在现行法律及司法解释对委托贷款未作明确规定的情况下，可通过分析相关问题是更具有金融借款还是民间借贷的特点，进而确定可参照的规则。现行法律及司法解释未对委托贷款的利率上限作出限制，鉴于委托贷款系由委托人而非作为贷款人的金融机构确定借款利率等合同主要条款并实际收取利息,同时考虑到委托贷款与民间借贷在资金来源相同的基础上亦可推定其资金成本大致等同,人民法院确定委托贷款合同的利率上限时当参照民间借贷的相关规则。

第九百二十条 【特别委托与概括委托】委托人可以特别委托受托人处理一项或者数项事务,也可以概括委托受托人处理一切事务。

第九百二十一条 【处理委托事务的费用的预付与偿还】委托人应当预付处理委托事务的费用。受托人为处理委托事务垫付的必要费用,委托人应当偿还该费用并支付利息。

第九百二十二条 【受托人服从委托人指示的义务】受托人应当按照委托人的指示处理委托事务。需要变更委托人指示的,应当经委托人同意;因情况紧急,难以和委托人取得联系的,受托人应当妥善处理委托事务,但是事后应当将该情况及时报告委托人。

第九百二十三条 【受托人亲自处理委托事务的义务及转委托】受托人应当亲自处理委托事务。经委托人同意,受托人可以转委托。转委托经同意或者追认的,委托人可以就委托事务直接指示转委托的第三人,受托人仅就第三人的选任及其对第三人的指示承担责任。转委托未经同意或者追认的,受托人应当对转委托的第三人的行为承担责任;但是,在紧急情况下受托人为了维护委托人的利益需要转委托第三人的除外。

第九百二十四条 【受托人的报告义务】受托人应当按照委托人的要求,报告委托事务的处理情况。委托合同终止时,受托人应当报告委托事务的结果。

第九百二十五条 【合同直接约束委托人与第三人的情形】受托人以自己的名义,在委托人的授权范围内与第三人订立的合同,第三人在订立合同时知道受托人与委托人之间的代理关系的,该合同直接约束委托人和第三人;但是,有确切证据证明该合同只约束受托人和第三人的除外。

相关裁判摘要

• **2017 年第 1 期《中华人民共和国最高人民法院公报》**刊登的“**厦门航空开发股份有限公司与北京南钢金贸易有限公司及第三人厦门市东方龙金属材料有限公司买卖合同纠纷案**”中，最高人民法院（2014）民申字第 2225 号民事裁定书对委托人介入权问题进行了分析。相关裁判摘要如下：

《合同法》第四百零二条关于委托人介入权的规定一般限于单纯的委托合同关系，但本案除委托合同关系外，还涉及买卖、借贷以及担保等多重法律关系，特别是担保法律关系。厦航开发公司为保证自己出借资金的安全，特地在其与南钢金易公司签订的《钢材购销合同》中约定，交（提）货地点在供方仓库，方式为供方将货权转移给需方。因此，在厦航开发公司向南钢金易公司付款后，南钢金易公司交付的钢材的所有权属于厦航开发公司。在所有权人厦航开发公司根本不知情的情况下，南钢金易公司将合同约定的钢材交付给东方龙金属公司，对厦航开发公司不发生已经交付的法律效力。据此，在厦航开发公司已实际为东方龙金属公司垫付巨额货款的前提下，在南钢金易公司知道该事实的情况下，若简单适用《合同法》第四百零二条（不适用该条的但书），排除买卖关系中买方厦航开发公司要求卖方南钢金易公司返还货款的权利，明显损害厦航开发公司的权利，不符合该条的立法本意。本案应当适用该条的但书规定，即《钢材购销合同》的上述约定内容以及南钢金易公司知道东方龙金属公司为该笔交易向厦航开发公司融资的事实，属于《合同法》第四百零二条但书中规定的“确切证据”，故《钢材购销合同》只约束厦航开发公司和南钢金易公司。

• **2016 年第 8 期《中华人民共和国最高人民法院公报》**刊登的“**北京长富投资基金与武汉中森华世纪房地产开发有限公司等委托贷款合同纠纷案**”中，最高人民法院　（2016）最高法民终 124 号民事判决书对委托人介入权问题进行了分析。相关裁判摘要如下：

一、关于长富基金是否系本案适格原告问题。中森华房地产公司在二审庭审中提交补充上诉状，依据《委托贷款合同》第 1.4 条的约定和最高人民法院《关于如何确定委托贷款协议纠纷诉讼主体资格的批复》主张原审法院不应受理长富基金作为原告直接对中森华房地产公司提起的诉讼。长富基金答辩认为，中森华房地产公司的该上诉请求超出上诉期限,《委托贷款合同》第1.4条的约定是选择性条款,受托银行也在原审中明确表示同意长富基金主张权利,中森华房地产公司关于长富基金不是本案适格原告的上诉主张不能成立。本院认为,首先,《中华人民共和国合同法》第四百零二条规定,"受托人以自己的名义,在委托人的授权范围内与第三人订立的合同,第三人在订立合同时知道受托人与委托人之间的代理关系的,该合同直接约束委托人和第三人,但有确切证据证明该合同只约束受托人和第三人的除外。"中森华房地产公司在2013年9月27日与长富基金、兴业银行武汉分行、中森华投资公司、郑巨云、陈少夏签订《投资合作协议》,以及与长富基金、兴业银行武汉分行签订《委托贷款合同》的行为及合同内容,表明中森华房地产公司在签订《委托贷款合同》时明知兴业银行武汉分行与长富基金之间的代理关系,中森华房地产公司并未提供证据证明《委托贷款合同》只约束兴业银行武汉分行和中森华房地产公司,因此,《委托贷款合同》直接约束长富基金和中森华房地产公司,原审判决认定长富基金可以自己名义直接向中森华房地产公司主张权利,有事实和法律依据。其次,《委托贷款合同》第1.4条受托人承诺中约定,"借款人不能按期偿还本金及利息时,受托人应按照委托人的书面要求以受托人的名义向借款人、担保人及相关联人提起诉讼",该约定是受托人兴业银行武汉分行对委托人长富基金的承诺,只约束兴业银行武汉分行和长富基金,与中森华房地产公司无关;就约定内容而言,是否以兴业银行武汉分行作为原告对借款人、担保人及相关联人提起诉讼,是该约定赋予长富基金的权利,而非系限制其行为的义务,长富基金既可以自行起诉,也可要求受托人兴业银行武汉分行提起诉讼。此外,最高人民法院《关于如何确定委托贷款协议纠纷诉讼主体资格的批复》对请示的相关问题答复,"在履行委托贷款协议过程中,由于借款人不按期归还贷款而发生纠纷的,贷款人(受托人)可以借款合同纠纷为由向人民法院提起诉讼;贷款人坚持不起诉的,委托人可以委托贷款协议的受托人为被告、以借款人为第三人向人民法院提起诉讼。"该答复意见规定委托人可以作为原告提起诉讼和对受托人的被告地位的明确,旨在对委托人权利的保护。中森华房地产公司依据前述约定和批复上诉主张长富基金不是本案适格原告,系对合同约定和批复的错误理解,不能成立。第三,中森华房地产公司在原审中并未以反诉或抗辩方式就长富基金不是本案适格原告提出主张,其在2016年3月21日二审开庭时才提出这一上诉请求，而本案的最后上诉期是2015年12月25日，中森华房地产公司在二审庭审中提出长富基金不是本案适格原告的上诉请求，不符合《中华人民共和国民事诉讼法》第一百六十四条关于15日上诉期的规定和最高人民法院《关于适用〈中华人民共和国民事诉讼法〉的解释》第三百二十八条关于在第二审程序中原审原告不得增加独立诉讼请求或者原审被告提出反诉的规定。综上，长富基金是本案适格原告，中森华房地产公司关于长富基金不是本案适格原告的上诉主张，本院不予支持。

● **2014年第1期《中华人民共和国最高人民法院公报》**刊登的“**湖北金华实业有限公司与苏金水等商品房买卖合同纠纷案**”判决指出，成立隐名代理的必要前提之一系受托人以自己的名义与第三人订立合同。相关裁判摘要如下：

一、关于皓羽公司向苏金水销售06号、07号商铺行为的法律后果是否应归属于金华公司的问题

根据《中华人民共和国民法通则》第六十三条的规定，被代理人对代理人在代理权限内以被代理人名义实施的代理行为，承担民事责任。因此，本案皓羽公司销售行为的法律后果归属于金华公司取决于皓羽公司的销售行为是否构成有权代理。本院认为皓羽公司的销售行为已构成有权代理，理由是：第一，在销售案涉楼盘时，金华公司已授予皓羽公司独家全程的代理权限。金华公司与皓羽公司签订的《“楚天星座”商品房保底包干销售合同》第二条约定，“甲方（指金华公司）授权乙方（指皓羽公司）为该项目独家全程销售代理，代理范围包括项目营销策划、销售代理、广告宣传等。非因本合同到期或解除及甲方前期界定之外，甲方不得自行销售，或委托其他公司、个人进行销售”，该条约定已明确授予皓羽公司销售案涉楼盘的代理权限，相关报纸广告等宣传材料上亦标明皓羽公司作为该楼盘“全程营销”的代理人的法律地位。第二，皓羽公司系以金华公司的名义而非以皓羽公司自身名义销售案涉商铺。06号合同和07号合同首部均载明出卖人为金华公司，并明确皓羽公司的身份为金华公司的委托代理机构。第三，06号合同和07号合同尾部均有苏金水签字，06号合同尾部加盖有出卖人金华公司的销售合同专用章，07号合同尾部亦有皓羽公司以金华公司委托代理人身份加盖的销售合同专用章。第四，苏金水购买商铺的过程中还取得了06号、07号商铺的《〈楚天星座〉商品房认购合同》，该两份认购合同均加盖有金华公司的销售合同专用章。第五，苏金水系在楼盘售楼处现场签订06号合同与07号合同并通过现场POS机支付主要购房款。可见，皓羽公司以金华公司名义向苏金水销售案涉商铺的行为，足以认定构成有权代理，且苏金水作为普通购房者亦有较为充分理由相信皓羽公司具有销售案涉商铺的代理权限。另外，部分楼盘宣传材料上虽有2006年5月1日倾情推出的表述，但此种表述并未包含对外宣示禁止皓羽公司于2006年5月1日之前销售案涉商铺的意思；同时，金华公司与皓羽公司就封盘期间、收款权限、签章权限等事项作出的若干约定均系金华公司与皓羽公司之间的内部约定，并未对外公示，不能对抗善意的购房者；而金华公司再审中主张06号、07号商铺不在皓羽公司授权销售的范围之内但皓羽公司予以否认，且金华公司未能举证予以证实，故就金华公司关于皓羽公司销售案涉商铺系越权行为对金华公司无约束力的主张，本院不予支持。至于金华公司提出因存在苏金水未注意案涉楼盘广告宣传系2006年5月1日"倾情推出"、苏金水未对合同的版本、涂改和签章及收据出具主体等进行必要审查、苏金水部分款项系通过皓羽公司财务人员中转等情形而应认定苏金水在购房中存在严重过错从而不构成表见代理的主张，在论证前提上即与本案中皓羽公司销售行为应系有权代理的性质不符，且结合本案代理销售、广告营销、合同签订与款项支付的前述具体过程与情形，金华公司关于合同相对方过错标准的主张亦超出了苏金水作为普通购房者的合理注意义务，本院不予支持。综上，皓羽公司基于有效的委托代理关系所实施的代理行为不违反法律法规禁止性规定，应认定为有效，其代理行为的法律后果应直接约束被代理人，所产生的民事责任直接由被代理人承担。皓羽公司作为委托代理人签订的06号、07号合同应直接约束被代理人金华公司，皓羽公司作为委托代理人收取款项的法律后果亦应归属于被代理人金华公司，皓羽公司所为产生的相应民事责任应由金华公司承担。另，皓羽公司向苏金水销售案涉商铺系以被代理人金华公司的名义而并非以其自身名义，而成立隐名代理的必要前提之一系受托人以自己的名义与第三人订立合同，故二审判决适用《中华人民共和国合同法》第四百零二条认为皓羽公司销售07号商铺的行为构成隐名代理，对合同效力的最终认定虽无影响，但属于适用法律不当，本院予以纠正。

• **2012年第6期《中华人民共和国最高人民法院公报》**刊登的“**大连羽田钢管有限公司与大连保税区弘丰钢铁工贸有限公司、株式会社羽田钢管制造所、大连高新技术产业园区龙王塘街道办事处物权确认纠纷案**”中，最高人民法院（2011）民提字第29号民事判决书对第三人在订立合同时知道受托人与委托人之间的代理关系的情形进行了分析。相关裁判摘要如下：

虽然《转让合同》B约定涉案资产的出让人是龙王塘办事处，受让人是弘丰公司。但是，根据《转让合同》A的约定，系羽田制造所委托弘丰公司购买涉案资产并签署《转让合同》B。而本案四方当事人在2002年5月8日均到场参加并见证了所有合同的签署过程，因此，各方当事人均知道涉案资产的真正受让人是羽田制造所以及羽田制造所与弘丰公司之间系委托代理关系。《中华人民共和国合同法》第四百零二条规定：“受托人以自己的名义，在委托人的授权范围内与第三人订立的合同，第三人在订立合同时知道受托人与委托人之间的代理关系的，该合同直接约束委托人和第三人，但有确切证据证明该合同只约束受托人和第三人的除外。”根据上述法律规定，《转让合同》B直接约束龙王塘办事处和羽田制造所，因此，龙王塘办事处是涉案资产的出让人，羽田制造所是涉案资产的真正受让人。弘丰公司割裂《转让合同》A与《转让合同》B的关联关系，在未支付任何对价的情况下，仅依据《转让合同》B认为其系涉案资产的受让人，与事实不符，亦与上述法律规定不符，本院不予支持。一审判决认定涉案资产的真正受让人是羽田制造所是正确的，二审判决认定涉案资产的真正受让人是弘丰公司确有错误，应予纠正。

• **2011年第10期《中华人民共和国最高人民法院公报》**刊登的“**马士基（中国）航运有限公司及其厦门分公司与厦门瀛海实业发展有限公司、中国厦门外轮代理有限公司国际海上货运代理经营权损害赔偿纠纷再审案**”中，最高人民法院（2010）民提字第213号民事裁定书对第三人在订立合同时知道受托人与委托人之间的代理关系的情形进行了分析。相关裁判摘要如下：

瀛海公司与厦门外代先后于2003年10月31日、2005年3月15日两次签订《集装箱运输合作协议》，其中2003年10月31日签订的协议，因双方无异议而自动延长一年至2004年12月31日终止。双方于2005年3月15日签订的新协议约定厦门外代原则上准许瀛海公司提取集装箱,同时特别约定“在箱主或租箱人明确表示不同意将设备交给瀛海公司使用的情况除外”,这意味双方一致同意在箱主不同意将集装箱交给瀛海公司使用时厦门外代可以不向瀛海公司提供集装箱。依照《中华人民共和国合同法》第四百零二条的规定,受托人以自己的名义,在委托人的授权范围内与第三人订立的合同,第三人在订立合同时知道受托人与委托人之间的代理关系的,该合同直接约束委托人和第三人。瀛海公司明知厦门外代作为马士基公司的集装箱代理人与其签订上述两份协议,上述两份协议直接约束瀛海公司和马士基公司。

• **2002年第2期《中华人民共和国最高人民法院公报》**刊登的“**名山电力有限责任公司诉威格尔国际合作发展公司等专利实施许可合同纠纷案**”判决对第三人在订立合同时知道受托人与委托人之间的代理关系的情形进行了分析。相关裁判摘要如下:

在本案的《专利实施许可合同》《补充协议》上,虽然存在着上诉人威格尔公司以自己的名义直接与被上诉人名山公司签订合同的问题,但合同的首页上已经注明,威格尔公司的身份是“许可方全权代理人”,合同第12条载明“甲方附专利权人授权书”,合同和《补充协议》上还有专利权人周鼎力的签字。《授权委托书》、《专利实施许可合同》和《补充协议》均明示威格尔公司是专利权人周鼎力的全权代理人,周鼎力与威格尔公司之间的委托代理关系是明确的。威格尔公司在签订合同前接待被上诉人名山公司在北京参观考察、签订合同、代交保险费等,是其履行代理义务的行为。对周鼎力与威格尔公司之间的委托代理关系,名山公司是清楚的。依照《中华人民共和国合同法》第四百零二条关于“委托人以自己的名义,在委托人的授权范围内与第三人订立的合同,第三人在订立合同时知道委托人与委托人之间的代理关系的,该合同直接约束委托人和第三人”的规定,本案的《专利实施许可合同》和《补充协议》合法有效,合同责任应当由周鼎力承担。威格尔公司关于其不应因代理而承担连带责任的上诉理由,周鼎力和丽坤厂关于《专利实施许合同》和《补充协议》合法有效的上诉理由成立,应当支持。名山公司关于威格尔公司与丽坤厂之间并非代理关系的答辩理由,没有事实根据,不予支持。

第九百二十六条 【委托人的介入权与第三人的选择权】受托人以自己的名义与第三人订立合同时,第三人不知道受托人与委托人之间的代理关系的,受托人因第三人的原因对委托人不履行义务,受托人应当向委托人披露第三人,委托人因此可以行使受托人对第三人的权利。但是,第三人与受托人订立合同时如果知道该委托人就不会订立合同的除外。

受托人因委托人的原因对第三人不履行义务,受托人应当向第三人披露委托人,第三人因此可以选择受托人或者委托人作为相对人主张其权利,但是第三人不得变更选定的相对人。

委托人行使受托人对第三人的权利的,第三人可以向委托人主张其对受托人的抗辩。第三人选定委托人作为其相对人的,委托人可以向第三人主张其对受托人的抗辩以及受托人对第三人的抗辩。

相关裁判摘要

• **2019年第9期《中华人民共和国最高人民法院公报》**刊登的“**丰宁长阁矿业有限公司与北京铁路局物权保护纠纷案**”的最高人民法院(2017)最高法民终724号民事判决书对第三人的选择权进行了分析。相关裁判摘要如下:

(一)关于北京铁路局是否为本案适格被告的问题

张唐铁路项目的投资建设单位为蒙冀公司。蒙冀公司与北京铁路局签署《新建张家口至唐山铁路委托代建协议书》约定,蒙冀公司委托北京铁路局负责张唐铁路项目的全部建设管理工作,包括负责建设过程中所涉征地拆迁、压覆矿产资源补偿等相关工作并列支建设项目管理费等其他费用。为履行代建协议,北京铁路局成立了张唐指挥部,并授权张唐指挥部具体实施代建协议项下北京铁路局所应承担的全部工作。随后,张唐指挥部与承德市铁指签订《新建张家口至唐山铁路(承德段)工程压矿补偿实施协议》和《新建张家口至唐山铁路(承德段)工程征地拆迁框架协议(四)》,约定张唐指挥部委托承德市铁指具体负责实施张唐铁路项目承德地区的压覆矿产资源评估及补偿工作。丰宁拆迁办作为承德市铁指的下属单位,负责丰宁县地区的压覆矿产资源评估及补偿工作。事实上,长阁矿业公司在诉讼前一直向丰宁拆迁办主张进行压覆矿产资源评估及补偿,丰宁拆迁办也一直与长阁矿业公司就相关补偿问题进行协商处理。二审庭审中,北京铁路局亦认可丰宁拆迁办与其他矿业权人所签订的压覆矿产资源补偿协议。因此,北京铁路局应对压覆矿产资源补偿实施单位在其委托授权范围内实施的压覆矿产资源补偿行为的后果承担法律责任。北京铁路局主张其不是本案适格被告的上诉理由不能成立,本院不予支持。

• **2016年第1期《中华人民共和国最高人民法院公报》**刊登的“**上海闽路润贸易有限公司与上海钢翼贸易有限公司买卖合同纠纷案**”的最高人民法院(2015)民申字第956号民事裁定书对委托人是否行使介入权进行了分析。相关裁判摘要如下:

关于委托人的介入权,《合同法》第403条第1款规定,受托人以自己的名义与第三人订立合同时,第三人不知道受托人与委托人之间的代理关系的,受托人因第三人的原因对委托人不履行义务,受托人应当向委托人披露第三人,委托人因此可以行使受托人对第三人的权利,但第三人与受托人订立合同时如果知道该委托人就不会订立合同的除外。根据该规定,隐名代理的受托人向委托人披露第三人后,委托人可以行使介入权直接向第三人主张权利。委托人行使介入权,则合同直接约束委托人与第三人,委托人代替受托人成为合同主体,受托人不能行使合同权利;委托人不行使介入权的,则合同仍约束受托人,受托人可以行使合同权利。钢翼公司认为,据兴盟公司送达给闽路润公司的《函》,兴盟公司同意将《购销合同》项下的全部债权转让给闽路润公司,由闽路润公司向钢翼公司主张违约责任,故闽路润公司所行使的权利,是基于兴盟公司的债权让与产生的,闽路润公司行使的是兴盟公司的权利,应视为兴盟公司行使了介入权,《购销合同》应该直接约束兴盟公司,闽路润公司不再作为合同主体。根据一审、二审查明事实,在闽路润公司向钢翼公司主张权利之前,兴盟公司并未向钢翼公司主张权利,故不能认为兴盟公司已经行使介入权。既然兴盟公司没有行使介入权,则不是《购销合同》的主体,不享有《购销合同》项下的权利,无权将基于《购销合同》产生的债权进行转让,故兴盟公司与闽路润公司之间所谓的债权转让无法实际发生。兴盟公司发给闽路润公司的《函》,从合同解释角度可认定为,兴盟公司承诺放弃介入权,由闽路润公司行使《购销合同》项下的权利,该函件并不影响闽路润公司作为《购销合同》的主体地位。综上,闽路润公司虽是基于兴盟公司的委托与钢翼公司订立合同,且在合同履行过程中向兴盟公司披露第三人钢翼公司,但并没有证据表明兴盟公司行使了介入权,故闽路润公司仍是《购销合同》的主体。钢翼公司认为闽路润公司不是《购销合同》主体的主张与事实不符,不予支持。

● **2010年第4期《中华人民共和国最高人民法院公报》**刊登的“**巴菲特投资有限公司诉上海自来水投资建设有限公司股权转让纠纷案**”的判决，对第三人的选择权进行了分析。相关裁判摘要如下：

上海水务公司以自己名义在自来水公司授权范围内与原告巴菲特公司签订的股权转让协议，已载明上海水务公司与自来水公司之间有委托代理关系，根据《合同法》第四百零二条的规定，该协议可以直接约束自来水公司。根据《合同法》第四百零三条第二款的规定，因自来水公司的原因对巴菲特公司不履行合同义务的，巴菲特公司有权选择自来水公司或者上海水务公司主张权利。因此，自来水公司与巴菲特公司在本案中构成股权转让关系。巴菲特公司起诉要求自来水公司履行股权转让协议，在程序上并无不当。同理，自来水公司反诉要求确认股权转让协议无效，在程序上亦无不当。

第九百二十七条　【受托人转交财产的义务】受托人处理委托事务取得的财产，应当转交给委托人。

第九百二十八条　【委托人支付报酬的义务】受托人完成委托事务的，委托人应当按照约定向其支付报酬。

因不可归责于受托人的事由，委托合同解除或者委托事务不能完成的，委托人应当向受托人支付相应的报酬。当事人另有约定的，按照其约定。

第九百二十九条　【受托人的赔偿责任】有偿的委托合同，因受托人的过错造成委托人损失的，委托人可以请求赔偿损失。无偿的委托合同，因受托人的故意或者重大过失造成委托人损失的，委托人可以请求赔偿损失。

受托人超越权限造成委托人损失的，应当赔偿损失。

一、相关文件规定

《最高人民法院关于浙江省医学科学院普康生物技术公司诉中国农业银行信托投资公司委托贷款合同纠纷一案的答复》（〔1997〕法函第103号函）

农行信托公司有协助委托人监管贷款的义务，当普康公司向其提示风险并要求采取措施时,农行信托公司不仅没有采取应急措施,反而向普康公司提供了担保人捷通公司虚假的资产平衡表,因此,农行信托公司对贷款损失应负主要责任;普康公司指定三联公司为借款人,对借款人的资信情况有失审查,对贷款损失亦负有一定责任。双方当事人具体可按6∶4的比例分别承担责任,即由农行信托公司承担60%的责任,普康公司承担40%的责任。如事实有变化,由该院自定。

二、相关裁判摘要

• **2018年第3期《中华人民共和国最高人民法院公报》**刊登的**"周伟均、周伟达诉王煦琼委托合同纠纷案"**判决对无偿委托合同中受托人因故意或重大过失给委托人造成损害时的赔偿责任进行了分析。相关裁判摘要如下:

合同法就委托合同法律关系规定:受托人应当按照委托人的指示处理委托事务。无偿委托合同,因受托人的故意或者重大过失给委托人造成损失的,委托人可以要求赔偿损失。本案中,上诉人王煦琼认可在出售控江路房屋时是应了债权人孙某某的要求,而未征询委托人周伟均、周伟达的意见。事实上王煦琼作为受托人在出售该房时也仅注重孙某某的债权实现,完全无视委托人周伟均、周伟达的利益,以超低价进行出售。虽然周伟均、周伟达签署了《委托书》和《委托书风险声明书》,但此也仅是赋予受托人行使权利的范围及表明委托人愿意承担一定的风险;并不能以此为据成为受托人可以有违法律规定、恣意实施严重侵害委托人财产利益的借口。因此,王煦琼作为委托合同的受托人,过错显见。周伟均、周伟达据此要求王煦琼承担相应的赔偿责任,有一定的依据与理由。即使在前已审结的房屋买卖合同案中,房屋买受人自愿补偿了周伟均、周伟达30万元,但并不因此而应当免除王煦琼的过错责任。

• **2012年第8期《中华人民共和国最高人民法院公报》**刊登的**"苏州阳光新地置业有限公司新地中心酒店诉苏州文化国际旅行社有限公司新区塔园路营业部、苏州文化国际旅行社有限公司委托合同纠纷案"**判决认为,旅游公司借用酒店的POS机刷卡并在酒店获得银行刷卡预付款项后与酒店结算,二者在款项的收取和结算上形成委托合同关系。在无偿委托合同中,受托人因重大过失造成委托人损害的应当承担赔偿责任。相关裁判摘要如下:

首先,在信用卡收款结算行为上,一审被告塔园路营业部借用被上诉人新地中心的POS机进行操作,与新地中心形成事实上的无偿委托合同关系。塔园路营业部在为国外客户订购机票提供服务的过程中,因自身没有向银行申请安装POS机,因此在信用卡收款时借用新地中心的POS机向银行申请付款。在本案境外发卡行遭国外客户拒付发生时,新地中心已经将塔园路营业部申请付款的21笔交易金额在扣除银行收取的手续费后支付给塔园路营业部,新地中心未对POS机的使用向塔园路营业部收取任何费用或者佣金,因此塔园路营业部委托新地中心代其向银行结算相关款项属于无偿委托关系。新地中心作为受托人,处理有关信用卡请求支付结算事项,其行为的法律后果归于委托人塔园路营业部。在受托人存在故意或重大过失给委托人造成损失时,受托人应承担赔偿损失的责任。

其次,被上诉人新地中心在受托完成POS机进行"无卡无密"方式请求支付操作时,未尽到谨慎义务和风险提示义务,存在重大过失。"无卡无密"的支付方式,与持卡通过卡槽刷卡的方式相比存在着更高的风险。新地中心与中行苏州分行签订的《中国银行股份有限公司与特约商户受理境外银行卡业务合作协议》,专门就特约商户接受境外银行卡应审查的事项、受理条件、不同方式付款时的操作流程进行了详细的规定,如该协议第二十条规定,特约商户在接受申请刷卡的境外信用卡时,必须核实银行卡完好无损,无任何形式涂改或更改;核实该银行卡面上相应之激光图及该激光图并没有破损或模糊;并要求在一般情况下使用受理银行卡电子设备完成受理交易。如若出现如通讯线路发生故障等情况下,特约商户进行手工压单操作时,必须通过电话向银行取得电话授权,银行机型记录;将境外银行卡在签购单上进行压印,并填写金额、日期等要素,而且要求取得持卡人签名,和此卡背面的签名进行核对一致后方可受理。协议还明确,特约商户在使用银行卡受理电子设备的条件下,应采用联机方式受理境外银行卡,不必持卡人出示身份证件;但若采取手工压单操作时对持卡人身份有怀疑、或对该交易有怀疑,或者是酒店类商户,则必须要求持卡人出示身份证件,并注明证件名称和号码。可见获得银行的境外信用卡的特约商户资格,意味着应掌握包括"无卡无密"在内的各种信用卡结算方式、操作流程和应审查事项,具备一定的专业知识和风险防范能力,且手工压单、无卡无密等操作方式就联机刷卡操作而言特约商户操作时要求了更严格的程序。境外信用卡结算业务不同于一般的委托事务,因涉及国际结算业务的复杂性和专业性,新地中心获得中行的特约商户结算资格是中行基于对其风险防控能力的信任;而新地中心在POS收款方面受到一审被告塔园路营业部委托,也是塔园路营业部基于对其长期进行境外信用卡交易的金融专业技能的信任。因此,新地中心对信用卡刷卡特别是无卡无密等非一般正常联机刷卡方式应当履行谨慎审核与风险提示的义务。本案中,国外客户伪冒卡进行交易的行为,非POS机进行"无卡无密"结算行为无法成就,而新地中心作为获得专业培训、掌握专业知识并常年进行POS机刷卡及信用卡支付的受托人,未对涉案的25笔交易的授权书、身份证明和签字进行谨慎审核,也未提示委托人塔园路营业部"无卡无密"支付方式存在的风险,因此在处理委托事务方面存在重大过失。因此,新地中心认为自身不存在过失而不应承担责任的主张,缺乏事实和法律依据。

第九百三十条 【委托人的赔偿责任】受托人处理委托事务时,因不可归责于自己的事由受到损失的,可以向委托人请求赔偿损失。

第九百三十一条 【重复委托时委托人的赔偿责任】委托人经受托人同意,可以在受托人之外委托第三人处理委托事务。因此造成受托人损失的,受托人可以向委托人请求赔偿损失。

第九百三十二条 【共同受托人的连带责任】两个以上的受托人共同处理委托事务的,对委托人承担连带责任。

第九百三十三条 【任意解除权】委托人或者受托人可以随时解除委托合同。因解除合同造成对方损失的,除不可归责于该当事人的事由外,无偿委托合同的解除方应当赔偿因解除时间不当造成的直接损失,有偿委托合同的解除方应当赔偿对方的直接损失和合同履行后可以获得的利益。

相关裁判摘要

- **2009年第12期《中华人民共和国最高人民法院公报》**刊登的"**上海市弘正律师事务所诉中国船舶及海洋工程设计研究院服务合同纠纷案**"的判决就终止委托的损害赔偿范围进行了分析。相关裁判摘要如下:

对于终止委托而言,《中华人民共和国合同法》第四百一十条规定了委托人或者受托人可以随时解除委托合同,因解除合同给对方造成损失的,除不可归责于该当事人的事由外,应当赔偿损失。该规定中的应赔偿损失应理解为实际损失,而《协议书》约定如船舶设计院单方终止协议的,须按约定律师代理费额补偿上诉人经济损失,该约定缺乏法律依据。

● **2006年第2期《中华人民共和国最高人民法院公报》**刊登的“**上海盘起贸易有限公司与盘起工业(大连)有限公司委托合同纠纷案**”中,最高人民法院(2005)民二终字第143号民事判决书对委托合同当事人行使任意解除权后的损害赔偿范围不包括可得利益损失进行了分析。相关裁判摘要如下:

《合同法》第四百一十条规定:“委托人或者受托人可以随时解除委托合同。因解除合同给对方造成损失的,除不可归责于该当事人的事由以外,应当赔偿损失。”大连盘起解除对上海盘起的委托合同关系,属于行使法定解除权,但该解除行为给上海盘起造成损失,大连盘起应当依法承担相应的赔偿责任。原审判决判令大连盘起向上海盘起赔偿因解除委托合同而造成的直接损失1,662,766.57元(原审判决表述为1,662,766.07元系笔误),是正确的,本院予以维持。

至于大连盘起是否还应向上海盘起赔偿可得利益损失问题。本院认为,虽当事人行使法定解除权亦应承担民事责任,但这种责任的性质、程度和后果不能等同于当事人故意违约应承担的违约责任。本案系因行使法定解除权而产生的民事责任。《合同法》第四百一十条规定当事人一方因解除委托合同给对方造成损失的,应当承担赔偿损失的民事责任。根据本案法律关系的性质和本案的实际情况,不宜对“赔偿损失”作扩大解释。原审判决驳回上海盘起要求大连盘起承担可得利益损失民事责任的诉请,并无不当,本院予以维持。

第九百三十四条　【委托合同终止的情形】委托人死亡、终止或者受托人死亡、丧失民事行为能力、终止的,委托合同终止;但是,当事人另有约定或者根据委托事务的性质不宜终止的除外。

第九百三十五条　【特殊情形中受托人继续处理委托事务的义务】因委托人死亡或者被宣告破产、解散,致使委托合同终止将损害委托人利益的,在委托人的继承人、遗产管理人或者清算人承受委托事务之前,受托人应当继续处理委托事务。

第九百三十六条　【受托人死亡后其继承人等负有的义务】因受托人死亡、丧失民事行为能力或者被宣告破产、解散,致使委托合同终止的,受托人的继承人、遗产管理人、法定代理人或者清算人应当及时通知委托人。因委托合同终止将损害委托人利益的,在委托人作出善后处理之前,受托人的继承人、遗产管理人、法定代理人或者清算人应当采取必要措施。

第二十四章　物业服务合同

第九百三十七条　【物业服务合同与物业服务人的定义】物业服务合同是物业服务人在物业服务区域内,为业主提供建筑物及其附属设施的维修养护、环境卫生和相关秩序的管理维护等物业服务,业主支付物业费的合同。

物业服务人包括物业服务企业和其他管理人。

一、相关法律条文

《中华人民共和国民法典》(2021年1月1日起施行)

第二百八十四条　业主可以自行管理建筑物及其附属设施,也可以委托物业服务企业或者其他管理人管理。

对建设单位聘请的物业服务企业或者其他管理人,业主有权依法更换。

第二百八十五条　物业服务企业或者其他管理人根据业主的委托,依照本法第三编有关物业服务合同的规定管理建筑区划内的建筑物及其附属设施,接受业主的监督,并及时答复业主对物业服务情况提出的询问。

物业服务企业或者其他管理人应当执行政府依法实施的应急处置措施和其他管理措施,积极配合开展相关工作。

二、相关行政法规

《物业管理条例》(2018年3月19日修订)

第二条　本条例所称物业管理,是指业主通过选聘物业服务企业,由业主和物业服务企业按照物业服务合同约定，对房屋及配套的设施设备和相关场地进行维修、养护、管理，维护物业管理区域内的环境卫生和相关秩序的活动。

第三十二条　从事物业管理活动的企业应当具有独立的法人资格。

国务院建设行政主管部门应当会同有关部门建立守信联合激励和失信联合惩戒机制，加强行业诚信管理。

第三十三条　一个物业管理区域由一个物业服务企业实施物业管理。

第九百三十八条　【物业服务合同的内容与形式】物业服务合同的内容一般包括服务事项、服务质量、服务费用的标准和收取办法、维修资金的使用、服务用房的管理和使用、服务期限、服务交接等条款。

物业服务人公开作出的有利于业主的服务承诺，为物业服务合同的组成部分。

物业服务合同应当采用书面形式。

相关行政法规

《物业管理条例》(2018年3月19日修订)

第二十五条　建设单位与物业买受人签订的买卖合同应当包含前期物业服务合同约定的内容。

第二十六条　前期物业服务合同可以约定期限；但是，期限未满、业主委员会与物业服务企业签订的物业服务合同生效的，前期物业服务合同终止。

第三十四条　业主委员会应当与业主大会选聘的物业服务企业订立书面的物业服务合同。

物业服务合同应当对物业管理事项、服务质量、服务费用、双方的权利义务、专项维修资金的管理与使用、物业管理用房、合同期限、违约责任等内容进行约定。

第九百三十九条　【前期物业服务合同及物业服务合同对业主的约束力】建设单位依法与物业服务人订立的前期物业服务合同，以及业主委员会与业主大会依法选聘的物业服务人订立的物业服务合同，对业主具有法律约束力。

一、相关法律条文

《中华人民共和国民法典》(2021年1月1日起施行)

第二百七十八条　下列事项由业主共同决定:

(一)制定和修改业主大会议事规则;

(二)制定和修改管理规约;

(三)选举业主委员会或者更换业主委员会成员;

(四)选聘和解聘物业服务企业或者其他管理人;

(五)使用建筑物及其附属设施的维修资金;

(六)筹集建筑物及其附属设施的维修资金;

(七)改建、重建建筑物及其附属设施;

(八)改变共有部分的用途或者利用共有部分从事经营活动;

(九)有关共有和共同管理权利的其他重大事项。

业主共同决定事项,应当由专有部分面积占比三分之二以上的业主且人数占比三分之二以上的业主参与表决。决定前款第六项至第八项规定的事项,应当经参与表决专有部分面积四分之三以上的业主且参与表决人数四分之三以上的业主同意。决定前款其他事项,应当经参与表决专有部分面积过半数的业主且参与表决人数过半数的业主同意。

二、相关行政法规

《物业管理条例》(2018年3月19日修订)

第二十五条　建设单位与物业买受人签订的买卖合同应当包含前期物业服务合同约定的内容。

三、相关文件规定

《前期物业管理招标投标管理暂行办法》(建住房〔2003〕130号)

第二条　前期物业管理,是指在业主、业主大会选聘物业管理企业之前,由建设单位选聘物业管理企业实施的物业管理。

建设单位通过招投标的方式选聘具有相应资质的物业管理企业和行政主管部门对物业管理招投标活动实施监督管理,适用本办法。

第三条　住宅及同一物业管理区域内非住宅的建设单位,应当通过招投标的方式选聘具有相应资质的物业管理企业;投标人少于3个或者住宅规模较小的,经物业所在地的区、县人民政府房地产行政主管部门批准,可以采用协议方式选聘具有相应资质的物业管理企业。

国家提倡其他物业的建设单位通过招投标的方式，选聘具有相应资质的物业管理企业。

第四条　前期物业管理招标投标应当遵循公开、公平、公正和诚实信用的原则。

第五条　国务院建设行政主管部门负责全国物业管理招标投标活动的监督管理。

省、自治区人民政府建设行政主管部门负责本行政区域内物业管理招标投标活动的监督管理。

直辖市、市、县人民政府房地产行政主管部门负责本行政区域内物业管理招标投标活动的监督管理。

第六条　任何单位和个人不得违反法律、行政法规规定，限制或者排斥具备投标资格的物业管理企业参加投标，不得以任何方式非法干涉物业管理招标投标活动。

第七条　本办法所称招标人是指依法进行前期物业管理招标的物业建设单位。

前期物业管理招标由招标人依法组织实施。招标人不得以不合理条件限制或者排斥潜在投标人，不得对潜在投标人实行歧视待遇，不得对潜在投标人提出与招标物业管理项目实际要求不符的过高的资格等要求。

第八条　前期物业管理招标分为公开招标和邀请招标。

招标人采取公开招标方式的，应当在公共媒介上发布招标公告，并同时在中国住宅与房地产信息网和中国物业管理协会网上发布免费招标公告。

招标公告应当载明招标人的名称和地址，招标项目的基本情况以及获取招标文件的办法等事项。

招标人采取邀请招标方式的，应当向3个以上物业管理企业发出投标邀请书，投标邀请书应当包含前款规定的事项。

第九条　招标人可以委托招标代理机构办理招标事宜；有能力组织和实施招标活动的，也可以自行组织实施招标活动。

物业管理招标代理机构应当在招标人委托的范围内办理招标事宜，并遵守本办法对招标人的有关规定。

第十条　招标人应当根据物业管理项目的特点和需要，在招标前完成招标文件的编制。

招标文件应包括以下内容：

（一）招标人及招标项目简介，包括招标人名称、地址、联系方式、项目基本情况、物业管理用房的配备情况等；

（二）物业管理服务内容及要求，包括服务内容、服务标准等；

（三）对投标人及投标书的要求，包括投标人的资格、投标书的格式、主要内容等；

（四）评标标准和评标方法；

（五）招标活动方案，包括招标组织机构、开标时间及地点等；

（六）物业服务合同的签订说明；

（七）其他事项的说明及法律法规规定的其他内容。

第十一条 招标人应当在发布招标公告或者发出投标邀请书的10日前，提交以下材料报物业项目所在地的县级以上地方人民政府房地产行政主管部门备案：

（一）与物业管理有关的物业项目开发建设的政府批件；

（二）招标公告或者招标邀请书；

（三）招标文件；

（四）法律、法规规定的其他材料。

房地产行政主管部门发现招标有违反法律、法规规定的，应当及时责令招标人改正。

第十二条 公开招标的招标人可以根据招标文件的规定，对投标申请人进行资格预审。

实行投标资格预审的物业管理项目，招标人应当在招标公告或者投标邀请书中载明资格预审的条件和获取资格预审文件的办法。

资格预审文件一般应当包括资格预审申请书格式、申请人须知，以及需要投标申请人提供的企业资格文件、业绩、技术装备、财务状况和拟派出的项目负责人与主要管理人员的简历、业绩等证明材料。

第十三条 经资格预审后，公开招标的招标人应当向资格预审合格的投标申请人发出资格预审合格通知书，告知获取招标文件的时间、地点和方法，并同时向资格不合格的投标申请人告知资格预审结果。

在资格预审合格的投标申请人过多时，可以由招标人从中选择不少于5家资格预审合格的投标申请人。

第十四条 招标人应当确定投标人编制投标文件所需要的合理时间。公开招标的物业管理项目，自招标文件发出之日起至投标人提交投标文件截止之日止，最短不得少于20日。

第十五条 招标人对已发出的招标文件进行必要的澄清或者修改的，应当在招标文件要求提交投标文件截止时间至少15日前，以书面形式通知所有的招标文件收受人。该澄清或者修改的内容为招标文件的组成部分。

第十六条 招标人根据物业管理项目的具体情况，可以组织潜在的投标申请人踏勘物业项目现场，并提供隐蔽工程图纸等详细资料。对投标申请人提出的疑问应当予以澄清并以书面形式发送给所有的招标文件收受人。

第十七条 招标人不得向他人透露已获取招标文件的潜在投标人的名称、数量以及可能影响公平竞争的有关招标投标的其他情况。

招标人设有标底的，标底必须保密。

第十八条 在确定中标人前，招标人不得与投标人就投标价格、投标方案等实质内容进行谈判。

第十九条 通过招标投标方式选择物业管理企业的，招标人应当按照以下规定时限完成物业管理招标投标工作：

（一）新建现售商品房项目应当在现售前30日完成；

（二）预售商品房项目应当在取得《商品房预售许可证》之前完成；

（三）非出售的新建物业项目应当在交付使用前90日完成。

第二十条 本办法所称投标人是指响应前期物业管理招标、参与投标竞争的物业管理企业。

投标人应当具有相应的物业管理企业资质和招标文件要求的其他条件。

第二十一条 投标人对招标文件有疑问需要澄清的，应当以书面形式向招标人提出。

第二十二条 投标人应当按照招标文件的内容和要求编制投标文件，投标文件应当对招标文件提出的实质性要求和条件作出响应。

投标文件应当包括以下内容：

（一）投标函；

（二）投标报价；

（三）物业管理方案；

（四）招标文件要求提供的其他材料。

第二十三条 投标人应当在招标文件要求提交投标文件的截止时间前，将投标文件密封送达投标地点。招标人收到投标文件后，应当向投标人出具标明签收人和签收时间的凭证,并妥善保存投标文件。在开标前,任何单位和个人均不得开启投标文件。在招标文件要求提交投标文件的截止时间后送达的投标文件,为无效的投标文件,招标人应当拒收。

第二十四条 投标人在招标文件要求提交投标文件的截止时间前,可以补充、修改或者撤回已提交的投标文件,并书面通知招标人。补充、修改的内容为投标文件的组成部分,并应当按照本办法第二十三条的规定送达、签收和保管。在招标文件要求提交投标文件的截止时间后送达的补充或者修改的内容无效。

第二十五条 投标人不得以他人名义投标或者以其他方式弄虚作假,骗取中标。

投标人不得相互串通投标,不得排挤其他投标人的公平竞争,不得损害招标人或者其他投标人的合法权益。

投标人不得与招标人串通投标,损害国家利益、社会公共利益或者他人的合法权益。

禁止投标人以向招标人或者评标委员会成员行贿等不正当手段谋取中标。

第二十六条 开标应当在招标文件确定的提交投标文件截止时间的同一时间公开进行;开标地点应当为招标文件中预先确定的地点。

第二十七条 开标由招标人主持,邀请所有投标人参加。开标应当按照下列规定进行:

由投标人或者其推选的代表检查投标文件的密封情况,也可以由招标人委托的公证机构进行检查并公证。经确认无误后,由工作人员当众拆封,宣读投标人名称、投标价格和投标文件的其他主要内容。

招标人在招标文件要求提交投标文件的截止时间前收到的所有投标文件,开标时都应当当众予以拆封。

开标过程应当记录,并由招标人存档备查。

第二十八条 评标由招标人依法组建的评标委员会负责。

评标委员会由招标人代表和物业管理方面的专家组成,成员为5人以上单数,其中招标人代表以外的物业管理方面的专家不得少于成员总数的三分之二。

评标委员会的专家成员,应当由招标人从房地产行政主管部门建立的专家名册中采取随机抽取的方式确定。

与投标人有利害关系的人不得进入相关项目的评标委员会。

第二十九条 房地产行政主管部门应当建立评标的专家名册。省、自治区、直辖市人民政府房地产行政主管部门可以将专家数量少的城市的专家名册予以合并或者实行专家名册计算机联网。

房地产行政主管部门应当对进入专家名册的专家进行有关法律和业务培训,对其评标能力、廉洁公正等进行综合考评,及时取消不称职或者违法违规人员的评标专家资格。被取消评标专家资格的人员,不得再参加任何评标活动。

第三十条 评标委员会成员应当认真、公正、诚实、廉洁地履行职责。

评标委员会成员不得与任何投标人或者与招标结果有利害关系的人进行私下接触,不得收受投标人、中介人、其他利害关系人的财物或者其他好处。

评标委员会成员和与评标活动有关的工作人员不得透露对投标文件的评审和比较、中标候选人的推荐情况以及与评标有关的其他情况。

前款所称与评标活动有关的工作人员,是指评标委员会成员以外的因参与评标监督工作或者事务性工作而知悉有关评标情况的所有人员。

第三十一条 评标委员会可以用书面形式要求投标人对投标文件中含义不明确的内容作必要的澄清或者说明。投标人应当采用书面形式进行澄清或者说明,其澄清或者说明不得超出投标文件的范围或者改变投标文件的实质性内容。

第三十二条 在评标过程中召开现场答辩会的,应当事先在招标文件中说明,并注明所占的评分比重。

评标委员会应当按照招标文件的评标要求,根据标书评分、现场答辩等情况进行综合评标。

除了现场答辩部分外,评标应当在保密的情况下进行。

第三十三条 评标委员会应当按照招标文件确定的评标标准和方法,对投标文件进行评审和比较,并对评标结果签字确认。

第三十四条 评标委员会经评审,认为所有投标文件都不符合招标文件要求的,可以否决所有投标。

依法必须进行招标的物业管理项目的所有投标被否决的,招标人应当重新招标。

第三十五条 评标委员会完成评标后，应当向招标人提出书面评标报告，阐明评标委员会对各投标文件的评审和比较意见，并按照招标文件规定的评标标准和评标方法，推荐不超过3名有排序的合格的中标候选人。

招标人应当按照中标候选人的排序确定中标人。当确定中标的中标候选人放弃中标或者因不可抗力提出不能履行合同的，招标人可以依序确定其他中标候选人为中标人。

第三十六条 招标人应当在投标有效期截止时限30日前确定中标人。投标有效期应当在招标文件中载明。

第三十七条 招标人应当向中标人发出中标通知书，同时将中标结果通知所有未中标的投标人，并应当返还其投标书。

招标人应当自确定中标人之日起15日内，向物业项目所在地的县级以上地方人民政府房地产行政主管部门备案。备案资料应当包括开标评标过程、确定中标人的方式及理由、评标委员会的评标报告、中标人的投标文件等资料。委托代理招标的，还应当附招标代理委托合同。

第三十八条 招标人和中标人应当自中标通知书发出之日起30日内，按照招标文件和中标人的投标文件订立书面合同；招标人和中标人不得再行订立背离合同实质性内容的其他协议。

第三十九条 招标人无正当理由不与中标人签订合同，给中标人造成损失的，招标人应当给予赔偿。

第四十条 投标人和其他利害关系人认为招标投标活动不符合本办法有关规定的，有权向招标人提出异议，或者依法向有关部门投诉。

第四十一条 招标文件或者投标文件使用两种以上语言文字的，必须有一种是中文；如对不同文本的解释发生异议的，以中文文本为准。用文字表示的数额与数字表示的金额不一致的，以文字表示的金额为准。

第四十二条 本办法第三条规定住宅规模较小的，经物业所在地的区、县人民政府房地产行政主管部门批准，可以采用协议方式选聘物业管理企业的，其规模标准由省、自治区、直辖市人民政府房地产行政主管部门确定。

第四十三条 业主和业主大会通过招投标的方式选聘具有相应资质的物业管理企业的，参照本办法执行。

第九百四十条　【前期物业服务合同的终止】建设单位依法与物业服务人订立的前期物业服务合同约定的服务期限届满前,业主委员会或者业主与新物业服务人订立的物业服务合同生效的,前期物业服务合同终止。

相关行政法规

《物业管理条例》(2018 年 3 月 19 日修订)

第二十六条　前期物业服务合同可以约定期限;但是,期限未满、业主委员会与物业服务企业签订的物业服务合同生效的,前期物业服务合同终止。

第九百四十一条　【物业服务转委托的条件与限制】物业服务人将物业服务区域内的部分专项服务事项委托给专业性服务组织或者其他第三人的,应当就该部分专项服务事项向业主负责。

物业服务人不得将其应当提供的全部物业服务转委托给第三人,或者将全部物业服务支解后分别转委托给第三人。

相关行政法规

《物业管理条例》(2018 年 3 月 19 日修订)

第三十九条　物业服务企业可以将物业管理区域内的专项服务业务委托给专业性服务企业,但不得将该区域内的全部物业管理一并委托给他人。

第五十九条　违反本条例的规定,物业服务企业将一个物业管理区域内的全部物业管理一并委托给他人的,由县级以上地方人民政府房地产行政主管部门责令限期改正,处委托合同价款 30% 以上 50% 以下的罚款。委托所得收益,用于物业管理区域内物业共用部位、共用设施设备的维修、养护,剩余部分按照业主大会的决定使用;给业主造成损失的,依法承担赔偿责任。

第九百四十二条　【物业服务人的主要义务】物业服务人应当按照约定和物业的使用性质,妥善维修、养护、清洁、绿化和经营管理物业服务区域内的业主共有部分,维护物业服务区域内的基本秩序,采取合理措施保护业主的人身、财产安全。

对物业服务区域内违反有关治安、环保、消防等法律法规的行为，物业服务人应当及时采取合理措施制止、向有关行政主管部门报告并协助处理。

一、相关法律条文

《中华人民共和国民法典》(2021年1月1日起施行)

第二百八十五条 物业服务企业或者其他管理人根据业主的委托，依照本法第三编有关物业服务合同的规定管理建筑区划内的建筑物及其附属设施，接受业主的监督，并及时答复业主对物业服务情况提出的询问。

物业服务企业或者其他管理人应当执行政府依法实施的应急处置措施和其他管理措施，积极配合开展相关工作。

二、相关行政法规

《物业管理条例》(2018年3月19日修订)

第三十五条 物业服务企业应当按照物业服务合同的约定，提供相应的服务。

物业服务企业未能履行物业服务合同的约定，导致业主人身、财产安全受到损害的，应当依法承担相应的法律责任。

第四十五条 对物业管理区域内违反有关治安、环保、物业装饰装修和使用等方面法律、法规规定的行为，物业服务企业应当制止，并及时向有关行政管理部门报告。

有关行政管理部门在接到物业服务企业的报告后，应当依法对违法行为予以制止或者依法处理。

第四十六条 物业服务企业应当协助做好物业管理区域内的安全防范工作。发生安全事故时，物业服务企业在采取应急措施的同时，应当及时向有关行政管理部门报告，协助做好救助工作。

物业服务企业雇请保安人员的，应当遵守国家有关规定。保安人员在维护物业管理区域内的公共秩序时，应当履行职责，不得侵害公民的合法权益。

第五十五条 物业存在安全隐患，危及公共利益及他人合法权益时，责任人应当及时维修养护，有关业主应当给予配合。

责任人不履行维修养护义务的，经业主大会同意，可以由物业服务企业维修养护，费用由责任人承担。

三、相关裁判摘要

• **2019年第5期《中华人民共和国最高人民法院公报》**刊登的"**赵淑华与沈阳皇朝万鑫酒店管理有限公司、沈阳中一万鑫物业管理有限公司财产损害赔偿纠纷案**"中，最高人民法院（2018）最高法民再206号民事判决书对于物业服务企业未依法或依约履行安全防范义务是否需要承担以及如何承担民事责任进行了分析。相关裁判摘要如下：

（二）中一公司应承担侵权责任

2007年8月26日，国务院修订的《物业管理条例》第四十六条第一款规定，"对物业管理区域内违反有关治安、环保、物业装饰装修和使用等方面法律、法规规定的行为，物业服务企业应当制止，并及时向有关行政管理部门报告。"第四十七条第一款规定："物业服务企业应当协助做好物业管理区域内的安全防范工作。发生安全事故时，物业服务企业在采取应急措施的同时，应当及时向有关行政管理部门报告，协助做好救助工作。"具有物业服务合同性质的《皇朝万鑫国际大厦（公寓）业主临时公约》第二十一条约定，当万鑫大厦物业存在安全隐患，危及公共利益或其他业主合法权益时，中一公司应当及时采取措施消除隐患。可见，业主人身、财产安全得到基本保障应为业主签订物业服务合同的合同目的之一。据此，物业服务企业依照上述法规规定和物业服务合同在物业管理区域内负有做好相应的安全防范工作的义务，对可能危及业主、住店房客等相关特定或者不特定人员的人身、财产安全的事故或隐患应协助做好防范、制止或救助工作。本案中，中一公司未履行法定或约定的安全防范义务。第一，中一公司未尽到谨慎注意义务。在接受本院询问时，中一公司认可其作为万鑫大厦前期物业服务企业，万鑫公司将万鑫大厦竣工验收手续移交至中一公司时开始履行物业服务职责，中一公司对万鑫大厦外墙保温建筑材料为可燃物、不具备防火性能的情况是明知的。中一公司明知万鑫大厦存在消防安全隐患，其在履行物业安全防范职责时应当更加细致、认真，但其在主观上未尽到专业管理人的谨慎注意义务。第二，中一公司对案外人燃放烟花的危险行为具有防控能力。李欣失火案刑事判决依据《火灾现场勘验笔录》记载内容认定，案外人燃放组合烟花的位置为万鑫大厦B座室外南侧停车场西南角处（与B座南墙距离10.8米，与西南墙角距离16米有一处烟花残骸，该处残骸东侧2.2米处还有另一处残骸）。可以认定，案涉烟花燃放处位于万鑫大厦南侧的停车场内，紧邻万鑫大厦南侧LED

大屏幕及高层平台，上述燃放烟花及火灾地点属于中一公司监控或巡逻可视范围，但中一公司未采取适当措施发现火情、防范灾害。中一公司辩称，上述地点不属于物业管理范围，其提交的业主入住文件对物业管理范围约定不明，中一公司接受本院询问时认可案涉室外停车场中有部分区域由其管理。本院认为，在物业服务合同对物业服务区域约定不明、万鑫大厦未封闭使用的情形下，依照《中华人民共和国合同法》第六十一条、第六十二条规定，物业服务区域范围以能够实现订立物业服务合同目的即以保障业主人身、财产安全的合理区域范围为准。据此，现有证据不能排除案涉烟花燃放地不属于中一公司物业管理范围。第三，中一公司怠于履行春节期间物业安保的特别注意职责。除夕夜燃放烟花爆竹是我国传统民俗，中一公司未提供证据证明其在此火灾高发时点采取了能够有效预防火灾发生、排除事故隐患的消防措施，如加强巡逻、适时监控、备足灭火器材等，对万鑫大厦住店客人在万鑫大厦周边近距离燃放烟花的情况未予发现。此外，依据现有证据不能认定案涉房屋内的喷淋系统在火灾发生时正常运行，万鑫公司与中一公司关于消防设施设备的管理与维护职责分工界限不明，亦应推定中一公司对消防设施维护负有管理职责。综上，考虑到中一公司火灾发生在万鑫大厦室外停车场、万鑫大厦周边属于开放式街区，物业自有区域与市政公共区域并未明显界分，且中一公司未能适当履行物业安全防范职责与火灾发生间存在关联关系。据此，中一公司应承担相应的侵权赔偿民事责任。中一公司辩称案外人燃放烟花的地点不属于中一公司物业管理范围，故不应承担责任的抗辩理由，不能成立。

本案中，较万鑫公司及中一公司而言，赵淑华对火灾的发生并无过错。一、二审判决认定万鑫公司、中一公司不承担侵权赔偿责任，意味着由无过错的受害人自行承担因他人过失引发火灾造成的财产损失，有违侵权过错原则，原判决实体处理失衡，本院予以纠正。

二、中一公司、万鑫公司的责任应如何认定

生效刑事判决和案涉火灾事故认定书认定，案外人燃放烟花构成失火罪，系造成万鑫大厦火灾的主要原因。万鑫公司铺设易燃物品引燃外墙建筑材料，进而形成立体燃烧，导致火势扩大、蔓延是损失发生的过程。即，本案的火灾是多因一果的结果，侵权行为、致害原因前后接继而非叠加。案涉各方对火灾的发生均有重大过失，但均非故意追求损害后果，万鑫公司过错亦不足以造成全部损失，不应对受害人全部损失承担赔偿责任,万鑫公司毕竟并非主动积极的行为致赵淑华权益受损,亦不应承担主要责任。中一公司在物业安全防范方面没有尽责,存在管理疏漏,具有过错,但其行为并未直接导致火灾发生。因万鑫公司等侵权导致赵淑华的民事权益受损,由万鑫公司等首先承担赔偿责任,中一公司应当在其预见和能够防范的范围内承担相应的补充责任。

综上,案涉侵权各方没有共同故意或者共同过失,而是各方在不同时期的数个行为密切结合致使火灾发生,进而造成赵淑华的损失。《侵权责任法》第十二条规定,二人以上分别实施侵权行为造成同一损害,能够确定责任大小的,各自承担相应的责任,故本院酌定万鑫公司对赵淑华的损失承担40%的赔偿责任,中一公司在赵淑华全部损失不超过30%的范围内承担补充责任。

• **2017年第3期《中华人民共和国最高人民法院公报》**刊登的"**汤某1诉连云港光鼎置业有限公司、灌南县开源物业管理有限公司人身损害赔偿纠纷案**"判决对物业公司的安全保障义务进行了分析。相关裁判摘要如下:

侵害公民身体造成伤害的,应当承担赔偿责任。原告汤某1被南大院小区损坏的健身器材致伤,被告光鼎公司虽系该小区建设单位,但已与被告开源公司就小区物业设施完成交接查验手续,事发前健身器材完好无损可正常使用,其对原告损害发生并无过错,故不应承担赔偿责任;开源公司作为南大院小区的物业管理企业,对物业设施负有维护和管理义务,其未及时对健身设备进行检查、维修,导致健身器材存在一定的安全隐患,致使原告在玩耍时被建设器材夹伤手指,开源公司对此负有过错,现原告请求开源公司承担赔偿责任,法院予以支持。监护人周某带领三周岁的原告到南大院小区,放任原告独自进入健身场地,未尽到监护职责,对原告受伤负有重大过错。依据原告监护人周某和开源公司的过错程度,法院确认开源公司对原告受伤承担30%的赔偿责任。

• **2013年第5期《中华人民共和国最高人民法院公报》**刊登的"**陈书豪与南京武宁房地产开发有限公司、南京青和物业管理有限公司财产损害赔偿纠纷案**"判决就物业服务企业未尽对小区共有部分的保养、维护义务而造成业主损害的赔偿责任进行了分析。相关裁判摘要如下:

物业服务企业对小区共有部分负有保养、维护义务,对于可能对业主财产造成损害的小区共用部分的安全隐患,应当及时消除,否则致业主财产损害后,物业服务企业应承担违约责任,对业主的损失进行赔偿。即便该安全隐患是第三人造成,也不能免除物业服务企业的违约责任,因第三人侵权致小区共用部分对业主财产造成损害的,物业服务企业可以负责的情形是物业服务企业已履行了保养维护义务,而第三人侵权是不可预见、不可避免的。

价值较大的财物在受损后,虽经修复,但与原物相比,不仅在客观价值上可能降低,而且在人们心理上价值降低,这就是价值贬损,按照违约责任理论,承担违约责任的方式首先是恢复原状,而恢复原状肯定要求赔偿财物的价值贬损。

房地产开发企业作为商品房的出卖人,在出售房屋、转移房屋所有权,并且商品房小区已经封园后,在所售房屋及共用部分没有质量瑕疵的情形下,对于小区业主的义务已经履行完毕,不需要承担责任。

● **2007 年第 9 期《中华人民共和国最高人民法院公报》**刊登的“**青岛中南物业管理有限公司南京分公司诉徐献太、陆素侠物业管理合同纠纷案**”对物业服务企业负有制止业主违法行为的义务进行了分析。相关裁判摘要如下:

根据本案事实,原告中南物业南京公司受常锦公司委托对麒麟锦城小区进行前期物业管理。被告徐献太、陆素侠购买麒麟锦城小区房屋后,于 2005 年 10 月 1 日办理了房屋交付手续,并于当日签署了《中南麒麟锦城业主公约》,并与中南物业南京公司签订了《中南麒麟锦城物业管理服务协议》。因此,徐献太、陆素侠与中南物业南京公司之间建立了物业管理服务合同关系。中南物业南京公司作为提供物业管理服务的合同一方当事人,有义务依约进行物业管理,要求业主遵守业主公约及小区物业管理规定,有权对于违反业主公约及物业管理规定的行为加以纠正,以维护小区正常的物业管理秩序,维护小区全体业主的共同利益。当业主不按照整改要求纠正违反业主公约和物业管理规定的行为时,中南物业南京公司作为合同一方当事人,有权依法提起诉讼。

第九百四十三条 【物业服务人关于重要事项的公开及报告义务】 物业服务人应当定期将服务的事项、负责人员、质量要求、收费项目、收费标准、履行情况,以及维修资金使用情况、业主共有部分的经营与收益情况等以合理方式向业主公开并向业主大会、业主委员会报告。

相关法律条文

《中华人民共和国民法典》(2021年1月1日起施行)

第二百八十一条　建筑物及其附属设施的维修资金，属于业主共有。经业主共同决定，可以用于电梯、屋顶、外墙、无障碍设施等共有部分的维修、更新和改造。建筑物及其附属设施的维修资金的筹集、使用情况应当定期公布。

紧急情况下需要维修建筑物及其附属设施的，业主大会或者业主委员会可以依法申请使用建筑物及其附属设施的维修资金。

第二百八十二条　建设单位、物业服务企业或者其他管理人等利用业主的共有部分产生的收入，在扣除合理成本之后，属于业主共有。

第二百八十五条　物业服务企业或者其他管理人根据业主的委托，依照本法第三编有关物业服务合同的规定管理建筑区划内的建筑物及其附属设施，接受业主的监督，并及时答复业主对物业服务情况提出的询问。

物业服务企业或者其他管理人应当执行政府依法实施的应急处置措施和其他管理措施，积极配合开展相关工作。

第九百四十四条　【业主支付物业费的义务】业主应当按照约定向物业服务人支付物业费。物业服务人已经按照约定和有关规定提供服务的，业主不得以未接受或者无需接受相关物业服务为由拒绝支付物业费。

业主违反约定逾期不支付物业费的，物业服务人可以催告其在合理期限内支付；合理期限届满仍不支付的，物业服务人可以提起诉讼或者申请仲裁。

物业服务人不得采取停止供电、供水、供热、供燃气等方式催交物业费。

一、相关行政法规

《物业管理条例》(2018年3月19日修订)

第四十条　物业服务收费应当遵循合理、公开以及费用与服务水平相适应的原则，区别不同物业的性质和特点，由业主和物业服务企业按照国务院价格主管部门会同国务院建设行政主管部门制定的物业服务收费办法，在物业服务合同中约定。

第四十一条 业主应当根据物业服务合同的约定交纳物业服务费用。业主与物业使用人约定由物业使用人交纳物业服务费用的，从其约定，业主负连带交纳责任。

已竣工但尚未出售或者尚未交给物业买受人的物业，物业服务费用由建设单位交纳。

第四十二条 县级以上人民政府价格主管部门会同同级房地产行政主管部门，应当加强对物业服务收费的监督。

第四十三条 物业服务企业可以根据业主的委托提供物业服务合同约定以外的服务项目，服务报酬由双方约定。

第四十四条 物业管理区域内，供水、供电、供气、供热、通信、有线电视等单位应当向最终用户收取有关费用。

物业服务企业接受委托代收前款费用的，不得向业主收取手续费等额外费用。

第四十七条 物业使用人在物业管理活动中的权利义务由业主和物业使用人约定，但不得违反法律、法规和管理规约的有关规定。

物业使用人违反本条例和管理规约的规定，有关业主应当承担连带责任。

二、相关司法解释规定

《最高人民法院关于审理物业服务纠纷案件具体应用法律若干问题的解释》(法释〔2009〕8号)(2020年12月23日修正)

第二条 物业服务人违反物业服务合同约定或者法律、法规、部门规章规定，擅自扩大收费范围、提高收费标准或者重复收费，业主以违规收费为由提出抗辩的，人民法院应予支持。

业主请求物业服务人退还其已经收取的违规费用的，人民法院应予支持。

第三条 物业服务合同的权利义务终止后，业主请求物业服务人退还已经预收，但尚未提供物业服务期间的物业费的，人民法院应予支持。

第九百四十五条 【业主的告知、协助义务】 业主装饰装修房屋的，应当事先告知物业服务人，遵守物业服务人提示的合理注意事项,并配合其进行必要的现场检查。

业主转让、出租物业专有部分、设立居住权或者依法改变共有部分用途的,应当及时将相关情况告知物业服务人。

一、相关行政法规

《物业管理条例》(2018年3月19日修订)

第五十二条 业主需要装饰装修房屋的,应当事先告知物业服务企业。

物业服务企业应当将房屋装饰装修中的禁止行为和注意事项告知业主。

二、相关部门规章

《住宅室内装饰装修管理办法》(2010年12月31日修正)

第二条 在城市从事住宅室内装饰装修活动,实施对住宅室内装饰装修活动的监督管理,应当遵守本办法。

本办法所称住宅室内装饰装修,是指住宅竣工验收合格后,业主或者住宅使用人(以下简称装修人)对住宅室内进行装饰装修的建筑活动。

第三条 住宅室内装饰装修应当保证工程质量和安全,符合工程建设强制性标准。

第五条 住宅室内装饰装修活动,禁止下列行为:

(一)未经原设计单位或者具有相应资质等级的设计单位提出设计方案,变动建筑主体和承重结构;

(二)将没有防水要求的房间或者阳台改为卫生间、厨房间;

(三)扩大承重墙上原有的门窗尺寸,拆除连接阳台的砖、混凝土墙体;

(四)损坏房屋原有节能设施,降低节能效果;

(五)其他影响建筑结构和使用安全的行为。

本办法所称建筑主体,是指建筑实体的结构构造,包括屋盖、楼盖、梁、柱、支撑、墙体、连接接点和基础等。

本办法所称承重结构,是指直接将本身自重与各种外加作用力系统地传递给基础地基的主要结构构件和其连接接点,包括承重墙体、立杆、柱、框架柱、支墩、楼板、梁、屋架、悬索等。

第六条 装修人从事住宅室内装饰装修活动,未经批准,不得有下列行为:

（一）搭建建筑物、构筑物；

（二）改变住宅外立面，在非承重外墙上开门、窗；

（三）拆改供暖管道和设施；

（四）拆改燃气管道和设施。

本条所列第（一）项、第（二）项行为，应当经城市规划行政主管部门批准；第（三）项行为，应当经供暖管理单位批准；第（四）项行为应当经燃气管理单位批准。

第七条 住宅室内装饰装修超过设计标准或者规范增加楼面荷载的，应当经原设计单位或者具有相应资质等级的设计单位提出设计方案。

第八条 改动卫生间、厨房间防水层的，应当按照防水标准制定施工方案，并做闭水试验。

第九条 装修人经原设计单位或者具有相应资质等级的设计单位提出设计方案变动建筑主体和承重结构的，或者装修活动涉及本办法第六条、第七条、第八条内容的，必须委托具有相应资质的装饰装修企业承担。

第十条 装饰装修企业必须按照工程建设强制性标准和其他技术标准施工，不得偷工减料，确保装饰装修工程质量。

第十一条 装饰装修企业从事住宅室内装饰装修活动，应当遵守施工安全操作规程，按照规定采取必要的安全防护和消防措施，不得擅自动用明火和进行焊接作业，保证作业人员和周围住房及财产的安全。

第十二条 装修人和装饰装修企业从事住宅室内装饰装修活动，不得侵占公共空间，不得损害公共部位和设施。

第十三条 装修人在住宅室内装饰装修工程开工前，应当向物业管理企业或者房屋管理机构（以下简称物业管理单位）申报登记。

非业主的住宅使用人对住宅室内进行装饰装修，应当取得业主的书面同意。

第十五条 物业管理单位应当将住宅室内装饰装修工程的禁止行为和注意事项告知装修人和装修人委托的装饰装修企业。

装修人对住宅进行装饰装修前，应当告知邻里。

第十六条 装修人，或者装修人和装饰装修企业，应当与物业管理单位签订住宅室内装饰装修管理服务协议。

住宅室内装饰装修管理服务协议应当包括下列内容：

(一)装饰装修工程的实施内容;

(二)装饰装修工程的实施期限;

(三)允许施工的时间;

(四)废弃物的清运与处置;

(五)住宅外立面设施及防盗窗的安装要求;

(六)禁止行为和注意事项;

(七)管理服务费用;

(八)违约责任;

(九)其他需要约定的事项。

第十七条 物业管理单位应当按照住宅室内装饰装修管理服务协议实施管理,发现装修人或者装饰装修企业有本办法第五条行为的,或者未经有关部门批准实施本办法第六条所列行为的,或者有违反本办法第七条、第八条、第九条规定行为的,应当即制止;已造成事实后果或者拒不改正的,应当及时报告有关部门依法处理。对装修人或者装饰装修企业违反住宅室内装饰装修管理服务协议的,追究违约责任。

第十八条 有关部门接到物业管理单位关于装修人或者装饰装修企业有违反本办法行为的报告后,应当及时到现场检查核实,依法处理。

第十九条 禁止物业管理单位向装修人指派装饰装修企业或者强行推销装饰装修材料。

第二十条 装修人不得拒绝和阻碍物业管理单位依据住宅室内装饰装修管理服务协议的约定,对住宅室内装饰装修活动的监督检查。

第二十一条 任何单位和个人对住宅室内装饰装修中出现的影响公众利益的质量事故、质量缺陷以及其他影响周围住户正常生活的行为,都有权检举、控告、投诉。

第三十条 住宅室内装饰装修工程竣工后,装修人应当按照工程设计合同约定和相应的质量标准进行验收。验收合格后,装饰装修企业应当出具住宅室内装饰装修质量保修书。

物业管理单位应当按照装饰装修管理服务协议进行现场检查,对违反法律、法规和装饰装修管理服务协议的,应当要求装修人和装饰装修企业纠正,并将检查记录存档。

第三十三条 因住宅室内装饰装修活动造成相邻住宅的管道堵塞、渗漏水、停水停电、物品毁坏等,装修人应当负责修复和赔偿;属于装饰装修企业责任的,装修人可以向装饰装修企业追偿。

> 装修人擅自拆改供暖、燃气管道和设施造成损失的,由装修人负责赔偿。
>
> **第三十四条** 装修人因住宅室内装饰装修活动侵占公共空间,对公共部位和设施造成损害的,由城市房地产行政主管部门责令改正,造成损失的,依法承担赔偿责任。
>
> **第三十五条** 装修人未申报登记进行住宅室内装饰装修活动的,由城市房地产行政主管部门责令改正,处5百元以上1千元以下的罚款。
>
> **第四十二条** 物业管理单位发现装修人或者装饰装修企业有违反本办法规定的行为不及时向有关部门报告的,由房地产行政主管部门给予警告,可处装饰装修管理服务协议约定的装饰装修管理服务费2至3倍的罚款。

第九百四十六条 【业主的任意解除权】业主依照法定程序共同决定解聘物业服务人的,可以解除物业服务合同。决定解聘的,应当提前六十日书面通知物业服务人,但是合同对通知期限另有约定的除外。

依据前款规定解除合同造成物业服务人损失的,除不可归责于业主的事由外,业主应当赔偿损失。

第九百四十七条 【业主续聘物业服务人】物业服务期限届满前,业主依法共同决定续聘的,应当与原物业服务人在合同期限届满前续订物业服务合同。

物业服务期限届满前,物业服务人不同意续聘的,应当在合同期限届满前九十日书面通知业主或者业主委员会,但是合同对通知期限另有约定的除外。

第九百四十八条 【不定期物业服务合同】物业服务期限届满后,业主没有依法作出续聘或者另聘物业服务人的决定,物业服务人继续提供物业服务的,原物业服务合同继续有效,但是服务期限为不定期。

当事人可以随时解除不定期物业服务合同,但是应当提前六十日书面通知对方。

第九百四十九条 【物业服务人退出物业服务区域等义务】物业

服务合同终止的，原物业服务人应当在约定期限或者合理期限内退出物业服务区域，将物业服务用房、相关设施、物业服务所必需的相关资料等交还给业主委员会、决定自行管理的业主或者其指定的人，配合新物业服务人做好交接工作，并如实告知物业的使用和管理状况。

原物业服务人违反前款规定的，不得请求业主支付物业服务合同终止后的物业费；造成业主损失的，应当赔偿损失。

相关行政法规

《物业管理条例》（2018年3月19日修订）

第三十八条　物业服务合同终止时，物业服务企业应当将物业管理用房和本条例第二十九条第一款规定的资料交还给业主委员会。

物业服务合同终止时，业主大会选聘了新的物业服务企业的，物业服务企业之间应当做好交接工作。

第九百五十条　【继续提供物业服务时的物业费】物业服务合同终止后，在业主或者业主大会选聘的新物业服务人或者决定自行管理的业主接管之前，原物业服务人应当继续处理物业服务事项，并可以请求业主支付该期间的物业费。

第二十五章　行纪合同

第九百五十一条　【行纪合同的定义】行纪合同是行纪人以自己的名义为委托人从事贸易活动，委托人支付报酬的合同。

第九百五十二条　【行纪人处理委托事务支出的费用的负担】行纪人处理委托事务支出的费用，由行纪人负担，但是当事人另有约定的除外。

第九百五十三条　【行纪人保管委托物的义务】行纪人占有委托物的，应当妥善保管委托物。

第九百五十四条　【行纪人对委托物的处分】委托物交付给行纪人时有瑕疵或者容易腐烂、变质的，经委托人同意，行纪人可以处分该物；不能与委托人及时取得联系的，行纪人可以合理处分。

第九百五十五条　【行纪人按照委托人指定的价格买卖】行纪人低于委托人指定的价格卖出或者高于委托人指定的价格买入的，应当经委托人同意；未经委托人同意，行纪人补偿其差额的，该买卖对委托人发生效力。

行纪人高于委托人指定的价格卖出或者低于委托人指定的价格买入的，可以按照约定增加报酬；没有约定或者约定不明确，依据本法第五百一十条的规定仍不能确定的，该利益属于委托人。

委托人对价格有特别指示的，行纪人不得违背该指示卖出或者买入。

第九百五十六条　【行纪人的介入权】行纪人卖出或者买入具有市场定价的商品，除委托人有相反的意思表示外，行纪人自己可以作为买受人或者出卖人。

行纪人有前款规定情形的，仍然可以请求委托人支付报酬。

第九百五十七条　【行纪人的提存权】行纪人按照约定买入委托物，委托人应当及时受领。经行纪人催告，委托人无正当理由拒绝受领的，行纪人依法可以提存委托物。

委托物不能卖出或者委托人撤回出卖，经行纪人催告，委托人不取回或者不处分该物的，行纪人依法可以提存委托物。

第九百五十八条　【行纪人直接履行义务】行纪人与第三人订立合同的，行纪人对该合同直接享有权利、承担义务。

第三人不履行义务致使委托人受到损害的，行纪人应当承担赔偿责任，但是行纪人与委托人另有约定的除外。

第九百五十九条　【行纪人的报酬请求权及留置权】行纪人完成或者部分完成委托事务的，委托人应当向其支付相应的报酬。委托人逾期不支付报酬的，行纪人对委托物享有留置权，但是当事人另有约定的除外。

第九百六十条　【参照适用委托合同的规定】本章没有规定的，参照适用委托合同的有关规定。

第二十六章　中介合同

第九百六十一条　【中介合同的定义】中介合同是中介人向委托人报告订立合同的机会或者提供订立合同的媒介服务，委托人支付报酬的合同。

相关部门规章

1.《保险经纪人监管规定》(2018年5月1日起施行)

第二条　本规定所称保险经纪人是指基于投保人的利益，为投保人与保险公司订立保险合同提供中介服务，并依法收取佣金的机构，包括保险经纪公司及其分支机构。

本规定所称保险经纪从业人员是指在保险经纪人中，为投保人或者被保险人拟订投保方案、办理投保手续、协助索赔的人员，或者为委托人提供防灾防损、风险评估、风险管理咨询服务、从事再保险经纪等业务的人员。

第三条　保险经纪公司在中华人民共和国境内经营保险经纪业务，应当符合中国保险监督管理委员会(以下简称中国保监会)规定的条件，取得经营保险经纪业务许可证(以下简称许可证)。

第四条　保险经纪人应当遵守法律、行政法规和中国保监会有关规定，遵循自愿、诚实信用和公平竞争的原则。

第六条　除中国保监会另有规定外，保险经纪人应当采取下列组织形式：

(一)有限责任公司；

(二)股份有限公司。

第七条　保险经纪公司经营保险经纪业务，应当具备下列条件：

(一)股东符合本规定要求，且出资资金自有、真实、合法，不得用银行贷款及各种形式的非自有资金投资；

(二)注册资本符合本规定第十条要求，且按照中国保监会的有关规定托管；

(三)营业执照记载的经营范围符合中国保监会的有关规定；

(四)公司章程符合有关规定；

(五)公司名称符合本规定要求；

(六)高级管理人员符合本规定的任职资格条件；

（七）有符合中国保监会规定的治理结构和内控制度，商业模式科学合理可行；

（八）有与业务规模相适应的固定住所；

（九）有符合中国保监会规定的业务、财务信息管理系统；

（十）法律、行政法规和中国保监会规定的其他条件。

第三十六条 保险经纪人可以经营下列全部或者部分业务：

（一）为投保人拟订投保方案、选择保险公司以及办理投保手续；

（二）协助被保险人或者受益人进行索赔；

（三）再保险经纪业务；

（四）为委托人提供防灾、防损或者风险评估、风险管理咨询服务；

（五）中国保监会规定的与保险经纪有关的其他业务。

第三十七条 保险经纪人从事保险经纪业务不得超出承保公司的业务范围和经营区域；从事保险经纪业务涉及异地共保、异地承保和统括保单，中国保监会另有规定的，从其规定。

第三十八条 保险经纪人及其从业人员不得销售非保险金融产品，经相关金融监管部门审批的非保险金融产品除外。

保险经纪人及其从业人员销售符合条件的非保险金融产品前，应当具备相应的资质要求。

第三十九条 保险经纪人应当根据法律、行政法规和中国保监会的有关规定，依照职责明晰、强化制衡、加强风险管理的原则，建立完善的公司治理结构和制度；明确管控责任，构建合规体系，注重自我约束，加强内部追责，确保稳健运营。

第四十条 保险经纪从业人员应当在所属保险经纪人的授权范围内从事业务活动。

第四十一条 保险经纪人通过互联网经营保险经纪业务，应当符合中国保监会的规定。

第四十二条 保险经纪人应当建立专门账簿，记载保险经纪业务收支情况。

第四十三条 保险经纪人应当开立独立的客户资金专用账户。下列款项只能存放于客户资金专用账户：

（一）投保人支付给保险公司的保险费；

（二）为投保人、被保险人和受益人代领的退保金、保险金。

保险经纪人应当开立独立的佣金收取账户。

保险经纪人开立、使用其他银行账户的，应当符合中国保监会的规定。

第四十四条　保险经纪人应当建立完整规范的业务档案，业务档案至少应当包括下列内容：

（一）通过本机构签订保单的主要情况，包括保险人、投保人、被保险人名称或者姓名，保单号，产品名称，保险金额，保险费，缴费方式，投保日期，保险期间等；

（二）保险合同对应的佣金金额和收取方式等；

（三）保险费交付保险公司的情况，保险金或者退保金的代领以及交付投保人、被保险人或者受益人的情况；

（四）为保险合同签订提供经纪服务的从业人员姓名，领取报酬金额、领取报酬账户等；

（五）中国保监会规定的其他业务信息。

保险经纪人的记录应当真实、完整。

第四十五条　保险经纪人应当按照中国保监会的规定开展再保险经纪业务。

保险经纪人从事再保险经纪业务，应当设立专门部门，在业务流程、财务管理与风险管控等方面与其他保险经纪业务实行隔离。

第四十六条　保险经纪人从事再保险经纪业务，应当建立完整规范的再保险业务档案，业务档案至少应当包括下列内容：

（一）再保险安排确认书；

（二）再保险人接受分入比例。

保险经纪人应当对再保险经纪业务和其他保险经纪业务分别建立账簿记载业务收支情况。

第四十七条　保险经纪人应当向保险公司提供真实、完整的投保信息，并应当与保险公司依法约定对投保信息保密、合理使用等事项。

第四十八条　保险经纪人从事保险经纪业务，应当与委托人签订委托合同，依法约定双方的权利义务及其他事项。委托合同不得违反法律、行政法规及中国保监会有关规定。

第四十九条　保险经纪人从事保险经纪业务，涉及向保险公司解付保险费、收取佣金的，应当与保险公司依法约定解付保险费、支付佣金的时限和违约赔偿责任等事项。

第五十条　保险经纪人在开展业务过程中，应当制作并出示规范的客户告知书。客户告知书至少应当包括以下事项：

（一）保险经纪人的名称、营业场所、业务范围、联系方式；

（二）保险经纪人获取报酬的方式，包括是否向保险公司收取佣金等情况；

（三）保险经纪人及其高级管理人员与经纪业务相关的保险公司、其他保险中介机构是否存在关联关系；

（四）投诉渠道及纠纷解决方式。

第五十一条 保险经纪人应当妥善保管业务档案、会计账簿、业务台账、客户告知书以及佣金收入的原始凭证等有关资料，保管期限自保险合同终止之日起计算，保险期间在1年以下的不得少于5年，保险期间超过1年的不得少于10年。

第五十二条 保险经纪人为政策性保险业务、政府委托业务提供服务的，佣金收取不得违反中国保监会的规定。

第五十三条 保险经纪人向投保人提出保险建议的，应当根据客户的需求和风险承受能力等情况，在客观分析市场上同类保险产品的基础上，推荐符合其利益的保险产品。

保险经纪人应当按照中国保监会的要求向投保人披露保险产品相关信息。

第五十四条 保险经纪公司应当按规定将监管费交付到中国保监会指定账户。

第五十五条 保险经纪公司应当自取得许可证之日起20日内投保职业责任保险或者缴存保证金。

保险经纪公司应当自投保职业责任保险或者缴存保证金之日起10日内，将职业责任保险保单复印件或者保证金存款协议复印件、保证金入账原始凭证复印件报送中国保监会派出机构，并在中国保监会规定的监管信息系统中登记相关信息。

第五十六条 保险经纪公司投保职业责任保险的，该保险应当持续有效。

保险经纪公司投保的职业责任保险对一次事故的赔偿限额不得低于人民币100万元；一年期保单的累计赔偿限额不得低于人民币1000万元，且不得低于保险经纪人上年度的主营业务收入。

第五十七条 保险经纪公司缴存保证金的，应当按注册资本的5%缴存，保险经纪公司增加注册资本的，应当按比例增加保证金数额。

保险经纪公司应当足额缴存保证金。保证金应当以银行存款形式专户存储到商业银行，或者以中国保监会认可的其他形式缴存。

第五十八条　保险经纪公司有下列情形之一的，可以动用保证金：

（一）注册资本减少；

（二）许可证被注销；

（三）投保符合条件的职业责任保险；

（四）中国保监会规定的其他情形。

保险经纪公司应当自动用保证金之日起5日内书面报告中国保监会派出机构。

第五十九条　保险经纪公司应当在每一会计年度结束后聘请会计师事务所对本公司的资产、负债、利润等财务状况进行审计，并在每一会计年度结束后4个月内向中国保监会派出机构报送相关审计报告。

保险经纪公司应当根据规定向中国保监会派出机构提交专项外部审计报告。

第六十条　保险经纪人应当按照中国保监会的有关规定及时、准确、完整地报送报告、报表、文件和资料，并根据要求提交相关的电子文本。

保险经纪人报送的报告、报表、文件和资料应当由法定代表人、主要负责人或者其授权人签字，并加盖机构印章。

第六十一条　保险经纪人不得委托未通过本机构进行执业登记的个人从事保险经纪业务。

第六十二条　保险经纪人应当对保险经纪从业人员进行执业登记信息管理，及时登记个人信息及授权范围等事项以及接受处罚、聘任关系终止等情况，确保执业登记信息的真实、准确、完整。

第六十三条　保险经纪人及其从业人员在办理保险业务活动中不得有下列行为：

（一）欺骗保险人、投保人、被保险人或者受益人；

（二）隐瞒与保险合同有关的重要情况；

（三）阻碍投保人履行如实告知义务，或者诱导其不履行如实告知义务；

（四）给予或者承诺给予投保人、被保险人或者受益人保险合同约定以外的利益；

（五）利用行政权力、职务或者职业便利以及其他不正当手段强迫、引诱或者限制投保人订立保险合同；

（六）伪造、擅自变更保险合同，或者为保险合同当事人提供虚假证明材料；

（七）挪用、截留、侵占保险费或者保险金；

（八）利用业务便利为其他机构或者个人牟取不正当利益；

（九）串通投保人、被保险人或者受益人，骗取保险金；

（十）泄露在业务活动中知悉的保险人、投保人、被保险人的商业秘密。

第六十四条 保险经纪人及其从业人员在开展保险经纪业务过程中，不得索取、收受保险公司或者其工作人员给予的合同约定之外的酬金、其他财物，或者利用执行保险经纪业务之便牟取其他非法利益。

第六十五条 保险经纪人不得以捏造、散布虚假事实等方式损害竞争对手的商业信誉，不得以虚假广告、虚假宣传或者其他不正当竞争行为扰乱保险市场秩序。

第六十六条 保险经纪人不得与非法从事保险业务或者保险中介业务的机构或者个人发生保险经纪业务往来。

第六十七条 保险经纪人不得以缴纳费用或者购买保险产品作为招聘从业人员的条件，不得承诺不合理的高额回报，不得以直接或者间接发展人员的数量或者销售业绩作为从业人员计酬的主要依据。

2.《演出经纪人员管理办法》(2013年3月1日起施行)

第三条 本办法所称演出经纪人员，包括在演出经纪机构中从事演出组织、制作、营销，演出居间、代理、行纪，演员签约、推广、代理等活动的从业人员；在县级文化主管部门备案的个体演出经纪人。

第十二条 演出经纪人员应当遵守以下规定：

（一）根据《条例》、《实施细则》①以及相关法规的规定提供演出经纪服务；

（二）演出经纪合同中应当注明负责该项业务演出经纪人员的演出经纪资格证书证号；

（三）保存经纪业务记录；

（四）对所经纪的演出项目进行内容自审，保证演出内容健康合法；

（五）按规定参加演出经纪相关继续教育，提高业务素质和职业道德水平；

（六）法律法规规定的其他行为规则。

第十三条 演出经纪人员不得有下列行为：

① 《条例》指《营业性演出管理条例》，《实施细则》指《营业性演出管理条例实施细则》。

（一）在演出经纪机构中从业的人员以个人名义从事演出经纪活动；

（二）在两家以上（含两家）演出经纪机构从业；

（三）隐瞒与经纪业务有关的重要事项，或者对经纪业务作虚假宣传；

（四）为含有《条例》第二十六条禁止内容的演出提供经纪服务；

（五）法律法规禁止的其他行为。

第十四条　演出经纪人员在经纪活动中应当保障演员合法权益，规范演员从业行为，协助演员提高业务素质，督促演员遵守职业道德。

3.《房地产经纪管理办法》（2016年3月1日修正）

第三条　本办法所称房地产经纪，是指房地产经纪机构和房地产经纪人员为促成房地产交易，向委托人提供房地产居间、代理等服务并收取佣金的行为。

第四条　从事房地产经纪活动应当遵循自愿、平等、公平和诚实信用的原则，遵守职业规范，恪守职业道德。

第七条　本办法所称房地产经纪机构，是指依法设立，从事房地产经纪活动的中介服务机构。

房地产经纪机构可以设立分支机构。

第八条　设立房地产经纪机构和分支机构，应当具有足够数量的房地产经纪人员。

本办法所称房地产经纪人员，是指从事房地产经纪活动的房地产经纪人和房地产经纪人协理。

房地产经纪机构和分支机构与其招用的房地产经纪人员，应当按照《中华人民共和国劳动合同法》的规定签订劳动合同。

第十一条　房地产经纪机构及其分支机构应当自领取营业执照之日起30日内，到所在直辖市、市、县人民政府建设（房地产）主管部门备案。

第十二条　直辖市、市、县人民政府建设（房地产）主管部门应当将房地产经纪机构及其分支机构的名称、住所、法定代表人（执行合伙人）或者负责人、注册资本、房地产经纪人员等备案信息向社会公示。

第十三条　房地产经纪机构及其分支机构变更或者终止的，应当自变更或者终止之日起30日内，办理备案变更或者注销手续。

第十四条　房地产经纪业务应当由房地产经纪机构统一承接，服务报酬由房地产经纪机构统一收取。分支机构应当以设立该分支机构的房地产经纪机构名义承揽业务。

房地产经纪人员不得以个人名义承接房地产经纪业务和收取费用。

第十五条　房地产经纪机构及其分支机构应当在其经营场所醒目位置公示下列内容：

（一）营业执照和备案证明文件；

（二）服务项目、内容、标准；

（三）业务流程；

（四）收费项目、依据、标准；

（五）交易资金监管方式；

（六）信用档案查询方式、投诉电话及12358价格举报电话；

（七）政府主管部门或者行业组织制定的房地产经纪服务合同、房屋买卖合同、房屋租赁合同示范文本；

（八）法律、法规、规章规定的其他事项。

分支机构还应当公示设立该分支机构的房地产经纪机构的经营地址及联系方式。

房地产经纪机构代理销售商品房项目的，还应当在销售现场明显位置明示商品房销售委托书和批准销售商品房的有关证明文件。

第十六条　房地产经纪机构接受委托提供房地产信息、实地看房、代拟合同等房地产经纪服务的，应当与委托人签订书面房地产经纪服务合同。

房地产经纪服务合同应当包含下列内容：

（一）房地产经纪服务双方当事人的姓名（名称）、住所等情况和从事业务的房地产经纪人员情况；

（二）房地产经纪服务的项目、内容、要求以及完成的标准；

（三）服务费用及其支付方式；

（四）合同当事人的权利和义务；

（五）违约责任和纠纷解决方式。

建设（房地产）主管部门或者房地产经纪行业组织可以制定房地产经纪服务合同示范文本，供当事人选用。

第十七条　房地产经纪机构提供代办贷款、代办房地产登记等其他服务的，应当向委托人说明服务内容、收费标准等情况，经委托人同意后，另行签订合同。

第十八条　房地产经纪服务实行明码标价制度。房地产经纪机构应当遵守价格法律、法规和规章规定，在经营场所醒目位置标明房地产经纪服务项目、服务内容、收费标准以及相关房地产价格和信息。

房地产经纪机构不得收取任何未予标明的费用；不得利用虚假或者使人误解的标价内容和标价方式进行价格欺诈；一项服务可以分解为多个项目和标准的，应当明确标示每一个项目和标准，不得混合标价、捆绑标价。

第十九条　房地产经纪机构未完成房地产经纪服务合同约定事项，或者服务未达到房地产经纪服务合同约定标准的，不得收取佣金。

两家或者两家以上房地产经纪机构合作开展同一宗房地产经纪业务的，只能按照一宗业务收取佣金，不得向委托人增加收费。

第二十条　房地产经纪机构签订的房地产经纪服务合同，应当加盖房地产经纪机构印章，并由从事该业务的一名房地产经纪人或者两名房地产经纪人协理签名。

第二十一条　房地产经纪机构签订房地产经纪服务合同前，应当向委托人说明房地产经纪服务合同和房屋买卖合同或者房屋租赁合同的相关内容，并书面告知下列事项：

（一）是否与委托房屋有利害关系；

（二）应当由委托人协助的事宜、提供的资料；

（三）委托房屋的市场参考价格；

（四）房屋交易的一般程序及可能存在的风险；

（五）房屋交易涉及的税费；

（六）经纪服务的内容及完成标准；

（七）经纪服务收费标准和支付时间；

（八）其他需要告知的事项。

房地产经纪机构根据交易当事人需要提供房地产经纪服务以外的其他服务的，应当事先经当事人书面同意并告知服务内容及收费标准。书面告知材料应当经委托人签名（盖章）确认。

第二十二条　房地产经纪机构与委托人签订房屋出售、出租经纪服务合同，应当查看委托出售、出租的房屋及房屋权属证书，委托人的身份证明等有关资料，并应当编制房屋状况说明书。经委托人书面同意后,方可以对外发布相应的房源信息。

房地产经纪机构与委托人签订房屋承购、承租经纪服务合同,应当查看委托人身份证明等有关资料。

第二十三条 委托人与房地产经纪机构签订房地产经纪服务合同,应当向房地产经纪机构提供真实有效的身份证明。委托出售、出租房屋的,还应当向房地产经纪机构提供真实有效的房屋权属证书。委托人未提供规定资料或者提供资料与实际不符的,房地产经纪机构应当拒绝接受委托。

第二十四条 房地产交易当事人约定由房地产经纪机构代收代付交易资金的,应当通过房地产经纪机构在银行开设的客户交易结算资金专用存款账户划转交易资金。

交易资金的划转应当经过房地产交易资金支付方和房地产经纪机构的签字和盖章。

第二十五条 房地产经纪机构和房地产经纪人员不得有下列行为:

(一)捏造散布涨价信息,或者与房地产开发经营单位串通捂盘惜售、炒卖房号,操纵市场价格;

(二)对交易当事人隐瞒真实的房屋交易信息,低价收进高价卖(租)出房屋赚取差价;

(三)以隐瞒、欺诈、胁迫、贿赂等不正当手段招揽业务,诱骗消费者交易或者强制交易;

(四)泄露或者不当使用委托人的个人信息或者商业秘密,谋取不正当利益;

(五)为交易当事人规避房屋交易税费等非法目的,就同一房屋签订不同交易价款的合同提供便利;

(六)改变房屋内部结构分割出租;

(七)侵占、挪用房地产交易资金;

(八)承购、承租自己提供经纪服务的房屋;

(九)为不符合交易条件的保障性住房和禁止交易的房屋提供经纪服务;

(十)法律、法规禁止的其他行为。

第二十六条 房地产经纪机构应当建立业务记录制度,如实记录业务情况。

房地产经纪机构应当保存房地产经纪服务合同,保存期不少于5年。

第九百六十二条　【中介人的报告义务】中介人应当就有关订立合同的事项向委托人如实报告。

中介人故意隐瞒与订立合同有关的重要事实或者提供虚假情况，损害委托人利益的，不得请求支付报酬并应当承担赔偿责任。

相关裁判摘要

• **2015年第2期《中华人民共和国最高人民法院公报》**刊登的“**李彦东诉上海汉宇房地产顾问有限公司居间合同纠纷案**”判决认为，居间人在从事居间活动时没有尽到相应的注意义务给委托人造成损害的，应当承担赔偿责任。相关裁判摘要如下：

在房屋买卖居间合同中，中介公司(居间人)对于受托事项及居间服务应承担符合专业主体要求的注意义务，注重审查核实与交易相关的主体身份、房产权属、委托代理、信用资信等证明材料的真实性。中介公司因未尽必要的注意义务而未能发现一方提供的相关材料存在重大瑕疵、缺陷，由此使另一方受欺诈遭受损失的，应根据其过错程度在相应的范围内承担赔偿责任。

• **2007年第3期《中华人民共和国最高人民法院公报》**刊登的“**应娟利诉亿贝易趣网络信息服务(上海)有限公司服务合同纠纷案**”判决认为，在网络交易中，提供交易平台的网站与交易双方之间构成居间合同关系的，网站负有合同法所规定的居间人的义务。相关裁判摘要如下：

在网络交易中，网站作为互动式计算机服务提供者，一方面根据与网上拍卖人的约定(具体表现为网上拍卖人的网络注册行为)，有偿为网上拍卖人提供商品及价格展示的信息平台，一方面根据与竞拍人之间的约定(具体也表现为竞拍人的网络注册行为)，为竞拍人提供出卖人及其商品的信息，并根据双方买卖的合意情况，确认双方交易是否成交。拍卖成交的，网站即向双方发送买卖成交确认书以及对方的个人联系方式等信息，并从拍卖人处收取相应的报酬。具体在本案中，被告亿贝易趣公司分别为原告应娟利及案外人张旭提供了订立合同的媒介服务，并从张旭处收取报酬。因此，被告与原告之间，以及被告与张旭之间均构成居间合同关系。据此，被告在本案中的义务，应当是合同法所规定的居间人的义务，如应当就有关订立合同的事项向原告如实报告，不得故意隐瞒与订立合同有关的重要事实或者提供虚假情况等。如果违反这些义务，被告理应承担违约责任。本案中，被告并未违反上述义务。

第九百六十三条 【中介人的报酬】中介人促成合同成立的,委托人应当按照约定支付报酬。对中介人的报酬没有约定或者约定不明确,依据本法第五百一十条的规定仍不能确定的,根据中介人的劳务合理确定。因中介人提供订立合同的媒介服务而促成合同成立的,由该合同的当事人平均负担中介人的报酬。

中介人促成合同成立的,中介活动的费用,由中介人负担。

第九百六十四条 【中介人的必要费用请求权】中介人未促成合同成立的,不得请求支付报酬;但是,可以按照约定请求委托人支付从事中介活动支出的必要费用。

第九百六十五条 【禁止委托人实施跳单行为】委托人在接受中介人的服务后,利用中介人提供的交易机会或者媒介服务,绕开中介人直接订立合同的,应当向中介人支付报酬。

相关指导案例

- **第1号指导案例"上海中原物业顾问有限公司诉陶德华居间合同纠纷案"**(最高人民法院审判委员会讨论通过;2011年12月20日发布)

房屋买卖居间合同中关于禁止买方利用中介公司提供的房源信息却绕开该中介公司与卖方签订房屋买卖合同的约定合法有效。但是,当卖方将同一房屋通过多个中介公司挂牌出售时,买方通过其他公众可以获知的正当途径获得相同房源信息的,买方有权选择报价低、服务好的中介公司促成房屋买卖合同成立,其行为并没有利用先前与之签约中介公司的房源信息,故不构成违约。

第九百六十六条 【委托合同的参照适用】本章没有规定的,参照适用委托合同的有关规定。

第二十七章 合伙合同

第九百六十七条 【合伙合同的定义】合伙合同是两个以上合伙人为了共同的事业目的,订立的共享利益、共担风险的协议。

第九百六十八条 【合伙人的出资义务】合伙人应当按照约定的

出资方式、数额和缴付期限,履行出资义务。

第九百六十九条　【合伙财产】合伙人的出资、因合伙事务依法取得的收益和其他财产,属于合伙财产。

合伙合同终止前,合伙人不得请求分割合伙财产。

第九百七十条　【合伙事务】合伙人就合伙事务作出决定的,除合伙合同另有约定外,应当经全体合伙人一致同意。

合伙事务由全体合伙人共同执行。按照合伙合同的约定或者全体合伙人的决定,可以委托一个或者数个合伙人执行合伙事务;其他合伙人不再执行合伙事务,但是有权监督执行情况。

合伙人分别执行合伙事务的,执行事务合伙人可以对其他合伙人执行的事务提出异议;提出异议后,其他合伙人应当暂停该项事务的执行。

第九百七十一条　【合伙人不得请求执行合伙事务之报酬】合伙人不得因执行合伙事务而请求支付报酬,但是合伙合同另有约定的除外。

第九百七十二条　【合伙的利润分配与亏损分担】合伙的利润分配和亏损分担,按照合伙合同的约定办理;合伙合同没有约定或者约定不明确的,由合伙人协商决定;协商不成的,由合伙人按照实缴出资比例分配、分担;无法确定出资比例的,由合伙人平均分配、分担。

第九百七十三条　【合伙债务】合伙人对合伙债务承担连带责任。清偿合伙债务超过自己应当承担份额的合伙人,有权向其他合伙人追偿。

第九百七十四条　【合伙人转让财产份额】除合伙合同另有约定外,合伙人向合伙人以外的人转让其全部或者部分财产份额的,须经其他合伙人一致同意。

第九百七十五条　【合伙人的债权人行使代位权利的限制】合伙人的债权人不得代位行使合伙人依照本章规定和合伙合同享有的权利,但是合伙人享有的利益分配请求权除外。

第九百七十六条　【合伙期限】合伙人对合伙期限没有约定或者约定不明确,依据本法第五百一十条的规定仍不能确定的,视为不定期合伙。

合伙期限届满,合伙人继续执行合伙事务,其他合伙人没有提出异议的,原合伙合同继续有效,但是合伙期限为不定期。

合伙人可以随时解除不定期合伙合同,但是应当在合理期限之前通知其他合伙人。

第九百七十七条　【合伙合同的终止】合伙人死亡、丧失民事行为能力或者终止的,合伙合同终止;但是,合伙合同另有约定或者根据合伙事务的性质不宜终止的除外。

第九百七十八条　【剩余合伙财产的分配】合伙合同终止后,合伙财产在支付因终止而产生的费用以及清偿合伙债务后有剩余的,依据本法第九百七十二条的规定进行分配。

第三分编　准　合　同

第二十八章　无 因 管 理

第九百七十九条　【适法的无因管理】管理人没有法定的或者约定的义务,为避免他人利益受损失而管理他人事务的,可以请求受益人偿还因管理事务而支出的必要费用;管理人因管理事务受到损失的,可以请求受益人给予适当补偿。

管理事务不符合受益人真实意思的,管理人不享有前款规定的权利;但是,受益人的真实意思违反法律或者违背公序良俗的除外。

一、相关法律条文

《中华人民共和国民法典》(2021年1月1日起施行)

第一百二十一条　没有法定的或者约定的义务,为避免他人利益受损失而进行管理的人,有权请求受益人偿还由此支出的必要费用。

二、相关司法解释规定

《最高人民法院关于审理民事案件适用诉讼时效制度若干问题的规定》(法释〔2008〕11号)(2020年12月23日修正)

第七条　管理人因无因管理行为产生的给付必要管理费用、赔偿损失请求权的诉讼时效期间,从无因管理行为结束并且管理人知道或者应当知道本人之日起计算。

本人因不当无因管理行为产生的赔偿损失请求权的诉讼时效期间,从其知道或者应当知道管理人及损害事实之日起计算。

第九百八十条　【不适法的无因管理】管理人管理事务不属于前条规定的情形,但是受益人享有管理利益的,受益人应当在其获得的利益范围内向管理人承担前条第一款规定的义务。

第九百八十一条　【管理方法】管理人管理他人事务,应当采取有利于受益人的方法。中断管理对受益人不利的,无正当理由不得中断。

第九百八十二条　【管理人的通知义务】管理人管理他人事务,能够通知受益人的,应当及时通知受益人。管理的事务不需要紧急处理的,应当等待受益人的指示。

第九百八十三条　【管理人的报告与财产转交义务】管理结束后,管理人应当向受益人报告管理事务的情况。管理人管理事务取得的财产,应当及时转交给受益人。

第九百八十四条　【本人对管理事务进行追认】管理人管理事务经受益人事后追认的,从管理事务开始时起,适用委托合同的有关规定,但是管理人另有意思表示的除外。

第二十九章　不当得利

第九百八十五条　【不当得利的构成要件】得利人没有法律根据取得不当利益的,受损失的人可以请求得利人返还取得的利益,但是有下列情形之一的除外:

(一)为履行道德义务进行的给付;

（二）债务到期之前的清偿；

（三）明知无给付义务而进行的债务清偿。

一、相关法律条文

《中华人民共和国民法典》（2021年1月1日起施行）

第一百二十二条 因他人没有法律根据，取得不当利益，受损失的人有权请求其返还不当利益。

二、相关裁判摘要

• **2018年第5期《中华人民共和国最高人民法院公报》**刊登的"**江苏百锐特贸易有限公司诉张月红不当得利纠纷案**"判决，对于不当得利的构成进行了分析。相关裁判摘要如下：

《中华人民共和国民法通则》第九十二条规定，没有合法根据，取得不当利益，造成他人损失的，应当将取得的不当利益返还受损失的人。根据该规定，不当得利成立的构成要件有四项：一方获得利益，另一方受到损失，获利与受损之间具有因果关系，获得利益没有合法根据。首先，原告百锐特公司之所以需向张龙喜支付款项，是基于生效民事判决书所确定的义务，不属于不当得利法律关系中利益受损方的利益受损。其次，从法律规定的普遍性、盖然性来看，立法者在立法时不可能考虑到个案的特殊性。根据最高人民法院《关于审理人身损害赔偿案件适用法律若干问题的解释》第二十一条第三款的规定，护理期限应计算至受害人恢复生活自理能力时止；受害人因残疾不能恢复生活自理能力的，可以根据其年龄、健康状况等因素确定合理的护理期限，但最长不能超过二十年。护理费属于将来发生的财产损失，更多体现为对受害人定残后的损害救济；护理期限则是根据受害人实际状况对受害人需护理期间的法律推定，是法官基于法律规定在自由裁量权范围内做出的综合判断，价值取向在于保护受害人的权利，受害人亦需承担护理费可能不足的风险。（2013）东民初字第0901号民事判决书依据鉴定意见及受害人年龄、健康状况等因素综合判定百锐特公司对张龙喜20年护理费的30%承担赔偿责任，是对张龙喜权益受损应得赔偿的合理认定，符合法律规定，无论张龙喜或是被告张月红均未因该判决获得不当利益。最后，在（2013）东民初字第0901号民事判决书执行过程中，百锐特公司与张龙喜达成了执行和解协议，张龙喜通过张月红收取30万元赔偿款符合双方约定,具有合法依据,且百锐特公司并未按生效判决全额履行赔偿义务,其认为张月红因张龙喜提前病故而获取不当利益的依据不足。故百锐特公司诉张月红返还132012元的诉讼请求,缺少事实和法律依据,法院不予支持。

• **2005年第6期《中华人民共和国最高人民法院公报》**刊登的"**喻山澜诉工行宣武支行、工行北京分行不当得利纠纷案**"判决,对于不当得利的构成进行了分析。相关裁判摘要如下:

《民法通则》第九十二条规定:"没有合法根据,取得不当利益,造成他人损失的,应当将取得的不当利益返还受损失的人。"由此可见,不当得利是指没有法律或合同等合法根据,因他人财产受到损失而使自己获得的利益。《中华人民共和国合同法》第四十四条第一款规定:"依法成立的合同,自成立时生效。"第六十条第一款规定:"当事人应当按照约定全面履行自己的义务。"本案中,原告喻山澜在牡丹交通IC卡丢失后,到被告工行宣武支行下属的储蓄所办理申领补卡手续。储蓄所向其出示的补卡通知单上,载有"本人自愿申领牡丹交通IC卡,并保证遵守牡丹交通IC卡金融服务的各项使用规定"的内容。经喻山澜签字确认后,储蓄所按照被告工行北京分行的规定,向喻山澜收取了100元补卡费,为其补办了牡丹交通IC卡。双方当事人的上述行为,构成了在自愿基础上建立的一种服务合同关系。本案双方当事人均为完全民事行为能力人,整个交易过程都是双方真实意思的表示。喻山澜在补卡通知单上签字后,双方达成了合法有效的合同。后喻山澜交纳100元及储蓄所为其补卡,是双方对合同的合法履行。该补卡行为未违反法律强制性规定,亦符合社会公序良俗。储蓄所依据双方达成的合法有效合同,向喻山澜收取100元补卡费,因此该款不是不当得利。喻山澜起诉请求工行宣武支行返还不当得利100元并给付至判决之日止的相应利息,无事实根据和法律依据,不予支持。

2003年第6期《中华人民共和国最高人民法院公报》刊登"中国建设银行石林县支行诉杨富斌不当得利纠纷案"判决对不当得利构成要件的举证责任进行了分析。相关裁判摘要如下:

《中华人民共和国民事诉讼法》第六十四条第一款规定:"当事人对自己提出的主张,有责任提供证据。"《最高人民法院关于民事诉讼证据的若干规定》第二条规定:"当事人对自己提出的诉讼请求所依据的事实或者反驳对方诉讼请求所依据的事实有责任提供证据加以证明。

没有证据或者证据不足以证明当事人的事实主张的，由负有举证责任的当事人承担不利后果。”

在民事诉讼过程中，法庭只能对各当事人提交证据所反映的情况进行综合评判，从而确认案件的法律事实，并以所确认的法律事实为前提，适用相关的法律规定作出裁判。这里必须强调的是，案件的法律事实，只能是法庭依照法律程序和规定所认定的客观事实。法庭认定案件事实时，只能以双方当事人提交的证据和发表的质证意见为基础。如果当事人具有举证责任却无法充分、有效地举证证明其主张，那么该当事人主张的事实，就不能被认定为案件的法律事实。

在本案中，双方争议的焦点是取款的数额问题。直接决定取款数额的，是纸币的种类及数量。双方当事人均认可当日取款时有10张零散的100元面额纸币，4把打着封条的纸币，只是对其中两把100元面额的纸币，每把应有多少张存在争议。这个争议决定着上诉人杨富斌是否多领取1万元现金。被上诉人石林建行既然起诉主张杨富斌多领取了1万元现金，就要对杨富斌领取的两把100元面额纸币每把肯定是100张负举证责任。石林建行根据《全国银行出纳基本制度》中对成把纸币张数的规定，主张杨富斌领取的100元面额纸币每把也是100张。该出纳制度的第八条规定：“付出现金要当面点交清楚，银行封签（包括原封新票币）对外无效”，第十条也规定：“凡收入的现金，必须进行复点整理，未经复点不得对外支付和解缴人民银行发行库。”这些说明，每把纸币为100张的规定，仅是银行内部对收入现金进行清点及封存的标准，是银行系统的内部规定，只对银行系统内部的出纳工作具有规范作用。虽然双方当事人对领取纸币的把数无异议，但银行向储户支付现金，不能以“把”数为计量单位。对支付给储户的现金，必须当面清点，并以当面清点的金额为准。石林建行的举证，虽然能够证实储蓄所的工作人员给杨富斌支付了4把封好的现金，却不能确切地证实所支付现金每把都是100张，故无法证实当时杨富斌领取的现金是3.1万元。另外，从当日杨富斌取款所填写的取款凭条及储蓄所内部记录的流水账中，均只能证实杨富斌的取款金额是2.1万元。所以，石林建行认为杨富斌取走了3.1万元，主张其获得1万元的不当得利，该主张没有充分的证据，故依法不予支持。原审法院认定事实不清，适用法律不当，应依法改判。

第九百八十六条　【善意得利人返还义务的免除】得利人不知道且不应当知道取得的利益没有法律根据,取得的利益已经不存在的,不承担返还该利益的义务。

第九百八十七条　【恶意得利人的返还义务与赔偿责任】得利人知道或者应当知道取得的利益没有法律根据的,受损失的人可以请求得利人返还其取得的利益并依法赔偿损失。

第九百八十八条　【第三人的返还义务】得利人已经将取得的利益无偿转让给第三人的,受损失的人可以请求第三人在相应范围内承担返还义务。